बालगंधर्व

आधुनिक मराठी रंगमंच के
एक मिथक की तलाश

अभिराम भडकमकर

अनुवाद
गोरख थोरात

राजकमल पेपरबैक्स

*मूल मराठी कृति **बालगंधर्व** राजहंस प्रकाशन, पुणे से 2011 में प्रकाशित*

राजकमल पेपरबैक्स में
पहला संस्करण : 2018

राजकमल पेपरबैक्स : उत्कृष्ट साहित्य के जनसुलभ संस्करण

राजकमल प्रकाशन प्रा. लि.
1-बी, नेताजी सुभाष मार्ग, दरियागंज
नई दिल्ली-110 002
द्वारा प्रकाशित

शाखाएँ : अशोक राजपथ, साइंस कॉलेज के सामने, पटना-800 006
पहली मंजिल, दरबारी बिल्डिंग, महात्मा गांधी मार्ग, इलाहाबाद-211 001
36 ए, शेक्सपियर सरणी, कोलकाता-700 017

वेबसाइट : www.rajkamalprakashan.com
ई-मेल : info@rajkamalprakashan.com

मुद्रक : बी.के. ऑफसेट
नवीन शाहदरा, दिल्ली-110 032

मूल्य : ₹399

BALGANDHARVA
Novel by Abhiram Bhadkamkar
Translated by Dr. Gorakh Thorat

ISBN : 978-93-88183-09-3

जिन्होंने अपनी सारी ज़िन्दगी
संगीत रंगमंच पर न्योछावर कर दी,
ऐसे सभी ज्ञात-अज्ञात रंगकर्मियों को
विनम्रतापूर्वक समर्पित

दो शब्द

बालगंधर्व... जो मराठी संगीत नाटक के स्वर्णकाल के न केवल साक्षी...बल्कि रचयिता थे।

बालगंधर्व अपने गायन तथा स्त्री-भूमिकाओं के लिए जाने जाते थे...

यह उपन्यास उनके निजी तथा कलाजीवन का आलेख है...जो उस युग की बात करता है, उस समय के सामाजिक, राजकीय तथा कला-जीवन का दृश्य उपस्थित करता है।

उस समय के नाटक, नाटक मंडली, उनकी समस्याएँ, उनके आपसी मतभेद, मनमुटाव, आपसी राजनीति, समाज का नाटक के प्रति दृष्टिकोण, उसे बदलने के नाटकमंडली के प्रयास, उसी दौर में चला लोकमान्य बाल गंगाधर तिलकजी और अन्य क्रान्तिकारियों का स्वतंत्रता आन्दोलन, सामाजिक सुधार की पहल, उसका नाटकों पर प्रभाव...औरतों का नाटक में काम न करना...महिलाओं के बजाय पुरुष कलाकारों का स्त्री-अभिनय करना और उससे निर्मित होतीं मानसिक गुत्थियाँ!

फिर धीरे-धीरे सिनेमा का आना, उसका नाटकों पर गहरा प्रभाव और नाटकों के अस्तित्व का संघर्ष!

उस समूचे काल को अपने में समोता है यह उपन्यास...

बालगंधर्व की निजी जिन्दगी के उतार-चढ़ाव, तनावग्रस्त गृहस्थ जीवन, उनके अपने ही स्वभाव के कारण उत्पन्न होनेवाली समस्याएँ...और उनकी मानसिकता का विश्लेषण उपन्यास में है।

एक बहुत ही कामयाब महानायक...(जिसे लिविंग लीजेंड का दर्जा मिला) उसकी नाकामयाब गृहस्थी...फिर आयु में आधी युवती गौहरबाई का जीवन में प्रवेश...एक बहुत ही अद्‌भुत प्रेम कहानी। समाज और रिवाजों से लड़ते दो प्रेमी जीव।

बालगंधर्व ने जो किरदार निभाए उनकी पड़ताल, उनकी अभिनय और गायन की अपनी एक शैली (स्टाइल), उसकी खोज, खेले गए चरित्रों का और उनका आन्तरिक- अन्तर्सम्बन्ध...इन सारी चीजों को उपन्यास में खोजने का प्रयास किया गया है...

अतः उपन्यास की शैली आम चरित्र-उपन्यासों से अलग है, क्योंकि यह एकाधिक स्तरों से रचित है।

सत्तर साल के एक नाट्यप्रशिक्षक जो गंधर्व के भक्त हैं, उनकी जयन्ती के उपलक्ष्य में एक समारोह का आयोजन कर रहे हैं। इसके लिए एक स्क्रिप्ट तैयार करनी है, गंधर्व के बारे में। उनके छात्र ग्रन्थालय-किताबों-इतिहास-बालगंधर्व के परिचित लोगों से बातचीत आदि के जरिये गंधर्व को जानने का प्रयास कर रहे हैं। यह उपन्यास का एक स्तर है।

इन्हीं प्रयासों के जरिये जैसे-जैसे गंधर्व और गंधर्व-युग दिखता है...वह एक फ्लैश बैक के रूप में सामने आता रहता है और दिखते हैं सम्बद्ध व्यक्ति एवं प्रवृत्तियाँ।

इस तरह उपन्यास एक साथ और भी भिन्न स्तरों पर चलता रहता है। इसके कारण गंधर्व के जीवन का दर्शन होता है और उसके साथ उसकी चर्चा, विश्लेषण और आलोचना भी। उनके स्वभाव के गुण-दोष, शक्ति-स्थान और मूल्य-मर्यादाओं का भी दर्शन होता है।

और उस दौर, उस समय की रौशनी में गंधर्व को देखने के साथ-साथ, आज के कंटेंपरेरी सन्दर्भ में भी उनको जाँचा-परखा जाता है। चरित्र उपन्यास में यह फॉर्म हमारी जानकारी में अभिराम की एक पहल है!

उपन्यास पाठकों को गंधर्व युग में ले जाता है...उद्‌बुद्ध करता है और उद्विग्न भी...

हिन्दी अनुवाद भी बहुत ही स्वाभाविक हुआ है, कुछ-कुछ जगह खास मराठणी शब्द उस वातावरण को और उजागर ही करते हैं। कई जगह वाक्यों की रचना मराठी है मगर यहाँ वह दोष नहीं बल्कि उपयुक्त लगी।

बालगंधर्व कलाकार और मनुष्य दोनों ही रूपों में सामने आते हैं...न केवल एक व्यक्ति, बल्कि एक दौर से गुजरते रंगमंच के इतिहास सामाजिक चेतना और क्षुद्रता का भी परिचय मिलता है...

हिन्दी साहित्य में यह वातावरण और पीरियड शायद पहली बार इतने विस्तार से आ रहा है...और यह काम राष्ट्रीय नाट्य विद्यालय के मेरे एक प्रिय विद्यार्थी अभिराम भडकमकर ने किया है...

सो आनन्द तो है ही...गौरव का भी भाव जगा...

अभिनन्दन और शुभकामना कि हिन्दी जगत का यशस्वी राजकमल प्रकाशन इसे हिन्दी पाठकों को समर्पित कर रहा है। वैसे यह कृति सभी भाषाओं में अनूदित होनी चाहिए।

हार्दिक शुभकामना!

—राम गोपाल बजाज

लोनावाला, जिला पुणे
महाराष्ट्र

मन्तव्य

भगवन्,

मैं रंगकर्मी हूँ। इसलिए मन में गंधर्व के प्रति अपार आदर और प्यार स्वाभाविक है। लेकिन मैं उनकी तरफ एक अध्येता की नजर से तब देखने लगा जब मराठी फिल्म 'बालगंधर्व' की पटकथा लिख रहा था। इस नजर से देखते समय सबसे पहले यह महसूस हुआ कि गंधर्व की जिन्दगी एक उपन्यास ही है। कई टेढ़े-मेढ़े मोड़ों से, उतार-चढ़ावों से, गड्ढों ये भरी जिन्दगी! गंधर्व को दीर्घायु (सन 1888 से 1967) प्राप्त हुई। एक कलाकार के रूप में उनका करियर भी काफी लम्बा रहा। इस दौर में उनके इर्द-गिर्द घटित होनेवाली घटनाएँ भी अत्यन्त महत्त्वपूर्ण थीं। देश में स्वाधीनता संग्राम जारी था। मशीनी युग की आहट मिल चुकी थी। इन बातों का जीवन पर, जीवन-मूल्यों पर असर होने लगा था। इस माहौल में नाट्यकला ने उत्कर्ष से लेकर पतन तक सफर पूरा किया और सिनेमा का जन्म हुआ। शिक्षा के कारण स्त्रियों को भी एक नई पहचान प्राप्त हो रही थी। कुल मिलाकर सभी तरफ परिवर्तन की हवाएँ बह रही थीं।

गंधर्व की जिन्दगी में सबकुछ चरम था! सफलता, ऐश्वर्य, मान-सम्मान, लोकप्रियता और विफलता, विपन्नता, असफलता और दरिद्रता भी! रसिक दर्शकों का आखिर तक प्यार मिला और ऐसा कि बिल्कुल भक्तिभाव! एक लेखक के नाते इन सारी बातों का जायजा लेना मेरे लिए एक चुनौती थी। फिर मैंने गंधर्व के बारे में जो भी सामग्री मिले, उसका अवलोकन करना शुरू किया। गंधर्व कई साल पहले समय के परदे के पीछे जा चुके थे। ऐसे में आख्यायिका (लिजेंड) बना चुका कोई भी व्यक्ति हम तक पहुँचता है, उस पर लिखे गए चरित्र से, आलेखों से। और यदि वह गंधर्व जैसा एक युग-निर्माता हो, तो वह हम तक पहुँचता है दंतकथा, आख्यायिका, विचार, विवाद, प्रवाद... यहाँ तक कि गपशप या गॉशिप से भी!

आज हमारे बीच ऐसा कोई व्यक्ति उपस्थित नहीं है, जिसने गंधर्व को उनके उत्कर्ष के दौर में देखा हो। हमारे यहाँ दस्तावेजीकरण की विधिवत्

और वैज्ञानिक परम्परा नहीं है, इसलिए इस दौरान बालगंधर्व पर लिखी गई किताबें, आलेख, स्मृतियाँ, उनके आखिरी दौर में उनसे मिले लोग, उनके बारे में प्रचलित कथाएँ यहाँ तक कि दंतकथाएँ भी; जहाँ मिलीं मैं उन्हें पढ़ता-सुनता गया। इस सामग्री की बुनियाद और मेरी कल्पना, दोनो के मिश्रण से गंधर्व का एक चेहरा मेरे सामने उभरता गया। उपन्यास में चित्रित गंधर्व ऐसे ही हैं। इतिहास, सन्दर्भ, स्मृतियाँ और आख्यायिकाओं के जरिए खंड-खंड में जो गंधर्व मुझ तक पहुँचे हैं, उन्हें अपनी कलम से मैंने इस उपन्यास में चितारा है।

इस उपन्यास के लेखन में मैंने इतिहास के प्रति ईमानदार रहने का हर सम्भव प्रयास किया है। जिन घटनाओं के सन्दर्भ नहीं मिले, उन्हें यूँ ही चितारने का मोह मैंने नहीं पाला। उदाहरणार्थ, गंधर्व के मित्र पंडित का आगे क्या हुआ, बाद में गौहर की मुँहबोली बेटी कहाँ गई, आदि का कोई सुराग नहीं मिलता, इसलिए मैंने उन्हें वहीं पर छोड़ दिया। लेकिन साथ ही साथ उस दौर की प्रवृत्तियों का प्रतिनिधित्व करनेवाले कुछ चरित्र, उदाहरणार्थ, साने, मोहनदास, पंडित द्वारकानाथ, दिनू, नरूभाऊ वगैरा को मैंने अपनी कल्पना से साकार किया है। एक अभिनेता के तौर पर गंधर्व की अपनी भूमिकाओं की तैयारी, उस दौरान किया गया सोच-विचार, उसमें आनेवाली बाधाएँ, संभ्रम और उस पर की गई मात वगैरा की रचना मैंने नाट्यगुरू स्तानिस्लावस्की के "If I were there." (Magic If) सिद्धान्त के आधार पर की है।

गंधर्व को उनकी ढलती उम्र में देख चुके और उनके बारे में कही-सुनी बातें सुनानेवाले लोग उनके बारे में भक्तिभाव से ही बातें करते थे। इस कारण भी गंधर्व देवत्व के सोपान तक पहुँच गए थे। फिर भी मैंने पाया कि एक इनसान के तौर पर गंधर्व के आचरण में बहुत सारी विसंगतियाँ, विरोधाभास और अनाकलनीयताएँ हैं। कुछ घटनाओं के बारे में तो 'उन्होंने ऐसा क्यों किया होगा' इसका जवाब सिर पटकने पर भी नहीं मिलता। कुछ लोग तो यह मानने के लिए तैयार ही नहीं कि उन्होंने ऐसा बर्ताव किया होगा। बात चाहे पंडित पर अन्धा होकर भरोसा करने की हो या गौहरबाई से प्यार की। इस कारण यह भी देखने में आया कि इस बारे में बात करने को कोई बिल्कुल राजी नहीं। गंधर्वप्रेमी होने के नाते अनेक लोगों का यह आग्रह था कि गंधर्व की जिन्दगी का यह हिस्सा अँधेरे में ही छिपा रहे। लेकिन एक लेखक होने के नाते मुझे यह स्वीकार नहीं था। सबकुछ कौतूहलपूर्ण था। एक मनोवैज्ञानिक पहेली के नाते भी गंधर्व मुझे भाते रहे। इसीलिए इन अँधेरे कोनों की तलाश करते समय मैंने मनोविज्ञान के कुछ ग्रन्थों का आधार लिया और विशेषज्ञों से चर्चा भी की।

इस दौरान गंधर्व के व्यक्तित्व की मुझे जो पहचान मिलती गई, उससे दिखाई दिया कि यह शख्सियत अपने भीतर अद्‌भुत छटाएँ, अद्‌भुत पहलू

और एकसाथ अनेक विरोधाभास समेटे हुए है। एक तरफ उन्हें नियति द्वारा लिखे उतार-चढ़ावों के झटके लग रहे थे और दूसरी तरफ वे अपनी ही प्रकृति के शिकार हो रहे थे। यह सब देखते समय एक चरित्रकार के नाते मुझे उनकी इन घटनाओं की खोज करनी चाहिए थी। परंतु इन सबसे गुजरते हुए मुझे संसार द्वारा स्वर्गलोक का गंधर्व माने जा चुके 'श्रीपाद नारायण राजहंस' नामक इनसान की मानसिक दशा क्या होगी, लोगों द्वारा सांस्कृतिक देवता माने गए हाड़-माँस के पुतले इस आदमी की मनोदशा क्या रही होगी, इस बारे में मन ही मन चिंतन का चस्का लग गया और यह सुनिश्चित हुआ कि यह रचना चरित्र नहीं, बल्कि उपन्यास ही है।

यह उपन्यास लिखते समय मैंने रचना के प्रति पूरी ईमानदारी बरती है और कहीं भी कोताही नहीं की है। विशेषत: गंधर्व-गौहर के प्रसंग में! हेमिंग्वे कहता है, 'लेखक को न्याय नहीं करना चाहिए।' इसलिए मैंने कौन सही और कौन गलत, इस फेर में पड़ने की अपेक्षा इस दौरान के गंधर्व के अन्तर्मन में झाँकने का प्रयास किया है। इसमें एक तरफ मैं उनके देवत्व का भी लिहाज कर रहा था और दूसरी तरफ एक मनुष्य के रूप में गंधर्व की जिन्दगी से चिपके सभी विकारों को भी देख रहा था। मुझे गंधर्व की मनोदशा का सफर बहुत बड़े चिंतन का विषय लगता था क्योंकि अपनी त्रासदी की तरफ देखते समय गंधर्व कहीं भी यह कहते हुए नहीं दिखते कि 'मैंने इतना किया और देखो मेरे हिस्से में यह क्या आया!' कहीं भी वे अपने खोए ऐश्वर्य की यादों में आँसू नहीं बहाते। इसके विपरीत, इस समृद्धि, सौंदर्य का उपभोग करनेवाले गंधर्व के भीतर की गहराई में एक विरक्ति की भावना भी छिपी हुई मिलती है। बाद में इसी विरक्त भाव से उनका मन व्याप्त हो गया। इसी कारण गंधर्व अपनी जिन्दगी के उत्तरार्द्ध में इन सारी बातों की तरफ ऐसी तटस्थ निगाह से देखते पाए जाते हैं, मानो किसी दूसरे की जिन्दगी की तरफ देख रहे हों। तब मुझे लगा कि इस तरह खुद के प्रति निर्विकार होकर देखना अगर गन्धर्व से सम्भव होता है, तो मन का भक्तिभाव अलग रखकर एक लेखक के नाते मुझे (और पाठक को भी) उनके प्रति इसी तटस्थता से देखना चाहिए।

असीम प्रतिभा के धनी इस इनसान की सीमाओं को अनदेखा करना भी ठीक नहीं था और मैंने ऐसा किया भी नहीं है। लेकिन इन सीमाओं के अध्ययन के बावजूद मेरे मन में गंधर्व की ऊँचाई तनिक भी कम नहीं हुई, बल्कि और बढ़ती गई। यह अध्ययन करने के बाद मैं अपने आप से ही पूछता हूँ कि क्या मेरी गंधर्व नामक अद्‌भुत प्रतिभा के धनी इनसान की तलाश पूरी हुई? जवाब में कहूँगा कि मुझे जो गंधर्व दिखाई दिए वे यही हैं। मैंने अपने मन के रंगमंच पर उन्हें जिस रूप में देखा, वे यही गंधर्व हैं। सात अंधों और हाथी की कहानी की तरह! लेकिन इस बहाने उस दौर का एक अच्छा सफर सम्पन्न हुआ। गंधर्व के इर्द-गिर्द अथवा उनके साथी लोग भी इतनी महान

हस्तियाँ थे कि उन पर अलग-अलग उपन्यास लिखे जा सकते हैं। चाहे वे गडकरी हों, केशवराव भोंसले हों, काकासाहब हों, बखले बोवा हों या छत्रपति शाहू महाराज। गंधर्व के जीवन में इनका स्थान, गंधर्व के उनसे सम्बन्ध सब इतिहास में दर्ज है। लेकिन यहाँ इतिहास में मिली घटनाओं के आधार पर उनके बीच के व्यक्तिगत भावबंध (इंटरपर्सनल रिलेशनशिप) को चित्रित करना ही उन रिश्तों का मेरे द्वारा लगाया अन्वयार्थ है। बल्कि यह पूरा उपन्यास ही उस इतिहास का, आख्यायिकाओं का, स्मृतियों का, सन्दर्भों का मेरे द्वारा लगाया गया अन्वयार्थ है। और इसी कारण इसे पाठकों के हाथों में सौंपते समय मुझे 'When A says something about B, says more about A than B' इस वाक्य का स्मरण हो आता है।

इस रचना के सृजन के सन्दर्भ में मराठी फिल्म 'बालगंधर्व' के मुख्य अभिनेता सुबोध भावे और निर्माता नितीन चन्द्रकान्त देसाई के प्रति आभार प्रकट किए बिना मैं आगे बढ़ ही नहीं सकता, क्योंकि गंधर्व नामक जंगल में मुझे वही लेकर आए और यहाँ मेरा साथ भी दिया। सन्दर्भ ग्रन्थों में मैंने गोलोकवासी वसन्त शान्ताराम देसाई की किताबों का खूब इस्तेमाल किया है। मैं तो यह मानता हूँ कि मेरे और बालगंधर्व के बीच की कड़ी वे ही थे। आदरणीय बाबासाहेब पुरंदरे, जयमाला शिलेदार, कीर्ति शिलेदार, लता शिलेदार, संजय देशपांडे, अनुराधा राजहंस, राम जोशी, अप्पासाहब शिंदे, डॉ. आनन्द नाडकर्णी, विक्रांत आजगाँवकर, मोहनदास सुखटणकर आदि ने अत्यन्त आत्मीयता से अनेकों बार चर्चाएँ कीं और सहयोग दिया। इतिहासप्रेमी विश्वास दांडेकर, विश्वास पाटील आदि ने अत्यधिक प्रोत्साहन दिया। डॉ. सदानन्द मोरे के साथ हुई चर्चाएँ और उनका 'लोकमान्य से महात्मा' ग्रन्थ उस दौर को समझने के लिए अत्यन्त उपयोगी साबित हुआ। इन सबके प्रति जितना आभार प्रकट किए जाए, कम ही है।

राजकमल प्रकाशन ने अत्यन्त आत्मीयता और कौशल के साथ हिन्दी में प्रकाशित कर इस गंधर्व गाथा का भाषिक परिदृश्य विस्तृत किया है। इसलिए श्री अशोक महेश्वरी जी का मैं अत्यन्त आभारी हूँ। श्री सत्यानन्द निरुपम जी और श्री आर. चेतनक्रान्ति जी ने भी इस रचना के प्रकाशन के लिए काफी मेहनत की है।

इस उपन्यास के मूल मराठी प्रकाशक राजहंस प्रकाशन, गुरुवर्य श्री दिलीप माजगांवकरजी तथा विनायाताई खडपेकर इनके प्रति आभार प्रकट करने के लिए तो मेरे पास प्रयाप्त शब्द ही नहीं हैं।

इस कार्य में सहयोग देनेवाले मित्रवर श्रीराम जोशी, सुश्री विनया जोशी, राहुल कोसंबी, टेकचन्द सोनावणे, आप सबके प्रति आभार।

श्री राम गोपाल बजाज—बज्जूभाई के दो शब्द मेरे लिए आशीर्वचन ही हैं। आपके प्रति मैं कृतज्ञ हूँ।

और अनुवादक डॉ. गोरख थोरात जी! इस रचना के साथ पूरी तरह से एकाकार होकर आपने उस दौर को और उस दौर की भाषा को ऐसी कारीगरी के साथ हिन्दी में उतारा है कि उपन्यास अनूदित रचना लगती ही नहीं, मौलिक ही लगती है। आपका शब्द भंडार अचंभे में डाल देता है। आपके प्रति मैं कृतज्ञ हूँ।

उपन्यास पूरा हो चुका है और अब इस गंधर्व नगरी से बाहर निकलने का समय हो गया है। मैं गद्‌गद् हूँ क्योंकि गंधर्व जैसे एक विराट व्यक्तित्व के सान्निध्य में, उसकी छाया में मैं विचर रहा था। यह सान्निध्य अब खत्म होनेवाला है। इस नाटक का परदा गिरनेवाला है। चलते-चलते गडकरी गुरूजी के शब्द याद आते हैं, "किस्मत में आया स्वाँग रचाना ही चाहिए।" ऐसा ही यह उपन्यासकार का स्वाँग मेरे हिस्से आया था। मैंने उसे अपनी क्षमता के अनुसार रचाने का प्रयास किया है।

भगवन्, इसे स्वीकार करें...!

—अभिराम भडकमकर

अनुवादक का मन्तव्य

अनुवाद मेरा प्रिय विषय। इससे पूर्व ज्ञानपीठ पुरस्कृत मराठी साहित्यकार भालचन्द्र नेमाड़े के 'हिन्दू : जीने का समृद्ध कबाड़' उपन्यास का अनुवाद किया था और उससे अनुवाद के प्रति कुछ आत्मविश्वास भी पैदा हुआ था।

वैसे नाटक भी मेरा प्रिय विषय, लेकिन मैं प्रकृति से संकोची। अत: इस क्षेत्र में कुछ कर नहीं पाया। लेकिन मन में पहले से नाटक से सम्बन्धित चरित्रों के प्रति कौतूहल एवं अपार जिज्ञासा। उसमें बालगंधर्व जैसे लीजेंड के बारे में तो कहना ही क्या! एक बार दिल्ली जाना हुआ और वहाँ राजकमल प्रकाशन के सत्यानन्द निरुपम जी से मुलाकात हुई। मुलाकात में निरुपम जी ने इस उपन्यास के अनुवाद के बारे में पूछा और मैं मुदित हो गया। इनकार का कोई कारण नहीं था। दिल्ली से घर लौटने के बाद सबसे पहले उपन्यास खरीदकर पढ़ा और समझ गया कि नाटक और साहित्य जगत् का एक अनमोल मोती हाथ आया है। फिर तुरन्त मैंने लेखक अभिरामजी को फोन मिलाया और अनुवाद के लिए उनकी स्वीकृति प्राप्त की। दरअसल, बालगंधर्व के बारे में जितना सुना था और उन पर बनी फिल्म 'बालगंधर्व' में जो दिखाया गया था, बहुत कम था। खासकर गंधर्व के जीवन का उत्तरार्द्ध कमाल का अविश्वसनीय है।

वैसे यह उपन्यास अनुवाद की दृष्टि से कोई बहुत बड़ी चुनौती नहीं थी, क्योंकि रचना मूलत: मानक मराठी में है। लेकिन नाटक एवं रंगकर्म से जुड़ी शब्दावली परेशान कर रही थी। ऐसे में इसके लेखक अभिराम भडकमकरजी सहायता के लिए सामने आए। यों भी अभिरामजी एन.एस.डी., मराठी रंगमंच, मराठी फिल्म और टीवी से जुड़े रंगकर्मी हैं। अत: अनुवाद में उनका सहयोग अत्यन्त अहम रहा।

उपन्यास के अनुवाद में छह-सात महीने लगे। इस दौरान गंधर्व का जो सान्निध्य प्राप्त हुआ, वह अकथनीय है। पहले गंधर्व के प्रति आदर का भाव था, आज उनके प्रति श्रद्धा है।

—गोरख थोरात

बालगंधर्व

चिन्मय ने कॉलेज में गाड़ी पार्क की। बगल में काफी स्कूटर, बाईक खड़े थे। 'वाह! आखिरकार देसाई सर ने लड़के इकट्ठा कर ही लिये!' उसके मन में बात उभरी, 'हैं ये तो पुराने ठूँठ, पर कितना जीवट! हमारे परदादा भी कहाँ कम थे!' वह हॉल के पास आया। शाम के लगभग साढ़े छह बजने को थे। 'देसाई सर डॉट छह बजे हाजिर हो गए होंगे। हाथों में संहिता लिये बैठे होंगे कुछ-न-कुछ नोट करते...।'

"क्यों चिन्मय?" आवाज सुनते ही उसने देखा। हाथ में ब्रश लिये महेश कार्यक्रम का बोर्ड बना रहा था :

'यादें गंधर्वयुग की...बालगंधर्व जयन्ती समारोह, 26 जून, 2011'

"क्यों डॉक्साहब? बड़े जोरों-शोरों से तैयारियाँ हो रही हैं?"

"क्या करें, सर ने जोत जो दिया है काम में! उन्हें मना भी तो नहीं कर सकते! तुम अपनी सुनाओ, क्या कर रहे हो आजकल?"

"वही अपना हमेशा का, साउंड सिस्टम मेरा ही है यहाँ और कुछ टिकट भी बेचने पड़ेंगे। यार महेश, तुम्हारा अच्छा है। डॉक्टर्स एसोसिएशन को थोक में गड्डियाँ थमा दीं और बस हो गया।" दोनों हँस दिये।

"खैर, जाने दो, पर कितने जी-जान से कर रहे हैं सर ये सब। वरना आजकल कौन पड़ता है संगीत नाटक के झमेले में?"

"हाँ यार। पर सर आए हैं क्या?"

"और क्या! भीतर हैं। बीड़ी पियोगे?"

"नहीं, अभी-अभी पी है। थोड़ी देर में आता हूँ।" और चिन्मय भीतर चला गया।

उसके जाने पर महेश फिर अपने काम में जुट गया। हॉल में कुछ नए चेहरे, लड़के-लड़कियाँ बैठे हुए थे। एक ही सुर में गा रहे थे। चिन्मय रुक गया।

कालिदास कविराज रचित हे गानी शाकुन्तल रचितो
जाणूनिया अपसान नसे हे महत्कृत्य भर शरि घेतो।[1]

'कुछ भी कहो, पर कुछ-न-कुछ बात जरूर है इस नांदी में। भीतर से हिलाकर रख देती है। कितने सालों से सुन रहे हैं हम इसे। चार साल की उम्र में दादाजी और परदादाजी ले जाते थे मुझे अपने साथ नाटक में। इकत्तीस साल बीत चुके हैं, पर ऑर्गन के सुर सुनता

1. कालिदास के शाकुन्तल पर ही इस गान की रचना करता हूँ। यह कार्य आसान नहीं है, यह जानकर भी इस महान कार्य को अपने कन्धों पर ले रहा हूँ।

हूँ तो आज भी दिल भर आता है।' वह सर के पीछेवाली कुर्सी पर जा बैठा। हारमोनियम पर बैठा कुमार गर्दन हिलाता हुआ मुस्कुरा दिया। तबले पर बैठा बहारुल भी उसे देखकर धीमे-से मुस्कुराया।

ईश्वराचा लेश मिळे तरी मूळ यत्न शेवटि जातो
या न्याये बलवन्तकवि निजवाक्पुष्पी रसिकार्चन करितो![2]

नांदी समाप्त होने पर सर सन्तुष्ट दिखे, "बन रही है साथियो, बात बन रही है। पर उच्चारण पर और मेहनत करनी पड़ेगी। दस मिनट आप लोग आराम कर लीजिए, पानी पी लीजिए, फिर बाद में दुबारा..." कहते-कहते उनकी दृष्टि चिन्मय पर पड़ी।

"नमस्ते सर!"

"अरे चिन्मय! कैसी लगी नांदी? सारे लड़के नए हैं, कॉलेज के।"

"बढ़िया सर, बहुत बढ़िया।"

"बच्चो, ये है चिन्मय! चिन्मय अभ्यंकर। इंजीनियर है। अब अमेरिका जा रहा है, नौकरी के लिए। पता है, इसके परदादा गंधर्व कम्पनी में थे! गंधर्व के साथ काम किया था उन्होंने।" चिन्मय ने देखा कि बच्चों के चेहरे दमक उठे हैं। बचपन से ही उसे इसकी आदत-सी हो गई थी। परदादा ने गंधर्व के साथ काम किया है, मतलब जरूर कुछ-न-कुछ खास, बहुत बड़ा काम किया है। बचपन से ही यह एहसास उसके मन में दृढ़ हो गया था।

"चाय बोलो तो कोई जाकर।"

बर्वे उठकर चला गया।

"कहो, तस्वीरें लाए हो?"

"जी हाँ सर।" चिन्मय ने पार्सल निकाला। अनजाने ही उसने अलबम खोला। लड़के भी झाँकने लगे। फिर एक लड़के ने बड़ी ढिठाई से अलबम को अपने हाथों में लिया, फिर दूसरे ने...बाद में सारे के सारे सिर उसमें झाँकने लगे।

"वॉव! सर, कैसा बढ़िया कॉस्टयुम है..." एक पोनीटेलवाला लड़का बोला।

"सुना है, ये असली सोना था, कलाबत्तू का," सनत ने कहा।

"वॉव...क्या कारीगरी है...मस्ट बी टूऽऽऽ कॉस्टली, क्यों?" एक लड़की चिल्ला उठी। बहारुल और कुमार भी झुककर देखने लगे।

"सर, इनकी प्रदर्शनी तो हम हमेशा लगाते हैं, क्यों न इस बार ये स्लाइड्स दिखाएँ या पीछे से गाते हुए दिखाएँ? इसी कार्यक्रम में इनका इस्तेमाल करेंगे...मतलब स्टेज पर..." चिन्मय ने सुझाया।

"हाँ हाँ, कोई हर्ज नहीं।" सर ने कुछ सोचा।

"सॉलिड लगेगा सर। क्यों निशा?" सनत ने उस लड़की से पूछा।

"बढ़िया! और पीछे वाइस ओवर..." वह बेहद खुश होती हुई बोली।

"हूँ...अच्छा आइडिया है।" पर सर के मन में अब बजट भी दस्तक देने लगा था। इच्छा हुई कि पूछे चिन्मय को, कोई स्पॉन्सर मिला? लेकिन फिर सोचा बाद में देखेंगे।

2. ईश्वर की कृपा हो जाए तभी प्रयास सफल होता है। यही सोचकर कवि बलवन्त ये अपने शब्द-सुमन रसिकों को अर्पित करता है।

''लेकिन वाइस ओवर में कहेंगे क्या?'' अक्षय ने पूछा।

''नेट पर जानकारी खोजनी पड़ेगी,'' सनत ने तुरन्त विकल्प सुझाया।

''लेकिन सारी जानकारी मिल जाएगी नेट पर? या सर, आप ही बताइए न!''

''नहीं, पहले तुम सारी जानकारी इकट्ठा करो। पता तो चले कि तुम लोग क्या जानते हो।''

''सिम्पल, बालगंधर्व गायक थे। आय मीन ए सिंगर एक्टर।''

''वे लेडीज किरदार निभाते थे...''

''यानी जनाना एक्टर थे,'' सनत ने पोनीटेल के कथन को करेक्ट किया, ''और ऐसे सॉलिड थे कि जनाना भेस में ही औरतों के हल्दी-कुंकुम समारोह में शामिल हो जाते थे और किसी को पता भी नहीं चलता था।''

''माय गॉड।'' निशा की आँखें फैल गईं।

''उनकी नाटक कम्पनी में चाँदी के बर्तनों में खाना परोसा जाता था और शो शुरू होने से पहले इत्र भी छिड़का जाता था। सुना है, थिएटर में इत्र के दीए भी जलाए जाते थे, क्यों सर?''

''और? और कुछ?'' सर की निगाहों में शरारत उभर आई। लेकिन सनत सोच में पड़ गया...और...और क्या कहें...?

''हाँ...ही वॉज फेमस...पॉप्युलर। लेकिन जब उनकी डेथ हुई, तब तक वे बहुत कंगाल हो चुके थे।''

''और?''

अब सनत भी रुक गया। कुछ-कुछ याद करते हुए उसने उनके कुछ गानों के उदाहरण दिए। नाटकों के नाम भी बताए। पु.ल. देशपांडे, भीमसेन जोशी, आचार्य अत्रे जैसी हस्तियाँ तो उनकी भक्त ही थीं। भीमसेन जी तो उन्हें भगवान ही मानते थे...इतनी जानकारी देने के बाद, कहें या न कहें की पसोपेश में सनत बोल गया, 'किसी गायिका के साथ भी उनका नाम जोड़ा जाता था...' और चुप हो गया। कुल मिलाकर उसने बताया कि वे लीजेंड थे। सर को विस्मय हुआ। कितना कम जानते हैं ये बच्चे। आज समाज के पास केवल अस्मिता रह गई है, पर इतिहास कोई नहीं जानता। जिन्दगी का सारा हिसाब ही सतही बनकर रह गया है। दरअसल, कैसा गौरवशाली इतिहास है उनका। परम्परा की जड़ें कितनी गहरी हैं। तभी चाय आई और बच्चे चाय में खो गए।

लेकिन सर चाय का प्याला हाथ में थामे बैठे रहे...'बीते पचास वर्षों से इस रंगमंच की दुनिया में हूँ। नाट्यकला की टहनी का एक मामूली-सा पत्ता। कितना विशाल दरख्त है यह। गर्व करने लायक। जिद करके संगीत नाटक का क्षेत्र चुना था मैंने। उससे मन के तार जुड़ गए। कितने तूफान उठे, लोगों ने तो यहाँ तक कहना शुरू कर दिया कि 'संगीत नाटक खत्म हुआ, उसका तर्पण कीजिए, फिर भी मैं इससे चिपका रहा। टहनी का पत्ता बनकर। जीवट के साथ। इस पत्ते का पर्णहरित किस जड़ से जा मिलता होगा...?' सर पीछे, बहुत पीछे-पीछे जाने लगे। गंधर्व, किर्लोस्कर, भावे युग से भी पीछे, भास के युग तक जा पहुँचे।

लगभग दो हजार वर्ष पीछे। उन्हें एहसास हुआ कि भास के 'चारुदत्त' नाटक में इस संगीत परम्परा की जड़ें हैं। भास...रंगमंच पर विभिन्न प्रयोग करनेवाला रंगकर्मी। नाट्यशास्त्र के नियमों को चुनौती देकर नाटक रचनेवाला नाटककार। रंगमंच पर रक्त, मृत्यु दिखानेवाला...और स्वयं दुर्योधन के मुख से शान्ति का और युद्ध के विरोध का सुर बुलन्द करनेवाला।

उस युग से आज तक अलग-अलग प्रकारों से लोकरंजन का प्रयास नज़र आता है। सर भूतकाल की गुफा में प्रविष्ट हुए।

उन्हें दिखाई देने लगा एक विशाल पुराना मन्दिर। रात का अँधेरा और मशालों की रोशनी में रँगा हुआ विष्णुदास भावे का कोई आख्यान। *सीता स्वयंवर* या *कंसवध*। लोग बड़े उत्साह से इकट्ठा हुए हैं। गाँव के सम्पन्न घरों से कपड़े और पटरे मँगाकर बनाया गया कामचलाऊ मंच। हट्टे-कट्टे, तगड़े, मुस्टंडे दानव चीख रहे हैं...तलवारें भाँज रहे हैं...सुन्दर नाक-नक्श के नट देवता बने खड़े हैं...और कच्ची उम्र के कोमल गौरवर्णीय लड़के औरतों के भेस में। बीच-बीच में विदूषक आता है और हँसाकर चला जाता है और कोने में खड़ा सूत्रधार *ऐसा कैसे हुआ, सुनिए* या *क्या हुआ, सुनिए* कहता हुआ कुछ-कुछ बतियाकर गा रहा है। बेचारा, नाटक शुरू होने से खत्म होने तक ऐसे ही खड़े रहने और गाने की तैयारी से आया लगता है। नाटक हो रहा था, पर न ढंग की संहिता थी, न संवाद। उसकी जरूरत भी नहीं थी, क्योंकि नाटकवालों का विश्वास ही यह कह रहा था कि गद्य की बजाय पद्य में ही आशय अधिक असरदार होता है।

इस हुड़दंग को लोग बड़े चाव से देख रहे थे। लेकिन इन्हीं दर्शकों में एक नौजवान बैठा था। दरअसल, उसने भी भावे जी की तर्ज पर कुछ पद्यात्मक आख्यान लिखे थे। *शांकर दिग्विजय* जैसे नाटक और अन्य पद्य-रचनाएँ नाटक कम्पनियों को दे रखी थीं। उसके चेहरे पर असन्तुष्टि और बेचैनी झलक रही थी।...ये काहे का सूत्रधार, ये तो कथावाचक है। गर्दन हिलाता हुआ वह खुद से ही बोला।...नाटक का कीर्तन बना डाला है इन लोगों ने। सूत्रधार के चंगुल से नाटक को मुक्त करना होगा। इस नाटक में दिल नहीं लगता। वह उठ खड़ा हुआ और मन्दिर के बाहर आया। भीतर से दानवों की आवाजें, विदूषक की चेष्टाएँ और दर्शकों की दाद सुनाई दे रही थी। उसने सोचा...अगर हम अपनी नाटक कम्पनी बनाएँ तो? और वह उत्साह से रोमांचित हुआ।...बनाऊँगा, अपनी नाटक कम्पनी बनाऊँगा। इस नौजवान का नाम था बलवन्त पांडुरंग उर्फ अण्णासाहब किर्लोस्कर!

उसने तुरन्त नाटक के शौकीन अपने कुछ दोस्तों को इकट्ठा किया और उनके सामने यह प्रस्ताव रखा। सभी दोस्त नौकरीपेशा। सफेदपोश।...नाटक कम्पनी? नौकरी-धन्धे के साथ खेल पाएँगे नाटक? दोस्तों को सन्देह हुआ।

"हम खेलेंगे!" अण्णा बोले और सचमुच, वहाँ बैठे-बैठे एक पौराणिक नाटक मंडली की घोषणा भी कर डाली। पेशे से अध्यापक यानी, कीर्तनिया जैसी तन्मयता से पढ़ाने का स्वभाव। लेकिन मन में रंगमंच के विचार। पद्यमय आख्यान लिखते-लिखते

उनके मन में नाटक का एक नया रूपाकार भी उभरने लगा।...यदि नटों को संवाद लिखकर दिए जाएँ और सभी दृश्य पहले ही लिखकर अच्छा अभ्यास कराया जाए तो? उनके मन में विचार आया।

और अण्णा नाटक लिखने बैठ गए।...पर विषय? उन्होंने खुद से ही सवाल किया। कुछ भी नहीं सूझ रहा था। फिर लिखते-लिखते यही सवाल नटी के मुख में डाल दिया। नाटक के आरम्भ में ही नटी पूछने लगी, "आज कौन-सा नाटक खेला जाएगा?' और अण्णा ने ही सूत्रधार बनकर जवाब दिया, "सकल कला गुण सम्पन्न पंडित जन आज सभा में होंगे। इसलिए सामान्य नाटक की रचना व्यर्थ है...हाँ, आएँगे! सकल कला गुण सम्पन्न पंडित अवश्य आएँगे नाटक देखने। हम दिलाएँगे ऐसी प्रतिष्ठा नाटक को।" बुदबुदाते हुए वे आगे लिखने लगे। पर विषय? सभी के लिए परिचित विषय चुना जाए तो? विषय ऐसा चाहिए जिसमें श्रृंगार हो, उत्कंठा हो और करुण रस भी हो; और वे अपने हाथ की अँगूठी से खेलने लगे। और अचानक अँगूठी उँगली से छूट गई और गोबर से पुती जमीन पर लुढ़कती हुई उसमें पड़ी दरारों में कहीं गायब हो गई। नाटक के लिए विषय तलाश रहे अण्णा अब अँगूठी को ढूँढ़ने लगे। ढूँढ़ते-ढूँढ़ते उनकी दृष्टि कोने में गई। अँगूठी का नगीना चमक उठा। उसे उठाने के लिए झुके ही थे कि मन में विचार कौंधा। दुष्यन्त-शकुन्तला की प्रेमकथा चुनें तो? एक अँगूठी के कारण ही तो हुई थी यह महाभारत!

और देखते ही देखते कागज पर उतरने लगा *संगीत शाकुन्तल*। पहले ही प्रयास में नाटक की पांडुलिपि तैयार हो गई। सारी मंडली मन्दिर में इकट्ठा हुई। मोरोबा ने नाटक पढ़ा। उन्हें बहुत भाया। बोले, "अण्णासाहब ने संहिता बनाई है, इसलिए नाटक को साहित्यिक मूल्य की प्राप्ति हो गई है। और अण्णा, इसका पद्य हिस्सा भी अत्यन्त श्रवणीय बन पड़ा है। इसी कारण मैं इसे नाट्य और संगीत का मिलाप कहूँगा।" परन्तु बालकोबा गर्दन हिलाते हुए बोले, "अण्णा, नाटक का शीर्षक है *संगीत शाकुन्तल* और शकुन्तला के ही पद नदारद?"

अण्णा हँस दिए, बोले, "बिलकुल सही पकड़ा है बालकोबा आपने। मगर क्या करें, शंकरराव मुजूमदार शकुन्तला बन रहे हैं और गाने के मामले में वे जरा उन्नीस ही हैं। इसीलिए मैंने कण्वमुनि और दुष्यन्त को गाने का भार सौंपा है।"

"तो फिर *संगीत दुष्यन्त* और *गद्य शकुन्तला* ऐसा शीर्षक दें तो?" बालकोबा ने पूछा और शंकरराव समेत सभी खिलखिलाकर हँस पड़े।

"मजाक बहुत हुआ, चलो अब तैयारी करते हैं।" और जोरदार अभ्यास शुरू हुआ।

31 अक्तूबर, 1880, मंचन का दिन। अण्णा तनिक सशंक, परेशान। सूत्रधार और दानवों के विकट हास्य के आदी दर्शक इस नाटक को पसन्द करेंगे? दूसरी तरफ, मोरोबा वाघुलीकर दुष्यन्त की भूमिका में थे। वे कुछ ज्यादा ही डरे हुए थे। एक नट को अच्छी भूमिका मिलने की खुशी भी होती है और दबाव भी होता है। पहले मंचन में तनाव में न हो, ऐसा नट अभी तक तो पैदा नहीं हुआ। मोरोबा इस भूमिका से ऐसे तनाव, दबाव में आए कि उनके हाथ-पैर काँपने लगे। वे डगमगाए और सीधे दौड़ पड़े जंगली महाराज के चरणों पर। कभी-कभी खुद को दूसरे के हवाले कर देना आसान होता है। महाराज

के चरण पकड़कर बोले, "महाराज, इस मंचन में आपको आना होगा। वरना मैं खड़ा नहीं हो पाऊँगा।"

महाराज हँस दिए। बोले, "डरने की कोई बात नहीं है।" और उन्होंने उनके हाथों में धूप रख दिया। मोरोबा ने प्रसाद समझकर उसे अँगोछे में बाँध लिया और लौट पड़े, पर लौटते हुए एक सेर धूप और ले आए। कलाकारों में सम्भ्रम...यह धूप किसलिए? लेकिन मंचन आरम्भ होने से पहले मोरोबा ने मंच पर धूप जलाया। उसके धुएँ से सारा वातावरण मंगलमय हो गया और मंच पर प्रकट हुआ *संगीत शाकुन्तल*। नटी-सूत्रधार आए और नाटक का परिचय देकर चले गए और फिर मंच पर अवतरित हुई शकुन्तला, अपनी सखियों के साथ।

कथा आगे खुलने लगी। यहाँ शकुन्तला के मन की बात स्वयं शकुन्तला कह रही थी। मुझे शकुन्तला से प्रेम हो गया है, यह सूत्रधार ने नहीं, बल्कि स्वयं दुष्यन्त ने कहा। दर्शक भी तन्मय होने लगे। नाटक का यह रूप दर्शकों के लिए अनोखा था। आँखों के सामने सारी घटनाएँ घटित हो रही थीं और कथानक आगे बढ़ रहा था। आखिरकार, राजा दुष्यन्त ने अपने प्रेम की निशानी अँगूठी देखी और उसे शकुन्तला और उसके प्रेम का स्मरण हो आया, और तालियाँ गूँज उठीं। कुछ नया और अनोखा देखने का खुमार लेकर दर्शक अपने घर लौट गए।

नाटक समाप्त हुआ। अण्णा ने मंच की धूल भभूत की तरह अपने माथे पर लगाई और बोले, "हे माँ रंगदेवता, आज हमने तुम्हें कथावाचक के चंगुल से मुक्त कर दिया।"

पीछे मोरोबा खड़े थे। उनके पास जाकर अण्णासाहब बोले, "मोरोबा, कमाल कर दिया आज आपने। शकुन्तला ही नहीं, सारे रसिक जनों को भी जीत लिया आपने। वन्स मोर के शोर से थिएटर गुँजा डाला।" मोरोबो अभिभूत हो गए थे। बोले, "मेरा काहे का कमाल? यह सब महाराज के प्रसादरूपी धूप का चमत्कार है। यह सब हुआ उस धूप के धुएँ के कारण।" और तब से नाटक में मंचन से पूर्व धूप जलाने की प्रथा हमेशा के लिए चल पड़ी।

किसी घर में जैसे पीढ़ियों से यज्ञकुंड धधक रहा हो, उसी तरह मराठी संगीत नाटक में यह धूप निरंतर धधकता रहा...और उसकी महक से रंगमंच महकता रहा।

बच्चो, नाटक का मंचन जोरों-शोरों से होने लगा। यह नया प्रयोग लोगों को खूब भाया। उन्हें लगने लगा कि नाटक ऐसा ही होना चाहिए। नाटक में दर्शकों की भीड़ बढ़ने लगी। परन्तु अब नटों की जिम्मेदारी बढ़ गई थी। अपने-अपने संवाद उन्हें अच्छी तरह याद करने पड़ते थे। कोई संवाद भूल जाए तो सँभालने के लिए न सूत्रधार आता था न विदूषक! लेकिन कुछ कलाकार सभी के संवाद याद कर लेते थे। अण्णा का ऐसा ही विश्वसनीय नट था दिगू। उसकी खासियत थी कि एक बार पढ़ने पर उसे सबकुछ याद हो जाता। कोई कलाकार बीमार पड़ जाए, किसी के घर गमी हो तो दिगू तन्मय होकर वह भूमिका निभाता। बल्कि वह मौके की ताक में ही रहता कि कौन नागा करता है। आज अनसूया की भूमिका करनेवाला नट घरेलू कारणों से आनेवाला नहीं था। पर दिगू के होते हुए अण्णा को कैसी फिक्र?

अण्णा ने बालकोबा से कहा, ''दिगू से कहना, आज तुम्हें अनसूया का स्वाँग रचाना है।''

''हाँ, वह तो हमेशा एक टाँग पर तैयार रहता है। सजने-सँवरने का बड़ा शौक है उसे। जंगल निवासिनी अनसूया, पर फूलों की इतनी मालाएँ पहनती है कि जंगल की रानी ही लगती है।'' बालकोबा ने जवाब दिया।

''ठीक है बालकोबा, कच्ची उम्र में अच्छा लगता है सजना-सँवरना।'' कहकर अण्णा मुड़े ही थे कि तभी प्रियंवदा बना नट दौड़ता हुए आया, ''अण्णा, अण्णा, जल्दी चलिए। दिगू कहता है, मैं नहीं रचाऊँगा किसी का स्वाँग।''

''क्या ?'' अण्णा को अचरज हुआ। ''दिगू बेटा!'' वे भीतर आए। देखा, दिगू एक कोने में बैठा हुआ था। आँखें भरी हुईं और नाक की फुनगी लाल।

''क्या हुआ दिगू ? क्यों नहीं रचाएगा आज तू स्वाँग ?''

''आज भी नहीं, और आगे भी कभी नहीं रचाऊँगा मैं नाटक का स्वाँग।''

''लेकिन बेटा, ऐसा क्यों ?''

''अण्णा...नहीं चाहिए नाटक।''

''नाटक नहीं चाहिए ? पर क्यों ?''

''क्या बताऊँ ? इस नाटक के लिए बाल बढ़ाए हैं और इसी वजह से लोग ताने कसते हैं कि ये नौटंकिया है।''

''अरे तो क्या हुआ ? बाल तो सभी के बढ़े हुए हैं।''

''क्या हुआ ? आजकल...आजकल किसी काम से हम गाँव में जाएँ, तो हमें देखकर घर का दरवाजा बन्द कर लेती हैं औरतें—नौटंकिया का मुँह न देखना पड़े इसलिए। आज तो एक बुढ़िया बोली, बिल्ली रास्ता काट जाए जो दस कदम पीछे जाकर निजात पा सकते हैं, पर नौटंकिया रास्ता काट जाए तो...है कोई उपाय शास्त्रों में ? मुझे नहीं चाहिए ये नाटक...''

बालकोबा को हँसी आई, बाकी लोग भी हँसने लगे। लेकिन अण्णा का चेहरा तमतमा उठा। उनका अंग-अंग थर्राने लगा। ''हँसो मत बालकोबा,'' वे चिल्लाए। ''हमारे धन्धे की प्रतिष्ठा नहीं है, यह कोई हँसी की बात है ? हमारे लिए यह नाटक केवल धन्धा नहीं है। इसे पंचम वेद मानते हैं हम। इसीलिए हमारा आचरण भी ऐसा हो कि समाज में नाटकवालों के प्रति प्रतिष्ठा-सम्मान का भाव हो।'' और अण्णा ने कुछ नियम ही लाद दिए कम्पनी पर। ''मंच पर जैसे हम यह सावधानी बरतते हैं कि शकुन्तला का पल्लू ढले नहीं, उसी तरह बाहर भी हमें सावधानी बरतनी होगी। बुरी लतें, अनुचित आचरण को हमें त्यागना होगा।'' और मानो एक अलिखित आचरण संहिता ही उन्होंने रंगमंच को प्रदान की और दृढ़ता से बोले, ''गौर से सुनिए, नाटक की सफलता के साथ-साथ नाटक के कलाकारों का सम्मान भी बढ़ना चाहिए।'' फिर दिगू को पास बुलाते हुए बोले, ''दिगिया, अरे पगले, जरा सोच तो, रास्ता काटनेवाली बिल्ली को देखकर जब लोग दस कदम पीछे जाते हैं, तब वह बिल्ली क्या सोचती होगी ? यही सोचती होगी न कि ये गँवार हैं। बस, हम भी ऐसा ही करें। आज जो लोग नौटंकिया कहकर हम पर हँसते हैं, हम भी उन पर

हँसेंगे...।'' और दिगू बरबस हँस दिया और रंगभूषा के लिए बैठ गया। आज उसने हाथों में भी मौलसिरी के फूलों के गजरे पहने थे, बिना उस बुढ़िया की परवाह किए।

यह सब सुनाते-सुनाते सर की हँसी छूट गई और लड़के भी एक-दूसरे को ताली दे-देकर जोर-जोर से हँसने लगे।

''लेकिन सर, देखिए न, अब जमाना कितना बदल गया है। अब तो माँ-बाप खुद बच्चों को फोर्स करते हैं डान्स और एक्टिंग की क्लास में जाने के लिए,'' निशा बोली।

''हमारे यानी नाटकवालों के पुरखे अपमान सहते-सहते कितनी मेहनत से इस पथ पर आगे बढ़े हैं!'' पोनी को भी उन लोगों के प्रति आत्मीयता प्रतीत हुई।

''वाकई, किर्लोस्कर कम्पनी का सफर बहुत सुखदायी नहीं था। 'शाकुन्तल' के बाद 'सौभद्र' आया। उसके बाद 'रामराज्यवियोग' आया और इस नाटक ने भी दर्शकों को जीत लिया। फिर समूचे मराठी संगीत रंगमंच का चेहरा ही किर्लोस्कर जैसा हो गया।''

''जनुभाऊ निमकर की 'स्वदेश हितचिन्तक मंडली', 'नाट्यकला प्रवर्तक मंडली', 'किर्लोस्कर अनुयायी', 'राजापुरकर संगीत नाटक मंडली', 'नाट्यानन्द', 'ललितकलोत्सव', 'विबुधजनचित्तचालक स्वातीवर्ष पुणेकर हिन्दू स्त्री नाटक मंडली', 'विद्वज्जनाश्रित नाट्यामोद प्रसारक समाज' जैसी कम्पनियाँ आईं।''

''कुल मिलाकर संगीत नाटक के संकीर्ण डबरे को किर्लोस्कर जी ने तोड़ दिया और अब पानी अनेक दिशाओं में बहने लगा। इस जलधारा का प्रवाह लबालब भरी नदी की तरह उफनने लगा। बलशाली होकर बेकाबू बना। रंगमंच का उत्कर्ष हो रहा था।

''लेकिन सर, क्या तब बालगंधर्व काम करते थे नाटकों में?'' अक्षय ने पूछा।

''और क्या? गंधर्व ही तो करते थे।'' पोनी ने उसे एक चपत लगाई। *''पगला कहीं का, ये देख न उनकी तस्वीरें, सौभद्र-शाकुन्तल की।''*

''नहीं, नहीं, तब गंधर्व नहीं, भावड़िया काम करता था।'' सर ने कहा।

''भावड़िया?'' पोनी-अक्षय दोनों एक साथ बोल उठे।

''हाँ, भाऊराव कोल्हटकर।''

18 नवम्बर, 1882 को *सौभद्र* रंगमंच पर आया और किर्लोस्कर की परम्परा का शिरोमणि बन गया। इसमें सुभद्रा की भूमिका भावड़िया ने की थी। नाटक देखने आया हर दर्शक केवल भाऊराव के गान की, उसके रूप की प्रशंसा करते-करते बाहर आता था। घर-घर में यही चर्चा। और हाँ, अब लोग उसे प्यार से भावड़िया कहकर पुकारने लगे थे। बच्चो, तुम्हें यकीन नहीं होगा, पर उसका भी एक किस्सा बन गया था। घर-घर की स्त्रियों में भावड़िया के प्रति सौतिया डाह जाग उठा था। उन्हें एक ही सवाल सालने लगा था, 'कौन है यह भावड़िया'!

''कुछ प्रगतिशील स्त्रियों में चर्चा भी हुई। अजी, 'कल हमारे स्वामी *सौभद्र* देखकर आए और लगे गुनगुनाने, *ब्याह में जाऊँगा मैं*। मैंने पूछा, किसके ब्याह में? तो बोले, 'भावड़िया के...अर्जुन के साथ।''

"सुना है, फूलों जैसा कोमल है यह भावड़िया!" एक स्त्री ने कहा।

"और क्या! घर के पुरुष उस मुए *सौभद्र* की और उसमें भी भाऊराव के अभिनय की तारीफ करते-करते थकते नहीं हैं।"

"सुना है कि उसका कंठ भी बड़ा सुरीला है!" तीसरी बोल पड़ी।

"फिर तो देखना ही चाहिए। मुझे तो जलन होने लगी है उससे।"

और स्त्रियाँ सीधी किर्लोस्कर जी के सामने जाकर खड़ी हो गईं। उन्होंने फरमाइश ही की, "हमारे स्वामी पर जादू करनेवाला यह भाऊराव कौन है? हम उन्हें देखना चाहती हैं। बुलाइए उन्हें।"

"मैं तो बहुत आतुर हूँ उन्हें देखने के लिए। सुना है बहुत नजाकत से शर्माते हैं वे।" एक स्त्री बोली।

"हाँ हाँ, हम उन्हें उसी रूप में देखना चाहती हैं...यानी सुभद्रा के।"

"लेकिन भाऊराव स्त्री का स्वाँग रचाते हैं तो केवल नाटक में...कहीं और नहीं!" अण्णा उन्हें समझाने लगे।

"अच्छा! तो फिर हमें दिखाइए उनका नाटक।" प्रगतिशील स्त्रियों ने किर्लोस्कर जी से आग्रह किया। यह सुनकर नाटक मंडली के लोग सिटपिटा गए। अब औरतें भी नाटक देखेंगी? उस जमाने में स्त्रियाँ नाटक देखने जाएँ, यह रिवाज ही नहीं था। उनके लिए तो बस मेले-उत्सवों में खेले जानेवाले नाटक होते थे। थिएटर में नाटक देखने केवल वेश्याएँ जाती थीं। अण्णा विशाल हृदय तो थे ही, साथ ही उनके पास दूरदृष्टि भी थी। खैर, केवल कुलीन स्त्रियों के लिए नाटक का मंचन हुआ। भाऊराव मंच पर आए और "साक्षात् सुभद्रा जी! कैसा लावण्य...हाय, यूँ ही नहीं वह मुआ अर्जुन उस पर लट्टू हुआ" कहते हुए स्त्रियों ने भी भावड़िया के इस रूप को प्रशस्ति प्रदान की और *सौभद्र* में स्त्रियों की भीड़ बढ़ने लगी। यद्यपि कुलीन स्त्रियों के रंगमंच प्रवेश के लिए अभी समय था, फिर भी *सौभद्र* ने कुलीन स्त्रियों के लिए थिएटर के दरवाजे खोल दिए और केवल उन्हीं के लिए *सौभद्र* का मंचन होने लगा।

"माय गॉड! इमैजिन से परे है ये!" निशा को वेश्याओं की अलग जगहें दिखाई देने लगीं। कैसा लगता होगा उन्हें इस तरह अलग बैठते हुए?"

वह सर से पूछने के लिए मुड़ी, पर सर उसी दौर में खोए हुए थे।

"लेकिन बच्चो, अब अण्णासाहब अपनी एक्जिट की तैयारी में थे।"

भीष्माचार्य की तरह अण्णासाहब मृत्युशैया पर लेटे हुए थे। उन्होंने किंजवडेकर, नाटेकर, भावड़िया सभी को पास बुलाया और कहा, "अब मेरे बिदा होने का समय आ गया है। मैं चला जाऊँगा, पर मेरे नाटक मेरे बाद भी रहेंगे।"

भावड़िया की आँखों से झड़ी लग गई। मोरोबा, एक मजबूत स्थितप्रज्ञ आदमी, पर उसका भी गला भर आया। "मैं अपने सारे नाटक सभी के लिए आजाद किए देता हूँ। कोई भी उनका मंचन कर सकता है।"

बालकोबा ने उस दशा में भी सवाल किया, "पर अण्णा, फिर तो कोई भी ऐरा-गैरा उठेगा और मंचन करेगा।"

अण्णासाहब के चहरे पर मुस्कान फैल गई। "मोरोबा, बालकोबा, तुम्हारे इस अण्णा ने केसर की फसल बोई है। गधे चरते हैं तो चरने दो। और रही बात मेरी कम्पनी की, तो उसे मैं अपने किसी रिश्तेदार के हवाले करने की बजाय, आप तीनों को सौंपता हूँ। सँभालिए इसे। आज नाटक कम्पनी का नट दरवाजे के सामने से गुजरता है तो कुलीन स्त्रियाँ दरवाजा बन्द कर लेती हैं। इसलिए नैतिकता से आचरण कीजिए। ध्यान रखिए, आनेवाले दौर के समाज में नाटकवालों को सम्मानजनक स्थान मिलना चाहिए। कम्पनी का काम केवल धन्धा करना नहीं है। नाटक के जरिए जिन्दगी की सुन्दरता को ढूँढ़ने का प्रयास कीजिए।" और रंगमंच के सूत्र को भावड़िया, किंजवडेकर और मोरोबा जैसे मजबूत कलाकारों के हाथों में सौंपकर नवम्बर, 1895 में अण्णासाहब ने एक्जिट ले ली। अण्णासाहब ने केवल ढाई नाटक लिखे—*शाकुन्तल, सौभद्र* और *रामराज्यवियोग,* लेकिन इन्हीं से उन्होंने नाटक कला को एक ऊँचाई तक पहुँचा दिया। जाने से पहले वाकई उन्होंने केसर की फसल बोई थी...।

उन्नीसवीं शती समाप्ति की तरफ बढ़ रही थी। लेकिन यह बदलाव मात्र कैलेंडर का बदलाव नहीं था। समाज का अन्त:स्थल भी आन्दोलित हो रहा था। कुछ परिवर्तनों की आहट मिल चुकी थी, तो कुछ परिवर्तन अभी समझ से परे थे। आनेवाली बीसवीं शती के गर्भ में काफी कुछ छिपा हुआ था। इसमें छिपी हुई सबसे महत्त्वपूर्ण बात थी—यंत्रयुग! यंत्र मनुष्य की जिन्दगी पर कब्जा करने जा रहे थे। उनका जीवन आसान और आरामदायी बनाने जा रहे थे। ये यंत्र जीवन के सभी अंगों में प्रविष्ट होनेवाले थे, हुकूमत करनेवाले थे...हाँ, कला क्षेत्र पर भी...।

अब कम्पनी सुस्थिर हो चुकी थी। लक्ष्मी देवी पैरों पर लोट रही थी। पुणे, मुम्बई, मिरज, कोल्हापुर, हुबली, बेलगाँव...गाँव-गाँव से मंचन के लिए निमंत्रण आ रहे थे।

ग्वालियर में पड़ाव था। यहाँ भावड़िया ने सभी के लिए भोज का आयोजन किया। शहर की नामी-गिरामी हस्तियाँ इकट्ठा हुईं। सभी वाहवाही करने लगे। लोगों के लिए भावड़िया का नाटक और *किर्लोस्कर कम्पनी* से अपने सम्बन्ध गर्व की बात थी। भोज में सभी ने सुर में सुर मिलाकर कहा, 'कम्पनी का भविष्य उज्ज्वल है। आज अण्णासाहब नहीं हैं, फिर भी उनकी परम्परा का परचम शान से फहरा रहा है। मराठी संगीत नाटक का स्वर्णयुग अब बहुत दूर नहीं है...' भावड़िया की आँखें भर आईं। वह खड़ा हुआ, हाथ जुड़ गए और होंठों से अस्फुट-से शब्द निकले...यह सब अण्णा के आशीर्वाद का फल है...उन्हीं के पुण्य का प्रताप...।' भोज समाप्त हुआ। लोग सन्तुष्ट होकर घर लौट गए।

परन्तु भविष्य की गर्त में क्या छिपा है, किसी को पता नहीं था। भाऊराव तड़के उठे। आँखों पर कल रात भोज में देर तक जागने की बोझिलता थी। वे हमेशा की तरह गणेश प्रतिमा और अण्णा की तस्वीर के दर्शन के लिए झुके, पर पता नहीं क्या हुआ और ढह गए। 'भावड़ियाऽऽ' चिल्लाते हुए शंकरराव दौड़ पडे। 'दिगूऽऽ' उन्होंने पुकारा। नाटक

मंडली में कोलाहल मच गया। कोई पानी लाया, कोई डॉक्टर को बुलाने दौड़ा। भावड़िया अचेत हो गया था। सारी मंडली उसके सिरहाने बैठी रही।

डॉक्टर ने निदान किया। कोई दवाई दी और कहा, आराम की सख्त जरूरत है। कोई किसी वैद्य से काढ़ा लाया, कोई माजून लाया तो किसी ने अपने इष्टदेवता से मन्नत माँगी। भावड़िया *किर्लोस्कर कम्पनी* का अहोभाग्य था।

भावड़िया से मिलने रसिकों का ताँता लग गया। कल रात भोज के लिए उपस्थित मंडली भी दौड़ पड़ी। शंकरराव ने उनकी तरफ देखा। उनकी दृष्टि की विकलता सभी को कौंध गई। मानो वह सभी से पूछ रही थी, 'कैसा स्वर्णयुग जी, कैसा उज्ज्वल भविष्य?' भाऊराव की आँखें निस्तेज होती जा रही थीं।

13 फरवरी, 1901, अपराह्न के सूर्य जैसी दीप्त *किर्लोस्कर कम्पनी* को ग्रहण की आहट हुई। भाऊराव की बीमारी बढ़ती चली गई और वे कम्पनी को...रंगमंच को अनाथ बनाकर चले गए। *किर्लोस्कर कम्पनी* का भाग्य रूठ गया।

भावड़िया चला गया, पर सभी को अपने घर के किसी सदस्य के चले जाने की तरह गहरा जख्म दे गया। उसका असमय निर्वाण दर्शकों के लिए भी एक सदमा था। घर-घर में मातम छा गया। उस दिन किसी थाली में स्वाद नहीं था। हर चेहरे पर मातम की छाया तारी थी। उस दिन मन्दिर का हर दीया भावड़िया की आत्मा की शान्ति के लिए ही जलाया गया था।

शंकरराव के मस्तिष्क में सन्देह का छत्ता टूटा। अण्णासाहब चले गए, भावड़िया भी चला गया। अब कम्पनी का क्या होगा? उनकी मानव-दृष्टि नियति का संकेत पढ़ने में अक्षम थी। उन्हें इस बात का तनिक भी अन्दाजा नहीं था कि इस घराने की कीर्ति पर चार चाँद लगानेवाला एक बालक 26 जून, 1888 को ही इस धरती पर अवतरित हो चुका है।

बहरहाल, बिगड़ा खेल सँवारना जरूरी था। लेकिन सारी घटनाएँ हतोत्साहित करने लगीं। *वीरतनय* नाटक लोगों को पसन्द नहीं आया। नाटककार श्रीपाद कृष्ण कोल्हटकर ने अपने नाटक का स्वयं अभ्यास कराया, फिर भी उनका *मूकनायक* प्रभाव नहीं छोड़ पाया। *मृच्छकटिक* में गणपतराव बोडस *शकार* के रूप में चर्चित हो गए थे, पर भाऊसाहब तो मानो कम्पनी के अहोभाग्य थे...उनके बिना कम्पनी की गृहस्थी बेरंग हो गई। जगह-जगह कम्पनी को झटके लगने लगे।

कोल्हापुर दौरे में मंच का परदा खुला और नांदी प्रस्तुत करनेवाले कलाकारों की आँखें फटी की फटी रह गईं। *किर्लोस्कर कम्पनी* का नाटक यानी थिएटर में जहाँ तिल धरने के लिए जगह नहीं होती थी, वहाँ आज पूरा थिएटर खाली पड़ा हुआ था। वह वीरान, खाली थिएटर शंकरराव को किसी स्त्री की उजड़ी हुई माँग की तरह अशुभ लगा। वे समझ गए, लोकाश्रय खत्म हो रहा है।

वैसे अन्य नाटक कम्पनियों की दशा भी बहुत अच्छी नहीं थी। वे भी अलग-अलग तरकीबों से दर्शकों को लुभाने का प्रयास कर रही थीं। *नाट्यकलाप्रवर्तक मंडली* ने सीधे शेक्सपीयर के नाटकों को मराठी में अनूदित कर प्रस्तुत किया। पर यह *मराठी संगीत शेक्सपीयर* चल नहीं पाया। *स्वदेशहितचिन्तक* मंडली *चान्द्रसेना* जैसे नाटकों का मंचन

सफलतापूर्वक कर रही थी। पर भाऊराव के दौर में सफलता और वैभव के चरम तक पहुँची नाट्यकला और नाट्य-व्यवसाय का अब पतन का दौर शुरू हो चुका था। चैतन्य लुप्त हो चला था और केवल धुकधुकी बची होने की भाँति नाट्यकला में निष्प्रभता आ गई थी। सौ बात की एक बात, समाज की अभिरुचि की प्रतीक *किर्लोस्कर कम्पनी* की तरफ समाज ने पीठ फेर ली थी।

अब ? आगे क्या ? कौन सँभालेगा यह ढाँचा ? किसकी मजबूत भुजाएँ निभाएँगी यह दायित्व ? या संगीत नाटक की यह धारा बीच में ही खंडित होकर लुप्त हो जाएगी ? क्या इस गौरवशाली परम्परा का अस्तित्व इतिहास के कुछ पन्नों तक ही सीमित होकर रह जाएगा ?

सर के मन में सवाल ही सवाल।

उन्होंने सामने देखा। लड़के गाने का रियाज कर रहे थे। कोई तबले के पास खड़ा होकर तो कुछ लड़के परस्पर कुछ पंक्तियाँ याद कर रहे थे। सर को अच्छा लगा। युवा अगर ठान ले तो क्या कुछ नहीं कर सकते ? जब प्रकृति को भी ग्रीष्म-वर्षा के ऋतुचक्र से गुजरना करना पड़ता है, तो उसके सामने कलाक्षेत्र की बिसात ही क्या! भूमि से सारा जीवन सोख लेनेवाली गरमी में ही भविष्य की वर्षा छिपी होती है। यह भी कुछ-कुछ ऐसा ही है। क्योंकि जो पौष्टिक होता है, बुनियादी होता है, उसका लोप कभी नहीं होता। फिर चिरंतनता की लगन से आविष्कृत यह कला कैसे मर सकती है ? क्या किर्लोस्कर, भाऊराव, पाटणकर, देवल, त्रिलोकेकर, यवतेश्वरजी के पुण्य का कोई मोल नहीं ?

परम्परा प्राय: सरस्वती नदी के समान होती है। वह कहाँ से और कैसे विलुप्त होगी और कहाँ से और कैसे फूट पड़ेगी, कोई नहीं बता सकता। परम्परा पर अधिकार जतानेवाले उत्तराधिकारी कभी-कभी उन परम्पराओं का मात्र कलेवर ढोते रहते हैं और इस तरह वह परम्परा केवल नाममात्र के लिए शेष रह जाती है। लेकिन भूमि के भीतर उसका जीवन्त प्रवाह बहता ही रहता है। उसकी कुछ जड़ें उससे पोषक तत्त्व सोखकर अंकुरित होने के लिए जद्दोजहद करती हुईं उस परम्परा को आगे बढ़ाती हैं। सबसे ऊपर बैठे उस नाटककार ने भी इस किर्लोस्करीय नाटक के अगले प्रवेश के लिए एक अलग ही योजना बना रखी थी। नियति ने बड़े-बड़े चरित्रों को नेपथ्य में वापिस बुला लिया था और इस प्रवेश के लिए एक सर्वथा नया चरित्र गढ़ना शुरू किया था। अगले पूरे नाटक के सूत्र उसी के हाथों में केन्द्रित रहनेवाले थे।

नागठोणे गाँव जिला सतारा के राजहंस परिवार में जन्मा बालक इस परम्परा का दायित्व अपने कन्धों पर ढोनेवाला था। घराना वैसे सम्भ्रान्त था। कृष्णाजी पन्त की कुल पाँच सन्तानें। इनमें से कनिष्ठ सन्तान श्रीपादराव की पत्नी अन्नपूर्णाबाई ने 26 जून, 1888 को पुणे में नारायणराव को जन्म दिया।

शाम का समय। छह बजकर दो मिनट हो चुके थे।

सौरीघर से बाहर आकर श्रीपादराव की बहन हरिबुआ ने खुशखबरी दी, ''लड़का हुआ है, लड़का!'' पल-भर के लिए श्रीपादराव के चेहरे पर खुशी तैर गई, पर दूसरे ही पल मन को अशुभ की आशंका ने घेर लिया। 'मेरी सन्तानें दीर्घायु नहीं होतीं। इस बच्चे का क्या होगा?' हरिबुआ ने उनके चेहरे के भाव पढ़ लिये। वह भी तनिक दुविधा में पड़ गई। फिर भी 'अन्नपूर्णा की तबीयत अच्छी है' कहती हुई अगली तैयारी में जुट गई। श्रीपादराव कुछ देर खंबे से सटे वैसे ही खड़े रहे। अब तक जिन हाथों से बच्चों की बारहीं की घुघरी बाँटी थी, कठोर नियति ने उनके माथे पर उन्हीं के हाथों से अपने ही बच्चों की निष्प्राण देह पर मिट्टी डालने का कठोर कर्तव्य भी लिखा था। एक-दो नहीं, पूरी सात सन्तानें अल्पायु निकलीं। इस बार क्या है नियति के मन में? वे बेचैन हुए और उन्होंने काशीनाथ शास्त्री के घर दौड़ लगाई। काशीनाथ शास्त्री ज्योतिषी थे। उनकी नजर वह देख सकती थी, जिसे आम इनसान नहीं देख सकता। उन्होंने जन्मकुंडली बिछाई। बारह घरों की उस कुंडली में मनुष्य की जिन्दगी का पूरा खाका पहले से लिख देती है छठ माता। काशीनाथराव की कोठी में अँधेरा छाया था। टिमटिमाते दिए की रोशनी में उन्होंने कुंडली देखी और चौंक गए। वे जान गए, कुंडली साधारण नहीं है। इसका ठीक से अध्ययन होना जरूरी है। वे दुविधा में फँस गए। काफी दिनों बाद वे अपनी विद्वत्ता को चुनौती देनेवाली कुंडली देख रहे थे। उन्हें उस बालक की जिन्दगी की बिलकुल भी थाह नहीं लग रही थी। कई विचित्र संयोग दिखाई दे रहे थे, पर सारे के सारे सम्भ्रम में डालनेवाले। उन्होंने श्रीपादराव की तरफ देखा। उनके चेहरे पर उम्मीद, आशा नहीं थी, बल्कि दुर्भाग्य के प्रति शरणागत का भाव था। काशीनाथराव को लगा, उन्हें ढाढ़स बँधाना चाहिए। अपने मन का कोलाहल छिपाते हुए वे हँस दिए और बोले, ''वाह, श्रीपादराव वाह, चिन्ता की कोई बात नहीं। अजी, लड़का दीर्घायु बनेगा!''

''क्या कह रहे हो? सच!'' श्रीपादराव के चेहरे पर छाया अँधेरा दूर हुआ। वे उल्लसित हुए। ''अजी, केवल दीर्घायु ही नहीं, बड़ा करामाती बनेगा यह। खानदान गर्व करेगा इस पर।'' काशीनाथराव इसी तरह बतियाते रहे। लड़के के भविष्य की अपेक्षा उन्हें चिन्ता थी श्रीपादराव के वर्तमान की। बतौर ज्योतिषी हिम्मत हारे श्रीपादराव को धीरज बँधाना उनका धर्म था। श्रीपादराव खुशी में झूमते हुए घर चले गए। लेकिन काशीनाथराव उस कुंडली की तरफ देखते ही रह गए। इसे स्थितप्रज्ञ कहे या कलन्दर? भाग्यशाली कहें या बदनसीब। राजयोग, विरक्ति और विकार सारी की सारी स्थितियों का मिश्रण उन्हें दिखाई दे रहा था। रह-रहकर वे खुद से पूछ रहे थे, ''एक ही इनसान की कुंडली में इतना सब कुछ? और एक ही जिन्दगी में?''

श्रीपादराव सारी कुशंकाओं को भुलाकर गृहस्थी में डूब गए। पर काशीनाथराव के मस्तिष्क से कुंडली हट नहीं रही थी। नारायण पर उनकी पैनी नजर थी। नारायण घुटनों के बल चलने लगा, फिर दौड़ने लगा और जाने-अनजाने गाने भी लगा। घर का माहौल भी संगीत के लिए अनुकूल था। संगीत के सुर बचपन से ही कानों में आ रहे थे। श्रीपादराव स्वयं बढ़िया सितारवादक थे, दो मामा नाटक में, आसपास भी नाटक कम्पनियों की आवाजाही। बच्चों को साथ लिये नाटक देखने जाना श्रीपादराव का शौक था। उन्होंने

सपने में भी नहीं सोचा था कि यही शौक आगे चलकर नारायण के काम आएगा। एक सरकारी नौकरीपेशा मनुष्य की सोच क्या हो सकती है? लड़का पढ़-लिखकर कहीं चिपक जाए, बस। गाना यानी महज शौक। बतौर नौटंकिया सारी जिन्दगी बिताने की अनुमति कौन समझदार पिता देगा? लेकिन नाटक देखना प्रतिष्ठा की निशानी थी और किर्लोस्कर के नाटक देखना अभिजात वर्ग का मनोरंजन। शंकर, व्यंकटेश, वेणु आदि छोटे भाई-बहन नाटक शुरू होते ही सो जाते, पर नारायण आँखे फाड़े देखता रहता। घर आकर पद गुनगुनाता। लेकिन वह कुंडली काशीनाथराव से कह रही थी कि इस लड़के की जिन्दगी किसी पहाड़ी घाट की तरह टेढ़े-मेढ़े मोड़ लेनेवाली है। वे हमेशा कुंडली खोलकर बैठ जाते और उन बारह घरों में उसका भविष्य तलाशते रहते।

आज भी वे कुंडली खोले बैठे हुए थे कि दरवाजे पर आहट हुई। इनसानी आहट से पास के गोठ की गाय रँभा उठी। हिंडोले पर बैठी बिल्ली ने गर्दन मोड़कर उनकी तरफ देखा और सो गई। काशीनाथराव ने देखा, श्रीपादराव आ रहे थे। साथ में उनकी पत्नी और नारायण भी।

''आइए, आइए।'' उन्होंने स्वागत किया। ''भाभीजी और नारायण भी आए हैं? बैठिए, बैठिए।'' उन्होंने सभी को बैठने के लिए कहा। नारायण की माँ खम्भे से टेक लगाकर बैठ गई। लेकिन नारायण बिल्ली की तरफ दौड़ा और उसे सहलाने लगा।

''बिदा लेने आया है नारायण।'' श्रीपादराव बोले।

''बिदा?'

''जी हाँ, उसे जलगाँव के आबासाहब म्हालसे के पास भेज रहा हूँ।''

''जलगाँव? किसलिए?'' काशीनाथराव ने पूछा।

नारायण की माँ बोली, ''इनकी सरकारी नौकरी मुई ऐसी घूमन्तु। कभी मालेगाँव, कभी नासिक तो कभी खानदेश। इसलिए मैंने ही कहा इनसे कि नारायण को जलगाँव भेज दीजिए। एक जगह रहेगा तो ही कुछ सीख पाएगा। हरिबुआ की लड़की जलगाँव में रहती है। आबासाहब म्हालसे उसके पति हैं। सोचा, उन्हीं के पास रहेगा।''

काशीनाथराव को पता था कि श्रीपादराव की दुनिया सितार और नौकरी तक ही सीमित है। घर के सारे सूत्र नारायण की माँ ही सँभालती है। उसी ने आदेश दिया होगा।

''इसीलिए आपसे आशीर्वाद लेने आया है।'' श्रीपादराव ने नारायण को इशारा किया। एक हाथ में बिल्ली को थामे नारायण प्रणाम के लिए नीचे झुक गया। काशीनाथराव दुविधा में। क्या आशीर्वाद दें? शतायुषी भव या यशस्वी भव? उन्होंने नारायण की ओर देखा। कितना मासूम, सीधा-सादा, आज्ञाकारी...इसकी कुंडली में वाकई इतनी जटिलता होगी? उन्होंने उसे अपने सीने से लगा लिया। पर उनका मन उसकी माथे की रेखाएँ पढ़ रहा था। उन्होंने नारायण के हाथ में मिठाई रखी। नारायण जलगाँव के लिए रवाना हो गया।

काशीनाथराव का गला भर आया। वे देख रहे थे, यह बालक एक बहुत बड़े सफर की राह पर चल पड़ा है।

जलगाँव पहुँचने पर श्रीपादराव ने नारायण को मेहबूब खाँ के चरणों में डाल दिया। सोच-समझकर। महबूब खाँ स्पष्ट शब्दोच्चार पर और गायन में क्लिष्टता की बजाय सुगमता पर अधिक बल देते थे। उन्होंने नारायण को गायन के आरंभिक पाठों का रियाज

कराना शुरू किया। यों भी नारायण के गायन की ओर प्रशंसा-भरी निगाह से देखा जाता था। मधुर कंठ और लुभावना चेहरा, कोमलता और स्वच्छ मन। नारायण मेहबूब खाँ साहब का पसन्दीदा शागिर्द बन गया।

दरअसल, शौकिया तौर पर गायन की साधना करते-करते नारायण भी किसी सम्भ्रान्त देशस्थ यजुर्वेदी ब्राह्मण परिवार के पुरुष की तरह जिन्दगी बिता सकता था। न अधिक उतार-चढ़ाव न कोई मोड़। गायन केवल भजन वगैरा के लिए और धीरे-धीरे वह भी छूट जाता। लेकिन यह सब तो तब होता न, अगर नारायण अपने यशवन्त चाचा के पास पुणे नहीं जाता! क्योंकि नियति की कलम से उतरा किस्मत का लेखा कुछ और ही कह रहा था। एक नट को पता होता है कि अगले प्रवेश में क्या होना है, पर प्रकृति के रंगमंच पर खेले जा रहे इस नाटक में स्वयं नट भी अपने प्रवेश से उतना ही अनभिज्ञ होता है, जितना कि दर्शक। कभी-कभी लगता है, जिस तरह *शाकुन्तल* में भौंरे का आना शकुन्तला-दुष्यन्त की मुलाकात के लिए की गई नाटककार की एक योजना थी, अथवा *शारदा* में कोदंड का मन्दिर में जाना और ठीक वहीं पर *शारदा* की सहेलियों द्वारा उसे चिढ़ाना नाटककार की ऐसी ही योजना थी, कहीं ऐसा तो नहीं कि ऊपर बैठे नाटककार ने ही नारायण की पुणे नगरी आने की योजना बनाई हो?

नारायण यों ही पुणे में अपने चाचा के पास आया था। यशवन्त का भतीजा ठीक-ठाक गाता है, यह सुनकर कुछ खुराफाती लोगों ने उसके गायन की महफिल ही आयोजित कर डाली। *केसरी* अखबार के प्रबन्धन विभाग में यह चाचा काम करता था। *केसरी* उस दौर में मराठी मानस की तोप माना जाता था। *मराठी माणूस* को उत्तेजित करने, विचार देने और अंग्रेजों के खिलाफ असन्तोष का बारूद भरने का कार्य करनेवाला एक विश्वविद्यालय ही था। *केसरी* के प्रबन्धक लोकमान्य तिलक नाटकवालों को भी अपने करीबी लगते थे क्योंकि वे भी *किर्लोस्कर कम्पनी* के स्वागतपत्र पर अपना नाम छापने की अनुमति देते थे, जिससे कम्पनी का सम्मान बढ़ता था। तिलक नाट्यकला की अहमियत जान चुके थे। अत: उनके अखबार के दफ्तर की कोठी में हो रही संगीत महफिल में उनकी अनुमति न मिलने का सवाल ही नहीं था। लेकिन वह एक राजनैतिक उठापटक का भी दौर था।

सन् 1898, पुणे में महामारी ने तांडव मचा रखा था और उसके बहाने अंग्रेज अधिकारियों ने भी। मरा हुआ चूहा मिल जाने की आहट पाते ही गोरे घर में घुस आते और रोग के कारण पहले से जर्जर लोगों की गृहस्थी भी तहस-नहस कर चले जाते। लोगों को घर से बाहर खदेड़कर उन्हें जड़ से उखाड़नेवाले ब्रिटिशों के विरुद्ध लोगों के मन में धधक रहा गुस्सा लोकमान्य तिलक अपनी कलम से अभिव्यक्त करना चाह रहे थे। ध्वस्त गाँवों को दुबारा बसा सकते हैं, किन्तु ध्वस्त दिलों को कौन और कैसे बसाएगा? तिलक जी का हृदय क्रोध से जल रहा था। लेखन के डेस्क के पास बैठे वे भीतर ही भीतर धधक रहे थे और उनका क्रोध तीखे शब्दों की खोज में था...

कोठी के बाहर लोग जमा होने लगे। गायन का कार्यक्रम मन बहलाव का बहाना। साज लगाने की आवाजें और लोगों की दौड़-धूप दिख रही थी। लोगों के आग्रह पर उन्होंने यूँ ही कह दिया था, "दो-पाँच मिनट के लिए आ जाऊँगा।"

उन्होंने कागज आगे खींचा। कलम उठाई, ''ये गोरे चूहे महामारी के चूहों से भी ज्यादा खतरनाक हैं। वे भारतमाता को कुतरकर खा रहे हैं, इसलिए हमारा मानना है कि इनका इलाज भी जरूरी है...।'' वे तल्खी से लिखने लगे, अंगार बरसाने लगे। उनके मस्तिष्क की आग कागज पर उतरने लगी। तभी दरवाजे के पास कुछ हरकत हुई। हरबा था। उसने परदा हटाया और पानी का प्याला सामने रखा। लेकिन उसी क्षण एक सुरीली तान तिलक के कानों तक आई। कोई बन्दिश थी। *हरवा मोरा देव बँधावा।* हरबा चला गया। अब वह बन्दिश साफ साफ सुनाई दे रही थी। वे सुनने लगे, *ना तर मैं गारी दूँगी, ना रहूँगी तुम्हीसो बलमा।* अनजाने में ही उनकी गर्दन डोलने लगी। मस्तिष्क की आग धीरे-धीरे शीतल होती गई। वे गाने में डूब गए। मानो गंगा की शीतल धारा किसी ने सिर पर धर दी हो और दिमाग शीतल-शीतल होता जा रहा हो। उन्होंने आँखें मूँद लीं। अब उनकी साँसें धीमी लय में स्थिर हुईं। वे अभिभूत-से उठे और अभिमंत्रित-से उस आवाज की तरफ जाने लगे। मानो उस आवाज का इन्द्रज़ाल उन्हें अपनी ओर खींच रहा हो। कठोर व्यक्तित्व के धनी लोकमान्य तिलक अलग ही तन्द्रा में पहुँच गए और गम्भीरतापूर्वक उन सुरों की दिशा में जाने लगे।

महफिल में लोग भी मंत्रमुग्ध हो चुके थे। उन्हें लोकमान्य के आने का एहसास भी नहीं हुआ। तिलक वैसे ही खड़े रहे। पीछे हरबा खड़ा, तनाव में...

बन्दिश खत्म हुई और करतल ध्वनि की विशाल गूँज उभरी। लोकमान्य ने देखा, एक छोटा-सा सुकुमार बाल गायक सभी का अभिवादन कर रहा है। सिर पर टोपी, माथे पर टीका और आँखें मानो खरगोश-सी...डरी हुईं।

''बहुत सुन्दर...लाजवाब।'' लोगों का ध्यान गया। सभी तरफ खामोशी छा गई। लोकमान्य के मुख से शब्द अपने आप बाहर आए, ''अरे, यह तो बालगंधर्व है!''

और खामोशी को चीरती हुई करतल ध्वनियाँ गूँज उठीं। छोटे गायक की कुछ भी समझ में नहीं आया। उसने धीरे-से चाचा से पूछा, ''चाचा, गंधर्व यानी?'' उस दशा में भी चाचा को हँसी आई। ''अरे पगले, गंधर्व यानी देवताओं का मनोरंजन करनेवाले स्वर्गलोक के गवैए...जाओ उन्हें प्रणाम करो।''

उसने झुककर लोकमान्य को प्रणाम किया।

''क्या नाम है तुम्हारा?''

''नारायण। नारायण श्रीपाद राजहंस।''

''गाते रहना...हमेशा गाते रहना, हाँ।''

चाचा ने इशारा किया और नारायण ने तान ली। लोकमान्य की दृष्टि में कौतुक और स्निग्धता अनुभव हुई। इस महामारी की दौड़धूप में काफी दिनों बाद वे निश्चिन्त लग रहे थे। उनके कानों पर पड़ी पहली तान को उन्होंने *केसरी* के मुखपृष्ठ से दूर-दूर तक पहुँचाया। सभी ओर बात फैल गई कि किसी नारायण राजहंस नामक लड़के को तिलक ने *बालगंधर्व* की उपाधि दी है। सभी होनहार बिरवों के पात चिकने होते हैं, परन्तु उन्हें देखने के लिए भी तो नजर चाहिए!

देखते ही देखते नारायण का नाम पूरे इलाके में फैल गया। दरअसल, गाते समय उसने हमेशा की तरह ही गाया था। महफिल में गाना उसके लिए नया नहीं था। लेकिन

गायन के बाद लोकमान्य द्वारा दी गई उपाधि और कौतुक-भरी प्रशंसा।...मेरी तरफ देखने की लोगों की दृष्टि बदल रही है—नारायण को एहसास हुआ। मैं भी कुछ हूँ...मुझमें कुछ है...कौतुक की गरमाहट का प्रथम स्पर्श। इससे उसके मानस में अपने विशिष्ट होने का एहसास प्रविष्ट हुआ और एक अनकहा भाव शरीर भर में व्याप्त होता हुआ महसूस होने लगा।

नारायण इसी भाव को मन में लिये जलगाँव लौट आया। अब उसकी तरफ देखनेवाली दृष्टि बदल चुकी थी। नारायण के पिता को इस घटना से बहुत खुशी हुई। उन्हें गाने में दिलचस्पी तो थी ही, साथ में उनकी बहन यानी नारायण की बुआ हरिबुआ का कंठ भी बड़ा सुरीला था। उसके गायन के संस्कार जाने-अनजाने नारायण को विरासत में मिले थे। वैसे भी पाठशाला में उसकी दिलचस्पी नहीं थी। अंग्रेजी पहले दर्जे में पढ़ता था, तभी से आसपास की नाटक मंडलियों में उसकी दिलचस्पी बढ़ने लगी थी।

उसी समय *स्वदेशहितचिन्तक मंडली* ने अपने नए नाटक का प्रचार शुरू किया। इस नाटक कम्पनी के मालिक जनुभाऊ निमकर गाँव-गाँव जाकर *चन्द्रसेना* नाटक का मंचन कर रहे थे। इसी दौरान उन्होंने एक नए नाटक की घोषणा कर डाली, और साथ ही यह खबर भी फैला दी कि इस नाटक में एक नया लड़का पेश होगा। इस उदयोन्मुख नट को *शारदा* की भूमिका दी गई थी और उसे इसका अभ्यास नाटककार गोविन्द बल्लाळ देवल ने स्वयं कराया था। लोगों में अपार जिज्ञासा थी और वाकई, मात्र बारह साल की आयु में इस गायक नट ने *शारदा* की भूमिका को बखूबी निभाया था। न केवल बखूबी निभाया, बल्कि मुम्बई समेत सभी ओर वाहवाही भी बटोरी। मुम्बई से जलगाँव आया आबासाहब का एक मित्र उनके सामने बैठा था। नारायण उसी की बगल में बैठा उनकी बातें सुन रहा था। मित्र *शारदा* देखकर आया था और लगातार *मूर्तिमन्त भीती उभी* पद गुनगुना रहा था। "आबासाहब, क्या कहूँ आपसे! क्या गाता है वह लड़का, कैसी विकलता थी उस पद में। लगता था खत्म ही न हो। लोग *वन्स मोर, वन्स मोर* कहते और पट्ठा गाने लगता। आखिरकार जनुभाऊ खुद मंच पर आए और हाथ जोड़कर बोले, 'भाइयो, लड़के की उम्र का तो खयाल कीजिए। ऐसा करेंगे तो गला खराब हो जाएगा इसका। आने वाले शनिवार को यही शो दुबारा होनेवाला है। अब यह गाना तभी सुनिएगा। और हाथ पकड़कर ले गए जी लड़के को।"

"नाम क्या बताया उस लड़के का?"

"केशव...केशव भोंसले।" और फिर गुनगुनाने लगे, *मूर्तिमन्त भीती उभी।*

"कुल मिलाकर यह कह सकते हैं कि चाहे *किर्लोस्कर कम्पनी* की हालत खस्ता है, पर अन्य मंडलियाँ इस कमी को पूरा करने की कोशिश कर रही हैं," आबासाहब बोले। नारायण भीतर गया और वही पद गुनगुनाने लगा। *मूर्तिमन्त भीती उभी।* लेकिन उस लड़के का गाया पद गानकला से अनभिज्ञ मित्र से सुनकर कैसे गाया जाएगा? नारायण ने प्रयास छोड़ दिया। लेकिन अपनी ही उम्र का एक लड़का नाटक में काम करता है, यह बात उसके मन में दर्ज हो गई। उधर मित्र ने भी नारायण की आवाज नोट कर ली।

"लड़का बढ़िया गाता है, जी।"

"जी हाँ, महबूब खाँ साहब के पास सीख रहा है।" आबासाहब ने कहा।

"तो फिर इसे भर्ती कराइए न नाटक में।"

"क्या?" आबासाहब ने चौंककर देखा। अतिथि भी समझ गया कि वह कुछ अनुचित बोल गया है। फिर होशियारी से उसने विषय को बदल दिया। अतिथि चला गया, लेकिन अब आबासाहब के दिमाग में विचार-चक्र शुरू हो गया। वाकई, क्या हर्ज है अगर नारायण नाटक में काम करे तो? उन्होंने अपनी पत्नी को बाहर बुलाया। वह बेचारी हाथ का काम छोड़कर बाहर आई।

"एक बात आई है जहन में।" आबासाहब का गम्भीर चेहरा देखकर वह समझ गई कि पति कोई महत्त्वपूर्ण बात कर रहे हैं। वह एकाग्र होकर सुनने लगी।

"बीते दो सालों से नारायण के घर की हालत बिगड़ती जा रही है।"

श्रीपादराव की बीमारी और उसके बाद दुर्घटना के कारण उनका बिस्तर पकड़ना, उसे भी पता था। चलना-फिरना, काम पर जाना बन्द हो गया था। ऊपर से दवाइयों का खर्च और बिना वेतन की छुट्टियाँ...उसे सब पता था।

"मैं समझता हूँ, नारायण अच्छा गाता है। अगर वह *किर्लोस्कर नाटक कम्पनी* में काम करे तो कैसा रहेगा?"

"क्या?" पत्नी का हाथ अनजाने ही अपने मुँह पर चला गया।

"चार पैसे मिलेंगे, घर खर्च में आसानी होगी।"

किर्लोस्कर कम्पनी? भीतरी कमरे में सुन रहे नारायण की आँखें फैल गईं। यानी उस लड़के की तरह, केशव की तरह मैं भी नाटक में?

वह आबासाहब की बातें सुनने लगा।

आबासाहब ने पत्नी को समझाया। अण्णासाहब जैसे ऋषितुल्य व्यक्ति द्वारा स्थापित इस कम्पनी में प्रवेश पाना आसान नहीं है। जिस श्रद्धा से लोग माथे पर तिलक लगाते हैं, उसी श्रद्धा से वहाँ चेहरे पर रंग लगाया जाता है। पति-पत्नी में चर्चा हुई और नारायण को कम्पनी से मिलवाने की बात पक्की हो गई ताकि इस तंगहाली में श्रीपादराव को कोई सहारा मिल सके। नाट्यकला को पंचम वेद माननेवाली मंडली के साथ काम करने का सुअवसर नारायण के पास चला आया था। अब नारायण मात्र नारायण नहीं था, लोकमान्य का बालगंधर्व था।

नारायण की गायन की महफिल तय हुई। मंडली उसे लेकर *किर्लोस्कर कम्पनी* में पहुँची। कम्पनी का डेरा एक विशाल कोठी में था। कम्पनी के दिग्गजों को लड़का ठीक लगा। सुकोमल किशोर। *तिलक-केसरी* की प्रशस्ति, यानी पत्थर की लकीर। यह लड़का सचमुच अलग होगा। शंकरराव ने ठंडी आह भरी। आज भावड़िया होता तो यह वक्त आता ही नहीं। अनन्त उम्मीदें लगाए मंडली गाना सुनने बैठ गई। शंकरराव मुजूमदार, गणपतराव बोडस, नानासाहब जोगलेकर, देवल गुरुजी...नारायण ने सामने देखा और उसे एहसास हुआ कि यहाँ लोग बालगंधर्व को सुनना चाहते हैं...उनकी नजरें बालगंधर्व को खोज रही हैं। उसका दिल धड़कने लगा। फिर भी नारायण ने सुर लगाया...ठीक से तो गा रहा हूँ न? सुर लग तो रहा है न? और उससे भी बढ़कर, लोगों को पसन्द तो आ रहा

है न? वह तानें भरने लगा...पर हर तान उसे उम्मीदों के बोझ तले दम तोड़ती नजर आने लगी। धीरे-धीरे वहाँ इकट्ठा मंडली में हरकत दिखाई देने लगी। किसी ने पैर बदला, किसी ने अँगोछा ठीक किया, कोई इधर-उधर देखने लगा, कोई धीरे-से खाँस दिया...किसी ने उबासी दबा ली। महफिल में रंग नहीं भर रहा था। इससे भी बड़ी बात, नारायण गाने में तल्लीन नहीं हो पा रहा था। वह सुरों की तरफ तटस्थ निगाह से देखता रहा। अपने आप से ही दूर होता गया। उसे एहसास हुआ कि अब उसकी आवाज बदल रही है। दो साल पहले की कोमलता नहीं रह गई है। साथ ही, आज मैं बालगंधर्व को अपनी गर्दन पर सवार किए बैठा हूँ। उसने जैसे-तैसे गाना पूरा किया। थोड़ी-बहुत तालियाँ बजीं। किसी ने बुजुर्गीयत के लिहाज से हँसते हुए 'वाह नारायण, बढ़िया' कहकर औपचारिक प्रशंसा भी की।

दूध के प्याले आए और कोई धीरे-से फुसफुसाया, "काहे का गंधर्व जी? टुटमुँहा घड़ा है, और कुछ नहीं।"

नारायण को बिदा किया गया। बाद में कम्पनी से बुलावा नहीं आया।

टुटमुँहा घड़ा! एक कलाकार के लिए अपमान को पचाना बहुत मुश्किल होता है। हृदय पर अपमान की खरोंच लेकर नारायण कम्पनी से लौट आया। आबासाहब ने उसे धीरज बँधाया। लेकिन उनके दिल में भी चिन्ता की रेखाएँ उभर आयी थीं।

"अब क्या करेंगे?" आबासाहब की पत्नी ने पूछा।

"क्या करेंगे! पर श्रीपादराव और अन्नपूर्णाबाई यदि खर्च में कटौती करेंगे तो ठीक होगा।"

"यही तो मुश्किल है। दोनों का हाथ तनिक ढीला है। इसी कारण कर्ज हो गया है सिर पर। नारायण, बेटा एक यही हुनर मत सीखना अपने माँ-बाप से।" और वह भीतर चली गई।

लेकिन नारायण हतोत्साह नहीं हुआ। उसे एहसास हुआ था कि उसके गायन में रंग नहीं चढ़ा। लेकिन गायन में रंग नहीं चढ़ा इससे दुखी होने की बजाय रंग क्यों नहीं चढ़ा, यही विचार उसके मन को मथ रहा था। वह जान गया कि उसने अपने भीतर के बालगंधर्व का बोझ ढोते हुए गाया है। गाते समय गान के साथ एकरूप नहीं हो सका था वह। उसने गायन पर ध्यान केन्द्रित किया।

श्रीपादराव को पता था कि घर की तंगहाली से उबरने के लिए कुछ न कुछ करना चाहिए। उनकी चार सन्तानें थीं। एक पड़ोसी ने सुझाया, 'नारायण से कुछ कामधाम करने के लिए कहिए। अजी, कीर्तनिया के पीछे तानपूरा पकड़कर बैठ जाए तो भी गृहस्थी में मदद मिलेगी।' लेकिन श्रीपादराव नारायण के सुरीले कंठ को मन्दिर-कीर्तन में बरबाद करना नहीं चाहते थे। कुछ साल यों ही बीत गए। महबूब खाँ के बाद तहाराबादकर गुरुजी के पास नारायण ने कुछ सबक सीखे और उनके संस्कारों के बाद अब वह कोल्हापुर में अपय्य गुरुजी के यहाँ दाखिल हुआ। श्रीपादराव ने नारायण के गायन को कुम्हलाने नहीं दिया। अपय्य गुरुजी संगीत के अधिकारी व्यक्ति थे। तब कोल्हापुर में छत्रपति शाहू महाराज का राज था। अल्लादिया खाँ जैसे महान गवैए उनके दरबारी थे। एक बार अपय्य

गुरुजी ने महाराज के कानों में बात डाल दी कि स्वयं लोकमान्य द्वारा प्रशंसित लड़का कोल्हापुर में गाना सीख रहा है। कुश्ती, शिकार और मर्दाना खेलों में दिलचस्पी रखनेवाले महाराज को कला और कलाकारों के प्रति भी असीम आस्था थी। नारायण को महाराज का निमंत्रण मिला।

नारायण पंडित महाराज की कोठी पर हाजिर हो गया।

शाहू महाराज कोठी में पहुँच चुके थे। कुछ मंत्रणाएँ हो रही थीं। कोठी में आते ही नारायण की दृष्टि महाराज पर गई। इर्द-गिर्द दरबारी, मनसबदार...शाही रिवाज, अलीशान कोठी। नारायण का दिल बैठ गया। धड़कनें तेज हुईं। अपने शरीर में कम्पन महसूस होने लगा। कंठ सूखने लगा। यशवन्त चाचा और उनके साथ आए अप्पाशास्त्री भी महाराज के सामने दब-से गए। माहौल में एक तरह से तनाव था...और सभी की नजरें शाहू महाराज की तरफ। शाहू महाराज अपने दरबारी बाबा महाराज से कुछ कह रहे थे। चेहरा विचारलीन था।

''नहीं, यह होकर ही रहेगा,'' महाराज दहाड़ उठे, ''स्कूली शिक्षा की सख्ती और पिछड़ी जातियों के लिए आरक्षण से समझौता नहीं होगा। किसान के बच्चे क्यों नहीं पढ़ें? उनको भी पढ़ना चाहिए, बल्कि उन्हें सख्ती से पढ़ाना चाहिए। चाहे जो विरोध करे, यह होकर ही रहेगा।''

नारायण उत्सुकता से सुनता रहा। सुन्दर, रोबीले महाराज की तरफ देखता ही रह गया। बाबा महाराज भी गम्भीर दिख रहे थे। बात करते-करते महाराज अचानक रुके और उन्होंने नारायण की तरफ देखा, ''ऐ लड़के...कर न शुरू!''

नारायण की आँखों के सामने अँधेरा छा गया। उसने आँखें मूँद लीं। उसके कानों पर सुर पड़े। सारंगिया ने सुर दिए थे। पर नारायण खामोश...सीने की धौंकनी ऊपर-नीचे हो रही थी। हाथ-पैरों में पसीना छूट रहा था...पर बड़ी कठिनाई से उसने सीने में साँस भरी। परमात्मा का स्मरण किया। पेट में उसे कई तितलियाँ उड़ती हुई महसूस हुईं और उसने सारंगिया के सुरों पर ध्यान केन्द्रित किया। अब वह उन सुरों की लय पर साँसें भरने लगा। उसे लगा, आसपास का सबकुछ उन्हीं सुरों में तैर रहा है। दरबार...दरबारी लोग...वह परिवेश...उन सुरों में पिघल रहे हैं। वह स्वयं भी। केवल पिघल नहीं रहा, बल्कि स्वयं सुर बन गया है। गायक को केवल गाना गाना ही नहीं होता, खुद गाना बन जाना भी होता है। अपय्य गुरुजी का उपदेश ही मानो वह जी रहा था। और अनजाने में उसके गले से तान छूट पड़ी, *जो दोगे तुम मोसो हरवा, तब लागूँगी तोरे गरवा।*

गाते-गाते नारायण उन सुरों पर सवार होकर जाने कहाँ-कहाँ से भ्रमण कर आया। मानो रोम-रोम से सुरों की फुनगी फूट रही थी। हृदय की धड़कन ताल बन गई और नारायण स्वयं गाना बन गया। अब वह न नारायण था...और न ही बालगंधर्व।

आखिरकार सम पर आकर वह रुका और स्वरयात्रा थम गई। नारायण विस्मित होकर रह गया। यह क्या हुआ? कहाँ से आया यह सब? और तालियों की गड़गड़ाहट को भेदती हुई राजर्षि की आवाज गूँज उठी, ''वाह नारायण, वाह...बहुत बढ़िया। भाऊ महाराज, लड़के के गले में क्या सुर उँडेला है माता महालक्ष्मी ने।'' नारायण चेत गया। ''क्यों रे

लड़के, गाना सीखेगा?'' सभी की निगाहें अब नारायण की तरफ मुड़ गईं। उन निगाहों में यही भाव था कि महाराज का यह प्रश्न आज्ञा के रूप में लेना चाहिए। लेकिन नारायण खामोश था। ''क्यों, गाना सीखेगा?'' महाराज ने दुबारा पूछा। दरबारियों की नजरों में इस लड़के की गुस्ताखी के प्रति नाराजगी झलकने लगी। महाराज ने भाऊ महाराज की तरफ देखा। वे माजरा समझ गए और पूछा, ''महाराज क्या पूछ रहे हैं नारायण?''

अप्पाशास्त्री आगे बढ़े, ''महाराज, नारायण को दाहिने कान से सुनाई नहीं देता। कान बहता है।'' महाराज की मुद्रा पर मुस्कुराहट फैल गई, ''अरे जिसे अपने ही सुर सुनाई नहीं देते, वह दूसरों को कैसे सुनाएगा?'' माहौल का तनाव महाराज की मुस्कुराहट से दूर हुआ। ''बाबा महाराज, लड़के के कान के इलाज का प्रबन्ध कीजिए।''

''जी महाराज, आज ही कोल्हापुर में...''

''कोल्हापुर नहीं, मिरज के डॉक्टर व्हेल पता हैं न मिशन अस्पताल के?''

''जी महाराज।''

''उनके पास भेज दीजिए लड़के को।''

''मिरज?''

''हाँ, लड़का बड़ा होनहार है।''

''पर मिरज में रहेगा कहाँ?'' अप्पाशास्त्री के सुर में चिन्ता उभरी। उन्हें नारायण के घर की स्थिति का अन्दाजा था।

''हूँ...'' महाराज ने पल-भर सोचा। ''किर्लोस्कर नाटक मंडली का पड़ाव मिरज में ही है। उनसे कहिए कि ये महाराज के अतिथि हैं। प्रबन्ध कीजिए।''

सारी समस्याएँ चुटकी बजाते ही हल हो गईं और महाराज को प्रणाम कर नारायण लौट आया।

नारायण लौटा, पर एक अलग संवेदना लेकर। मानो उसे गायन का रहस्य पता चल गया था। उसे हरिबुआ की याद आई। त्योहार के दिन या ऐसे ही कभी पास-पड़ोस की स्त्रियाँ मिलने आतीं, तब वह उनके सामने गाया करती। खुद को भूलकर। उसे न किसी पुरस्कार की चाह थी न किसी उपाधि की। बस गाते रहना। फिर गान फूल की तरह खिलता जाता है। जैसे खिलेगा, वैसे उसे खिलने देना चाहिए। महफिल को जीतने से पहले अपने मन पर काबू करना आना चाहिए, वह समझ गया।

नारायण ने महफिल और महाराज दोनों को जीत लिया था। महाराज के कानों में अभी भी नारायण का खालिस सुर गूँज रहा था।

''बाबा महाराज, मेरी बात याद रखना। यह लड़का यदि मुम्बई-पुणे की तरफ रह जाए न, तो कल इस पौधे का बरगद अवश्य बनेगा। देख लेना।''

''आपके आशीर्वाद से क्या नहीं हो सकता महाराज?''

''पर बड़ा बनने के लिए आदमी को पुणे-मुम्बई ही क्यों जाना पड़ता है? यहाँ की मिट्टी में क्या ये पौधे नहीं पनप सकते?'' बाबा महाराज इस सवाल से सिटपिटा गए। ''इसका कारण है अशिक्षा। इसीलिए हम सख्ती बरत रहे हैं शिक्षा की।'' महाराज आगे कहने लगे।

"केवल राजस्व वसूलना या तलवारें भाँजना राज करना नहीं होता। भाइयो, कलाकार को जिलाना भी पड़ता है, तभी तो वह हमारी संस्कृति को जिलाएगा! राज्य सभी तरफ से फलना-फूलना चाहिए। इंग्लैंड में हमने देखा है, उस शेक्सपीयर को लोग भगवान की तरह पूजते हैं। राज्य यूँ ही महान नहीं बनते!"

मात्र बीसी की उम्र का यह राजा वर्तमान की पर्तें भेदकर उस पार के भविष्य को देख रहा था। बाबा महाराज का गला भर आया और उन्होंने तुरन्त नारायण की चिकित्सा और शिक्षा का प्रबन्ध किया।

किर्लोस्कर कम्पनी के पड़ाव की तरफ जाते समय नारायण के मन में विचारों का कोलाहल मचा हुआ था। जिन्दगी का पहला इनकार उसे इसी कम्पनी से मिला था। दुबारा उसी कम्पनी में? किस नजर से देखेंगे वे लोग मुझे? लेकिन नारायण को पता नहीं था कि इस बीच काफी कुछ बदल चुका है। *किर्लोस्कर कम्पनी* की अवनति का दौर शुरू हो चुका था। भाऊराव कोल्हटकर के जाने से सभी की यही धारणा बन गई थी कि कम्पनी का सौभाग्य ही रूठ गया है। गणपतराव बोडस, कृष्णराव गोरे जैसे उम्दा नट होने के बावजूद कम्पनी को अपने कलाकारों का वेतन चुकाना मुश्किल हो रहा था। आमदनी ही नहीं हो रही थी। उसी में *स्वदेशहितचिन्तक मंडली* ने अपने गायक केशवराव भोंसले के रूप में एक तगड़ी चुनौती खड़ी कर दी थी। अत: कम्पनी को जरूरत थी, एक सुन्दर गायक नट की।

नारायण को नकारनेवाली कम्पनी को अब दर्शकों द्वारा नकारे जाने का भय सता रहा था।

डॉ. व्हेल ने चिकित्सा शुरू की। *टुटमुँहा घड़ा* कम्पनी में विचरने लगा। कम्पनी में देवल जी के कड़े अनुशासन में अभ्यास होता था। देवल गुरुजी साक्षात् जमदग्नि थे। हर भाव, हर मुद्रा का वे स्वयं अभिनय कर दिखाते, फिर उसका अभ्यास कराते। अभ्यास से जी चुरानेवाले लोगों पर भी उनकी धाक थी। लेकिन गुरुजी को भी एहसास हो चला था कि कम्पनी को एक ऐसी नायिका की जरूरत है, जिसे गानकला का बढ़िया ज्ञान हो, और अभिनय का प्राकृतिक वरदान भी। पर वे यह भी जानते थे कि परमात्मा ऐसी रचना बार-बार नहीं गढ़ते।

नारायण इलाज से बचा हुआ अपना समय पूजा-अर्चा में, कभी भजन में तो कभी अपने पसन्दीदा गीत गुनगुनाने में बिताता था। डॉक्टर गाडगिल ने नारायण का गुनगुनाना सुना, "अरे हमें भी सुनाओ न एक बार!" उन्होंने उससे यूँ ही कहा और शाम को महफिल ही पक्की कर डाली। "*किर्लोस्कर कम्पनी* में गाना? दुबारा?" नारायण थर्रा उठा। उसे याद आयी अपनी वह महफिल, लोगों का उकता जाना, दबी हुई उबासियाँ। लेकिन मना भी कैसे करें? देवल गुरुजी, दादा लाडू, गणपतराव बोडस, शंकरराव मुजूमदार, चिन्तोबा गुरव, नानासाहब जोगलेकर...सभी आकर बैठ गए। नारायण के सामने कोई विकल्प नहीं बचा। वह सामने आया। सभी को प्रणाम किया। आसन जमाया। दाएँ पैर की तह पर बाएँ पैर का घुटना खड़ा कर बायाँ हाथ गाल पर रखा। तर्जनी कान में डालकर आँखें मूँद लीं। तानपूरे पर किसी ने सुर दिया।

सीने में साँस भरी। पेट में तितलियाँ महसूस हुईं। फिर वह खुद को सबसे जुदा करता चला गया। अपना नाम, उपाधि, राजर्षि की दाद, वह कुत्सित मजाक, वह इनकार। एक-एक बात उससे अलग होती चली गई। बचा रहा केवल सुर।.मात्र सुर। नारायण ने खुद को उस सुर पर झोंक दिया। *धन्य जाहला माझा राम पाहिला।* *'रामराज्यवियोग'* नाटक की भैरवी वह गाने लगा। गाना फूल की तरह खिलने लगा। वह गाकर रुका। सभी ओर खामोशी। आँखें खोलीं। सामने देखा तो देवल गुरुजी अँगोछे से आँसू पोंछ रहे थे। 'वाह नारायण वाह...' नानासाहब जोगलेकर की आवाज आई। बोडस करीब आए, उन्होंने तो नारायण को सीने से ही लगा लिया। नारायण जान गया, मैं जीत गया हूँ। उसकी आँखों में भी आँसू तैर गए। नकारे जाने से उत्पन्न खरोंच की जलन मानो शान्त हुई। उसने खुलकर साँस ली।

रात में सोते समय उसे लगा, गाने से पहले मन को इसी तरह साफ, पारदर्शी करना जरूरी होता है। उसे अन्दाजा नहीं था कि आगे चलकर यही साफगोई उसकी सबसे बड़ी शक्ति बनेगी। उसने आँखें मूँद लीं।

लेकिन कम्पनी के मुखिया लोगों की नींद उड़ गई थी। हमारा अन्दाजा गलत निकला। बगल में छोरा होकर शहर-भर ढिंढोरा पीटा है हमने। यह हुंडी तुड़वानी ही होगी। लड़का दिखने में सुन्दर है, गाता भी लाजवाब है। इसी को नाटक में खड़ा कर दें तो? लेकिन अभिनय कर पाएगा वह? गवैए तो बहुत सारे होते हैं। महफिल जीतना अलग और अभिनय करना अलग। लेकिन कोशिश तो कर सकते हैं? मुजूमदार ने सुबह चिन्तोपन्त से चर्चा की।

चिन्तोपन्त पल-भर सोचते रहे, फिर बोले, "घरवाले भेजेंगे उसे?"

"चिन्तोपन्त, अजी, घर पर रखा ही क्या है उसके? बाप पर हजार-बारह सौ का कर्ज है। ऊपर से नौकरी भी नहीं। ऐसे में लड़का कमाने लगे तो कौन मना करेगा? लेकिन एक बात है, हमें अपना हाथ जरा ढीला करना पड़ेगा।"

चिन्तोपन्त को बात जँच गई। *शाकुन्तल* नाटक में पहले शकुन्तला की भूमिका कर चुके शंकरराव के मुख से ऐसी व्यावहारिक समझदारी झरते हुए देखकर अच्छा भी लगा। कम्पनी को शंकरराव के रूप में एक चतुर प्रबन्धक मिल गया था। कम्पनी के पास देवल गुरुजी जैसा शिक्षक, नाना जोगलेकर, गणपतराव बोडस जैसा श्रेष्ठ नट समुदाय है और नारायण को यदि अभिनय आ जाए, तो यकीनन इस तंगी से बाहर निकल सकते हैं।

"बोलिए चिन्तोबा, क्या विचार है आपका?"

"डूबते व्यक्ति को और क्या चाहिए? जो भी मिले वह तिनका पकड़ ले। बाकी ऊपरवाले पर छोड़ दे।"

शंकरराव के चेहरे पर मुस्कुराहट खेलने लगी। पर उन्होंने सुझाया कि मामला गुरुजी ही उठाएँ तो ठीक। उन्होंने देवल गुरुजी के जरिए नारायण के सामने यह प्रस्ताव रखा।

"काम करेगा?" देवलजी के सवाल पर नारायण हड़बड़ा गया। सवाल उसके लिए अनपेक्षित ही था। "नाटक में? मुझसे होगा?" फिर जैसे-तैसे जवाब देता हुआ बोला, "सिखाएँगे तो जरूर करूँगा...।"

शंकरराव के दिमाग में आगामी योजनाएँ उभरने लगीं। "*शारदा* में नटी का वार्तालाप है। उसका अभ्यास कराइए।"

देवल गुरुजी ने नारायण को कापी थमाई। अभ्यास शुरू हुआ। वे बोले, "नारायण, नटी यानी स्त्री। दरअसल, हर पुरुष के भीतर एक स्त्री का वास होता है। यूँ ही नहीं हम सन्त ज्ञानेश्वर को माऊली (माँ) कहते! पुरुष के भीतर का वात्सल्य, उसके हृदय की कोमलता, यही है उसके भीतर का स्त्रीत्व। अभिनय करना मतलब अपने भीतर का वह कोना खोल देना। जैसे, शकुनि का अभिनय करते समय अपने भीतर के काइयाँपन का और शकार का अभिनय करते समय अभिमानी लालचीपन का कोना खोलना। चलो, अब सामने से चलते हुए इधर आकर दिखाना तो जरा।" नारायण सामने से चलता हुआ आया। वे बोले, "नहीं, मुझे नारायण ही नजर आया। अब दुबारा आओ और चलते समय यह मानकर चलने का प्रयास करो कि पैरों तले कोमल फूल बिछे हैं। उन पर कदम पड़ेंगे तो वे मसले जाएँगे। उनका खयाल रखते हुए सावधानी से, आराम से चलते हुए आना।"

नारायण ने कल्पना की कि पैरों तले कलियाँ बिछी हुई हैं। उन्हें मसलने नहीं देना है। वह तैरता हुआ-सा चलने लगा। उसकी चाल स्त्रैण हो गई और शंकरराव की तेज निगाह ने नोट किया कि नारायण में एक प्राकृतिक नट मौजूद है। देवल गुरुजी भी जान गए कि उन्हें ऐसा शिष्य मिला है, जिसमें सीखने की लगन है।

अब नारायण को चस्का ही लग गया। सुबह मन्दिर में जाना और जाते समय नदी पर, कुओं पर स्त्रियों का अवलोकन करना। वह शरमाना, वह नजाकत, वह ओठों ही ओठों में बुदबुदाने जैसा बोलना। पल्लू सँवारना, चाल में लटके-झटके, इठलाना और नितम्बों के झोंके। सुबह-शाम देखा हुआ सबकुछ अभ्यास में प्रतिबिम्बित होने लगा और नारायण की नटी रूपाकार लेने लगी।

देवलजी जान गए कि नारायण चाहे चार पैसों की खातिर नाटक में काम के लिए राजी हुआ हो, पर उसका लक्ष्य उन कौड़ियों तक सीमित नहीं है। काम से मिलनेवाली खुशी उसके लिए ज्यादा अहम है। वह नाटक का सही मर्म समझने लगा है। गुरुजी की सिखाने में दिलचस्पी बढ़ने लगी और गुरु-शिष्य दोनों अभिनय की बारीकियों में डूब गए।

आखिरकार परीक्षा का दिन आया। शुचिर्भूत होकर नारायण ने रियाज किया और दर्पण के सामने आ बैठा। गणपतराव और चिन्तोपन्त ने नारायण को सजाना शुरू किया। उन्होंने गणपति प्रतिमा और किर्लोस्करजी के आसन को प्रणाम किया और रंग की प्रथम उँगली नारायण के माथे पर रखी। तब किसी को यह पता नहीं था कि नारायण के माथे का वह रंगीन टीका रंगमंच के ललाट का ही कुंकुम-तिलक बननेवाला है। किसी को एहसास नहीं था कि नियति मराठी संगीत रंगमंच के माथे पर स्वर्णयुग का ललाट लेख लिख रही है।

नारायण के होंठों पर लाली चढ़ गई। आँखों में काजल, गाल पर गुलाबी छटाएँ। नकली बालों का टोप और उस पर गजरा। स्वाँग तैयार हुआ और नारायण उठा। उसे साड़ी पहनाई गई। पल्लू पकड़कर नारायण मुड़ा। उसने दर्पण में खुद को देखा और रोमांचित हो गया, "यह मैं हूँ? मैं?" उसने खुद से ही पूछा। कहीं मैं खुद पर ही फिदा तो नहीं

हो रहा हूँ? और उसके होठों से हँसी चू पड़ी। दर्पण के सामने से उठने का मन ही नहीं हो रहा था। खुद को निरखता हुआ वैसे ही बैठा रह गया और तभी उसे गुरुजी की पुकार सुनाई दी, ''नारायण...हो गई तैयारी?'' और उसने अनिच्छा से दर्पण से विदा ली।

प्रेक्षागृह में कम्पनी के लोगों को ही अलग-अलग जगहों पर बिठाया गया था। नारायण की आवाज सभी तरफ ठीक से पहुँचती है या नहीं, यह देखना और किस कोने से वह कैसा लगता है, यह जायजा लेना उनका काम था। आज नारायण की परीक्षा थी, पर इसमें हर एक का उद्देश्य अलग था। कम्पनी को भावड़िया की कमी पूरी करनी थी, कलाकारों को ऐसे नट की दरकार थी, जिससे नाटक ठीक से चल सके। नारायण के परिवार को आर्थिक सहारा चाहिए था, देवल गुरुजी को बड़े-बड़े नाटककारों की नाट्य-कृतियों को न्याय दिलानेवाले कलाप्रिय कलाकार की तलाश थी और शाहू महाराज तथा लोकमान्य तिलक को समाज को उच्च अभिरुचि की कलाकृति देनेवाली *किर्लोस्कर कम्पनी* जीवित करनी थी। और नारायण! उसे क्या चाहिए था?

दरअसल, अपनी एंट्री की प्रतीक्षा में नेपथ्य में खड़े नारायणराव से कुछ भी निश्चय करते नहीं बन रहा था। उसे केवल गाना है या नाटक भी करना है? नारायण के भविष्य को निश्चित करने के लिए उसकी माँ आज उपस्थित थी। नारायण की कुछ समझ में नहीं आ रहा था कि उसे ठीक-ठीक क्या चाहिए। पर वह अपने इस नए रूप, अपने व्यक्तित्व के इस नए उभरे कोण पर मुदित था। उसे इस साड़ी में बिलकुल परेशानी नहीं थी। उसने एंट्री ली।

और अचानक...नारायण को भी पता नहीं चला, और उसका नकली बालों का टोप गजरे के साथ नीचे आ गिरा। सामने बैठी मंडली का कलेजा मुँह को आ गया। प्रथम प्रवेश में ही ऐसा असगुन। प्रथम ग्रासे मक्षिकापात? इस लड़के का कुछ ठीक नहीं है। लेकिन नारायण ने अपनी सूझ-बूझ दिखाई। सिर पर पल्लू ओढ़कर उसे ढँक लिया और इस अन्दाज में गाने लगा, मानो कुछ हुआ ही नहीं। *अजून खुळा हा नाद...*उसकी चलने की अदा, उसकी गर्दन की लोच, नजाकत, वार्तालाप में मादकता। गणपतराव बोडस, देवल गुरुजी, शंकरराव मुजूमदार सभी खुश हो गए। नीचे गिरे टोप को भी सब भूल गए। माँ ने एक पल की भी देरी नहीं की और प्रशस्ति दी, ''नारायण कर पाएगा, हाँ, उसमें अभिनय का हुनर जन्मजात है।''

प्रवेश समाप्त होते ही लोग भीतर आए। सभी की आँखों में प्रशंसा उमड़ रही थी। लेकिन नरूभाई के दिमाग से नीचे गिर पड़ा टोप हट नहीं रहा था, ''इसे रंगदेवता ने नकारा है,'' वे बुदबुदाए। शंकरराव का चेहरा उतर गया। इस टोप के कारण बना-बनाया खेल बिगड़ रहा था। नरूभाऊ की बात सुनते ही बोडस को अगले महाभारत का अनुमान हो गया। वे हँसकर बोले, ''अरे नारायण, कितना बड़ा सगुन हुआ है तुम्हारा टोप नीचे गिरने से? इसका मतलब समझता भी है? अरे रंगदेवता ने सुझाया है कि तू दीर्घायु बनकर, यानी सिर के बाल झड़ने तक, बुढ़ापे तक रंगमंच की सेवा करेगा। वाह भई वाह! चलो पेड़ा खिलाओ।'' और उन्होंने नारायण का आलिंगन किया और सभी के मन की चिन्ता दूर हो गई। शंकरराव ने भी राहत की साँस ली।

लेकिन नारायण के घर की स्थिति दुविधापूर्ण थी। नारायण को नाटक में भेजने को लेकर पिता नाखुश थे। घर की हालत ठीक नहीं है तो क्या सभी लोग नाटक में जाते हैं? परमात्मा की कृपा से ये दिन भी गुजर जाएँगे। और काम नहीं हैं? गायन से भी तो पैसा कमाया जा सकता है? लेकिन उन्हें पता था कि नारायण की माँ के निर्णय को वे भी नहीं बदल सकते। घर में उन्हीं की चलती थी। नारायण की दादी भी बहुत ज्यादा समझाने के झंझट में नहीं पड़ी और सम्मति दे डाली। दरअसल, उस युग में निर्णय-प्रक्रिया में स्त्रियों का कोई स्थान नहीं होता था। लेकिन नारायण के घर में उसकी माँ की ही बात चलती थी। वह दृढ़ थी। लेकिन नारायण कोई भी निर्णय नहीं कर पाता था। उसके स्वभाव में ही नहीं था। वैसे भी वह छोटा था, आज्ञाकारी था। माँ ने ही नारायण की ओर से हामी भर दी कि नारायण नाटक में जाएगा!

नारायण के मामा, दत्तू मामा ने इसका कड़ा विरोध किया। 'नहीं, नाटक में डालकर लड़के की जिन्दगी बरबाद नहीं करेंगे हम।' नाना जोगलेकर ने उन्हें समझाया। दत्तू मामा के पिता भाऊ महाराज के आश्रित थे। उन्हें मध्यस्थ बनाया गया। पर दत्तू मामा अपनी जिद पर अड़ गया। जोगलेकर ने नारायण की सारी जिम्मेदारी ली, पर कोई फायदा नहीं हुआ।

शंकरराव बेचैन। बातचीत से कोई नतीजा नहीं निकल रहा था। सामने कम्पनी का भविष्य दिख रहा था, पर दत्तू मामा अपनी हेकड़ी पर अड़ा हुआ।

आखिरकार शंकरराव ने लोकमान्य तिलक से गुहार लगाई। तिलकजी ने वचन दिया, "यदि नारायण का कुछ नुकसान होता है, तो मैं अपनी ओर से तीस हजार रुपए दूँगा, लड़के के परिवार को।" अब दत्तू मामा निरुपाय हो गया। नाटकवालों की आदतें, लड़के का बिगड़ जाना आदि को लेकर वह भुनभुनाता रहा। लेकिन आखिरकार इतने सारे लोगों द्वारा जिम्मेदारी उठाने पर वह अकेला पड़ गया और नारायण का किर्लोस्कर में प्रवेश निश्चित हो गया। दिन था सन् 1905, गुरुद्वादशी...।

सर की आवाज ऐतिहासिक नाटक के चरित्र जैसी उल्लसित हो गई थी। सभी को उनके चेहरे से भक्तिभाव टपकता नजर आ रहा था। चिन्मय को सर का यह एक्साइटमेंट बहुत सुहाना लग रहा था। सर ऐसे अन्दाज में बोल रहे थे मानो कल ही की बात हो।

"नियति ने सुर दिया था और एक नए युग की नांदी उन्हीं सुरों में गायी जानेवाली थी, गंधर्व युग की!

अगले कुछ दशकों तक रंगमंच केवल उन्हीं सुरों से आप्लावित होनेवाला था...और दर्शकों के हृदय में ध्रुव जैसा अचल स्थान पानेवाला एक सितारा रंगमंच पर अवतीर्ण होनेवाला था। इस स्वयंप्रकाशी सितारे की रोशनी में अनेक ग्रह निखरनेवाले थे। यह सितारा सूर्य की तरह रोशन होनेवाला था।"

नारायण के मन में अब केवल शकुन्तला थी। कण्वमुनि की कन्या। दुष्यन्त को मोहित करनेवाली, एक राजा को अपने सौन्दर्य से घायल करनेवाली रूपयौवना शकुन्तला। दुष्यन्त के प्यार में यौवन के नए-नए अर्थ समझ रही शकुन्तला! कैसे बैठती होगी वह? कैसे

हँसती होगी? कैसी होगी? आसपास सुन्दर लड़कियों की कोई कमी नहीं थी। लेकिन आसपास के मन्दिरों-नदियों पर विचर रही स्त्रियों में उसे शकुन्तला नजर ही नहीं आ रही थी। उसकी नजर शकुन्तला को ढूँढ़ रही थी। गुरुजी जो कहते, उसे वह हूबहू दोहराता, उनकी सीख के अनुसार उठता था, बैठता था। शर्माता भी था। भौंरे से भयभीत होने का भाव जगाकर तिलमिलाता भी था, पर फिर भी उसमें उसे प्राणों की तलाश थी। नाटक का दिन जैसे-जैसे करीब आता जा रहा था, वैसे-वैसे नारायण बेचैन हो चला था।

गुरुजी को लगा शायद वह तनाव में है। शंकरराव जानते थे कि शुरू-शुरू में शर्मानेवाला नट भी दो-चार मंचनों के बाद तैयार हो जाता है। उन्होंने भी तो शकुन्तला का किरदार निभाया था। उन्होंने पूरे गाँव में नारायण के पदार्पण का ढिंढोरा पीटना शुरू किया। नाटक के शौकीन लोगों को *किर्लोस्कर कम्पनी* में नई जान पड़ती दिखने लगी। उन्हें अन्दाजा हो गया था कि इस बार कुछ अच्छा देखने को मिल सकता है।

और नारायण? वह तो शकुन्तला की खोज में था। उसके मन में घमासान मचा हुआ था। ऐसे में उसकी नजर गई राजा रवि वर्मा की एक पेंटिंग पर। जंगल में कन्द-मूल बटोर रही वनकन्या और वह अन्तर्बाह्य थर्राया। अरे, यही तो है शकुन्तला। सुन्दर, नवयौवना। चेहरे पर मोहकता और अंग-प्रत्यंग से कहर ढाती मादकता। मानो उसका यौवन उसकी कंचुकी के घट से बाहर छलक रहा हो। उसके खड़े होने का अन्दाज, उसकी नजाकत, शान और दृष्टि लता पर खिले फूल की भाँति मासूम, खालिस। नारायण दर्पण के पास खिसका। फिर धीरे-से उसने दायाँ पैर उठाकर तिरछी रेखा में आगे बढ़ाया। फिर सारा भार बाएँ पैर पर डालते हुए दाएँ पैर की एड़ी ऊपर उठायी। बायाँ हाथ कमर पर रखते हुए दाहिना हाथ बाएँ कन्धे पर रख दिया। गर्दन को बाईं ओर झुकाकर चितवन से चित्र की तरफ देखा। उसे अनुभव हुआ, मानो चित्र की शकुन्तला का प्रतिबिम्ब दर्पण में पड़ा है। अब नारायण तेजी से पोज बदलने लगा। कभी बालों में फूल गूँथते हुए, कभी दोनों हाथों से अपने उरोज ढँकते हुए, ओठों में किंचित मुस्कुराते हुए तो कभी शर्माकर लाल होते हुए। झूठे गुस्से से भवें उड़ाते हुए तो कभी आजिजी से हाथ छुड़ाते हुए। कभी अधीरता से दुष्यन्त की प्रतीक्षा करते हुए तो कभी बिना वजह शरमाते हुए...।

नारायण को शकुन्तला मिलती गई। मानो वह उसके भीतर ही थी और उसी में से उभरी थी। अब उसे चित्र स्पष्ट हो गया। नारायण काफी देर तक यही खेल खेलता रहा।

और अचानक आवाज सुनाई दी—

''क्यों नारायण, क्या कर रहे हो दर्पण के सामने?'' उसने पीछे मुड़कर देखा। सामने राघव खड़ा था।

''अभ्यास कर रहा हूँ।''

''अरे, तुम्हें अभ्यास की क्या जरूरत? ग़लती से तुमने पुरुष योनि में जन्म लिया है। वरना किसी रियासत की राजकन्या ही बन जाते तुम!'' राघव ने कहा।

नारायण को उसकी बात पसन्द नहीं आई। सोचा तड़ाक से कह दे, 'और तेरा भी जनम किसी भैंसे की योनि में होना चाहिए था। जुगाली के अलावा करता क्या है तू दिन-भर? चार वाक्य तो ठीक से नहीं बोल पाता।' लेकिन नारायण खामोश रहा। किसी

का अपमान करना उसके स्वभाव में ही नहीं था। उसे पता था कि राघव जैसे कई निठल्ले लोग दो जून खाने का जुगाड़ हो सके, इसीलिए नाटक के डेरे में पड़े रहते हैं। इन्हें तो बस किसी का मजाक उड़ाना आता है। इन जैसे लोगों ने ही नाट्यकला को बदनाम कर डाला है। बिना कुछ कहे नारायण वहाँ से मुड़ा। चला गया। लेकिन दर्पण ने देखा था...राजा रवि वर्मा के चित्र की वनकन्या आगामी शनिवार को रंगमंच पर अवतरित होने जा रही है।

शनिवार को शंकरराव की मेहनत रंग लाती हुई दिख रही थी। उन्होंने कोई कोर-कसर बाकी नहीं रखी थी। विज्ञापन के लिए तुरुप का पत्ता ही निकाला था—*शकुन्तला की भूमिका में देखिए लोकमान्य तिलक द्वारा बालगंधर्व की उपाधि से नवाजे गए नारायण राजहंस को।* इससे दर्शकों की उम्मीदें बढ़ गई थीं। पुणे, कोल्हापुर, हुबली, धारवाड़ हर जगह से कम्पनी के प्रशंसकों ने टेलिग्राम भेजकर सीटें रिजर्व करने की माँग की। उन्हें यकीन था कि मंचन शानदार होगा। मंचन का समय नौ बजे का था, लेकिन आठ बजे ही मिरज का प्रेक्षागृह दर्शकों से खचाखच भर गया। कम्पनी के अच्छे दिन आ सकते हैं, इसका प्रमाण ही था यह।

स्वयं छत्रपति शाहू महाराज ने मंचन का निमंत्रण स्वीकार किया था। समय से पहले वे उपस्थित हुए। शंकरराव ने उन्हें अदब से झुककर प्रणाम किया। लेकिन महाराज की नजरें नारायण को ढूँढ़ रही थीं। वे नारायण के पास आए। बोले, ''नारायण, माँ महालक्ष्मी का आशीर्वाद तो पहले से तुम्हारे साथ है। अब भाऊराव की इज्जत को बरकरार रखकर तुम्हें किर्लोस्कर की कीर्ति को आगे बढ़ाना है। घबराना मत...जादू है तुम्हारे कंठ में।'' नारायण ने झुककर प्रणाम किया। उसे आशीर्वाद देते हुए महाराज नेपथ्य में अपने खास सोफे पर विराजमान हो गए।

किर्लोस्कर का आसन, गणेश प्रतिमा आदि का पूजन हुआ। नारायण ने देवल गुरुजी, शंकरराव और अन्य बुजुर्गों को प्रणाम किया। गुरुजी ने उसकी पीठ थपथपाई। बोले, ''नारायण, नाटक नट का माध्यम है। परदा खुलने पर एक नई सृष्टि अवतरित होने लगती है। हमें चाहिए कि नेपथ्य में खड़े होने के बाद अपने आप को भूल जाएँ और उस नई दुनिया का हिस्सा बनें। उस भूमिका में प्रविष्ट होकर उसी को जिएँ। जाओ...ईश्वर करे तुम्हें परकाया प्रवेश की सिद्धि प्राप्त हो।''

नारायण नेपथ्य में आया। परदा खुल गया और उसे एहसास हुआ कि वह एक सरहद पर खड़ा है। उस पार है वन, हिरन, फूल, लताएँ और इस पार मैं। अब नारायण को भूल जाना होगा। उसने आँखें मूँद लीं और सामने प्रकट हुई राजा रवि वर्मा की वनकन्या। मानो उसने उसके शरीर में प्रवेश किया...उसी की भाँति मोहक, निर्मल और उसी की तरह यौवन के नए-नए एहसासों से खिली हुई। केंचुली बदलने की तरह उसने नारायण को नेपथ्य में छोड़ दिया और रंगमंच पर उसका पहला कदम पड़ा।

दर्शकों को दिखाई दिया, शकुन्तला ही अवतरित हो रही है। एक सुकुमार मदनिका। पर यह क्या, उसके चेहरे पर यह भय कैसा? उसकी पुकार में यह विकलता कैसी?

''सखि अनसूया, प्रियंवदे...'' और उसके हाव-भावों ने दर्शाया कि एक भ्रमर उसके पीछे पड़ा है। दर्शक स्तब्ध। अनाघ्रात सौन्दर्य का अनुपम आविष्कार! और अचानक शकुन्तला थम गई। अरे, इसका तो पल्लू फँस गया है कटसरैया की टहनी में। उसने उसे निकाला। उसका धड़कता हुआ सीना...और हौले से हूक उठने का भाव चेहरे पर। शकुन्तला ने अपना भार एक पैर पर तौलते हुए दूसरा पैर धीमे से उठाया। तलुवे में गड़ा काँटा आहिस्ता-आहिस्ता निकाला और मिरज का प्रेक्षागृह तालियों की गड़गड़ाहट से गूँज उठा।

गुरुजी के चेहरे पर सन्तुष्टि की तरंगें प्रतिबिम्बित हुईं। शंकरराव ने पहचाना, सिक्के ने सोलह आने की झंकार दी है।

नाटक में रंग भरता गया। *वन्स मोर, वन्स मोर* की ध्वनियों से पदों में रंग भरता गया। नाटक समाप्त हुआ। परदा गिर गया। फिर भी नारायण के हृदय से वह अद्‍भुत अनुभूति जा नहीं रही थी। और दर्शक बाहर निकल रहे थे एक ही भाव लेकर...' *किर्लोस्कर कम्पनी* की किस्मत दुबारा खुल गई।'

अब *शकुन्तला* का मंचन जोरों-शोरों से शुरू हुआ। नाटक का पड़ाव दूर-दूर के गाँवों में पड़ने लगा। नारायण को प्रशंसक, मित्र मिल गए और कौतुक की वह गर्माहट भी दुबारा मिलने लगी जो लोकमान्य द्वारा प्रदान की गई उपाधि से मिली थी। जहाँ कम्पनी का डेरा होता, वहाँ नारायण को देखने युवा और नाट्य शौकीन मँड़राने लगते। इन लोगों को टालना, कभी-कभी खदेड़ना भी शंकरराव का एक और काम बन गया। एक दिन *शारदा* का मंचन समाप्त होने के बाद नारायण चेहरे का रंग उतार रहा था। पर उस समय भी उसके जहन में मंचन का *वन्स मोर* और प्रशंसा गूँज रही थी। वह साड़ी खोलने लगा कि उसकी नजर दर्पण की तरफ गई। उसी का हमउम्र एक युवक उसकी तरफ देख रहा था। उसने गुलाबी रंग की जाकिट पहन रखी थी। जेब की घड़ी में सोने की जंजीर। हाथ में, गले में भी सोना दिख रहा था और अँगूठी में भी हीरा चमक रहा था। नारायण को एहसास हुआ कि वह साड़ी का छोर हाथ में पकड़े वैसे ही खड़ा है। वह सकुचाया और तेजी से उसने साड़ी उतारकर पाजामा पहन लिया। वह लड़का अभी भी उसे ताके जा रहा था। फिर वह सामने आया और बोला, ''मैं हूँ पंडित। बालासाहब पंडित...डेक्कन कॉलेज में पहले दर्जे में पढ़ता हूँ। मेरे पिता यहाँ के मामलेदार हैं। बहुत बढ़िया गाया आज तुमने। आज सातवीं बार देखी *शारदा*।'' नारायण को अच्छा लगा और अचानक उस लड़के ने अपने गले से सोने की चेन निकाली और नारायण के गले में डाल दी। नारायण हड़बड़ा गया। ''यह क्या...किसलिए?'' कहता हुआ वह उसे उतारने लगा। पंडित ने उसे हाथ से रोका। ''नहीं, रहने दो। मेरा उपहार है यह।'' और चला गया। नारायण को इस तरह की सराहना की आदत नहीं थी। उसने वह चेन ले जाकर सीधे शंकरराव के हवाले कर दी। शंकरराव हँस दिए। बोले, ''नारायण, दर्शकों का प्यार तो मिलेगा ही तुम्हें। अब इसकी आदत भी डाल लो।''

''लेकिन यह चेन?'' नारायण अभी भी उस सदमे से उबरा नहीं था।

"अरे, वह मामलेदार का लड़का है। उसे किस बात की कमी ? रहने दो।" नारायण ने चेन हाथ में ली। काफी देर तक वह उसे देखता रहा। खूब मोटी थी और काफी महँगी भी होगी। वह उसे अपने पुरस्कार की तरह लगी। गले में पहनते समय उसे अलग ही खुशी हो रही थी।

पंडित दूसरे दिन फिर आया, तीसरे दिन भी आया...और अब तो कोल्हापुर दौरे के हर शो में आने लगा। लेकिन आते समय खाली हाथ कभी नहीं आया। चेन के बाद कभी कमीज तो कभी कुछ और।

उस दिन *सौभद्र* सम्पन्न हुआ और पंडित भीतर आया।

"नारायण, चलो मेरे साथ।"

"कहाँ ?'

"बाहर।"

"अभी ? इतनी रात गए ?"

"पंडित हँस दिया, "अरे, हम कॉलेज के दोस्तों का दिन रात में ही उगता है।"

"नहीं, शंकरराव नहीं जाने देते हमें इतनी रात गए बाहर।" नारायण ने इनकार किया।

"ठीक है भाई, पर कल तो चलेगा न मेरे घर ?"

"अरे, लेकिन शंकरराव...।"

"वे अनुमति दें, तब तो चलोगे ? यह बात तुम मुझ पर छोड़ दो।"

शंकरराव की अनुमति से पंडित नारायण को अपनी कोठी पर ले आया। बग्गी से उतरते ही नारायण ने देखा, अच्छी-खासी चौपहली कोठी, बैठने के लिए साहबी ठाठ की कुर्सियाँ। पंडित नारायण को अपने कमरे में ले गया। ऊपरी मंजिल पर उसका कमरा था। उसमें अच्छी-खासी बरसाती थी। कमरे में कई महँगी वस्तुएँ थीं। नारायण को कुर्सी पर बिठाकर उसने एक सन्दूक खोली। उसमें से इत्र की छोटी-सी शीशी निकाली। उसे नारायण के बदन पर उँड़ेलते हुए बोला, "यह इत्र विलायत से मँगाया है। खास तुम्हारे लिए।"

नारायण ने सीना फुलाकर साँस ली। वह खुशबू उसे रोमांचित कर गई।

"काफी महँगी होगी नहीं ये ?" उसने पूछा। पंडित हँस दिया।

"नारायण, अरे भाई, इनसान को मनुष्य का जनम एक ही बार मिलता है। उसी में सारे सुखों का भोग कर लेना चाहिए। और तुम जैसे आदमी का तो वह अधिकार है। तुम्हारे कंठ में जादू है जादू।"

पंडित ने नारायण को मानो विलास का मंत्र ही दे डाला। डेरे में लौट आने पर भी वह खुशबू उसके साथ थी। फिर रोज पंडित नारायण को अलग-अलग इत्र की शीशियाँ भेंट देने लगा। इत्र की मानो उसे आदत ही हो गई। कभी-कभी तो वह दोपहर में आकर नारायण को बाहर ले जाने का आग्रह करता। अब शंकरराव भी मंचन के बाद उसे पंडित के साथ बाहर जाने की छूट देने लगे। नारायण पंडित से हिल गया।

कम्पनी में चर्चा शुरू हो गई।

"देखा, महँगे इत्र, नई-नई महँगी पोशाकें, खुशबूदार तेल, पैर में जूते..." विसूभाऊ ने राघव से कहा।

"और क्या, महँगे इत्र लगाकर और पंडित की महँगी पोशाकें पहनकर वह दावतों में जाता है बड़ी-बड़ी असामियों की।" राघव के मन की ईर्ष्या उसकी आवाज में भी प्रतिबिम्बित हुई।

"घर की अमीरी, शानो-शौकत, ढीले हाथ और जबान पर हमेशा नारायण की तारीफ। दोनों में स्नेह हो जाए तो अचम्भा कैसा?"

"काहे का स्नेह विसुभाऊ! आजकल नारायण को पूरा अपने वश में कर लिया है उसने। वह कहेगा उठ तो यह उठता है।"

"ऐसा है राघव, इन नाटकवालों के साथ अपनी दोस्ती का दिखावा कर ये लोग चार लोगों में अपनी साख बढ़ाते हैं। नारायण के शौक पूरे करना, उसकी तारीफ करना पंडित को अच्छा भी लगता है और यह सब कर भी सकता है वह! ये शौक पूरे करवाना नारायण को भी अच्छा लगता है। लेकिन तुम्हारी बात सच है। वाकई पंडित ने उसे अपने वश में कर लिया है। पहले वह माँ का शब्द नहीं टालता था, और अब इस पंडित का। सौ बात की एक बात, नारायण का अपना दिमाग है ही नहीं।" सुनकर सभी हँस दिए।

लेकिन गोविन्दराव टेंबे को हँसी नहीं आई। उन्हें चिन्ता होने लगी। उन्हें ये लक्षण कुछ ठीक नहीं लग रहे थे। उन्होंने नारायण से बात की।

"नारायण, देखो, दोस्ती करना बुरी बात नहीं है। लेकिन...।"

"लेकिन?"

"वह ठहरा मामलेदार का लड़का। खूब पैसेवाला...उसकी और तुम्हारी हैसियत में अन्तर है। उसके जैसी शानो-शौकत तुमसे कैसे निभेगी?"

नारायण बस हँस दिया।

"सुना है, तुम हमेशा पैसों की तंगी में रहते हो? कहाँ जाता है पैसा?" उन्होंने बड़ी आत्मीयता से पूछा।

लेकिन नारायण के चेहरे पर कोई भाव नहीं था। पर टेंबे ने बात अधूरी नहीं छोड़ी। बोले, "देखो नारायण, नाटक का धन्धा एक मयसभा की तरह होता है। यहाँ कब पैर फिसलेगा, पता भी नहीं चलेगा। हम जैसों को सावधान रहना चाहिए। अरे यहाँ..."

पर उन्हें एहसास हुआ कि नारायण ने कान बन्द कर लिये हैं। उसने उनकी बात का न प्रतिवाद किया न सहमति का कोई भाव दिखाया। औंधे घड़े पर पानी डालने जैसा उन्हें प्रतीत हुआ। वे उठे, लेकिन उनसे रहा न गया। उन्होंने शंकरराव से बात की। पर वे हँस दिए। उन्हें एहसास था कि नटों को अपने आसपास ऐसे लोगों की जरूरत होती है। एक जमाने में वे भी तो एक नट थे। नट को प्रशंसकों की दरकार होती है। तारीफ ही उसका ईंधन होता है। और वैसे भी, नट का हमेशा झूठी तारीफ के बाँस पर चढ़ा रहना अच्छा ही होता है। वे बोले, "बढ़िया है टेंबे, बढ़िया है। अजी, अमीरों के लड़कों का नाटक मंडली के आसपास मँड़राना अच्छा शगुन होता है।"

"पर अच्छा शगुन किसके लिए? कम्पनी के लिए न? और नारायण?"

शंकरराव के चेहरे पर नाराजगी की छटा तैर गई। "देखिए, अब वह नामसझ नहीं है। अपना भला-बुरा खुद सोच सकता है।" फिर टेंबे ने विषय हमेशा के लिए बन्द कर दिया। नारायण और पंडित के बीच स्नेह बढ़ता ही रहा।

दरअसल, हाथ में गंधर्व जैसा चलता सिक्का, अच्छे चल रहे नाटक और सफलता वगैरा के कारण शंकरराव स्वयं ही बाँस की टहनी पर चढ़ बैठे थे। जाने-अनजाने वे लोगों का अपमान भी करने लगे थे। अन्य लोगों को उनके बर्ताव में बेफिक्री और घमंड महसूस होने लगा था। यहाँ तक कि देवल गुरुजी को भी। कम्पनी में इस तरह का माहौल कभी नहीं था। छोटे-बड़े का भेद अवश्य था। भाऊसाहब के जमाने में तो भोजन की पंक्तियाँ तक वरीयता के क्रम से होती थीं। दोयम नट और अन्य काम करनेवाले लोगों की पंक्ति अलग होती थी। लेकिन सभी में आपसी स्नेह था, अपनापन था। यहाँ खाने-पीने की भरमार थी, पर शंकरराव का मनमानापन खटकने लगा था। सेना और नट दोनों पेट के बल पर चलते हैं, पर उन्हें सम्मान भी मिल जाए तो उनका काम ज्यादा उम्दा हो जाता है। कम्पनी का हर बन्दा अपनी नाराजगी जताने लगा। आरम्भ हुआ देवल गुरुजी से।

"शंकरराव, नाटक का प्रबन्धन एक ही आदमी की मर्जी से नहीं चल सकता।" उन्होंने शंकरराव को फटकारा।

गुरुजी की कड़ी आवाज सुनकर नारायण, राघव, चिन्तोपन्त सभी दौड़े आए। लेकिन उनके सामने जाने की हिम्मत किसी की नहीं थी। सभी बाहर से दरवाजे से ही कान लगाकर सुनने लगे। शंकरराव सफलता के मद में चूर थे। अब उन्हें किसी बात की फिक्र नहीं थी।

"देखिए गुरुजी, हम आपके नाटक-अभ्यास के काम में टाँग नहीं अड़ाते। आप भी बाकी मामलों में टाँग मत अड़ाइए।"

"कम्पनी अकेले की मिल्कियत नहीं होती। सभी के खून-पसीने से खड़ी होती है वह।" गुरुजी ने समझाया।

"खून-पसीने के लिए रोकड़ा गिनते हैं हम।" शंकरराव गुस्ताखी से बोले।

"शंकरराव!" देवल चीखे, "कला को कौड़ियों से तौलने की भूल मत कीजिए!"

बात से बात बढ़ती गई। बाहर इकट्ठा हुई मंडली में बेचैनी फैल गई और आखिरकार "अब मैं *किर्लोस्कर कम्पनी* में दुबारा कभी कदम नहीं रखूँगा," कहते हुए गुरुजी अपने कमरे में चले गए।

"इन लोगों के झगड़े छोटे बच्चों की तरह होते हैं। आज लड़ेंगे और कल फिर एक हो जाएँगे," कहते हुए चिन्तोपन्त भी मुड़ गए। नारायण भी जाने लगा। जाते-जाते बोला, "देवल गुरुजी जैसी विभूति के बिना कम्पनी कैसे चलेगी? शंकरराव को उन्हें रोकना ही होगा।"

अब विसूभाऊ रुक गए और किंचित मुस्कुराते हुए बोले, "नारायण, तुम बहुत भोले हो। भैया, कला के क्षेत्र में सर्जक आदमी को बस अपमान मिलता है। शंकरराव को तुम्हारे रूप में अब तुरुप का पत्ता हाथ लगा है। अब उन्हें देवलजी की दरकार नहीं रही। भाई मेरे, टिकट खिड़की ही यहाँ की सच्चाई होती है और खालिस कलाकार को बाहरी

आदमी जैसा महसूस होने लगता है। अब न देवल रुकेंगे और न ही शंकरराव उन्हें रोकेंगे। और रही बात कमी खलने की, तो सफलता सारी कमियाँ पूरी कर देती है।''

वही हुआ। देवल गुरुजी सीना तानकर कम्पनी छोड़कर चले गए। शंकरराव को उनके जाने से न दुख हुआ न अफसोस। जाते समय देवलजी ने अण्णासाहब की प्रतिमा को प्रणाम किया। नारायण को लगा, कम से कम अब तो शंकरराव सामने आकर उन्हें रोकेंगे। पर शंकरराव भीतर चले गए।

नारायण दुविधा में पड़ गया। वह देवलजी की तरफ दौड़ा और उन्हें रोकता हुआ बोला, ''गुरुजी, मत जाइए। अब मुझे वसन्तसेना, सुभद्रा कौन सिखाएगा ?'' उसने देवलजी से प्रार्थना की। देवल रुक गए और नारायण की पीठ पर हाथ फेरते हुए बोले, ''नारायण, एक बात का हमेशा ध्यान रखना। जिन्दगी में आदमी को भगवान दत्तात्रेय जैसे कई गुरु बनाने पड़ते हैं। गुरु के सिखाए सबक का मर्म जानने का प्रयास करो। मैंने तुम्हें बैसाखी नहीं थमायी है, बल्कि भूमिका के बारे में सोचने की कला सिखाई है। मेरी अनुपस्थिति तुम्हें कभी नहीं खलेगी।''

और सचमुच, नारायण को देवल गुरुजी की अनुपस्थिति नहीं खली। फिर भी अभिनय कला के संस्कार देकर गुरु का इस तरह चले जाना उसे दुखी कर गया। गुरुजी का स्थान अब गणपतराव बोडस ने लिया था। वे भी गुरुजी के ही शिष्य थे। इसलिए गुरु बदल गया, पर घराना वही रहा। यानी प्राकृतिक अभिनय का आग्रही।

इन भूमिकाओं का अभ्यास बहुत अच्छा हुआ। मंचन में भीड़ होने लगी। कम्पनी अब फिर से पूर्ववत होने लगी। इसलिए शंकरराव के मन में बात उभरी कि क्यों न कम्पनी का रजत महोत्सव धूमधाम से मनाया जाए? इसके लिए उन्होंने नए नाटक की योजना बनाई। *किर्लोस्कर कम्पनी* में गंधर्व के दाखिल होने की बात पुणे तक पहुँच चुकी थी। इसलिए उनका अनुमान था कि पुणे में नाटक खेले जाएँ तो खूब भीड़ जुटेगी। अब नारायण को कम्पनी में अहमियत और सम्मान भी प्राप्त होने लगा था। वह नाटक में डूब गया।

कम्पनी पुणे आई, और श्रीपाद कृष्ण कोल्हटकर के *गुप्तमंजूष* की नन्दिनी की भूमिका में नारायण को पेश करना निश्चित हुआ। देवल नहीं थे इसलिए चिन्तोबा गुरव ने अभ्यास कराना शुरू किया। नारायण ने देवलजी का सिखाया सबक आत्मसात कर लिया था, इसलिए नन्दिनी के अभिनय में कोई खास परेशानी नहीं हुई। शंकरराव को नाटक की सफलता पर यकीन था। लेकिन उधर नारायण के पारिवारिक मंच पर एक अलग ही नाटक खेला जा रहा था। नारायण के मामा नाटक कम्पनियों में काम करते थे। एक *नाट्यकलाप्रवर्तक मंडली* में और दूसरा *वाशीमकर कम्पनी* में। नौटंकिया का जीवन क्या होता है, दोनों अच्छी तरह जानते थे। नाटक में क्या पैसा मिलेगा और क्या प्रतिष्ठा मिलेगी ? दोनों मामाओं ने नारायण को नाटक में डालने को लेकर दुबारा नाराजगी का सुर अलापना शुरू किया और उसके पिता को सलाह दे डाली कि उसे नाटक से निकाल लें। नाटक में रह गया तो हमेशा के लिए जिन्दगी बरबाद हो जाएगी। नारायण के घरवालों को डावाँडोल करने के लिए यह डर काफी था।

एक तरफ शंकरराव गाँव-गाँव मंचन की योजना बना रहे थे और दूसरी तरफ घरवाले नारायण को कम्पनी से निकालकर घर ले जाने की तैयारी में लगे थे।

"ठीक है, आज नाटक खूब चल रहे हैं। लेकिन आखिर ऐसा कब तक चलेगा? क्या सारी जिन्दगी हम नारायण को नौटंकिया ही बनाकर रखेंगे?" दत्तू मामा ने सवाल फेंका और माँ तनिक विचलित हुई। "ये सब चार दिनों की चाँदनी है, आगे का क्या? आपसे नहीं होता है तो मुझसे कहिए। कान पकड़कर ले आता हूँ उसे।" दत्तू मामा ने दुबारा कान फूँके और नारायण की तलाश में जुट गया। माँ को मालेगाँव से पुणे बुला लिया। बोला, "उसकी मुश्कें कसिए और ले जाइए अपने साथ मालेगाँव।"

मामा ने सोचा, नारायण पंडित के साथ किसी धनिक की कोठी पर गप्पे हाँकने जाने के लिए ही अकेला बाहर निकल सकता है, और वहीं उसे पकड़ सकते हैं। लेकिन वहाँ पंडित और उसके दो-चार खानदानी नाटक के शौकीन दोस्त भी साथ होंगे। वे नहीं मानेंगे। इसलिए नारायण को अकेले दबोचना चाहिए और यह काम मन्दिर में ही सम्भव है। पूजा और मन्दिर दर्शन में वह कभी नागा नहीं करता। दत्तू मामा सुबह-सुबह मन्दिर में हाजिर हो गया। दस बज गए फिर भी नारायण का पता नहीं था। रात में नाटक का मंचन हुआ था, इसलिए श्रीमान देर से उठेंगे। लेकिन मामा मन्दिर में खूँटा गाड़कर बैठा रहा। मन्दिर के खम्भे से टेक लगाकर विष्णुसहस्रनाम बुदबुदाने लगा।

और उसके कानों शब्द आए : "नाना, अरे यह *किर्लोस्कर नाटक मंडली* का नट है न?" मामा चौकन्ना हुआ।

"हाँ भैया, यही है, जिसे तिलक ने बालगंधर्व की उपाधि दी है। सुना है, कंठ बड़ा सुरीला है इसका।" कुछ लोग उस नौटंकिया की तरफ कौतूहल से देखने लगे।

नाना ने घृणा से गर्दन फेर ली, "हूँ, आजकल बहुत ज्यादा भीड़ लगने लगी है इन नौटंकियों की। जवान लड़के बहुत भीड़ मचाते हैं नाटक में।" नारायण आया। पाजामा, कुर्ता, घुँघराले बाल और ऊपर टोपी। उसने हाथ जोड़े, गर्दन झुकाई। आँखें मूँद लीं और परमात्मा के चरणों में लीन हो गया। दर्शन करके मुड़ा ही था कि सामने उसे मामा दिखाई दिया। वह खुश हो गया।

"अरे मामा, आप?"

"नारायण, घर चलो...तुम्हारे माँ-बाप आए हैं।"

"मामा, बोडस प्रतीक्षा कर रहे होंगे। अभ्यास करना है।"

"अरे, अभ्यास तो रोज का ही है। तेरी माँ बेचारी मालेगाँव से आई है तुमसे मिलने।"

"उससे कहना मैं बाद में आता हूँ।"

"बाद में क्यों? तुम्हें अपने साथ लाने को कहा है उसने। चलो...।"

"पर मामा...।"

"चुपचाप चले चलो मेरे साथ...।" और मामा ने उसे कन्धे से पकड़ लिया। वह निरुपाय हो गया। आसपास के लोग दोनों की तरफ देखने लगे। वह चुपचाप मामा के पीछे हो लिया।

खबर शंकरराव तक पहुँची। वे सनाका खा गए। "क्या?" उन्होंने माथा पीट लिया। उन्हें अगले खतरे का अनुमान हो गया। एक तो नाटक के लिए लड़कों का मिलना मुश्किल। और नारायण जैसा जन्मजात गायक-नट मिलना तो असम्भव। कम्पनी का

रजत महोत्सव सिर पर है और ऐसी मुसीबत? "अरे, नारायण को अकेले भेजा ही क्यों तुम लोगों ने? लेकिन नारायण को भी दृढ़ता से कहना चाहिए था न कि इस वक्त मैं नहीं आ सकता! खुद का दिमाग ही नहीं उसके पास। बिना पैंदे का लोटा कहीं का!" वे कुढ़ते रह गए।

"अब?"

"अब क्या? चलो, नारायण के घर, नाक रगड़ने। इतनी मेहनत की है उस पर, उसे क्या यूँ ही छोड़ देंगे? चलिए।"

शंकरराव ने बोडस, जोगलेकर, चिन्तोबा, केशव, विसूभाऊ आदि की फौज साथ ली और नारायण के घर की तरफ कूच किया। किलोस्कर कम्पनी का भाग्य कहीं पानी का बुलबुला न बन जाए। भावड़िया बीच में चला गया और अब नारायण भी कहीं इस तरह...। उनके मन को शंकाओं ने घेर लिया। नारायण के मामा के घर मानो बैठक ही हो रही थी। शंकरराव के साथ नाना जोगलेकर, बोडस और अन्य। दूसरी तरफ कुछ रिश्तेदार, गुस्से से काँपता दत्तू मामा और कमर कसकर बैठी नारायण की माँ। नाटक के शौक की खातिर अपना सत्यानाश करा चुके वामन मामा को भी उन्होंने अपने पक्ष की मजबूती के लिए बिठा लिया था। माहौल में एक तरह से तनाव था। लेकिन नारायण के पिता के चेहरे पर बेबसी का भाव देखकर शंकरराव का हौसला बढ़ गया। उनकी अनुभवी नजरें जान गईं, शायद नारायण को कम्पनी से पूरा निकाल लेना तय नहीं हुआ है। लेकिन उन्हें पता था कि यदि बाजी जीतनी है तो माँ के बुर्ज पर फतह जरूरी है। उन्होंने सहजता बनाए रखने के लिए चेहरे पर हँसी ओढ़कर बात शुरू की :

"अच्छा हुआ आप लोग आ गए। अब *गुप्तमंजूष* देखकर ही जाइएगा। बाकी नाटक भी बहुत अच्छे चल रहे हैं। नारायण ने बहुत तरक्की की है।" और उन्होंने प्रशंसा-भरी निगाह से नारायण की तरफ देखा, जो कोने में खामोश बैठा था।

"भाड़ में जाएँ तुम्हारे नाटक! क्यों जी मुजूमदार, कम्पनी ने जिम्मेदारी ली थी न नारायण की? क्या हुआ उसका? बस गाँव-गाँव घुमाते रहते हो उसे। इस तरह सँवरेगी जिन्दगी उसकी? पूजा-पाठ का कुछ खयाल... ?" माँ बोली।

नारायण जब से कम्पनी में आया था, उसने पूजा-पाठ त्याग दिया था। केवल शिवलीलामृत का पठन करता था। पर यह बात इन तक कैसे पहुँची? शंकरराव चकित। फिर भी माँ की बात को अनसुना कर उन्होंने अपनी बात आगे बढ़ाई, "अजी, रूपवान है, साथ ही सुरीला कंठ! लड़का नाम कमाएगा।"

पर माँ पीछे हटने को तैयार नहीं थी। "कुछ मत कहिए, नाटक के धन्धे में भला हुआ है कभी किसी का? क्यों रे वामन?"

वामन भी उछल पड़ा, "और नहीं तो क्या! हम बरबाद हुए नाटक के शौक में, इतना काफी है।"

शंकरराव ने कुत्सित भाव से उसकी तरफ देखा और बोले, "आप वाशीमकर नाटक मंडली में थे, और यह *किर्लोस्कर कम्पनी* है...।" वामन मामा इस एक ही प्रहार से धराशायी हो गया। दत्तू मामा के दल में दुविधा छा गई।

"मुई कम्पनी कोई भी हो...पर है तो नौटंकिया! पढ़-लिख जाता तो अब तक कलेक्टर बन जाता। साफ-साफ कहती हूँ, नारायण को नहीं भेजूँगी कम्पनी में।" अब माँ ने अकेले मोर्चा सँभाल लिया।

श्रीपादराव चौंक उठे। "अजी...इस तरह तोड़ने की बात मत कीजिए," वे बोले। माँ ने उनकी तरफ गुस्से से देखा।

"आपको तो बस सौ रुपए दिखाई देते हैं, पर मुझे बेटे की चिन्ता है। इसका ब्याह कराने का वादा किया था तिलकजी ने। क्या हुआ? मिस्सो से पेट भरता है किस्सों से नहीं!"

अब दत्तू मामा आगे बढ़ा, "और नौटंकिया को लड़की देगा कौन?"

इतनी देर तक खामोश बैठे बोडस को यह समूचे नाटक के धन्धे पर ही प्रहार मालूम हुआ। "क्यों? हमें नहीं मिली लड़कियाँ? हमारी नहीं है गृहस्थी?" वे उबल पड़े।

इस आक्रमण से माँ तनिक पीछे हट गई, "आपका हो गया बोडसजी, पर इसका ब्याह कब होगा?"

दत्तू मामा भी सहायता के लिए आगे बढ़ा, "गाँव के गोरे-चिट्टे लड़कों को फाँसकर उन्हें बहकाना। हमें भी पता है नाटकवालों की करतूतें। दीदी, कच्ची उम्र के लड़के कम्पनी में भेजना यानी भेड़िए के आगे बकरी को डालना होता है...।"

अब शंकरराव से रहा न गया। वे दहाड़ उठे, "ठहरो! ऐसे टुच्ची हरकतें इस कम्पनी में नहीं होतीं। किर्लोस्कर जी के संस्कारों पर खड़े हैं हम। सवाल नारायण के ब्याह का है न? मैं जबान देता हूँ, एक महीने के भीतर नारायण के सिर पर सेहरा होगा।"

पल-भर के लिए खामोशी छा गई। दरअसल, दत्तू मामा के अलावा बाकी लोगों को नारायण के नाटक में काम करने पर बिलकुल एतराज नहीं था, लेकिन डर था। नारायण की गृहस्थी बस जाए, यही माँ की चिन्ता थी। क्या कहें, उसकी समझ में नहीं आ रहा था। शंकरराव जान गए, यही मौका है आखिरी प्रहार करने का। वे दृढ़ता से कहने लगे, "अच्छे घर की सुशील कन्या देखकर बड़े ठाठ से ब्याह कराएँगे। अजी, नारायण मेरे लिए अपने लड़के जैसा ही है। कम्पनी में सबका दुलारा है। ब्याह ऐसे ठाठ से होगा कि सारा गाँव देखता रह जाएगा।"

पर नारायण का चेहरा उतर गया। अभी क्या पड़ी है ब्याह की। उसने हिम्मत करके माँ से पूछा भी, "माँ, किसलिए ये ब्याह अभी...।"

माँ दहाड़ उठी, "अभी नहीं तो क्या बुढ़ापे में चढ़ेगा वेदी पर? ब्याह नहीं तो नाटक भी नहीं।"

नाना जोगलेकर ने देखा, नारायण का चेहरा उतर गया है। उसे उस पर तरस आया। उसी समय शंकरराव बैठक का समापन करते हुए बोले, "तो यह तय रहा श्रीपादराव! पहले नारायण का ब्याह होगा...माँ जी, मुँह मीठा कराइए।" शंकरराव की बात से तनाव कम हो गया। दत्तू मामा के पास अब कोई बहाना नहीं बचा था। माँ तुरन्त शक्कर लाने चल दी।

नारायण को कुछ भी नहीं सूझ रहा था। उसकी स्थिति कठपुतली जैसी हो गई थी। उसके लिए यही सन्तुष्टि की बात थी कि उसे नाटक करने को मिलेगा। वह उठ गया।

शंकरराव ने राहत की साँस ली।

पुणे में *गुप्तमंजूष* का मंचन हुआ और पूरा माहौल ही बदल गया। किसी को नारायण में भाऊराव की छवि दिखाई दी तो किसी को वह उनसे भी दो कदम आगे प्रतीत हुआ। पुणे के मंचन की खबर मुम्बई पहुँची और वहाँ लोगों की भीड़ उमड़ पड़ी। दिन-ब-दिन मंचन में रंग भरता गया और नारायण का आत्मविश्वास बढ़ता गया। शर्मीला-झेंपू नारायण अब कम्पनी का एक अहम हिस्सा बन गया था। लेकिन उसकी सादगी और विनम्रता में कहीं भी कमी नहीं आई थी। इस कारण उसकी सफलता में प्रशंसा की झालर लग गई।

शंकरराव समझ गए थे कि नारायण का ब्याह कराना ही पड़ेगा ताकि उसके घरवालों को शिकायत का मौका न मिले। पर काम इतना आसान नहीं था। नौटंकिया को कोई खुद होकर लड़की देगा, यह सम्भव नहीं था। रंगमंच पर राजा का रोब झाड़नेवाले नट को समाज में सम्मानजनक स्थान नहीं, यह विचित्र बात थी। रंगमंच की चकाचौंध का अँधेरा नट की जिन्दगी में भी उसका साथी होता है। समाज को कला चाहिए, कलाकार नहीं।

परन्तु नटों का आचरण भी इसका एक कारण था। नाटक में जाना यानी बुरी लतें और विकृतियों की बलि चढ़ना। नाटकों का मंचन करते हुए महीना-महीना गाँव-गाँव घूमना और इस बीच महीना-महीना केवल पुरुषों का ही साथ। साथ में बन-ठनकर नाजो-अदा दिखानेवाले, स्त्री-भूमिका करनेवाले कच्ची उम्र के लड़के और युवक। फिर अकेलापन दूर करने के लिए शराब और...

इसलिए नाटक का आदमी यानी चूतड़ का शौकीन, यह मान ही लिया गया था। सच्चाई जाने बिना समाज में भी ये बातें सभी तरह फैल भी गई थीं। ऐसे में नाटकवाले बदनाम क्यों न होते! इसलिए लड़की ढूँढ़ते समय बहुत ज्यादा उम्मीदें रखना बेकार था। पारगाँव के एक परिवार की लड़की देखी—लक्ष्मी। घर पर विधवा माँ और एक बहन। लक्ष्मी को बहुत बड़े घर से रिश्ता आने की सम्भावना बिलकुल नहीं थी। चौदह-पन्द्रह की उम्र, यानी कुछ ज्यादा ही। लेकिन लड़का नाटक में! माँ ने ही लड़की देखी और पसन्द भी कर डाली।

नारायण का ब्याह *किर्लोस्कर कम्पनी* के लिए अपने घर का ही मंगल कार्य बन गया था। एक तो कम्पनी के पास काफी पैसा था और इस बहाने नारायण के घरवाले हमेशा के लिए कम्पनी से बाँधे जानेवाले थे। अब नारायण को नाटक से निकालने का विचार भी उनके जहन में नहीं आ सकता था। नारायण जैसा खरा सिक्का हाथ में आने से शंकरराव खुश थे, इसलिए ब्याह में उन्होंने दिल खोलकर खर्च किया। उनकी दृष्टि से यह उनका निवेश ही था। सन् 1907 में बड़े ठाठ से नारायण का ब्याह सम्पन्न हुआ। कम्पनी में सप्ताह-भर भोजन की पंक्तियाँ उठती रहीं। कौन भोजन कर गया, कितने लोगों ने खाया, इसका हिसाब भी नहीं रखा गया। कम्पनी की तरफ से सभी को मान-सम्मान दिया गया, उपहार दिए गए। एक नौटंकिया के ब्याह का ऐसा ठाठ देखकर पूरा शहर दंग रह गया।

दहलीज के अनाज का माप लाँघकर पारगाँव की कन्या लक्ष्मी घर आई। साधारण-सी, आम स्त्रियों जैसी। रंग-रूप में तनिक उन्नीस...पति नाटक में काम करता है, उसे बस यही बताया गया था। वैसे भी लड़कियों को क्या करना है ज्यादा जानकर? कुछ दिनों

में गर्भाधान विधि सम्पन्न हुई और वह बाकायदा अपने पति के घर आई। बेचारी डरी-सहमी सी बैठी थी नारायण की प्रतीक्षा में। नारायण ने रंगमंच पर कितनी ही बार श्रृंगार रचाया था। सुभद्रा का, शकुन्तला का। उसने अधीरता से लक्ष्मी की तरफ देखा और हाथ से उसकी ठोड़ी ऊपर उठाई। लक्ष्मी ने भी डरते-डरते ऊपर देखा और मानो उसके दिल की धड़कन ही रुक गई।...मेरा पति और ऐसा सुन्दर! उसका रूप-रंग, उसकी कान्ति, उसकी कोमलता...मेहराबदार भवें और सीधी नाक। चित्र में ही होते हैं ऐसे पुरुष। उसने नजरें झुका लीं। नारायण ने देखा, साँवला सामान्य-सा रंग-रूप...। क्या करें, उसकी समझ में नहीं आ रहा था। कुछ पल दोनों असमंजस में रहे। वे खाली पल और दूर से सुनाई देनेवाली झिंगुरों की आवाजें...नारायण को लगा एक अँधेरा उसे लपेट रहा है और लक्ष्मी को तो मानो उसी अँधेरे का सहारा मिल गया था। नहीं चाहिए उजाला। दोनों असमंजस में थे। उसने अपने शरीर को बिस्तर पर धकेल दिया और बँड़ेर पर नजरें स्थिर कीं। एक-एक पल गुजारना भारी हो रहा था। उसके जहन में विचारों की मधुमक्खियाँ फूट पड़ीं। सात जन्मों का रिश्ता है। बुजुर्गों का लिहाज रखना होना। ईश्वर और ब्राह्मणों के सामने वचन दिया है निभाने का...उसने अपने मन को समझाया और उसकी तरफ देखा। वह पराए घर की लड़की बेचारी सकुचायी-सी बैठी, किंचित काँपती हुई लग रही थी। उसके मन में करुणा जाग उठी। वह उठा। पर लक्ष्मी को कुछ भी समझ में नहीं आ रहा था। पति आते ही लेट जाता है और फिर उठ जाता है! क्या करना चाहिए ऐसे समय एक पत्नी को? उसकी इच्छा हुई कि रो दे। पर वह आज्ञाकारी लड़की की तरह चुपचाप बैठी रही। अब उसने खुद को परिस्थिति के हवाले कर दिया था और उसे ज्यों का त्यों स्वीकार करना तय किया था। पूरी रात ऐसे ही बीत गई। न उसके कंगन खनके और न माथे का सिन्दूर फैला। दोनों की साँसें एक ही लय में चलती रहीं। एक शैया पर होकर भी दोनों ने उस रात का और रात के अँधेरे का मुकाबला अकेले-अकेले किया। फिर पता नहीं कब नींद ने ही उन्हें अपनी आगोश में ले लिया और उस असहज स्थिति से मुक्ति दिला दी। पर उनके भावी सहजीवन पर इस असहज स्थिति की छाया हमेशा तारी रही। प्रकृति के नियम के अनुसार वे करीब आते गए। सन्तानें हुईं। लेकिन उस रात की कालिमा दोनों के रिश्ते से कभी ओझल नहीं हुई। बाद में उन्हें इसकी आदत-सी हो गई। लक्ष्मी चौका-बासन करते हुए गृहस्थी में जुट गई और नारायण ने खुद को नाटक में झोंक दिया।

''दिनू, राघव! आ गए तुम लोग?'' गडकरी गुरुजी की पुकार सुनाई दी और दिनू ने जल्दी-जल्दी तानपूरे का गिलाफ खोलकर सफाई शुरू कर दी। राघव ने भी सन्दूक खोलकर जरी के कपड़े की सिलाई शुरू कर दी। गुरुजी हँस दिए, ''ये काम बाद में करेंगे। पहले इधर आओ, बैठो जरा मेरे पास। बाकी लोगों को भी बुलाओ। चार अक्षर पढ़-लिख जाओगे तो नरक में नहीं जाओगे तुम लोग, चलो।'' लड़के निरुपाय हो गए। मन ही मन शंकरराव को गालियाँ देते हुए स्लेट लेकर बैठ गए। शंकरराव का ही पागलपन था यह। कहते हैं कम्पनी के लड़कों को पढ़ना-लिखना आना चाहिए। गडकरी गुरुजी में भी पढ़ाने का खूब जोश! गुरुजी ने लड़कों को पढ़ाना शुरू किया और तभी नारायण वहाँ आ धमका।

"आओ नारायण, बैठो।" गडकरी गुरुजी को सामने देखकर उसने दाँतों तले जबान काट ली। अब अगला सवाल आएगा, 'परसों दिया उपन्यास पढ़ा?' पर उसने विषय ही बदल दिया, "गुरुजी, दिमाग में एक बात आई है। बीते कुछ दिनों से चर्च के आर्गन के सुर मेरे कानों में घूम रहे हैं। अगर हम नाटक में इस साज का इस्तेमाल करें तो?" गुरुजी को बात जँच गई। बोले, "पर साज के बारे में पहले टेंबे, बखले बोवा से बात करना।"

"वह तो होगा ही। पर पता है गुरुजी, आजकल मेरा गाना अच्छा रँगने लगा है।" बोडस ने सीढ़ियाँ उतरते-उतरते यह वार्तालाप सुना और रुक गए, "एक कान से कम सुनाई देता है न मुझे, इसलिए मैं साज को नेपथ्य के सामने ले आया हूँ। मेरी परेशानी दूर हुई। पर सुना है, अब बाकी कम्पनियाँ भी साज आगे ही रखने लगी हैं।" इस बातचीत में उसे लगा कि गुरुजी उपन्यास की बात भूल गए। लेकिन उसकी बात सुनने के बाद गुरुजी बोले, "बहुत बढ़िया! पर नारायण, मेरी बात तुम्हें दोनों कानों से भी सुनाई नहीं देती।" बोडस को भी इस बातचीत में मजा आने लगा। वे भी बाहर खड़े होकर सुनने लगे।

"मेरा हमेशा आग्रह होता है कि नटों को पढ़ने का शौक होना चाहिए। हरिभाऊ आपटे के उपन्यास और कुछ और किताबें दी थीं तुम्हें। कितनी पढ़ीं?"

नारायण झेंप गया। फिर बोडस भी आगे आए, "गुरुजी, मेरी बात भी कहाँ सुनाई देती है इसे? हमेशा कहता रहता हूँ कि पैसा सँभालकर रखा करो। आज आता है इसका मतलब यह नहीं कि कल भी आसानी से आएगा। मैंने तो नाटक से मिलनेवाला पैसा खेत-जमीन में लगाना शुरू किया है। नारायण को अभिनय के साथ-साथ व्यावहारिक ज्ञान की भी दीक्षा देना चाहता हूँ। पर अभिनय का मेरा यह प्रिय शागिर्द हिसाबी ज्ञान में औसत दर्जे का भी नहीं है।" सभी ओर से हँसी का ठहाका उठा। नारायण ने झेंपते हुए हँसकर गुरुजी को वचन दिया कि वह उनका दिया उपन्यास पढ़ेगा और भीतर भाग गया।

बोडस उस दिशा में देखते हुए बोले, "कोई फायदा नहीं। किससे कितनी दूरी रखनी चाहिए, इसे समझना चाहिए। पर क्या करें? चेतावनी उस तक पहुँचती ही नहीं।"

गुरुजी हँस दिए, "कान बन्द कर लेने की यह कला किससे सीखी है इसने, ईश्वर ही जाने।"

पर बोडस को हँसी नहीं आई। वे संजीदा हो गए। "पंडित के बहकावे में आ रहा है और कोई कुछ नहीं कर सकता। किताबों में उसे दिलचस्पी नहीं। शंकरराव भी किताबों के, साहित्य के शौकीन, पर नारायण की उसमें दिलचस्पी जगी ही नहीं।"

"सच है बोडस, उसे दिलचस्पी है तो बस पंडित में।"

"दोस्ती से मुझे एतराज नहीं है। पर पंडित का कम्पनी में आना-जाना कुछ ज्यादा ही बढ़ गया है। उसने नारायण को अपनी मुट्ठी में कर लिया है और अब धीरे-धीरे कम्पनी के काम में भी टाँग अड़ाने लगा है।"

"ऐसा?"

"और क्या। एक दिन हजरत मुझसे कहने लगे कि आपको नहीं लगता कि नारायण को वेतन कम मिलता है? मैंने खदेड़ दिया उसे। पर यही बात कल शंकरराव से कहने में भी नहीं हिचकिचाएगा वह।"

गडकरी सोच में पड़ गए। उन्हें भी यह मामला गम्भीर लगा। कुछ पल वे खामोश रहे। फिर उन्हें एहसास हुआ कि सामने अन्य लड़के खड़े हैं। उनके सामने यह चर्चा ठीक नहीं, इसलिए उन्होंने पढ़ाने के लिए किताब खोली। फिर बोडस भी पैरों में चप्पल पहनकर बाहर चल दिए। लेकिन बोडस का जताया डर उन्हें लगातार सालता रहा।

बोडस का यह डर अनुचित भी नहीं था, क्योंकि पंडित सचमुच शंकरराव से भिड़ गया था। दरअसल, नारायण का यह मित्र कभी काम आएगा, यह सोचकर शंकरराव ने उसे काफी छूट दे रखी थी। पंडित को सामने देखकर शंकरराव ने हँसते हुए पूछा, ''क्यों पंडितराव?''

पंडित ने सीधे उनके सामने खड़े होकर कहा, ''नारायण को पैसे कम मिलते हैं। उसमें अब बढ़ोतरी होनी चाहिए। नाटक उसी के नाम पर चलते हैं।''

शंकरराव को इस हमले की उम्मीद नहीं थी।

''अच्छा!'' कोई सुझाव या परामर्श दे, यह शंकरराव को पसन्द नहीं था। टेंबे, बोडस वगैरा चुनिन्दा लोगों के अलावा अन्य कोई इस झमेले में पड़ता भी नहीं था। भाऊराव से खुलकर बात करनेवाले लोग तो शंकरराव के सामने खड़े रहने में भी डरते थे।

''यह माँग आपकी है या नारायण की?'' पंडित की गुस्ताखी पर क्रुद्ध होकर भी उन्होंने आवाज को काबू में रखा।

''किसी की भी हो, पर बात सच है।''

''हूँ।'' उन्होंने गर्दन झटकी, ''मैं नारायण से बात करूँगा।''

''समझिए उसकी तरफ से ही बोल रहा हूँ मैं।''

शंकरराव भी पल-भर के लिए सिटपिटाए। ''देखो, नाना भी कम्पनी में हिस्सेदार हैं। उनसे बात करनी पड़ेगी।''

''ठीक है, जल्दी बात कर लीजिए। वरना वह नाटक में खड़ा नहीं होगा।'' उसने शंकरराव से आँखें मिलाते हुए शुष्क भाव से कहा और चला गया।

शंकरराव के मस्तिष्क में आग भड़क उठी। यह चाल नारायण की है या पंडित की, उनकी समझ में नहीं आ रहा था। अगर नारायण की है तो उसे बड़ा घाघ मानना पड़ेगा। मुँह में राम और बगल में छुरी। मगर करें क्या? आज नहीं तो कल उसका वेतन बढ़ाना ही पड़ेगा। अभी-अभी कम्पनी की गाड़ी पटरी पर आई है। इन नटों का यही झमेला होता है। मिट्टी के लोंदे की तरह आते हैं। उन पर मेहनत करो, सिखाओ, खर्च करो। बड़ी लागत लगाकर नाटक खड़ा करो और जरा-सा नाम हुआ नहीं कि ये आँखें तरेरकर बात करेंगे। नारायण को जैसा समझा था, वैसा सीधा आदमी वह है नहीं। और पंडित ने तो मुझ पर ही पलटवार किया! शंकरराव ने खुद को शान्त किया। सोचा, नारायण को प्यार से धीरे-धीरे पंडित से अलग करना होगा। ज्यादा खींचातानी से मामला बिगड़ सकता है। पंडित की गुस्ताखी का गुस्सा नारायण पर उतारना ठीक नहीं। इसके पीछे कौन है, यह देखकर ही आगे कदम बढ़ाना होगा। बहरहाल, वेतन बढ़ाना पड़ेगा।

वेतन का दिन आया। शंकरराव ने नारायण को बुला लिया।

"लीजिए, गिन लीजिए। बाद में शिकायत नहीं चाहिए।" और गुस्से में ही उन्होंने नोट नारायण के सामने किए। रकम देखकर वह भी चकराया।

"क्यों? चेहरे पर आश्चर्य क्यों? खुद ही वेतन बढ़ाने की माँग करना और ऊपर से ईमानदारी का ढोंग? रखिए।" नारायण की कुछ भी समझ में नहीं आ रहा था।

"नारायण, पैसों की जरूरत थी तो मुझसे कहते। हम सोचते इस पर। अपने बच्चे की तरह माना है मैंने तुम्हें। तुम्हें इस तरह परायापन नहीं दिखाना चाहिए था।" दिल की भड़ास निकालकर और नारायण को सम्भ्रम में छोड़कर शंकरराव चले गए। एक अच्छे नट के सारे गुण उनमें मौजूद थे।

नारायण नोटों को तरफ देखता ही रहा, पर उसी समय पंडित हँसता हुआ वहाँ आ पहुँचा। "देखा, दुखती रग पर हाथ रखने का नतीजा?"

"वेतन बढ़ाने के लिए तुमने कहा था?"

"और कौन कहेगा? साफ-साफ कह दिया था कि वरना तू खड़ा ही नहीं होगा नाटक में।"

"पंडित!" नारायण इस विचार से भी दहल गया। नाटक से मिलनेवाले सुकून की तुलना पारिश्रमिक के पैसों से करने का विचार भी उसे न जाने कैसा लगा। "पंडित, ये तुमने अच्छा नहीं किया।"

"मुझे पता था, तुम यही कहोगे। अरे, तुम खुद अपना मोल नहीं जानते हो। पैसों की खदान है तुम्हारा कंठ। क्या कद्र होती है इस कम्पनी में तुम्हारी? कम्पनी का मुख्य गायक नट कम्पनी में हिस्सेदार बनता है, यही रिवाज है न कम्पनी का? भाऊराव, नानासाहब जोगलेकर ये बानगियाँ हैं न सामने? फिर भी तुम्हें हिस्सेदारी देने का विचार क्यों नहीं आता इस शंकरराव के जहन में?"

"अरे उन्होंने खड़ा किया है मुझे नाटक में।"

"कम्पनी की भलाई के लिए, तुम्हारी भलाई के लिए नहीं। नारायण, अरे भाई, तुम्हारे ही बलबूते चल रही है ये कम्पनी! फिर तुम्हें अपना हिस्सा क्यों न मिले? मैंने तो केवल वेतन बढ़ाने की माँग की है। तुम्हें तो हिस्सा ही माँगना चाहिए।"

"नहीं...नहीं। मुझे नहीं चाहिए वह झंझट।"

"ऐसा है तो, रहो दबकर। फिर शंकरराव पूरा निचोड़ डालेंगे तुझे। अच्छा वह सब छोड़ो, वेतन बढ़ गया न, चलो, जरा मौज करेंगे।"

पंडित ने बग्गी मँगाई और दोनों निकल पड़े। दरवाजे में ही विसूभाऊ मिले, "वाह, नारायण, सुना है वेतन बढ़ गया! वाह। पंडित, अब जरा हमारा भी देखो न।"

"आप जाकर कहिए न शंकरराव से।"

"हम कहें? अजी सीधा घर का रास्ता नापने के लिए कहेंगे। बड़ा परिवार है भाई मेरा। इस कम्पनी में कम से कम इतना तो मिलता है। बाकी कम्पनियों की क्या हालत है, पता है? परसों उस राजाराम कम्पनी में काम करनेवाला मेरा रिश्तेदार मिला था। बोला, वेतन की बात भूल ही जाओ। त्योहार के दिन भोजन में तनिक घी की धार मिल जाए, तो भी धन्य हो जाते हैं हम।"

"विसूभाऊ, इसके लिए कम्पनी अपने हाथों में होनी चाहिए। गुलाम बने रहने से काम नहीं चलेगा। खैर!" और पंडित आगे निकल गया। विसूभाऊ ने गर्दन झटकी, "धत्...चाहे मालिक बदल जाए, हमारी हालत तो ऐसी ही रहेगी। इस उम्र में मुख्य नट का काम थोड़े ही मिलेगा?" वे नैराश्य से बग्गी की तरफ देखते रहे।

बग्गी सर्राफा बाजार की तरफ मुड़ गई।

"पंडित, क्या है तुम्हारे दिमाग में? इधर कहाँ ले आए मुझे?"

"तुम चलो तो नारायण।"

कहते हुए पंडित सीटी बजाने लगा। पंडित के दिल की खुशी नारायण को साफ दिखाई दे रही थी। दोनों नीचे उतरकर दुकान में गए।

"आइए, नारायणराव आइए," दुकानदार ने स्वागत किया। "आइए, बैठिए। अरे नारायणराव के लिए शरबत लाइए। नमस्कार बालासाहब।"

पंडित ने हँसकर गर्दन हिलाई।

"बोलिए, क्या सेवा करूँ?"

"मालिक, नारायणराव पर खूब फबे, ऐसा कुछ आभूषण दिखाइए। गले की चेन दिखाएँगे तो यह मत भूलिएगा कि नारायण को ईश्वरीय कंठ प्राप्त है।" दुकानदार हँस दिया और स्वयं माल दिखाने लगा। नारायण मोहित हो गया। उन वस्तुओं पर भी और पंडित की चिकनी-चुपड़ी बातों पर भी।

"बोलो नारायण, क्या पसन्द है तुम्हें?" और पंडित ने एक-एक वस्तु को परखना शुरू किया। बाद में एक चेन उठाकर अपने हाथों से नारायण को पहनाई। नारायण को उसके बर्ताव में आत्मीयता अनुभव हुई। पंडित के बारे में उसका स्नेह और दृढ़ हुआ। मानो सुदामा को कृष्ण मिल गए हों। उस शाम दोनों ने ढीले हाथों से पैसा खर्च किया। बचा हुआ उधार पंडित ने चुका दिया। अब नारायण की यह आदत ही हो गई थी कि वह उधार करता और पंडित चुका देता।

लेकिन इधर शंकरराव अंगारों पर लोट रहे थे।...मेरा अनुमान गलत तो नहीं हो रहा है? पर किसके बारे में—नारायण के या पंडित के? समय रहते लगाम कसें या अभी तुरन्त कुछ करने से मामला बिगड़ जाएगा? कहीं ऐसा न हो कि हाथ मलते रह जाना पड़े। आज वेतन बढ़ाकर माँगा है, कल हिस्सेदारी माँगने के लिए कह दे ये पंडित तो? मन ही मन तय किया कि फिलहाल खामोश रहें। देखें तो सही कि नारायण कहाँ तक छलाँग लगाता है। फिर सोचेंगे। पर वे समझ गए थे कि आगे की राह आसान नहीं है। वे चिन्तित मुद्रा में बैठे रहे। उन्होंने सोचा, नासिक का पड़ाव हटने के बाद ही कुछ किया जाए। उन्हें इससे पहले कुछ अहम काम निपटाने थे। *रंगभूमि* पत्रिका के कुछ काम बाकी थे। किर्लोस्कर के नाम से पुणे में थिएटर का काम भी जारी था। शंकरराव सोच में लीन हो गए। विसूभाऊ आए। उन्हें देखते ही शंकरराव ने चेहरे पर प्रसन्नता ओढ़ ली। "आइए विसूभाऊ, आइए।"

"थिएटर का निर्माण कार्य देखकर आ रहा हूँ। लगता है जल्द ही पूरा हो जाएगा।"

"होना ही चाहिए विसूभाऊ, 21 अगस्त का मुहूर्त है।"

विसूभाऊ ने शंकरराव को खुश करने का मौका नहीं गँवाया, "हम नट मंडली को इस थिएटर पर गर्व है, हाँ।"

"अच्छा!" शंकरराव को अच्छा लगा, "अजी, मैंने सोचा, पारसी, गुजराती लोगों के अपने थिएटर होते हैं, फिर हमारा क्यों न हो?"

"बिलकुल दुरुस्त विचार है।" विसूभाऊ ने गर्दन हिलाई।

"विचार दुरुस्त है, पर आर्थिक अड़चनें भी तो हैं न विसूभाऊ।"

"हूँ।" विसूभाऊ ने जायजा लिया और कमान से तीर छोड़ दिया, "और भी कुछ अड़चनें हैं, बोडस कुछ कह रहे थे।"

शंकरराव चौकन्ने हो गए, "क्या कह रहे थे गणपतराव?"

विसूभाऊ उत्साहित हो गए। नाटक कम्पनी में यदि मालिक का भरोसा जीतना है तो उन्हें ऐसी खबरें पहुँचानी ही चाहिए। विसूभाऊ अनुभव से सीख चुके थे। वे उत्साहित होकर कहने लगे, "चिन्तोबा, बोडस वगैरा बड़े उत्साह से थिएटर का मुआयना करने आए थे हमारे साथ। बोडस ने तो थिएटर के सभी कोनों की कुर्सियों पर बैठकर जायजा लिया, मुआयना किया...।"

"अच्छा!" शंकरराव सुन रहे थे।

"...फिर बोले, थिएटर के निर्माण में कुछ त्रुटियाँ रह गई हैं। चिन्तोपन्त से कहने लगे, गैलरी के कुछ कोनों से पूरा मंच नहीं दिखेगा।" इतना कहकर विसूभाऊ चुप हो गए। वे समझ गए थे कि तीर निशाने पर लग चुका है।

"हूँ!" शंकरराव ने हुंकार भरी। विसूभाऊ की चापलूसी पर उन्हें गुस्सा भी आया। पर ऐसे ही लोगों से पता चलता है कि कम्पनी में क्या चल रहा है। इसी वजह से उन्होंने विसूभाऊ, राघव जैसे लोगों को साथ में रखा था। उन्होंने विसूभाऊ की तरफ देखा। उन्हें उन पर तरस आया। कच्ची उम्र में स्त्री भूमिका के लिए नाटक में आए ये लोग मसें भींगकर चेहरा प्रौढ़ हो जाने के बाद सीधे दोयम दर्जे के कामों में लग गए थे। अब उन्हें जिन्दगी में न कुछ दैदीप्यमान घटित होने की आशा थी और न ही कोई सम्भावना। गूदा निकल जाने के बाद फल का क्या फायदा? इस कारण कुछ लोग नाटक कम्पनी की तरफ केवल जीविका के रूप में देखते थे। करते भी क्या? न कुछ पढ़ाई-लिखाई और न कोई हुनर। नाटक के सामान जितनी भी कीमत नहीं थी इनकी। इन सारे विचारों को मन में रखते हुए उन्होंने विसूभाऊ को जाने के लिए कह दिया। विसूभाऊ भी जाने के लिए उठे। शंकरराव ने सोचा, नारायण को पंडित बहका रहा है। बोडस मेरी पीठ पीछे उल्टा-सीधा बोल रहे हैं। अब मुझे सख्त नीति बनानी चाहिए। उन्होंने देखा, बोडस आ रहे थे।

"आइए गणपतराव। हो गया मुआयना थिएटर का?"

'मुआइना' शब्द पर बोडस तनिक ठिठके, पर चेहरे का भाव बिना बदले बोले, "शंकरराव, अजी, आठ दिनों में उद्घाटन होना है नाट्यगृह का...और कई त्रुटियाँ...।"

उन्हें बीच में ही रोककर शंकरराव कठोरता से बोले, "देखिए बोडसजी, अब यह कोई नहीं कहेगा कि थिएटर में कुछ त्रुटियाँ रह गई हैं। सबको यही कहना है कि उसका प्रत्येक हिस्सा बहुत अच्छा बना है।"

बोडस खामोश हो गए। मतलब थिएटर के बारे में कोई कुछ नहीं बोलेगा?

21 अगस्त, 1909, लोकार्पण समारोह। मिरज के श्रीमन्त बालासाहब मिरजकर पधारे थे। सर मूर मेकंजी के हाथों लोकार्पण होना था, वे भी उपस्थित हुए। शंकरराव ने प्रस्तावना की, पर साथी कलाकारों के बारे में एक शब्द भी नहीं कहा। बाद में शंकरराव के कर्तृत्व का बखान करनेवाले भाषण हुए। अन्य किसी का नामोल्लेख तक नहीं। ऐसा माहौल बनाया गया कि अण्णासाहब के नाम पर बनाया गया यह थिएटर केवल शंकरराव का ही है। *किर्लोस्कर कम्पनी* के कलाकार ऐसे विचर रहे थे, मानो बाहरी पराए लोग हों। गणपतराव उदास होकर रंगभूषा के कमरे में चले गए। वहाँ उन्हें चेहरे पर रंग मलता हुआ नारायण दिखाई दिया। वे बैठ गए। बाहर मेकंजी ने थिएटर के लोकार्पण की घोषणा कर दी; पर बोडस को अनुभव हुआ कि शंकरराव रिश्तों के, आत्मीयता के सारे दरवाजे बन्द कर रहे हैं। उन्होंने नारायण की तरफ देखा। नारायण रंगभूषा में तल्लीन था। लोकार्पण के बाद चार अंकों के शाकुन्तल का मंचन जो होना था। उसके चेहरे पर न किसी तरह की खलबली थी और न अशान्ति। 'सुखी आदमी!' बोडस अपने आप से बोल उठे। फिर उन्होंने भी अपने मन पर छायी उदासी की बदली दूर हटाई। थिएटर का लोकार्पण चाहे जिसके हाथों हो, पर उस पर राज तो हम नट ही करेंगे! आज का कार्यक्रम कल लोग भूल जाएँगे, पर इस मंच पर हमारे काम को कौन भूल पाएगा! उन्होंने नारायण की तरफ देखा। "नारायण, बहुत बढ़िया सज गए हो आज," कहते हुए उन्होंने अपनी रंगभूषा शुरू की और बाहर के भाषण और तालियों से अलग होते हुए दोनों अपनी-अपनी भूमिकाओं के लिए तैयार होने लगे।

थिएटर के लोकार्पण के बाद शंकरराव तनिक निश्चिन्त हो गए। अब उन्होंने लगातार मंचन की ठान ली। ऐसी ही कोई योजना बनाते-बनाते वे डेरे पर आए। कम्पनी का स्वरूप एक परिवार की तरह होने के कारण परिवार की अव्यवस्था यहाँ भी दिखाई दे रही थी। कोई बीड़ी पी रहा है, कोई दाढ़ी बना रहा है। शंकरराव को यह सब विचित्र लगता। ये नट न कुछ पढ़ते-लिखते हैं न कोई चिन्तन-मनन करते हैं। मसें भींगने के बाद स्त्री भूमिका के लिए बेकार बने कुछ लड़कों को शंकरराव ने अपनी पत्रिका के छापाखाने में काम पर लगा दिया था। लेकिन बाकी कलाकारों का एक ही काम। रात का मंचन होने के बाद दिन-भर सोते रहना या गपशप का अड्डा जमाना या फिर ठूँस-ठूँसकर भोजन करना। इस कम्पनी में फिर भी अनुशासन था, सभ्यता थी। लोग सुसंस्कृत थे। कुछ नाटक कम्पनियाँ तो भोजन और चूतड़ में ही मगन थीं। लेकिन मात्र इन यादों से भी शंकरराव का मुँह कड़ुवाहट से भर गया। अभी भी उन्होंने देखा, लोग जुगाली और गपशप में ही मगन थे।

नाई आया था। जामकर की ठोड़ी पकड़ते हुए उसने शुरू किया, "आपके दाढ़ी बहुत जल्दी बढ़ जाती है जामकर भाऊ।" सुनते ही नरूभाऊ शुरू हो गए। नरूभाऊ सबसे पुराने, बुजुर्ग। कई कम्पनियाँ घूमने के बाद यहाँ आकर जम गए थे, "अरे यह तो कुछ भी नहीं। सुना है किसी कम्पनी में एक ऐसा नट था जो शाकुन्तल के पहले अंक में शकुन्तला बनता था। अंक खत्म होते-होते उसकी दाढ़ी बढ़ जाती। इतनी कि दूसरे अंक में वह दुष्यन्त बन जाता। तीसरे अंक में दाढ़ी इतनी बढ़ जाती कि वह कण्वमुनि बन जाता।" अब सभी को मजा आने लगा था। अभ्यास करनेवाले भी रुककर सुनने लगे। "और

आखिरी अंक में तो दाढ़ी इतनी बढ़ जाती कि भरत जिसकी बत्तीसी गिनता है न, वह उस सिंह का किरदार निभाता...ये ऐसी बड़ी अयाल...।'' सभी खी-खी कर हँसने लगे।

तभी रानडे बदमाशी पर उतर आया। उसने आँख झमकाते हुए पूछा, ''क्यों नरूभाऊ, सुना है, विसूभाऊ ने घरवाली को फिर से मायके भेज दिया है जचगी के लिए...!''

अब नरूभाऊ भी रंग में आ गए। ''और क्या, हर साल भेजते हैं। उनका ऐसा है जामकर भाऊ, वे साल में एक महीना माघ के कल्पवास का पालन करते हैं। बाकी ग्यारह महीने कुत्ते की तरह भाद्रपद ही चलता रहता है उनका...।''

सारी मंडली खी-खी कर हँसने लगी। शंकरराव को भी हँसी आई। ''अच्छा-अच्छा। चलिए उठिए, अभ्यास कीजिए अब। नासिक में मंचन होना है। *शारदा* के मंचन में खूब रंग भरना चाहिए। नारायण, उठो, करो तैयारी नासिक चलने की।'' उन्होंने नारायण से कहा।

शारदा का *मूर्तिमन्त भीति उभी*...पद गाने में नारायण को महारत हासिल थी, पर उसे ज्यादा मजा आता था, *म्हातारा इतुका न अवघे पाऊणशे वयमान* पद सुनने-देखने में। नारायण सुझाव भी देता था। पर शंकरराव का मत था कि उसके सुझाव ज्यादा खर्चीले होते हैं। लोग नाटक देखने आते हैं या महँगी साड़ियाँ और गहने देखने! कपड़े, गहने वगैरा के बारे में नारायण कुछ ज्यादा ही तुनकमिजाजी था। कमी उसे बिलकुल बर्दाश्त नहीं होती थी। वेशभूषाकार लोग भी परेशान हो जाते। इतना क्या देखना होता है उसमें? ठीक है, साड़ी का सूत निकला है, पर चार कतार पीछे के लोगों को थोड़े ही दिखता है? लेकिन नहीं। उसे सब कुछ चुस्त-दुरुस्त चाहिए। कमी उसे बर्दाश्त होती ही नहीं। एक यह झंझट छोड़ दें तो बाकी सब बहुत अच्छा चल रहा था। अन्य नटों से कहा जा सकता था कि जो चमत्कार दिखाना है वह अपने कंठ से दिखाओ? पर नारायण से नहीं। क्योंकि जब वह गाने लगता, तब रसिक श्रोता मंत्रमुग्ध हो जाते। किसी तान के रियाज में न तो वह थकता और न ही आनाकानी करता। आसपास की नट मंडली गप्पें हाँक रही होती और यह तानों के रियाज में तल्लीन—हमेशा का दृश्य।

शंकरराव ने बैठक समाप्त की। कम्पनी नासिक रवाना होने की तैयारी में जुट गई।

नासिक यानी नारायण का पसन्दीदा गाँव। यहाँ के दर्शक भी कला के मर्मज्ञ। इसलिए यहाँ पदों के गायन में खास जगहों पर यकीनन दाद मिलती थी। मंचन में भी खूब रंग भरता था। वहाँ के कालाराम मन्दिर का दर्शन करना भी उसे अच्छा लगता, जहाँ साक्षात राम और सीतामैया अवतरित हुए थे। वह भावुक हो जाता। उसकी बड़ी इच्छा थी कि किसी नाटक में सीता की भूमिका साकार करें। उसने गडकरी गुरुजी से आग्रह करने का निश्चय किया। लेकिन सीता की भूमिका में उसे पहनने के लिए कलाबत्तू की साड़ी और आभूषण नहीं मिल सकते। कोई बात नहीं। वन के उन साधारण वस्त्रों में ही मैं सीतामैया को साकार करूँगा। वह निर्मल सात्त्विकता...। गडकरी गुरुजी से कहूँगा, नया नाटक चाहिए। जिद ही करूँगा।

दर्शन से लौटकर नारायण डेरे पर पहुँचा। फिर उसने कुछ पदों का रियाज किया। रात के शो के लिए मशालची ने राल लाकर रख दी। परदे लग गए। कलाकार तैयार होने लगे।

19 दिसम्बर, 1909 का दिन। दर्शक प्रेक्षागृह में आने लगे। सामने का सोफा खास मेहमानों के लिए खाली रखने का आदेश था। शंकरराव भी खुश थे क्योंकि नासिक के कलेक्टर जैक्सन साहब आनेवाले थे। उन्हें भी नाटक का खूब शौक था। शासक का कम्पनी के लिए अनुकूल होना कम्पनी के लिए बहुत अच्छा होता है। उनके स्वागत की पूरी तैयारी हो रही थी। सोलह साल के एक लड़के ने भी नाटक के दो टिकट खरीदे थे।

शंकरराव को प्रतीक्षा थी जैक्सन साहब की, नारायण को अपने प्रवेश की...और लोगों को बालगंधर्व के पदों की! परदा खुल गया। एक के बाद एक सुरीले पद गाए जाने लगे। वन्स मोर की ध्वनि से प्रेक्षागृह गूँज उठा। प्रेक्षागृह में अँधेरा, मंच पर मशालों का उजाला और ऐसे में राल झोंकने से पल-भर के लिए शोलों का भभक उठना। इस उजाले से मंच नहा उठता। गाते-गाते नारायण को प्रवेशद्वार के पास भागादौड़ी महसूस हुई। उसने नजर घुमाकर देखा, दो सुरक्षाकर्मियों के साथ कलेक्टर साहब आ रहे थे। शोले फिर भभक उठे, उजाले में उसे जैक्सन साफ-साफ नजर आया। अब वह सोलह साल का युवक उठा। जैक्सन के पीछे गया। गंधर्व ने तान भरी। तान के जोश के साथ दर्शक भी मानो उछल पड़े। सुरों से रचा हुआ स्वर्ग! लेकिन वह युवक जरा भी विचलित नहीं हुआ और उसने बन्दूक चलाई। उसी पल मशाल पर राल गिरी। शोले भभक उठे। बन्दूक की आवाज की तरफ सभी ने देखा। उस चौंधियाते उजाले में क्रूरकर्मा जैक्सन नीचे ढहता हुआ दिखाई दिया। उस युवक ने उसके सीने पर दूसरी गोली दाग दी।

नारायण सन्न। दर्शक भी अवाक्। मशालची को शायद पता भी नहीं था कि क्या हुआ है। उसने दुबारा मशाल पर राल फेंकी और नारायण ने उस युवक को देखा। निश्चल खड़ा...। दोनों की नजरें मिलीं। उसकी बेफिक्र क्षात्रतेज से लैस अविचल नजरें। मानो वे पूछ रही थीं...इधर महामारी के नाम पर इन लोगों ने उत्पात् मचा रखा है...भारतमाता को बन्दी बनाया गया है और तुम मगन हो गाने-बजाने में?

नारायण की गर्दन झुक गई।

उसने आगे कुछ भी नहीं देखा। पुलिस उस युवक को पकड़कर ले गई। लोग तितर-बितर हो गए। परदा गिर गया। नाटक वहीं खत्म हो गया। लेकिन उस युवक की नजरों का प्रहार! उससे नारायण घायल हुआ। उसकी नजरों का वह सवाल? लाजवाब नारायण डेरे पर लौट आया।

नासिक से पड़ाव हटाने की तैयारी शुरू हुई। नासिक ही नहीं, पूरा देश दहल गया था। परदे उतारना, सामान की ढुलाई का काम शुरू हुआ। नासिक शहर छावनी में तब्दील हो गया। जहाँ-तहाँ पुलिस ही पुलिस। लोग उस युवक के साहस से स्तम्भित थे। काम को अंजाम देने के बाद भाग जाने की बजाय वह युवक वहीं खड़ा था। उसकी भावना थी कि उसने अपराध नहीं, बल्कि अपना कर्तव्य पूरा किया है। लोगों में भी उसके प्रति आदर का भाव बढ़ने लगा था। इस बहाने सरकार को भी यह एहसास हो चुका था कि अब बहुत समय तक इस देश को हम गुलाम नहीं बना सकते।

डेरे में भी एक तरह से तनाव था। नारायण खामोश, नि:शब्द। भीतर से टूट-सा गया था। शंकरराव ने एक लड़केनुमा कलाकार दिनू को गाँव में खबर लेने भेजा था। वह दौड़ता हुआ आया। सभी इकट्ठा हुए।

"कदम-कदम पर गोरे चूहे हैं।" दिनू उत्साह से कहने लगा, "वह हरामी गोरा था जैक्सन और अनन्त कान्हेरे...नाम है उस क्रान्तिकारी का।" सभी के मन में अनन्त कान्हेरे के प्रति आत्मीयता का भाव उभर आया। लेकिन कम्पनी के मैनेजर ने उस पर पानी फेर दिया, "इन क्रान्तिकारियों ने बड़ा कोहराम मचा रखा है। अरे, मारना ही था उसे तो नासिक से हमारा पड़ाव हट जाने के बाद मार देते। भारतमाता से ज्यादा इन्हीं को जल्दी है उसे मुक्त कराने की। एक तो आमदनी नहीं, ऊपर से ऐसी वारदातें! अगर नाटक-धन्धे को जिलाना है तो इन क्रान्तिकारियों की करतूतें बन्द करनी चाहिए। लौट चलो अब खाली हाथ।"

मैनेजर की बात किसी को भी रास नहीं आई। लेकिन अगले विवाद को टालते हुए शंकरराव बोले, "शुक्र मनाइए कि हम में से किसी को गवाही के लिए नहीं बुलाया। डेरा-डंडा उठाइए...चलिए।"

लेकिन नारायण अभी तक इस सदमे से उबर नहीं पाया था। अनन्त कान्हेरे की वे नजरें अभी भी उसके हृदय में शूल की तरह चुभ रही थीं।

"नारायण, अनहोनी हो गई यह। अभी भी रोम-रोम रोमांचित हो रहा है मेरा।" नाना जोगलेकर बोले।

"नाना..." नारायण के मुख से जैसे-तैसे शब्द बाहर निकले, "लानत है रे हम पर, लानत है।"

"नारायण?"

"और क्या, हमारे ही हमउम्र ये युवक देश के लिए फाँसी पर चढ़ते हैं और हम ये गाना-बजाना कर रहे हैं! वे भारतमाता की बेड़ियाँ तोड़ने के लिए लड़ रहे हैं और हम... ।"

नारायण का गला भर आया। लगा, अभी आँखों से आँसू टपक पड़ेंगे। कुछ पल खामोश बीते। नाना भी खामोश हो गया। पीछे बस सामान ढुलाई की आवाजें आती रहीं और उन आवाजों में एक अदृश्य तनाव अनुभव होता रहा। कुछ पल वह ठोकापीटी सुनाई देती रही। फिर नाना ही कहने लगा, "नारायण, हम भी और क्या कर रहे हैं? वही तो कर रहे हैं।"

नारायण ने चौंककर उसकी तरफ देखा। वह घुटनों पर ठोड़ी टिकाए उकड़ूँ बैठा था। उसने ठोड़ी ऊपर उठाई। नाना भी उसके सामने उकड़ूँ बैठ गया।

"नारायण, देवलजी का *शारदा*...बालविवाह जैसी अनिष्ट प्रथाओं पर चोट करनेवाला ही नाटक है न हमारा? दासता की बेड़ियाँ तोड़कर देश को समर्थ बनाने के लिए ये गलत प्रथाएँ, परम्पराएँ किसी न किसी को तो तोड़नी होंगी न?"

नारायण के कुछ भी पल्ले नहीं पड़ रहा था। वह ध्यान से सुनने लगा।

"मैं वकालत पास करने के बाद तिलकजी से मिलने गया था और उनसे कहा कि मुझे भी देश के लिए काम करना है। पर वे बोले, वकील तो गली-गली में पड़े हुए हैं। तुम नाटक में जाओ। उन्होंने मेरे कॉलेज के नाटक देखे थे। बोले, कला की सेवा भी देशसेवा है। दरअसल, उस समय उनकी बात मेरे भी पल्ले नहीं पड़ी थी। पर उनकी

आज्ञा मानकर मैं नाटक में आया। बाद में मुझे ज्ञात हुआ कि देशसेवा यानी केवल क्रान्तिकारी कार्य देश सेवा नहीं है। यद्यपि उसके मूल्य को कोई भी नकार नहीं सकता, पर स्वराज्य के लिए संघर्ष के साथ-साथ सुराज्य का प्रबन्ध भी तो करना होगा न? आज नहीं तो कल ये अंग्रेज यहाँ से चले जाएँगे। फिर हमारे स्वराज्य को रामराज्य कौन बनाएगा? तब मेरी समझ में आया कि कितना बड़ा दायित्व मेरे कन्धों पर डालकर भेजा गया है मुझे कम्पनी में। नारायण, वे स्वराज्य के लिए लड़ रहे हैं और हम उसे सुराज्य बनाने के लिए कोशिश कर रहे हैं। अनन्त कान्हेरे का शस्त्र है पिस्तौल और हमारा--नाटक।''

सुनते-सुनते नारायण के चेहरे पर सन्तुष्टि की छटा तैर गई। मानो किसी ने सीने पर से मन भर का भार उतारा हो। उसने खुलकर साँस ली। उसे किसी बेड़ी से छूटने का एहसास हुआ। 'जिसे मैं केवल गाना-बजाना समझता था, वह केवल वैसा नहीं हो सकता, उसे वैसा बनाना भी नहीं है।' उसे भी अपने कन्धे पर उत्तरदायित्व का भार महसूस होने लगा। ''नाना,'' उसने नाना के कन्धों पर हाथ रखा, ''नाना, लोकमान्य द्वारा दी गई उपाधि के भुलावे में ही आज तक मैं अपने आप को धन्य समझता रहा। पर उसका सही अर्थ अब खुल गया है। तो यह तय रहा नाना कि अब हम नाटकों का मंचन देशसेवा की तरह ही करेंगे। चाहे हम कंगाल हो जाएँ...पर इस कला को वैभव प्राप्त कराकर ही रहेंगे।''

नारायण उठ खड़ा हुआ। नाना को उसके उठने में एक दृढ़ता दिखाई दी। वह भी उठ खड़ा हुआ।

''नाना, अपने हिस्से का भार उठाएँगे हम। नाटक का एक हथियार की तरह इस्तेमाल करेंगे।'' उसने नाना को भावातिरेक से बाँहों में भर लिया, ''नाना, मेरा अहोभाग्य, जो तुम जैसा मित्र मिला है मुझे। देश के ऋणी हैं हम। कभी न चुकता होनेवाला यह ऋण हम हमेशा चुकाते रहेंगे।''

''मैं तो हूँ ही तुम्हारे साथ नारायण। चलो, पूजा कर लो और दो निवाले पेट में डाल लो। रात में ही चल देना है।''

नारायण ने पूजा आरम्भ की। आचमन करते समय मानो वह क्रान्तिदेवता का ही पूजन कर रहा था। आज उसे सही मायने में अर्थ प्राप्त हो गया था। कला का प्रयोजन मिल गया था और जीने का भी...।

''प्रतिबद्धता! आखिरकार कलाकार को कभी न कभी इस प्रतिबद्धता नामक वस्तु से टकराना ही पड़ता है, क्यों महेश?''

''और क्या।'' महेश ने सिगरेट सुलगाई और चिन्मय को दी। उसने भी अपनी सिगरेट सुलगाई। ''और वह दौर भी कैसा अभिमंत्रित-सा था न, अभिभूत कर देनेवाला। सन् 1909, यानी तिलक पूरे जोश में। आसपास की घटनाओं से गंधर्व कैसे अलिप्त रह सकते थे? केवल 21 साल के थे वे।''

''कलाकार के लिए अपने परिवेश से, सामाजिक परिवेश से अलग रहना कठिन ही होता है। उसके व्यक्तित्व को गढ़ने में ये बातें ही तो कारण बनती हैं! वे तो लोकमान्य के भी नजदीकी थे और शाहू महाराज के भी।''

"लेकिन मजे की बात देखो चिन्मय। एक ओर स्वातंत्र्य समर सुलग उठा है और दूसरी तरफ लोग नाटक में भी भीड़ कर रहे हैं। वन्स मोर पर वन्स मोर दिए जा रहे हैं। एक तरफ उन्हें शकुन्तला का, सुभद्रा का श्रृंगार भी पसन्द आ रहा है और दूसरी तरफ कान्हेरे पर गर्व भी है। मतलब, समाज ठीक-ठीक किस मनोदशा में था?"

"आइ थिंक, वह एक संक्रमण की दशा थी भारतीय समाज की। एक तरफ अंग्रेजी शिक्षा से विचारों की दिशाएँ खुल रही थीं, और दूसरी तरफ समाज के बहुजन वर्ग में एक नया एहसास भी जाग रहा था। पुराना त्यागा नहीं जा रहा था और नए को हजम करने की मानसिकता भी नहीं बनी थी। यानी नया भी सही लगता था और पुराना छोड़ने को भी दिल नहीं करता था, ऐसी त्रिशंकु दशा थी।"

"इन सारी बातों का असर हुआ होगा न गंधर्व पर?"

"ऊँ...हुआ होगा? यानी इन सारी स्थितियों के बारे में वे सोच रहे होंगे? वाज ही ए थिंकर?" महेश तनिक हिचकिचाया और पूछ लिया, 'वह कूवत थी उनमें... यानी होगी उनमें?"

"ऐ भैया, जरा धीरे। महान हस्तियों के बारे में ऐसे सवाल नहीं किए जाते इस समाज में। एक बार उन्हें महान कह दिया न, तो वे सर्वगुणसम्पन्न बन ही गए! अगर मेरे दादाजी सुनते तो पीट ही देते तुम्हें।"

"नहीं यार, मैं मूर्तिभंजन वगैरा कुछ नहीं कर रहा हूँ। लेकिन सोचो तो, क्या सभी कलाकारों में इन बातों पर गौर करने की वैचारिक क्षमता होती है? क्या वे जानते भी हैं कि प्रतिबद्धता किस चिड़िया का नाम है? और यदि नहीं, तो यह प्रतिबद्धता की दुम उन्हें जोड़े ही क्यों?"

"दुम?" चिन्मय को हँसी आ गई। "देखो महेश, मुझे व्यक्तिगत तौर पर लगता है कि गंधर्व वैसे भी भावुक थे और कोई भी भावुक आदमी, खासकर कलाकार ऐसे माहौल से अलग रह नहीं सकता। गंधर्व से भी यह सम्भव नहीं हुआ होगा।"

"उनका अभिभूत होना अलग और एक निश्चित दिशा में वैसा सोचना अलग। क्या सचमुच ऐसा हुआ होगा?"

"ऊँ...बात में दम है। सर से पूछें?"

"क्या? ना बाबा ना।"

"क्यों?"

"अरे, ऐसा कुछ सोचना भी उनसे सहा नहीं जाएगा।"

"देखें तो सही।" दोनों की आँखों में एक मजाकिया चमक दिखाई दी।

दोनों ने जहन में उठे सवाल सर से पूछ डाले। सर ने एक बार दोनों की तरफ देखा। पल-भर के लिए उन्हें लगा कि बेकार ही हमने सर से यह पूछा! बेचारे सर, कितनी मेहनत करते हैं इस कार्यक्रम के लिए! किसी बात को नकार देना बहुत आसान होता है। हम कर पाते हैं जिन्दगी से जज्ब होकर ऐसा कुछ? सर बोलने लगे...

"हूँ...सवाल गलत नहीं है तुम्हारा।" उन्होंने चश्मा उतारकर साफ करना शुरू किया। "वाकई, इस दृष्टि से मैंने भी कभी नहीं सोचा था। या यूँ कहो कि हमने कभी सन्देह ही नहीं किया था इन लोगों पर।"

"नहीं सर, मुझे यह कहना था कि..." महेश ने तनिक बात को सँभालने की कोशिश की, पर सर बोलते ही रहे...।

"चिन्मय, कला और जिन्दगी का प्रयोजन अलग-अलग नहीं हो सकता या यूँ कहो कि कला और जिन्दगी को अलग किया ही नहीं जाना चाहिए, ऐसी सोच रखनेवाले लोग नारायण के इर्द-गिर्द कम नहीं थे। वह दौर यूँ ही जीने की बजाय सही मायने में जीने और इसके लिए चाहे जो कीमत चुकाने के लिए तैयार लोगों का दौर था। प्रतिबद्धता वगैरा शब्दों का जंजाल उस दौर में नहीं था। पर अपने वचन को जिन्दगी में उतारनेवाले लोगों का दौर था वह। कम से कम ऐसे लोगों की संख्या ज्यादा थी। उनके बारे में सामान्य लोगों को आकर्षण था।" और सर की आँखों के सामने से ऐसे अनेक लोग तैर गए जो बात तो कला से प्रतिबद्धता की करते थे और समय आने पर दुम दबाकर भाग खड़े होते थे।" और केवल सोच रखना अलग बात है। सन् 1975 का आपातकाल या अन्य प्रसंगों में बुद्धिवादी कलाकारों का क्या हाल हुआ हमारे यहाँ, देखा है न हमने! पर तुम्हारा मुद्दा सही है। इस पर विचार हो सकता है। जहाँ तक गंधर्व की बात है, उन्हें कुछ दार्शनिक चिन्तन वगैरा का शौक सम्भवत: नहीं रहा होगा।

पर उनकी किस्मत तो देखो! उनके इर्द-गिर्द उनकी वैचारिक भूमिका को पुष्ट करने की क्षमता रखनेवाले कितने ही लोग थे। स्वयं शंकरराव एक अच्छे पाठक और 'रंगभूमि' जैसी पत्रिका के सम्पादक थे। गडकरी अध्यवसायी विद्वान। उन्होंने नारायण को हरिभाऊ आप्टे के उपन्यास दिए थे पढ़ने के लिए और स्वयं काकासाहब खाड़िलकर! वे तो साक्षात् तिलक के शागिर्द! स्वतंत्रता संग्राम में 'केसरी' की कलम लेकर उतरे थे। अब इस आदमी की तरफ देखिए। उन्होंने अपने सुलगते विचार अपने सम्पादकीयों के जरिए भी प्रस्तुत किए और नाटकों के जरिए भी। कारण वही! कला और जिन्दगी का प्रयोजन अलग नहीं हो सकता। उनके 'कीचकवध' नाटक पर तो अंग्रेजों ने पाबन्दी लगाई थी। काकासाहब उस दौर में कलम को हथियार बना देनेवाले नाटककार थे। उन्होंने नारायण को 'सौभद्र' में देखा और उन्हें उस किरदार की शालीनता भा गई। मानो अपने मानस की भारतीय स्त्री का चित्र ही उन्हें नारायण के स्त्री-रूप में दिखाई दिया। शंकरराव ने उनसे विनती की थी कि वे अपना कोई नाटक कम्पनी को दें। यद्यपि उन्होंने इस बिनती पर ज्यादा गौर नहीं किया, फिर भी श्रीपाद कृष्ण कोल्हटकर ने उन्हें अपने नाटक 'प्रेमशोधन' का अभ्यास कराने का आग्रह किया और उन्होंने उसे स्वीकार भी कर लिया।"

और कम्पनी में नाट्याचार्य काकासाहब खाड़िलकर का प्रवेश हुआ। तत्कालीन समाज के सांस्कृतिक और राजनैतिक जीवन में काकासाहब एक पितामह हस्ती थे। केसरी में लोकमान्य तिलक के प्रिय शिष्य के रूप में विख्यात काकासाहब की एक नाट्य शिक्षक के रूप में भी धाक थी। पुणे दौरे में प्रेमशोधन नाटक के अभ्यास के लिए काकासाहब सहायता के लिए आने लगे। इस दौरान नारायण से उनका स्नेह दृढ़ हुआ और नारायण के मन में भी उनके प्रति आत्यंतिक आदरभाव उत्पन्न हुआ। इस अभ्यास के दौरान उनके मन में यह विचार भी आता रहा कि नारायण के लिए कोई नाटक लिखा जाए। लेकिन

इससे पहले उन्होंने संगीत नाटक नहीं लिखे थे और नारायण के लिए नाटक लिखना है तो उसमें पद चाहिए। काकासाहब केसरी के प्रपंच में भी वे फँसे हुए थे। शायद इस कारण भी नाटक नहीं लिखा जा सका था।

इधर शंकरराव के मन में अपमान की आग बुझ नहीं रही थी। चार कौड़ियाँ ज्यादा जाने का सवाल नहीं था, पर इन कल के छोकरों की ये हिम्मत कि मेरा अपमान करें? अरे, कम्पनी चलाना कोई आसान काम है? सौ लोगों को अपने साथ बाँधकर रखना पड़ता है। जिस प्रकार कलाकार बनाया नहीं जाता, उसे पैदा होना पड़ता है, उसी प्रकार कुशल प्रबन्धक बनना भी आसान नहीं होता। *किर्लोस्कर कम्पनी* को किस स्थिति से उबारकर लाया हूँ, इसका एहसास है? यदि वेतन में इजाफा ही चाहिए था तो सीधा माँग लेते। अपना मुख्तियार भेजा? अब यह मसला मानापमान का मसला बन गया था। और नाते-रिश्तों में एक बार मानापमान का कलि प्रवेश कर जाए तो समूचा रिश्ता नष्ट होने में देर नहीं लगती। लेकिन नारायण को पता भी नहीं था। वह तो घर से आई खुशखबरी से प्रसन्न हो गया था। लक्ष्मी माँ बननेवाली थी। उसे घर जाने की जल्दी थी और दूसरी ओर शंकरराव का मन उसके प्रति कलुषित होने लगा था।

संयोग से मानापमान की ऐसी ही एक घटना केसरी के दफ्तर में भी घटित हुई। एक दिन काकासाहब केसरी के दफ्तर गए, तब उन्हें पता चला कि केसरी के सम्पादक के स्थान पर अब उनका नहीं, बल्कि न. चि. केलकर का नाम छपा है। काकासाहब बिगड़ गए। बिना किसी चर्चा और बिना किसी पूर्वसूचना के इतना बड़ा बदलाव? उसी गुस्से में उन्होंने अपना त्यागपत्र लिख मारा और प्रबन्धक के मुँह पर फेंककर घर चले आए। पर आगे क्या करें—यह भी सवाल था। जीविका की चिन्ता उन्हें नहीं थी। सवाल यही था कि बिना कोई समझौता किए क्या काम किया जाए। गाँव-गाँव कीर्तन-प्रवचन करके भी पेट पाल सकते हैं, पर क्या केवल पेट पालने के लिए जनम लिया है? पेट तो कुत्ते-बिल्ली भी पाल लेते हैं। मन में अपमान की जलन भी थी। परन्तु अब वे ऐसे काम की तलाश में थे, जिसका उनके जीने के प्रयोजन से सामंजस्य हो और इसी उधेड़बुन में उन्हें दिखाई दिया नाटक का आकाश जहाँ उनकी प्रतिभा को अवसर मिल सकता है और उनकी आग बरसानेवाली कलम पर कोई रोक नहीं लगा सकेगा। उन्होंने नाटक लिखने का निश्चय किया। काकासाहब ने बैठक जमाई। कागज पर सबसे ऊपर ॥ श्री ॥ लिखकर श्रीगणेश किया और उसके नीचे लिख गए संगीत *मानापमान*। संगीत? मैं संगीत नाटक लिखूँगा? उन्हें एहसास हुआ कि उनकी आँखों के सामने जीवन्त पात्र केवल घूम ही नहीं रहे हैं, बल्कि उन्हें संगीत सुनाई भी दे रहा है। इस नाटक में संगीत ही है और उसी तन्द्रा में उन्होंने लिखना प्रारम्भ किया।

''काकासाहब अपने नए नाटक का वाचन हमारी कम्पनी में करेंगे?''

शंकरराव, नानासाहब जोगलेकर इस सन्देश से बहुत खुश हुए। काकासाहब हमारी कम्पनी को नाटक देंगे? वाचन के सन्देश तुरन्त भेजे गए। वाचन की तैयारी पूरी की गई। सभी को यकीन था कि *कांचनगढ़ की मोहना, कीचकवध, भाऊबन्दकी* जैसे विलक्षण

चर्चित नाटकों के बाद काकासाहब जो लिखेंगे, वह अनुपम ही होगा। बोडस को भी! पर उनकी चिन्ता दूसरी थी। *प्रेमशोधन* के अभ्यास के दौरान नारायण से काकासाहब की नजदीकियाँ उन्हें खटकने लगी थीं। उन्हें डर था कि कहीं नारायण की तुलना में कोई गौण भूमिका उनके हिस्से में न आ जाए। ऐसे में काकासाहब ने पात्र-योजना शुरू में ही घोषित कर डाली। नाना को धैर्यधर की और बोडस को विलासधर की भूमिका करनी थी। भामिनी के लिए नारायण के अलावा किसी दूसरे का विचार भी नहीं किया जा सकता था। काकासाहब ने बही खोली और पढ़ना शुरू किया। नाटक के दो ही अंक लिखकर पूरे हुए थे। लेकिन शंकरराव का व्यावहारिक और पारखी दिमाग पहचान गया कि नाटक पर लोगों की भीड़ उमड़ पड़ेगी। नाना जोगलेकर के ध्यान में आया कि उनके लिए वह भूमिका चली आ रही है, जिसकी एक नट जिन्दगी-भर प्रतीक्षा करता है। अब तक उन्होंने जो भूमिकाएँ निभाई थीं, उन्हें पहले भाऊराव निभा चुके थे, इसलिए उन पर उन्हीं की छाप थी। लेकिन अब एक स्वतंत्र भूमिका उनके हिस्से में आ रही थी और उन्हें इस मौके को भुनाना था। लेकिन बोडस विलासधर की भूमिका के लिए सन्तुष्ट नहीं थे। वे समझ गए थे कि लक्ष्मीधर ही असली खलनायक है, जो उत्पात् नहीं मचाता बल्कि हँसाते-हँसाते लोगों का मनोरंजन कर अपनी अयोग्यता सिद्ध करता है। वे जान गए थे कि दर्शक लक्ष्मीधर की प्रतीक्षा में रहेंगे और उन्होंने निर्णय ले लिया कि इस भूमिका को वे हथियाकर ही रहेंगे। वाचन के बाद सभी बहुत अच्छे मूड में थे। काकासाहब की लेखनी से जन्मा एक और नाटक। शंकरराव कहने लगे, "आप पर तो माँ सरस्वती की कृपा है। हम क्या बोलें इस नाटक पर!"

"वाकई काकासाहब, इस नाटक में भी आपने यही दिखा दिया है कि केवल मनोरंजन के लिए आपने कभी कलम नहीं उठाई है," नाना जोगलेकर भक्तिभाव से कहने लगे, "यह नया नाटक हमारी भारतमाता की युवा सन्तानों को एक नया विचार दे रहा है। दृढ़ता से यह प्रतिपादित करता है कि हमारे क्षात्रतेज के सामने इन विदेशियों द्वारा लादी गई विलासिता का मोल दो कौड़ियों का भी नहीं है।"

"बहुत बढ़िया काकासाहब।" बोडस ने भी अपना मन्तव्य प्रकट किया। "क्यों नारायण?"

"सभी की तरह मुझे भी बहुत अच्छा लगा है। लेकिन काकासाहब, इसका अभ्यास आपको ही कराना पड़ेगा।"

"यह तो अभिप्रेत ही है नारायण। लेकिन सबसे महत्त्वपूर्ण बात," शंकरराव की तरफ सभी ने देखा, "अब क्या?"

"पद? वे किससे लिखवाएँगे?"

"इसके पद भी मैं ही लिखूँगा।"

"क्या? काकासाहब...पद...।" जरा देर खामोशी फैल गई।

"जी हाँ, मैं?"

काकासाहब ने निर्णय सुनाया और बही समेटने लगे। उन्हें कौन रोकता? शंकरराव ने जरा सब्र से काम लेना तय किया। दो-एक पद लिखते-लिखते ही काकासाहब समझ

जाएँगे कि यह उनका काम नहीं है। फिर हम आराम से देवलजी से पद लिखवा लेंगे। अभी नाटक पूरा होने में भी काफी समय है।

पर कुछ ही दिनों में काकासाहब नांदी लेकर आए। *नमन नटवरा विस्मयकारा।* काकासाहब ने नांदी पढ़ी और पदों का मामला ही सुलझ गया। नांदी सुनकर टेंबे बोले, "यह तो निश्चित हो गया काकासाहब कि नटेश्वर वन्दना की इस नांदी से ही नाटक का आरम्भ होगा। लेकिन मैं दावे के साथ कह सकता हूँ कि भविष्य में भी यह नांदी मराठी संगीत नाटक की पहचान बनेगी। नटवर के नमन के लिए अगली अनेक पीढ़ियाँ इसी नांदी पर निर्भर रहेंगी।"

"फिर कब बाँधेंगे तर्ज इस नांदी की?" काकासाहब ने टेंबे जी से पूछा। टेंबे तैयार होकर बैठ गए। उन्होंने न केवल इस नांदी की तर्ज बाँधी, बल्कि काकासाहब को अन्य पदों के लिए भी तर्जें बनाकर दीं और काकासाहब उनके आधार पर पद लिखते गए।

पद आए और शंकरराव ने हिसाब लगाना शुरू किया।

कम्पनी को नए नाटक की जरूरत थी और काकासाहब का नाटक, यानी सफलता निश्चित। टेंबेजी की तर्जें, भामिनी की भूमिका में नारायण...नानासाहब धैर्यधर...वाह...मजा आएगा। तब तक बोडस भी लक्ष्मीधर की भूमिका को हथिया चुके थे। यों भी सभी जान चुके थे कि उनके भीतर का जन्मजात नट ही इस भूमिका के साथ न्याय कर सकता है। शंकरराव तो *मानापमान* पर मुग्ध ही थे पर उन्हें नारायण द्वारा हुआ अपमान भी साल रहा था। उन्होंने सोचा, *मानापमान* के बाद नारायण पर भी अंकुश कसना होगा। बहरहाल, कम्पनी के *मानापमान* को अलग रखकर वे इस *मानापमान* की योजना में डूब गए। उनकी आँखों के सामने नाटक का विज्ञापन तैर गया :

नाट्याचार्य काकासाहब खाड़िलकर की सिद्धहस्त कलम का कमाल ***संगीत मानापमान*** ***भामिनी* की भूमिका में नारायण राजहंस...उर्फ बालगंधर्व...**

दरअसल, कम्पनी के पास ऐसा खुद का अपना कोई नया नाटक होना जरूरी भी था; क्योंकि किर्लोस्करजी ने अपने सारे नाटक किसी एक कम्पनी को न देकर सभी के लिए मुक्त कर दिए थे। उन्होंने कहा था, 'मैंने केसर की फसल बोई है, उसमें गधे चरते हैं तो चरने दो बेचारों को...।' इस कारण कोई भी टुच्ची-सी कम्पनी आती और उनके नाटकों का मंचन करती। लेकिन *मानापमान* नाटक पर केवल *किर्लोस्कर कम्पनी* का ही एकाधिकार होनेवाला था।

मानापमान नाटक कम्पनी में आया, तब कम्पनी में भी और नारायण के पारिवारिक जीवन में भी उत्साह का माहौल था। लक्ष्मी के लड़की हुई थी। नारायण की माँ अब निश्चिन्त हो गई। समय पर लड़के का ब्याह हुआ, अब उसके लड़की भी हुई। लड़के की जिन्दगी सँवर गई, इसी में वह सन्तुष्ट थी। स्त्री-भूमिकाएँ करनेवाला व्यक्ति पारिवारिक जीवन में कहीं भी कम नहीं है, यह बात भी उस समय के दर्शकों को बहुत अहम और कौतुक-

भरी लगती थी। लड़की के जन्म से यह बात साबित हो गई। और लक्ष्मी ? उसे भी मनबहलाव का सहारा मिल गया। बिटिया आई, अब पति के कदम घर में टिकने लगेंगे। उसे नारायण की आँखों में ममता दिखाई देने लगी। बिटिया को—इन्दू को दुलराते समय, खिलाते समय नारायण कोई लोरी गाता। तन्मय होकर गाता। कहता, 'इन्दू मेरा हीरा है।' कम्पनी में जाते समय पहली बार इन्दू की आवाज से उसके कदम ठिठकने लगे। वह कहता, *मानापमान* के बाद लम्बी छुट्टियाँ लेकर वह इन्दू के साथ रहेगा। लक्ष्मी बिटिया के प्रति पिता के दुलार को सन्तोष से देखती। पति मेरे हिस्से में चाहे जितना आए, पर बिटिया के प्यार में वह पूरा पग गया है, यही उसके लिए पर्याप्त था। और वैसे भी, स्त्रियाँ जिन्दगी से और क्या उम्मीदें करती हैं ? जन्म लेना और जन्म देना...

नारायण *मानापमान* के अभ्यास में डूबने लगा। उसे खाड़िलकर के रूप में एक और गुरु प्राप्त हुआ था। काकासाहब की सिखाने की एक खास पद्धति थी। वे केवल संवाद याद नहीं कराते थे या केवल हाव-भाव और हाथों के इशारे ही नहीं समझाते थे, बल्कि कलाकार को वह भूमिका भी समझाते थे। अमुक पात्र का स्वभाव, उसके गुण-दोष, सोचने की पद्धति। इस कारण कलाकार उस पात्र के सभी अंगों से परिचित हो जाता।

और यह सब उनके कड़े अनुशासन में चलता था। दोपहर तीन बजे, मतलब तीन बजे अभ्यास शुरू। जिन कलाकारों को संवाद याद नहीं होते या काम समझने में देरी लगती, उन्हें अभ्यास के बाद शाम को अलग से समझाया जाता। लेकिन बोडस को यह पद्धति पसन्द नहीं थी। पद्धति पसन्द नहीं थी या नारायण के प्रति काकासाहब का विशेष स्नेह उन्हें फूटी आँख नहीं सुहाता था, यह कहना कठिन था। काकासाहब अनुशासनप्रिय और नारायण ढीला-ढाला। नारायण एक बार अभ्यास के लिए खड़ा हो जाए तो घंटों खड़ा रहता, पर सुबह जल्दी उठना, तैयार होना जैसे कामों में वह तनिक ढीला ही था। अभ्यास के लिए समय पर आने में भी आनाकानी करता। एक बार तो काकासाहब ने यहाँ तक कह दिया था कि 'यदि नारायण को समय पर आना है तो कहो, वरना वह अपना प्रबन्ध खुद कर ले।' एक-दो बार तो ऐसा भी हुआ कि काकासाहब प्रतीक्षा कर रहे हैं और जनाब पहुँचे ही नहीं। लेकिन उनके अनुशासनप्रिय सख्त स्वभाव में नारायण ने सेंध लगा दी थी। अब काकासाहब भी उसे ढील देने लगे। वे समझ गए थे कि नारायण भामिनी के चरित्र में भीतर तक घुस गया है। कभी-कभी नट की प्रकृति चरित्र की प्रकृति से ऐसी घुल-मिल जाती है कि उनमें पृथकता नहीं रह जाती। नारायण का कहीं यही हाल तो नहीं हुआ ? भामिनी का विलास, उसकी फिजूलखर्ची और बनाव-सिंगार की तरफ खिंचाव और नारायण को पंडित द्वारा लगा विलास का चस्का—दोनों के बीच कुछ तो समानता थी! उसे भी महँगे इत्र, महँगे कपड़े आदि में रुचि थी। अलग-अलग महँगे इत्रों की उसकी माँग पंडित तुरन्त पूरी करता। ऐश्वर्य के प्रति उसका जन्मजात झुकाव शायद भामिनी के चरित्र में सहजता से समा गया था। इस कारण भामिनी की भूमिका में वह दरिद्र धैर्यधर के स्वागत में जाने के लिए इनकार करता है। जब "मैं बिलकुल नहीं आऊँगी; दुबारा साफ-साफ कहे देती हूँ, नहीं आऊँगी" संवाद कहते हुए गर्दन को लोच के साथ मोड़कर वह अपने

चेहरे पर गुस्से का भाव लाता, तब देखनेवाले को यह बिलकुल प्राकृतिक लगता। "गहनों की मुराद पूरी करनेवाला पति स्त्रियों को अच्छा लगता है। वह देखो, पराक्रमी सूर्य आरक्त हो गया है, फिर भी रजनी उसे इसी वजह से दूर धकेलती है," कहता हुआ वह *हा टकमक पाही सूर्य रजनिमुख लाल लाल, परि ती नच जाई जवळी* गाते-गाते, *हा काळ काळ...*पद गाने लगता। टेंबे द्वारा पहले से बनाई गई तर्जों पर काकासाहब के पद मौजूँ बैठ जाते।

यद्यपि नारायण को ऐश्वर्य के प्रति आकर्षण था, पर उसमें विरक्ति और विरक्त लोगों दोनों के प्रति परमादर था, क्योंकि काकासाहब और तिलक जैसे लोगों को वह नजदीक से देखता रहा था। काकासाहब ने रैंड पर लेख लिखा और सजा हुई तिलक को। क्योंकि केसरी के सम्पादक तिलक थे। लेख के नैतिक उत्तरदायित्व को स्वीकार करते हुए तिलकजी जेल गए। काकासाहब के सीने में यह जख्म हमेशा टीसता रहा। यह सब नारायण ने अनुभव किया था। इस कारण उसके मन में इन लोगों के प्रति आदरभाव नहीं, बल्कि भक्तिभाव था। अत: उसमें विलास और विरक्ति, दोनों भावों का संगम था।

सर रुके। उन्होंने महेश, चिन्मय की तरफ देखा। अन्य लड़के भी खोए-खोए से देख रहे थे। "बच्चो, नाटक हमेशा से एक व्यवसाय रहा है। पर इन लोगों ने यथासम्भव अपने विचार देकर समाज को जागृत रखने का कार्य किया था। प्रतिबद्धता का विचार शायद नारायण के दिमाग में नहीं आया होगा, लेकिन आसपास के लोगों से मिले संस्कार उसे हमेशा प्रभावित करते रहे। इसी कारण बाद के दौर में खुद कर्ज में डूबे होने पर भी उन्होंने गांधी के तिलक स्वराज्य फंड के लिए सारी की सारी रकम दान में देने का साहस दिखाया। मैं तो कहूँगा कि बुद्धिवाद को ढाल बनाना और ऐन समय पर दुम दबाकर भाग जाना अथवा कला या जीवन से प्रतिबद्धता के विवाद की जुगाली करते रहना और उत्तरदायित्व को नकारना, इसकी तुलना में यथासम्भव ही सही, पर समाज का ऋण चुकाने का प्रयास करना ज्यादा अहम है! नारायण ने यही किया।"

महेश चिन्मय की ओर देखता हुआ धीरे-से मुस्कुराया। दोनों जान गए कि सर ने साधारण-से शब्दों के तीर से कितने ही निशाने लगाए हैं। अन्य लड़के सर के कथन का अर्थ लगाने का प्रयास कर ही रहे थे कि सर ने विषय बदल दिया और आगे बोलने लगे...

तो विरक्ति और विलास दोनों का मिलाप उसके भीतर हमेशा से रहा। इसी कारण जिस अहंभाव से वह पहले भामिनी बनकर धैर्यधर की भर्त्सना करता था, बाद की बदली हुई भामिनी की भूमिका में भी वह उसी जोश से "गहनों के इस शौक को मैं कभी सिर ऊपर उठाने नहीं दूँगी। जाओ मुओ, दूर हटो मुझसे और बनी रहने दो मुझे हमेशा के लिए एक गरीब की लड़की" संवाद कहकर *अजि टाकुन गडे धनवेषा मग तोडू* अलंकार या पाशा पद शुरू करता। काकासाहब धन्यता का अनुभव करते। कागज पर उतरी भामिनी को मूर्त रूप में देखकर इस संजीदा नाटककार का भी गला भर आता।

लेकिन नाटक में धैर्यधर के पद भामिनी के पदों की तुलना में ज्यादा अच्छे बन पड़े थे। ये पद तनिक आक्रामक होने और भामिनी के पद कुछ अनुराग भरे होने के कारण

आक्रामक पदों का प्रभाव ज्यादा पड़ने की सम्भावना थी। पर नारायण का मोहक अभिनय और उसके सौन्दर्य के कारण उसकी भामिनी भी बहुत अच्छा प्रभाव डालेगी, इसमें उन्हें सन्देह नहीं था।

शंकरराव नाटक की केवल गुणवत्ता पर ही निर्भर नहीं थे। उन्होंने जोरों-शोरों से विज्ञापन करना शुरू किया। खाड़िलकर के संगीत नाटक के प्रति यों भी दर्शकों में कौतूहल था, पर शंकरराव ने यह भी सावधानी बरती थी कि मंच-सज्जा में पहले अंक का मन्दिर और धैर्यधर के तम्बू का भी बोलबाला हो जाए। यद्यपि उनका हाथ बहुत ढीला नहीं था, पर ज्यादा कंजूसी भी उनकी आदत नहीं थी। इस कारण बिना फिजूलखर्ची के वे पर्याप्त प्रभावशाली मंचसज्जा बना पाते थे। फिर भी उनका जोर होता था विज्ञापन पर, और *मानापमान* के विज्ञापन में उन्होंने पूरा जोर लगा दिया था।

इसका असर दर्शकों की प्रतिक्रिया में नजर आया। दूसरे गाँव के लोग अपने रिश्तेदारों को टेलिग्राम कर अपने लिए नाटक के टिकट सुरक्षित करने लगे। कम्पनी के डेरे पर मेहमानों की भीड़ उमड़ पड़ी। मानो शादी-ब्याह का घर हो। टिकट बिक्री शुरू हुई और सारे टिकट तुरन्त बिक गए। 12 मार्च, 1911 के मुहूर्त पर मंचन। लेकिन उसके ही नहीं बल्कि दूसरे दिन के मंचन के टिकट भी खत्म हो गए और नाटक की सफलता मंचन से पूर्व ही निश्चित हो गई।

कम्पनी के इतिहास में नया अध्याय लिखा जा रहा था। माहौल में उत्साह। नारायण, नाना जोगलेकर और सारा नट समुदाय मंचन की तैयारी में मग्न था। साथ ही एक हल्का-सा तनाव भी था।

नाटक का अभ्यास चाहे जितनी गम्भीरता से कराया जाए, पर मंचन का मजा कुछ और ही होता है। सब कुछ अभ्यास जैसा ही करना होता है, पर दर्शकों के सामने; और इसी कारण कुछ अलग समा बँध जाता है। नाटक का यही तो मजा है। उसकी सफलता-असफलता में सामने बैठे दर्शकों की भी जाने-अनजाने अहम भूमिका होती है। परदा खुलने से पहले की दर्शकों की हड़बड़ी, उनका कौतूहल, चेहमेगोइयाँ, परदा खुलते ही पड़नेवाली तालियाँ या परदे के साथ फैलती जाती खामोशी...दर्शक और कलाकारों के बीच की वह अदृश्य रेखा...उस ओर का अँधेरा और इस ओर का उजाला। एक काल्पनिक संसार साकार होता जाता है और दर्शक भी उसका एक हिस्सा बनते जाते हैं। कभी जानलेवा खामोशी, रुकी हुई साँसें...कभी तालियों की गूँज...तो कभी बेरंग मंचन से फैलती जाती शिथिलता। दर्शकों की तरफ से आनेवाली ऊर्जा कलाकारों में उत्साह जगाती है, तो कभी कलाकारों द्वारा रचा गया वह मायावी संसार दर्शकों के रोंगटे खड़े कर देता है, उसे गुदगुदाता है और कभी-कभी तो भीड़ में भी उसे अन्तर्मुख बना देता है... । जिसने इस रसीली सजीवता का अनुभव किया है, उसे अन्य सारे के सारे माध्यम निर्जीव प्रतीत होने लगें तो इसमें आश्चर्य कैसा ? और यह अनुभव तो नारायण की जिन्दगी का अभिन्न अंग बन चुका था।

आज पहला मंचन। किसी यज्ञ की तैयारी की तरह नारायण मन को एकाग्र करने लगा। उसने पानी से भरे गंगाल में दूध की कलसी उँड़ेली और पीढ़े पर बैठ गया। मन ही मन देवताओं की आराधना करते हुए उसने मस्तक पर जलधारा छोड़ी। उसकी गौर

काया उस दूध की धारा में भीगने लगी। मन में तानपूरे के सुर महक रहे थे। परकाया प्रवेश का देवलजी द्वारा दिया गया मंत्र उसे जपना था। नारायण की देह में भामिनी प्रवेश करनेवाली थी। उसने भामिनी के लिए अपने शरीर को स्वच्छ और पवित्र करना आरम्भ किया। आज उसके मन में उसका निवास था। शरीर के रोम-रोम से वह भीतर रिसती चली जाएगी।

उसकी तन्द्रा लग गई। किसी यंत्र की तरह उसके हाथ दूधजल के लोटे मस्तक पर उँडेलने लगे। उसकी धारा में नारायण घुलता चला गया। आसपास से विस्मृत हो जाने जैसा। उसे पता भी नहीं चला कि सामने दिनू खड़ा है और कुछ कह रहा है।

"नारायणराव!" आखिरकार दिनू ने जोर से पुकारा। नारायण चेत गया।

"क्या है दिनू?" उसने ममत्व से उसकी ओर देखते हुए पूछा।

"शंकरराव, काकासाहब...आपको बुलाया...।"

नारायण उठ गया। उसे अपनी अभिमंत्रित-सी दशा में दिनू के चेहरे का उखड़ापन भी नजर नहीं आया। नारायण ने शरीर पोंछकर कमीज पहनी और शंकरराव की तरफ चल दिया।

दरवाजे के पास आया और देखा कि काफी लोग जमा हुए हैं। माहौल में तनाव। क्या हुआ होगा? उसे कोई अन्दाजा नहीं हो रहा था।

"आओ नारायण, भीतर आओ," शंकरराव ने उसे भीतर बुलाया। उठकर वे उसके पास चले आए। "बैठो।" उन्होंने उसे कन्धे से पकड़कर नीचे बिठाया। नारायण की कुछ भी समझ में नहीं आ रहा था, पर किसी अनहोनी की आशंका उसके मन को छूकर निकल गई। सभी के चेहरों पर एक दयनीय भाव की छटा भी तैरती नजर आई। "नारायण", शंकरराव ने उसका हाथ अपने हाथ में लिया, "एक बुरी खबर है।" और वे रुके। नारायण को यह खामोशी असह्य होने लगी। दिमाग में बुरे विचारों की भीड़ लगी। दुश्मन भी जो न सोचे, वह सब उसके दिमाग ने एक पल में सोच लिया। "नारायण, तुम्हारी बिटिया इन्दू..."

नारायण के मस्तिष्क में एक दर्द-सा उठा, "नारायण...आज तड़के इन्दू...चली गई।" उसे लगा, दिनू ने सिसकी दबा ली है। उपस्थितों में एक असहज-सी हरकत हुई। कोई किसी से नजरें नहीं मिला पा रहा था। इन्दू...चल बसी? नारायण को कोई अर्थबोध नहीं हो रहा था। "रात में ही बीमारी बढ़ती गई। दवा-दारू का भी कोई लाभ नहीं हुआ और...।" अब जाकर नारायण को शब्दों का अर्थ धीरे-धीरे समझ में आने लगा। सारी स्थिति समझ में आई और उसकी आँखों से आँसुओं की धाराएँ बहने लगीं, और "इन्दू...मेरी इन्दू" कहते हुए उसने खुद को भूमि पर झोंक दिया। अब उपस्थितों से भी रहा न गया। सबकी आँखें डबडबा आईं। नाना आगे बढ़ा। उसने नारायण को उठाया। 'नारायण, भाई नारायण' कहते हुए उसे सीने से लगा लिया, लेकिन नारायण की अस्फुट-सी सिसकियाँ निकल ही रही थीं।

कम्पनी पर शोंक का बादल छा गया। नियति का खेल भी बड़ा विचित्र होता है। सफलता की मरीचिका दिखाकर ऐसा गम्भीर घाव देना था उसे! कम्पनी में उदासी फैल चुकी थी। गाँव-गाँव से आए रसिक दर्शकों को अब बैरंग लौट जाना पड़ेगा। प्रमुख लोगों की बैठक हुई। यदि नारायण के स्थान पर कोई और नट होता तो उसकी भूमिका किसी

और से कराई जाती और संकट से पार हो जाते। पर नारायण का स्थान कौन ले सकेगा? मात्र तेइसवें वर्ष में हुई पहली ही सन्तान के वियोग का प्रहार। शब्दप्रभु गडकरी भी दुविधा में। कोमल हृदय और भोलेभाले नारायण को किन शब्दों से सांत्वना दें?

पर नियति के अजीब और कठोर खेल के सामने कोई क्या कर सकता है? अन्त में सभी ने तय किया कि आज का मंचन रद्द किया जाए। नारायण के कलाजीवन पर भी यह प्रहार था। *मानापमान* को लेकर लोगों में कौतूहल, दर्शकों की प्रतिक्रिया सभी पर मानो कुल्हाड़ी चल गई थी। एक बार फिर साबित हुआ कि भाग्य के सामने मनुष्य विवश और बौना होता है। हर बार सौभाग्यशाली रहे नारायण के भाग्य का दाँव इस बार उल्टा पड़ गया था। मुँह तक आया निवाला छीने जाने का दुर्भाग्य...पर उसे स्वीकार करने के अलावा मनुष्य और कर ही क्या सकता है?

नारायण को बुलाया गया। उसके रेशमी काले बाल खुले ही थे। वह खिन्न मुद्रा में नीचे बैठा हुआ था। दरअसल, यह निर्णय खाड़िलकर को सुनाना था, पर उनके जैसे कर्तव्य कठोर मनुष्य की आँखें भी भर आईं। मुँह से शब्द ही नहीं फूट रहे थे। जैसे-तैसे बोले, ''जो इनसान दुख से कोसों दूर रहा हो, उस पर दुख का ऐसा पहाड़ गिराने में ईश्वर को क्या मजा आता होगा?'' उनके इस उद्गार से उपस्थित लोगों की आँखें भर आईं। आखिरकार शंकरराव ने हिम्मत की और बोले, ''नारायण, हमने निर्णय लिया है कि आज का मंचन रद्द किया जाए।''

नाना नारायणराव के पास ही था। उसे लगा, अब नारायण ढह जाएगा। उसे सहारा देना होगा। नारायण ने दृष्टि ऊपर उठाई। आँसू पोंछे और बोला, ''जो हुआ सो हुआ। मंचन रद्द मत कीजिए।''

शंकरराव की नजर झट से उसकी तरफ मुड़ गई, ''नारायण?''

नाना ने उसकी पीठ पर हाथ रखकर उसे थपथपाया। ''नारायण, अभी तुम मंचन की मनोदशा में नहीं हो। तुम ही नहीं, हम में से कोई भी...।''

''नहीं नाना, यह दुख नारायण का है। व्यक्तिगत। उसकी जलन भामिनी क्यों सहे? अपने दुर्भाग्य की आँच मैं भामिनी पर नहीं पड़ने दूँगा...मंचन होगा...।''

नारायण उठा और चला गया। उपस्थितों को अपने कानों पर यकीन नहीं हो रहा था। यह क्या हुआ? क्या कहा उसने?

वह पगला चाहे जो कहे, पर मंचन होगा कैसे? जिसकी अपनी बेटी हमेशा के लिए चली गई हो, वह भामिनी का शुरुआती दम्भ और बाद में धैर्यधर पर अनुरक्त होने का विभ्रम कैसे दिखाएगा? कोमल तानों की लड़ियाँ कैसे सुलझाएगा? माना कि रंगमंच पर प्रवेश करना परकाया प्रवेश होता है, पर अपनी भौतिक देह और मन को तो पीछे नहीं छोड़ सकते? उस शरीर के ताप-अनुतापों को तो भुलाया नहीं जा सकता? बल्कि एक नट को दोनों शरीरों, मनों में सन्तुलन बनाकर और भौतिक देह को भूलकर परकाया की त्वचा ओढ़नी पड़ती है। कर पाएगा वह इस मनोदशा में? सभी दोलायमान हुए। आखिरकार नारायण के निर्णय का सम्मान करते हुए शंकरराव उठ खड़े हुए। बोले, ''अगर वह कहता है मंचन होगा, तो हो जाने दीजिए।''

सभी लोग उठे। रसोइए भी असहज-से थे। उन्होंने कलेजे पर पत्थर रखकर जैसे-तैसे दाल-चावल चढ़ाया, पर उस तरफ कोई फटका तक नहीं।

सभी रंगभूषा के लिए चले गए। सभी के मन पर एक विचित्र-सी छाया तारी थी, दबाव था। अभिनेताओं के मन खिन्न थे और ऐसे में उन्हें धैर्यधर के जुलूस का ठाठ दिखाना था। पूरी कम्पनी पर नैराश्य छाया था और फिर भी मंच पर उन्हें उत्सव का प्रदर्शन करना था।

और बाहर? मुम्बई के रिपन थिएटर पर ऐसी भीड़ कि मानो किसी राजा का राज्यारोहण समारोह हो। लोग बन-ठनकर धराऊ पोशाकें पहनकर आए थे। मानो सभी भामिनी और धैर्यधर के ब्याह में आए हों। नारायण के *शारदा* और सुभद्रा रूप पर मोहित दर्शक अब उसका एक नया रूप देखने के लिए लालायित थे। वे देखने आए थे एक शालीन सौन्दर्य को, अनुभव करने आए थे खाड़िलकर की कलम से उतरे अनुपम भाषा-वैभव को, और उन्हें यकीन था कि उनकी अपेक्षाओं की पूर्ति जरूर होगी। गजरे पहनकर, विभिन्न वस्त्रालंकार से सुसज्जित और गमकते इत्रों की शीशियाँ उँडेलकर दर्शक तैयार होकर आए थे भामिनी के स्वागत के लिए, और भामिनी... ?

नारायण दर्पण के सामने बैठा था। चेहरे पर दुःख की छाया। उसने पास की गणेश प्रतिमा का वन्दन किया। फिर खुद की तरफ देखा, मन को समझाया और मुँह पर पानी का छपाका मारा। शीतल जल चेहरे पर फैल गया। उसने अँगोछे से चेहरा साफ किया और साथ ही मानो सारे चेहरे पर बिखरी वेदना और व्यथा के चिह्नों को भी साफ कर दिया। चेहरे के साथ-साथ मन को भी सुखा लिया...और निर्विकार होकर जिन्दगी से...जिन्दगी की उस वेदना से जुदा होते हुए अपने चेहरे पर भामिनी को आकार देने लगा।

बाहर उत्सवमय उल्लास में मग्न भीड़ को पता भी नहीं था कि नारायण सूतक में है, शोक में है और उसे भूलकर वह खड़ा होनेवाला है...उनके मनोरंजन के लिए।

तीसरी घंटी घनघना उठी। समय की पवित्रता की संसूचना देनेवाली यह घंटी आज मानो मात्र औपचारिकता का निर्वाह करती हुई बोली और चुप हो गई। परदा हट गया और नांदी शुरू हुई, *नमन नटवरा विस्मयकारा...आत्मविरोधी कौतूहलधरा।* दर्शकों की गर्दनें डोलने लगीं। प्रारम्भ हो गया था। नांदी समाप्त हुई और मंच पर देवालय का दृश्य अवतीर्ण हुआ। नारायण नेपथ्य में खड़ा था। इस पार का संसार...नियति की क्रूर लीला... कलेजे के टुकड़े को काटकर ले जाने की तरह नियति का इन्दू को दबोचना...महत्प्रयास से सारी गुत्थियों से स्वयं को अलग कर उसने कदम बढ़ाया। कदम तनिक डगमगा उठा...पर एक असामान्य दृढ़ता से उसने उसे उस पार की दुनिया में धकेल दिया, अँधेरी दुनिया से उजाले के साम्राज्य में...और गर्दन को झटका दिया। मानो दिल का सारा दबाव, सारा भार वह झटकता गया और बोला, "मैं नहीं आऊँगी, साफ-साफ कहे देती हूँ, नहीं आऊँगी। और क्यों री कुसम, ये क्या बेशर्मी है तुम्हारी!" कहकर झूठे गुस्से से उसने गर्दन को तनिक मोड़कर लटके की भंगिमा दिखाई और सारा थिएटर नारायण की एंट्री से गूँज उठा। तालियों की गड़गड़ाहट। फिर अगला संवाद शुरू, "वह देखो रजनी, पराक्रमी सूर्य को आरक्त होने के बावजूद उसे इसी वजह से दूर धकेल रही है" और उसने "हा टकमक

पाही सूर्य रजनिमुख लाल-लाल, परि ती नच जाई जवळी'' संवाद कहते हुए *हा काळ काळ*...पद की तान ली। पद ने दर्शकों के मन पर कब्जा कर लिया और पद समाप्त होते न होते वाह, वाह, बहुत बढ़िया...वन्स मोर...वन्स मोर की बरसात शुरू हुई। नारायण ने फिर तान ली। लेकिन यमन कल्याण की धीमी लय के इन सुरों से भी दर्शकों में बैठे काकासाहब और बखले बोवा को अपने कलेजे पर हजारों खंजर चलने का अनुभव हुआ। दर्शक सम्भ्रान्तता के दर्शन से मुदित हुए और ये दिग्गज आँसुओं को रोकने का असफल-सा प्रयास करते रहे। अगले कुछ घंटों तक नाट्यगृह में तालियाँ और वन्स मोर के सिवा कुछ भी सुनाई नहीं देता था।

रंगमंच पर एक अभिनय सम्राट का, एक गान सम्राट का राज्यारोहण ही सम्पन्न हुआ था। कौतुक की सैकड़ों धाराओं ने नारायण को आप्लावित कर दिया और रंगमंच पर नारायण का स्थान दृढ़ हुआ। लोकमान्य द्वारा गौरवान्वित नारायण अब सर्वमान्य बन गया था। नियति का प्रहार सहकर भी उसने स्वयं अपनी ललाटरेखा बनाई थी। नियति के प्रहार को मानवीय धैर्य ने निष्प्रभ कर डाला था और संगीत नाटक के आकाश में सूर्य के स्थान पर वह आरूढ़ हो गया था। इसके बाद बालगंधर्व शब्द पंचाक्षरी मंत्र बननेवाला था...और उर्फ बालगंधर्व शब्द नाटक के विज्ञापन की सौभाग्य रेखा बननेवाला था...।

और लक्ष्मी? उसे लगता रहा, कम से कम ऐसे वक्त तो पति को मेरे साथ होना चाहिए था...! सन्तान की मृत्यु की वेदना के साथ अकेलेपन का टीसता जख्म सीने में दबाए वह गुमसुम बैठी रही। वह समझ चुकी थी...अब माथे पर लिखे इस अकेलेपन की इबारत के साथ ही जिन्दगी बितानी है उसे...।

बच्चो, पहले मंचन ने ही मानापमान *की सफलता निश्चित कर दी थी। मराठी रसिक दर्शकों को* मानापमान *में कुछ और ही मिला था। काकासाहब ने नाटक तो लिखा था क्षात्रतेज की महती गानेवाला, पर उसमें वीररस की तुलना में शृंगार ही उत्कृष्ट बन पड़ा था। दरअसल, मराठी आदमी प्रकृति से स्पष्टवक्ता होता है। पर वह दौर ऐसा था जहाँ शृंगार के प्रति समाज का नजरिया ओछेपन का था। पत्नी पति की तरफ गर्दन उठाकर देखे भी, तो इसे उसकी उद्दंडता माना जाता था और ऐसे दौर में भामिनी का शृंगार दर्शकों को पसन्द आया था। इसके लिए कारणीभूत था गंधर्व का अभिनय। झूठा गुस्सा, लटके-झटके, इठलाना, तिरछे नयनों का जादू, कटाक्ष वगैरा शृंगार की सारी खूबियों का उन्होंने खुलकर इस्तेमाल किया था। ऊपर से उनके गीत! 'नाही मी बोलत नाथा' की पंक्ति उन्होंने जितनी बार गाई, हर बार अलग पद्धति से गाई। गायन के दौरान उनकी शृंगार की अदा! दर्शक उन पर पूरी तरह से फिदा हो गए थे। ओछेपन का उसमें नामोनिशान तक नहीं था। दरअसल, प्रेमभाव, प्रणय के प्रति आकर्षण हर व्यक्ति के हृदय में होता है। पर उस दौर में इसके चोरी-चोरी प्रदर्शन को ही संस्कार माना जाता था। इन प्राकृतिक भावनाओं के प्रकट प्रदर्शन की इच्छा शिष्टाचार के विपरीत मानी जाती थी और उनका दमन सभ्यता का अंग। पर प्रकृति पर किसका बस है? अत: इन भावनाओं के दमन में ही ऊर्जा ज़ाया हो जाती। समाज की धार्मिक संस्थाओं ने तो 'ब्रह्मचर्य ही जीवन है' कह*

डाला था। इस कारण भी लोगों को प्रणय की, प्रियाराधना की इच्छा अपने स्खलन की निशानी लगती थी।

स्त्रियों को तो इतनी कम आयु में ब्याह दिया जाता था कि इन सारी बातों का मतलब समझ में आने से पहले ही उनकी गोद में दो-चार बच्चे पड़े होते थे। स्त्री-पुरुष सम्बन्ध केवल वंशवृद्धि के लिए, यह सिद्धान्त इतना दृढ़ बसा हुआ था कि उसकी पूर्ति के अलावा प्रणय का कोई महत्त्व ही नहीं था। ऐसे में प्रणय चेष्टाएँ, श्रृंगार रस का सेवन बहुत दूर की बात। इस कारण कुछ पुरुष खुलेआम बाहर यौन-सम्बन्ध बनाते, और कुछ तमाशा-नौटंकियों में जाकर अपनी भावनाओं को अभिव्यक्ति देते। कुछ चतुर कीर्तनिए तो कीर्तन में भी रासलीला का रसीला वर्णन करते। कुल मिलाकर दूध की प्यास को छाछ से बुझाने का था वह दौर...।

ऐसे दौर में मंच पर एक सुन्दरी खड़ी दिखती है। उसका लावण्य, उसकी सुन्दरता और साथ ही कुलीन स्त्रियों की शालीनता। न कभी उसका पल्लू ढहता है और न कभी उसका चारित्र्य। उसके चाल-चलन में अनुराग है, कामुकता नहीं। दृष्टि में आह्वान है, वासना नहीं। उठने-बैठने में, यहाँ तक कि प्रियतम के साथ प्रणय में भी उसमें शालीनता झलकती है वीभत्सता नहीं। उसका रूठना, हँसना, प्रियतम से हँसी-मजाक करना सभी में एक दिलकश मोहकता है। उसके भीतर जहाँ एक प्रणयातुर मदनिका नजर आती है, वहीं घर की बैठक में शोभायमान एक शीलवन्ती भी दिखाई देती है।

उस दिन मंच पर किसी को अपने मन की प्रियतमा अवतरित होने का आभास हुआ तो कोई भामिनी के उस रूप पर ही मोहित हो उठा। दर्शकों को सही मायने में श्रृंगार की शालीनता का साक्षात्कार हुआ। मानापमान ने मानो मराठी दर्शकों को श्रृंगार का पाठ ही पढ़ाया। श्रृंगार के प्रति संकोच, घृणा जैसे भावों को तिलांजलि देकर नारायण ने रंगमंच पर मानो इस अनुपम रस की शानदार और ससम्मान स्थापना ही कर डाली थी।

और यह श्रृंगार सम्भ्रान्त लोगों के भी अनुकूल था। क्योंकि प्रेम उसकी नींव थी। प्रेम के मूल्य को अहमियत देनेवाला और ऐश्वर्य की तुलना में कर्तृत्त्व को श्रेष्ठ माननेवाला यह श्रृंगार एक दृष्टि से भारतीय संस्कृति की चौखट में समाहित होनेवाला ही साबित हुआ। यहाँ नाटक बाजी मार गया। रमणीय दृश्य, सुरीला संगीत और साथ ही नाना जोगलेकर का धैर्यधर तथा बोडस का लक्ष्मीधर लोगों के पसन्दीदा चरित्र बन गए। नाना को भी ऐसी भूमिका मिल गई थी, जिस पर किसी की छाप नहीं थी। नाना ने धैर्यधर का किरदार इस तरह निभाया कि धैर्यधर और नाना की जोड़ी ही बन गई। बोडस का अभिनय कौशल कोई नई बात नहीं थी। पर उन्हें मजाकिया भूमिका में देखना एक अलग अनुभव था। उनका लक्ष्मीधर समाज के नाकारा लक्ष्मीपुत्रों का ही अर्क था। लोगों को उसमें अपनी रियासतों से हाथ धो बैठे राजे-रजवाड़े दिखाई दिए। 'पुरुष अपने शरीर के सभी अंगों पर आभूषण धारण कर सकता है, पर नाक में पहनने के लिए उसके पास एक भी आभूषण नहीं है। इस मामले में स्त्रियाँ किस्मतवाली हैं' जैसे संवाद बोलते समय बोडस इस तरह चेहरा बनाते और इस तरह नाराजगी दिखाते कि लोग हँसते-हँसते लोटपोट हो जाते। एक खलनायक के रूप में बोडस का लक्ष्मीधर लोगों को भा गया था। लोग उसकी प्रतीक्षा

करते रहते कि कब वह मंच पर आएगा और अपनी दिवालिया अक्ल का प्रदर्शन करेगा। नाना और बोडस के अभिनय से मानापमान *एक अलग ही ऊँचाई पर जा पहुँचा था।*

मंचन सम्पन्न हुआ और नाना जोगलेकर की पत्नी भीतर आई। उसने देखा, काकासाहब खड़े हैं। नारायण काकासाहब को देखकर उनके पास गया। उनके पैर छूने के लिए नीचे झुका...पर उन्होंने उसे आलिंगन में ही बाँध लिया। बोले, ''नारायण, आज खुद भामिनी भी होती, तो वह भी तुम जैसी ही होती।'' नारायण का गला भर आया। नाना भी आया। उसने भी काकासाहब को प्रणाम किया। काकासाहब की आँखों में आँसू आए। ''नाना, मेरे बच्चो, मेरे शब्दों को जिन्दा कर दिया तुम लोगों ने...अब तो मुझे अपने आप से ही ईर्ष्या होने लगेगी रे...।''

अपनी पत्नी की ओर देखता हुआ नाना आगे बढ़ा।

''वहीं रुकिए,'' पत्नी बोली, ''रुक जाइए, सच कहूँ तो आपकी और नारायण की जोड़ी ही ज्यादा फबती है।'' नारायण भी हँस दिया।

अब दोनों रंगशाला में आए। ''नारायण,'' नाना की आवाज गूँजी। ''क्या है नाना?'' नाना उसके पास गया। उसने नारायण को कन्धे से पकड़ा और बोला, ''नारायण, बहुत हुआ...अब रो लो...बहुत हुआ अपने आप पर जब्त करना।'' ये शब्द सुनते ही नारायण के सब्र का बाँध टूट गया और नाना के गले लगकर वह फूट-फूटकर रोने लगा...''इन्दू...मेरी इन्दू।'' नाना ने उसे जी भरकर रो लेने दिया। उन आँसुओं में बीते कुछ घंटों का पूरा दबाव बह गया।

इन्दू की मृत्यु के बाद की धार्मिक विधियाँ सम्पन्न हुईं और *मानापमान* का मंचन दुबारा शुरू हुआ। *मानापमान* ने कमाल ही कर दिया। कम्पनी में खुशी का माहौल था। विसूभाऊ पहचान गए थे कि अब कम्पनी की गाड़ी पटरी पर आ गई है। ''बहुत बुरे दिन देखे जी कम्पनी ने, भावड़िया के गुजर जाने के बाद बहुत बुरे दिन देखे।'' वे पुरानी स्मृतियाँ बयान करने लगे। ''हम तो नए-नए दाखिल हुए थे। देखा भी नहीं था भावड़िया को। पर लोग सुनाते थे न उसकी कथाएँ! अब ऐसा लगता है, भावड़िया के साथ चला गया कम्पनी का सौभाग्य नारायण के कदमों से वापिस लौट आया है।'' मंचन के साथ-साथ गपशप की महफिलें भी सजती थीं। कलाकारों के साथ बाहरी लोग भी डेरे में आकर जम जाते थे।

''नारायण मत कहो जी, गंधर्व कहो। नारायण अब नौसिखुआ लड़का थोड़े ही रह गया है?'' एक ने हँसते-हँसते कहा।

''बिलकुल।'' नरूभाऊ बोले, ''इन्दू की मौत से विचलित हुए बिना मंचन का उनका निश्चय। बाप रे, मैं तो नतमस्तक हूँ उनके सामने।''

''और क्या! दर्शकों में, नाटकवालों में वह चर्चा का, सम्मान का पात्र बन गया है,'' पंडित ने कहा और सभी की गर्दनें डोलीं।

''लीजिए।'' नाना मन्दिर से लौटा और उसने सभी के हाथों पर प्रसाद रखा।

"अब यह प्रसाद कैसा ? अच्छा, नाटक ठीक-ठाक चले, इसलिए सबने न जाने क्या-क्या मनौती माँगी थी। अब तो प्रसाद खा-खाकर भी जी ऊब गया है।" विसूभाऊ बोले।

"प्रसाद को भूल जाइए और हलुवा समझकर भकोस लीजिए।" और नरूभाऊ ने तोबड़ा भरा।

"सन्तोष...बहुत सन्तोष दिया जी इस नाटक ने। आज तक भाऊराव की ही भूमिकाएँ करता रहा हूँ। उन पर भाऊराव की छाप होती थी। देखते समय लोगों को उन्हीं की याद आती। पर धैर्यधर ने मुझे नाम, ख्याति प्रदान की," नाना बोले।

तभी भीतर से किसी की गुस्से से चिल्लाने की आवाज आई, "कलाकार हूँ मैं, कलाकार। नौकर नहीं।" सभी ने देखा, चिन्तोपन्त तेजी से आ रहे थे। उनका चेहरा क्रोध से तमतमाया हुआ था, बदन थर्रा रहा था।

"क्या हुआ ?" नाना ने उन्हें अपने पास बिठा लिया।

"क्या बताऊँ, दो कौड़ी की भी कीमत नहीं रह गई है कम्पनी में हमारी।" बोलते-बोलते चिन्तोपन्त हाँफने लगे। नाना ने उन्हें शान्त किया। अब उनकी आँखों में पानी तैर गया। "भावड़िया ने भी कभी इस तरह बर्ताव नहीं किया था हमसे। पुराने लोग हैं हम यहाँ के और अब कम्पनी के पुराने सामान की तरह कबाड़ बनकर रह गए हैं।"

"नहीं नहीं, ऐसा नहीं है। अजी आप बुजुर्ग हैं। क्या हुआ, बताइए तो ?"

"होना क्या है ? सफलता...सफलता सिर चढ़कर बोल रही है।" और उन्होंने शिकायतों की फेरहिस्त पढ़कर सुनाई। पोते के उपनयन संस्कार के लिए उन्हें दो दिन नरसोबाबाड़ी जाना था, पर छुट्टी माँगने पर शंकरराव जो मुँह में आए सो बकने लगे। यहाँ तक 'मुफ्त में निवाले गटकने को मिलते हैं' ये भी कहा। सभी को बुरा लगा। शंकरराव के आचरण में यह बदलाव सभी महसूस कर रहे थे। चिन्तोपन्त जैसे पुराने और कम्पनी के बुरे दिनों में भी शंकरराव का साथ देनेवाले मनुष्य से उनका ऐसा बर्ताव देखकर सभी नाराज हो गए। सभी के मन में असन्तोष था। नाना ने स्थिति को भाँप लिया। उसने चिन्तोपन्त को एक सप्ताह की छुट्टी दे दी, कम्पनी की तरफ से उनके पोते के लिए उपहार भी दिया और उनके आने-जाने का खर्च भी। नाना समझता था कि लोगों को समझाना-बुझाना और उनकी अड़चनों को समझना कम्पनी की गृहस्थी के लिए जरूरी है। नाना के कारण लोग खामोश रहे, पर भीतर ही भीतर आग सुलगने लगी। चिन्तोपन्त शान्त हो गए और गाँव जाने की तैयारी में जुट गए। लोग बिखर गए। नाना भी उठा। विसूभाऊ भी उठने लगे। तभी पंडित की आवाज आई, "नाना, इस तरह ऊपरी मरहम-पट्टी कब तक चलेगी ?" नाना ने पीछे मुड़कर देखा। उसकी मुद्रा प्रश्नार्थक बन गई। विसूभाऊ भी सुनने लगे।

"नाना, शंकरराव की मनमानी बढ़ती जा रही है।"

"पंडित, अरे भाई, सफलता आदमी को थोड़ा-बहुत बहकाती है। पर सब ठीक हो जाएगा।" नाना ने मामले को ठंडा करने का प्रयास किया।

"पर सफलता किसकी ?" पंडित ने अपना पत्ता फेंका।

"किसकी मतलब ?" नाना हड़बड़ा गए। उनके कुछ बोलने से पहले ही पंडित ने कहा, "यह नारायण की, गंधर्व की सफलता है।" और दोनों सीढ़ियों की तरफ जाने लगे।

तभी पीछे से एक बुलन्द आवाज उभरी, "नहीं पंडित। अकेले गंधर्व की नहीं, सबकी है यह सफलता।"

पंडित ने देखा। बोडस आ रहे थे। वह झेंप गया। फिर भी बोला, "हाँ, हाँ...पर सारी मलाई तो शंकरराव ही निगल रहे हैं न!" बोडस ने पंडित की तरफ देखा, "और ऊपर से मनमानी। किर्लोस्कर के नाम से थिएटर बनाया, पर अभी तक उसका हिसाब दिया? लोग पूछ रहे हैं, हिसाब का क्या हुआ?"

"कौन लोग?" बोडस ने पंडित पर नजर स्थिर की।

"कलाकार, कम्पनी के लोग।" पंडित बोला।

फिर बोडस ने सीधे कह दिया, "नाना हिस्सेदार है, वह देख लेगा। बाकी लोगों को उसमें दखल देने की जरूरत नहीं।"

पंडित के मन में उच्चाकांक्षा के बीज पनप रहे थे और उसे यकीन था कि गंधर्व ही उसकी उच्चाकांक्षा की सफलता का मार्ग है। उसने अत्यन्त होशियारी से अपने इस तुरुप के पत्ते का इस्तेमाल करना तय किया और बोला, "पर आप ही सोचिए, *गंधर्व कम्पनी* के मुख्य नट, मुख्य गायक नट हैं। उन्हें हिस्सेदार बनाने में क्या हर्ज है? वैसे मुझे क्या पड़ी है! पर कम्पनी के लिए जी जलता है इसीलिए कह रहा हूँ।" और वह अचानक उठकर चला गया।

उसका काम हो गया था। बोडस उस दिशा में देखते ही रह गए। फिर कुछ देर बाद कहने लगे, "नाना, बड़ा घाघ आदमी है ये। दरअसल, इस बाहरी आदमी को डेरे में घुसने से पहले ही रोकना चाहिए था शंकरराव को। एक अच्छा चलता नाटक हो तो भी कम्पनी की गाड़ी ठीक से पटरी पर चलती है। किर्लोस्कर के पास *सौभद्र, गुप्तमंजूष, शाकुन्तल* जैसे एक से बढ़कर एक नाटक हैं और दर्शकों की भीड़ उमड़ पड़ती है नाटकों पर। केशवराव भोंसले की ललित कलादर्श कम्पनी की बात छोड़ दें तो किर्लोस्कर का मुकाबला करने का माद्दा रखनेवाली एक भी कम्पनी महाराष्ट्र में नहीं है। नारायण को कम से कम अभी तो उससे फासला बना लेना चाहिए! पर उसे कौन समझाए? पंडित के खिलाफ बोलकर कौन नारायण की नाराजगी मोल लेगा? पंडित के उपहार, महँगे इत्र और मीठी वाणी। पूरा कब्जा कर लिया है पंडित ने उस पर।"

"मैं बात करूँगा नारायण से। समझाऊँगा उसे। अभी कर्नाटक से निमंत्रण आया है कम्पनी को। यह दक्षिण दिग्विजय सम्पन्न हो जाए, फिर मैं बात करूँगा।" नाना ने कहा और दोनों अपने-अपने कामों में लग गए।

मुम्बई, पुणे के दर्शकों का दिल जीतकर कम्पनी कर्नाटक गई। वहाँ तो *मानापमान* ने दक्षिण दिग्विजय ही प्राप्त की। हुबली को जीतकर कम्पनी बेलगाँव पहुँची। रात के मंचन के सारे टिकट पहले ही बिक चुके थे। सफर से थके हुए कलाकार विश्राम कर रहे थे। आखिरकार विसूभाऊ ने एक-एक को उठाना शुरू किया। लोग अनिच्छा से ही उठने लगे। विसूभाऊ नाना के पास पहुँचे, "धैर्यधर, ऊठो भैया। वरना देखो, भामिनी भाग जाएगी उस लक्ष्मीधर के साथ," कहते हुए उसने नाना को हिलाया और चौंक गया। नाना का बदन भट्ठी की तरह जल रहा था। "नाना?" पुकारते हुए उसने उसका माथा छुआ।

आँखें गहरी धँसी हुईं। उन्होंने बाकी लोगों को पुकारा। पर नाना ने मना किया। मंचन समाप्त होने पर देखेंगे, कहकर नाना मेकअप के लिए बैठ गया। बुखार शरीर का हो या मन का, नाटकवाला एक बार चेहरे पर रंग लगा ले, तो सबकुछ अलग रखकर खड़ा हो जाता है। जुनून। नाना ने बुखार वैसे ही बर्दाश्त किया।

लेकिन बाद में बुखार ने अपना रंग दिखाया। मंचन सम्पन्न हुआ और नाना ढह गया। उसे हिचकियाँ आने लगीं। उसे तुरन्त अस्पताल पहुँचाया गया। डॉक्टर गाड़गील ने दिन-भर उस पर नजर रखी, पर बुखार बढ़ता ही गया। निदान हुआ, मलेरिया था। इलाज के लिए उसे मिरज ले जाया गया। डॉक्टर व्हेल ने इलाज शुरू किया, धीरज बँधाया। पर नाना की खाँसी शुरू हो गई। बलगम निकलने लगा। डॉक्टर व्हेल जाँच करने आए। उन्होंने दवाइयाँ बदलीं और करीबी लोगों को पास बुलाकर बोले, ''बस आज की रात निकल जाए, वरना...'' तभी नाना को ढाँस लग गई। वह खाँसने लगा। दिनू तुरन्त पानी ले आया और नाना के गले से बलगम बाहर निकला। सभी का ध्यान गया...उस बलगम में लाल रंग मिला हुआ था...खून का। खून देखते ही डॉक्टर व्हेल ने गर्दन ही फेर ली। उनका चेहरा उतर गया। उनके चेहरे पर सभी को नाना का भविष्य साफ-साफ नजर आया। रात-भर नाना बीमारी से लड़ता रहा, पर 15 नवम्बर, 1912 को कम्पनी का यह धैर्यधर वीरगति को प्राप्त हो गया।

सभी एक ही आवाज में चीख पड़े, ''नाना...!''

नानासाहब जोगलेकर स्वर्गवासी हो गए। *किर्लोस्कर कम्पनी* का एक खम्भा ढह गया। नहीं, बल्कि जिस मजबूत खम्भे पर वह खड़ी थी, वही ढह गया। क्या कम्पनी की किस्मत में नायक बदा ही नहीं है? किसी की नजर तो नहीं लग गई कम्पनी को? किसी की कुछ समझ में नहीं आ रहा था। भावड़िया चल बसा, उस समय कम्पनी का सौभाग्य रूठ जाने का भाव था। पर अब नाना चला गया और मानो इनसानों को और उनके दिलों को जोड़नेवाली कड़ी ही टूट गई। कम्पनी की दशा फिर बेनायक-सी हो गई। कम्पनी का एक शिक्षित नट, जो मात्र लोकमान्य के आदेश से वकालत छोड़कर नाटक में आया था, बुरी हालत में भी जिसने कम्पनी का साथ निभाया था, जिसके बारे में यह डर लगने लगा था कि भावड़िया की छाँव में यह दरख्त बौना ही रह जाएगा, पर तभी धैर्यधर के जरिए वह अपनी गुणवत्ता को सिद्ध करता हुआ खड़ा हुआ था। अभी-अभी उसने सच्ची सफलता का स्वाद चखना शुरू किया था। नए-नए नाटककारों को जिसे सामने रखकर नाटक लिखने की प्रेरणा मिल सकती थी, उस नाना की ऐसी एक्जिट! अभी उसके प्रवेश में पूरा रंग भी नहीं भरा था कि तभी ऊपरवाले नाटककार ने उसे परदे के पीछे बुला लिया! यह कैसा झटका-तकनीक है उसकी?

गंधर्व को समाचार मिला और वे सन्न रह गए। तुरन्त नानासाहब के घर दौड़ पड़े। उन्हें नाना के वृद्ध पिता और पत्नी से नजरें मिलाने का साहस नहीं हो रहा था। क्या सान्त्वना दें? क्या कहें? दुख को भूल जाइए, धीरज रखिए? गंधर्व ने जाना कि सभी शब्द निर्जीव हैं, निरर्थक हैं। वे घर की दीवार से टेक लगाकर बैठे रहे। अनाथ होने की भावना उनके पूरे तन-मन में समा गई। नाट्यकला का अर्थ, उसके प्रयोजन का सबक देनेवाला मित्र

इस संसार में नहीं रहा। 'नाही मी बोलत नाथा' कहते हुए मंच पर जिसके साथ शृंगार रस का आविष्कार किया, वह धैर्यधर अब नहीं रहा। दिनू, नरूभाऊ रानडे आँखें पोंछते खड़े थे। नानासाहब की पत्नी का क्रंदन सभी का कलेजा चीर रहा था। पर गंधर्व को याद आ रही थी उनकी बात। *मानापमान* के पहले मंचन के बाद नानासाहब के पास खड़ी उनकी यही अर्धांगी हँसते हुए बोली थी, 'असल में, आप दोनों की जोड़ी ही खूब फबती है।' उसकी समझ में नहीं आ रहा था कि इस निर्मल हृदय दम्पति को अलग कर विधाता ने क्या हासिल किया है?

नानासाहब का पार्थिव शरीर उठाया गया। गंधर्व का हृदय चीत्कार करने लगा। पहले इन्दू, अब नाना...। सफलता की हर सीढ़ी पर एक-एक आदमी को खोना...क्या यही लिखा है विधाता ने मेरे ललाट पर?

चिन्मय को लगा, सभी खामोश हो गए हैं और सर आँखें पोंछ रहे हैं। मानो अभी-अभी नानासाहब के अंतिम संस्कार से लौटे हों...कुछ लोग कितने खो जाते हैं न इतिहास में...!

तभी सर आगे कहने लगे, "परन्तु इस दौरान भी एक आदमी बहुत आगे की सोच रहा था। नानासाहब की असमय मृत्यु पर आँसू बहाना छोड़कर उसने अगली रणनीति बनाई थी। कम्पनी पर आई यह आपदा उसे इष्टापत्ति ही प्रतीत हुई थी। वह सामने से गुजरते पार्थिव को प्रणाम करके वहाँ से निकला, पर मन में कुछ निश्चित योजनाएँ बनाकर...।"

"गॉश...सब कैसा विचित्र है, नहीं?" निशा बोली।

"हूँ। लाइफ इज लाइक दैट! चलिए, अब चलते हैं। रात हो गई है," कहते हुए सर उठ खड़े हुए।

'नाटक वगैरा क्या सीधे-सरल तरीके से खेले ही नहीं जा सकते? कला के क्षेत्र में आपसी फूट, मारामारी क्या इतनी जरूरी है? संगीत के क्षेत्र में भी तो यही होता होगा? अगर ऐसा है तो क्यों बनें व्यावसायिक कलाकार? इसकी बजाय अपने शास्त्रीय गायन में क्या बुराई है? न वह टीवी चैनल की जानलेवा संगीत प्रतियोगिता और न वह राजनीति', सनत के मन में विचार आया।

तभी सर ने पूछा, "बच्चो, अब बस दो सप्ताह बचे हैं, समझे! टिकट का क्या हाल है?"

"धीरे-धीरे बिक रहे हैं सर," पोनी टेल बोला।

"धीरे-धीरे?" सर ने शरारत से पूछा।

"क्या करें सर, हम खूब भागादौड़ी कर रहे हैं, पर...।"

"पर?"

"पर कुछ लोग कहते हैं कि वही पुराने गाने कितनी बार सुनें? यह 'मानापमान' भी तो अब पुराना हो गया है!" सनत बोल गया। उसकी सोच थी कि रिमिक्स और ढॅकचिक ढॅकचिक के जमाने में लोगों की बदलती दिलचस्पी को अनदेखा नहीं किया जा सकता।

"सर, आपको नहीं लगता कि हमने नाट्यसंगीत को एक घेरे में कैद करके रख दिया है और उसके साधकों को देवता बना डाला है? और इसी कारण आगे उसमें कोई

नयापन नहीं आया? बस वहीं-वहीं घूमते रहना, क्योंकि नए प्रवाह उसमें मिल ही नहीं पाए।'' महेश ने पूछा।

''मतलब जितेंद्र अभिषेकी का अपवाद छोड़कर।'' सनत ने उनकी भी याद दिलाई।

''और अभ्यास करानेवाले गुरु को गुरुदेव वगैरा बना देने के बाद तो सवाल पूछने का सवाल ही नहीं! इस कारण एक्सपिरीमेंट के लिए कोई स्कोप ही नहीं बचा—ऐसा नहीं लगता?'' चिन्मय ने मुद्दा आगे बढ़ाया।

''पर सर, उस जमाने में प्रायोगिकता या प्रायोगिक नाटक का कान्सेप्ट भी तो नहीं था न?'' निशा ने पूछा।

सर ने पॉज लिया। ''हूँ, सारी बात गलत नहीं है तुम्हारी। लेकिन 'प्रयोग' शब्द नहीं था उस समय। मंचन होता था नाटक का। हालाँकि आप नए लड़के ज्यादा जानते हैं प्रायोगिकता के बारे में...पर सच कहूँ, तो मुझे हमेशा से लगता रहा है कि प्रयोगशीलता स्वभाव में ही होनी चाहिए। किसी में यह अंग होता है और किसी में नहीं होता।''

''और नएपन की मात्र इच्छा या शौक भी प्रायोगिकता के भीतर नहीं आ सकता न सर? समझदारी भी तो चाहिए न उसमें?'' सनत को अब मजा आने लगा था। वह उत्साहित हुआ।

''हूँ। सनत, मैं तो कहूँगा कि...एक ही साँचे का होना या एकरसता से उत्पन्न ऊब—यही प्रायोगिकता की बुनियाद होगी और बॉक्स ऑफिस पर नजर रखकर किए गए बदलाव नहीं आएँगे इसमें, समझे।''

''यानी, अमुक एक पात्र का टीआरपी ज्यादा है, इसलिए उसका ट्रैक बढ़ाइए, ऐसा नहीं।'' पोनी टेल की बात पर सभी हँस पड़े।

''ऐसा है, मुझे जो कहना है, उसके लिए तुम्हें हिरन की कहानी सुनानी पड़ेगी। कल याद दिलाना मुझे।''

''हिरन की कहानी? गंधर्व टू सीधे ईसपनीति?

''येस, पर कल।''

सब हँसते हुए उठ खड़े हो गए। ''हॉल में कोई कचरा तो नहीं छूटा न? ध्यान रखो। लाइट ठीक से बन्द करते जाना, वरना देंगे नहीं वे हमें हॉल दुबारा।'' सर ने स्वयं कागज के टुकड़े बीनना शुरू किया। बच्चे भी अपना-अपना सामान उठाकर हॉल ठीक करने लगे।

परन्तु अक्षय को इन्दू के जाने के बाद भी मंचन कर रहे गंधर्व याद आते रहे। उसने मन ही मन निश्चय किया कि कल स्टार बनने के बाद मैं भी ऐसा ही करूँगा। हॉल साफ हो गया, लाइट्स बुझा दी गई, बच्चे चल पड़े। आज पोनी सनत के पीछे बैठा था। उनकी बाईक घर की तरफ चल पड़ी। सनत ने सोचा, नियति और आदमी के संघर्ष पर कुछ लिखना चाहिए। मैं तो किसी प्रतिभा को कोई ईश्वरीय देन वगैरा नहीं मानता हूँ। रगड़-रगड़कर मेहनत की होगी गंधर्व ने। मैं ईश्वर वगैरा में भरोसा चाहे न करूँ, पर कुछ तो बात थी उस आदमी में। डेडिकेशन तो सॉलिड ही था। मानना होगा साला। सनत की गाड़ी ने उसके विचारों की रफ्तार पकड़ी और वह घर की तरफ दौड़ने लगी। 'क्यों रे

अक्षय! इतने सालों से गाना सीख रहा है, पर एक बार भी टीवी में नहीं आया'—उसकी समझ में ही नहीं आता कि क्या जवाब दें ऐसे सवालों का। धत्...समाज ही अलग रहा होगा उस दौर का और दर्शक भी। उसे दुख होता रहा कि वह तनिक देर से इस दुनिया में क्यों आया।

उसने घर के दरवाजे में बाईक पार्क की। साला, सब कुछ कैसे सही-सही घटता गया गंधर्व के जीवन में। मौका मिला, सक्सेस मिला, ख्याति, पैसा। ऐसा ही कुछ होना चाहिए साला। उसने घर में कदम रखने से पहले आज की आखिरी सिगरेट सुलगाई। आजकल एक इंटरकालेजेट एकांकी प्रतियोगिता में भाग लेनेवाले को भी चान्स मिल जाता है सीरियल में और दूसरी तरफ मैं। तीसरा साल चल रहा है मगजमारी का। हाथ में कुछ भी नहीं। उसने यूँ ही बाईक के आईने में देखा। अपने स्मार्ट चेहरे की तरफ देखकर उसका दुख और गहरा हो गया। क्या उखाड़ना बाकी रह गया? लेकिन चान्स ही नहीं मिल रहा! अभी तक नाटक ही करता बैठा हूँ सर की संस्था में। उसने बची हुई सिगरेट मसल डाली।

निशा ने नेट सर्फिंग शुरू की। वाऊ! सैम्युअल ने उसका फ्रेंड रिक्वेस्ट एक्सेप्ट कर लिया था। उसने उसकी बाकी तस्वीरें देखीं। हैंडसम डूड है साला। मुझे भी कहीं लक्ष्मी जैसा कॉम्प्लेक्स तो नहीं हो रहा है? वह हँस दी। बस फ्रेंड रिक्वेस्ट एक्सेप्ट किया है, साथ सोने के लिए नहीं बुलाया है। अपने आप से बुदबुदाते हुए उसने उसे हाय कहा और बाकी मेल चेक करने लगी। पता नहीं, ममा मुझे अपना पति सिलेक्ट करने देगी या नहीं। या पापा का बिजनेस सँभालने के लिए पराग को मेरे गले मढ़ देगी? लेकिन मैं न तो गंधर्व की तरह चुपचाप माला पहनूँगी और न पहनाऊँगी। उसने गर्दन को झटका दिया और मेल चेक करने लगी।

चिन्मय की गाड़ी ने सर के घर की राह पकड़ी थी। ''इन लोगों को सुनाना होगा रे किसी को। इस आज की पीढ़ी को सुनाना होगा। अरे यह हमारा इतिहास है। फॉरेन जाकर हम ऑपेरा की तारीफ करते हैं। पर यहाँ इसी मिट्टी पर म्यूजिकल थिएटर पनप रहा था। गंधर्व ने उसे लोकप्रियता के शिखर पर पहुँचाया था। बताना होगा इनको। कोई सीरियल नहीं बनाएगा उन पर। इसलिए अपने जीते जी ही सही, हम यही करते रहेंगे। वरना कल इसी मिट्टी में कोई पूछेगा, कौन थे गंधर्व?'' सर के मन की चिन्ता उसे भी अनुभव हुई।

''सर, क्या आपने गंधर्व को देखा है?''

''अरे भाई, अभी मेरी उम्र सत्तर साल की है। सन् चालीस को मेरा जनम हुआ। बालगंधर्व उस समय बावन साल के थे। मेरे और बड़े होने और नाटक देखने लगने तक उनका सबकुछ खत्म हो चुका था।''

''लेकिन सर, फिर भी आप...आय मीन उन्हें देखा नहीं फिर भी इतनी श्रद्धा से...क्योंकि सर, उन्हें उनके चरम में देखे हुए लोग अब लगभग न के बराबर बचे होंगे...फिर भी आप...।''

सर हँस दिए। ''चिन्मय, क्या यह उनकी महानता नहीं है? और आज वे नहीं हैं, पर उनकी गायकी तो सलामत है? उन्हीं की तरह खिलती जाती तानें...टेंबे तो कहते थे कि उनकी आवाज जवार की तरह दानेदार थी। इस जवारदार आवाज के साथ-साथ बेहद

लचीला कंठ, दानेदार तान। ताल और लय का जन्मजात मिश्रण और कंठ में कुछ ऐसा प्यारा कम्पन कि मानो किसी लड़की के कानों का झुमका! क्या बात है। जस्ट इमैजिन।''

चिन्मय ने पूछ ही लिया, ''सर, यह हिरन का क्या माजरा है? और वह कौन था जो अगली कान्स्पिरेसी की तैयारी कर रहा था...?''

सर हँस दिए, ''चिन्मय, गंधर्व के जीवन चरित्र की यही तो खूबी है। नाटक जैसी ही रहस्यमय नाटकीय जिन्दगी जिए हैं वे। उतार-चढ़ाव, मानो किसी लेखक ने जान-बूझकर लिखे हों। लेकिन यह सब कल। अच्छा चिनू! कोई स्पॉन्सर मिलेगा? पता है समय बहुत कम है...लेकिन, अरे खर्च जरा बढ़ता जा रहा है। किराए भी बढ़ गए हैं और...।''

''देखता हूँ सर। लेकिन सर...उनका बैनर लगाना पड़ता है।''

सर पल-भर सोच में पड़ गए। ''यानी...पीछे परदे पर उनके भी नाम...।''

''हाँ सर...बात चलाऊँ...?''

''ऊँ...नहीं। करेंगे कुछ और प्रबन्ध। चलो, गुडनाइट। कल मिलेंगे।''

काँपती आवाज में उन्होंने जवाब दिया। वे नीचे उतरकर फाटक के पास गए। चिन्मय को लगा, आवाज की तरह उनकी देह भी काँप रही है। चिन्मय को अपने परदादा याद आए। घर में रखी गंधर्व की तस्वीर के सामने दीया जलाकर प्रणाम करते थे।

नहीं सुधरेंगे ये पुराने ठूँठ। क्यों नहीं वक्त के साथ चलते ये लोग? बोर्ड पर कोई लोगो छाप दिया, तो क्या बिगड़ जाएगा? अपनी जेब से भरेंगे और बाद में खर्च बहुत हो गया इसलिए कॉम्प्रमाइज करेंगे। रिहर्सल के लिए चाय भी घर से ले आएँगे। लेकिन...वह गुटखेवाला अच्छा पीछे पड़ा था, पर नहीं! पर दादाजी ने भी आखिर तक कहाँ छोड़ी अपनी हेकड़ी? चिन्मय ने मनीषभाई और अन्य दो लोगों से दुबारा बात करने की सोची। गाड़ी घुमाई और एक सीडी लगाई। 'मूर्तिमन्त भीती उभी...।'

उन दानेदार तानों और जवारदार आवाज से उसे अच्छा लगने लगा और वह तेज रफ्तार से चल दिया। शायद उसे लग रहा था, रफ्तार बढ़ाने से कल की शाम जल्दी आएगी।

उसे ही नहीं, निशा, पोनीवाला, अजिंक्य, सनत—सभी को हिरन की कहानी सुनने की उत्सुकता थी।

गंधर्व के उस पुराने जमाने के रेकॉर्ड में भी उसे गायकी की ताकत अनुभव हो रही थी। अगर पचास की उम्र में आवाज ऐसी थी तो युवावस्था में कैसी रही होगी? वह सुनता ही रहा।

सर ने बैठक जमाई और कहने लगे, ''हिरन से पहले कम्पनी के भेड़िए की बात करेंगे।''

नाना के निधन के बाद कम्पनी का हाल बिना सेनापति की सेना जैसा हो गया था। नाना कम्पनी में हिस्सेदार भी था। कम्पनी के बुजुर्ग अब दुख भूलकर अगले प्रबन्धन का विचार करने लगे। पंडित की नजर पहले से ही मलाई पर थी। उसने पहचान लिया था कि अब हिस्सेदारी का सवाल उठेगा और कम्पनी के मुख्य गायक नट गंधर्व को हिस्सेदार बनाया जाएगा, पर मालिक के रूप में शंकरराव भी बना रहेगा। पंडित को उसकी जूँ

गर्दन पर नहीं चाहिए थी। वह यह भी जान चुका था कि बोडस को भी मालिक बनने में दिलचस्पी है। इसलिए उसने चर्चा से तटस्थ रहने का निर्णय लिया। दरअसल, यह उसकी अगली बड़ी छलाँग के लिए मोरचाबन्दी थी। बोडस ने गंधर्व से चर्चा की। सभी ने सुझाया कि बैठक की जाए और हिस्सेदारी का सवाल हल किया जाए। भास्कर बोवा बखले, डॉ. गोरे, नारायण चिटगुपी, गोपालराव सुले वगैरा कम्पनी के हितैषियों की बैठक हुई। बैठक में न गंधर्व के नाम का विरोध हुआ न बोडस के नाम का और शंकरराव को नजरन्दाज करना तो सम्भव ही नहीं था। इस कारण तीनों के नाम लगभग तय हो गए। सबकी इच्छा थी कि मामला बिना विवाद और गहमागहमी के सुलझ जाए तो नाना की आत्मा को शान्ति मिलेगी। काकासाहब ने भी अनुकूलता दर्शाई। काम और भी आसान हुआ। इसलिए सभी यह मानकर चले थे कि प्रस्ताव को सभी की मंजूरी मिलेगी और बैठक समाप्त होगी।

"तो यह तय रहा!" डॉक्टर गोरे ने सभी की ओर देखते हुए घोषणा ही कर डाली। लेकिन तभी गंधर्व ने गर्दन हिलाकर इनकार कर दिया।

"मुझे हिस्सेदारी नहीं चाहिए। मैं वेतन पर ही रहूँगा।"

गंधर्व ने ऐन समय पर विचार क्यों बदला, किसी की कुछ समझ में नहीं आ रहा था। खुद चला आ रहा मालिकाना हक क्यों नकार रहे हैं? लेकिन पंडित का मौन देखकर सब समझ गए कि इसके पीछे कौन है। उन्हें आग्रह किया गया। पर वे 'मुझे इसमें मत घसीटिए' कहते रहे और सभी निरुपाय हो गए। नानासाहब की पत्नी को पेंशन शुरू की गई और शंकरराव फिर कम्पनी के सर्वेसर्वा बन गए। एक विवाद सुलझ गया, पर अगला सवाल खड़ा हो गया कि नया धैर्यधर किसे बनाएँ? नाटक में नाना के स्थान पर किसे खड़ा किया जाए? नाना की छाप उस भूमिका पर पड़ी हुई थी। चाहे उसे मिटाना सम्भव न हो, फिर भी दर्शकों को पसन्द आए, ऐसा कद्दावर नट मिलना तो चाहिए!

नाना जोगलेकर की अन्य भूमिकाओं के लिए नानबा लेले को कम्पनी में लाया गया था। पर धैर्यधर के लिए? भास्कर बोवा ने इनकार करते हुए कहा कि वे संगीत में रमे हुए हैं और अब नाट्याभिनय नहीं करेंगे। फिर टेंबे जी से आग्रह किया गया और उन्होंने इसे स्वीकार किया। टेंबे जी ने धैर्यधर की भूमिका निभाना शुरू किया। सुन्दर रूप, संगीत का ज्ञान और सभी के साथ मेल-मिलाप से रहने का स्वभाव। अत: साथी कलाकारों के साथ-साथ दर्शकों ने भी उन्हें स्वीकार किया। सबकुछ ठीक हो गया। पर समस्या खत्म नहीं हुई थी, बल्कि एक बहुत बड़े नाटक का आगाज हुआ था। पंडित का पीछे हटना एक बड़ी छलाँग की तैयारी थी और शंकरराव को इसकी भनक तक नहीं थी। वे अपने में ही मशगूल थे। अचानक मिली इस नई सम्पूर्ण सत्ता का नशा उन्हें न चढ़ता तो आश्चर्य। अब उन्हें किसी से कुछ भी पूछने की आवश्यकता नहीं थी। इस कारण उन्होंने मनमानी शुरू की। कम्पनी के लोगों को शंकरराव की तानाशाही अन्यायपूर्ण लगने लगी। अब नाना भी नहीं था कि उन्हें समझाता। भीतर ही भीतर असन्तोष सुलगने लगा। मंच पर नाटक जोश के साथ खेले जा रहे थे और उसी समय मंच के पीछे भी एक नाटक में रंग भरने लगा था।

नाटक मंच पर परदे के सामने खेला जाता है, लेकिन उससे काफी ज्यादा परदे के पीछे भी खेला जाता है। नाट्यकर्मी रंगमंच पर एक मुखौटा लगाकर जीते हैं, लेकिन रंगमंच के पीछे के उनके मुखौटे उनके असली चेहरे से इस कदर मिले होते हैं कि असली चेहरा और मुखौटे में फर्क भी पता न चले। नट को और दर्शक को भी यह पता होता है कि रंगमंच पर जो घट रहा है, वह सत्य नहीं है। फिर भी दोनों दलों की आपसी सहमति से यह धोखाधड़ी चलती रहती है और इसी कारण उसमें मजा आता है। जो झूठ है, वही सच्चा नाटक। लेकिन असल जिन्दगी में यह झूठ सच्चाई का नकाब ओढ़कर घूमता है। शायद इसी कारण रंगमंच का झूठ उजाले में, सरेआम घटित होता है...और रंगमंच के पीछे की सच्चाई अँधेरे में चोरी-छिपे...।

कम्पनी के हितैषी का नकाब ओढ़कर ही पंडित ने अपनी चालें चलना शुरू किया था। गंधर्व को भी इसकी भनक नहीं थी। वे अलग ही सोच में थे। नाटक यानी जीवन का दर्पण? पर क्या नाटक में वह सचमुच प्रतिबिम्बित होता है? हम सुभद्रा का, रुक्मिणी का भाव अपने चेहरे पर धारण करते हैं, उनकी तरह महँगे वस्त्र पहनते हैं, दृश्य भी खड़ा करते हैं। पर अब हमें इससे आगे बढ़ना होगा। वे अन्य लोगों से चर्चा करने लगे।

"लेकिन दर्शक तो खुश हैं। पदों को वन्स मोर भी देते हैं।" विसूभाऊ ने मुद्दा रखा। विसूभाऊ को समय पर वेतन और भोजन में मीठे व्यंजन के सिवा अन्य बातों से ज्यादा सरोकार नहीं था।

"हाँ, सही है। पर लोग खुश हैं, इसी पर हम सन्तुष्ट हो जाएँ?" गंधर्व को ऐसी प्रकृति के लोगों से ऊब होती। आज नाना होता तो कितना अच्छा होता। उसे भी यह बात जँचती।

"विसूभाऊ, हमें सब हूबहू करना होगा।"

"ठीक है, पर अब वन के दृश्य के लिए क्या असली लताएँ और असली फूल ले आएँगे?"

"नहीं, हूबहू लताएँ और फूल बनाते हैं न हमारे कारीगर। पर..."

"पर क्या?" नरूभाऊ ने परेशान होकर पूछा। ऐसे समय उन्हें भी शंकरराव की बात सही लगती। वे कहते, इस गंधर्व का मन कभी भरता ही नहीं। चाहे कुछ भी कीजिए।

"लेकिन हिरन। वे लकड़ी के पुतले जैसे लगते हैं। न कोई हरकत करते हैं न गर्दन मोड़कर देखते हैं।"

"अजी, कैसे देखेंगे गर्दन मोड़कर? उन्हें कहीं कुठपुतली की तरह रस्सियाँ बँधी होती हैं?"

"पर ऐसा हो जाए तो कितना मजा आएगा! देखिए न, शकुन्तला कहती है, 'अरी, मेरी कोंछ कौन खींच रहा है? वत्स, अब मैं तुम्हें छोड़ चली हूँ। मेरे पीछे-पीछे क्यों आ रहे हो?' ऐसे समय यदि हिरन गर्दन मोड़कर पीछे देखें तो?"

विसूभाऊ को यह चर्चा असह्य हो चली थी। वे परेशान होकर बोले, "अजी, अब क्या असली हिरन खड़े करेंगे? जंगल से पकड़वाकर?"

गंधर्व की आँखें चमक उठीं। उन्होंने नरूभाऊ की तरफ देखा।

"क्या हर्ज है ? कितना अच्छा बन पड़ेगा दृश्य। जरा सोचिए तो, मैं शकुन्तला बनकर ससुराल जा रहा हूँ। पास ही वह हिरन खड़ा...जो कुछ न समझकर मेरी तरफ देख रहा है। वाह, नरूभाऊ वाह। कैसा मजा आएगा। रुको, मैं अभी नौकरों से कहता हूँ। नाटक में असली हिरन देखकर दर्शक दंग रह जाएँगे।" और वे नौकरों को पुकारते-पुकारते चले भी गए। नरूभाऊ, दिनू भी दंग। एक अनोखी उत्सुकता से उनकी आँखें चमक उठीं। लेकिन विसूभाऊ बेचैन। हिरन मिल जाएगा, पर उसकी देखभाल का खर्च शंकरराव करेंगे या मेरी तनख्वाह पर चोट पड़ेगी। उनकी समझ में नहीं आ रहा था कि लोग अपना काम जैसे-तैसे क्यों नहीं निपटा डालते ?

और रात के मंचन में भी खूब रंग चढ़ा। शकुन्तला चली ससुराल...सभी के विरह में आँसू बहाते हुए। गंधर्व ने 'अनसूये, मेरी कोंछ कौन खींच रहा है ? वत्स, अब मैं तुम्हें छोड़ चली हूँ। मेरे पीछे क्यों आ रहे हो ?' ऐसा कहते ही दर्शकों की नजरें नेपथ्य की ओर घूमीं और क्या देखते हैं ? रंगमंच पर असली हिरन...डरी-सहमी नजरों से गंधर्व को देख रहा है। यह असली है या नाटकवालों की कोई तरकीब ? पर गर्दन तो असली हिरन की तरह ही घुमा रहा है। ना...असली कैसे हो सकता है जी ? पर असली ही लगता है...दर्शकों के मन में सैकड़ों प्रश्न खड़े हो गए। गंधर्व उसके पास गए, उसे अपनी ओर खींचने लगे और उसी पल हिरन ने छलाँग लगाई। लोगों के आश्चर्य का ठिकाना नहीं। तालियों की गड़गड़ाहट से थिएटर गूँज उठा।

इस वक्त ये तालियाँ कैसी ? कहीं बीच में ही पद तो नहीं शुरू किया गंधर्व ने, सोचते हुए शंकरराव नेपथ्य में आए। पर उस हिरन शावक को कहाँ थी तालियों की आदत ? वह डर गया और इधर-उधर देखने लगा। तभी...और आवाजें आईं। उस बेचारे को क्या पता कि इसे वाद्य कहते हैं ? वह बिगड़ गया। गंधर्व ने अपनी जकड़न कसी और वह बिगड़कर छूटने के लिए छटपटाने लगा। आखिरकार गंधर्व की चंगुल से जैसे-तैसे वह छूट गया। गंधर्व इधर अपने कपड़े ठीक कर रहे थे कि वह भाग खड़ा हुआ। पर नेपथ्य में लोग खड़े...पीछे परदा...जाएँ तो जाएँ कहाँ ? आखिरकार बेचारे ने सीधी छलाँग लगा दी दर्शकों में। नाटक, उसकी घटनाएँ रोमांचित कर देती हैं, यहाँ तक तो ठीक है। पर यहाँ तो नाटक के पात्र, और वे भी जानवर की श्रेणी के पात्र सीधे चले आ रहे हैं। यह देखकर दर्शकों में हो-हल्ला मच गया। लोग उठे और हिरन की तरह वे भी जिधर राह मिले उधर दौड़ने लगे। शंकरराव की कुछ भी समझ में नहीं आ रहा था। गाँव के आवारा लड़कों की यह शरारत होगी, उन्हीं की उद्दंडता होगी। शंकरराव क्रुद्ध हुए। "किसने छोड़ा यह हिरन ? परदा गिराइए...परदा गिराइए...कहते हुए वे स्वयं परदे की रस्सियाँ खींचने लगे। कलाकार बेचारे खामोश खड़े। और उस रात शकुन्तला आश्रम में ही रह गई। उसकी बिदाई हुई ही नहीं।

"आप कहना क्या चाहते हैं ? यह बदमाशी आपकी थी ?" शंकरराव को मानो अपने कानों पर यकीन ही नहीं हो रहा था, "गंधर्व ने कहा था हिरन लाने के लिए ?" गंधर्व शर्मिंदा थे। आजिजी से कहने लगे, "यह...यह बदमाशी नहीं थी शंकरराव। हुआ ऐसा कि...हमें लगा..."

उन्होंने सभी की तरफ नजर दौड़ाई। पर बाकी लोगों के चेहरे पर हवाइयाँ उड़ती देख उन्होंने उस हम में से अन्यों को निकाल दिया।

"मतलब मुझे लगा...अगर वन का दृश्य हूबहू बन पाए तो और मजा आएगा।"

"यानी, आज तक के दृश्य असली जैसे नहीं लगते थे? वन का दृश्य क्या शयनगृह लगता था?" शंकरराव ने कठोरता से पूछा।

"असली जैसे लगते हैं, पर हूबहू, बिलकुल असली लगे इसलिए...।"

"इसलिए हिरन लाए! बहुत बढ़िया! यह कोई सर्कस है विष्णुपन्त छत्रे की? आज हिरन लाए, कल शेर लाएँगे, बन्दर-भालू, हाथी लाएँगे।"

"नट को सँभालने की बजाय भालू और बन्दर पालना ज्यादा आसान होगा शंकरराव।" पंडित ने ताना दिया और सभी हँस पड़े। शंकरराव और भड़क उठे।

"देखिए, आप अपने काम से काम रखिए। दृश्य और पोशाक के मामले में भाँजी मत मारिए।" शंकरराव ने हिसाब चुकता कर लिया। "मुझे अच्छी तरह पता है अपनी कम्पनी कैसे चलानी है!"

"आपकी कम्पनी? फिर हम कौन हैं? केवल वेतन के लिए काम करनेवाले नौकर? कहार-रसोइयों जैसे?" बोडस बिगड़ पड़े।

वे भी शंकरराव के मनमाने प्रबन्धन से ऊब चुके थे। उससे भी ज्यादा दूसरों की ताबेदारी की लाचारी उन्हें साल रही थी। शंकरराव ने उनकी तरफ देखा।

"देखिए, नाना जोगलेकर के जाने बाद स्वामित्व का प्रस्ताव गंधर्व के सामने रखा गया था। उन्होंने खुद ही उसे ठुकरा दिया है। इसलिए वह मामला अब खत्म हो चुका है। उस पर चर्चा नहीं होगी।" और शंकरराव उठकर तेजी से चले गए। शंकरराव और बोडस की तू-तड़ाक से पंडित के चेहरे पर सन्तुष्टि का भाव उभरा। सभी तितर-बितर हुए। लेकिन गंधर्व अभी भी हिरन में ही खोए हुए थे।

"मुझे लगता है पंडित, वह घबरा गया होगा। अगर हम उसे कुछ दिन बाँधकर रखेंगे, तो उसे इनसानों की, वाद्यों की आदत हो जाएगी...और...।"

"नारायण, हिरन की बात छोड़ो। अरे यह शंकरराव मगरूर होता जा रहा है। क्या तुम इतने गये-गुजरे हो कि उसी की अंजुरी से पानी पिओगे? वह देगा, वही वस्त्र पहनोगे? नारायण, लोग देखने आते हैं तुम्हें और आदेश चलता है उसका? ऐसा क्यों?"

"पंडित, तुमने कहा इसीलिए मैंने हिस्सेदारी को मना किया था न! अब वे बन गए मालिक तो हम क्या करें?"

"पर यही कम्पनी क्यों? हमारी अपनी कम्पनी क्यों नहीं?"

"क्या? *किर्लोस्कर कम्पनी* छोड़ दें? नही, नहीं...।" नारायण के रोंगटे खड़े हो गए।

पंडित ने देखा कि नारायण के लिए अभी यह विचार भी असह्य है। कुछ वक्त और गुजारना होगा। अच्छा हुआ, शंकरराव ने बोडस का पानी उतार दिया। नारायण नहीं तो न सही, पर बोडस तो सुलगते रहेंगे! उनका धमाका हो जाए तो भी काफी है। वह जान गया था कि अब कम्पनी में धमाके का दिन बहुत दूर नहीं है।

''चाहे जो हो, पर यह मत भूलो कि इस तरह तुम्हें चिंदियाँ पहनाएँगे वो। उन्हें तो बस अपने गल्ले से मतलब। नारायण कैसा दिखता है, इससे उन्हें क्या लेना-देना?''

''नहीं पंडित, शंकरराव गुस्सा हुए, क्योंकि नाटक ही रुक गया। और वे क्यों मुझे चिंदियाँ पहनाएँगे?''

''ईर्ष्या! नारायण ईर्ष्या! अपने मातहत का आगे निकल जाना, सुहाता नहीं किसी को। एक भी अवसर नहीं चूकते हैं वे दूसरे को अपने से नीचा साबित करने का। मैं कहना नहीं चाहता था, पर सुनो, परसों हमारी पसन्द की गई सभी साड़ियाँ लौटा दी हैं उन्होंने।''

''कौन-सी साड़ियाँ?''

''वही, जो तुमने *विद्याहरण* की सरस्वती के लिए पसन्द की थीं।''

''सच कह रहे हो?''

''और क्या, मैंने कहा भी उनसे कि सरस्वती के लिए चाहिए ये नई साड़ियाँ। तो गर्दन उचकाते हुए चिल्लाए मुझ पर। बोले, 'नारायण से पूछो कि पुरानी साड़ियाँ पहनने को मना करती है क्या सरस्वती? ये सब उस नारायण के चोंचले हैं। टुटमुहाँ घड़ा कहकर लौटाए गए लड़के को हमने सब सिखाया। और अब वही हमें सिखाने चला है...!''

''गंधर्व के हृदय का पुराना जख्म खुल गया। पूरे बदन में एक टीस-सी उठी। यह टीस दर्द की थी या अपमान की, पता नहीं। पर पंडित समझ गया, घाव बिलकुल कलेजे पर लगा है, ''चलो, मैं चलता हूँ।'' पंडित उठ खड़ा हुआ। वह जानता था, अपमान के घाव भरते नहीं हैं। उस पर तो समय की पर्तें जमा होती जाती हैं।

''जी हाँ, सिखाया है, पर मैं भी तो सीखा हूँ न? और इसीलिए देवल गुरुजी जैसी हस्तियाँ नहीं टिक पाईं उनके पास। इनका काफी बदला चुकाया है हमने।'' गंधर्व के मन में शंकरराव के प्रति गाँठ और पक्की होने लगी। क्यों सहें हम अपमान? उनके मन में कड़वाहट गाढ़ी होने लगी...।

''हूँ...मतलब यह कम्पनी भी टूट जाएगी!'' पोनी टेल बोला।

''सर, लेकिन गंधर्व की इसमें क्या ग़लती है?'' निशा ने पूछा।

''एक मिनिट निशा,'' सनत ने उसे रोका। ''वह बात ज्यादा अहम नहीं है। गंधर्व क्या कह रहे थे, सोचा तुमने? उन्होंने 'हूबहू' इस शब्द का प्रयोग किया था। जानती हो क्या था वह? अरी, इन ए वे, गंधर्व रियलिज्म की बात कर रहे थे। यथार्थवाद। जबकि यह कान्सेप्ट भी तब तक नहीं था। क्योंकि यथार्थवाद की चर्चा तो इब्सेन के बाद शुरू हुई और मराठी में इसे वरेरकर, 'नाट्यमन्वन्तर' के लोग लेकर आए। बट ही वाज ट्राईंग दैट। गॉड, सॉलीड!''

सनत एक्साइट ही हो गया था। ''बस वे जो कुछ कह रहे थे, वह किसी की समझ में नहीं आ रहा था, यहाँ तक कि खुद उनकी भी।''

''सही है, क्योंकि कल ही सर ने कहा था कि वे बुद्धिवादी वगैरा नहीं थे, जिससे उनका विचार पहले सैद्धान्तिक रूप धारण करता और बाद में प्रयोग के स्तर पर उतरता।''

''लेकिन सर ने यह भी कहा था कि प्रयोगशीलता उनकी प्रकृति का अंग थी। सर, अब मैं समझा। दरअसल, उन्हें कहना था कि हिरन क्यों नहीं आ सकता नाटक में? यही तो नाटक का मजा है। नाटक के लिए कुछ भी निषिद्ध नहीं होता। गंधर्व को पूछना चाहिए था कि युद्ध के दृश्य का नियोजन करते समय 'क्या यह अखाड़ा है' ऐसा पूछते हैं क्या हम? नाटक कोई गाने की महफिल नहीं है, फिर भी उसमें संगीत होता है। क्यों? अजी, चित्रकला, नृत्य, संगीत, वस्त्रकला, शिल्प, साहित्य सब होता है नाटक में। सुना है, एक पश्चिमी नाटक में तो जादू भी होता है। उन्हें जोर देकर कहना चाहिए था कि नाटक सभी कलाओं का समुच्चय है।''

''हूँ, उस समय तुझे ही वहाँ होना चाहिए था।'' अक्षय ने ताना मारा।

''वाकई, मुझे तभी होना चाहिए था। आज के इस सीरियल के जमाने में मेरी कुछ भी करने की इच्छा नहीं होती। सब सतही। सोच नहीं, प्रयोग नहीं। जब प्रयोग शब्द भी प्रचलन में नहीं था, तब गंधर्व की प्रयोग करने की इच्छा हुई थी। समझे!'' सनत ने अक्षय की ओर कुत्सित दृष्टि से देखा और अक्षय बिगड़ गया।

''पता है। अभी प्रयोग-प्रयोग चिल्लाएगा और अवसर मिलते ही चला जाएगा फिल्म या सीरियल में। इससे तो अच्छे हम हैं। सीधा बोल देते हैं कि हाँ, जाना है हमें फिल्म में, दिखना है सीरियल में, चाहिए हमें ग्लैमर।''

''घंटा ग्लैमर।'' सनत खौल उठा। ''जब तक सीरियल चलता है, तब तक नाम उछलता रहता है। पर एक बार सीरियल खत्म हो जाए तो फिर कोई कुत्ता तक नहीं पूछता। साला, गंधर्व को गुजरे इतने दिन हुए, पर आज भी लोग उनका नाम लेते हैं। देखो।''

''पता है पता है, इतनी लाँग रन पॉपुलॅरिटी का जमाना लद गया। आज सब कुछ इंस्टेंट...ब्रेक भी तुरन्त और करियर में ब्रेक लगना भी तुरन्त। पर इस बीच तो कमा सकते हैं न जिन्दगी-भर का।''

निशा समझ गई कि अब प्रायोगिक और सिनेमा सीरियलवाले के बीच बहस होगी। वह उठी। उसे इसमें दिलचस्पी नहीं थी। उसने पहले से सोच रखा था कि उसे यह कुछ दिन ही शौकिया तौर पर करना है। लाइफलांग इसमें रहने में उसे दिलचस्पी नहीं थी। दोनों में बहस चल रही थी। सर चिन्मय से अलग से कोई बात कर रहे थे। महेश ने बोर्ड लाकर रख दिया था और वह कला निर्देशक को कुछ सूचनाएँ देने लगा।

''सर, किसी चैनल पर दिखाया जाए प्रोग्राम तो कैसा रहेगा?''

''हाँ यार, मेरे काफी छात्र है वहाँ, लेकिन...हमारे बीच बड़ा नाम एक भी नहीं है।''

''सर, वे कह रहे थे कि संगीत प्रतियोगिता के गायक ले लीजिए गाने के लिए।''

''बहुत ज्यादा माँगते हैं क्या वे?'' सर ने पूछा।

''सर, बुरा न मानें तो एक बात पूछूँ?''

सर ने उसकी तरफ देखा। उनकी नजरों में उसे कौतूहल दिखाई दिया।

''सर, आपको नहीं लगता कि अपने जीवन में गंधर्व ने कभी भी समझौता नहीं किया? वे कपडे, वे सेट...वह तड़क-भड़क। उस हिरन के पीछे भी मुझे यही विचार नजर आता है कि लोगों को आकृष्ट करना चाहिए और तड़क-भड़क से लोग मोहित हो जाते हैं।

कहीं यह एप्रोच हम भूल तो नहीं रहे हैं? सर, और इस तरह कैटेगरी बनाकर भी कैसे चलेगा कि संगीत प्रतियोगिता में गानेवाले लोग यानी मिडियोकर! यह एप्रोच भी तो एकांगी है! जो स्टेज, प्लेटफार्म आपको मिलता है, वहाँ कुछ अच्छा कर दिखाना अहम है, नहीं?''

सर थोड़ी देर के लिए चुप हो गए। फिर बोले, ''अगर रियाज के लिए समय देते हैं तो मुझे कोई आपत्ति नहीं। पर एक-एक तान पर मेहनत करने के लिए समय है उनके पास?''

''लेकिन सर, बदलती स्थितियों को भी तो नजरअन्दाज नहीं किया जा सकता? गंधर्व ने भी जीविका के ही विचार से केवल गायन की बजाय नाटक का चुनाव किया था। सर, लगातार उनसे, उनके जमाने से तुलना कर हम अपने आज के यथार्थ को भूल जाएँगे तो कैसे चलेगा?''

''चिन्मय, मैं जानता हूँ कि आप लोग इसमें प्रोफेशनॅलिज्म चाहते हैं। आपको यह काम बेकार के झंझट जैसा लगता होगा। पर यही काम हम श्रद्धा से करते हैं। हमारे लिए यह ईश्वर पूजा है, मात्र एक कार्यक्रम या इवेंट नहीं।''

सर चले गए। चिन्मय हताश देखता रहा। महेश पास आया। ''चल, बीड़ी मस्ट न अब?''

''हूँ।''

''चिनिया, तू क्यों बेकार में बहस करता रहता है?''

''अरे, अगर करना ही है तो बड़ा-सा इवेंट करना चाहिए न।''

''नहीं मानेंगे ये लोग। ये लोग...इनके कदम अभी भी वहीं फँसे हैं—गंधर्व युग में।''

''तो क्यों उन्हें वहाँ से बाहर निकालने की मगजमारी करें? सर को अच्छा लगता है, सुख मिलता है, इसीलिए करना है। अच्छा, कार्यक्रम में भीड़ की कमी से भी वे कहाँ दुखी होते हैं? पिछले भाषण में उन्होंने कहा था कि असली घी सभी को हजम नहीं होता, याद है? कोई इस तरह पैशिनेटली कुछ करता है, तो यह देखना भी मुझे बहुत अच्छा लगता है। वरना आजकल कौन अपने से परे की सोचता है? अच्छा लगता है। इनके बाद ऐसे लोग देखने को भी नहीं मिलेंगे। देखना।''

बीड़ी पीकर दोनों लौटे। चिन्मय ने देखा, सर ने दुबारा लड़कों को जमा किया है। चेहरे पर न कार्यक्रम की चिन्ता न नुकसान की फिक्र। परदादा जैसा स्थितप्रज्ञ बनना कब सम्भव होगा मुझसे? या वर्तमान में जीते-जीते भविष्य की चिन्ता को कन्धे पर उठाए रहने से यह सम्भव नहीं होता? क्या इसके लिए भूतकाल के ऐसे टुकड़ों की जरूरत है? क्या है हमारे पास, हमारी पीढ़ी के पास, जिसके बलबूते पर जिन्दगी को आगे खींचा जा सके?''

वह लड़कों के बीच आकर उन्हीं में खो गया।

विद्याहरण भी कम्पनी का एक अत्यन्त विख्यात नाटक था। शुरू में गंधर्व इसमें सरस्वती की भूमिका निभाते थे। नाटक में भीड़ भी अच्छी उमड़ती थी। गोविन्दराव टेंबे कच की भूमिका बढ़िया करते और सरस्वती का रत्नजड़ित सिंहासन देखकर तो दर्शक दंग रह

जाते। आज भी खूब भीड़ थी। पर दर्शकों को पता नहीं था कि देव–दानवों के संघर्ष का नाटक करनेवाली कम्पनी के वस्त्रागार में भी एक ऐसा ही संघर्ष छिड़ा हुआ है। वे तो नाना के निधन के बाद सँभली *किर्लोस्कर कम्पनी* के मंचन की प्रतीक्षा कर रहे थे। नाटक का परदा खुला और दर्शकों को दिखाई दिया रत्नजड़ित सिंहासन। दर्शक उत्सुकता से गंधर्व की प्रतीक्षा करने लगे। शंकरराव भी कल का गुस्सा भूलकर नेपथ्य में खड़े थे। मन ही मन सोच रहे थे कि अच्छा किया मैंने कल जो कान उमेठे। वरना ये नट सिरचढ़े हो जाते हैं। अरे कम्पनी चलाना क्या बच्चों का खेल है? हर प्रवेश में नए कपड़े, नए गहने...लोग यह सब देखने आते हैं? अन्य कम्पनियों में जाकर देखो तो पता चलेगा कि क्या दशा होती है वस्त्रागार की। शंकरराव सोच में ही थे कि गंधर्व ने रंगमंच पर प्रवेश किया। उनकी तरफ देखकर दर्शकों में तनिक हलचल हुई। किसी की कुछ भी समझ में नहीं आ रहा था। रत्नजड़ित सिंहासन पर आरूढ़ होनेवाली सरस्वती के बारे में उन्होंने सुन रखा था। कैसा ठाठ होता है उसका। उसका मुकुट, मयूरपंखी साड़ी...वे आभूषण...पर आज सरस्वती के स्थान पर कहीं अलंकारविहीन लंका की पार्वती तो नहीं आ गई? क्योंकि गंधर्व ने केवल एक श्वेत वस्त्र परिधान किया था। शंकरराव के तन–बदन में आग लग गई। वे गुस्से से काँपने लगे और उसी समय गंधर्व की दृष्टि नेपथ्य में गई। दोनों की नजरें मिलीं। शंकरराव को पहली बार गंधर्व की दृष्टि में विद्रोह नजर आया। इन लोगों के दिमाग में क्या फितूर चल रहा है? पर उसी पल उन्हें अगले विद्रोह का अनुमान हो गया और इस बिच्छू के डंक को कुचलने का निश्चय कर वे वहाँ से चल दिए।

नाटक खत्म होते ही शंकरराव गंधर्व के पास आए।

"नारायणराव, इस अनुशासनहीनता का क्या मतलब?" उन्होंने पूछा।

"अनुशासनहीनता?"

"और क्या! सरस्वती को सफेद धोती पहना दी आपने।"

"क्यों, सफेद धोती पहनने को मना करती है सरस्वती?" गंधर्व ने हिसाब चुकता कर लिया।

"देखिए, लोग नाटक देखने आते हैं, गाने सुनने आते हैं, कपड़े और दृश्य देखने नहीं।" शंकरराव बोले।

गंधर्व कुछ कहना चाह रहे थे, पर अचानक बोडस बोले, "ऐसा है तो गाने की महफिलें ही करते फिरेंगे न? किसलिए ये स्वाँग रचाना और संवाद रटना? अजी, नाटक कान के लिए ही नहीं, आँखों को भी ठंडक पहुँचानेवाला होना चाहिए। हम यह नहीं कहते कि बेसुरा गाओ, पर उचित दृश्य में उचित पोशाक नहीं चाहिए?"

"बोडस, आप भी इस फिजूलखर्ची की तरफदारी कर रहे हैं? फिर तो बात ही खत्म हो गई। उम्मीद थी, कम से कम आप एक जिम्मेदार आदमी की तरह बात करेंगे, बर्ताव करेंगे।"

"शंकरराव, यह फिजूलखर्ची नहीं है," गंधर्व ने उन्हें रोका, "अजी ये साड़ियाँ, ये आभूषण क्या ये हमारे शौक हैं?"

कलाकार कपड़े बदलते-बदलते रुक गए। उन्हें एहसास हो गया कि आज सभी के सुर जरा ऊँचे लग रहे हैं।

"और हो गया थोड़ा-बहुत खर्च, तो इसमें हर्ज ही क्या है? कम्पनी की आमदनी भी तो अच्छी हो रही है?" पंडित बीच में कूद पड़ा, "आमदनी के बढ़ते आँकड़े आपको दिखाई नहीं देते, और खर्च दिखाई देता है।"

"कम्पनी की आमदनी पर काफी अनुसंधान हो रहा है बाहरी लोगों का।" शंकरराव ने पंडित को उसके बाहरी होने का एहसास कराया।

गडकरी गुरुजी ने भी बहस में छलाँग लगाई, "मत भूलिए कि यह आमदनी किर्लोस्कर गुरुजी के पुण्य का प्रताप है। लोग आते हैं, उनके आशीर्वाद से।"

किर्लोस्कर के उल्लेख के साथ ही गंधर्व का हाथ कान की पाली को छू गया। वे नरमी से कहने लगे, "गुरुजी, हम सब किर्लोस्कर के उजाले में पले-बढ़े हैं और अब उन्हीं की छाया में जी रहे हैं।"

गडकरी नरमा गए।

पर तभी टेंबे ने तोप चलाई, "लेकिन केवल पिता की कीर्ति का बखान करनेवालों को स्वामी रामदास ने क्या उपमा दी है, पता है न? उस कीर्ति में वृद्धि करनी चाहिए या नहीं?"

"इस तरह? फिजूलखर्ची से वृद्धि करेगे टेंबे? ऐसी सन्तान के लिए क्या कहा है स्वामी रामदास ने?" शंकरराव ने जवाबी हमला किया।

नरूभाऊ, विसूभाऊ जान गए कि कुछ अनिष्ट घट रहा है। दिनू, राघव, चिन्तोपन्त हाथ के काम छोड़कर अपनी जगह पर ही जम गए।

"शंकरराव, घर-बार की परेशानियों से जूझते लोग दूर-दराज से आते हैं। गृहस्थी की चिन्ताएँ, परेशानियाँ होती हैं दिमाग में उनके, गृहस्थी का दबाव होता है...। परदा खुलते ही इन सबको हमें एक अलग दुनिया में ले जाना होता है। ये दृश्य, पोशाक देखकर उन्हें लगना चाहिए कि हम कृष्ण के या दुष्यन्त के महल में आए हैं।"

"रंगमंच पर असली महल बनाएँगे, पर क्या हमारे सिर पर छत रहेगी?" शंकरराव ने गडकरी गुरुजी की तरफ देखा। उन्होंने गर्दन हिलायी।

"छत की चिन्ता वो परमात्मा करेंगे, जिन्होंने कलाकार में कला उँड़ेली है।" अब बोलने के लिए गंधर्व आगे बढ़े। पंडित ने अपने कदम पीछे खींच लिए। वह समझ चुका था कि अब आगे सब उसकी योजना के मुताबिक होगा।

"हम अपना काम करेंगे, परमात्मा अपना। दर्शकों की सेवा समझकर काम करना है तो उसमें कंजूसी नहीं करेंगे; और क्या करना है हमें महँगे वस्त्र? चाहे हम मोटा-झोटा पहनेंगे, पर सुभद्रा को, भामिनी को जरी की साड़ी ही पहनाएँगे। नाटक में कोई समझौता नहीं होगा।"

अब शंकरराव का क्रोध बेकाबू हो गया। वे दहाड़ उठे, "मेरी कम्पनी में ये तेवर नहीं चलेंगे।"

शंकरराव के इन शब्दों से सभी के दिमाग चटख गए। इनकी कम्पनी? अरे, अपने सामने किसी को कुछ समझता ही नहीं यह आदमी! बुरे दिनों में भी साथ दिया है हमने

कम्पनी का; और अब अच्छे दिन आए तो हमसे ऐसा बर्ताव ? वे भी गरमा गए। किसी न किसी को इनके कान उमेठने ही चाहिए।

''हाँ, अनुशासन का भंग मुझसे बर्दाश्त नहीं होगा। चलिए गुरुजी। काफी काम पड़े हैं। केवल चेहरे रँगाने से हमारा काम खत्म नहीं होता, कम्पनी चलानी है। हजारों बातें होती हैं। चलिए।''

दोनों चलने लगे, तभी बोडस बोले, ''ठीक है शंकरराव, अगर आपका यही रवैया है तो सँभालिए अपनी कम्पनी। हम नहीं रहेंगे इस कम्पनी में।''

''गणपतराव ?'' बोडस के इस अचानक पैंतरे से गंधर्व चकित हो गए। वे बोडस की ओर मुड़े, ''अजी बोडस...'' अब गंधर्व कुछ बोलकर सारी चाल पर पानी फेर देगा, यह ध्यान में आते ही पंडित सामने आया। गंधर्व की आवाज को दबाते हुए चिल्लाया, ''हाँ, क्या गलत कह रहे हैं वे ? आँ ? सही बात है उनकी। अरे कलाकार हैं या गुलाम ? शंकरराव, अब यहाँ रहना नटों के लिए असम्भव है। चलिए।''

किसी की समझ में नहीं आ रहा था कि क्या हो रहा है। कम्पनी तोड़ने का विचार भी किसी के जहन में नहीं आया था।

''ठीक है। दरवाजे खुले हैं। जिसे जाना है वह बेझिझक जा सकता है।'' और शंकरराव तेजी से चल दिए।

''गुरुजी,'' गंधर्व गडकरी की ओर मुड़े। पर गडकरी को पता था कि गंधर्व का अपना कोई मत नहीं है। इसलिए कोई प्रतिक्रिया न देकर वे भी चले गए। पर गंधर्व को लगा मानो धरती फट रही है।

किर्लोस्कर कम्पनी क्या मात्र एक नाटक कम्पनी थी ? मात्र व्यवसाय का स्थान ? गंधर्व का घर-परिवार थी वह। अण्णासाहब जैसी ऋषितुल्य हस्ती ने नाट्यकला का यज्ञ चलाया था वहाँ। उनके लिए वह तपोभूमि थी।

वे पस्त हुए और धम्म से नीचे बैठ गए...।

और धीरे-धीरे उनके हृदय पर अपराधबोध की कालिख जमा होने लगी।

कम्पनी का सारा माहौल अब खराब हो चुका था। एक तरफ शंकरराव की मनमानी के खिलाफ असन्तोष और दूसरी तरफ निराधार भविष्य। अब क्या होगा ? क्या वाकई ये लोग नई गृहस्थी सजाएँगे ? इतना आसान होता है ? पैसे कहाँ से जुटाएँगे ? और वहाँ भी नहीं जम पाए तो इस उम्र में क्या दूसरी कम्पनियों की खाक छानते फिरेंगे ? नट चिन्ता में घिर गए।

''दरअसल, इन्हीं को समझौता करना चाहिए। यही अच्छा होगा।'' आईने में चेहरा निहारते हुए नरूभाऊ ने मत दिया, ''इन बड़े लोगों की अकड़ का फल हम जैसे नट क्यों भुगतें ? एक *ललितकलादर्श* छोड़ दें तो किसी का भी ठीक से कुछ नहीं चल रहा; और अब नाटक छोड़कर कुछ और करेंगे, तो वह उम्र भी नहीं रही और जोश भी नहीं रहा।''

''उम्र और जोश की बात तो भूल ही जाइए। चार घरों में कथा बाँचकर पेट भरने की सोचें तो भी बुलाएगा कौन ? नाटक कम्पनी में रहकर शुचिता को तिलांजलि देनेवाले

ब्राह्मणों को कौन खड़ा करेगा दरवाजे पर? अजी, अपने घर के कार्यक्रम में भी दोयम बर्ताव किया जाता है।'' चिन्तोपन्त भी बोले।

''और इन बच्चों का क्या? न शिक्षा-दीक्षा और न कोई हुनर।'' सभी की नजरें दिनू और राघव की ओर मुड़ीं।

कलाकार, नौकर-चाकर अपने-अपने हिसाब से मन की बात कह रहे थे, पर बोडस और पंडित कह रहे थे कि अब लौटने के सारे रास्ते बन्द हो चुके हैं। उनका दृढ़ मत था—अब यहाँ रहना नहीं है।

परन्तु गंधर्व बेचैन थे, ''अरे पर लोग क्या कहेंगे? हम *किर्लोस्कर कम्पनी* में फूट डालेंगे?'' उन्होंने गहरी चिन्ता से पूछा।

''लोगों के लिए ही कर रहे हैं न यह सब? उन्हें ऊँचे दर्जे के नाटक देखने को मिलें, इसीलिए चल रहा है न यह?'' पंडित ने पूछा।

''और ऐसे माहौल में कुछ अच्छा करना सम्भव भी है? उन्हें तो बस गल्ले से मतलब है और अपनी हेकड़ी चलानी है।'' बोडस का भीतर दहक रहा क्रोध बाहर आने लगा। बोडस ने ही सारे सूत्र अपने हाथों में ले रखे थे। इससे पंडित निश्चिन्त हो गया।

''और क्या?'' पंडित ने बोडस का समर्थन किया।

''खुद की कम्पनी होगी तो हम जो चाहे नाटक खेलेंगे, चाहे जैसे खेलेंगे।''

''लेकिन गणपतराव...*किर्लोस्कर कम्पनी* के अन्न पर हमारा पोषण हुआ है...।'' गंधर्व ने लगभग रोती आवाज में कहा।

''रुको! अन्न पर नहीं...संस्कारों पर।'' बोडस दहाड़ उठे। ''अरे कम्पनी छोड़नी है, पर किर्लोस्कर के मूल्य, उनके सबक को तिलांजलि नहीं देनी है। नई कम्पनी जिस रास्ते से चलेगी, वह किर्लोस्कर का ही रास्ता होगा। सम्भ्रान्तता का...संस्कारों का। और पूजा भाव से ही करने हैं नाटक, व्यवसाय के लिए नहीं। क्यों पंडित?''

पंडित ने केवल गर्दन हिलाई। दरअसल, इस मुद्दे पर उसका मत अलग था। कैसे संस्कार और कैसे मूल्य! नाटक एक व्यवसाय है और उसे एक व्यवसाय की तरह ही चोखा होना चाहिए। लेकिन वह कुछ नहीं बोला। उसने देखा, गंधर्व का चेहरा धीरे-धीरे तनावमुक्त हो रहा है। वह खामोश ही रहा।

उसने पहचाना कि गंधर्व को बोडस ही समझा सकते हैं। वे समझाने भी लगे, ''और किर्लोस्कर के पुण्य का प्रताप बहुत बड़ा है। उसे कलंकित होने नहीं देंगे। नारायण, बल्कि कम्पनी में फूट पड़ना अच्छा ही होता है। स्वतंत्र प्रतिभाओं के दो आदमियों का एकसाथ निभना मुश्किल ही होता है। ऐसे में दोनों को अलग हो जाना चाहिए और अपने-अपने सिद्धान्तों के अनुसार कला की सेवा करनी चाहिए। रोज की कलह से कला का ही नुकसान होता है। आजकल, परिवार तक एक साथ नहीं रहते! यह तो कम्पनी है। खानाजंगी में ताकत ज़ाया करने की बजाय...।''

बात धीरे-धीरे गंधर्व के गले उतरने लगी। शंकरराव के साथ गृहस्थी यानी रोज-रोज की कलह और विवाद। इससे तो अच्छा है कि अलग हो जाएँ। और मनपसन्द काम करने को मिले तो और क्या चाहिए? मुख्य उद्देश्य, माई-बाप दर्शकों के सामने रोज

सेवा पेश करना! कम्पनी की तख्ती चाहे जो हो! उनका मन अब बोडस-पंडित के पक्ष में झुकने लगा। बेचैनी कम हुई।

"फिर क्या सोचा है, बोलिए! मेरा कोई सवाल नहीं है। पर आप लोग कलाकार हैं। आपको उनके साथ रहना है। नारायण, एक बार फैसला कर लो। बाद में हिम्मत नहीं हारना। एक बार फैसला होने के बाद...।" पंडित ने नारायण का खूँटा पक्का करना शुरू किया।

"सच है नारायण।" बोडस ने गर्दन हिलाई।

"और वैसे भी, चार लोगों के सामने बात निकल गई है मुँह से। अब कदम पीछे लेंगे तो...शंकरराव कहेंगे, आए बड़े कम्पनी में फूट डालनेवाले। लौट आए न नाक रगड़ते हुए वापिस!" टेंबे ने मामला प्रतिष्ठा का बना डाला।

और गंधर्व समझ गए, कदम आगे बढ़ चुके हैं, पीछे लौटना असम्भव है।

"पंडित, गणपतराव, जो आप कहेंगे, वही करेंगे," वे बोले। पंडित के मन में सन्तोष की लहर उठी। सारे पासे उसकी योजना के अनुकूल पड़ रहे थे।

लेकिन शंकरराव के खेमे को पता था कि गंधर्व के बिना कम्पनी को चलाना आसान नहीं होगा। इस कारण चार लोगों के सामने दर्प में बोल गए शंकरराव ने दूसरे तरीके से समझौते के प्रयास शुरू किए। एक बार गंधर्व को इन दोनों से अलग कर दें तो बला अपने आप टल जाएगी। उन्होंने सोचना शुरू किया।

दादा लाडू, राजारामबापू पुरोहित और टेंबे वगैरा को पता था कि शंकरराव अपने तरकश से ऐसा तीर निकालेंगे कि गंधर्व जैसा मुहरा धराशायी हो जाएगा। बोडस ने तुरन्त दादा लाडू को बुला लिया। "दादा, शंकरराव को पता है कि नारायण की माँ धुन की कितनी पक्की है। सबकुछ उसी के हाथों में है। उन्हें अपने पक्ष में खींचना होगा।" दादा हँस दिए, "बोडस, अजी मैंने यह पहले ही पहचान लिया था। उधर से ही आ रहा हूँ मैं। शंकरराव आज माँ से मिलने जा रहे हैं।"

"अरे, और आप हँस रहे हैं? वहीं पर क्यों नहीं रुके? माँ के सामने ही उनका विरोध करते? वे अपना पक्ष रखने से पहले ही उसका खंडन कर देते?"

"बोडस, ऐसा प्रबन्ध कर आया हूँ कि चाहे जो हो, माँ शंकरराव के हत्थे नहीं चढ़ेगी। मैंने माँ से सीधा पूछा, वहाँ नारायण तनख्वाह पर रहेगा शंकरराव के हाथों की कठपुतली बनकर। इधर हिस्सेदारी मिलेगी, लाभ में हिस्सा मिलेगा, बोलिए क्या करना है?"

"फिर?"

"फिर क्या?" बुढ़िया हिसाब की बड़ी पक्की है। उसने सीधा कह दिया, हिस्सेदारी मिलेगी तो कम्पनी चाहे जो हो।" दादा हँस दिए और बोडस के दिल का बोझ हट गया। पर केवल पल-भर के लिए। वे बोले, "पर शंकरराव के तरकश में कई तीर हैं। हमें जरा भी दरार नहीं रहने देनी चाहिए।" ऐसे ही बतियाते हुए दोनों डेरे के पास आए और थम ही गए। देखा, गडकरी गुरुजी खड़े हैं और उनके सामने गर्दन झुकाए गंधर्व। गुरुजी का हाथ उनके कन्धे पर था। वे कुछ कह रहे थे, पर इधर सुनाई नहीं दे रहा था। बस पीछे के पीपल के पत्तों की सरसराहट सुनाई दे रही थी। बोडस पहचान गए कि शंकरराव ने

अपने तरकश से ब्रह्मास्त्र ही निकाला है। गडकरी गुरुजी *किर्लोस्कर कम्पनी* में फूट की बात सोच भी नहीं सकते थे। यदि गुरुजी आग्रह करें तो गंधर्व के लिए इनकार करना मुश्किल हो जाएगा। उन्होंने दादा की ओर देखा। दादा भी विचलित। वे चिन्तित मुद्रा में पसीना पोंछते हुए बुदबुदाए, 'गंधर्व हिम्मत हार जाए तो सारे किए-कराए पर पानी फिर जाएगा'। फिर भी बोडस दृढ़ता से बोले, "अगर ऐसा हुआ, तो भी हम अलग कम्पनी की राह पकड़ेंगे! शंकरराव की ताबेदारी नहीं सहेंगे। कम से कम मैं तो नहीं।"

दोनों गुरुजी की दिशा में चल दिए। करीब जाकर पहुँचे। उनका इनकी तरफ ध्यान नहीं था। पर गंधर्व के शब्द इनके कानों पर पड़े, "भगवन्, अब सम्भव नहीं। अब पीछे नहीं हट सकते।" और गंधर्व ने क्षमायाचना के लिए गुरुजी को हाथ जोड़ दिए। गुरुजी क्रुद्ध हुए। उन्होंने एक बार जलती निगाहों से गंधर्व की तरफ देखा और चले गए। बोडस और दादा गंधर्व के पास आए। दोनों के चेहरों पर खुशी नाच रही थी। बोडस बोले, "चलिए, अब सारे रास्ते साफ!"

शंकरराव ने नारायण की माताजी का दिया दूध का प्याला खाली कर नीचे रखा। उन्होंने पहचाना कि माताजी पर तनख्वाह पर रहने की बजाय मालिक बनने से गंधर्व को अधिक पैसा मिलेगा, यह युक्तिवाद काम कर गया है। वे उठे, बिना कुछ बोले प्रणाम कर बाहर आए। रास्ते में चिन्तोपन्त से मुलाकात हुई। उन्होंने शंकरराव के हाथ में एक कागज थमाया। आखिरकार, कम्पनी छोड़ जाने का नोटिस शंकरराव के पास भेजा गया था।

शंकरराव समझ गए, अब समझौते की कोई आशा नहीं है। खाड़िलकर, गडकरी जैसे दिग्गजों के प्रयास भी व्यर्थ हुए थे। लोकमान्य तिलक मंडाले के कारागार में बन्द थे। पर शंकरराव ने हार नहीं मानी। बोडस दल को एहसास भी नहीं था कि शंकरराव ने अभी तक ब्रह्मास्त्र का इस्तेमाल किया ही नहीं है। नोटिस देखकर शंकरराव हँस दिए और कहा, "अब ब्रह्मास्त्र!" फिर उन्होंने यह खबर शाहू महाराज तक पहुँचा दी कि बोडस और अन्य लोग भोले-भाले नारायण को बहकाकर कम्पनी में फूट डाल रहे हैं।

सभी को पता था कि महाराज के प्रति गंधर्व के मन में कितनी श्रद्धा है। खबर मिलते ही महाराज ने गंधर्व को तुरन्त बुला लिया। उनके बुलावे की बात शंकरराव तक पहुँची और उनकी आशाएँ पल्लवित हुईं। वे जान गए कि इस तीर से बोडस के मनसूबे धरे के धरे रह जाएँगे।

इधर बोडस के खेमे में खलबली मच गई।

"राजर्षि क्या कहेंगे? उन्हें नाराज कर हम क्या हासिल करेंगे? पिता जैसा रिश्ता है उनका हमसे..." गंधर्व दुविधा में।

अब पंडित त्रस्त हो उठा, "कोई कुछ कहेगा इस डर से क्या आप भीगी बिल्ली बने रहेंगे? तो वैसा कीजिए। फिर पहनिए फटी हुई साड़ियाँ और सँभालिए शंकरराव की मर्जी।"

लेकिन बोडस गंधर्व की स्थिति समझ रहे थे। कुछ रिश्ते ऐसे भी होते हैं, जहाँ गणित काम नहीं करता। बोले, "ठीक है, हम मिलेंगे जाकर महाराज से, स्थिति से उन्हें अवगत कराएँगे, अपना पक्ष रखेंगे। अगर वे हामी भरते हैं, तब तो तुम मना नहीं करोगे?"

गंधर्व ने कठपुतली की तरह गर्दन हिलाई और कमर कसकर सभी काम में जुट गए। कम्पनी के लिए पूँजी का जुगाड़ करना था। धनवानों के नाम सामने आए, मुलाकातें शुरू हुईं। कुछ लोग भी सहायता के लिए आगे आए। कुछ चन्दा, कुछ कर्ज। बोडस और पंडित, दोनों ने पूरी तैयारी करके कम्पनी का ढाँचा ही बना डाला और यह त्रिमूर्ति महाराज के सामने उपस्थित हो गई।

महाराज ने सारी बातें सुनीं। पर उनके चेहरे की कोई थाह नहीं मिल रही थी। पंडित जरा डर गया। अगर 'बेवजह कुछ भी मत करो। जो है वह काम ठीक से करो' ऐसा कहकर महाराज ने बात की हवा ही निकाल दी तो? महाराज से मुलाकात की बात का मुझे वहीं विरोध करना चाहिए था। कम्पनी स्थापित कर सीधे आशीर्वाद लेने के लिए आना चाहिए था। उसने मन ही मन खुद की भर्त्सना की। महाराज का एक ही शब्द उसकी सारी चालों को धराशायी कर सकता था। कानों में प्राण लाकर वह सुनता रहा। थोड़ी देर बाद महाराज बोले, "पूँजी का क्या किया?"

"बाबासाहब धारकर...पेण के इनामदार...दोनों ने सात हजार का कर्ज देने का वादा किया है। ताई महाराज ने अपनी महँगी साड़ियाँ दी हैं कम्पनी को आशीर्वाद के तौर पर...।" उसने जानकारी दी।

महाराज ने पंडित की तरफ कड़ी नजर से देखा, "अच्छा, मतलब, सबकुछ तय करके ही आए हो?"

तीनों को कोई अन्दाजा नहीं लग रहा था। पंडित को लगा, यूँ ही मैं इस तैयारी के बारे में बोल गया।

फिर बोडस ही कहने लगे, "महाराज, बहुत लाचारी है वहाँ। यथासम्भव हमने खींचा, पर अब...।" बोडस के शब्दों में लाचारी, अपमान की सारी वेदनाएँ बिम्बित हो रही थीं।

"हूँ।" महाराज की आवाज गूँज उठी और वे हँस दिए। तीनों की कुछ भी समझ में नहीं आ रहा था। "साँप-नेवला एकसाथ रह सकते हैं, पर दो नाटकवाले?" और महाराज हँसने लगे। तीनों की समझ में नहीं आ रहा था कि क्या करें? फिर महाराज ने हँसी रोकी और बोले, "क्या नाम रखा है नई कम्पनी का?"

तीनों की दृष्टि अचानक ऊपर गई। फिर तीनों एक-दूसरे की तरफ अविश्वास से देखने लगे। महाराज ने फिर पूछा, "कोई तो नाम सोचा होगा?"

बोडस ने दर्शकों के जख्म पर मरहम लगाने की बढ़िया योजना बनाई थी। किर्लोस्कर के पुण्य से रिश्ता दर्शानेवाला नाम ढूँढ़ा था, 'न्यू किर्लोस्कर नाटक मंडली'। वे उत्साह से कहने लगे, "न्यू किर्लो...।"

और अचानक पंडित बुलन्द आवाज में बोल गया, "नाटक गंधर्व के नाम से चलते हैं। इस कारण कम्पनी को गंधर्व नाटक मंडली नाम दिया है।"

बोडस चकित। कब तय हुआ? किसने तय किया? मुझे कहने या पूछने की जरूरत भी नहीं समझी? वे कुछ कहें, इससे पहले महाराज हामी भरते हुए बोले, "अच्छा है, अच्छा है।" और बोडस के शब्द उनके होठों के भीतर ही रह गए। "लेकिन लोगों की सेवा कीजिए, कला की सेवा कीजिए। किसी चीज की जरूरत हो तो माँग लीजिए।"

गंधर्व सामने आए। मानो उनके दिल पर से भारी बोझ हट गया हो। उन्होंने महाराज का अभिवादन किया। महाराज ने उनके चेहरे पर कृतज्ञता के भाव पढ़ लिये। कोई कुछ नहीं बोला। पर महाराज के चेहरे पर उभरी आत्मीयता उन्हें सम्बल की तरह लगी। "भोजन करके ही जाना बोडस!" आदेश देकर महाराज उठ गए।

गंधर्व ने आवेग से बोडस के कन्धे पर हाथ रखा, "हम जीत गए, गणपतराव!"

बोडस ने उनकी आँखों में देखा। पर गंधर्व की नजर साफ, स्वच्छ थी। उसमें उन्हें किसी साजिश की गन्ध नजर नहीं आयी। क्या वाकई नारायण को इसमें मेरा अपमान, अवहेलना अनुभव नहीं हुई होगी? या जान-बूझकर अनजान बन रहा है? क्या वाकई ये भोला-भाला है? वाकई पंडित के इशारे पर नाच रहा है या दोनों की मिली-भगत है? उन्हें कोई निर्णय करते नहीं बन रहा था। उन्होंने पंडित की तरफ देखा। उसकी मुद्रा ऐसी थी मानो उसे कुछ पता ही नहीं।

बोडस ने फिलहाल सब्र से काम लेना तय किया, "अभी दिल्ली बहुत दूर है। बहुत बड़ा फासला तय करना है। चलो," कहते हुए वे मुड़ गए। पर उन्हें अनुभव हुआ...पहले ही निवाले में मन कसैला हो गया है।

बैठक शुरू हुई। बोडस दल शाहू महाराज का आशीर्वाद लेकर आया था और इससे उनमें एक अलग जोश और आत्मविश्वास भर गया था। शंकरराव को साफ-साफ नजर आ रहा था कि ये लोग आक्रामक हो गए हैं। वे खामोश बैठे थे। बोडस दल ने उनके सामने विकल्प रखा, 'अवकाश ग्रहण कीजिए और पेंशन लीजिए।' परन्तु यह विकल्प यानी कम्पनी में फूट पड़ने का ही साफ संकेत था। शंकरराव मुस्कुराए, बोले, "बोडस, एक बार चेहरे पर रंग लग जाने पर इनसान आखिरी साँस तक रंगमंच का ही बनकर रह जाता है। आप जैसे शिक्षक को मुझे यह समझाना पड़ेगा कि कलाकार के लिए निवृत्ति का विकल्प नहीं होता? जो मतभेद होंगे, मालिक होने के नाते आप मेरे कानों में डाल सकते हैं।"

विसूभाऊ और नरूभाऊ ने बड़ी आशा से बोडस की तरफ देखा। उनके भोले मन को यूँ ही लगा कि शायद अभी भी समझौता हो सकता है। पर बोडस ने इस प्रस्ताव को साफ-साफ ठुकरा दिया। शंकरराव खामोश हो गए। उन्होंने हाथ की कुछ निरर्थक हरकतों से हताशा प्रकट की और कुछ बुदबुदाए। मानो कह रहे हों कि नियति ने कम्पनी की किस्मत में यही लिखा है।

फिर गंधर्व की तरफ मुखातिब होते हुए बोले, "आप सब मेरे अपने हैं। कम्पनी हम सभी की है। इससे ज्यादा मैं क्या कहूँ?" एक तरह से उन्होंने चर्चा के सारे दरवाजे बन्द कर दिए।

फिर बोडस ही बोले, "ठीक है, फिर निरुपाय होकर हम कम्पनी छोड़ रहे हैं।"

शंकरराव ने दुखी चेहरे से गर्दन नीचे झुकाई और खबर हवा की तरह बाहर फैल गई। एक महीने का नोटिस दिया गया है। एक महीने के बाद गंधर्व, बोडस नाटक में नहीं दिखेंगे।

सभी उठ गए। शंकरराव ने सभी को प्रणाम किया और भर्राए गले से सभी को सीने से लगाने लगे। बैठक खत्म हुई। अब कमरे में बचे थे केवल चिन्तोपन्त और शंकरराव। चिन्तोपन्त ने देखा, शंकरराव का चेहरा विचारलीन था। वे रो तो नहीं देंगे? पल-भर सोचने के बाद शंकरराव ने जायजा लिया कि सब लोग बाहर चले गए हैं। फिर बोले, "चिन्तोपन्त, मैनेजर को बुलाइए।" मैनेजर पीछे ही खड़ा था। शंकरराव ने उसकी तरफ देखते हुए कहा, "नोटिस की अवधि पूरी होने तक नाटक के खूब शो लगाइए। *किर्लोस्कर कम्पनी* से फूटकर नई कम्पनी स्थापित होने जा रही है, यह खबर सभी तरफ फैलने दीजिए। लोगों को भी पता चले कि दुबारा इस दल में नाटक देखने को नहीं मिलेंगे। पता नहीं आगे कम्पनी की आमदनी कैसी हो...।" और वे शान्ति से वहाँ से चल दिए। शंकरराव ने इस घड़ी में भी अपनी दूरदर्शिता नहीं छोड़ी थी। चिन्तोपन्त चकित थे।

दूसरे ही दिन उनकी इस दूरदर्शिता का प्रमाण मिल गया। दुबारा इस दल में नाटक नहीं देख सकेंगे, इस सोच से दर्शक थिएटर पर कूद पड़े।

अगले दिन बोडस ने समाचारपत्र खोला और पहले ही पन्ने पर उन्हें मोटे-मोटे अक्षरों में छपा दिखाई दिया, *किर्लोस्कर कम्पनी* में फूट। उन्होंने तेजी से समाचार पढ़ डाला। खबर में संवाददाता ने खूब फटकार लगाई थी। "मराठी आदमी के लिए खानाजंगी कोई नई बात नहीं है। परन्तु नाटक प्रेमी महाराष्ट्र ने *किर्लोस्कर कम्पनी* पर भक्ति की है। इसकी फूट से सभी मराठी दर्शकों को लग ऐसा लग रहा है, मानो उनके आराध्य देवता का मन्दिर दो हिस्सों में बँट गया हो।" समाचार ने सारे नाट्यकर्मियों को आड़े हाथों लिया था और यह आशंका भी जताई थी कि संगीत नाटक की यह नैया खानाजंगी की चट्टान से टकराकर कहीं चूर-चूर न हो जाए। बोडस पढ़ रहे थे और पढ़ते-पढ़ते उन पर दबाव भी बढ़ रहा था। समाचार पढ़कर उन्होंने अखबार एक तरफ फेंका। उन्हें याद आया, आज तक *किर्लोस्कर कम्पनी* के सुख-दुख में सभी मराठी रसिक शामिल हुए थे। अण्णासाहब, भावड़िया, नाना के गुजर जाने का शोक पूरे महाराष्ट्र ने मनाया था। गंधर्व के विवाह की खुशी मनाई थी। इसलिए इस घटना के प्रति समाज की तीखी प्रतिक्रिया अपेक्षित ही थी। कम्पनी की ख्याति ही कुछ ऐसी थी। किस कम्पनी के भाग्य में आते हैं ऐसे क्षण? उनके अन्तर्मन से किर्लोस्कर द्रोही...किर्लोस्कर द्रोही...शब्द बाहर आकर उनके कानों से टकराने लगे।

अब हमारी तरफ भी तनिक नाराजगी से ही देखा जाएगा, इस सोच से वे पस्त हो गए। सारी तैयारी हो चुकी थी, फिर भी उन्हें एक अपराधबोध सालने लगा था।

किर्लोस्कर कम्पनी से अलग होना, मात्र एक नाटक कम्पनी से अलग होना नहीं था, बल्कि इसमें उन्हें सभी रसिक दर्शकों के प्रति भी एक अपराध लगने लगा था। पत्नी ने बाहर आकर उन्हें पगड़ी दी, अँगोछा दिया। मन की बेचैनी छिपाते हुए उन्होंने जूते पहने और गर्दन झुकाए बाहर निकल पड़े।

सड़क पर चलते-चलते वे यूँ ही बिचक जाते। लगता, कहीं लोग उन्हें कम्पनीद्रोही का ताना तो नहीं मारेंगे? जैसे-तैसे वे किर्लोस्कर के दफ्तर में पहुँचे।

कम्पनी में अपना सामान समेटकर पंडित बाहर निकलने की तैयारी में था। पंडित की नजर एक वस्तु पर गई। वह वस्तु थी *किर्लोस्कर कम्पनी* की पूजा की मूर्ति! वही

मूर्ति, जिसकी पूजा किए बिना *किर्लोस्कर कम्पनी* का पत्ता तक नहीं हिलता था। मूर्ति वहाँ से गायब हो गई और पंडित की थैली में आ पहुँची। बोडस हक्का-बक्का, पर बिना कुछ बोले वे अपना सामान समेटकर बाहर जाने लगे। बोडस बाहर आ रहे थे और तभी गडकरी गुरुजी वहाँ प्रकट हुए।

"क्यों बोडस? क्या चल रहा है?"

बोड़क चौंके। "कुछ नहीं। यह सामान लेने...।"

"ले लिया सब?"

"जी।" ब्रोडस जूते पहनने लगे।

गडकरी बोले, "बोडस, जूते पहनने का कष्ट मत कीजिए। किर्लोस्कर त्याग दी है न, अब दर्शक ही पहनाएँगे आपको जूते। पैरों में नहीं, सिर पर।"

गडकरीजी का क्रोध इस तरह ताने से व्यक्त हुआ।

बोडस गर्दन झुकाए चल पड़े। लेकिन पंडित? वह बेशर्मी से गुरुजी से बोला, "गुरुजी, आपकी सिद्धहस्त कलम से उतरा कोई नया नाटक दीजिए न हमारी नई कम्पनी को।"

अब गडकरी अपने आप पर संयम नहीं रख पाए, "लगता है कम्पनी के साथ-साथ शर्म-हया भी छोड़ दी है आप लोगों ने! मेरा नाटक, और किर्लोस्करद्रोही लोगों को? कदापि नहीं। जाओ, मुँह काला करो यहाँ से अपना।" पंडित और बोडस दोनों बाहर चले गए।

रास्ते में बोडस पंडित से बोले, "पंडित, नई कम्पनी की स्थापना में बहुत सावधानी बरतनी पड़ेगी। इस पर किर्लोस्करद्रोही का ठप्पा नहीं लगना चाहिए।" दोनों ने खास सावधानी बरतने का निश्चय किया, ताकि लोगों को नई कम्पनी का ढाँचा पुरानी कम्पनी जैसा ही लगे और कम्पनी के प्रति उन्हें आत्मीयता प्रतीत हो। टेंबे, बोडस और अन्य समझदार लोगों ने इसके कुछ समाधान ढूँढे। कम्पनी में देवल गुरुजी आ जाएँ तो लोगों को कम्पनी के प्रति आत्मीयता प्रतीत होगी; इसलिए देवल गुरुजी को तुरन्त बुला लिया। गुरुजी अभ्यास लेंगे और नटों को अभिनय भी सिखाएँगे, इसमें दो राय नहीं थी। गंधर्व को इससे विशेष खुशी हुई। शंकरराव के साथ मतभेद के कारण कम्पनी से अलग हुए देवलजी इस बहाने वापिस लौट आए। इन लोगों ने एक और महत्त्वपूर्ण काम यह किया कि त्रिंबकराव साठे को प्रबन्धक बना दिया। दरअसल, साठे *किर्लोस्कर कम्पनी* के पहले प्रबन्धक थे और बाद में मामलेदार बन गए थे। परन्तु अब उस पद से उन्होंने अवकाश ग्रहण किया था। उनके कुशल प्रबन्धन के साथ-साथ इससे कम्पनी का चेहरा पुरानी कम्पनी की तरह रहने में मदद मिल सकती थी। केवल इनसान ही नहीं, बल्कि *किर्लोस्कर कम्पनी* की पूजा की मूर्ति जैसी पवित्र वस्तुएँ भी शंकरराव के परोक्ष नई कम्पनी में उठाकर लायी गई थीं। इस मूर्ति का नई कम्पनी में आना या लाया जाना, सभी को एक अच्छा शगुन प्रतीत हुआ।

पेण के इनामदार से सात हजार रुपए का कर्ज मिला। अब नाटक चाहिए। *मानापमान,* विद्याहरण इन दो नाटकों के साथ-साथ *शारदा, मूकनायक,* शापसम्भ्रम, *गुप्तमंजूष* आदि नाटकों के अधिकार भी नई कम्पनी को प्राप्त हुए। नाटक का परदा बनना अभी बाकी था। इसके लिए विख्यात गायिका केसरबाई की बैठक का राधाकृष्ण का तैलचित्र चुना

गया और मुख्य परदा तैयार होने लगा। घटनाएँ तेजी से घटती गईं और गंधर्व नई कम्पनी के काम में डूब गए। उनका सूत्र था कि जेब में पैसे न हों तो भी कलाकार को उसकी फिक्र नहीं करनी चाहिए। जो करना है वह शानदार और परिपूर्ण होना चाहिए। परन्तु इसके साथ ही अब मालिक होने का झंझट भी था और गंधर्व की उसमें कोई दिलचस्पी नहीं थी। उनकी पूरी निर्भरता बस एक ही आदमी पर केन्द्रित थी, पंडित पर। दरअसल, उनकी दिलचस्पी केवल अभिनय में थी, पर व्यावहारिकता किससे छूटी है?

19 जून, 1913...गंधर्व और अन्य लोगों ने तीस दिनों के भीतर कम्पनी छोड़ने का नोटिस दिया। किर्लोस्कर कम्पनी में गंधर्व का आखिरी महीना था। अगले महीने की सुबह से इस कम्पनी के साथ हमारा कोई सम्बन्ध नहीं रहेगा...कम्पनी से कोई रिश्ता नहीं होगा...।

पर ऐसे कैसे हो सकता है? कागज से नाम मिट जाए तो क्या रिश्ते भी मिट जाते हैं? माँ की कोख से अलग होने के बाद भी बच्चे का माँ से रिश्ता बना रहता है न? क्या ये बन्धन कागज के नोटिस से टूट सकते हैं? उनका मन क्रंदन करने लगा। इसी, इसी मातृरूपा कम्पनी के दूध से पोषित है यह देह...क्यों आते हैं ऐसे क्षण जिन्दगी में? कैसे मुकाबला करें उनका? किसलिए ये तनाव-परेशानियाँ? दिल टूट जाते हैं, लोगों को चोट पहुँचती है...किस काम की ये जिन्दगी...इनसानी जिन्दगी को कितना जानलेवा बना दिया है परमात्मा ने...इसकी बजाय रंगमंच का जीवन कितना सुखदायी है! वहाँ न दुख का भार है और न ही दुर्भाग्य का। वहाँ की प्रत्येक भावना हमें भीतर तक खुशी दे जाती है। वहाँ की व्यथाएँ, वेदनाएँ भोगते समय यह एहसास होता है कि ये व्यथा-वेदनाएँ यहीं रंगमंच पर छोड़ जानी हैं। परन्तु असल जिन्दगी में इन सबका भार ढोते हुए जीना पड़ता है।

गंधर्व के मन पर उदासी की घटा छा गई। देवल गुरुजी मुस्कुराए। बोले, "नारायण, अरे असल मजा अलग ही है। कलाकार को ये झमेले पालने ही पड़ते हैं। आम आदमी की तरह उसे भी रंगमंच के बाहर की, असली जिन्दगी जीनी पड़ती है। पर जीते-जीते उसे उस जिन्दगी का सूक्ष्म अवलोकन भी करना पड़ता है। यही तो है एक कलाकार का प्रशिक्षण। जब वह मंच पर नाटकीय जीवन सजीव बनाता है, तभी वह कलाकृति साकार हो उठती है। मैं जो सोचता हूँ और आसपास जो देखता हूँ, उसी को नाटक में प्रस्तुत करता हूँ। अपनी भोगी हुई यथार्थ जिन्दगी के पल यहाँ रखता हूँ। एक बात जहन में रखना नारायण, एक कलाकर के हिस्से में सुख की अपेक्षा दुख ही अधिक आते हैं। और अगर ऐसा है तो दुख की शिकायत ही क्यों की जाए? क्यों न उसका पूँजी की तरह इस्तेमाल किया जाए?

"एक कलाकार को सुख-दुख की तरफ तटस्थ दृष्टि से देखना चाहिए...ऐसी तटस्थता से, मानो हम भी इस संसाररूपी नाटक के पात्र हैं। कभी-कभी नाटक के पात्रों के सुख-दुखों में हमें अपने सुख-दुखों को देखना चाहिए...प्यार-गुस्सा जैसे अपने विकारों को उसमें पूरी तरह मिला देना चाहिए...हमारी वासनाएँ, इच्छाएँ...लालसाएँ...डर...खुशी...। अपना रंग कौन-सा और पात्र का कौन-सा, समझ में भी न आए...।"

बोलते-बोलते देवलजी नारायण को भी भूल गए। फिर उठे। उनका गला भर आया था। बोले, "कुन्ती ने कृष्ण से दुख का वरदान माँगा था, एक कलाकार को भी यही माँगना चाहिए...इससे कला खिल उठती है।"

'पर कलाकार?' गंधर्व कुछ पूछना चाह रहे थे, पर देवल गुरुजी आगे बोल पड़े, "कला ही जिसकी पहचान हो...मृत्यु के बाद भी जिसे कला के रूप में खुद को पीछे छोड़ जाना है, कम से कम उसे तो...दुख ही माँगना चाहिए। उसे सहना चाहिए, सहते-सहते उसकी तरफ तटस्थता से देखना चाहिए और कला के जरिए उसे पेश भी करना चाहिए।" गुरुजी चले गए। गंधर्व काफी देर तक वैसे ही बैठे रहे।

कल से नई कम्पनी का खेल शुरू होगा। गंधर्व में एक विरक्ति का भाव जगने लगा। उन्होंने आँखें मूँद लीं और शान्त सुर में भजन गुनगुनाने लगे... *धन्य जाहला राम पाहिला,* मानो दुख का सामना करने के लिए मन को तैयार कर रहे थे।

"कम्पनी के तीन हिस्सेदार होंगे," सॉलिसिटर वैद्य ने बोलना शुरू किया। सलाहकार समिति की बैठक हो रही थी। वैद्यजी ने हिस्सेदारी का विवरण-पत्र बनाया था और वे ही पढ़कर सुना रहे थे। इस हिस्सेदारी की मियाद दस साल की थी, जिसमें गंधर्व को सात आना, टेंबे को पाँच आना और बोडस को साढ़े तीन आना हिस्सा प्राप्त होनेवाला था। हर महीने हिसाब करने का बन्धन भी डाला गया था। समाज के ऋण को ध्यान में रखते हुए आधा आना धर्मादाय के कामों के लिए भी सुरक्षित रखा गया था। चर्चा शुरू हुई।

"यद्यपि कम्पनी नई है, फिर भी मुझे ऐसा लगता है कि उसे किर्लोस्कर के पदचिह्नों पर ही आगे बढ़ना चाहिए।" टेंबे बोले।

"सही बात।" टेंबे की बात पर सभी की गर्दनें डोलीं। सभी का यही मत था कि कला का सौन्दर्य और कम्पनी का घरेलूपन बरकरार रहना चाहिए। बोडस को अच्छा लगा। टेंबे उनके कान में बोले, "गणपतराव, देखिए, सभी लोग कम्पनी को हमारी कम्पनी, हमारी कम्पनी सम्बोधित कर रहे हैं। यह अपनापा हमेशा बना रहना चाहिए।" दादा लाडू ने एक सेवक को इशारा किया और वह सभी को मसाला दूध के प्याले पेश करने लगा। दिनू, राघव वगैरा सेवक सभी को घर के मेहमानों की तरह बड़े उत्साह से आग्रह करने लगे। बैठक में पुरानी कम्पनी, पुराने लोगों के प्रति कड़वाहट या कुत्सित बात किसी ने नहीं कहीं, बल्कि, 'प्रबन्ध अच्छा है' ऐसी प्रशंसा करने पर दिनू ने शंकरराव को इसका श्रेय देते हुए उनकी तारीफ की। बाद में ऐसा भी सुर निकला कि शंकरराव जैसा ही कुशल प्रबन्धन होना चाहिए। यह माहौल देखकर पुराने लोग निश्चिन्त हो गए।

आज तक न जाने कितनी कम्पनियाँ स्थापित हुई होंगी, पर कम्पनी स्थापना की ऐसी चर्चा कभी नहीं हुई। और क्यों न हो? महाराष्ट्र के सर्वश्रेष्ठ नाट्य शिक्षक, गायक, नट, नाटककार सभी एकत्रित होकर कम्पनी स्थापित कर रहे थे। जन्म से ही उसे एक गरिमा प्राप्त हो गई थी।

मंचन तय हुआ और साथ ही अभ्यास की तैयारी भी। लोग काम में जुट गए। टेंबेजी का मधुर स्वभाव, मुम्बई के धनवानों के बीच उठना-बैठना और रियासतदारों से भी परिचय। आकर्षक व्यक्तित्व के धनी और बढ़िया अंग्रेजी बोलनेवाले इस कलाकार पर सभी का स्नेह था। उन्होंने *गंधर्व कम्पनी* के प्रति सहानुभूति का माहौल बनाना शुरू किया। आर्थिक मदद मिले या न मिले, पर कम से कम नई कम्पनी के प्रति किसी के मन में

कोई दुर्भावना न रहे, यही उनका उद्देश्य था। धनवानों ने कम्पनी के प्रति उत्साह दिखाया। फिर टेंबेजी ने एक तरकीब सोची ताकि कम से कम पोशाकों का जुगाड़ हो जाए। टेंबे सीधे बड़ौदा पहुँचे। वहाँ के वाघोजीराजे शिर्के टेंबेजी के प्रति अत्यन्त स्नेह रखते थे। उनकी कन्या और पत्नी ने उन्हें भोजन के लिए आमंत्रित किया। टेंबेजी ने उन्हें मिर्च-मसाला लगाकर अपनी नई कम्पनी की योजनाएँ सुनाईं। उन दोनों ने बड़ी जिज्ञासा से पूछा कि कौन-से नाटक खेले जाने हैं।

"सभी नाटक राजा-रानियों के हैं? लेकिन रानियों की पोशाकें भी वैसी ही चाहिए!" कन्या ने मुद्दा रखा।

"और क्या, वरना रंगमंच की रानी, और दिखने में दासी, ऐसा नहीं हो।" उनकी पत्नी ने कहा।

टेंबेजी ने यही सूत्र पकड़ लिया। "लेकिन रानी साहिबा, नई कम्पनी, पूँजी भी पर्याप्त नहीं। दिल खूब चाहता है, पर धन चाहिए न जेब में।"

"कुछ भी कीजिए, पर भामिनी को राजवस्त्र ही पहनाइए और सुभद्रा के *अरसिक किती हा शेला* पद के लिए सिन्दूरी साड़ी ही ठीक रहेगी।" उत्साह में कन्या ने एक नौकरानी को भीतर भेजा। नौकरानी साड़ी ले आई और टेंबे की आँखें चौंधिया गईं। उस पर कलाबत्तू की कारीगरी...गंधर्व के शरीर पर यह वस्त्र कैसा खिल उठेगा!"

"अद्भुत...अजी, इसे छूने का भी दिल नहीं करता। कहीं मैला न हो जाए।" टेंबे बोले। "गंधर्व पर खूब खिलेगा यह वस्त्र। ऐसी ही पोशाक चाहिए! वरना बात नहीं बनेगी।" और उन्होंने एक दीर्घ नाटकीय निःश्वास छोड़ा।

"ऐसा वस्त्र क्यों? यही वस्त्र चाहिए! ऐसा कीजिए आप इसे ले जाइए।"

"क्या?"

"हाँ, हम जब नाटक देखने आएँगे, तब यही साड़ी दिखनी चाहिए।"

टेंबे को अपने कानों पर यकीन नहीं हो रहा था। उनके कुछ कहने से पहले रानी साहिबा फिर बोल उठीं, "जरा ठहरिए। और कुछ साड़ियाँ और कपड़े ले जाइए कम्पनी के लिए।"

और देखते ही देखते कपड़ों का अम्बार लग गया। महँगे वस्त्र...उनकी सम्भ्रान्तता... उनसे झलक रहा ऐश्वर्य...। और फिर अन्य रसिक धनवानों ने भी अपने हाथ ढीले छोड़ दिए। देवास, इन्दौर...। सभी रियासतदारों से कम्पनी को महँगे वस्त्र प्राप्त हुए और अभियान की सफलता की खुशी में टेंबे लौटे।

टेंबेजी ने इन सभी पोशाकों के गट्ठर कम्पनी के सामने रख दिए। देखकर गंधर्व की बाँछें खिल गईं। वैसे भी, पंडित ने उनमें महँगे वस्त्र और इत्र के प्रति दिलचस्पी जगा दी थी, उसमें अब और वृद्धि हुई।

लेकिन इस खुशी में मगन होने की बजाय बोडस साठेजी से बोले, "ये वस्त्र रियासतदारों से मिले हैं। ध्यान रखिए कि इनका भी बोलबाला हो जाए। रसिक दर्शकों को किस बात पर अचरज होगा, कह नहीं सकते।" और सचमुच, दर्शकों में इन कपड़ों का भी बोलबाला हो गया।

अब दर्शक भी रियासतदारों के वस्त्र देखने के लिए लालायित हो उठे। गंधर्व का दिखना, उनका गायन आदि की चर्चा होती ही थी, पर अब वस्त्रों की भी चर्चा होने लगी थी...

धीरे-धीरे कम्पनी की ख्याति बढ़ने लगी...और लोग कम्पनी की स्थापना की प्रतीक्षा करने लगे।

5 जुलाई, 1913, गुरुपुष्य का शुभ मुहूर्त।

शाम साढ़े पाँच बजे का मुहूर्त। इस साइत पर गंधर्व नाटक मंडली का नारियल चढ़ाया गया। मंडली में उत्साह का माहौल था। किर्लोस्कर की प्रतिमा, गणेश प्रतिमा आदि की पूजा की गई। लोकमान्य तिलक और राजर्षि शाहू महाराज की भी वन्दना की गई। रसिक दर्शकों की अपेक्षाएँ और सपनों को पूरा करने की कसमें खाई गईं।

विसूभाऊ अभी भी दुविधा में थे। नई कम्पनी में चले जाएँ या पुरानी में ही रहें? पर वे जानते थे कि जहाँ गंधर्व हैं, वहाँ आमदनी अच्छी हो सकती है। टेंबे, बोडस भी वहीं पर हैं। अत: कम्पनी अच्छी चलेगी। दो जून भोजन की चिन्ता नहीं रहेगी। नरूभाऊ, रानडे तो गंधर्व प्रेमी ही थे, और दिनू, राजाराम वगैरा लोग भी गंधर्व के स्नेह से बँधे हुए थे। अत: कहाँ जाएँ, सवाल ही नहीं था। उत्साह में कुछ भाषण भी हुए। बोडस, बलवन्तराव पेठे, नरूभाऊ सभी ने मन्तव्य प्रकट किया। मसाला दूध के प्याले और मिठाई की थालियाँ घूमने लगीं। एक नया पर्व आरम्भ हो चुका था। एक नए युग का शुभारम्भ! और यह नया युग भारतीय संगीत नाटक के इतिहास में गंधर्व युग के नाम से दर्ज होनेवाला था।

"बस ख्वाब हैं और क्या! कम्पनी फोड़ना आसान होता है, पर चलाते वक्त नानी याद आ जाएगी।" शंकरराव बोल रहे थे। "*किर्लोस्कर कम्पनी* में लोगों की कमी कभी नहीं रही। भावड़िया गया, नाना आया...गंधर्व गए, छप्पन आएँगे।"

लेकिन साथी कलाकार डरे हुए थे।

एक ने साहस किया, "अजी, बलवन्तराव पेठे ने अपने भाषण में बड़ी शान से कम्पनी की घोषणा की है।" शंकरराव बोले, "हाँ, जब दुर्योधन का जनम हुआ था, तब भी गधा इसी तरह चिल्लाया था।"

कुल मिलाकर, शंकरराव यह जताने का प्रयास कर रहे थे कि यह घटना बहुत ज्यादा महत्त्वपूर्ण नहीं है। परन्तु वे यह भी जानते थे कि इस हानि की क्षतिपूर्ति के लिए बहुत कड़ी मेहनत करनी पड़ेगी। साथ ही उन्हें यह भी लगता था कि यह सतनजा बहुत देर तक नहीं टिकेगा। उन्होंने अपने मन को समझाया। फिलहाल, शान्त रहने में ही समझदारी है।

गंधर्व कम्पनी में पहला नाटक कौन-सा खेला जाए, इस पर चर्चा हुई और श्रीपाद कृष्ण कोल्हटकर के *मूकनायक* का मंचन निश्चित हुआ। मुम्बई के *एल्फिन्स्टन थिएटर* में इसका मुहूर्त होना था। उस समय उसके सामने के बॉम्बे थिएटर में केशवराव भोंसले का राक्षसी *महत्त्वाकांक्षा नाटक* चल रहा था। यह नाटक नया भी था और जोर में भी था। फिर भी मुम्बई में ही पहला मंचन निश्चित किया गया। लोगों के मन में उत्सुकता थी, लेकिन कलाकारों के मन में धुकधुकी थी। ऐसे में सहृदय लोगों ने और हितैषियों ने समर्थन देना

शुरू किया। विभिन्न गाँवों से तार और पत्रों का आना शुरू हुआ। गंधर्व के भाटिया नामक एक प्रशंसक ने तो 105 रुपयों के पहली पंक्ति के टिकट खरीद लिये और टिकट खिड़की पर भीड़ उमड़ पड़ी। 3 सितम्बर, 1913, मंचन का दिन। शाम हुई। पात्र मेकअप के लिए बैठ गए। मानो नए सिरे से खड़ा हुआ परिवार था यह। सबसे पहले नेपथ्य में आए विनायक सोकरजी त्रिलोकेकर। उन्होंने बोडस का हाथ अपने हाथों में लिया। ''सब ठीक है न ?'' बोडस की आँखों में चिन्ता उभर आई। त्रिलोकेकर ने उनका हाथ दबाया। उनके पीछे कार्यक्रम के अध्यक्ष सर भालचन्द्र भाटवड़ेकर आए। उन्हें देखते ही सबमें उत्साह भर गया। मन की टीस, खिन्नता कम होने लगी।

''कितने बजे शुरुआत ?'' उन्होंने पूछा।

''गुर्जरजी ने साढ़े नौ बजे का मुहूर्त निकाला है।'' प्रबन्धक साठे बोले। भाटवड़ेकर हँस दिए। साठे बोले, ''अजी नई कम्पनी का श्रीगणेश हो रहा है। सबकुछ ठीक-ठाक होना चाहिए।''

''होगा, सब ठीक होगा,'' भाटवड़ेकर बोले। उन्होंने पहचाना, इन्हें धीरज बँधाने की जरूरत है। मन ही मन उन्होंने भाषण का मसौदा बना डाला।

देखते ही देखते बाहर भीड़ लग गई। प्रेक्षागृह में तिल धरने की जगह नहीं बची। साढ़े नौ बजने को थे। सभी कलाकार अण्णासाहब की प्रतिमा के सामने जमा हुए। सभी ने उन्हें प्रणाम कर आशीर्वाद माँगा। गणेश पूजन हुआ। धूप गमकने लगी और परदा खुल गया। तालियों की गूँज में भाटवड़ेकर बोलने लगे। उन्होंने लोगों का स्वागत किया और बोले, ''सज्जनो, यह कम्पनी कोई *किर्लोस्कर कम्पनी* से फूटकर अलग हुआ टुकड़ा नहीं है। यह उन्हीं की सन्तान है। माता से अलग होते समय बालक के मन में अपनी माँ के प्रति क्या कोई द्वेषभाव हो सकता है ? नहीं। इसी तरह इन लोगों में किसी प्रकार का द्वेषभाव नहीं है, बल्कि परमादर का भाव है।'' यह सुनकर दर्शकों में बैठे किर्लोस्कर प्रेमियों को अच्छा लगा। उनके जख्मों को सहलाते हुए भाटवड़ेकर आगे बोले, ''एक ही प्रार्थना है। इस कम्पनी के प्रति सौतिया डाह मत रखिए। उन्हें अपनी सन्तान की तरह प्यार दीजिए।''

और नाटक प्रारम्भ हुआ। एक-एक पद में रंग भरता गया। गंधर्व का वह सुकोमल रूप, पवित्रता। रसिक दर्शक समझ गए, इस आदमी पर हम गुस्सा कर ही नहीं सकते। यह क्या किर्लोस्कर से द्रोह करेगा ? इतनी सादगी और ऋजुतापूर्ण चेहरा...और इसके भीतर छल-छद्म! असम्भव। उनकी वह मधुर आवाज। गंधर्व का रूप और नीरांजन जैसे उनके सात्विक सौन्दर्य ने लोगों को जीत लिया। बोडस, टेंबे, नरूभाऊ, विसुभाऊ सभी के काम बढ़िया होते गए। सभी कलाकार अभिनय और संगीत में खरा सोना थे। उनकी झंकार में नई कम्पनी के प्रति रसिक दर्शकों की बची-खुची नाराजगी भी लुप्त हो गई और *गंधर्व कम्पनी* का रास्ता साफ हो गया। नाटकों का मंचन जोरों-शोरों से शुरू हुआ।

नाटक लगते ही टिकटों के लिए भीड़ उमड़ पड़ती, ''गणपतराव, ऐसी भीड़ लगी है बाहर कि क्या कहूँ ?'' कहते हुए विसूभाऊ रंगभूषा के लिए आ बैठते।

"आप तो आराम से चले जाते हैं बाहर और हमें चेहरा छिपाकर जैसे-तैसे भीतर आना पड़ता है, चोरों की तरह।" नरूभाऊ सचमुच चेहरे पर लपेटा अँगोछा दूर करते हुए कहते।

"चोरों की तरह क्यों?"

"जान-पहचान के लोग गले पड़ जाते हैं जी टिकटों के लिए। दो-चार आना ज्यादा लीजिए, पर टिकट दीजिए।" कुल मिलाकर कम्पनी में खुशी का माहौल था। गंधर्व के सौन्दर्य ने मोहिनी डाल रखी थी महाराष्ट्र की जनता पर और दादा लाडू के कैमरे पर भी।

"ऐसा दिखते हैं हम भगवन... ?" गंधर्व अपने ही रूप की तरफ एकटक देखे जा रहे थे। दादा लाडू ने गंधर्व की कुछ तस्वीरें खींचीं थीं, स्त्री वेष में।

"नारायणराव, ये तस्वीरें तो बेजान हैं, फिर भी इतना बोलती हैं। जरा सोचिए, जब आप *नाथ हा माझा* कहते हुए गर्दन मोड़ते हैं, तब क्या बीतती होगी दर्शकों के हृदय पर।"

"नहीं नहीं! देवल गुरुजी जो सिखाते हैं, वही करते हैं हम।" और गंधर्व हँसते हुए रंगभूषा के लिए चले गए। लेकिन दादा की नजर से गंधर्व के चेहरे की खुशी छूट नहीं पाई थी। प्रकृति ने कैसा सुन्दर रूप, कैसी मधुर आवाज दी है, कहते हुए लाडू थिएटर से बाहर आए।

बाहर भीड़ थी। लाडूजी को देखकर दो परिचित चेहरे सामने आए और दादा समझ गए कि बाहर आकर उन्होंने ग़लती की है, क्योंकि अब ये लोग टिकट के लिए गले पड़ेंगे। "नमस्ते दादा। अरे, आपने तो कहा था कि आज थिएटर पर आएँगे ही नहीं, और जुकाम हो गया था न आपको?" दादा समझ गए, अपनी चोरी पकड़ी गई है। "हाँ जी, नाक लगातार बह रही थी, शंकरजी के सिर की गंगा की तरह। पर उस नरूभाऊ ने कोई काढ़ा दिया और नाक रेगिस्तान की तरह सूख गई। इसीलिए आना ही पड़ा।" अचानक उन्हें याद आया कि हाथों में गंधर्व की तस्वीरें हैं और उन्हें बहाना सूझ गया, "सोचा, घर बैठे रहने की बजाय ये फोटो गंधर्व को दिखा आएँगे। कल ही तो खींचे थे।"

"देखें," कहते हुए उन परिचितों ने तस्वीरें हथिया लीं। "वाह! अजी साक्षात् गंधर्व। ऐसा लगता है, अभी पलकें झपकेंगी।"

"अजी, तस्वीरें क्या देख रहे हो? टिकट के लिए पूछिए न?" दूसरे परिचित ने कुहनी से इशारा करते हुए याद दिलाई।

"नहीं नहीं अनन्तराव, टिकट का काम नहीं होगा आज। देखिए न कितनी लम्बी कतार लगी है।" कहते हुए दादा ने हाथ जोड़ लिए।

अनन्तराव को यह पता था। "ठीक है दादासाहब, पर कम से कम ये तस्वीरें तो दे दीजिए।"

"अरे, लेकिन...।"

"कीमत बोलिए। आपके लिए क्या मुश्किल है। आप चाहे तो हजार बना लेंगे।" और अनन्तराव ने तस्वीरें निकाल भी लीं और हथेली पर पन्द्रह रुपए टिका दिए। हथेली के पैसों की तरफ लाडू देखते ही रह गए। सोचा, बुरा नहीं है यह धन्धा और उन्होंने सीधे

थिएटर के बाहर गंधर्व की तस्वीरें बेचना शुरू किया। अलग-अलग पोशाकों, अलग-अलग रूपों की तस्वीरें...गंधर्व भी खुशी से खिंचवाते।

"दादा, हमेशा के पोशाक की तस्वीरें किसलिए?" गंधर्व ने पूछा।

"और कौन-सी पोशाक पहनना चाहते हैं आप?"

"कॉलेज जानेवाली युवतियों की तरह कुछ कीजिए न। हाथ में पंखा, आँखों पर धूप का चश्मा, बेलबूटे की चोली।" गंधर्व ने ही सुझाव दिया।

और गंधर्व ने बिलकुल एक नटखट युवती की तरह पोज दी। ये तस्वीरें भी हाथोंहाथ बिक गईं। नौ गजी साड़ी में, पारसी स्त्रियों की साड़ी में...। दादा ने देखा कि ये अलग-अलग ढंग की साड़ियाँ पहनते समय भी गंधर्व कितनी बारीकी से सोच-विचार करते हैं। सूक्ष्म निरीक्षण। नौ गजी साड़ी की लाँग लगाते समय भी गंधर्व तन्मय हो जाते। न जल्दबाजी और न ही जल्दी से निपटा डालने की हड़बड़ाहट। पूरा इत्मीनान होने तक। लाडू घंटों कैमरे के पीछे कुर्सी डाले बैठे रहते। फिर 'हो गया भगवन्' कहते हुए गंधर्व कैमरे के सामने आ खड़े होते।

बाद में अलग-अलग ढंग से खड़े रहना। हाथ, गर्दन, चेहरा, उसकी भंगिमाएँ निश्चित करना और फिर फोटो खिंचवाना। आलस्य, टालमटोल था ही नहीं इस आदमी के पास। फिर ऐसे अलग-अलग गंधर्व खरीदने के लिए थिएटर के बाहर लोगों की होड़ लगती।

"इस लड्डू ने काफी रुपया कमाया है गंधर्व की तस्वीरें बेच-बेचकर।" विसूभाऊ को बात जरा खटक जाती।

"और क्या, होशियार आदमी पत्थर को भी भगवान बना देता है।"

"और गंधर्व भी कुछ नहीं कहते। बड़े मुँहलगे हैं न उनके। वाणी भी लड्डू की तरह...मीठी। इधर हम रात-रात-भर जागकर मंचन करते हैं और जेब देखो तो इनकी भरी हुई।"

लेकिन यह काम इतना आसान नहीं था। फोटों के प्रिंट बनाने के लिए रात-रात-भर जागना पड़ता है उन्हें।

एक बार दादा लाडू इसी तरह प्रिंट बना रहे थे कि युवकों की एक टोली पधारी। उन्हें देखकर दादा की त्योरियाँ चढ़ गईं। ये लड़के...फोटो खिचाएँगे एक और दिमाग चाटेंगे दो घंटे। कभी आईने के सामने बैठे ही रहेंगे तो कभी हँसी-मजाक में समय बरबाद करेंगे। कुछ ढीठ लड़के तो कैमरे को भी हाथ लगाते हैं!

"क्या चाहिए?"

"जलेबी दीजिए।" एक उद्दंड लड़का बोला।

"वसन्ता, चुप बैठो यार।" दूसरे तनिक समझदार लड़के ने उसे डाँटा। "हमें फोटो खिंचवाने हैं।"

"ठीक है। पन्द्रह रुपए लगेंगे। कैसे चाहिए? गाड़ी का परदा है, गाड़ी में बैठकर या किताब पढ़ते हुए...?"

"नहीं, नहीं, ऐसे नहीं चाहिए।"

"ठीक है, आप अपनी पोशाक पहन लीजिए, मैं परदे दिखाता हूँ।"

"पोशाक नहीं हैं हमारे पास।"

"पोशाक नहीं हैं?"

"नहीं, आप देंगे?"

"अरे, पर मैं आपके नाप की पोशाक कहाँ से ढूँढूँगा?" दादा परेशान।

लड़कों ने एक-दूसरे की तरफ देखा। फिर वसन्त बोला, "साड़ी का कैसा नाप?"

"साड़ी?" मजाक दादा की समझ से परे था।

"जी हाँ, हमें गंधर्व जैसी पोशाक में फोटो खिंचवानी है?"

"क्या?"

"हाँ, और बाल भी बिलकुल वैसे!"

दादा उनकी तरफ देखते ही रह गए।

"हम किराया भी देंगे, पर पोशाक अच्छी होनी चाहिए।"

"कल आइए। देखता हूँ। पर दाढ़ी सफाचट करके आना।" लड़के चले गए और दादा ने कम्पनी की तरफ दौड़ लगाई।

"क्या? अब आपको हमारे वस्त्रागार की साड़ियाँ और दुशाले चाहिए?" विसूभाऊ का मुँह खुला का खुला रह गया।

"हाँ, बस एक दिन, कल तक के लिए। लड़कों के फोटो खींचता हूँ और...।" दादा ने वस्त्रागार के कर्मचारियों को जैसे-तैसे पटाया और रंगभूषा का भी सामान लेकर स्टूडियो आ गए। दूसरे दिन लड़के आए। उनके हाथों में गंधर्व की तस्वीरें थीं, दादा की खींची। लड़के रंगभूषा करने लगे। अगले कुछ घंटों तक वहाँ का सारा माहौल गंधर्वमय बन गया। कोई आईने के सामने खड़ा चेहरे पर शकुन्तला के भाव ला रहा है, तो कोई सुभद्रा बना गंधर्व की तरह होंठ काटकर भवें उड़ा रहा है। लड़के तैयार हो गए। कैमरे के बटन की एक के बाद एक आवाजें और तेज रोशनी। दादा का स्टूडियो अलग-अलग आकार, अलग-अलग नाकनक्श के गन्धर्वों से भर गया।

चार दिन बाद लड़के तस्वीरें लेने पहुँचे और खुद को गंधर्व रूप में देखकर मुदित हो गए। दादा जान गए, खुद को गंधर्व रूप में देखने में यह पीढ़ी अपने आप को धन्य समझने लगी है।

चार दिन बाद और लड़के आए। बाद में और दूसरे आए। अब दादा सीधे कपड़ा बाजार गए और गंधर्व शैली के कपड़े बनवाकर ही ले आए। अब उनके स्टूडियो में युवकों की भीड़ बढ़ती गई और खास गंधर्व स्टाइल की तस्वीरें खिंचवाकर मिलने लगीं। लेकिन दाम चार गुना। साथ में दादा कपड़े और मेकअप का दाम भी वसूलने लगे। स्त्री भूमिका करनेवाले नट कई हुए हैं। उन्हें दाद भी खूब मिली है। पर युवकों को जिसकी तरह सजकर फोटो खिंचवाने की इच्छा हुई, ऐसा जनाना किरदार निभानेवाला नट एक ही था।

सन्तुष्टि और खुशी से दादा का गला भर आया।

वसन्त के पिता ने तस्वीरें देखीं और उनका दिमाग घूम गया। "इसका क्या मतलब? ये धन्धे करने जाता है कॉलेज में? यही पढ़ाते हैं रँग्लर परांजपे? आकर पूछता हूँ उनको।" वे बाहर खड़े क्रोध से काँप रहे थे और भीतर वसन्त की माँ बेचैन थी।

"अरे परशुराम दादा, आजकल का फैशन है यह।" वसन्त के छोटे चाचा ने उसकी वकालत की।

"ये फैशन क्या होता है री?" वसन्त की माँ ने भीतर कमरे में अपने पास बैठी वत्सला से पूछा। वत्सला कर्वेजी के स्कूल से पढ़ी-लिखी थी। उसे जरूर पता होगा।

"फैशन यानी फैड...यानी कुछ नया करना। अमीरों की स्त्रियाँ नौ गजी की साड़ी की जगह गुजराती स्त्रियों जैसी साड़ी पहनती हैं न, वैसा।"

"फैशन? वाह! अच्छा हट्टा-कट्टा मुस्टंडा आदमी और औरतों की तरह बनाव-शृंगार के ये दोहद...बन्द करो ये नखरे।" बाहर से वसन्त के पिता की दहाड़ कानों में आई।

"हाँ, नखरा कह लो चाहे तो।" वत्सला को शब्द मिल गया।

"और हाँ, गंधर्व के नाटक देखना बन्द करो। जहाँ जाओ वहाँ बस उसी की चर्चा। पागल बना दिया है सब को, पागल।" पिताजी ने गुस्से से तस्वीरें वसन्त की ओर फेंकीं और मन्दिर चले गए।

छोटे चाचा ने तस्वीरें उठाईं। "वाह वसन्ता, वाह! भाभी ये तस्वीरें तो देखिए और नजर उतारिए वसन्ता की। और हाँ वसन्ता, तुम नाराज मत होना। परसों रात के दो टिकट हैं मेरे पास, *सौभद्र* के। अरे, तुम्हारा बाप तो संगीत का औरंगजेब है। उसे क्या कद्र गंधर्व की जवारीदार तानों की? अरे, पिछले शो में पाँच बार वन्स मोर दिया था मैंने चिल्ला-चिल्लाकर, पाँच बार। सच कहता हूँ वसन्ता, गंधर्व की आवाज सुनता हूँ तो ऐसा लगता है, बस, और कुछ नहीं सुनना।"

मम आत्मा गमला गुनगुनाते हुए छोटे चाचा बाहर चले गए। वसन्त ने तस्वीरें वहीं रख दीं और बाहर चला गया। माँ ने बाहर आकर तस्वीरें देखीं।

"दैया री दैया, ये हमारा वसन्ता है क्या? और ये औरत कौन है?"

"अरी अम्मा, ये औरत कौन क्या पूछती हो? यही तो हैं गंधर्व, बालगंधर्व।" वत्सला बोली।

"हे भगवान, तो यही हैं वे? बिलकुल अप्सरा लगते हैं री। मुआ कोई इतना भी सुन्दर दिखता है भला? यूँ ही नहीं तुम्हारे चाचा लट्टू हुए उस पर। वत्सला, वसन्ता से कहना, अब ऐसी ही बहू ले आना घर।" और माँ ने हौले से गंधर्व की तस्वीरें आले में रख दीं।

"सुना है, अब सभी पुरुष गंधर्व जैसी ही पत्नी चाहने लगे हैं?" सब समझ गए, विसूभाऊ मजाक के मूड में हैं। सभी उनके पास जमा हो गए, "मतलब, मेरी पत्नी परसों बोली। उसके भाँजे का ब्याह करना है न।"

"क्यों जी? इस साल नहीं भेजा आपने पत्नी को मायके, जचगी के लिए?" नरूभाऊ ने सबको कहकहे लगाने का मौका दिया।

"क्या करेंगे? लगातार नाटकों के मंचन और हम घूम रहे हैं गाँव-गाँव। जबसे नई कम्पनी बनी है, समय ही कहाँ मिलता है उसकी तरफ झाँकने को?" विसूभाऊ चेहरे पर परेशानी का भाव लाए और इधर लोगों की हँसी छूट गई। "हाँ, तो वह कह रही थी कि भाँजे के लिए गंधर्व जैसी ही सुन्दर दुल्हन चाहिए!"

"मैंने कहा, यह सौन्दर्य आसमान से नहीं उतरा है। कड़ी मेहनत है इसके पीछे।"

"बिलकुल ठीक कहा विसूभाऊ आपने। नारायणराव अपने रंग-रूप का कितना खयाल रखते हैं? वो देखो, विठिया चला दूध लेने।" गंधर्व का सेवक विठिया हाथ में खाली दूधहाँड़ी लिये निकला ही था।

"क्यों रे विठिया, नारायणराव जग गए?"

"नहीं जी, अभी तो मैं दूध लेने जा रहा हूँ।"

"देखिए, ग्यारह बज चुके हैं, और श्रीमान अभी तक बिस्तर पर।"

"थक जाते हैं जी, कल रात कितने वन्स मोर लिये, गिने आपने?"

"ना जी ना, इधर नारायणराव का पद शुरू हुआ नहीं कि मैं भीतर दरी बिछाकर झपकी ले लेता हूँ। क्योंकि गंधर्व का पद यानी आधे घंटे की छुट्टी।" विसूभाऊ की समझदारी सभी को भा जाती।

"नाना...नाना...उठिए न।" विठिया ने पुकार लगाई। दूसरा सेवक सफाई के लिए रुका हुआ था। नारायणराव उठ गए। रात की करतल ध्वनियाँ अब भी उनके कानों में गूँज रही थीं। "गुंडेश!" उन्होंने पुकारा। गुंडू ने तुरन्त चाय पेश की। उन्होंने चाय ली और पूछा, "हमारी पुस्तक कहाँ है?"

"कौन-सी पुस्तक, नाना?" गुंडू ने पूछा।

"अरे वही, जो कल हमने पढ़नी शुरू की थी। गडकरी गुरुजी कहते थे कि रोज कम से कम पन्द्रह पन्ने पढ़ने चाहिए। कल से फिर पढ़ना शुरू किया, पर दूसरे ही पन्ने पर झपकी आ गई, खैर।" चाय समाप्त कर उन्होंने तम्बाकू की फंकी मुँह में डाली। "कल दूसरा पद तनिक ठीक से जमा नहीं। आज फिर बैठना होगा," कहते हुए वे फारिग होने चले गए।

विठिया ने भैंस को दूहना शुरू किया। गंधर्व ने आसन शुरू किए। योगासन और प्राणायाम। देवल गुरुजी कहते हैं कि शरीर और मन पर नियंत्रण हो तो गायक नट के लिए कुछ भी मुश्किल नहीं होता। पश्चिमोत्तानासन, भुजंगासन के बाद गंधर्व ने शवासन भी किया।

तभी पुख्खा घंटी बजी। यानी भोजन का निमंत्रण।

गंधर्व का नित्य कर्म अभी पूरा भी नहीं हुआ था कि बारह बजे की भोजन की पंक्ति बैठ गई। चाँदी के थाल, चाँदी की कटोरियाँ, दो-दो सब्जियाँ, घुँघनी, रायता, पापड़, अचार, पूड़ी, हलुवा...। थालियाँ लबालब। चुस्कियों की आवाजें आ रही थीं।

"क्यों जी विसूभाऊ, आप इतनी कम्पनियाँ घूमे हैं, सबसे अच्छा भोजन कौन-सी कम्पनी का लगा आपको?" कुछ लोगों के संसार का दायरा पेट से बड़ा नहीं होता।

"ऐसा है नरूभाऊ, कुछ कम्पनियों में तो दाल-चावल भी मिल जाए न पत्तल में, तो भी ऊपरवाले का शुक्रिया अदा करते थे हम।"

"तभी सोचूँ, जब से *गंधर्व कम्पनी* में आए हैं, आपका वजन क्यों बढ़ रहा है।" दिनू ने ताना मारा।

दिनू की बात सुनते ही परोसिया रुक गया। "तू क्यों रुक गया? परोस और चार पूड़ियाँ। अरे इस कम्पनी में आने पर लोग गोल-मटोल हो ही जाते हैं। हलुवा भी परोसना। इस दिनू की बातों पर मत जा। यह भी सींकिया पहलवान था पहले और अब देखो *सौभद्र* में राक्षस की भूमिका करता है। उठाता है न पहले ही प्रवेश में सुभद्रा को?" विसूभाऊ ने कहा।

"अरे विसूभाऊ, मेरी बात छोड़िए। *शारदा* के ये सारे ऋषि मोटे-मोटे सेठ लगने लगे हैं आजकल।" बात सुनकर तो कुछ लोगों को हँसते-हँसते खाँसी भी आ गई और ऋषियों का काम करनेवाले भी उसमें शामिल हुए। परोसियों ने मट्ठा परोसना शुरू किया। तभी बोडस की बुलन्द आवाज गूँज उठी, "आप क्या काम करते हैं? मतलब कौन-सा स्वाँग रचाते हैं?" सभी का ध्यान गया। बोडस सामने बैठे दो आदमियों से कुछ पूछ रहे थे। "नहीं, अभ्यास में कभी दिखाई नहीं दिए आप, इसलिए...।"

दोनों की गर्दनें नीचे झुक गईं। "अच्छा, वस्त्रागार सँभालते हैं! या कारीगरों में से कोई...।" दोनों खामोश। सभी समझ गए कि ये चेहरे नए हैं। "परोसो भाई, हलुवा परोसो इन्हें," कहते हुए बोडस भीतर चले गए। परोसिया आगे बढ़ा, पर वे दोनों मना करते हुए उठ गए।

सभी जान गए कि ये दोनों नवागंतुक जबरदस्ती डेरे में घुस आए मेहमान हैं। दो ही नहीं, बल्कि आसपास ऐसे कम से कम दस-पन्द्रह चेहरे थे। गर्दन झुकाए भोजन सम्पन्न हुआ। तभी गंधर्व वहाँ आए, "क्या हुआ? आज भोजन में ऐसी खामोशी? विसूभाऊ, तबीयत तो ठीक है?" उन्होंने पूछा।

भोजन की पंक्ति उठ गई। लोग हाथ धोने के लिए इधर-उधर चले गए। आखिरकार दिनू ही बोल पड़ा, "नाना, पंक्ति में बाहरी लोग घुस आए थे। रसोइए को हिदायत देनी चाहिए, पत्तलें गिनकर परोसने की।"

"नहीं! भोजन की पत्तलें गिनी नहीं जाएँगी। खा-खाकर कितना खाएँगे? पेट से ज्यादा तो नहीं खाएगा कोई?" आदमियों की गिनती के विचार से ही गंधर्व का जी न जाने कैसा हो आया।

"पर लंगर खोलने की भी जरूरत नहीं है नारायण।" बोडस पास आए। "त्यौहार वगैरा के अवसर पर तो ठीक है, पर रोज की बात हो गई है यह। सप्ताह-भर से देख रहा हूँ। रोज नए-नए चेहरे दिखाई देते हैं। लोग आते हैं और भकोसकर चले जाते हैं। कोई पूछनेवाला नहीं उन्हें!"

"गणपतराव, दो आदमियों के भोजन से क्या हम कंगाल हो जाएँगे?"

"दो नहीं, दस-पन्द्रह। कभी-कभी तो पच्चीस। मैं कहता हूँ, यह फिजूलखर्ची किसलिए? और रोज-रोज ये मीठे पकवान, देसी घी। नारायण, शादी-ब्याह जैसी पत्तलें सजती हैं रोज। सब बेकार है। भूखा नहीं रहना चाहिए, भोजन पौष्टिक होना चाहिए, यहाँ तक ठीक है। पर ये थालियाँ देखो न!" थालियाँ उठानेवाले सेवक को उन्होंने रोका, "देखो, देखो ये थाली।"

गंधर्व ने थाली देखी। व्यंजनों से भरी हुई थी। ''कौन बैठा था यहाँ? अरे सुनोऽऽ'' उसने परोसिए को फटकारा, ''देखा, लगता है यहाँ बैठे आदमी ने शरमाते हुए भोजन किया है। तुमने आग्रह क्यों नहीं किया उसे? लगता है, बेचारा खाली पेट ही उठ गया।''

''काहे का शरमाना? यह उन्मत्त होना है। जितना खाया है, उतना ही फेंका है इन लोगों ने।'' गणपतराव ने थाली की ओर इशारा किया। ''बहुत हुआ, कल से रसोइए को हिसाब देना होगा। कितने लोगों ने भोजन किया और कितनी सामग्री खर्च हुई। पचास लोगों के लिए सौ लोगों की सामग्री का इस्तेमाल अब नहीं चलेगा। और हाँ, वो लोग कौन थे, इसका भी पता लगाना होगा।''

''गणपतराव, किसी के खाने का हिसाब नहीं रखते और देनेवाला तो दे रहा है न भर-भरके? जिसकी किस्मत में लिखा है, उस तक पहुँच रहा है। आप इसमें दखल मत दीजिए।'' गंधर्व तिलमिला उठे।

''नारायण...'' झुँझलाते हुए बोडस मुड़ गए। नौकर थालियाँ समेट रहा था। नक्काशीदार चाँदी की थालियाँ, कटोरियाँ, प्याले, चन्दन के पीढ़े। किसी रियासती घर जैसा ठाठ। तभी परोसिया सामने आया। बोला, ''नारायणराव, वो लोग तो चले गए।''

''पर भरपेट भोजन किया न उन्होंने? या भूखे ही उठ गए?''

''नहीं, भोजन तो भरपेट किया, पर...।''

''अब यह पर किसलिए भगवन?''

''नारायणराव, उनकी थाली की कटोरियाँ और प्याले मिल नहीं रहे हैं। शायद ले गए वे चोर।''

''लगा ही था मुझे। पर मैं जानता हूँ उन्हें।'' दिनू आगे आया, ''नदी के पासवाले मन्दिर में दिन-भर ताश खेलते रहते हैं। खूब डाँटूँगा उन्हें।''

''हूँ,'' गंधर्व ने निःश्वास छोड़ी। ''नहीं, उन्हें क्यों बेकार में सजा?''

''बेकार में?'' दिनू चौंक गया।

''हाँ भगवन्। हमारे ही अन्न में कुछ खोट रह गई होगी। वरना भोजन के बाद चोरी की इच्छा क्यों होती बेचारों को! गुंडेशा, पानी निकाल हमारे लिए।'' और गंधर्व चले गए।

''बेचारे!'' बोडस ने अपना सिर पीट लिया। परोसिया आगे आया। ''गणपतराव, बताइए क्या करें? कल से आदमी गिनकर...।''

''नहीं, चलने दो कम्पनी का लंगर!'' बोडस गुस्से में ही चले गए। परोसिया वहीं सम्भ्रम में खड़ा रहा।

गंधर्व कोठी के चौक में आए। सेवक उन्हीं के लिए रुका हुआ था। पथरीले चबूतरे पर चन्दन का पीढ़ा सजा था। सामने गंगाल में बर्फ। आधा गंगाल बर्फ से भरा हुआ। सेवक ने उसमें पानी उँडेला। तभी विठू आया। हाथ में दूध से भरी हाँड़ी थी। ''विठिया, भैंस का सानी-पानी ठीक से किया न?''

''जी नाना, सब किया।'' दूध के लिए पाली गई चार भैंसों की जिम्मेदारी विठिया पर थी। उसे पता था कि मालिक को उनकी देखभाल में कमी बर्दाश्त नहीं होती। ''दूध।'' उसने हाँड़ी गंगाल में उँडेल दी। अब गंधर्व ने उसमें लोटा डुबोया और स्तोत्र बुदबुदाने

लगे। लोटे की पहली धार मस्तक पर धारण की। दूध से स्नान, उसमें बर्फ। शायद यही था उनकी तेजस्वी त्वचा का रहस्य। उन्होंने सोचा, यह रूप, यह कंठ—यही तो है मेरी सम्पदा। फिर अन्य जगह पर दिल क्यों लगाऊँ? ले गए चोर चार चीजें उठाकर, तो ले जाएँ। किस्मत थोड़े ही चुरा लेगा कोई! और निवाला देनेवाला तो ऊपर बैठा है। गंधर्व का मन चाँदी की कटोरियों-प्यालों से बाहर आया। मस्तक से बहती पानी की धारा से उनमें उत्साह जगा था। रात की थकावट तुरन्त गायब हो गई।

इसके बाद वे पूजा करने लगे। यथाविधि पूजा सम्पन्न हुई और दोपहर के आसपास उनका दिन शुरू हुआ।

"नाना, इत्र लेकर सौदागर आए हैं।" गुंडू ने कहा।

"बिठाओ उन्हें।" सौदागर बैठ गए और पूजा सम्पन्न कर गंधर्व बाहर आए। लखनऊ के सौदागर उन्हें देखते ही खड़े हो गए। "बैठिए...भगवन् बैठिए। गुंडेशा...मेहमानों के लिए मसाला दूध ले आओ।" दरअसल, यह कहने की आवश्यकता ही नहीं थी, क्योंकि रसोसिए ने बादाम का डिब्बा खोलकर तैयारी शुरू भी कर दी थी। खास अतिथियों का आतिथ्य उसके लिए कोई नई बात नहीं थी। "कहिए!" गंधर्व इत्र परखने लगे। सौदागरों ने देखा कि हल्के दर्जे के इत्र अलग निकाले गए हैं। फिर उन्होंने खास सन्दूक खोली, "नारायणरावजी, यह अफगान की महक है। वहाँ से आनेवाले सौदागरों के पास ही मिलती है यह चीज।"

दूसरे ने लखनवी तहजीब का प्रदर्शन करते हुए अत्यन्त आदर से उनका हाथ अपने हाथ में लिया और उस पर इत्र मल दिया। इत्र मलते समय उसे गंधर्व के मृदु-मुलायम हाथ का कोमल स्पर्श अनुभव हुआ। उसने मन ही मन कहा, 'इंशा अल्लाह, अब तो औरतों में भी यह नजाकत नहीं पाई जाती।' गंधर्व ने हाथ नाक के पास ले जाने का अभिनय किया जबकि उसकी महक शीशी खोलते ही उनके अन्तर्मन तक पहुँच गई थी। उन्हें उस खुशबू ने मोहित कर लिया।

"वाह...क्या पसन्द है। यह शीशी अलग रख देते हैं।"

"ये सभी...।"

सौदागरों को यकीन नहीं हो रहा था। सभी? उन्हें भी मजा आने लगा। "नारायणरावजी, ये सारी तीन हजार के करीब...।" वह हिचकिचाया।

"बिलकुल होंगी भगवन्! खरा सोना ताँबे के दाम में थोड़े ही मिलता है? लीजिए, दूध लीजिए।"

गुंडेशा ने प्याले आगे बढ़ाए और सौदागर दिग्मूढ़ हो गए। उन्होंने सोचा भी नहीं था कि उनका सारा का सारा माल एक ही नाटक कम्पनी में और इस तरह बिक जाएगा। उनका बाकी माल भी गंधर्व ने खरीद लिया और दिनू से कहा, "इन्हें साठेजी के पास ले जाओ। इनका हिसाब चुकाने के लिए कहना। प्रणाम भगवन्, अब आज्ञा दीजिए। दो महीने बाद फिर आइएगा।" गंधर्व उठकर भीतर चले गए और सौदागर उनकी तरफ देखते ही रह गए। 'माशाल्ला...यह तो कमाल का बन्दा निकला।' और दो महीने बाद फिर आने को कह रहा है? क्या करेगा यह इतने सारे इत्र का? पर बिना कुछ बोले वे दिनू के पीछे चल दिए।

पसन्दीदा इत्र पाकर गंधर्व का चेहरा खिल उठा था। "गुंडेशा!" उन्होंने पुकारा। "आज मंचन से पहले हमारी साड़ियाँ इन इत्रों में भिगोनी हैं, समझे?"

दिन ढल गया। लेकिन एक नट की जिन्दगी का मोल दिन में नहीं होता। उसका असली तेज तो रात में ही खुलता है।

प्रथा के अनुसार मंचन से पहले गंधर्व की साड़ियाँ इत्र में भिगोई गईं और गंधर्व रंगशाला में आए। गुंडेशा ने दूध का प्याला सामने किया। मंचन से पहले एक बड़ा प्याला दूध पीना उनकी आदत थी। अन्य लोगों को आश्चर्य होता। क्योंकि गंधर्व गायक थे, और नहाते थे बर्फ के पानी से। पीते भी थे तो बर्फ जैसा ठंडा दूध। फिर भी उनकी आवाज पर कोई असर नहीं होता था, जबकि अन्य नट मंचन से पहले कुछ खाना तक टालते थे।

दूध का प्याला खाली कर वे रंगभूषा के लिए बैठ गए। "विसूभाऊ, आज के इत्र बहुत खास हैं," कहते हुए उन्होंने अपना चेहरा सुखा लिया। बोडस ने कोई टिप्पणी नहीं की। उनकी समझ में नहीं आता था कि किसलिए चाहिए ये इत्र में भिगोए हुए कपड़े। लेकिन नारायण की जिद के आगे किसकी चलेगी! गंधर्व साड़ी पहनकर आए।

पूजा सम्पन्न हुई। अण्णासाहब की प्रतिमा को प्रणाम कर सभी तैयार हो गए। सारा माहौल धूप की खुशबू से महक उठा। तीसरी घंटी बजी। परदा हट गया। नांदी हुई और गंधर्व ने रंगमंच पर प्रवेश किया...।

और एक अनोखी खुशबू से सारा प्रेक्षागृह महक उठा। वह अफगानी महक सभी के दिलों पर खुशबू बिखेर गई। आँखों को आह्लाद पहुँचानेवाले नेपथ्य के परदे, पोशाकें, गंधर्व का लावण्य...उनकी केशसज्जा...कानों को तृप्त करता श्रवणीय संगीत, ईश्वरीय स्वर...और अब घ्राणेंद्रियों को तृप्ति पहुँचाती यह खुशबू। दर्शकों को सुभद्रा के महल में प्रवेश करने की अनुभूति हुई और तालियों की गड़गड़ाहट से थिएटर गूँज उठा। एक सम्भ्रान्त सौन्दर्य, कलात्मकता के आस्वाद का अनुभव...रसिकों के मन का आनन्द कलाकारों तक पहुँच रहा था। घर पर आए अतिथि को सन्तोषपूर्वक भोजन कराने में जिस सात्त्विक सन्तुष्टि की अनुभूति एक गृहिणी को होती है, उसी आनन्द से गंधर्व का मन भर गया था।

"नाना, बैठिए न।" दिनू ने कुर्सी आगे की।

"पगले, एक बार मंचन शुरू हो जाने पर कभी बैठते हैं हम?"

"पर नाना, लगातार वन्स मोर आते हैं। बीच-बीच में बैठना चाहिए। तनिक विश्राम।"

"भगवन्, विश्राम के लिए बैठकर कैसे चलेगा? साड़ी में सिलवटें नहीं पड़ेंगी? और फिर बताओ, सुभद्रा, सरस्वती और भामिनी के वस्त्रों में सिलवटें देखकर माई-बाप रसिक दर्शकों को कैसा लगेगा?" गंधर्व का मत था कि पौराणिक चरित्रों को मनुष्य से ऊपरी सतह के मानकर ही पेश करना चाहिए। इसीलिए साड़ियाँ, पोशाक ऊँचे ही होने चाहिए। गंधर्व ने साड़ी की जरी को छूकर देखा। खास बंगाल के सौदागर से खरीदी थी वह।

"इसीलिए नाना, आप आठ-आठ घंटे खड़े रहते हैं?" उनका खड़े रहना मामूली खड़े रहना नहीं होता था, बल्कि जरतारा साड़ी और सोने के गहने पहने खड़े रहना। गंधर्व अन्य नाटकवालों की तरह नकली गहने नहीं पहनते थे। इससे उन्हें घृणा थी, इसीलिए खास तौर पर बनाए गए थे ये गहने। बोडस और टेंबे ने यहाँ भी उनका विरोध किया था।

"कहते हैं, किसलिए ये लाखों के आभूषण? पर क्या कहें उनसे? अजी, सुभद्रा, शकुन्तला जब लाखों के आभूषण पहनेंगी, तभी तो उनकी चाल लाखों की लगेगी?" गंधर्व को महसूस होता कि उनकी बात नहीं जँची है उन्हें।

"रंगमंच पर जाने के बाद कुछ भी पता नहीं चलता, आठ घंटे हुए या दस घंटे। चाहे पैरों में दर्द हो, पर लोगों को पता नहीं चलना चाहिए भगवन्। आनेवाला रसिक दर्शक तुष्ट होकर ही घर लौटना चाहिए। हमारा नाटक दिल में बसाकर ही उसे लौटना चाहिए, चलिए।" और गंधर्व ने रंगमंच पर एंट्री ली।

तालियों की गड़गड़ाहट से थिएटर दुबारा गूँज उठा। अगले कुछ घंटे...सवेरा होने तक न तो गंधर्व थके और न ही वन्स मोर चिल्ला-चिल्लाकर दर्शक।

कल रात के मंचन में गंधर्व ने अनुभव किया कि बच्चे नाच में कम पड़ रहे हैं। उन्होंने सभी लड़कों को इकट्ठा किया। जाने कहाँ-कहाँ से इकट्ठा हुए थे ये लड़के। कोई पेट की खातिर तो कोई शौक की खातिर बाल बढ़ाए कम्पनी में शामिल हुए थे। सभी की आँखों में एक ही सपना होता था, गंधर्व बनने का। भीतर अभ्यास चल रहा था। पर एक लड़का कम्पनी से ऊब गया था। नाटक में उसका मन नहीं लग रहा था। उसे कुछ और करना था, पर साफ-साफ कुछ समझ में भी नहीं आ रहा था। उसके भीतर एक ऊर्जा थी, पर उसे कहाँ और कैसे राह मिलेगी, पता नहीं। कम्पनी में होकर भी वह न होने जैसा विचरता। लेकिन उसकी बुद्धि तेज थी और नजर भी पैनी। सौंपा गया कोई भी काम झट से सीख लेना, उसका स्थायी भाव था। आँखों में भी एक नई आभा। नाच के सभी अंगविक्षेप उसने एक ही बार में सीख लिये थे। उसे अभ्यास की आवश्यकता ही प्रतीत नहीं हो रही थी और टालमटोल करना भी उसके स्वभाव में नहीं था। बाकी लड़के भीतर वही-वही रट रहे थे। पैरों के मामूली विक्षेप गलत हो जाते थे। आखिरकार यह लड़का उठकर बाहर आ बैठा। तभी एक स्त्री भीतर आई। महँगी चन्द्रकला साड़ी पहने, बालों में गजरा। विसूभाऊ की घरवाली थी। कम्पनी में कभी-कभी कलाकारों की स्त्रियाँ भी आती थीं। उनके साथ सम्मानपूर्ण व्यवहार किया जाता था। यहाँ ओछेपन को कोई स्थान नहीं था। लेकिन विसूभाऊ कहीं बाहर गए हुए थे। उसने उस बच्चेनुमा लड़के से पूछा, "नाम क्या है रे तुम्हारा?"

"मैं शान्ताराम वनकुद्रे।"

"नए लग रहे हो?"

"नहीं जी! आठ महीने हो गए।"

"अच्छा सुन, हमारे वो हैं न, उनसे कहना, सुशीला के लिए दो रिश्ते आए हैं। जरा घर का चक्कर लगाएँ। मैं हल्दी-कुंकुम समारोह से हो आती हूँ। कहेगा न?"

"जी हाँ, कहूँगा, पर आपके वो यानी? उनका नाम?"

"नाम? धत्!" और विसूभाऊ की घरवाली ने शरमाकर हाथों से चेहरा छिपा लिया और "शैतान कहीं का" कहकर बाहर चली गई।

लेकिन शान्ताराम सम्भ्रम में। अब यह सन्देश किसे दें, सोचता हुआ वह देखता ही रह गया।

गंधर्व को रंगमंच पर देखने के लिए जैसी भीड़ उमड़ती ही थी, वैसी ही भीड़ उनके डेरे के आसपास भी लगी रहती थी। मनचलों की टोली जमा हो जाती। कोई कुरता-पायजामा तो कोई कोट पहनकर आता, पर सिर पर गंधर्व की तरह टोपी अवश्य रहती। दुकानदारों ने भी गंधर्व टोपी के तौर पर उसका विज्ञापन करना शुरू किया था। साथ में दादा लाडू द्वारा खींची गंधर्व की टोपी पहनी तस्वीरें। गंधर्व जैसा दिखना गर्व का लक्षण माना जाता था। गंधर्व दोपहर के भोजनोपरांत तनिक विश्राम के बाद रियाज, अभ्यास करते और मंचन से पहले किसी धनिक के निमंत्रण पर गपशप के लिए बाहर चले जाते। ये मनचले वहाँ भी उनकी बग्गी का पीछा करते।

आज भी डेरे के आसपास भीड़ जमा थी। कुछ मनचले कॉलेज के युवक और कुछ वयस्क लोग। अब गंधर्व बाहर निकलेंगे और हम उनकी छवि देखेंगे, इस आशा में सभी प्रतीक्षारत थे। और उन्होंने देखा, डेरे से एक स्त्री बाहर निकल रही है। चन्द्रकला साड़ी पहने, बालों में मौलसिरी के फूलों का गजरा। नाटक के डेरे में औरत! मनचलों की भवें तन गईं। यहाँ औरत कैसे आ सकती है? उनमें खलबली मच गई। नन्दिया का दिमाग, जो ऐसे वक्त बढ़िया चलता है, अब बिलकुल दौड़ने लगा। गंधर्व तो नहीं होंगे? और मनचलों के बीच आँखों ही आँखों में इशारा हो गया। वह स्त्री कहिए या व्यक्ति, बग्गी में बैठा। बग्गी चल दी। मनचलों ने बिना समय गँवाए साइकिलें दौड़ाईं। कुछ तो दौड़ने भी लगे। मनचलों की टोली बग्गी का पीछा करने लगी। बीस एक मिनट का फासला तय करने के बाद बग्गी एक कोठी के पास आकर रुकी। वह व्यक्ति भीतर गया। मनचलों ने देखा, भीतर औरतों का जमावड़ा। हल्दी-कुंकुम समारोह था। मनचले कोठी के इर्द-गिर्द मँड़राने लगे। अब वह व्यक्ति अन्य चन्द्रकला साड़ियों में घुल-मिल गया।

टोली बाहर ही रुकी। कुछ स्त्रियों के ध्यान में आया। ये निठल्ले यहाँ क्या कर रहे हैं! कहती हुई दो-तीन वयस्क स्त्रियाँ बाहर आईं। उन्हें देखकर मनचलों ने अपनी साइकिलें वापिस दौड़ाईं और कोठी से दूर जाकर खड़े हो गए। कुछ देर बाद बग्गी फिर डेरे की ओर लौटती हुई दिखाई दी और मनचलों के दिमाग में बिजली कौंधी। गंधर्व हल्दी-कुंकुम समारोह में शामिल हुए और अन्य स्त्रियों ने उन्हें पहचाना तक नहीं! खबर हवा से भी तेज रफ्तार से फैल गई। गंधर्व को किसी ने भी नहीं पहचाना। शाम को नदी के चबूतरे पर बाकायदा बैठक हुई। नन्दू ने सीना तानकर सारा वृत्तान्त सुनाया, ''अजी, मैंने अपनी आँखों से देखा है। गंधर्व स्टाइल के बाल और बिलकुल वही गजरा...।''

लक्ष्मण ने बीच में ही मुँह मारा, ''और साड़ी की कोंछ...और गहने भी गंधर्व स्टाइल के।''

फिर दिवाकर क्यों पीछे रहता? वह तो और आगे बढ़ गया, ''मैंने सोचा, हो न हो ये गंधर्व ही हैं। फिर चला गया उनके पीछे-पीछे। बग्गी कोठी के सामने ऐऽसी खड़ी हुई। गंधर्व उतरे। फिर मैंने सीधा उन्हें पुकारा। क्यों, नारायणराव! वे चौंके। पल-भर के लिए रुके और फिर तेजी से सीधे भीतर चले गए।''

मन्दिर में भी चर्चा। जिस कोठी में हल्दी-कुंकुम समारोह हुआ था, उसका मालिक सबूत के तौर पर बेलपत्र उठाता हुआ बोला, ''हमारी शिंत्रेकोठी में हुआ यह। गंधर्व आए।

उनकी चाल, हँसी, भामिनी की तरह गर्दन मोड़कर बात करना, हाथों के कंगन। मैंने पहचान लिया। सोचा, ये बालगंधर्व ही हैं।''

''पर शिंत्रेजी, आप क्या कर रहे थे औरतों के हल्दी-कुंकुम समारोह में? क्या इत्र छिड़क रहे थे?'' भटजीबोवा ने सही आशंका जताई।

''अजी, बीते साल जब से इनकी घरवाली गुजरी है, तब से औरतों के बीच ही रहते हैं ये।'' हँसी के फौवारे छूटे।

''बस, बहुत हुआ।'' शिंत्रेजी गुस्सा हुए। ''तात्पर्य समझने का प्रयास कीजिए। अजी, औरतें भी न पहचान पाएँ, ऐसा स्वाँग रचाना क्या आसान बात है?''

''और क्या! ये गंधर्व यानी एक चमत्कार ही हैं जी!''

और इसी निष्कर्ष पर सभा समाप्त हुई। गंधर्व को कुछ भी पता नहीं था। पर लोगों ने कोल्हापुर-हुबली तक यह खबर पहुँचा दी। खबर देनेवाला आदमी अपने किसी दूर के रिश्तेदार द्वारा गंधर्व को पहचानने का हवाला देता। इसलिए खबर की सच्चाई की पड़ताल करने की जहमत कोई नहीं उठाता। उस सावन के महीने में गंधर्व आठ-दस घरों के हल्दी-कुंकुम समारोहों में शामिल हो गए थे और उन्हें खुद को भी इसका पता नहीं था। किसी ने यह भी अफवाह उड़ा दी कि गंधर्व ने ही ऐसी शर्त लगाई थी। फिर सभी तरफ गंधर्व की इस हल्दी-कुंकुम समारोह की आख्यायिका फैल गई।

लड़के कहकहे लगाते रहे। ''कैसा सॉलिड न,'' निशा बोली।

''सर, जिन्दा रहते लीजेंड बन जाना, कितना ग्रेट है, नहीं?'' पोनी बोला। सनत ने तुरन्त उसके इस वाक्य को पकड़ लिया और बोला, ''अरे, यह जुमला बहुत अच्छा रहेगा वॉयस ओवर के लिए।''

''हाँ, और मुझे लगता है, हम गंधर्व की ये सारी तस्वीरें भी दिखाएँ स्क्रीन पर। कितनी अच्छी हैं, न, देखो। कॉलेज युवती के भेस में।'' निशा ने एक तस्वीर उठाई। फिर अक्षय भी दूसरी तस्वीर उठाते हुए बोला, ''और गंधर्व की यह तस्वीर भी दिखाएँगे द्राक्षासव के विज्ञापन की।'' देखते ही देखते लड़कों ने अल्बम की सारी तस्वीरें नोट कर लीं। ''सर, यानी गंधर्व को उस दौर का फैशन आइकॉन ही मानना चाहिए, क्यों?'' अक्षय ने पूछा।

''और क्या, महाराष्ट्र का ही नहीं, बल्कि पूरे भारत का पहला फैशन आइकॉन। देखिए न उनका हेयर स्टाइल, आभूषण, कपड़े सभी का अनुकरण होने लगा था,'' निशा बोली।

''सुना है, रात के मंचन में गंधर्व जो कपड़े पहनते, वे दूसरे दिन से पूरी मुम्बई शहर में दिखाई देने लगते थे!''

''मुझे लगता है, नाटक के इतिहास में इतनी जबरदस्त पाप्युलॅरिटी आज तक किसी को भी नसीब नहीं हुई होगी।''

''सवाल ही नहीं।''

''हूँ।'' सर ने लड़कों की तरफ देखा। लड़कों की यह जिज्ञासा, उनका उत्साह उन्हें आशादायी लगा।

''वाह, बढ़िया।'' सर ने गर्दन हिलाई।

पोनी बोला, "अक्षय, आज हम मेरे घर पर ये पिक्स स्कैन कर डालेंगे।"

"बहुत रेयर तस्वीरें हैं बच्चो, खयाल रखना," सर ने कहा। लड़के तस्वीरें इकट्ठा करते-करते अपने आप में खो गए।

महेश और चिन्मय हॉल के एक कोने में बैठे थे, "महिया, एक बात पूछूँ?

"क्या?"

"गंधर्व की तस्वीरें देखीं?"

"हाँ।"

"तनिक वयस्क नहीं लगते वे? और जरा मोटे भी? फोटो क्वालिटी का भी असर हो सकता है, पर वॉज ही रियली दैट ब्यूटीफूल?"

"देखो, तुम ये मोटे वगैरा कहते हो, तो सुनो। जीरो फिगर वगैरा ये सब आज के कान्सेप्ट हैं। उस जमाने में ऐसी ही फिगर सुन्दरता की द्योतक हुआ करती थी। और उसे भी अलग ढंग से प्रस्तुत किया गया है। उस दौर के गंधर्व के दर्शक मराठी मध्यवर्ग से आते थे। तब अलग बाथरूम नहीं होते थे। पुरुष नदी पर, कुओं पर नंग-धडंग होकर बेफिक्री से नहा सकते थे। स्त्रियों को भी नहाने के लिए कोई ओट मिल जाए तो काफी होता था। सुन्दर दिखने के लिए प्रयास करना, कुलीन स्त्रियों में रिवाज ही नहीं था। बल्कि बनाव-शृंगार-नखरा ओछेपन की निशानी मानी जाती थी और स्त्रियों को सुन्दरता की रक्षा वगैरा की अनुमति भी नहीं थी। ऊपर से, सयानी होने से पहले ही ब्याह और सयानी होते-होते बच्चों का लेंहड़ा। काहे की फिगर और काहे का सौन्दर्य! अपने स्वास्थ्य की अनदेखी और लापरवाही, यही पातिव्रत्य समझा जाता था।

"इसीलिए, उस दौर में गंधर्व का सुन्दर दिखना, सजना-सँवरना, उनकी नाजो-अदा मराठी दर्शकों को पसन्द आई हो, तो इसमें अचम्भा कैसा? शायद इसी कारण लोगों को सौन्दर्य की अहमियत समझ आई होगी। अपनी पत्नी में भामिनी को ढूँढ़ रहा पति उसे उसी रूप में देखने की कोशिश करने लगा होगा। तब जाकर समाज में सौन्दर्य-प्रसाधनों की बिक्री शुरू हुई होगी। युवाओं ने जरा-सी बगावत कर घर की स्त्री को वैसे ही कपड़े, वैसे ही आभूषण और वैसा ही हेयरस्टाइल अपनाने को मजबूर किया होगा।"

"हूँ, यानी महिया, कुल मिलाकर यह कह सकते हैं कि महाराष्ट्र को सौन्दर्य और शृंगार का पाठ गंधर्व के नाटकों ने पढ़ाया है, क्यों?"

चिन्मय की बात पर महेश ने ऐसा जोर से ठहाका लगाया कि सभी पलटकर उनकी तरफ देखने लगे। "कुछ नहीं, जस्ट फन," कहते हुए उसने हाथ हिलाया। "वाकई यार, कुरुंदकर जैसे विद्वानों ने भी यही कहा है। उनके नाटकों ने जीवन के इस रस के दरवाजे खोल दिए।" महेश आगे कहने लगा, "और दूसरी बात, उस दौर में बिजली नहीं थी। मशाल और पेट्रोमेक्स के उजाले में नाटक खेले जाते थे। ऐसे में कितना क्लियर चेहरा दिखाई देता होगा? लेकिन उनके हावभाव...उनकी कोमलता...नाजो-अदा तो मोहित कर जाती होगी न लोगों को! आवाज भी कोमल। अरे, अपने पति से बतियाने के लिए स्त्रियों को कहाँ समय मिलता था उस जमाने में? सारी जवानी सौरीघर के अँधियारे कमरे में गुजारना और बचा हुआ समय घरेलू कामों में और व्रत-उपवास में बिता देना।

ऐसे में पति के हिस्से में कितनी आती होंगी वे? पर ऐसा भी नहीं है कि लोग गंधर्व को केवल इसी कारण पसन्द करते थे। गंधर्व अपनी सुन्दरता पर बहुत मेहनत करते थे। उनके विग विलायत से आते थे। आभूषण भी सोने के। वे लगातार इसी फिक्र में रहते कि दर्शकों की आँखों को और सुहाना लगे इसलिए नयापन कैसे लाया जाए? इस वजह से उनका ऑडियन्स भी बढ़ गया और अलग-अलग तबकों से उन्हें प्रशंसक मिलते गए।

"मतलब?"

"अरे भाई, मराठी दर्शक तो थे ही उनके मुरीद। पर गुजराती, पारसी, सेठ, इसाई सभी आते थे उनका नाटक देखने। खैर, तुम्हें उनकी पाप्युलॅरिटी की एक झलक सुनाता हूँ। साऊथ के सिनेमावाले, नाटककवाले अपने नाम से पहले बी अक्षर लगाते हैं, बी नागी राव वगैरा। जानते हो क्यों?"

"क्यों?"

"बी यानी बालगंधर्व।"

"व्हॉट?"

"हाँ, उस जमाने में बालगंधर्व के गायन और अभिनय ने पागल ही बना दिया था उन्हें।"

"माय गुडनेस! महिया, सॉलिड, क्या बात है!"

"अरे, तुम नहीं जानते, तुम्हारे परदादा किस आदमी के साथ थे।"

"हाँ यार, साला...।

"ऐसा है, पीछे मुड़कर देखेंगे, तो त्रुटियाँ तो दिखेंगी ही। पर उनके युग को अनदेखा करके किसी मनुष्य का सही मूल्यांकन भी नहीं हो सकता।"

"और क्या, वर्तमान के चश्मे से उस जमाने के अचीवमेंट्स की तरफ देखना भी ठीक नहीं है।"

"नहीं, नहीं। देखिए न, वर्तमान के चश्मे से भी देखिए। पता चलेगा, लोगों की मानसिकता में बदलाव लाने का कितना बड़ा कार्य किया है उन्होंने। यह बदलाव मात्र रंगमंच तक सीमित नहीं था। लोग अपने घर ले जाते थे उस जीवनशैली को। उसमें सौन्दर्य था। समाज में जड़ पकड़ी नीरसता को उन्होंने उखाड़ फेंका। मराठी मनुष्य की जिन्दगी में फूल आए, खुशबू आई। आम आदमी की बात कर रहा हूँ मैं। वरना ये सब राजे-रजवाड़ों और रियासती घरानों के शौक माने जाते थे। उस जमाने में गंधर्व के नाटक देखकर एक पुरुष को यदि एक फूल ईश्वर को अर्पित करने और दूसरा फूल पत्नी के बालों में लगाने की इच्छा हुई होगी, तो कितनी ग्रेट बात है यह। और स्त्रियों में भी खुद को सजाने, खुद की तरफ देखने की इच्छा जगाना, यह भी कितना ग्रेट है, नहीं? गंधर्व ने यही किया है।"

"पर एक बात है, उनकी पाप्युलैरिटी ऑल टाइम ग्रेट ही थी। उनकी तरफ देखकर ही समझ में आता है कि समय पर हुकूमत करना किसे कहते हैं।"

"आजकल, इस तरह लांग रन पाप्युलैरिटी का जमाना नहीं रहा।"

"उस युग में और नट भी थे। पर उनकी तुलना में गंधर्व को सबसे ज्यादा लोकप्रियता मिली। क्योंकि उन्होंने युवा वर्ग को आकृष्ट किया था। उनकी पसन्द बने ऐसा नया हेयरस्टाइल, कपड़े और फैशन को अपनाया था उन्होंने।"

"एक्सक्यूज मी...", सनत की पुकार पर सभी ने उस तरफ देखा। "मैंने जो लिखा है, उसे जरा सुनेंगे?"

सभी इकट्ठा हुए और सुनने लगे।

"हाँ। तो वॉयस ऑवर ऐसा होगा...सन् 1913, गंधर्व नाटक मंडली की घुड़दौड़ शुरू हुई और पुष्य नक्षत्र पर स्थापित इस नाटक मंडली ने चारों दिशाएँ पदाक्रान्त करना शुरू किया। और यह बताते समय हम उनके मूकनायक, शापसम्भ्रम, मृच्छकटिक, संशयकल्लोळ जैसे नाटकों के बोर्ड दिखाएँगे।"

"गुड। आगे?"

"हाँ, तो गंधर्व का नाटक देखने जाना मतलब मानो ईश्वरीय सौन्दर्य का आनन्द प्राप्त करना।" गुड, कहते हुए सभी की गर्दनें डोलीं। सनत को अच्छा लगा। उसने जोश में पढ़ना शुरू किया।

"गंधर्व की केशसज्जा, गंधर्व की वेशभूषा, गंधर्व की गायकी...गंधर्व गंधर्व गंधर्व...सभी तरफ गंधर्व। बालगंधर्व मानो उस युग के सौन्दर्य की, सम्भ्रान्तता की और लोकप्रियता की परिभाषा ही बन गए...।"

"फैंटास्टिक!" सभी ने हामी भरी।

महादेव साने की दुकान के सामने कलेक्टरनी साहिबा की गाड़ी आकर रुकी। साने ने नौकर को पुकारा और चेहरे पर हँसी बिखेरकर स्वागत के लिए सामने आए। कलेक्टरनी ने साने की तरफ बिना देखे ही प्रणाम का स्वीकार कर लिया। साने ने नौकर को नया जाजिम बिछाने का इशारा किया। नौकर जाजिम बिछाने लगा। कलेक्टरनी साहिबा, यानी पुरानी ग्राहक। वे ठसक के साथ बैठ गईं। उनकी शान उनके चेहरे पर भी दमक रही थी। साने बिना वजह हँसते हुए उनका कुशल-मंगल पूछने लगे। कलेक्टरनी के साथ एक छोटी लड़की थी। शायद नई-नई काम पर रखी होगी, क्योंकि इससे पहले उसे कभी नहीं देखा था। वैसे भी कलेक्टरनी साहिबा के पास नौकर ज्यादा टिकते नहीं थे। कलेक्टरनी तनिक निढाल होकर कहने लगीं, "साड़ियाँ दिखाइए।"

"जैसी आपकी मर्जी...अरे भीमिया, वो नई आई साड़ियाँ दिखाना तो जरा...खास बनारसी।" साने ने मन ही मन सोचा, ये साड़ियाँ देखकर कलेक्टरनी अगर नाक-भौं सिकोड़ती है, तो कलकत्ते का असली माल दिखाएँगे। वैसे खास ढाक्के से मँगाया माल भी था। चार गट्ठर नापसन्द करके ही कलेक्टरनी को सन्तोष मिलता है, साने को पता था।

"नहीं चाहिए ये बनारसी-फिनारसी..." कलेक्टरनी फूत्कार उठीं। "मुझे वो दिखाइए, सिन्दूरदानी के रंगवाली! भामिनी *विनयहीन वदतां, नाथा, नाही मी बोलत आता*...गाते समय पहनती है न वह...।" कलेक्टरनी ने उल्टा-सीधा गाकर भी सुनाया।

साने की कुछ भी समझ में नहीं आया। कौन भामिनी? और इन्हें उसकी साड़ी से ईर्ष्या?

"भामिनी?" साने बुदबुदाए।

"हाँ, देखा है न आपने *मानापमान*, गंधर्व का?"

"नहीं।" साने को तनिक अन्दाजा आया।

"नहीं देखा?" कलेक्टरनी ने तरस खाने के अन्दाज में उनकी तरफ देखा। "अच्छा...वो मयूरपंखी है, ऐऽसी ऐऽसी बेलबूटीवाली...ऐऽसा पल्लू ओढ़ते हुए गंधर्व कहते हैं न...*खरा तो प्रेमा ना धरि लोभ मनी*। उन्होंने बिलकुल नाजो-अदा के साथ गाकर भी दिखाया। साने सिटपिटा गए।

"*सौभद्र* देखा है न?"

"नहीं देखा जी..।" साने ने पसीना पोंछते हुए कहा।

"*मानापमान* नहीं देखा, *सौभद्र* नहीं देखा...कम से कम *शाकुन्तल* तो देखा ही होगा?" कलेक्टरनी के चेहरे पर तरस खाने की छाया बिम्बित हुई।

"न...न...नहीं।" साने का नौकर भी हड़बड़ाकर देखता ही रह गया।

"फिर गंधर्व का *मृच्छकटिक, गुप्तमंजूष, शारदा?*"

"नहीं जी, मैंने गंधर्व का कोई भी नाटक नहीं देखा है।" शरणागत भाव से साने बोले।

कलेक्टरनी ने हाथ में उठाई साड़ी नीचे फेंक दी। "नहीं? फिर क्या देखा है आपने जिन्दगी में? सिर?"

कलेक्टरनी का यह रूप साने के लिए नया था। वे आजिजी से कलकत्ते की, ढाक्के की साड़ियाँ हाथ में लेकर दिखाने लगे, "नहीं, पर और भी हैं न साड़ियाँ...।"

"तो आग लगाऊँ उन्हें?" कलेक्टरनी लगभग चीख पड़ीं। "अजी, हमारे यहाँ हमेशा दावतें होती हैं। मामूली अफसरों की बीवियाँ भी गंधर्व फैशन की साड़ियाँ पहनकर आती हैं। मैं तो कलेक्टरनी हूँ। ये देखिए मेरे गहने, ये बाल, हैं न बिलकुल बालगंधर्व? साहब का तो आदेश ही है कि घर में कदम रखते ही ऐसा लगना चाहिए कि सामने गंधर्व खड़े हैं।" कहती हुई वे शरमा गईं। "वैसी साड़ियाँ आ जाएँ तो बताना।" वे उठीं और बाहर भी चली गईं। साने जब तक सँभलते, गाड़ी शुरू भी हो चुकी थी। साने ने सिर पीट लिया। "गंधर्व! गंधर्व! गंधर्व...भीमिया...इन औरतों को हो क्या गया है? जाओ, गंधर्व के नाटकों के टिकट ले आओ। वरना धन्धा चौपट...।" कहते हुए वे नीचे ही बैठ गए।

दो दिन बाद वे गंधर्व का नाटक देखने थिएटर पहुँचे। "हे राम, ये भीड़ है या कुछ और?" आसपास लोगों का समुद्र उमड़ा देखकर वे बुदबुदाए। 'अच्छा हुआ भीमिया को पहले ही टिकट के लिए दौड़ाया था।' थिएटर के बाहर बग्गियाँ आ रही थीं, लोग उतर रहे थे। साने किसी परिचित चेहरे की तलाश में थे कि उन्हें पुकार सुनाई दी, "वाह, सानेजी, आपको भी है यह शौक!" उन्होंने देखा, तातोबा भस्मे। शौक? साने पसीना-पसीना। "और क्या। बेढंगा शौक है यह बालगंधर्व का नाटक, बेढ़ंगा।" भस्मे संगीत शिक्षक थे और महफिलें भी किया करते थे। "हमारे गुरुभाई हैं, ग्वालियर घराने के गायक पंडित द्वारकानाथ। बोले, चलो देख आते हैं, क्या गाता है वह बालगंधर्व। इसलिए आया हूँ।" साने के लिए ये घराना वगैरा बातें समझ के परे थीं। संगीत के बारे में वे पूरी तरह से

अनभिज्ञ थे। शौक भी नहीं था। पर केवल साड़ियाँ और गहने देखने आया हूँ, ऐसा कहना भी उन्हें ठीक नहीं लगा। वे खामोश रहे। तभी एक बग्गी आई। लोग आदर से पीछे हट गए। साने देखने लगे। बग्गी से न्यायमूर्ति देशमुख और प्रिंसिपल दाते, दोनों साथ-साथ नीचे उतरे। ऐसे विद्वान भी आते हैं यहाँ? साने चकराए। कम्पनी के किसी आदमी ने उनका स्वागत किया।

"क्या? स्वयं दाते-देशमुख पधारे हैं?" टेंबेजी ने खुशी से पूछा।

"वाह। आज तो खूब मजा आएगा। दोनों नाटक के जानकार हैं। शेक्सपीयर पूरा जबानी याद है उन्हें। और, नारायणराव, ग्वालियर घराने के द्वारकानाथ भी आए हैं। आज कमाल हो जाना चाहिए।"

गंधर्व हँस दिए, "विसूभाऊ, अजी नाटक देखने आया हर रसिक हमारे लिए माई-बाप है। कोई भी आए, हमें दिल से गाना चाहिए," कहते हुए उन्होंने शो से पहले का दूध का प्याला ओठों से लगाया।

बाहर का जनसमुदाय देखकर साने को यूँ ही अच्छा लगा। शहर के सम्भ्रान्त, अमीर लोग आ रहे थे। उनकी धराऊ पोशाकें। महिलाओं के खास आभूषण। तभी उन्हें एक परिचित बालों का जूड़ा दिखाई दिया और बाद में कलेक्टरनी साहिबा। सभी तरफ इत्र की खुशबू महक रही थी। लगता है मानो किसी का ब्याह है—वे बुदबुदाए। पड़ोस में बैठा व्यक्ति कोट के बटन लगाता हुआ बोला, 'हाँ, है न, आज सुभद्रा का ब्याह है।' आसपास के लोग हँस दिए। साने ने सोचा, आज पत्नी को भी साथ में लाना चाहिए था। उसे भी अच्छा लगता। हमेशा काम में जुती रहती है बेचारी। यहाँ कैसा उत्सव का माहौल है। ये लोग बेढंगे शौकीन होंगे, ऐसा उन्हें नहीं लगा।

उस तरफ एक दूसरी चर्चा चल रही थी। द्वारकानाथ को जाननेवाले लोग उन्हें घेरकर खड़े थे। "आजकल नाटक कम और गाने ही ज्यादा सुनाते हैं," पंडितजी कह रहे थे।

"और क्या?" एक आदमी उछलकर बोला, "पहले जमाने में नाटक में अकेला सूत्रधार गाता था। अब तो सारे के सारे पात्र गाते रहते हैं। परसों समाजहितैषी कम्पनी का *मृच्छकटिक* था। *सूली की तरफ जा रहा चारुदत्त* इतना गाया, इतना गाया कि मुझे कहने की इच्छा हुई, ससुरे, दो कदम पर मौत है तेरी, गाने क्या गाता है? लेकिन मैं कहने के लिए उठा तो उसे लगा कि मैं वन्स मोर दे रहा हूँ। फिर लगा गाने जी वह।" और जोरदार कहकहे लगे।

"ऐसा है तो गाने की महफिलें ही क्यों नहीं सजाते ये लोग?" पंडितजी के स्वर में ताने का भाव था।

अब भस्मे आगे बढ़े, "महफिल? महफिल में गाने के लिए साधना चाहिए, आवाज चाहिए और संगीत का ज्ञान भी। ये नौटंकिए क्या गाएँगे?"

बग्गियों, गाड़ियों से लोग आते रहे। नाटक का समय हो गया।

साने भीतर गए। भस्मे बगल में ही बैठे थे। परदा खुल गया। नांदी शुरू हुई। तुम्हां तो शंकर सुखकर हो...नांदी के बाद नटी और सूत्रधार गाने लगे। *झाली ज्याची उपवर दुहिता, चैन नसे त्या तापवी चिन्ता...*। सचमुच, साने को अपनी ही विवाह योग्य कन्या याद हो आई। उसकी चिन्ता से वे तनिक बेचैन हुए। फिर कृष्ण आया, उसका भी गायन

शुरू हुआ। साने में अब दिलचस्पी जगने लगी। भस्मेबोवा के चेहरे पर अभी भी नापसन्दगी का भाव था। लेकिन द्वारकानाथ सुन रहे थे। नारद के प्रवेश से मजा आया। उसने खूब हँसाया। फिर सुभद्रा को कन्धे पर उठाए राक्षस आया। सुभद्रा के आने से लोगों में एक अलग ही लहर उत्पन्न हुई। उसके इत्र की महक सातवीं कतार में बैठे साने के नाक को भी मोहित कर गई, खुशी दे गई।

अर्जुन से राक्षस का द्वन्द्व युद्ध शुरू हुआ। दोनों नेपथ्य में गए और प्रेक्षागृह में खामोशी छा गई। सुभद्रा जग गई। उठी। उसने इधर-उधर देखा। वह अब क्या बोलेगी, सुनने के लिए लोग अधीर प्रतीक्षा में थे।

"अरी, जरा-सी नींद क्या लग गई तो महल में मुझे अकेली छोड़कर सारी दासियाँ चली गईं?" कहते हुए उसने हैरान होने का अभिनय किया।

"कौन है यह स्त्री?" साने ने पड़ोस में बैठे आदमी से पूछा। "स्त्री, अजी स्त्री नहीं। ये ही तो हैं बालगंधर्व...।" साने चकित। उसका बोलना...बैठना...उसकी अदा। इतने सालों से स्त्रियों के सान्निध्य में रहकर भी मैं धोखा खा गया? यह और पुरुष? नाटक तेजी से आगे बढ़ने लगा। साने खो गए। गाना शुरू होते-होते कब पात्र बोलने लगते और बोलते-बोलते कब गाने, समझ ही नहीं आता। नाटक और संगीत कैसा घुलमिल गया था। गाना शुरू होते ही यकीनन झपकी लेनेवाले साने बड़ी गम्भीरता से सुनते रहे। साड़ियाँ देखना उन्हें याद भी नहीं रहा।

अचानक, "वाह, नारायणराव वाह!" की आवाज सुनाई दी। उन्होंने देखा, तल्लीन होकर सुन रहे पंडित द्वारकानाथ! अचानक उनके मुख से जोरदार दाद निकल गई। "क्या गिटकिरी है...वाह। एक भी सुर कच्चा या उन्नीस नहीं लग रहा है इनका, वाह! ऐसा सच्चा सुर सुनने को भी नहीं मिलता।" द्वारकानाथ कह रहे थे। मध्यांतर में भी उनकी बात लगातार जारी। "साँस में भी कैसी प्रदीर्घता...अद्‌भुत!"

भस्मेजी से सहा नहीं जा रहा था। "लेकिन रागों को एक-दूसरे में मिला देते हैं गाते समय।" उन्होंने शिकायत का सुर अलापा।

"हाँ, पर कितना हूबहू। एक राग से दूसरे राग में प्रवेश करने में भी कितनी नजाकत? वाह...महफिल के गाने का आनन्द देते हैं और गाना भी अलग नहीं लगता, बल्कि नाटक का ही अंग बन जाता है। वाह...।" अब भस्मे को बोलने के लिए कुछ भी नहीं सूझा। एक के बाद एक अंक आगे बढ़ते गए। साने की पारखी नजर ने सारी साड़ियाँ नोट कर लीं। सारा खालिस माल। जरी भी ढाक्के की। यूँ ही नहीं स्वयं सुभद्रा सामने खड़ी दिखती है। नाटक समाप्त हुआ। सवेरा होनेवाला था। साने को यकीन नहीं हो रहा था कि वे रात-भर जाग रहे थे। नहीं, बल्कि जागते हुए एक विलोभनीय सपना देख रहे थे। नाटक समाप्त होते ही द्वारकानाथ रंगशाला की तरफ दौड़े। साथ में भस्मे भी थे और साने भी।

पंडितजी ने गंधर्व के पैर पकड़ लिये।

"भगवन्, भगवन् यह क्या? आप शास्त्रीय संगीत के अधिकारी...।"

"नहीं नारायणराव...नहीं। संगीत के सच्चे अधिकारी आप हैं। कली से फूल बनने जैसा सहज है आपका गान...ईश्वरीय है जी बिलकुल ईश्वरीय।"

बाहर आते वक्त साने बोले, ''पंडितजी, मैं नहीं समझ सका आपकी बात। वे राग, वे बन्दिशें...पर कैसा सुकून पहुँचाता है गाना? लगता है, बस सुनते रहें। अच्छा, चलता हूँ।'' प्रणाम कर साने चले गए। पंडितजी भस्मे जी से बोले, ''विद्वानों की महफिलों और संगीत की पाठशालाओं की चौखट में कैद हमारे संगीत को इस गंधर्व ने सभी के लिए खुला कर दिया है। इस साने जैसे लोगों तक पहुँचाया है। वाह, भस्मे वाह...गानों में पात्रों के मन के भाव झलक रहे थे।'' आसपास गंधर्व के गान में नहा चुके लोग बाहर आ रहे थे। सुबह होनेवाली थी। पंडितजी एक खुमार लिये ही अपने निवास की तरफ चल दिए।

किर्लोस्कर कम्पनी का रंगसाज कम्पनी की तख्तियाँ बना रहा था। बड़ी सफाई से उसका ब्रश चल रहा था। शंकरराव उसके लयबद्ध हाव-भाव की तरफ देखे जा रहे थे। आजकल उनके पास काफी समय होता है। अब यहाँ लोगों की आवाजाही भी कम हो गई है। सफलता के साथ-साथ लोग भी यहाँ पीठ फेर लेते हैं। इस नाटकीय दुनिया का यही तो दस्तूर है। यहाँ निरंतर सफलता अपेक्षित होती है। कल की सफलता आज काम नहीं आती। पांडोबा क्षीरसागर, बलवन्तराव पेठे, गोविन्दा मुलगाँवकर जैसे नट भी *गंधर्व कम्पनी* में चले गए थे। पेटपोसुआ नट सभी ऐसे ही होते हैं। चार कौड़ियाँ ज्यादा मिलते ही निष्ठा बदल देते हैं और कम्पनियाँ भी नटों को अगवा करने में माहिर हैं। उनका मन कसैला हो आया। गंधर्व के चले जाने से कम्पनी की सारी शान चली गई थी। लेकिन तुरुप का पत्ता गँवाने की अपेक्षा गलत चाल चलने की टीस उन्हें ज्यादा थी। शतरंज में हार जाने की टीस। मुझे जरा सब्र से काम लेना चाहिए था। पंडित को शुरू से ही कम्पनी से दूर रखना चाहिए था। उनके दिमाग में विचारों का कोलाहल मचा था। गंधर्व के मामले में हाथ तनिक ढीला रखना चाहिए था। ग़लती हो गई। रंगसाज की एक-एक फटकार के साथ उनके मन में पुरानी घटनाओं के चित्र खड़े होने लगे थे।

अचानक रंगसाज उनके पास आया। हाथ की तख्तियाँ दिखाते हुए उसने पूछा, ''कहाँ लगानी हैं?'' उन्होंने तख्ती पढ़ी, 'यहाँ थूकना मना है।'

''लगाओ मेरे चेहरे पर!'' रंगसाज परेशान।

''अरे भाई, बालगंधर्व के चले जाने से दर्शक मेरे चेहरे पर थूक भी सकते हैं।'' रंगसाज के चेहरे पर बड़ा-सा सवालिया निशान देखकर शंकरराव ने ठहाका लगाया। उन्हें जरा खुलापन महसूस हुआ। ठीक है, आजकल उनके दिन चल रहे हैं। समय खुद को कभी किसी एक की किस्मत के साथ बाँधे नहीं रखता। खुद को समझाते हुए उन्होंने रंगसाज को इशारा किया, ''थिएटर के कोने-कोने में लगाना। नाटक देखने आए लोग थूक-थूककर थिएटर गंदा क्यों कर डालते हैं, एक पहेली ही है,'' कहते हुए वे उठे।

अब नया नाटक चाहिए। गडकरी जी से पूछना होगा। उनके जहन में विचार आया और उनमें जोश जगा गया। उन्होंने पुकारा और उनके सहयोगी भावे सामने आए। शंकरराव ने उनसे कहा, तुरन्त गडकरी जी को बुलावा भेजिए। भावे बोले, ''शंकरराव, कल ही तो मिले थे गुरुजी। ग्रन्थालय में। शेक्सपीयर की कोई अंग्रेजी किताब लेने आए थे।'' फिर कहें या न कहें सोचते हुए उन्होंने कह डाला, ''नया नाटक लिख रहे हैं, *पुण्यप्रभाव*

शीर्षक से।'' शंकरराव ने तुरन्त हिसाब लगाया। पु ण्य प्र भा व...पंचाक्षरी शीर्षक। बढ़िया। *मानापमान, मृच्छकटिक, मूकनायक, गुप्तमंजूष*...कम्पनी के पंचाक्षरी सफल नाटकों के शीर्षक उनकी आँखों के आगे कौंध गए। पाँच का आँकड़ा लाभप्रद है हमारे लिए। बा ल गं ध र्व...मानो उनके पंचाक्षरी कौर में नमक की डली आ गई...पर इस विचार को दिल से निकाल फेंककर उन्होंने भावेजी को तुरन्त गडकरी गुरुजी के घर कसबा जाने के लिए कहा। सम्भ्रम में भावे जी के कदम नहीं बढ़ रहे थे। फिर बोले, ''लेकिन यह नाटक वे *गंधर्व कम्पनी* को देनेवाले हैं। खुद उन्हीं ने कहा था।'' शंकरराव चकित। उन्हें कानों पर यकीन नहीं हो रहा था। गडकरी गुरुजी भी? क्या ये वही गडकरी हैं, जिन्होंने किर्लोस्करद्रोहियों को त्रिकाल में नाटक न देने की कसम खाई थी? इस नाटकीय दुनिया में सबकुछ नकली है। प्रेम भी, निष्ठा भी और दुश्मनी भी?

वे वैसे ही बैठे रहे। काफी देर तक। रंगसाज तख्तियाँ लगाता रहा। *यहाँ थूकना मना है।* उन्हें उसके हथौड़े और कीलों की आवाजें सुनाई दे रही थीं और ऐसा दर्द उठ रहा था, मानो एक-एक कील उनके ही मस्तक में भी ठुँकी जा रही हो।

मृच्छकटिक ने भी तहलका मचा दिया। *गंधर्व कम्पनी* का नाटक और टिकट तुरन्त खत्म—सिलसिला ही शुरू हो गया। मुम्बई जीत ली हमने नारायणराव, टेंबे हर्षातिरेक से सभी से कहने लगे। टेंबे की यही खासियत थी। सभी से मिल-जुलकर रहना। गोविन्दराव टेंबे यानी कम्पनी के हर आदमी के लिए दिल खोलने की जगह। गंधर्व की बात अलग। बाकी लोगों से उनका सम्बन्ध कम ही बनता था। इस कारण मुम्बई जीत जाने की खुशी में टेंबे ने सभी को शामिल कर लिया था। पर पंडित खुश नहीं था।

''ज्यादा खुश होने की जरूरत नहीं है टेंबेजी,'' उसने कहा, ''सभी कम्पनियों की आमदनी अच्छी हो रही है।''

बात टेंबे की समझ में नहीं आई। इसलिए उन्होंने उसकी आँखों में पढ़ने का प्रयास किया। पर पंडित ने सीधे *गंधर्व कम्पनी* की आमदनी के आँकड़े सुनाए और बाद में केशवराव भोंसले की कम्पनी *ललितकलादर्श* के भी। *गंधर्व कम्पनी* का नाटक होने के बावजूद सामने के बॉम्बे थिएटर में *ललितकलादर्श* के *राक्षसी महत्त्वाकांक्षा* नाटक का मंचन जोरों-शोरों से चल रहा था। पर मुद्दा टेंबे की समझ में नहीं आया।

''दूसरे की आमदनी से हमारा क्या सम्बन्ध? हमारा लाभ हुआ, उम्मीद से बढ़कर लाभ हुआ, क्या यह काफी नहीं? और सबसे अहम बात है नाट्यकला के लिए अच्छे दिन आना।'' उन्होंने कहा।

''टेंबेजी, मैंने नाट्यकला का ठेका नहीं ले रखा है। मैं धन्धे के लिए खड़ा हूँ। *गंधर्व कम्पनी* के सामने कोई कम्पनी खड़े ही कैसे रह सकती है? जंगल में एक ही शेर रह सकता है, दो नहीं,'' कहते हुए पंडित जाने लगा। लेकिन टेंबेजी से जब्त नहीं हुआ। आगे बढ़कर उन्होंने उसे रोका।

''पंडित, अभी उम्र में तुम मुझसे छोटे हो, इसलिए कह रहा हूँ। तुम्हारी यह उच्चाकांक्षा दानवी है।'' पंडित केवल मुस्कुरा दिया। लेकिन उसके चेहरे पर हिंसा के भाव देखकर टेंबे भी तनिक दहल गए। वे जान गए कि अब लोगों में भी इसकी चर्चा होगी। गंधर्व

और *ललितकलादर्श* को प्रतिद्वन्द्वी बनाया जाएगा। दरअसल, ऐसी प्रतिद्वंद्विता से उन्हें घृणा थी। पर नाटक एक कला भी है और व्यवसाय भी। और जहाँ व्यवसाय होता है, वहाँ यह सब तो आता ही है।

टेंबे के विचारों ने रफ्तार पकड़ी। आनन्द के लिए कला का जन्म हुआ है। फिर यह व्यावसायिक गणित की पूँछ उसमें कैसे जुड़ गई ? मानव ने, आदिमानव ने संगीत, गायन, नृत्य कलाओं की खोज की आनन्द की अभिव्यक्ति के लिए...फिर कला धन्धे के कीचड़ से कब सन गई ? मनुष्य ने उसे अपने पेट के लिए खटवाना शुरू किया तब से ? नहीं, कला को प्रदूषित करनेवाला एक ही कारक है—कला और व्यवसाय को आपस में जोड़ना। और ये, ऐसे लोग तो कला को लाश बनाकर और उसे बेचकर गल्ला कमानेवाले भेड़िए हैं। इन्होंने ही कला को भ्रष्ट कर दिया है। नाटक केवल कलाकारों के हाथों में होना चाहिए, और यदि वह व्यवसाय है, तो उसकी चाबियाँ भी कलाकारों के हाथों में होनी चाहिए। सेठ-सौदागरों या केवल टिकट खिड़की के निकष पर नाटक की सफलता-असफलता तय करनेवालों के हाथों में नहीं। इसके मालिकों में पंडित जैसे लोग तो बिलकुल नहीं होने चाहिए। तभी कला की तरफ एक विशुद्ध कलाकार की दृष्टि से देखा जाएगा। टेंबे इसी सोच में थे कि उन्हें कुछ लोग शीघ्रता से आते हुए दिखाई दिए। उनके हाथों में कोई बहुत बड़ी भारी वस्तु थी। छह लोगों ने उसे उठा रखा था, फिर भी भारी मालूम हो रही थी। जब उन्होंने पूछा तो पांडोबा क्षीरसागर ने उन लोगों को आगे भेजा और खुद टेंबेजी के पास आए।

"अजी, नए नाटक के लिए गलीचे मँगाए हैं। दाम कितना है, पता है ? तीस हजार !"

"तीस हजार ?" सुनते ही टेंबे गलीचे की तरफ दौड़ पड़े।

कारीगरों ने गलीचा नीचे रखा, खोला।

"वाह...बढ़िया !" पांडोबा की आँखें चौंधिया गईं।

"असली जरकस का है...आज तक दर्शकों ने चित्र में भी नहीं देखा होगा ऐसा गलीचा।" टेंबे भी उस कारीगरी पर मुग्ध हो गए।

तभी गंधर्व वहाँ आए। उन्होंने भी अच्छी तरह से गलीचा देखा।

"उँगलियों में जादू हैं भगवन् इन कारीगरों की। जाओ, इनके नाश्ते का प्रबन्ध करो।" प्रणाम कर कारीगर चले गए।

"पर नारायणराव, तीस हजार... ।" टेंबे के शब्द मुँह के भीतर ही रह गए।

"हाँ, जरकस वगैरा कच्चा माल ही होगा पन्द्रह-बीस हजार का।"

"और कारीगरी बीस हजार रुपए ?" टेंबे को हिसाब ही समझ नहीं आ रहा था।

"हाँ भगवन्, मैंने ही बढ़ाकर दी। अजी, कलाकार की कला की कद्र कलाकार नहीं करेगा तो और कौन करेगा ? क्यों ?" कहते हुए गंधर्व गलीचे पर प्यार से हाथ फेरने लगे। मानो गाय की पीठ पर हाथ फेर रहे हों।

टेंबे जैसे आए थे, वैसे ही पीछे लौट गए। कला की चाबियाँ कलाकारों के हाथों में होनी चाहिए, अपने इस विचार का खोखलापन वे समझ गए। पंडित जैसा बाजारू और गंधर्व जैसा लोकप्रियता की रौ में बह जानेवाला कलाकार, दोनों कला के लिए

घातक। रोकना होगा, गंधर्व को रोकना होगा, इस विचार ने अब उन्हें घेर लिया। आँखों के सामने हो रही फिजूलखर्ची उनसे देखी नहीं जा रही थी। एक हिस्सेदार होने के नाते भी, और कम्पनी प्रबन्धन का एक जिम्मेदार सदस्य होने के नाते भी।

लेकिन पंडित को उसका वांछित मिल चुका था।

"नारायण, टेंबेजी को शायद यह गलीचा पसन्द नहीं आया।" उसने गंधर्व के कान फूँकना शुरू किया।

"सब मुझे व्यवहारशून्य कहते हैं, पर तुम देखना पंडित, इस गलीचे का बोलबाला होते ही *सौभद्र* देख चुके लोग दुबारा वही नाटक देखने आएँगे। अब बताओ, गलीचे का उपयोग हुआ कि नहीं? इसे व्यावहारिकता ही कहेंगे न!" गंधर्व ने हँसकर कहा। पंडित को इसमें उसका वांछित सौदा नजर आया। उसने तुरन्त अवसर का लाभ उठाया।

"नारायण, लोगों को गलीचा दिखेगा, पर कपड़े...पुराने। फिर क्या मजा?" पंडित ने यूँ ही कहने के अन्दाज में कहा और गंधर्व ने तुरन्त बुलावे भेजे। महँगी साड़ियाँ और अन्य कपड़े लेकर सौदागर हाजिर हो गए। फिर क्या था, देखते ही देखते सारे नाटकों के लिए गंधर्व ने पसन्दीदा कपड़े खरीदे। वे मुदित हुए। अब नए गलीचे पर सुभद्रा भी नए रूप में आएगी। दर्शकों की आँखें ठंडी हो जाएँगी। हाँ, किसी नए नाटक की तरह खरीदारी हुई। कलाकारों में कानाफूसी। सचमुच, क्या जरूरत थी इसकी? लेकिन कहेगा कौन? समय पर वेतन मिलता है, थाली में स्वादिष्ट व्यंजन के चार कौर साग्रह पड़ते हैं, शिकायत क्या और किससे करें? गंधर्व से बात करनी हो तो पंडित से बात करनी होगी। फिर किसलिए यह बेवजह झंझट? पर टेंबे से रहा न गया।

"नारायण, इन कपड़ों की जरूरत... ?" उन्होंने गंधर्व से कहा।

"गोविन्दराव, पंडित की सोच। वही देगा सारा हिसाब।" टेंबे पंडित के पास गए। पंडित समझ गया। उसने चुपचाप सब सुन लिया। टेंबे अपना कर्तव्य पूरा करके चले गए और पंडित मन ही मन मुस्कुरा उठा। उसने अगली योजना बनाई और गंधर्व के पास आया।

गंधर्व कम्पनी के झंझटों से दूर रियाज कर रहे थे। पदों के तानों का रियाज। सारंगिया, तबलची सभी बैठे हुए थे। रियाज में भी सुरों का महल खड़ा कर दिया था गंधर्व ने। *अरसिक किती हा शेला...अरसिक किती...।* आखिरी तान लेकर वे सम पर आए और रुके, "भगवन्, बात बन तो रही है न?"

"वाह नारायणराव, वाह!" केशवराव कांबले ऑर्गन से चिल्लाए।

"चलिए, चाय का वक्त हो गया।" सभी उठ गए। पंडित गंधर्व के सामने आया।

"नारायण, गोविन्दराव नाराज हो गए हैं।"

"नाटक में उनके कदम एक बार इस गलीचे पर पड़ने दो, तब देखना। सब कुछ भूल जाएँ, ऐसा काम है यह।"

वे कोठी की ऊपरी मंजिल पर आए और विश्राम के लिए बने मंच पर लेट गए। भगवन्...कहते हुए आँखें मूँद लीं। पंडित ने जरा देर उन्हें सुस्ताने दिया। रियाज से बाहर आने दिया और फिर बोलना शुरू किया, "हाँ, पर कपड़ों की खरीदारी पर भी तो नाराज

हैं। किसी कम्पनी के इतिहास में नहीं की गई होगी, ऐसी माँग कर रहे हैं वे...।'' पंडित ने अब अगली चाल चली। गंधर्व ने आँखें खोलीं और सुनने लगे, ''सुभद्रा के कपड़ों का खर्च गंधर्व के हिस्से से कीजिए, ऐसा कहा उन्होंने मुझसे।''

गंधर्व मानो धम्म से नीचे गिर पड़े। पंडित खामोश हो गया। उसका काम हो गया था। गंधर्व भी खामोश, पर भीतर विचारों का तूफान। यानी, सुभद्रा की साड़ी का खर्च मेरा शौक है? अगर मुझे अपने लिए पैसा उड़ाना होता तो मैं अपने लिए कपड़े खरीदता, लक्ष्मी को, लड़की को मढ़ देता न जरकस के कपड़ों से। उनका दिल टूट गया। टेंबे मेरे बड़े भाई जैसे हैं, पर वे भी मुझे समझने का प्रयास नहीं करते! यह बात उन्हें चुभने लगी। दर्शकों की आँखों के लिए सुहाने नाटक की मेरी सोच को समझने के लिए कोई भी तैयार नहीं? अरे, घर के तनाव, परेशानियाँ, चिन्ताएँ लेकर आनेवाले रसिक माई-बाप नाटक के बहाने गृहस्थी की सारी परेशानियों से अलग हो जाते हैं, एक अलग दुनिया में पहुँच जाते हैं। कुछ पल के लिए ही सही, सबकुछ भूल जाते हैं और नई ऊर्जा से सारे दुखों का सामना करने के लिए तैयार हो जाते हैं। हम किसी का दुख दूर तो नहीं कर सकते, पर हल्का तो कर सकते हैं? उनकी लड़ाइयाँ नहीं लड़ सकते, पर उन्हें लड़ने की ताकत तो दे सकते हैं! जब परमात्मा ने इतनी महान सिद्धि बिना माँगे हमारी झोली में डाल दी है, तो क्या उसका इस्तेमाल न करें? गंधर्व के चेहरे के भाव तेजी से बदल रहे थे। पंडित जान गया कि तीर सही निशाने पर लगा है। उसने बस एक दीर्घ साँस छोड़ी और चला गया। गंधर्व खिड़की के पास आए। बाहर बलवन्तराव पेठे, पांडोबा, विसूभाऊ अभ्यास कर रहे थे। क्या यही वे टेंबे हैं, जिन्होंने शंकरराव का विरोध किया था? लोग ऐसा बर्ताव क्यों करते हैं? नाटक के पात्रों की भावनाएँ समझते हैं, और साथ काम करनेवाले जीते-जागते साथियों के दिलों का हाल नहीं पढ़ सकते? हिस्सेदार एक ही पौधे के दो पत्तों की तरह होते हैं, और अब इस तरह हिसाब करेंगे? कल ये लोग यह भी फर्मान जारी करेंगे कि हर पात्र अपनी हैसियत से अपनी पोशाक ले आए और नाटक में पहने। शंकरराव की मनमानी के खिलाफ कन्धे से कन्धा लगाकर लड़नेवाले टेंबे के प्रति गंधर्व का मन खट्टा होने लगा। पर इस बारे में अपने इतने करीबी आदमी से प्रेम से जवाब माँगने का विचार उनके जहन में नहीं आया। पंडित कुछ गलत कह सकता है, गोविन्दराव का कुछ अलग कहना हो सकता है, उनके दिमाग में नहीं आया। पंडित ने उन पर पूरा कब्जा कर लिया था। उनके विचारों पर, मन पर और विवेक पर भी। पंडित माड़ी से नीचे उतरा। पांडोबा ने उसकी तरफ देखा और उसके जहन में विचार आया, अब क्या चुगली कर गया ये? उन्हें पता था, गंधर्व आदमी तो सोना है, पर उसके कान पीतल के हैं।

बड़ौदा, हुबली, नागपुर, जलगाँव...चारों दिशाओं में दौरे शुरू हुए और *गंधर्व कम्पनी* दर्शकों का कंठहार बनने लगी। *गंधर्व कम्पनी* का नाटक यानी अलग ही ठाठ, अलग ही शान। कलाकारों के काम यानी रसिकों की तृप्ति। पर कुछ गाँवों के रसिक बड़े भोले-भाले और सहिष्णु होते। इसलिए कुछ कम्पनियाँ अपने एक-दो परदों पर ही पूरा नाटक निपटा लेतीं। कलाकारों का गाने का, अभिनय का अभ्यास भी औसत दर्जे का होता। लेकिन नाटक का दीवाना यह दर्शक दूध की प्यास छाछ से मिटाता हुआ ऐसे नाटकों से

अपना शौक पूरा कर लेता। लेकिन कुछ गाँव के रसिक बहुत तुनुकमिजाजी होते। नाटक क्या देखते, मानो कलाकारों की परीक्षा लेते। पसन्द आएगा तो ताली, वरना सीधे मुँह पर गाली। लेकिन ये लोग कला के पारखी भी होते। कहीं ताल गड़बड़ा गया, सुर गलत लगा नहीं कि वहीं के वहीं डाँट-फटकार। नागपुर में एक कम्पनी का नाटक हो रहा था। अण्णासाहब की केसर की फसल चरनेवाली कम्पनी। उन्होंने *सौभद्र* किया। नारद ने अपने पद के बाद का एक पन्ना छोड़कर अगले संवाद शुरू कर दिए। ऊपर से उसमें दो वाक्य अपनी तरफ से घुसेड़ दिए। तभी पीछे बैठे दर्शकों में से आवाज आई, ''नारदजी, आप तो बस नारायणऽ नारायणऽ करते रहते हो, पर पहले नारायणराव राजहंस के पैरों में बैठकर दीक्षा लीजिए।'' उस दिन *लग्नाला जातो मी* पद गाते हुए नारद मुनि जो भाग गए, वापिस लौटे ही नहीं।

ऐसे नागपुर में जब नाटक होता, तब गंधर्व भी सचेत रहते। नाटक शुरू हुआ। गंधर्व भीतर रंगशाला में थे। वे उठे, चेहरे पर मेकअप का आखिरी हाथ फेरा। तभी उन्हें लगा कि बाहर कुछ हंगामा हो रहा है। *गंधर्व कम्पनी* का दर्शक और हंगामा? हंगामा हो जाए ऐसे नाटक हम खेलते ही नहीं। फिर यह हंगामा कैसा? वे नेपथ्य की तरफ ही आ रहे थे कि टेंबे भीतर आए, ''नारायण, गला कुछ खराब हो गया है। अरे गर्म पानी लाओ कोई।'' और वे भीतर दौड़े। गंधर्व समझ गए, आज धैर्यधर का पक्ष जरा कमजोर है। सारा भार मुझे ही उठाना होगा। तुरन्त टेंबेजी के कुछ दृश्यों में कैंची लगाई गई। धैर्यधर के कुछ पद भी छाँट दिए गए। गंधर्व ने मंच पर प्रवेश किया और सभी तरफ चैतन्य फैल गया।

नाटक सम्पन्न हुआ, पर तब तक टेंबेजी की आवाज पूरी खराब हो गई थी। कम से कम चार दिन तो बोलना भी असम्भव था। यानी अमरावती के शो रद्द करने पड़ेंगे। बाहर दौरे पर आई कम्पनी। बाहरी गाँव में आकर शो रद्द करना मतलब खर्च में बढ़ोतरी और कलाकारों का बैठे रहना। इसलिए टेंबे की जगह पर दत्तोपन्त पेठकर को खड़ा करना तय हुआ। दत्तोपन्त भी अलग से कुछ नया करने के फेर में नहीं पड़े और टेंबे की नकल उतारने जैसी भूमिका निभाई। इस तरह अमरावती के नाटक भी सफलता के साथ सम्पन्न हुए। नाटक में अन्य कलाकार के स्थान पर ऐन समय खड़ा होना भी एक कला होती है। कुछ कलाकार इसी में माहिर होते हैं। जब उन्हें कोई भूमिका स्वतंत्र रूप से करनी पड़ती है, तब वह उनसे हो पाएगा, ऐसा सम्भव नहीं होता। लेकिन दत्तोपन्त दोनों कलाओं में माहिर थे। टेंबेजी को लगा, अगर ऐसे कलाकार कम्पनी के ही बनकर रह जाएँ तो अण्णासाहब का सपना पूरा करने का पुण्य प्राप्त होगा। उन्हें पता था कि एक कलाकार के लिए उसकी कला का कौतुक, सबसे अहम बात होती है। पर सच्चे कलाकार के लिए, पेटपोसुआ कलाकार के लिए नहीं। प्रशंसा के दो शब्दों से भी वह कम्पनी के साथ बँध जाता है। और कलाकारों को इस तरह सहेजने की तकनीक में टेंबे कुशल थे। पर कई मालिक लोग ठीक यही बात भूल जाते हैं। प्रशंसा के चार शब्द कहने में भी कंजूसी बरतते हैं और अच्छा कलाकार गँवा बैठते हैं। मैं तुम्हारा पेट पालता हूँ, ऐसा दिखावा करनेवाले मालिकों के खिलाफ कलाकारों के मन में हमेशा असन्तोष और घृणा का भाव होता है। इसलिए अवसर मिलते ही वे बाहरी दुनिया में अपनी कीमत दिखाकर मालिक को उसकी जगह दिखा देते

हैं। टेंबेजी ने सोचा, हम इन गलतियों से सबक लेंगे। मुश्किल घड़ी है। दत्तोपन्त के कलाकार का कौतुक करना चाहिए। उन्होंने रात के भोजन के बाद उन्हें बुला लिया, ''दत्तोपन्त वाह, बहुत बढ़िया। आज आवाज भी बहुत सुरीली लगी थी आपकी।'' दत्तोपन्त प्रसन्न थे। ऊपर से टेंबे जैसे नट की दाद। वे कृतकृत्य हो गए। बोले, ''अजी, मैं तो डर गया था कि लोगों को पसन्द आएगा भी या नहीं। आपकी पगड़ी पहनना यानी...।'' उनका गला भर आया। पर टेंबे कुछ कहते इससे पहले नरूभाऊ ने बीच में मुँह मारा, ''डर कैसा? अजी अकेले गंधर्व हों तो भी हो जाती है आमदनी। लोगों को तो बस गंधर्व चाहिए, फिर बाकी किसी भी ऐरे-गैरे नत्थू खैरे को खड़ा कर दें तो भी क्या फर्क पड़ता है रसिकों को?'' पीक की तरह ये गंदे शब्द थूककर नरूभाऊ चले गए। दत्तोपन्त का चेहरा फक्क। पर टेंबे जानते थे इसका सूत्रधार कौन है। क्रोध से वे थर्राने लगे। दत्तोपन्त को भी यह बात अपमानजनक लगी। गंधर्व की लोकप्रियता से इनकार किसे है? पर इसका मतलब यह नहीं कि हम ऐरे-गैरे नत्थू खैरे हो गए? इन्द्र के सिंहासन के तले बैठे इस तक्षक को सबक सिखाना ही होगा। कम्पनी के कलाकारों में ऐसे ओछे विचार भरता है यह तक्षक और ये कलाकार भी मालिक को खुश रखने के लिए कुछ भी करने को तैयार हो जाते हैं। ऐसे कलाकारों ने ही नाट्यकला को सतही बनाकर रख दिया है। वे बुदबुदाए, ''कहना नहीं चाहिए दत्तोपन्त, पर ये कलाकार हैं ही नहीं, पेटपोसुआ हैं। एक वक्त की मदिरा के लिए किसी के भी भाट बनने को तैयार। वेश्याएँ भी रोज रात में चेहरे पर रंग पोत लेती हैं, पर वे कलाकार नहीं बनतीं। ये लोग भी उसी श्रेणी के हैं। बस पेट के लिए चेहरे पर रंग पोतनेवाले।'' ऐसे बिना रीढ़ के लोगों के जरिए कम्पनी का माहौल बिगाड़ने का प्रयास उन्हें अनुभव हो रहा था। नारायण से बात करनी ही होगी!

खैर, टेंबेजी की बीमारी में भी दौरे के शो जारी रहे। कम्पनी को आमदनी भी अच्छी हुई। दौरा समाप्त कर कम्पनी नासिक आई और टेंबे की आवाज पूरी खराब हो गई। नासिक के डॉक्टरों ने कहा, दो महीने पूरा आराम। टेंबे बेचैन। पर उन्हें पता था कि शरीर ही नट का वाद्य है, साधन है। वाद्य भी हम और वादक भी। मामूली मशीन खराब हो जाए तो भी मरम्मत के लिए वह अपना समय लेती है। फिर शरीर को क्यों उसकी मर्जी के खिलाफ खटवाएँ? नाट्यकर्मी अपने शरीर की जितनी अनदेखी करते हैं, उतनी और कोई नहीं करता होगा। इससे गुस्सा होकर ही गोविन्दराव के स्वरयंत्र ने विद्रोह किया था। दो महीने दत्तोपन्त के हाथों सारी भूमिकाएँ सौंपना सभी ने स्वीकार कर लिया। टेंबे निश्चिन्त हो गए। उन्होंने सोचा, अब खाली समय है तो कम्पनी के काम में ज्यादा ध्यान देंगे। बढ़ते खर्च के बारे में भी कुछ सोचना होगा। पर तभी पंडित ने उन्हें पकड़ा, ''गोविन्दराव, आजकल खर्च जरा ज्यादा ही हो रहा है कम्पनी का, नहीं?'' टेंबे को उसकी बात समझ नहीं आई। उनके मन में यह शंका भी नहीं उभरी कि आज ही इसे खर्च की ऐसी फिक्र क्यों हुई? वे बोले, ''हाँ, कुछ तो करना होगा इसके लिए।''

''हूँ...'' पंडित ने गर्दन हिलाई। ''वाकई, कई बेकार के खर्च हो रहे हैं। गणपतराव ने भी कुछ सुझाव दिए हैं।'' टेंबे को अच्छा लगा। चलो, बोडस भी हमारे साथ हैं। पंडित ने कुछ कागज निकाले। ''इस महीने का खर्च...'', ऐसा ही कुछ बुदबुदाते हुए उसने

थोड़ा समय लिया, उत्सुकता को बढ़ने दिया और बोला, "दत्तोपन्त ने इस बार अन्य नाटकों में भी आपकी भूमिकाएँ की हैं।"

"अच्छा हुआ, वरना संकट में ही डाल दिया था मेरी आवाज ने," टेंबे ईमानदारी से बोले।

"तो फिर पेठकर को जो ज्यादा पैसे वेतन में देने होंगे, वे...", पंडित रुका और सहज ढंग से बोला, "वे आप अपने हिस्से से देंगे...।"

"पंडित!" टेंबे चीखे।

"यह मेरी नहीं, बोडसजी की सूचना है और ठीक भी है। आपके गले का खराब होना, इससे कम्पनी को कोई सरोकार नहीं।"

टेंबे को यह अपमान कलेजे तक चोट कर गया। "मैं हिस्सेदार हूँ पंडित, भूलो मत।"

"तभी तो आपके हिस्से से...।"

"अरे वाह, जब नारायण की आवाज खराब होती है और नाटक ही रद्द होते हैं तब ?"

"उन्हें कोई आपत्ति नहीं होती अगर अन्य लोग मंचन करें तो। पर...लोग नारायण को देखने आते हैं। उनके बिना नाटक यानी ईश्वर बिना पूजा।"

"इसका जवाब देना पड़ेगा तुम्हें बैठक में।" गुस्से से टेंबे उठे और चले गए। पंडित ने कागज समेटे। वह पहचान गया, अब महाभारत का नया अध्याय आरम्भ हो गया है।

कम्पनी की त्रिमूर्ति—बोडस, टेंबे और गंधर्व बैठक में उपस्थित थे। मई की गर्मी...काफी देर तक कोई कुछ नहीं बोला। पंडित ऐसा बैठा रहा, मानो उसे कुछ पता ही नहीं। हर कोई किसी और के द्वारा बातचीत शुरू होने की प्रतीक्षा कर रहा था। माहौल में एक शान्ति थी। नौकर बीच-बीच में खस के परदे पर पानी के छपाके मार रहे थे और बस उसी की सप सप की आवाजें आ रही थीं...फिर अचानक ठंडी हवा का कोई झोंका माहौल को शिथिल कर जाता। खस की खुशबू पल-भर के लिए सुकून पहुँचाती...पर इससे दिल का तूफान शान्त होनेवाला नहीं था। आखिरकार, टेंबे ने ही पहल की। उनकी आवाज से सुस्त पड़ी दोपहर भी विचलित-सी हुई।

"तो कुछ लोग चाहते हैं कि पेठकरजी का वेतन मेरे हिस्से से चुकाया जाए, क्यों ?" उन्होंने सबकी तरफ देखा। पंडित बँडेर की तरफ नजरें लगाए बैठा था। गंधर्व खामोश थे।

"यानी, कलाकार को दी जानेवाली छुट्टियाँ, अचानक उपजे संकटों में कम्पनी उसे सहारा नहीं देगी। यानी काज रहे तो काजी और न रहे तो पाजी ? क्या आपसी रिश्तों की कम्पनी में कोई अहमियत नहीं!" टेंबे की आवाज ऊँची हो गई। उन्होंने कलाकारों के प्रति कम्पनी के कर्तव्य के बारे में प्रश्न उठाया। यह भी याद दिलाया कि 'शंकरराव जैसा व्यवहारी व्यक्ति भी कच्ची उम्र के बच्चों की पढ़ाई के लिए गडकरी गुरुजी जैसों को रखता था।' यह भी बताया कि मूछें निकल आने पर, आवाज भारी हो जाने के बाद स्त्री भूमिका के लिए बेकार हुए लड़कों को अपने छापाखाने में रखते थे शंकरराव। उन्हें दर-दर की ठोकरें खाने के लिए कम्पनी से निकाल नहीं फेंकते थे। अण्णासाहब ने बीमारियों में कलाकारों

का इलाज करवाया था। भाऊराव की बीमारी में, नाना की बीमारी में तो उन्हें किसी ने नहीं कहा कि अब जाइए और ठीक हो जाने के बाद आइए, क्योंकि उन्हें एहसास था कि कम्पनी एक परिवार है, कारखाना नहीं।' उस माहौल में टेंबे की अकेली आवाज गूँज रही थी। बीमार स्वरयंत्र पर पड़ रहे दबाव की अनदेखी करते हुए वे बोल रहे थे। स्वरयंत्र की तुलना में कम्पनी के बिगड़ रहे चरित्र की चिन्ता उन्हें ज्यादा थी। अब तो उनकी आवाज चरम तक पहुँच गई थी। इतनी कि निचली मंजिल पर लेटे कलाकार भी उठकर माड़ी के नीचे जमा होकर सुनने लगे। एक कलाकार की समस्या पूरे परिवार की समस्या बननी चाहिए। उन्होंने यह भी बताया कि जो प्रथाएँ पंडित बना रहा है, वे कैसी घातक हैं। दरअसल, टेंबे के सामने समस्या पैसों की नहीं थी। पेठकर का खर्च उठाने के लिए वे तैयार थे। लेकिन बाकी मुद्दों का क्या? उन्हें यह चिन्ता सता रही थी कि इस तरह कलाकारों के मन में कम्पनी के प्रति अपनेपन की भावना कैसे रहेगी? उनकी छटपटाहट थी सभी को एकसाथ जोड़े रखने की। जब भावड़िया, नाना चले गए थे, कम्पनी की दुर्दशा हुई थी, आमदनी घट गई थी, *किर्लोस्कर कम्पनी* तब नहीं टूटी थी बल्कि तब टूटी थी जब उसमें सम्पन्नता थी, सफलता थी। उन्होंने मानो यह इशारा ही कर दिया कि कलाकार को और नाटक के सामान को एक ही तराजू में तौलना गलत है। माड़ी के पास जमा कलाकार उस आवाज की छटपटाहट को समझ रहे थे। पेठकर तो बहुत ही शर्मिंदगी महसूस कर रहे थे। उन्हें लगने लगा था कि इस सारे फसाद की जड़ मैं ही हूँ। उसी में टेंबेजी की आवाज और फट गई। बोलने के लिए मना होने के बावजूद वे अपने मन की भड़ास निकालते रहे। लेकिन उनका कंठ न उस आवेग का दबाव सह पा रहा था और न उनकी उस कातर पुकार का। एक पल पेठकर को लगा भी कि ऊपर जाकर उन्हें रोकें। लेकिन तभी आवाज रुक गई। एक खामोशी फैल गई। उत्सुकतावश लोगों की गर्दनें ऊँची हो आईं।

लेकिन टेंबे रुक गए थे। वे जान गए थे कि उनकी केवल आवाज ही गंधर्व तक पहुँच रही है, उसके भीतर की तड़प नहीं। उन्हें लगा, मानो वे किसी वीरान रेगिस्तान में खड़े होकर अपने आप से बड़बड़ा रहे हैं। बोडस अपनी भूमिका पर दृढ़ थे और गंधर्व? उन्होंने गंधर्व की तरफ देखा। पर उन्हें लगा, मानो उन्होंने अपने कान ही बन्द कर लिये हैं। उन्हें महसूस हुआ कि उनका पूरा शरीर पसीने से डबडबा गया है। "नारायणराव?" वे गंधर्व की तरफ देखते हुए बोले कि गंधर्व कुछ कहेंगे। पर गंधर्व ने उनकी तरफ देखा और बोले, "भगवन्, सब की जो मर्जी होगी वैसा कीजिए।" यानी गंधर्व को इस मामले में कुछ भी नहीं कहना था। और तभी टेंबे के दिमाग में अचानक कौंध गया कि जरूर पंडित ने 'सुभद्रा की साड़ियों का खर्च गंधर्व अपने हिस्से से करे,' यह वाक्य मेरे मुँह में डलवाकर आग लगाई होगी और गंधर्व ने यही गुस्सा मन में पालकर...फिर वे हँस दिए। वे पहचान गए कि अब और कुछ कहने से कोई लाभ नहीं है। निर्णय हो चुका है और बस मुझे सुनाने की औपचारिकता बाकी है।

ऐसा है तो आवाज ठीक होने तक यहाँ रुकें ही क्यों? कल ये लोग भोजन का भी पैसा वसूल करेंगे। वे उठे, बाहर गए और नौकर को मुम्बई का टिकट कटवाने के लिए भेज दिया।

ऊबकर टेंबे मुम्बई चले गए। जो कुछ टूट चुका था, उसे जोड़ने की उन्हें जरूरत महसूस नहीं हो रही थी। जब तक गंधर्व पंडित के इशारों पर नाच रहे हैं, तब तक सुधार की कोई गुंजाइश नजर नहीं आ रही थी।

मुम्बई से टेंबे लौटे ही नहीं। मुम्बई से लौट कर आया उनका त्यागपत्र और हिस्सेदारी का हिसाब। "कम्पनी टेंबे को साढ़े सात हजार रुपए दें—पेठकरजी के वेतन का हिस्सा काटकर।"

कम्पनी स्थापित हुए अभी दो साल भी पूरे नहीं हुए थे कि इसकी त्रिमूर्ति में से एक के अलग हो जाने का समाचार सब तरफ फैल गया।

शंकरराव के सहयोगी भावे गडकरी जी की तरफ चल दिए थे। उनके मन में अभी भी आशा थी कि गडकरी *किर्लोस्कर कम्पनी* को ही अपना नाटक देंगे। उसी में टेंबे द्वारा *गंधर्व कम्पनी* छोड़ने का समाचार मिला। उनकी चाल में और जोश आया। कसबा के अपने घर में—घर काहे का—मठ में गडकरी पुस्तक खोले बैठे थे। भावे उत्साह से बोले, "गुरुजी, क्या कह रहा है आपका शेक्सपीयर?"

"पट्ठा बड़ा होशियार है। कहता है, नियति नाम की कोई चीज होती ही नहीं। नेचर इज डेस्टिनी। आपका स्वभाव ही आपकी नियति है। मनुष्य का स्वभाव ही उसे पराजित करता है, और वही उसकी त्रासदी का कारण बनता है।" और उन्होंने पुस्तकों के पसारे के बीच भावे के लिए जगह बना दी।

"सुनिए," कहते हुए वे अगला अंश पढ़कर सुनाने लगे।

इधर टेंबे के जाने से कम्पनी अपना एक आधार गँवा बैठी थी। शेक्सपीयर के बच्चे ने सच ही कहा होगा, क्योंकि उनका जाना गंधर्व के लिए कोई गम्भीर घटना नहीं थी। उनके महान हृदय को उन्हीं के कच्चे कानों ने मात दी थी। उनका स्वभाव ही उनकी नियति लिख रहा था।

टेंबेजी के पीछे-पीछे बलवन्त पेठे, गोविन्दराव मुलगाँवकर, पांडोबा क्षीरसागर आदि नट भी कम्पनी छोड़कर चले गए। टेंबे के साथ कम्पनी से एक बड़ी टुकड़ी फूट निकली और उन्होंने *शिवराज नाटक मंडली* की स्थापना की। बोडस ने अगले खतरे को भाँप लिया। क्योंकि अब कुछ बखेड़ा होते ही नटों के सामने विकल्प उपलब्ध थे। *शिवराज, ललितकलादर्श, किर्लोस्कर*...लोगों को प्रेम से बाँधे रखने का जमाना लद गया। उन्हें कानूनी अनुबन्धों से बाँधे रखना चाहिए, यह सोचकर बोडस ने नटों से तीन-तीन वर्षों के अनुबन्ध ही करा लिए।

चिन्ता मत करो, सब ठीक होगा। गंधर्व माँ को समझा रहे थे। टेंबे जैसे शिक्षित और खरे आदमी का कम्पनी छोड़कर चले जाना माँ को अखर रहा था। पर गंधर्व ने उससे कहा, "तुम कम्पनी के कारोबार में टाँग मत अड़ाओ। भगवान की दया से सब ठीक चल रहा है।" और उसके हाथों में कुछ रुपए थमा दिए। लक्ष्मी दरवाजे में ही खड़ी थी। गृहस्थी से सिर ऊपर उठाने का समय ही कहाँ था उसके पास! दो लड़कियाँ और एक लड़का।

साथ ही गंधर्व के दोनों भाई—शंकर और बापूराव के परिवारों का दायित्व। इसी में बेचारी डूबी हुई थी। लेकिन पहनने-ओढ़ने का, खाने-पीने का सुख था। किसी बात की कमी नहीं थी। उसकी जरूरतें भी ज्यादा नहीं थीं। भोगविलास और बनाव-शृंगार का भी शौक नहीं था। किसी चीज का अभाव न होना भी कुछ स्त्रियों के लिए सुख होता है। लक्ष्मी उन्हीं में से एक थी। पति नाटक के धन्धे में है, फिर भी बार-बार घर आता है। पुणे में पड़ाव हो तो घर पर ही रहता है। न पीने की लत न जुए की आदत। सबसे अहम बात...गाँव की सम्पन्न स्त्रियाँ, पढ़ी-लिखीं प्रगतिशील महिलाएँ, अमीर घरानों की युवा और खुले स्वभाव की लड़कियाँ उनके इर्द-गिर्द मँड़राती हैं, घर पर दावत के लिए बुलाती हैं, पर यह आदमी किसी की तरफ उस दृष्टि से देखता तक नहीं। उनके बारे में न किसी तरह की अफवाएँ फैलती हैं और न कोई आदमी ऐसी-वैसी बात कहने की हिम्मत करता है। सब यही कहते हैं कि नाटक-धन्धे के कीचड़ में रहकर भी यह व्यक्ति कमल की तरह निर्मल है। एक पत्नी को और क्या चाहिए? दरवाजे से ही उसने पूछा, "अब वापिस कब लौटना होगा?" गंधर्व रुके। "दक्षिण का दौरा है। महीना-भर वहीं डेरा रहेगा।"

"अच्छा।" वह बोली और दही लाने मुड़ गई। दही हाथ पर रखकर बोली, "जल्दी आइए।"

गंधर्व ने दही चाट लिया। हाथ साफ किया और चलते-चलते पल-भर के लिए रुके। "दिनू कह रहा था, इस दौरे में बहुत अच्छी आमदनी हुई है। आपका शगुन। आप रहती हैं तो सारे टिकट तुरन्त बिक जाते हैं...।" उसने शरमाकर गर्दन नीचे कर ली। और गंधर्व सीढ़ियाँ उतरने लगे। लक्ष्मी रोमांचित हुई। गंधर्व चले गए। वह उनकी पीठ की तरफ देखती ही रह गई। मैं इस आदमी की जिन्दगी में लक्ष्मी बनकर आई हूँ, इस भावना से वह कृतार्थ हुई। उनके कोठी के बाहर जाने तक मन ही मन वह उसी सुखदायी भावना पर झूलती रही।

गंधर्व कोठी से बाहर निकले और बापूराव सामने आया। 'नाना, मुझे भी कम्पनी में आना है।' अपना छोटा भाई छोटी-मोटी नौकरियों से ऊब चुका है, यह उन्हें दिखाई दे ही रहा था। गाता भी ठीक-ठाक है, इसलिए उन्होंने उसे पंडित से मिलने को कहा। बापूराव खुश हुआ।

टेंबे चले गए थे। पर पंडित की घाघ नजर ने पहचाना था कि अब यदि बापूराव कम्पनी में आता है तो सलाह-मशविरे के लिए गंधर्व को घर का आदमी मिल जाएगा। इसलिए पहले तो उसने बापूराव को आपादमस्तक निहारा। बापूराव कुछ असहज हुआ। फिर पंडित ने पूछा, "*गंधर्व कम्पनी* में सचमुच आना चाहते हो?" फिर अपने सवाल से सिटपिटाए बापूराव के कन्धे पर बुजुर्गीयत के लिहाज से हाथ रखते हुए वह उसे एकान्त में खिड़की के पास ले गया। बड़ा भाई जिस कम्पनी का मालिक, वहीं छोटा भाई नौकर। कितना अजीब लगेगा? ऐसा एक चित्र उसने उसके सामने खड़ा किया। एक तो यहाँ के बाकी लोगों को लगेगा कि यह मालिक का आदमी है, इसलिए वे पास नहीं आएँगे, फासला रखेंगे और भाई को लगेगा कि इसे बहुत नजदीक करेंगे तो बाकी लोग बुरा मान जाएँगे। अच्छा, बड़ा भाई प्रमुख भूमिका में और छोटा भाई मामूली भूमिकाओं में—कैसा लगेगा

यह? यह विचार या अविचार उसने बापूराव के मन में भर दिया। फिर उसे सलाह दी कि अच्छी भूमिका और सम्मान पाने के लिए पहले दूसरी कम्पनी में ख्याति अर्जित करे और फिर भाई के बुलावे पर ससम्मान इस कम्पनी में आए। ऊपर से सहायता का दिखावा करते हुए उसने उसे *महाराष्ट्र संगीत मंडली* जैसी मामूली नाटक कम्पनी में चिपका दिया। गंधर्व ने हमेशा की तरह 'जो आपको ठीक लगे सो कीजिए' का तकियाकलाम दोहराया। लेकिन काटदरे को यह ठीक नहीं लगा। उन्होंने यूँ ही पूछा, "अजी, घर के इतने सुरीले पात्र को आप बेसुरा क्यों बना रहे हैं?" पंडित ने कोई जवाब नहीं दिया, पर मन ही मन यह बात नोट कर ली। अपने निर्णय पर सवाल उठानेवाले सभी लोगों को धीरे-धीरे कम्पनी से खदेड़ना चाहिए! इस सूची में उसने काटदरे का नाम सबसे ऊपर लिख दिया।

अब कम्पनी के दो ही हिस्सेदार बचे थे। दस आना हिस्सा गंधर्व का और छह आना बोडस का। पंडित की नजर अब उन छह आनों पर थी। गंधर्व, अर्थात् वह खुद जब तक कम्पनी का खुदमुख्तार नहीं बनता, तब तक उसे चैन मिलनेवाला नहीं था। उसके कदम उसी दिशा में पड़ रहे थे और किस्मत भी अपना दान उसी की झोली में डाल रही थी।

दरअसल, गडकरी *गंधर्व कम्पनी* को अपना नाटक दे रहे हैं यह खबर सनसनीखेज ही थी। किर्लोस्करद्रोहियों को त्रिकाल में नाटक न देने की उनकी प्रतिज्ञा में सेंध लग गई थी। डेरे में सभी ओर यही चर्चा। पर नरूभाऊ सशंक थे। उनका दिल उनसे कह रहा था, नहीं, यह सम्भव नहीं है।

अजी, गडकरी जान गए हैं कि गंधर्व अण्णासाहब की ही राह पर चल रहे हैं। उन्हीं के संस्कार, उन्हीं के मूल्य...। दिनू की बात पर नरूभाऊ ने जोर से ठहाका लगाया। दिनू का भोलापन उन्हें दिलचस्प लगा। अगर दो प्रतिभाशाली लोगों के दिल इतने विशाल होते, तो कहना ही क्या! लेकिन सफलता के साथ-साथ कलाकार में अहंकार भी बढ़ता जाता है और एक दिन वह ऐसा बढ़ जाता है, ऐसा बढ़ जाता है कि कला, सफलता और कलाकार सबसे बड़ा बन बैठता है। मंच पर नाटक खेलते-खेलते कलाकार वही नाटक अपने रोजमर्रा के जीवन में कब खेलने लगते हैं, उन्हें भी पता नहीं चलता। नरूभाऊ हमेशा दोयम भूमिकाएँ निभाते रहे थे, पर इस बहाने उन्होंने कितने ही कलाकारों को उनके आरंभिक दौर से लेकर रसिकों का कंठहार बनते तक देखा था। यद्यपि सफलता, लोकप्रियता का प्रकाश उन पर कभी नहीं पड़ा था, पर वे हमेशा ऐसे सफल, लोकप्रिय व्यक्तियों के इर्द-गिर्द ही मँड़राते रहे थे। इस कारण कलाकारों के उजले और अँधियारे दोनों चेहरे उनके परिचित थे।

उन्हें पता था कि आज गंधर्व रसिकों के दुलारे कलाकार हैं और गडकरी विख्यात नाटककार। पर एक जमाने में गडकरी आठ रुपए वेतन पर रखे गए मामूली लड़केनुमा नौकर थे। कम्पनी में आने के बाद उनकी और गंधर्व की दोस्ती हुई थी। दोनों के स्वभाव अलग-अलग। गंधर्व को पढ़ने से बैर और गडकरी पढ़ने के शौकीन। लेकिन जैसे-जैसे गंधर्व की लोकप्रियता बढ़ती गई, वैसे-वैसे कम्पनी में गंधर्व की प्रतिष्ठा भी बढ़ती गई। साथ ही पंडित के साथ बड़ी-बड़ी असामियों की दावतों में गंधर्व का समय बीतने लगा। लेकिन गाने में और अभिनय में वे इतने पक्के थे कि कोई उँगली नहीं उठा सकता था।

एक बार गंधर्व हमेशा की तरह रात के मंचन के कारण देर से उठे। गुंडेशा ने कह दिया था कि नहाने का पानी निकालकर रखा है। चाय पीकर गुनगुनाते हुए वे स्नान के लिए चल पड़े। मन में कल के मंचन की दाद मँड़रा रही थी। गायन की वह एक जगह और ठीक उसी जगह पर मिली दाद। उन यादों की धुन में ही वे जा रहे थे। लेकिन देखा कि उनके लिए निकाले गए पानी से कोई और नहा रहा है और मुँह से स्तोत्र की जगह कुछ और ही शब्द—'टु बी ऑर नॉट टु बी, दैट इज द क्वेश्चन...।' ये गडकरी गुरुजी थे। उन्हें पता भी नहीं था कि गंधर्व आए हैं। वे शेक्सपीयर के जंगल में रास्ता भूलने की तरह भटक रहे थे। गंधर्व क्रुद्ध हुए। उन्हें लगा गुरुजी ने जान-बूझकर उन्हें अनदेखा किया है। ''आपका हो गया हो तो सेवक को हमारे लिए पानी निकालने के लिए कह दूँ भगवन्? या हमारा वह पानी भी आप ही लेंगे?'' गंधर्व की आवाज पर गडकरी रुक गए। ''अरे नारायण, यह पानी तुम्हारे लिए था? माफ करना, पर तुम्हारा गुंडेशा कुछ बोला ही नहीं। भगवान कसम!''

''ठीक है! अब सच-झूठ के फैसले लिए हाथ पर अंगार लेकर अग्निपरीक्षा करवाता हूँ बेचारे से।'' और गंधर्व चले गए। गुरुजी भी क्रुद्ध, ''फिर समय पर आ नहीं सकते नहाने के लिए? पानी निकालने के बाद किसलिए गाँव-भर में घूमते फिरना?'' और उन्होंने अगले संवाद शुरू किए और भरपूर नहाने के बाद ही वहाँ से चले।

दोपहर में गडकरी ने खूब समझाया। लेकिन गंधर्व का एक ही तकियाकलाम, ''आपने केवल मुझे जलील करने के लिए यह खेल खेला है।'' आखिरकार, 'जो हुआ सो हुआ, गंगा नहाओ और उठो' कहकर शंकरराव ने गंधर्व को जाने के लिए कहा। गंधर्व गुस्से में ही चल दिए। ''आपका यह दुलारा बालक बड़ा कब होगा?'' कहते हुए गडकरी भी उठ गए। ''ये जनाना किरदार निभानेवाले नट औरतों की तरह ही छोटी-छोटी बातों पर रुठ जाते हैं,'' यह तमाचा भी जड़ दिया और तेजी से चले गए। ''अजी हमने नहीं निभाए जनाना किरदार?'' नरूभाऊ की तरफ देखकर शंकरराव हँसते हुए बोले, ''पर नारायण में बचकानापन कुछ ज्यादा ही है।'' नरूभाऊ समझ गए, पानी तो मात्र बहाना है। असल है अहंकार, जो सफलता के साथ-साथ बढ़ता जाता है। यह घटना सुनकर दिनू चकित रह गया। इतने बड़े लोग ऐसी छोटी-छोटी बातें याद रखते हैं? उसे यकीन नहीं हो रहा था। पर नरूभाऊ अनुभव से जान गए थे कि कला के चरम शिखर पर पहुँचनेवालों के पैर मिट्टी के ही बने होते हैं और मिट्टी में ही होते हैं। बहुत ज्यादा उम्मीदें न रखते हुए वे नाटक के वाचन की तैयारी में जुट गए।

गडकरी गुरुजी नाटक लेकर *गंधर्व कम्पनी* की तरफ चल दिए। रास्ते में ही उनकी भावे से मुलाकात हो गई। ''गुरुजी, शंकरराव का सन्देश है।'' उत्सुकता से गुरुजी रुक गए। भावे बोले, ''शंकरराव ने कहा है, 'गुरुजी से कहना, हमारे यहाँ आठ रुपए वेतन पानेवाला एक युवक आज नाटक की दुनिया का महान नाटककार बन गया, यह खुशी हमारे लिए शब्दातीत है। आप शब्दप्रभु हैं। आपकी कलम साक्षात् सरस्वती है...इस लेखनी से निकला आपका हर शब्द हम नाटक में पेश करेंगे। आपकी शर्तों पर। चलता हूँ।'' और भावे चले

गए। गडकरी को अच्छा लगा। '*गंधर्व कम्पनी* को नाटक पसन्द आया तो ठीक, न आया तो अब दूसरी कम्पनी भी जेब में है।' उनकी चाल बदल गई, पर अचानक वे ठिठक गए। अच्छा! शंकरराव बड़े चतुर हैं। संवाद की तकनीक पर हुकूमत करनेवाले गडकरी उनके शब्दों में छिपा व्यंग्य समझ गए। ऐसे संवाद होने चाहिए नाटक में। लक्षणा-व्यंजनापरक। साफ-साफ कहना भी नहीं और बात भी पूरी करना। कथ्य का उच्चारण भी नहीं करना, और सुननेवाले तक उसे पहुँचा भी देना। उन पर *किर्लोस्कर कम्पनी* के एहसानों का उल्लेख शंकरराव ने कितनी चतुराई से किया था। ऑस्कर वाइल्ड गलत नहीं कहता कि हर रिश्ते में एक राजनीति छिपी होती है। मन हीं मन शंकरराव को दाद देते हुए वे *गंधर्व कम्पनी* की तरफ रवाना हुए।

कम्पनी में गडकरी का शानदार स्वागत हुआ। आखिरकार एक घराने के—अण्णासाहब किर्लोस्कर घराने के लोग। हँसी-मजाक शुरू हुआ। गडकरी का व्यक्तित्व हाजिरजवाबी और श्लेष से मँजा हुआ। सामनेवाला हँसेगा ही हँसेगा। उनका वाचन भी गजब का होता। नाटक कम्पनियों के अच्छे दिन आने की बातें हो रही थीं।

"नाटक का ऐसा है बोडस, शॉ कहता है, नाटक यानी इट हैज टू प्ले, ॲण्ड इट हैज टू पे। नाटक चलना चाहिए। इसके लिए पहले उसे ठीक से बिठाना तो चाहिए। पर आजकल की नई कम्पनियों के नाटक अभ्यास में ठीक से बैठते नहीं और इस कारण चार-पाँच मंचन में ही वे हमेशा के लिए बैठ जाते हैं।" सभी ओर ठहाके। गडकरी ने 'बैठना' शब्द का कितनी चतुराई से प्रयोग किया था। दिनू इन सभी दिग्गजों की तरफ देख रहा था। आखिरकार, बोडस ने नाटक हाथ में लिया और पढ़ना शुरू किया।

नाट्यवाचन यानी बोडस का इलाका। नाटककार के अर्थ को वे सही-सही पकड़ लेते थे। खास गडकरी शैली का नाटक। उसका भाषा-वैभव, हँसी-मजाक की छौंक।

सुदाम : *अपना नाम बताएँगे?*

नूपुर : *बारहीं से पहले ही मेरे माता-पिता चल बसे। इस कारण नामकरण करना ही रह गया।*

कहकहे। पल-भर के लिए बोडस रुक गए। उन्होंने लोगों को दिल खोलकर हँसने दिया। फिर आगे पढ़ने लगे।

नूपुर : *अच्छा, आपका नाम?*

सुदाम : *हमारा भी तनिक ऐसा ही झमेला हुआ है। लोग रोज मुझे इतने नामों से पुकारते हैं कि ऐन समय पर उनमें से कौन-सा नाम बताएँ, समझ में ही नहीं आता।*

दुबारा सभी हँस दिए। वाचन में रंग भरता गया। हँसी-मजाक के साथ गडकरी जी के सूक्तियों जैसे वाक्य...संवाद...वाचन में ही तय हुआ कि नाटक बढ़िया है। *गंधर्व कम्पनी* उसे खरीदेगी। दिनू ने नरूभाऊ की तरफ देखा। नरूभाऊ ने कोई प्रतिक्रिया नहीं दी।

सौदे की बात शुरू हुई। नाटक तीन महीने के भीतर रंगमंच पर आए, इस शर्त से किसी को आपत्ति नहीं थी। फिर गडकरीजी ने मोनोपॉली अधिकार के लिए साढ़े तीन प्रतिशत राशि की माँग की और गंधर्व अड़ गए। "नहीं, साढ़े तीन प्रतिशत नहीं दे सकते।"

"अच्छा, फिर क्या कीमत लगाएँगे आप इस नाटक की?" गडकरी ने मुस्कुराते हुए पूछा। उनके शब्दों में छिपा व्यंग्य सभी की समझ में आ गया।

"हम कौन होते हैं नाटक की कीमत लगानेवाले? वह तो माई-बाप रसिक ही तय करेंगे।" गंधर्व ने भी ताना मारा।

"उन्होंने तो आठ आना स्वीकार ही किया है। अन्य कम्पनियाँ चार आना लेती हैं और आपकी कम्पनी आठ आना। अब आप ही लगाइए इस बही की कीमत।" गडकरी ने ताने का जवाब दिया।

गंधर्व विचलित नहीं हुए। उन्होंने शान्ति से कहना शुरू किया, "तीन प्रतिशत। क्योंकि हम काकासाहब खाड़िलकर को भी तीन प्रतिशत ही देते हैं। उनकी तुलना में आप इस क्षेत्र में नए हैं। आपको तीन प्रतिशत से अधिक देना हमें काकासाहब के अधिकार का हनन लगता है।"

तर्क लाजवाब था। उसमें एक भावनिक आह्वान भी था और ऊपर से बड़ी चतुराई से यह जताया भी गया था कि काकासाहब की बराबरी करने के लिए अभी आपको समय है। बोडस के मन में सवाल उभरा, यह दिमाग किसका? गंधर्व का या पंडित का? नरूभाऊ ने सोचा, गंधर्व ने कहीं इनकार के लिए ही नाटक वाचन का आयोजन तो नहीं किया? यानी अच्छा नाटक झोली में डाल लेना और गडकरी को भी नीचा दिखाना, दोनों सुख। वे कानों में प्राण लाकर सुनने लगे। गडकरी ने पल-भर सोचा।

"काकासाहब तो हिमालय हैं। उनके सामने मैं एक टीले जैसा ही हूँ।"

नरूभाऊ को लगा, गडकरी हार मान रहे हैं और कम्पनी को नाटक मिल रहा है। "लेकिन मुझे यह सौदा मंजूर नहीं है। साढ़े तीन मतलब साढ़े तीन।" गडकरी जी ने बही समेटी और उठ गए।

बैठक समाप्त हुई। नरूभाऊ ने दिनू की तरफ देखा। वह फटी-फटी आँखों से देख रहा था। चेहरे का रंग उड़ा हुआ। उसकी समझ में नहीं आ रहा था कि सौदा लेन-देन में टूटा है या अहंकार में? सुना है, कला मनुष्य को ईश्वर तक पहुँचाती है। फिर ईश्वरीय प्रतिभा लेकर जन्मे ये लोग क्यों ऐसा बर्ताव करते हैं? उसे कहीं भी तालमेल नजर नहीं आ रहा था। गडकरी जी का एक वाक्य उसे याद आया। लोकमान्य तिलक और गोपाल गणेश आगरकर का विवाद यानी आसमान के नक्षत्रों की प्रतियोगिता। हमारा काम है उन्हें दूर से देखना। गंधर्व हो चाहे गडकरी, उसके लिए दोनों आसमान के नक्षत्र थे...पर उसे इस प्रतियोगिता का अर्थबोध नहीं हो रहा था। सभी उठ गए, वह भी उठ गया। पर उसका जी उचट गया था। उसे महसूस हुआ मानो सब पर से उसकी श्रद्धा उड़ चली है।

गडकरी के घर से भावे को बुलावा आया। वे पहचान गए, उधर मामला बिगड़ गया है। उन्होंने तुरन्त शंकरराव को खबर की और गडकरी के घर पहुँचे, और वहाँ से नाटक के वाचन का कार्यक्रम निश्चित करके ही लौटे। "गडकरी जी के नाटक को क्या पढ़ना? उनकी कलम से उतरा है मतलब...।" शंकरराव ने भूमिका में ही गडकरी के कलेजे को ठंडक पहुँचाने की सोची। उन्हें याद आया, एक जमाने में *किर्लोस्कर कम्पनी* को नाटक देने के लिए लेखक मंडली आगे-पीछे घूमा करती थी, साल-साल प्रतीक्षा करती थी और

अब नकारे गये या सौदा बिगड़ जाने से लौटाए गए नाटक हमारे पास आने लगे हैं। मनुष्य की तरह क्या कम्पनी की कुंडली में भी कुछ योग होते हैं? सौभाग्य के, दुर्भाग्य के, संकटों के? फिलहाल हमारी शनीचरी चल रही है, पर क्या पता कि यह शनीचरी मात्र साढ़े सात वर्षों की है या इससे भी ज्यादा? इस दुनिया में रसिकों के हृदय सिंहासन पर ध्रुव की तरह अटल राज किसी का नहीं है। अर्थात् जहाँ स्वयं सूर्य भी अस्त होता है, वहाँ इनसानों की और कम्पनियों की क्या हस्ती? अपने मन को समझाते हुए उन्होंने गडकरी के स्वागत के लिए चेहरे पर प्रसन्नता का नकाब ओढ़ लिया।

नाटक का वाचन सम्पन्न हुआ और शंकरराव ने घोषणा की, ''कम्पनी ने नाटक ले लिया।'' गडकरी भी निश्चिन्त हो गए। मदिरा के प्याले सामने आए और गपशप शुरू हुई। ''गुरुजी, चिन्ता मत कीजिए। शान से खेलेंगे आपका नाटक। अरे, आपका शब्द-वैभव इतना महान है कि उसे बाकी चकाचौंध की क्या जरूरत? लेकिन...'' एक घूँट भरकर वे अपना मुद्दा रखने लगे। ''लेकिन...आजकल रंगमंच पर असली प्रतिभा-वैभव के स्थान पर किसी और ही वैभव का जोर है, क्यों! नाटक असली हो या न हो, पर आभूषण चाहिए असली सोने के।'' दोनों का शत्रु एक हो तो चर्चा में रंग भरता ही है। गडकरी हँस दिए। ''सही है, जब से लोग कलाकारों के आभूषण और कपड़े देखने जाने लगे हैं, तब से नाटककारों की अहमियत ही खत्म हो गई है।'' शंकरराव ने नस को पकड़ते हुए कहा, ''पर क्या करें? जमाना ही बदल गया है। औसत दर्जे के लोगों की भीड़। पर देखना, इस नाटक से समाँ बदल जाएगा। आखिरकार, लोगों को असली कला की कीमत पता चलेगी। अजी, हर पीली चीज सोना नहीं होती! सच्चाई बहुत देर तक छिपी नहीं रह सकती।'' शंकरराव की बातों में उनके दिल की भड़ास फूट रही थी।

''अरे कलाकार आज है, तो कल नहीं। पर नाटक अमर!'' गडकरी ने दूसरा प्याला भर लिया। नाटकों की बजाय उनके पीने की ही चर्चा अधिक थी। लोगों में चर्चा थी कि वे पक्के शराबी हैं। ''अरे, भाऊराव चले गए, आपने *शारदा* का मंचन रोका; पर *शारदा* खत्म हुई? नट का बेवजह ढिंढोरा पीटा जाता है और...'' उन्होंने घूँट भरा, खाँसी आई और वे लाल-लाल हुए। ''सच कहूँ शंकरराव, यहाँ कैसा खुलापन लगता है, गपशप होती है। उन नटों से बातें करें भी तो क्या? उनकी तो बस एक ही बात, अपने मुँह मियाँ मिट्ठू बनना या दूसरे नटों की बुराई करना। न पढ़ना, न साहित्य की चर्चा और न कोई बहस। पूरा रंगमंच गँवार नटों से भरा पड़ा है। भरा पड़ा क्या, सन गया है।''

''और क्या, और कला की बजाय उनके कपड़ों की ही चर्चा ज्यादा।'' शंकरराव बिना नाम लिये गंधर्व पर तीर चलाना नहीं भूल रहे थे। कपड़े-लत्ते, गहने, इत्र, कलाबत्तू की साड़ियाँ?''

दोनों ने गंधर्व की खूब निन्दा शुरू की। अब प्याले भरने की गति भी बढ़ गई। फिर सीधे नाम लेकर निन्दा शुरू हुई। भावे के मन में आया, उधर का सौदा नहीं बिगड़ता तो क्या यहाँ बैठक होती? सब समझ से परे। सभी एक-दूसरे को अच्छी तरह जानते हैं। यहाँ कौन किसका इस्तेमाल कर रहा है? या फिर एक-दूसरे के इस्तेमाल का नाम ही रंगकर्म है?

गडकरी उठे। शंकरराव वहीं मसनद के सहारे लेट गए। गडकरी अपने कदमों से बाहर आए। भावे उनके साथ ही थे। भावे ने गडकरी जी को उनकी कसबा की कोठी तक पहुँचाया। "जरी की साड़ियाँ?" गडकरी बड़बड़ा रहे थे। "भावे, मैं उसे उतरन पहनाऊँगा, उतरन। याद रखना...आम्ही कोण म्हणूनी काय पुसता...आम्ही असू लाडके..." गुनगुनाते हुए गडकरी भीतर चले गए। कुछ पल भावे वहीं खड़े रहे। फिर गडकरी की आवाजें बन्द हो गईं। शायद सो गए, यह सोचकर भावे वहाँ से लौट आए। उन्हें इन सारी बातों में मजा आ रहा था।

अब गंधर्व ने देवलजी के नाटक पर ध्यान केन्द्रित किया। देवल अपने ही नाटक *फाल्गुनराव* का *संगीत संशयकल्लोळ* नाटक में रूपान्तरण कर रहे थे। नाटक भी उनका और अभ्यास भी वही कराते इसलिए गंधर्व खुश थे। तभी भास्कर बोवा बखले कम्पनी में पधारे। "बोवा!" गंधर्व ने उनका चरणस्पर्श किया। "नारायण, देखो मेरे साथ कौन आया है!" गंधर्व ने देखा एक कोमल कदकाठी का युवक अदब से खड़ा था। "यह है कृष्णा फुलम्ब्रीकर, मेरा शिष्य। इसे तुम अपने पास रख लो। अच्छा गाता है।"

गंधर्व ने तनिक सिर खुजाया, "बोवा, *सन्त सखू* नाटक में जो विट्ठल बना था, यही है न वह?"

"जी हाँ, मैं पहले *नाट्यप्रवर्तक* में था। अब गाना सीख रहा हूँ।" गंधर्व ने बड़ी खुशी से उसे रख लिया। *संशयकल्लोळ* का अभ्यास जोरों से शुरू हुआ और तभी लगने लगा कि नाटक मंच पर खूब गुल खिलाएगा। बोडस भी खुश थे। *मानापमान* में लक्ष्मीधर की उनकी भूमिका चर्चित रही थी। अब *फाल्गुनराव* की भूमिका हाथ आयी थी और उन्हें उसकी छोटी-मोटी छटाएँ भी मिलने लगी थीं। पर अभ्यास के दौरान ही देवल के प्रमेह ने सिर उठाया और अभ्यास का दायित्व बोडस पर आ गया। "गुरुजी, मैं अभ्यास कराऊँगा, पर एक शर्त पर!" बोडस ने देवलजी से साधिकार कहा। "शर्त?" देवल की भवें तन गईं। "हाँ, आप विश्राम नहीं करेंगे। और जब ठीक होकर आएँगे तब आपके दिमाग में मँडरा रहा *वत्सलाहरण* नाटक आपके हाथों में दिखना चाहिए।" देवलजी ने शर्त मंजूर कर ली और अभ्यास जारी रहा। नाटक तैयार हो गया। "नारायणराव, *संशयकल्लोळ* नाम से सोने की खदान हाथ आई है। यह नाटक भी खूब धूम मचाएगा। देखिए न, अभी से गाँव-गाँव के रसिकों के पत्र आने लगे हैं। लोग पूछ रहे हैं कि कब कर रहे हैं मंच पर *संशयकल्लोळ?*" अभ्यास देखकर कृष्णा फुलम्ब्रीकर उर्फ मास्टर कृष्णराव बोले, "यह नाटक हमारी कम्पनी की कीर्ति में चार चाँद लगाएगा।" पर गंधर्व के मन में कुशंका जगी, 'और बदले में क्या ले जाएगा?' सफलता की हर सीढ़ी पर किसी न किसी को गँवाता हुआ आया हूँ मैं। अब किसकी बारी?' पर वे चुप रहे। "नारायणराव..." कृष्णा ने उन्हें तन्द्रा से जगाया। "किस सोच में खो गए?" "कुछ नहीं।" और गंधर्व जबरदस्ती हँस दिए। पर उनका मन अशुभ विचारों से घिर गया था। सुख से भी उन्हें डर लगने लगा था और सफलता भी हादसा लगने लगी थी। उन्होंने अभ्यास में, नाटक के प्रबन्धन में मन को व्यस्त रखने का प्रयास किया। लेकिन दिल का एक कोना किसी अशुभ की आशंका से बेचैन था, और सचमुच खबर आई...देवल गुरुजी चल बसे।

गंधर्व के पितातुल्य गुरु, कम्पनी के मुख्याधार, गंधर्व को गंधर्व बनानेवाले, उनके कलाकार को उचित दिशा देनेवाले...कला का एहसास जगानेवाले...उनके जीवन के शिल्पी देवल गुरुजी! गंधर्व ने खबर सुनी और सन्न रह गए। फिर एक बार, एक बार फिर सफलता की सीढ़ी पर उन्होंने अपने देवता समान गुरु को खो दिया था। क्या नियति को कोई भी सुख, कोई भी सफलता खुले दिल से झोली में डालना मंजूर ही नहीं है? वे स्तब्ध रह गए। न आँखों में आँसू आए न रुलाई छूटी। वे बस गुमसुम बैठे रहे। उन्होंने क्या गँवाया है, केवल वे ही जानते थे। अन्य लोगों को गंधर्व के इस रूखेपन पर आश्चर्य हुआ। नाटक का मंचन शुरू हुआ। लोगों ने खूब भीड़ की। प्रेक्षागृह में हास्य के प्रपात फूटने लगे। लेकिन गंधर्व इन सारी बातों की ओर तटस्थता से देखते रहे। प्रपात के नीचे खड़े रहकर भी सूखे। उनका बर्ताव ऐसा था, मानो वह सुख, वह सफलता उनकी नहीं, किसी और की हो।

'सुख-दुख की तरफ भी तटस्थ दृष्टि से देखना चाहिए एक कलाकार को। ऐसी तटस्थ दृष्टि से, मानो हम भी प्रकृति के नाटक का एक पात्र हों... ।' यह सबक देनेवाले देवलजी की मृत्यु ने तो उन्हें भीतर से ही हिला दिया था, लेकिन अब उस ऊपरी नाटककार के एक पात्र की तरह उन्होंने नियति को भी स्वीकार कर लिया था।

देवल चले गए, गडकरी अभी भी रूठे हुए थे, लेकिन कम्पनी विचलित नहीं थी, क्योंकि काकासाहब के रूप में एक बुजुर्ग अभी भी उनके पीछे खड़े थे। ऐसे में खबर मिली कि काकासाहब नया नाटक लिख रहे हैं।

"काकासाहब का नाटक? फिर तो वह गंधर्व के लिए ही होगा।" बोडस ने टिप्पणी की।

बोडस और काकासाहब में विशेष स्नेह नहीं था। गंधर्व के प्रति काकासाहब का पुत्रवत् प्रेम बोडस को फूटी आँख नहीं सुहाता था। काटदरे को यह पता था, "ऐसा कैसे कह सकते हैं आप? *मानापमान* नाटक में भामिनी जितना ही, बल्कि उससे भी दो कदम आगे है धैर्यधर। उसके पद भी सरस हैं।" काटदरे ने साफ-साफ कहा, 'हाँ, अब कोई भी धैर्यधर गंधर्व के आगे सरस नहीं लगता, यह काकासाहब की ग़लती नहीं हो सकती!" जवाब में बोडस ने बस गर्दन उचकाई। फिर काटदरे ने भी कुछ नहीं कहा। पर उन्हें एहसास हो रहा था कि बोडस और गंधर्व भी धीरे-धीरे एक दूसरे से दूर होते जा रहे हैं। उन्हें लगता, बोडस के रूप में गंधर्व को एक बढ़िया शिक्षक, महान नट और व्यावहारिक हिस्सेदार प्राप्त हुआ है। इसलिए अपने व्यर्थ के अहंकार के चलते गंधर्व को इन्हें गँवाना नहीं चाहिए। खैर, नाटक लिखा गया और काकासाहब को उनके नए नाटक के वाचन के लिए आमंत्रित किया गया। *गंधर्व कम्पनी* में नए नाटक का वाचन, और वह भी काकासाहब का! सभी इकट्ठा हुए। सभी के मन में उत्सुकता थी। संगीत नाटक में भी सफलता के झंडे गाड़ चुके काकासाहब के चेहरे पर रोब दिखाई दे रहा था। साफ था, लोग उनकी धाक में ही नाटक सुनेंगे। नाटक का शीर्षक था—*स्वयंवर*। शीर्षक से ही सभी को नाटक की भव्य मंच-सज्जा का अनुमान हो गया। एक तो *स्वयंवर* और वह भी रुक्मिणी का, फिर तो दास-दासियाँ भी महँगे वस्त्रों में दिखाई देंगी। काटदरे ने कम्पनी की आर्थिक स्थिति का जायजा लिया और नाटक सुनने लगे। अब सभी को महसूस हुआ कि गद्य के साथ-साथ पद्य में

भी काकासाहब मँज गए हैं। भास्कर बोवा बखले, मास्टर कृष्णराव, गंधर्व, वालावलकर और राजण्णा रबकवि वगैरा गायक-वादक मंडली भी नाटक सुनते-सुनते प्रसन्न प्रतीत हुई। एक-एक प्रवेश का वाचन रंग भरता गया और भरतवाक्य सुनाकर काकासाहब रुक गए। सभी के चेहरों पर पसन्दगी का भाव देखकर उनका चेहरा भी खिल उठा। लेखक हो या कलाकार, सब में खुद को साबित करने का चाव होता है। पिछली सफलता के बाद एक और नई सफलता का सोपान चढ़ने में अलग ही नशा होता है। उसकी हर कलाकृति के साथ उसे और औरों को भी यह एहसास होता जाता है कि अभी वह खत्म नहीं हुआ है। शुरू में प्रथम अवसर के लिए जद्दोजहद, फिर सफलता के आस्वाद के लिए जद्दोजहद और एक बार सफलता प्राप्त करने के बाद बार-बार उसकी प्राप्ति के लिए पराकाष्ठा...लगातार खुद को साबित करने का तनाव उसकी जिन्दगी का हिस्सा बनकर रह जाता है। इसलिए एक बार फिर खुद को साबित करने के एहसास से काकासाहब का खिला हुआ चेहरा सभी ने देखा। गंधर्व ने पहचाना कि काकासाहब ने उनकी संगीत कुशलता के लिए, मोहक अभिनय के लिए खूब जगहें रख छोड़ी हैं। काटदरे ने गंधर्व के चेहरे का सन्तोष पढ़ा और बोडस का अभिप्राय जानने के लिए उनकी तरफ देखा।

काटदरे और बोडस की नजरें मिलीं। काटदरे जान गए कि बोडस की नजरें सन्तुष्ट नहीं हैं। वाचन के दौरान इसकी वजह भी वे समझ गए थे। इस नाटक का केन्द्रबिन्दु हैं मात्र गंधर्व। गंधर्व की लोकप्रियता तो इसके लिए कारणीभूत थी ही, साथ ही काकासाहब ने यह भी पहचाना था कि नाना जोगलेकर के बाद कम्पनी को उनका जोड़ का तोड़ नायक मिला ही नहीं है। इस कारण जाने-अनजाने उन्होंने नायिका को ज्यादा अहमियत दे डाली। शायद बोडस भी यही सोच रहे थे कि काकासाहब जैसा नाटककार भी नट की लोकप्रियता के सामने कैसे हार मान सकता है? पर बात भी साफ थी कि बोडस की अभिनय क्षमता को चुनौती देने लायक भूमिका इस नाटक में होनी चाहिए थी। वे चमत्कार कर सकते हैं। पर इस नाटक में यह सुयोग नहीं था। काटदरे मन ही मन यह सोचकर उठे कि दो नटों के बीच की ईर्ष्या-स्पर्धा से कहीं उनके बीच की दूरी बढ़ न जाए। उन्होंने सेवक को इशारा किया। मसाला दूध के प्याले आए, साथ में मिठाई भी। लोग उठे और अलग अलग दलों में नाटक की चर्चा करने लगे। लेकिन बखले बोवा ने बैठक ही जमाई। क्योंकि वे समझ गए थे कि नाटक अकेले नारायण का नहीं है, बल्कि उनका भी है। इसके पद लोगों के दिलों को छू सकते हैं। ''कहिए बोवा, कब बाँधेंगे तर्जें इन पदों की?'' काकासाहब ने पूछा।

''तर्जें? वह तो बहुत दूर की बात है काकासाहब। पहले मुझे नारायण के स्वर को तराशना होगा। स्वयं रुक्मिणी गानेवाली है। पहले तैयारी।''

गंधर्व उठ खड़े हुए, ''बोवा, कल से ही शुरू करेंगे। सुबह तड़के।''

और सचमुच, दूसरे दिन सुबह तड़के बोवा के सामने गंधर्व किसी नौसिखुए की तरह खड़े हो गए, ''कहिए बोवा।''

''आरम्भ गायन से नहीं नारायण, श्रवण से।'' बोवा ने कुछ स्वर-मुद्रिकाएँ उनके सामने रखीं। गौहरजान, मौझिद्दी खान, अल्लादियाँ खान...।''इनकी तानें, उनकी गिटकरी

पहले सीख लो। पन्द्रह दिन में ये तुम्हारे कंठ में बस जाएगा, फिर आगे।'' और गंधर्व ने स्वरमुद्रिका शुरू की। *श्याम सखा मोरा...*और उसे सुनते-सुनते गंधर्व ने उसकी नकल उतारना आरम्भ किया। कुछ देर तक बोवा सुनते रहे और फिर गंधर्व को उन सुरों के जंगल में अकेला छोड़कर चले गए। शिष्य को पहले भटकने दो, गुम होने दो, ढूँढ़ने दो, टटोलने दो, बाद में राह दिखाने के लिए गुरु है ही। बोवा की यही पद्धति थी। अगले कुछ दिनों तक गुरु-शिष्य दोनों उन स्वर-मुद्रिकाओं में डूबे हुए दिखाई दे रहे थे। इस दौरान गंधर्व अपनी लोकप्रियता, अपना नाम, अपनी धाक सबकुछ जूतों समेत बाहर दरवाजे पर छोड़ आते थे। भीतर होता था एक शिष्य, जिसने खुद को पूरी तरह से गुरु पर सौंप दिया है, और एक गुरु, जिसे तराशने के लिए एक अनमोल हीरा प्राप्त हुआ है।

पन्द्रह दिनों का समय दिया गया था, पर बोवा के ध्यान में आया कि गंधर्व ने पाँचवें दिन ही सारी गायकी आत्मसात कर ली है। इसलिए उन्होंने सोचा कि अब पदों की तरफ मुड़ सकते हैं। मास्टर कृष्णराव और गंधर्व, दोनों को लेकर वे बैठने लगे। तीनों साधक सुरों की अलग-अलग छटाओं की घंटों साधना करते रहते। फिर दोनों को रियाज के लिए समय देकर बोवा चले जाते और लौटने पर फिर उनका अभ्यास लेते। कम्पनी के लोग ऊब गए। चर्चा शुरू हुई कि नाटक का अभ्यास शुरू होगा या नाटक कम्पनी बन्द करके *गंधर्व संगीत विद्यालय* ही स्थापित किया जाएगा? लेकिन एक भी व्यक्ति कौतूहल से या कुछ सीखने की लगन से आकर बैठता नहीं था। बोडस तो मान ही चुके थे कि नाटक में गाने का ही जोर रहेगा। लेकिन काकासाहब को कोई जल्दी नहीं थी। उन्हें गंधर्व की कला पर और बोवा की सिखाने की पद्धति पर पूरा भरोसा था।

एक दिन बोवा बाहर से पधारे। मास्टर कृष्णराव को उन्हीं ने कुछ काम से बाहर भेजा था। उन्होंने डेरे में प्रवेश किया और कुछ तानें और आलाप उन्हें सुनाई दिए। कौन गा रहा है? देखा तो नारायण। कल ही जो चीजें मास्टर कृष्णराव को सिखाई थीं, वे गंधर्व के कंठ से सुनाई दे रही थीं। वे क्रुद्ध हुए और तमतमाकर ही गंधर्व के पास आए।

''नारायण, बन्द करो यह गाना।'' गंधर्व चकित।

''बोवा, कुछ गलत गा रहा हूँ?'' उन्होंने तानपूरा नीचे रख दिया।

''तुम्हें सिखाई थीं मैंने ये चीजें?''

''नहीं बोवा।''

''क्यों नहीं सिखाईं? कृष्ण को ही क्यों सिखाईं? कुछ तो सोच होगी न इसके पीछे? या कुछ भी सुनो तो बस गाते ही जाना है?''

गंधर्व की कुछ भी समझ में नहीं आ रहा था। उनके चेहरे पर शर्मिंदगी उभर आई। बोवा ने उनके चेहरे की तरफ देखा। बिलकुल छोटे बच्चे की तरह सिटपिटाया। फिर बोवा तनिक शान्त हुए। उन्होंने नारायण को बैठने के लिए कहा। आज्ञाकारी शिष्य की तरह गंधर्व बैठ गए। फिर बोवा ने उन्हें समझाना शुरू किया। हर व्यक्ति की आवाज की जाति, पर्त अलग होती है। इसलिए प्रत्येक को अपनी-अपनी आवाज के सुर-स्वभाव को पहचानकर ही गाना चाहिए। कृष्ण का कंठ अलग, गंधर्व का अलग। गंधर्व का कंठ मधुर है, मुलायम है। पर सबकुछ मेरे कंठ से निकलना चाहिए, यह जिद ठीक नहीं। उन्होंने

गंधर्व को समझाया कि प्रत्येक सुर का अपना एक स्वभाव होता है। अपनी कठिन ख्याल गायकी गंधर्व को देने की बोवा की तड़प देखकर गंधर्व का मन द्रवित हुआ। उन्होंने क्षमा माँगी और *स्वयंवर* के पदों की तैयारी शुरू हुई।

स्वयंवर शब्द में ही एक वैभव है और दृष्टिवैभव गंधर्व का पसन्दीदा क्षेत्र। कपड़ों की खरीदारी शुरू हुई। नए गलीचे, नई मंच-सज्जा तैयार होने लगी। पानी की तरह पैसा बहाना किसे कहते हैं, अब समझ में आने लगा। काकासाहब और गंधर्व का एक और नया नाटक। उसमें भास्कर बोवा की तर्जें। नाट्य-प्रेमियों को और क्या चाहिए? प्रतीक्षा करते-करते मंचन का दिन आ पहुँचा और दर्शकों का सागर थिएटर की तरफ मुड़ गया।

परदा खुल गया। सभी को प्रतीक्षा थी गंधर्व के प्रवेश की। अण्णासाहब की प्रतिमा को प्रणाम कर गंधर्व नेपथ्य में आए। एक नट चाहे जितना मँजा हुआ हो, चाहे जितना अभ्यास कर चुका हो, फिर भी पहले मंचन के दबाव से कोई भी अछूता नहीं रह सकता। गंधर्व नेपथ्य में खड़े होकर नेपथ्य के दर्पण में अपना प्रतिबिम्ब देखने लगे। पहले शकुन्तला बना, फिर शारदा, सुभद्रा, रेवती, भामिनी और अब यह रुक्मिणी। क्या ये सब मेरे ही भीतरी रूप हैं? ये सब मुझमें ऐसी आती हैं, जैसे मेरे भीतर से ही उभरी हों। वे खुद ही हँस पड़े। खुद से ज्यादा प्यार करना ठीक नहीं, इस तरह खुद को ही चेतावनी देकर दर्पण से दूर होने लगे। उन्हें अनुभव हुआ कि उनका असली रूप दर्पण में ही छूट गया है और जो दूर हो रही है, वह है रुक्मिणी। उन्हें एहसास हुआ कि वे रुक्मिणी बनते जा रहे हैं। फिर वे रंगमंच के पास आए और उन्होंने मंच पर प्रवेश किया। मानो अपने आप उनके मुख से शब्द फूट पड़े, "भैया, वे आ गए?" रुक्मिणी का पहला ही वाक्य। उस वाक्य में छिपी गंधर्व की अधीरता, शालीनता, सौन्दर्य और शान...वाक्य खत्म भी नहीं हुआ था कि ऐसी तालियों की गड़गड़ाहट शुरू हुई कि रुकने का नाम नहीं। गंधर्व कुछ पल रुके। फिर वही वाक्य बोलकर आगे कुछ कहेंगे, पर फिर तालियाँ...फिर गंधर्व ने वह वाक्य कहा और फिर तालियाँ...फिर तालियाँ। जिन्दगी में पहली बार गंधर्व ने पहले वाक्य पर तालियाँ और वन्स मोर लिया था। वाक्य के बाद गंधर्व ने गाने की शुरुआत की। *स्वकुल तारक सुताऽऽऽ* और पद समाप्त होते ही रसिकों की करतल ध्वनियों से थिएटर गूँज उठा। लगा, छप्पर तो नहीं उड़ जाएगा! विशेषज्ञ पहले मंचन में ही जान गए कि *मानापमान* से काफी ऊपर जानेवाला नाटक कम्पनी को मिला है। संगीत के विशेषज्ञ भी पहचान गए कि गंधर्व के कंठ पर बोवा की गायकी हूबहू चढ़ गई है। और सामान्य रसिक, जिसे गाने के राग, चीजें और शास्त्रीय संगीत की बारीकियों की समझ नहीं है, वे भी *नाथ हा माझा, स्वकुल तारक सुता* जैसे गाने जहन में लेकर अपने-अपने घर गए। मराठी ही नहीं, बल्कि मुम्बई के सेठ, पारसी, गुजराती लोगों को भी *स्वयंवर* ने मोहित कर डाला। नाटक खत्म होने पर दर्शक थिएटर से बाहर निकलते, पर दुबारा नाटक देखने आने का इरादा बनाकर ही।

स्वयंवर की ख्याति चारों दिशाओं में फैल गई। रुक्मिणी के सौन्दर्य की, गायन की और इत्र की महक सभी तरफ बिखर गई। उस्ताद अल्लादिया खाँ संगीत की दुनिया की एक नामचीन हस्ती। गंधर्व के कुछ विघ्नसन्तोषी मित्रों ने *स्वयंवर* को लेकर उनके कान

फूँके। उनसे चुगली की कि *स्वयंवर* में आपकी कुछ चीजों का गलत इस्तेमाल करके बोवा ने उन्हें एक नौटंकिया से गवाया है। अल्लादियाँ खाँ साहब का गुस्सा सातवें आसमान पर। खाँ साहब संगीत में शुचिता को अहमियत देते थे। इन नौटंकियों ने संगीत को दासी बनाकर रख दिया है। उनके तन-बदन में आग लग गई। हमारी चीजें कोई चना-चबेना नहीं है, जो किसी के भी हाथों में पड़ जाए। खाँ साहब ने बोवा से जवाब तलब किया। बोवा जैसा जिम्मेदार आदमी ऐसी हरकत करे, उन्हें गवारा नहीं था। बोवा ने खूब समझाया। उन चीजों का क्या किया है, यह देखने-सुनने के लिए बार-बार मिन्नतें कीं। आखिरकार, खाँ साहब ने नाटक देखने के लिए आना स्वीकार किया।

खाँ साहब पधारे। हाथ में पानदान थामे शागिर्द खड़े। लेकिन चेहरे पर वितृष्णा का भाव। उन्होंने बोवा को देखा और अपने क्रोध को जैसे-तैसे रोका। बोवा ने आगे बढ़कर उनकी अगवानी की। खाँ साहब ने गर्दन उढ़की और उनकी ओर बिना देखे ही भीतर चले गए। बोवा हँस दिए। खाँ साहब का स्वभाव उन्हें पता था। मानो साक्षात् दुर्वासा मुनि। अब देखते हैं, क्या शाप देंगे, और वे भीतर गए। नाटक शुरू हुआ और हमेशा की तरह उसमें रंग भरता गया। तालियाँ, तारीफ और वन्स मोर के कोलाहल में समाप्त भी हो गया। पर बोवा को पता था, खाँ साहब ऐसी बातों से भुलावे में आनेवाले नहीं हैं। नाटक समाप्त हुआ। बोवा रंगशाला में ही बैठे रहे। कुछ पल बीते और उन्होंने आईने में देखा, खाँ साहब खड़े।

"खाँ साहब!" बोवा उठ खड़े हुए।

खाँ साहब ने पहले तो बोवा की नजरों से अपनी कड़ी नजरें मिलाईं और फिर उन्हें बाँहों में ही भर लिया।

"भास्कर भैया, कमाल कर दिया। कहाँ से पैदा किया ये तानसेन आपने? यमन, भूप, बिहाग तो इसके गले से ऐसे बरसते हैं...मानो आसाढ़ की पहली बारिश...और वह क्या था...*मम सुखाचा ठेव*...वाह! क्या बात है। वह तो हमारी जायदाद पर डाका डालकर ही निकाला है आपने। मगर भास्कर भैया...आज मैंने महसूस किया, इतने सालों तक गाया हमने इस बन्दिश को, पर सब बेकार। उसका असली रंग आज देखा है हमने। आज उसका असली रूप जाना।"

खाँ साहब की प्रशंसा की वर्षा रुकने का नाम नहीं ले रही थी। उसकी छोटी-मोटी जगहें, खूबियाँ उन्होंने गिना दीं। बार-बार कहते रहे, ये चीजें बस गंधर्व ही गा सकते हैं। फिर एक पल बाद उनकी मुखमुद्रा फिर कठोर बन गई, "मगर गुनाह तो गुनाह है। सजा तो मिलनी ही है। आज आपने किया, कल कोई और करेगा! कल कोई भी ऐरा-गैरा उठाईगीर आकर हमारी बन्दिशें गाने लगेगा और बरबाद कर देगा। सजा तो मिलेगी ही।"

भास्कर बोवा ने हामी भरते हुए गर्दन झुकाई। "सजा यह है कि आज अभी इसी मंच पर हम दुबारा सारे गाने सुनेंगे...आप भी गाओगे और आपका वह शागिर्द भी...!" भास्कर बोवा का चेहरा खिल उठा। कुछ ही पलों में गंधर्व मेकअप उतारकर आए और रात में उस रंगमंच पर गंधर्व, बोवा और खाँ साहब ने सुरों की दिवाली मनाई। तीनों दिग्गज, संगीत के अधिकारी। सुबह तक संगीत का यह यज्ञ जारी था। *स्वयंवर* के संगीत से अभिभूत

घर लौटे लोगों को पता भी नहीं था कि अब यहाँ संगीत की अद्‌भुत महफिल सजी है। सुबह तीनों उस मदहोशी से जाग गए। उन्हें एहसास हुआ कि दिन उग आया है और प्रत्यक्ष सूर्यदेवता उनके संगीत का आस्वादन करते हुए खड़े हैं। लौटते समय खाँ साहब ने बोवा के हाथ अपने हाथों में लिये और बोले, ''बोवा, यह आपका शागिर्द आपकी गायकी को घर-घर तक पहुँचाएगा। सालोंसाल जिन्दा रखेगा। देखना, कयामत तक लोग इसे सुनते रहेंगे।'' खाँ साहब चले गए और बोवा को एहसास हुआ कि ऐसा शिष्य पाने के लिए भी किस्मत चाहिए। मैं सौभाग्यशाली हूँ, इसीलिए गंधर्व जैसा शिष्य प्राप्त हुआ है। उनके दिल का बोझ हल्का हुआ। अपने पास रखा संगीत का खजाना अगली पीढ़ी को सौंप दिया है मैंने। आज मैं अपने गुरुऋण से मुक्त हो गया हूँ...सोचते हुए वे बाहर आए। धरती पर कोमल किरणें बिखरी हुई थीं। बोवा को महसूस हुआ, यह सूर्य आज अपने साथ नया युग—गंधर्व युग लेकर आया है। अब *स्वयंवर* से शुरू हुआ है गंधर्व युग!

हमेशा की तरह साने की दुकान के सामने कलेक्टरनी साहिबा की गाड़ी आकर रुकी। वे उतरीं। आज भी कोई नई लड़की साथ थी। उन्हें देखकर साने ने भीमिया को इशारा किया। भीमिया अदब से उनके पास गया और उन्हें ऊपर ले आने लगा। साने ने कलेक्टरनी के स्वागत में जाने की बजाय पास के ग्रामोफोन पर रेकॉर्ड लगा दिया। *स्वकुल तारक सुताऽऽ* और कलेक्टरनी रुक गईं। फिर ''आइए, आइए'' कहते हुए साने आगे बढ़े। ''दैया री दैया, यह क्या?''

''गंधर्व का रिकार्ड। अच्छा भीमिया, वह साड़ी देना तो जरा...अरे वही जो गंधर्व ने *नृपकन्या तव जाया* के समय पहनी थी परसों...।'' आगे घंटा-भर देवीजी बस रिकार्ड सुन रही थीं और भीमिया साने के बताए अनुसार कपड़े का गट्ठर बना रहा था। देवीजी गंधर्व की तारीफ करते-करते साने द्वारा बनाया साड़ियों का गट्ठर ले गईं। साने को अनुभव हुआ, इतनी बार सुनने के बाद भी मन की तृप्ति नहीं होती है। उन्होंने नौकरों को भोजन के लिए खदेड़ा और फिर रिकार्ड लगा दिया। गंधर्व गाने लगे...*स्वकुल तारक सुताऽऽ*।

स्वयंवर ने चारों तरफ लोकप्रियता प्राप्त की थी। पंडित जान गया था कि नारायण मात्र लोकप्रियता से ही सन्तुष्ट हैं। उसने सोचा, इस लोकप्रियता की सीढ़ी बनाकर ऐश्वर्य और सम्पत्ति प्राप्त करने की बात नारायण के दिमाग में भरनी चाहिए।

उसने रात में नारायण को पकड़ा। विदेशी इत्र की शीशी भेंट दी। ''नारायण, भई तुम्हारे नाटक देखना किसी उत्सव से कम नहीं होता। बाहर की भीड़ देखनी चाहिए तुम्हें। अलग-अलग पोशाकें, गजरे, इत्र, मोटरगाड़ियाँ, बग्गियाँ...मानों ऐश्वर्य की महफिल। और नाटक की मंचसज्जा तो इस बाहरी ऐश्वर्य को भी मात देनेवाली। आम आदमी भी धराऊ पोशाकें पहनकर आते हैं।''

गंधर्व का गला भर आया। वे भाऊराव द्वारा अण्णासाहब को दिए वचन को याद करते हुए बोले, ''सम्भ्रान्त घरों के लोग नाटक की तरफ मुड़ें, नौटंकियों को समाज में स्थान मिले, सम्मान मिले, ऐसा काम करने का वचन दिया था भाऊराव ने अण्णासाहब

को।'' लेकिन पंडित को न भाऊराव के वचन से कुछ लेना-देना था और न अण्णासाहब से। विषय को भावुकता की ओर मुड़ता देखकर उसने धीरे-से अलग सुर अलापा, ''पर नारायण, तुमने एक बात पर गौर किया?'' और उसने अपनी योजना का बुनियादी मुद्दा पेश किया, ''इनमें धनिक व्यक्ति शायद ही कभी नौकरीपेशा वर्ग से होता है। पैसा होता है व्यापारियों के पास, उद्योजकों के पास। हमें भी कोई ऐसा ही धन्धा करना चाहिए।''

''अरे, लेकिन नाटक भी तो एक धन्धा है न!'' गंधर्व बोले।

फिर पंड़ित भड़क गया, ''इस धन्धे में कोई दम नहीं। अरे भाई, कल का क्या भरोसा? बाकी धन्धों की तरफ देखो तो सही। एक बार साख बन गई तो अगली सात पुश्तों की चिन्ता खत्म हो जाती है। और यहाँ, एक नाटक चल निकला तो तुरन्त दूसरा ढूँढ़ना पड़ता है। अच्छा, एक नाटक चल पड़े तो इस बात का कोई भरोसा नहीं कि दूसरा भी चल पड़ेगा। *ललितकलादर्श* का ही देखो न, या *किर्लोस्कर कम्पनी* का। गडकरी गुरुजी का *पुण्यप्रभाव* अच्छा चल रहा है, इसलिए ठीक है। वरना, बहुत बुरी हालत होती। अन्य धन्धों में बाप धन्धा शुरू करता है और उसका बेटा उसे चलाता है। लेकिन हमारा ऐसा नहीं है। नाटक का पैसा हमेशा के लिए नहीं टिकता..।'' पंडित की अखंड रसधारा शुरू हुई।

''तुम ठीक कहते हो!'' पंडित की बात सुनकर गंधर्व बोले, ''थोड़ा-थोड़ा धन जमा करना चाहिए। देखो न, गणपतराव ने जमीन में पैसा लगया है।''

पंडित हँस दिया। ''आप कलाकार लोगों के सपने भी बहुत छोटे होते हैं। वह पैसा क्या जिन्दगी-भर काम आएगा? अरे भाई, तुम जरा अपने दर्शकों की तरफ तो देखो! नाटक देखने आनेवाले अमीर लोग नौकरीपेशा नहीं होते, उद्योजक होते हैं। क्या कलाकार हमेशा गरीब रहकर ही अमीरों का मनोरंजन करता रहेगा? नारायण, कला का पूँजी के रूप में इस्तेमाल करने का जमाना है। अब राजे-रजवाड़े तो दफन हो गए इतिहास में। अब राज उनका है, जिनके हाथों में उद्योग हैं। हम भी उतरेंगे उद्योग में। नाटक से मिलनेवाला धन उसमें लगाएँगे। नाटक भी चलते रहेंगे और और उद्योग से भी आमदनी होती रहेगी। जब उम्र बढ़ेगी, नाटक नहीं कर सकेंगे, तब यही आमदनी काम आएगी।''

पंडित ने अपने सपने गंधर्व पर थोपना शुरू किया। उसे अपनी योजनाएँ बताईं। सबकुछ गंधर्व की समझ में नहीं आया, पर वे इतना समझ गए थे कि पंडित के दिमाग में किसी वस्तु के उत्पादन का विचार है। फिर उन्होंने हमेशा की तरह 'मुझे इसमें कुछ भी नहीं पता, तुम ही देखो' कहकर सबकुछ उस पर छोड़ दिया।

पंडित हँसा। बोला, ''नारायण, जमाना ही बदल गया है। कलाकार के पास व्यवहारज्ञान होना, उसका दुर्गुण माना जाने लगा है। इसे उसकी कलात्मक कमी के साथ जोड़कर भी देखा जा रहा है। उसे यही सिखाया जाता है कि कलाकार को व्यावहारिक झंझटों से दूर ही रहना चाहिए। कला के आगे उसे किस बात की फिक्र! लेकिन भाई, तुम यह क्यों भूलते हो कि भाऊसाहब, अण्णासाहब और यहाँ तक कि नाना जोगलेकर ने भी कम्पनी को किसी चतुर व्यापारी की तरह चलाया था।''

लेकिन गंधर्व ने कन्धे उचकाए। बोले, ''मुझे नहीं चाहिए ये झंझट। तुम ही सँभालो उसे।''

"वह तो ठीक है, पर कम्पनी के लोग जो मुँह में आए सो बकते हैं।" पंडित का चेहरा उतर गया।

"क्या कहते हैं?" गंधर्व ने पूछा।

"कहते हैं, गंधर्व नामधारी मालिक बनकर रह गए हैं और कम्पनी की सारी चाबियाँ पंडित को सौंप दी हैं।" पंडित ने गर्दन और नीचे झुकाई।

गंधर्व ने पंडित के कन्धे पर हाथ रखा। उसकी ठोड़ी पकड़कर चेहरा ऊपर उठाया।

"पंडित, तुम और मैं, हम दोनों क्या अलग हैं? लोग चाहे जो कहें, पर मेरा तुम पर पूरा भरोसा है। और लोगों की बातें सुनते ही क्यों हो? अरे भाई, मैं कला का उत्कर्ष देखूँगा और तुम कम्पनी का, यही तय हुआ है न हमारे बीच! तो? और देखो, अगर तुम नहीं होते तो आज भी मैं शंकरराव की कम्पनी में सौ रुपये की तनख्वाह पर काम कर रहा होता। क्या मुझ पर तुम्हारा यह कर्ज नहीं है?"

"नारायण!" उसने गंधर्व के मुँह पर हाथ रखते हुए उसे रोका, "कर्ज कैसा? तुम्हारी किस्मत में ही परमात्मा ने यह राजयोग लिखा था। मैं तो बस एक जरिया हूँ।" और उसने भावुक होकर गंधर्व को आलिंगन में बाँध लिया। गंधर्व की आँखें भी नम हुईं। इस पल उन्हें वह अपने लिए अर्जुन के कृष्ण की तरह महसूस हुआ। प्राणप्यारा मित्र!

फिर पंडित ने सारे सूत्र अपने हाथों में ले लिये। जलगाँव का दौरा खत्म हुआ और कम्पनी वरहाड-विदर्भ चली गई। वहाँ भी *संशयकल्लोळ* और *स्वयंवर* ने लोगों को दीवाना बना दिया। वहाँ से कम्पनी ग्वालियर की तरफ चल पड़ी। विदर्भ से ग्वालियर? यह कैसी उल्टी गंगा? किसी की समझ में नहीं आ रहा था। राजण्णा ने वालावलकर से पूछा भी, पर ठीक-ठीक कोई भी नहीं जानता था। यहाँ तक कि गंधर्व भी। उन्होंने काटदरे से पूछा, पर जब उन्हें यह पता चला कि यह पंडित का निर्णय है, तो उन्होंने भी आगे कुछ नहीं पूछा। लेकिन पंडित का हिसाब पक्का था। वह जानता था कि आज के विश्वयुद्ध के माहौल में फौज के लिए उपयोगी वस्तुओं के उत्पादन में ही पैसा है और इन वस्तुओं के कॉन्ट्रैक्ट ग्वालियर में मिल सकते हैं। इसलिए ग्वालियर में नाटकों का आयोजन करके वहाँ के बड़े-बड़े अधिकारियों से मेल-जोल बढ़ाना और कुछ कॉन्ट्रैक्ट हथियाना उसका उद्देश्य था। बोडस ने यह पहचान लिया था, पर वे चुप रहे। उनका प्रयोजन अलग था। वे ग्वालियर के महाराज श्रीमन्त माधोजी सिंधिया को नाटक में आमंत्रित करना चाहते थे। श्रीमन्त को नाटक का अच्छा-खासा शौक था। खाडिलकर, देवल के प्रति उन्हें गहरी श्रद्धा ही नहीं, बल्कि वे उनके मुरीद भी थे। इसका लाभ उठाकर कुछ रियायतें, कुछ पुरस्कार, कुछ आर्थिक लाभ प्राप्त करना उनका उद्देश्य था। पंडित ने इस दौरे का आयोजन किया और बोडस की उसे मौन स्वीकृति प्राप्त हुई। फिर क्या था, कम्पनी के कलाकारों ने सामान भरा और चल दिए खानाबदोशी के लिए। उनका क्या है, जहाँ दाना-पानी, वहीं उड़ान।

गंधर्व कम्पनी जब दौरे पर निकलती, तब ऐसा समाँ बँध जाता, मानो कोई शाही बारात निकली हो। खाने-पीने की तो बात ही मत पूछिए। तीन वैगन भरकर सामान और लोग। अपने-अपने खानसामा, नौकर-चाकर और एक वैगन में गंधर्व के लिए बर्फ। जी हाँ, बर्फ। उन्हें ठंडा पानी लगता, इसलिए बर्फ भी साथ ले जाते। नाश्ता-कलेवा में इतने

पदार्थ कि सारा समय खाने-पीने में ही बीत जाता। *गंधर्व कम्पनी* की रेल की सवारी यानी तामझाम। उसे देखने के लिए भी लोग स्टेशन पर आ जाते।

ग्वालियर का दौरा खत्म हुआ। पंडित ने ठीक-ठीक क्या पाया, किसी को पता नहीं। उसका सारा मामला ऐसा ही होता। उसके मामले में कोई दखल दे, उसे अच्छा नहीं लगता। लौटते समय उसने गंधर्व से कहा, 'रास्ते में एक जगह पर गाने का कार्यक्रम है।' बोडस को अचम्भा हुआ। यह वही पंडित था जो हमेशा कहा करता था कि गंधर्व के निजी गाने के कार्यक्रमों से नाटक की आमदनी पर बुरा असर पड़ेगा। और आज उसी ने यह कार्यक्रम रखा था। गाड़ी कार्यक्रम के स्टेशन पर पहुँची। लोग नीचे उतरे। देखा, क्या ठाठ। पूरा स्टेशन सजाया गया था पताकाओं से। वाह! अगर स्टेशन से ही ऐसी तैयारी है, तो सभागार में दरवाजे से ही पाँवड़े बिछे होंगे और उन पर गुलाब की पंखुड़ियों की वर्षा होगी! गंधर्व को स्टेशन मास्टर के कमरे में बिठाया गया। वालावलकर ने अनुमान लगाया, शायद गंधर्व को लेने गाड़ी आ रही है। स्टेशन मास्टर का वह सरकारी रंग का कमरा, सजावट भी सरकारी। लोगों के चेहरे पर भाव भी सरकारी। कमरे की खिड़की से रेलवे के कर्मचारी, कुली, बाबू झाँक-झाँककर देख रहे थे। कुछ एक चेहरों पर ये भाव भी थे कि देखें तो सही, कैसा दिखता है बालगंधर्व। सभी मजा ले रहे थे। 'कब है कार्यक्रम? कितने बजे है?' वगैरा प्रश्नों पर उन्हें पंडित से 'समय हो ही गया है, अभी चलते हैं' का उत्तर मिलता। लेकिन वह सभी के साथ बहुत अदब से पेश आ रहा था। इस बीच वालावलकर, राजण्णा और गंधर्व ने आपस में चर्चा कर यहाँ शास्त्रीय गायन के साथ-साथ कुछ नाट्यगीत भी पेश करना तय किया और सभी लोग मोटरगाड़ी और पाँवड़े की प्रतीक्षा करने लगे। फिर पंडित आया और बोला "चलिए"। सभी उसके साथ चलने लगे। उसके साथ दो-चार जोशीले अधिकारी भी थे। लेकिन यह बारात बाहर जाने की बजाय स्टेशन की तरफ मुड़ गई। 'हे भगवान, क्या अब गाँव में भी ये लोग रेल से ही ले जाएँगे?' राजण्णा ने हल्का-सा मजाक भी किया। कुछ कदम चलने के बाद सभी थम गए। गायन के कार्यक्रम का पंडाल प्लेटफार्म पर ही लगा हुआ था और रेल के कर्मचारी सामने बैठे हुए थे। गंधर्व की समझ में कुछ भी नहीं आ रहा था।

"पंडित?" उन्होंने पूछा। पंडित ऐसे अन्दाज में बोला मानो कुछ हुआ ही नहीं, "जी हाँ, यहीं। रेल कर्मचारियों की इच्छा थी...मैंने कह दिया, जरूर गायँगे गंधर्व यहाँ!" फिर धीरे से कानों में बोला, "आगे काम आएँगे।"

इससे पहले कि वालावलकर कुछ कहते, गंधर्व बिना कुछ बोले पंडाल की तरफ चल दिए। वालावलकर निरुपाय हो उनके पीछे-पीछे हो लिए। चार बाँस पर पंडाल खड़ा किया गया था। कुछ गद्दे और गावतकिए लगे थे। सामने दो-एक प्याले रखे हुए थे, ताँबे के। गद्दे पर बिछी चद्दरों में सिलवटें, कुछ पर दाग भी। सामने बैठे लोग उत्सुकता से यह माजरा देख रहे थे। शायद रेल कालोनी के ही लोग थे। फिर उनके साहब आए। लोग खड़े हो गए। साहब ने गंधर्व को हार और रुमाल भेंट किया। गंधर्व ने विनम्रता से उसको स्वीकार किया और कार्यक्रम का प्रारम्भ हुआ। शुरू में गंधर्व ने एक भजन गाया। उसकी तानें और आलाप लोगों के सिर के ऊपर से गुजरते जान पड़े। संगीत की थोड़ी-बहुत

समझ रखनेवाली कुछ गर्दनें डोल रही थीं। फिर गंधर्व ने नाट्यगीत शुरू किया। जरा समाँ बँधने लगा कि तभी झुक-झुक करती हुई एक रेलगाड़ी वहाँ से गुजरी। रेलगाड़ी की खड़खड़ाहट सारे माहौल को बिगाड़कर चली गयी। यद्यपि गाड़ी बिना रुके चली गई थी, पर उसके धुएँ ने वहाँ की हवा के साथ-साथ कार्यक्रम का माहौल भी मटमैला बना दिया। नरूभाऊ, विसूभाऊ, दिनू दर्शकों में बैठे थे। उन्हें तो इस कार्यक्रम का प्रयोजन ही समझ में नहीं आ रहा था। लेकिन गंधर्व थे कि एक के बाद एक गीत गाए जा रहे थे। गाते-गाते अचानक उन्हें एहसास हुआ कि राजण्णा का ताल गड़बड़ा गया है। उन्होंने चौंककर देखा। दरअसल, तबले पर राजण्णा की हुकूमत थी, पर आज उनका हाथ दिशाहीन भटक रहा था। गंधर्व ने उनकी ओर देखा। राजण्णा के चेहरे पर मात्र खीज नहीं, बल्कि न खाते बने न उगलते की स्थिति का आभास हो रहा था। गंधर्व ने उनके मन की बात पहचानी। वे राजण्णा की तरफ देखकर मुस्कुराए और मधुर मुस्कान के साथ बोले, ''वाह राजण्णा, वाह, बहुत खूब!'' अपनी ग़लती पर गंधर्व की दाद मिलती देख वे झेंप गए, शरमिंदा हो गए। फिर उन्होंने गुस्से पर काबू किया और अगला डेढ़ घंटा मानो खुद को उस माहौल से अलग ही कर लिया। मानो वे अकेले हों और कानों पर आनेवाले गानों के सुरों का साथ दे रहे हों। गंधर्व ने विलंबित लय में *स्वयंवर* का *स्वकुल तारक सुता* पद शुरू किया। धीरे-धीरे उसे द्रुत लय में ले गए और अचानक एक नई तान ली। राजण्णा चकित। गंधर्व ने आज तक कभी यह तान नहीं ली थी। गंधर्व के कंठ से निकली इस अद्‌भुत जगह को देखकर वे चकित हुए। कहाँ छिपाए रखा था गंधर्व ने यह गहना? उन्होंने बड़े जोश से तबला शुरू किया। फिर मानो दोनों की जुगलबन्दी ही शुरू हो गई। कुछ समय तक उन्हें लगने लगा कि उस प्लेटफार्म पर वे बस वे दोनों ही हैं और संगीत के जंगल की विभिन्न जगहें ढूँढ़ते फिर रहे हैं। मजा आने लगा। काफी देर तक यह चलता रहा। फिर गंधर्व रुक गए। उन्होंने हाथ जोड़े, बुलावे के लिए आभार प्रकट किया और उठ गए। लोग भी उठे और गंधर्व दुबारा उस स्टेशन मास्टर के कमरे में आए।

राजण्णा और वालावलकर गर्दन झुकाए उठे। साज समेटा, तानपूरे पर गिलाफ चढ़ाया। लोग बिखरने लगे। संगीत के कुछ जानकार लोगों ने आकर गंधर्व के पैर पकड़ लिये। गंधर्व ने सभी को हाथ जोड़कर प्रणाम किया और मंडली चल पड़ी। अगले डेरे पर पहुँची। रात में राजण्णा को नींद नहीं आ रही थी। करवटें बदलते हुए वे लगातार अल्लाह को याद कर रहे थे। आखिरकार बेचैन होकर हवाखोरी के लिए बाहर चले आए। देखा, गंधर्व और वालावलकर बैठे हुए हैं। राजण्णा उनकी दिशा में चल पड़े। दोनों में विवाद हो रहा था। वालावलकर क्रुद्ध थे। राजण्णा अचंभित। ''नाना, क्यों बैठे आप गाने? आप जैसा गानसम्राट और रेलवे के प्लेटफार्म पर गाए?'' गंधर्व शान्त। वे उन्हें समझा रहे थे, ''भगवन्, पंडित ने जबान दी थी। उसे क्या पता कि...।''

''ऐसे कैसे पता नहीं था? पर मैं गाऊँगा तो सभागार में, ऐसा दृढ़ता से क्यों नहीं कहा आपने? आपका गायन और प्लेटफार्म पर? कल लोग सुनेंगे तो क्या कहेंगे?'' वालावलकर सुनने के लिए कतई तैयार नहीं थे। गंधर्व ने उन्हें समझाने का प्रयास किया। आखिरकार, 'आगे से सावधानी बरतूँगा' कहकर उन्होंने उन्हें सोने के लिए भेज दिया।

गंधर्व इस बात से सन्तुष्ट थे कि उन्हें ऐसे कुर्बान होनेवाले लोग मिले हैं। उन्हें नींद नहीं आ रही थी। तभी ठंडी हवा का झोंका आया और वे और ज्यादा खिल गए। उन्होंने एक तान ली और राजण्णा के मुख से अपने आप दाद निकल गई। गंधर्व रुक गए।

"अरे, अभी तक सोए नहीं आप?"

राजण्णा गंधर्व के पास गए। बैठे। सुहानी ठंडी हवा बह रही थी। आसमान में सितारों की भीड़। गंधर्व के चेहरे पर एक अद्‌भुत प्रसन्नता थी। कुछ पल दोनों चुप रहे। फिर गंधर्व ही हँस दिए। बोले, "भगवन, आपको भी गुस्सा उतारना हो मुझ पर, तो उतार लीजिए।"

"नहीं नारायणराव, गुस्सा नहीं। पर ताज्जुब हुआ।"

गंधर्व ने उनकी तरफ देखा। वे बोले, "ऐसे देहाती लोगों के सामने आपकी आवाज ऐसी लगी थी, मानो संगीत के बादशाहों की महफिल हो। इनके लिए खुद को थकाना क्या इतना जरूरी था? आपने तो जान फूँक दी।"

गंधर्व हँस दिए। कुछ पल चुप रहे।

"भगवन, ठीक है महफिल देहाती लोगों की थी, पर क्या पता इनमें भी कोई मर्मज्ञ छिपा हो? हमारा गाना उसके लिए था। हमें क्या पता कि कौन बैठा है और किसमें गायकी की कितनी समझ है? हमारी गायकी से कौन अपने घर क्या ले जाएगा? मुझे न तो प्लेटफार्म की गाड़ियाँ दिख रही थीं और न आवाजाही की आवाजें सुनाई दे रही थीं। क्योंकि मेरे सुर उस एक आदमी के लिए थे। भगवन, काम में कोताही नहीं होनी चाहिए। रसिक माई-बाप को कुछ देते समय हाथ पीछे नहीं खींचना चाहिए। जान लगा देनी चाहिए।"

राजण्णा को लगा, मानो गंधर्व खुद से ही बातें कर रहे हैं। इस वक्त ये बातें करते समय भी उनकी आवाज उसी तरह उत्कट थी, जैसे शाम को गाते समय लगी थी।

गंधर्व बोल रहे थे, "नाटक हमारे लिए रोज की बात है, पर इनके लिए अनोखी बात है। परदा गिर जाने पर हमारे लिए नाटक समाप्त हो जाता है, पर नाटक समाप्त नहीं होता बल्कि रसिक माई-बाप उसे अपने मन में सँजोए रखते हैं। लम्बे समय तक। कलाकार खत्म हो जाता है...पर नाटक बसा रहता है...मन ही मन। इसीलिए कहा जाता है कि कलाकार कभी मरता नहीं है। अगर उस ऊपर बैठे कलाकार ने मृत्यु को भी मात देनेवाली कला हमारे गले में उँड़ेली है, तो उसका सम्मान करना चाहिए न भगवन्!"

राजण्णा के रोंगटे खड़े हो गए। इतना गहरा चिन्तन, ऐसी सोच! "नाना, आपकी सोच...आपके खयाल...।"

गंधर्व उस अँधेरे को चीरते हुए खिलखिलाकर हँस पड़े। यहाँ तक कि हँसते-हँसते उन्हें खाँसी आ गई। फिर सँभलते हुए बोले, "भगवन्, परमात्मा यदि हमें इतनी अकल देते तो और क्या चाहिए था? यह सब काकासाहब की देन है। उनके बोल हैं। किसी मंचन में आलस्य देखते तो तुरन्त कान पकड़ लेते। यह दीक्षा उन्हीं की दी हुई है। राजण्णा, एक बात कहता हूँ, मैं बुद्धिमान नहीं हूँ, पर सौभाग्यशाली अवश्य हूँ। परमात्मा ने मेरे आसपास ऐसे लोग भेज दिए हैं, जिनकी उँगली थामकर चला जा सके। इसी कारण मैं यहाँ तक आ पाया हूँ। भास्कर बोवा हो, काकासाहब हों या देवल गुरुजी...सारी की सारी

ईश्वरीय सौगातें। इसीलिए, जो भी करो, मन से करो—इतना भी कर पाए न जिन्दगी में, तो भी काफी है। चलिए, बहुत रात हो गई।'' गंधर्व उठे और पाजामा झटकने लगे। राजण्णा के मन में बहुत कुछ था। पंडित ने आज आपका नाजायज लाभ उठाया है, आपको भी ऐसा नहीं करना चाहिए था, वगैरा बहुत कुछ कहना था। लेकिन पर वह सारा उन्हें बहुत ही सतही लगने लगा। भिनसारे तक वे जाग रहे थे। उन्हें मन ही मन गंधर्व की छवि ऊपर की ओर जाती हुई महसूस हो रही थी। अपनी जिन्दगी में ऐसा अद्‌भुत इनसान आया, इसके लिए अल्लाताला का शुक्रिया अदा करते-करते ही उन्हें नींद आ गई।

बोलते-बोलते सर रुक गए। कास्ट्यूम्स लेकर निशा आई थी।

''अपनी सीमाओं का एहसास शुरू से ही रहा होगा गंधर्व को। या फिर जिन्दगी में सफलता बहुत जल्दी दिखाई देने के बावजूद लोकमान्य तिलक, राजर्षि शाहू महाराज, देवल गुरुजी, बखलेबोवा, काकासाहब जैसे हिमालय-से ऊँचे लोग आसपास होने के कारण वे हमेशा विनम्र बने रहे होंगे। एक नाटक हिट हो गया या सारे अवार्ड प्राप्त हुए, मतलब सबकुछ हो गया, ऐसा नहीं था उनका।'' सर उठे और निशा के पास गए। निशा ने कपड़ों का गट्ठर नीचे रखा।

चिन्मय ने महेश की तरफ देखा। उसकी नजरें कह रही थीं कि सर बेवजह ही इस पीढ़ी के नाट्यकर्मियों की तरफ पूर्वग्रहदूषित हो रहे हैं।

''दरअसल, सर बीच की पीढ़ी के प्रतिनिधि हैं। यानी गंधर्व के बाद की और गद्य या प्रायोगिक रंगमंच से पहले की। यानी गंधर्व को देखा नहीं, पर उस युग की छाया में पनपे। इसी कारण उस युग को नकारते या उस युग के दबाव से मुक्त होने के लिए छटपटाते लोगों के साथ उनकी पटरी नहीं बैठती। या यूँ कहो कि गंधर्व के संगीत को, अभिनय को टक्कर देनेवाला कुछ करना भी उन्हें गवारा नहीं है। पहले वैसा करके दिखाओ, फिर उसे नकारना—यह तकियाकलाम हमेशा होता है उनका। लेकिन यह प्रवृत्ति गंधर्व प्रवृत्ति के विपरीत है।'' चिन्मय बोला।

''अरे भाई, गंधर्व को संगीत संगीत ही लगता था। वरना शुचिता का खयाल रखनेवाले गंधर्व को चर्च के सुर गवारा क्यों होते?'' महेश बोला।

''मतलब?''

''चिनिया, नाट्यसंगीत में ऑर्गन कहाँ से आया, जानते हो? चर्च से।''

''क्या?''

''और क्या? गंधर्व ने चर्च के ऑर्गन के सुर सुने और कर डाली उसकी स्थापना रंगमंच पर। ऐसा है, नेता हमेशा रास्ते तलाशता रहता है। नई-नई राहें खोजता है, पगडंडियाँ भी छानता है। उसके लिए कोई भी बात निषिद्ध नहीं होती। सामने आए हर पत्थर को वह अपने हाथ की लोहे की सलाख छुआता जाता है, उसमें पारस को ढूँढ़ता रहता है। पारस उसे मिल जाता है, पर पीछे से आनेवाले उसके अनुयायी उन राहों में बाड़ लगाकर उन्हें सीमित कर देने में ही धन्यता का अनुभव करते हैं। उस राह से जरा भी इधर-उधर जाना उन्हें महापाप लगता है। ऐसे में खोज समाप्त हो जाती है और अनुकरण शुरू हो

जाता है। और शुरू हो जाता है अँधोटी लगाकर आगे बढ़ना। बाद में ये रास्ते भी उन्हें अच्छे नहीं लगते। अण्णासाहब का यही हुआ। भावे जी के नाटकीय ढाँचे में परिवर्तन से आधुनिक मराठी संगीत नाटक उभरा। गंधर्वयुग उसी का उच्चतम बिन्दु है।

''सचमुच, 'स्वयंवर' ने उच्चतम बिन्दु को छू लिया था। लोकप्रियता में और संगीत में भी। लेकिन तभी यह आलोचना सुनाई देने लगी कि इससे नाटक को संगीत महफिल का रूपाकार प्राप्त होगा। और 'यह आलोचना करनेवाले हमारे ही लोग हैं नारायण'—पंडित ने गंधर्व के कान फूँकने शुरू किए। दरअसल, इसमें कुछ गलत भी नहीं था। क्योंकि स्वयं बोडस को 'स्वयंवर' से कुछ शिकायतें थीं। एक बार उन्होंने काकासाहब से भी कहा था कि यह एक तरह से एकपात्रीय नाटक ही है। क्योंकि इसमें रुक्मिणी के अलावा सारे पात्र बिना वजह ठूँसे हुए प्रतीत होते हैं। बोडस एक अध्ययनशील, चिन्तनशील नट थे, इसलिए उनकी बात का एक निश्चित अर्थ था। पर जब किसी बात को गलत रूप से पेश करने की ठान ली जाती है, तब कुछ भी अनर्थ हो सकता है। पंडित इस कला में माहिर था और गंधर्व का उसी पर अगाध विश्वास। वास्तव में, बोडस ने अत्यन्त अहम मुद्दा उठाया था।

''वे कह रहे थे कि इस नाटक का सृजन करते समय नाटककार ने नट के आगे शरणागति स्वीकार कर ली है। काकासाहब ने अपने पास के अद्‌भुत गायकी के नट को...बिलकुल सौन्दर्य का पुतला लगनेवाले नट को सामने रखकर यह नाटक लिखा है। क्या इसमें लेखक की ऊर्मि का अतिक्रमण नहीं हुआ?''

''नहीं महिया, मुझे नहीं ऐसा लगता। क्योंकि नाटक में तो ऐसा होता ही है। अब कई नाटकों में हम एवेलेबल लड़कों को साथ लेकर चेंजेज कर देते हैं। कभी वे सफल होते हैं और कभी नहीं भी। इलाहाबाद का शो याद है न! मोहन राकेश के 'आषाढ़ का एक दिन' का? उसमें मल्लिका की माँ उपलब्ध नहीं हुई तो उसके स्थान पर उसके पिता का कैरेक्टर डाल दिया था। एक पांडव अनुपस्थित है इसलिए चार पांडव से ही काम चलाइए, ऐसा भी कहा गया है न?''

दोनों इन स्मृतियों पर खूब हँसे। ''लेकिन चिनिया, यह ठीक नहीं है। होशियारी से वक्त निकाल लेना अलग और नट को ही सामने रखकर पात्र को ही उस रूप में ढालना अलग। बोडस इसी के लिए झगड़ रहे थे। मजे की बात यह है कि आजकल इन सारे विवादों पर एकेडेमिक चर्चा की जाती है। लेकिन उस समय उन्हें पता भी नहीं था कि इन विवादों पर कल कोई पीएच.डी. भी कर सकता है।''

''हाँ यार, वे लोग युग बना रहे थे, युग! लेकिन उनके लिए नाटक मतलब जीविका और कला का शौक पूरा करने का साधन—बस यहीं तक यह बात सीमित थी। अच्छा लगता है न, इस तरह पीछे मुड़कर देखना?''

''हाँ यार। इस आदमी की मेहनत रंग लाई, उसके परिणाम भी दिखाई दिए और वह समय भी। मजा आ रहा है। दरअसल, मैं टाल रहा था इस साल के कार्यक्रम को। लेकिन सर ने कहा और अब कितना अच्छा लग रहा है काम करते हुए? हम किसके बारे में क्या कर रहे हैं, यह जानकर काम करने में अलग ही मजा है।''

"परदादा ने कभी नहीं बताए ये भीतरी ताने-बाने। वे बस श्रद्धा से देखते थे। उनके लिए बोडस भी ईश्वर और गंधर्व भी। शायद इसी कारण ऐसा ठेठ सीधापन उस युग के नाटकों में भी था। सारे पात्र ब्लैक एंड व्हाइट। लेकिन उनकी ब्राउन शेड के कारण मैं और ज्यादा मुरीद बनता जा रहा हूँ उनका। सच बता, बोडस के इस मत का कोई व्यक्तिगत पहलू भी रहा होगा?"

"बोडस की आपत्तियाँ वाकई उचित थीं। लेकिन उसके पीछे काकासाहब और गंधर्व के गठजोड़ का भी हाथ था। एक नट में यह नाराजगी भी होती है कि उसका एक प्रापर्टी की तरह इस्तेमाल किया जा रहा है। बोडस की यही नाराजगी 'स्वयंवर' को लेकर थी। वे निजी रूप से कहते, 'नाटक में गाना शुरू होने के बाद आगे का पूछो ही मत। नाटक रुक जाता है और महफिल शुरू।' लेकिन वे इस कम्पनी के मालिक भी थे। अत: 'स्वयंवर' के लाभ का हिस्सा उन्हें भी मिलता था। एक मालिक होने के नाते लाभ पाने के लिए वे तैयार रहते, और हानि में भी। लेकिन पंडित की करतूतों ने अलग ही गड़बड़ियाँ शुरू कीं।"

दौरे में एक पड़ाव पूरा कर कम्पनी अगले पड़ाव की तरफ चल पड़ी थी। बोडस, पंडित, गंधर्व परिजन मंडली रेल के दूसरे दर्जे में बैठे थे। हँसी-मजाक हो रहा था। टिकट चेकर डिब्बे में आया। कम्पनी के टिकट पहले से कटाए रहते, और पंडित ही सारी व्यवस्था देखता, इसलिए चेकर की तरफ किसी का ध्यान नहीं गया। सभी हँसी-मजाक में डूबे हुए थे। लेकिन तभी पंडित ओठों पर जबान फेरने लगा था। अचानक बोडस की पत्नी के ध्यान में आया कि पंडित का गला सूख रहा है।

"तबीयत ठीक तो है पंडित?' कहते हुए उसने तुरन्त पानी का गिलास उसके सामने किया। इसका इस तरह गला क्यों सूख गया, सभी यह सोचते हुए गपशप रोककर उसकी तरफ देखने लगे। तभी टिकट चेकर पास आया। उसके पास आते ही पंडित उठा और उसने तुरन्त कलाकारों का उससे परिचय कराया। "आप हैं गंधर्व...बालगंधर्व...*स्वयंवर, सौभद्र*...और आ-आप हैं बोडस...।" और तुरन्त जबान काटते हुए बोला, "नटश्रेष्ठ बोडस।" टिकट चेकर ने दोनों को विनम्रता से प्रणाम किया और बोला, "टिकट!"

"हाँ...कम्पनी के नाटकों का मंचन कर रहे हैं। आप आइए न कभी...आपकी आवभगत करूँगा मैं। कम्पनी के मेहमान बनकर आइए।"

"मुझे रतजगा करने की आदत नहीं है। टिकट!"

पंडित टिकट चेकर को डिब्बे में बैठे कलाकारों की अहमियत समझाने का प्रयास कर रहा था। परन्तु उसकी ये कलाबाजियाँ सभी को सम्भ्रम में डाल रही थीं। आखिरकार बोडस ही बोले, "पंडित, उन्हें और भी काम हैं। टिकट दिखाइए और जाने दीजिए उन्हें!" पंडित का चेहरा फटाक से पीला पड़ गया..."टिकट...!"

"भूल तो नहीं गए?" लक्ष्मी भाभी डर गईं।

अब पंडित कुछ भी ठीक से बोल नहीं पा रहा था। "भूल गए टिकट कटाना या गिर गए जेब से?" अब सभी ने सवालों की झड़ी लगा दी। बोडस समझ गए कि मामला कुछ गड़बड़ है। उन्होंने सीधे कड़ी आवाज में पूछा किया, "कटाए भी थे या नहीं टिकट?"

"आँ..." पंडित झिझका। "नहीं...मतलब ऐसा हुआ कि...यानी..." उसे कोई भी बहाना सूझ नहीं रहा था।

"मतलब टिकट कटाए ही नहीं और हम लफंगों की तरह बेटिकट सफर कर रहे हैं!" बोडस की आवाज ऊँची हो गई, बिलकुल षड़ज में।

पंडित ने गर्दन नीचे झुका ली।

"बहुत खूब!" बोडस धम्म से नीचे ही बैठ गए।

"अब?" बोडस की पत्नी ने घबराकर पूछा।

"टिकट की रकम आपको भरनी पड़ेगी। दरअसल, हम यहीं आप सबको नीचे उतार सकते हैं। यहाँ तक की टिकट की राशि लेकर। लेकिन...आप नटश्रेष्ठ...।" कहते हुए उसने विनम्रता से बोडस की तरफ देखा। हमेशा अपनी इस उपाधि पर गर्व अनुभव करनेवाले बोडस को आज इन शब्दों से बिच्छू के डंक जैसा दर्द हुआ।

जिस विनम्रता से टिकट चेकर ने बोडस-गंधर्व को प्रणाम किया था, उसी कर्तव्यनिष्ठ दृढ़ता से उसने कहा कि आपको जुर्माने के साथ टिकट की राशि भी भरनी पड़ेगी। और जुर्माने के साथ राशि वसूल भी की। रसीद दी और गाड़ी रुकते ही हजरत फिर एक बार प्रणाम कर बोदवड़ नामक छोटे से स्टेशन पर उतरकर चले गए। *गंधर्व कम्पनी* की इज्जत ही धूल में मिल गई। प्लेटफार्म पर खड़े लोग भी डिब्बे में झाँकने लगे। कोई हँस दिया, किसी ने घृणा से नजर फेर ली और उधर से एक आवाज भी आई, "नाटक कम्पनी है न, फिर सही है!" और कला के जगत पर हुकूमत करनेवाली दो हस्तियाँ गर्दन झुकाए सफर समाप्त होने की प्रतीक्षा करती रहीं।

सफर खत्म हो गया। बोडस ने सबके सामने पंडित को आड़े हाथों लिया, "पंडित, प्रतिष्ठा-इज्जत धूल में मिल गई वगैरा बातें मैं नहीं करूँगा। क्योंकि मुझे नहीं लगता इन बातों से आपका कभी सम्बन्ध भी रहा होगा। लेकिन पैसों का क्या?"

पंडित कुछ कहता, इससे पहले गंधर्व ही बीच में कूद पड़े, "भगवन, जाने दो अब। संकट टल गया न?" पर बोडस ने उन्हें अनदेखा करते हुए हिसाब की बही सामने रखी। "टिकटों के लिए इसमें सात-सौ रुपए पेशगी लिये गए हैं। खर्च भी दर्ज किया गया है। फिर वह रकम गई कहाँ?" पंडित निरुत्तर। बोडस बड़बड़ाते रहे और पंडित सुनता रहा। बोलते-बोलते बोडस रुक गए। उन्हें एहसास हुआ कि इतनी रामायण होने के बाद भी गंधर्व चुप हैं। फिर वे भी उठे और चल दिए।

गंधर्व को लगने लगा कि अब कम्पनी को एक और नए नाटक की जरूरत है। उन्होंने कुछ सुना था कि गडकरीजी के मन में दो नाटक दस्तक दे रहे हैं। पर यह विचार भी मन में आया कि कहीं शंकरराव से उन्होंने बात तो नहीं की होगी? अगर गडकरी जी के नाटक हासिल करने हैं तो बोडस को आगे करना होगा। बोडस आजकल पंढरपुरकर बोवा के अभ्यास में डूबे हुए थे। दत्तू पेठकर के निधन के कारण उनके स्थान पर पंढरपुरकर बोवा आए थे। गंधर्व को ऊपरी मंजिल पर भी बोडस की बुलन्द आवाज सुनाई दे रही थी। वाकई, बोडस के नट का सामर्थ्य उन्हें उन वाक्यों से भी महसूस हो रहा था। वे उठे और

सीढ़ियाँ उतरकर नीचे आए। नीचे बोडस पंढरपुरकर बोवा से कड़ा अभ्यास करा रहे थे। गंधर्व ने देखा, पंढरपुरकर बोवा को रोबीला व्यक्तित्व और बुलन्द आवाज का वरदान प्राप्त है। टेंबे की जगह चाहे न ले पाए, पर कम्पनी का काम उनसे चल सकता है। ऊपर से बोडस भी उनसे कड़ी मेहनत करा रहे थे।

बोडस कम्पनी के लिए बहुत मेहनत करते हैं, मन ही मन गंधर्व ने कबूला। इनमें और गडकरी में अच्छी बनती भी है। गडकरी से नाटक प्राप्त करने में बोडस जरूर सफल होंगे। गंधर्व का मन हिसाब लगाने लगा। लेकिन बोडस का तो कहना है कि काकासाहब मेरे पक्षपाती हैं, और इसीलिए वे गडकरी का नाटक पसन्द करेंगे। गंधर्व अब बोडस को आगे करने के अपने निर्णय पर दृढ़ हो रहे थे कि तभी बोडस की बुलन्द आवाज गूँज उठी, "बोवा, साँस भर लीजिए सीने में, साँस!" और बोडस ने उन्हें संवाद बोलने के लिए कहा। बोवा ने संवाद पूरा किया। "शाबाश! अजी, काकासाहब के संवाद बोलते समय साँस फूल जाती है आपकी, और कल अगर गडकरी के संवाद बोलने पड़ेंगे, तब क्या करेंगे?" कहते हुए बोडस प्रसन्नता से मुस्कुराए। बोवा को भी अच्छा लगा। पानी पीने के लिए अभ्यास रुक गया। बोडस ने नौकर को अपने लिए चाय लाने के लिए खदेड़ा। अवसर देखकर गंधर्व आगे आए। उन्होंने गडकरी गुरुजी से सम्बद्ध अभी के संवाद का सूत्र पकड़ा और उनसे कहा कि कम्पनी को गडकरी गुरुजी का नाटक मिलना चाहिए। फिर बातों ही बातों में यह भी बताया कि गडकरी जी दो नाटक लिखने की तैयारी में हैं। सुनकर बोडस खड़े हो गए, "अगर गडकरी लिख रहे हैं तो मैं आज ही जाता हूँ गुरुजी के पास। नाटक का पहला वाचन हमारी ही कम्पनी में होगा।" गंधर्व समझ गए कि काम हो गया है। उनके चेहरे पर दुबारा छोटे बालक जैसा भोलापन उभर आया और वे ऊपर चले गए।

रात में मंचन नहीं था। गंधर्व को पता चल चुका था कि बोडस शाम को ही गडकरी के पास गए हैं। वे उन्हीं की प्रतीक्षा कर रहे थे। अँधेरा हो गया था और सेवक कोठी की बत्तियाँ जला रहा था। गंधर्व के मन में भी अलग-अलग विचार उठ रहे थे। गुरुजी का नाटक पसन्द आ जाए तो उनकी साढ़े तीन प्रतिशत की माँग पूरी कर देंगे या गुरुजी को पहले ही उतनी राशि देने की इच्छा व्यक्त करेंगे। आखिरकार, उनसे रहा नहीं गया और उन्होंने सेवक से पूछा, "बोडस दिखाई दिए?" सेवक ने बताया कि बोडस और पंडित बाहर चबूतरे के पास खड़े बातें कर रहे हैं। 'भगवन्', गंधर्व को चिन्ता हुई। 'फिर कोई विवाद या झगड़ा तो नहीं हुआ?' तभी उन्हें बोडस की आहट सुनाई दी। भीतर आते ही बोडस ने पैर धोए। पंडित पीछे ही था। गंधर्व को देखकर बोडस रुक गए। गंधर्व ने ऐसी मुद्रा बनाई मानो उन्हें बोडस की गडकरी से भेंट की बात याद ही नहीं हो।

"कहाँ गए थे दोनों?" पूछते हुए उन्होंने सेवक को यूँ ही कुछ काम बताए।

"गडकरी जी के पास गया था," कहते हुए बोडस बरामदे में आए।

"क्या कह रहे हैं गुरुजी? कुछ नया लिख रहे हैं?"

"और क्या! और यह भी कहा कि नाटक आप ही को दूँगा।" फिर कुछ रुककर उन्होंने पूछा, "पर तुम करोगे उसमें काम?" बोडस का सवाल गंधर्व की समझ में नहीं

आया। ''जी हाँ, क्योंकि पंडित के दिमाग में एक रमणीय विचार आया है। इस नई योजना का ढाँचा अभी-अभी बताया उसने मुझे।'' गंधर्व ने पंडित की तरफ देखा। वह निर्विकार था। ''पंडित महोदय का दिमाग यह कहता है कि *गंधर्व कम्पनी* के अब दो दल बनाए जाएँ। एक दल में गंधर्व केवल मुम्बई में होनेवाले मंचनों में अभिनय करेंगे और दूसरा दोयम दर्जे का दल बाहरी गाँवों में मंचन करेगा। गंधर्व को बाहर जाने की जरूरत नहीं है।'' और बोडस भीतर चले गए।

गंधर्व चकित। उन्होंने पंडित की तरफ देखा। अब तक पंडित की किसी भी योजना के बारे में उनके मन में सन्देह नहीं आया था। लेकिन '*गंधर्व कम्पनी* का नाटक और मैं ही उसमें नहीं?' पंडित जान गया, पहले नारायण से बात करनी चाहिए थी, उसके बाद ही दूसरों से।

''नारायण, अरे, उस गणू बोडस की बात सुनते हो? माना कि वह रंगमंच का सम्राट है, स्वाँग रचाना अच्छा सिखाता है, पर उसे धन्धे का क्या पता?'' इस तरह बोडस का पर्याप्त मजाक उड़ाने के बाद पंडित ने अपनी योजना बताई। नाटक के साथ-साथ अब हमें कोई पूरक व्यवसाय भी करना चाहिए। पूरक व्यवसाय करना है, तो इसके लिए मुम्बई जैसा दूसरा शहर नहीं है। बाहरी गाँवों के दर्शकों के मनोरंजन में समय ज़ाया करने की बजाय नारायण मुम्बई ही में रहे। इससे उसके नाम का, उसकी साख का व्यवसाय को लाभ होगा। नाटक तो होता ही रहेगा। गंधर्व केवल बुधवार, शनिवार, रविवार और छुट्टी के दिन नाटक में काम करेंगे। बाकी समय दोयम दल तैयार ही है।

गंधर्व दुविधा में। दोयम नटों को दर्शकों के मत्थे मारेंगे? आभूषण असली, साड़ियाँ जरी की, गलीचे भी...और नट दोयम? क्या बाहरी गाँव के दर्शक दर्शक नहीं हैं? उनका पैसा पैसा नहीं है? गंधर्व के मन में तूफान मच गया। वे खामोश हो गए। पंडित समझ गया, योजना उनके गले उतारने में जरा समय लगेगा। लेकिन अब उसे जल्दी थी, क्योंकि धन्धे के लिए ख़ड़ी की गई पूँजी और उसके लिए उठाए गए कर्ज का पहाड़ उसे दिखने लगा था। कम्पनी की तरफ लक्ष्मी का प्रवाह बह रहा था, पर पंडित ने उसे धन्धे की तरफ मोड़ दिया था और व्यवसाय में अभी तक लाभ के कोई चिह्न नजर नहीं आ रहे थे। अगर यह बात बोडस के गले नहीं उतारी गई तो व्यवसाय के लिए पैसा जुटाना मुश्किल हो जाएगा। उसने बोडस को भोजन के बाद रात में फिर पकड़ा। गंधर्व भी वहीं थे।

''असम्भव, नाटक में गंधर्व और मैं, हम दोनों नहीं होंगे तो आमदनी भी नहीं होगी।'' बोडस ने उसके विचार की धज्जियाँ उड़ाते हुए कहा। ''नारायण, बाहरी गाँवों में अन्य कम्पनियों के नाटकों में हमारे नाटकों जैसी भीड़ न हो, फिर भी लोग आते हैं। फिर तो हमारा यह दोयम दल का नाटक भी उन्हीं में से एक बनकर रह जाएगा?''

बात गंधर्व को जँच रही थी, पर पंडित को मना कैसे करें? वे चुप हो गए।

फिर पंडित ही बोला, ''ठीक है, फिर आप ही कीजिए बाहरी गाँवों में मंचन...आपके नाम से भी हो जाएगी बेतहाशा आमदनी! गंधर्व होने ही चाहिए, यह जरूरी तो नहीं?''

पंडित का यह ताना बोडस समझ गए, क्योंकि दूसरे तरीके से उसने यह जताया था कि नाटक में आप होंगे तो भी गंधर्व के बिना आमदनी नहीं हो सकती। पर बिना आपा

खोए बोडस कहने लगे, "पंडित, एक गायन की महफिल और नाटक के बीच का फर्क आपकी समझ में नहीं आएगा। नाटक सांघिक परिणाम देता है। इसमें चार वाक्यों के संवाद बोलने के लिए आनेवाले राक्षस का भी उतना ही महत्व है, जितना कि सुभद्रा का। वरना, किसलिए यह सौ लोगों का लेहंडा लेकर घूमते हम लोग? जितना यह बोडस महत्वपूर्ण है, उतना ही पीछे का परदा भी महत्वपूर्ण है और जितना नारायण महत्वपूर्ण है, उतना ही ऑर्गनवाला भी। लोग एक-दो नामों से मोहित होकर भीतर अवश्य आते हैं, पर उन्हें रोके रखने और बार-बार यहाँ आने के लिए विवश करता है पूरा दल। हाँ, पूरा दल। यहाँ तक कि पीछे पानी देने के लिए खड़ा लड़का भी। अब यह मत पूछिए कि कैसे? समझने का प्रयास कीजिए। इतने साल नाटक कम्पनी के इर्द-गिर्द रहे हो, सोचा था कुछ सीखा होगा, समझने का प्रयास किया होगा। पर सब बेकार। आप जो कहते हैं, वह नहीं होगा। एक हिस्सेदार मालिक के नाते कहता हूँ, यह नहीं होगा।" और बोडस दृढ़ता से उठकर चले गए। भीतर ही भीतर गंधर्व को भी अच्छा लगा। पंडित ने पहचाना, सब्र से काम लेना होगा। इसके लिए कम्पनी पर एक का ही अधिकार होना जरूरी है। उसने निश्चय किया कि अब बोडस को कम्पनी से बाहर का रास्ता दिखाना होगा। "मेरा कोई आग्रह नहीं है नारायण। मैंने तो बस एक बात कही थी। अगर सबको पसन्द नहीं है, तो जाने दो।" इस तरह उसने विषय पर परदा डाल दिया। गंधर्व खुश थे कि पंडित नाराज नहीं हुआ। पर उन्हें पता नहीं था कि यह पंडित का पीछे हटना नहीं है बल्कि बिल्ली की तरह पंजों के बल गिरकर उसने बस नाखून अन्दर खींच लिए हैं, उचित अवसर पर बाहर निकालने के लिए।

स्वयंवर की सफलता के बाद श्रीपाद कृष्ण कोल्हटकर ने *सहचारिणी* नामक एक और नाटक पूरा किया और कम्पनी में खुशी की लहर दौड़ गई। बोडस ने तुरन्त उसके वाचन की योजना बनाई। कम्पनी को वैसे भी नए नाटक की तलाश थी और नाटक कोल्हटकर का हो, तो सोने पे सुहागा। कोल्हटकर खामगाँव में रहते थे। वहीं पर सारी मंडली इकट्ठा हुई और नाटक का वाचन शुरू हुआ। नाटक जरा अलग किस्म का था, हास्यरस का। विषय था दो बीवियों का पति। बोडस को उसमें रंगमंच पर खिल सकनेवाली हास्य की अनेक जगहें नजर आने लगीं। *संशयकल्लोळ* के फाल्गुनराव और *मानापमान* के लक्ष्मीधर की उनकी भूमिकाएँ चर्चित रही थीं। अपने हास्यरस के दृश्यों में उन्होंने खूब हँसी वसूली थी। इस नाटक में भी उन्हें हास्य के प्रपात नजर आने लगे। नाटक सुनते-सुनते उनकी नजर गंधर्व पर गई। गंधर्व बस मुस्कुरा रहे थे, कोल्हटकरजी के लिहाज में। बोडस समझ गए कि गंधर्व का मन नाटक में नहीं है।

और सचमुच, गंधर्व का मन नाटक से उड़ गया था। वे नाटक में ढूँढ़ रहे थे अपनी भूमिका। वहाँ उनके सौन्दर्य के लिए विशेष अवसर नहीं था। नाटक के पद भी बहुत प्रभावशाली नहीं थे। कुल मिलाकर नाटक ठीक था, पर भीतर तक नहीं पहुँच रहा था। उनके भीतर का कलाकार मोहित हो, या उसे चुनौती लगे, ऐसा भी नाटक में कुछ नहीं था। यह नाटक क्यों करें—वे खुद से सवाल करने लगे। इसी दरमियान नाटक का वाचन सम्पन्न हो गया। वाचन समाप्ति के बाद कोल्हटकर ने पहले सभी की तरफ देखा और फिर गंधर्व की तरफ। नरूभाऊ, विसूभाऊ, जामकर, पंढरपुरकर बोवा सभी की नजरें

गंधर्व की तरफ चली गईं। सभी उनकी प्रतिक्रिया की प्रतीक्षा करने लगे। गंधर्व हाँ कह दें तो सभी नाटक की प्रशंसा करेंगे। गंधर्व ने ठंडी प्रतिक्रिया दी तो सभी उसी को दोहराएँगे। आखिरकार, *गंधर्व कम्पनी* के मालिक और मुख्य नट जो थे। पर गंधर्व से कोई निर्णय करते बन नहीं रहा था। तातियासाहब जैसा दिग्गज लेखक। उनका नाटक तो बढ़िया ही होगा। फिर भीतर से वह आवाज क्यों नहीं आ रही है? क्या बोलें, उनकी समझ में नहीं आ रहा था। उन्होंने गर्दन हिलाई। दरअसल, गर्दन हिलाने का ढंग ऐसा था कि उससे कोई भी अर्थबोध न हो सके। लेकिन फिर भी बोडस गरज उठे, ''बढ़िया, बहुत बढ़िया है। *संशयकल्लोळ* के बाद ऐसी कॉमेडी मिलना जरूरी था। करेंगे, जरूर करेंगे।'' बोडस के इस कथन के बाद तो मानो समाँ ही बदल गया और सभी नाटक की तारीफ करने लगे। परन्तु इस कोलाहल में गंधर्व जैसे अकेले हो गए। जिस उत्साह से बोडस ने नाटक को स्वीकार किया था, उसे देखते हुए, नाटक में कुछ त्रुटियाँ हो सकती हैं, ऐसी शंका भी उनके मन में नहीं आई।

नाटक का यही तो मजा है। कभी-कभी लेखक भी अपनी रचना से अलग होकर तटस्थ दृष्टि से उसे देख नहीं पाता। रचना पूरी हो जाने के बाद एक आलोचक की निगाह से उसका अवलोकन नहीं कर पाता। उपस्थितों की वाहवाही, बोडस की दाद के शोरगुल में श्रीपाद कृष्ण कोल्हटकर भी देख ही नहीं पाए कि गंधर्व नरो वा कुंजरो वा कर रहे हैं। सभी गाफिल रह गए और गंधर्व अलिप्त!

सहचारिणी खेलने का निर्णय हुआ और गंधर्व अभ्यास के लिए खड़े हो गए। बोडस ने अभ्यास शुरू कराया। लेकिन अभ्यास में गंधर्व का मन ही नहीं लग रहा था। ऐसा क्यों हो रहा है, उनकी समझ में नहीं आ रहा था। उनका मन *सहचारिणी* की वत्सला के भीतर घुसने की कोशिश ही नहीं कर रहा था। वत्सला से उनका रिश्ता ही नहीं जुड़ रहा था। और यह उन्हें भी अनुभव होने लगा। भामिनी, रुक्मिणी के अभ्यास के लिए खड़े होते ही कैसा मैं अन्तर्बाह्य भामिनी, रुक्मिणी बन जाता था। पर इस बार...वे यंत्र की तरह आते, खड़े रहते और गाते। गाते-गाते कभी-कभी तल्लीन हो जाते, पर फिर भी उन्हें लगता कि नारायण ही गा रहा है, वत्सला नहीं! ऐसा रूखापन उन्होंने कभी अनुभव नहीं किया था। उन्होंने मन को समझाकर खुद को जबरदस्ती नाटक में झोंकने का प्रयास किया। पर उन्हें एहसास हुआ कि वे केवल किनारे पर खड़े होकर नदी की तरफ देख रहे हैं। सूखे मन से। फिर उन्होंने प्रयास ही छोड़ दिया। इतने दिनों का अभ्यास, उससे बनी उनकी धाक आदि के कारण देखनेवालों को उनकी यह अलिप्तता दिखाई नहीं देती थी, पर गंधर्व जानते थे...यह सब ऊपरी है।

बोडस देवल गुरुजी के सच्चे अनुयायी थे। अनुशासनप्रिय। संवाद ठीक से याद होने ही चाहिए। ऐसे में पंढरपुरकर बोवा टालमटोल करते दिखाई देने लगे। किसी न किसी को उन्हें संवाद का कोई वाक्य याद दिलाना ही पड़ता। आखिरकार बोडस भड़क गए, ''बोवा, कब करेंगे आप संवाद याद? बड़ौदा का मंचन भी तय हुआ है। वहाँ महाराज के सामने भी यही कहेंगे कि संवाद भूल गया हूँ?'' पर बोवा ने भी कच्ची गोलियाँ नहीं खेली थीं। बोले, ''नहीं होते हमसे संवाद याद। लगता है हमें ज्यादा समय।'' नट की ऐसी

बेफिक्री देखकर बोडस चिढ़ गए। "अब देखिए कैसे दो दिन में आपके संवाद याद होते हैं।" उन्होंने तुरन्त मैनेजर को बुलाया। "इनके संवाद जब तक याद नहीं होते, तब तक रोज एक रुपया काट लीजिए, इनकी तनख्वाह से। समझे?" अजीब दलील थी। पर बोडस ने साफ-साफ कह दिया, "तनख्वाह केवल रंगमंच के काम के लिए ही नहीं दी जाती, अभ्यास भी उस काम का हिस्सा है।" और दवा ने असर दिखाया। दो रुपए की कटौती होते ही तीसरे दिन पंढरपुरकर बोवा जब आए, तब उन्हें केवल अपने ही नहीं, बल्कि सभी के संवाद याद थे। सच है, सेना ही नहीं, नट भी पेट के लिए दौड़ते हैं!

बोवा को संवाद याद हो गए, पर गंधर्व का क्या? बोडस भी समझ रहे थे कि उनकी भूमिका में जान नहीं है।

"खुद से ही प्यार करने पर ऐसा ही होता है।" उन्होंने नरूभाऊ के पास क्रोध प्रकट किया। "इस नाटक में उसकी मनचाही महँगी पोशाकें नहीं हैं। सामाजिक नाटक में कहाँ से लाएँ राजवस्त्र? और गवैए की तरह गाने भी नहीं हैं। पर इसलिए क्या यह नाटक नाटक नहीं है? अरे भाई, सामाजिक हास्य नाटक एक अलग प्रकार है। पर इन्हें कौन समझाए? नट खुद को एक चौखट में कैद कर ले, तो सब खत्म।" पर वे यह भी जानते थे कि उनकी इस खीज का कोई उपाय नहीं है।

यह जानकर कि *सहचारिणी* के साथ अपना जोड़ नहीं बैठ रहा, गंधर्व ने प्रयास करना ही छोड़ दिया और एक दिन गडकरी अचानक अभ्यास कक्ष में पधारे। उन्हें वहाँ देखकर दिनू चकित। *पुण्यप्रभाव* की घटना के बाद गडकरी दुबारा *गंधर्व कम्पनी* में कदम रखेंगे, उसे आशा नहीं थी। "आइए भगवन्।" गडकरी को देखकर गंधर्व ने खुले दिल से उनका स्वागत किया। गडकरी भी ऐसे अन्दाज में बैठ गए मानो कुछ हुआ ही न हो। 'श्रीपाद कृष्ण का नाटक यानी सोने पे सुहागा,' और उन्होंने अभ्यास देखना शुरू किया। हर वाक्य पर गडकरी हँस रहे थे। पहला अंक समाप्त हुआ। तभी श्रीपाद कृष्ण आए। उन्हें देखकर गडकरी विनम्रता से खड़े हो गए। चाय आ गई।

"नया कुछ?" श्रीपाद कृष्ण ने पूछा।

"दो नाटक हैं दिमाग में।"

"कागज पर कब?" श्रीपाद कृष्ण के सवाल पर सभी हँस दिए। "अजी, दिमाग का नाटक और हाथ का निवाला, दोनों एक जैसे। निवाला जब तक पेट में नहीं जाता, तब तक उसका कोई भरोसा नहीं।"

"सही बात। *तोड ही माळ* एक सामाजिक नाटक है मिश्र विवाह पर आधारित और दूसरा है *एकच प्याला*।

"कब सुनेंगे?" गंधर्व के सवाल पर दिनू चौंक गया। नरूभाऊ दिनू की तरफ देखकर मुस्कुराए।

"जल्द ही!" गडकरी बोले।

और अभ्यास आगे शुरू हुआ। पहले अंक में मजा ले रहे गडकरी बाद में ऊब-से गए। आखिर में तो उन्होंने उबासी ही दबा ली। अभ्यास खत्म हुआ। "दिनू बोवा, बहुत बढ़िया कर रहे हो।" गडकरी की प्रशंसा से वह फूला न समाया। शरमा गया। नरूभाऊ

ने उसकी तरफ देखा। शरमाते हुए उसके गाल कैसे गुलाबी हो आए थे। उन्हें लगा, स्त्री-किरदार में फिट हो गया है लड़का। दिनू ने शरमाते हुए अदा से झुककर गडकरी को प्रणाम किया। गंधर्व मीठी मुस्कान मुस्काए। बोले, ''दिनू बेटा, गुरुजी की दाद मिलना बहुत बड़ी बात है। आज ही भगवान को नारियल का भोग लगाना।''

''उससे पहले मसाला दूध का भोग लगाइए हमें,'' दिनू उठा और गडकरी ने वाक्य पूरा किया, ''या नागपंचमी की प्रतीक्षा कर रहे हो?'' सभी हँस दिए। दिनू शरमाकर फिर चूर-चूर हो गया। वह दूध लेकर जल्दी लौट आया। उसे सुनना था कि गडकरी नाटक के बारे में क्या कहते हैं! दूध का प्याला हाथ में लेते हुए गडकरी बोले, ''तातिया, आप मेरे गुरु हैं। मैंने अपने *प्रेमसंन्यास* नाटक के अर्पणपत्र में कहा है कि अपने सारे दोष मैं आपके चरणों पर अर्पित करता हूँ। पर लगता है, उन दोषों ने आपके पैरों से ऊपर चढ़कर दिमाग पर असर कर दिया है। अजी, कितने लम्बे-लम्बे और जटिल वाक्य डाले हैं नाटक में? दो बीवियों से परेशान होने से पहले यह पति इन वाक्यों से ही हलकान होता दिखाई दे रहा है।'' सुनकर तातिया खिलखिलाकर हँस पड़े।

इस नाटक के बारे में केवल मेरा ही मत प्रतिकूल नहीं है, इस एहसास से गंधर्व को तनिक अच्छा लगा। बोडस ने तो गडकरी की बात को अनसुना ही कर दिया।

लौटते समय गंधर्व गडकरी के पास आए। ''गुरुजी, आया कीजिए। आपके आने से बहुत अच्छा लगता है। पढ़ने से हमारा बैर तो आप जानते ही हैं। पर आपको सुनकर भी काफी कुछ सीखने को मिल जाता है।''

''नारायण, अरे भाई, मेरी ही कम्पनी है यह। चाहे नाम अलग हो, पर किर्लोस्कर के संस्कारों पर ही चल रहे हैं आप। उनके मूल्यों की रक्षा की है।''

''ऐसा है गुरुजी, तो दे दीजिए न हमें दोनों नाटक! पहले किसी को जबान तो नहीं दी है आपने?''

''तुम्हें देता हूँ जबान। पहले तुम्हें सुनाऊँगा। तुम इनकार करोगे, तब कोई और।''

''गुरुजी, *सहचारिणी* का मंचन होने के बाद हम सुनेंगे।''

और गुरुजी चले गए।

लेकिन दिनू सम्भ्रम में। फिर वही होगा। फिर विवाद, ''ऐसा है तो फिर यह तमाशा किसलिए?'' उसने नरूभाऊ से पूछा।

''दिनू, अब सब कुछ *सहचारिणी* पर निर्भर है। अरे भाई, गडकरी ने *किर्लोस्कर कम्पनी* को अपना *पुण्यप्रभाव* नाटक देकर दिखा दिया है कि गंधर्व के बिना भी उनके नाटक चल सकते हैं। अब गंधर्व को भी लगने लगा है कि नया नाटक चाहिए। देखें क्या होता है। पर एक बात दोनों समझ गए हैं कि दोनों को एक-दूसरे के बिना चारा नहीं है। भाई मेरे, इस नाटक के धन्धे में चेहरे पर रंग लगाना जितना अहम है, रंग बदलना भी उतना ही अहम है।

और मंचन का दिन आया। पहला मंचन बड़ौदा में। कोल्हटकर का नाटक, बोडस, गंधर्व, नामचीन कम्पनी। *स्वयंवर* ने उम्मीदें बढ़ा रखी थीं। थिएटर में लबालब भीड़। स्वयं महाराज अपनी रानी साहिबा के साथ उपस्थित हुए। मंचन शुरू हुआ। लोग गंधर्व के प्रवेश

की प्रतीक्षा करने लगे। रंगशाला में बैठे लोगों को बाहर से कहकहों और तालियों की प्रतीक्षा थी। परन्तु श्रावण के महीने में दौंगरे की बरखा की चार बूँदों की तरह थोड़ी-बहुत हँसी मिलने लगी। हास्य-नाटक की सफलता दर्शकों पर निर्भर होती है। उनकी सहभागिता के बिना नाटक में रंग नहीं चढ़ सकता। *सहचारिणी* में रंग नहीं चढ़ा। गंधर्व के प्रवेश से थोड़ा-बहुत रंग चढ़ा, पर उनके दो-चार गाने नाटक को उबार नहीं पाए। रसिकों की उम्मीदें टूट गईं। लोग समझ गए कि *सहचारिणी* नाटक *स्वयंवर* के आसपास कहीं भी नहीं है। और एक औपचारिकता निभाने की तरह थोड़ी-बहुत हँसी प्रदान करते-करते लोगों ने नाटक को सह लिया। परदा गिर गया और माई-बाप दर्शक गर्दन झुकाए अपने-अपने घर चले गए। मानो उन्होंने भारी भूल की हो। रंगशाला में कोई भी नहीं फटका। न छप्परतोड़ तालियाँ और न तारीफ की वर्षा। *सहचारिणी* दिल पर कब्जा नहीं कर पाया।

महाराज ने नाटक अच्छा होने का अभिप्राय दिया, पर महारानी साहिबा साफ-साफ यह कहकर महल की तरफ रवाना हुईं कि नाटक उन्हें पसन्द नहीं आया। रात में गपशप का दंगल।

''महाराज ने औपचारिक तारीफ की, पर महारानी जी साफ-साफ बोलीं जी!'' विसूभाऊ ने मुद्दा उठाया।

''कैसे पसन्द आएगा? जान ही नहीं है इस नाटक में।'' दूसरे ने उसे आगे बढ़ाया।

''अजी, घास-फूस का बना शेर! कैसे दहाड़ता वह?'' और *स्वयंवर* की सफलता के जनक बननेवाले सभी अब *सहचारिणी* की असफलता का जनकत्व नकारने की होड़ लगाने लगे। यह नाटक बुरा ही था। गडकरी ने पहले ही बताया था, वगैरा बातें शुरू हुईं और बात बोडस तक आ पहुँची।

''आप कुछ भी कहिए पंडित, पर बोडस ने खुद को हास्य भूमिका में खड़ा करने के लिए ही यह नाटक लिया था। हमारे नारायणराव बेचारे भोले-भाले। आँखें मूँदकर भरोसा करते हैं बोडस पर।''

''और क्या! बोडस तो खुद को देवल गुरुजी ही समझने लगे हैं।''

मदिरा ने आग पहले ही लगा दी थी। अब उसमें तेजी से लकड़ियाँ डाली जाने लगीं। फिर दिमाग खराब होने में कितनी देर?

उधर बोडस का दल भी पीछे नहीं था।

''नारायणराव ने मेहनत नहीं की। दिल से काम ही नहीं किया।'' रानडे कहने लगे।

''और क्या। बोडस को मिलनेवाली हँसी चुभती है न उन्हें!''

''और सामाजिक नाटक की आदत है कहाँ उन्हें? उन्हें तो बस रुक्मिणी और सुभद्रा बनना आता है।''

एक के बाद एक आरोप लगाना शुरू हुआ। दोनों दल मदिरा के साथ निन्दा रस के प्याले ढारकर सो गए।

लेकिन गंधर्व को नींद नहीं आ रही थी। वे छटपटाते रहे। मंचन में मैं समरस नहीं हो पाया। यह ठीक नहीं है। कहीं सफलता के नशे में चूर तो नहीं हो गया मैं? या फिर बनचुकापन आ रहा है मुझमें? पर जब *स्वयंवर* का मंचन होता है, तो आज भी मन सुबह

से ही खिल उठता है। क्यों? काश, आज देवल गुरुजी होते! कुछ तो गलत हो रहा है। पर क्या? कहाँ? खेलना ही नहीं चाहिए था यह नाटक। तातियासाहब से सीधे प्रार्थना कर देता, 'मन को नहीं भा रहा है नाटक, नहीं भा रही है वत्सला, तो? भगवन्...मन के खिलाफ कुछ करना अच्छा नहीं लगता।' पर अब तीर कमान से छूट चुका था। नाटक शुरू हो चुका था और बोडस भी जान चुके थे कि इस नाटक की आयु बहुत लम्बी नहीं है।

सहचारिणी की असफलता से बोडस बेचैन थे। गंधर्व का इस तरह रूखेपन से काम करना उन्हें अखर रहा था। एक दिन बहुत तड़के उनकी नींद खुल गई, पर वे वैसे ही बिस्तर पर छटपटाते रहे। उन्हें अपने खुद के लिए एक नाटक चाहिए था, जिसकी पहचान होगी बोडस का नाटक! गडकरी जी के दोनों नाटक पढ़ने चाहिए। इसी सोच में सुबह हुई। बोडस फारिग हुए न हुए तभी एक सज्जन उन्हें ढूँढ़ते हुए आए। उन्होंने बोडस के हाथ पर एक हुंडी रखी। चेहरे से वे पूरे व्यावसायिक और बेफिक्र लग रहे थे।

"क्या है यह?" बोडस ने पूछा।

"हुंडी। पंडित ने कहा है पैसे चुकाने के लिए। हुंडी के बदले।"

"नहीं। ऐसे सौदे यहाँ नहीं होते।"

"पंडित ने कहा है!" सज्जन गुस्ताखी पर उतर आए।

"अच्छा? उनसे जाकर कहो कि मालिक ने मना किया है और अभी तक कम्पनी ने तीसरे मालिक के नाम से माँग नहीं भरी है।"

"ज्यों का त्यों जाकर कह दूँ?" सज्जन की आवाज में धमकी झाँकने लगी। फिर बोडस बिगड़ गए। पास ही रानडे खड़े थे। उन्होंने पूछा, "तुमने सुना मैंने क्या कहा?"

"जी।"

"यह पैगाम इन्हें ज्यों का त्यों याद कराइए। ज्यों का त्यों पंडित तक पहुँचना चाहिए। केवल पैगाम नहीं, उसके भीतर का मजमून भी!"

बोडस चले गए। रानडे सम्भ्रम में खड़े रहे। सज्जन की गुस्ताखी की चिंदियाँ उसके चेहरे पर नजर आ रही थीं। वह मुड़कर चला गया।

पंडित को समाचार मिला तो वह आगबबूला हो गया। उसके भीतर चिनगारी भड़क उठी। पर उसने शान्त होकर अगली योजनाएँ बनानी शुरू कीं। कम्पनी बड़ौदा से मुम्बई लौटी और *सहचारिणी* के मंचन शुरू हुए। पर *सहचारिणी* बुरी तरह से पिट चुका था। पहले मंचन से ही रसिकों ने नापसन्दगी जाहिर की। और...बाद में तो लोगों का आना भी घट गया। अन्य नाटकों में मंचन समाप्त होने पर भीतर रंगशाला में आकर मिलनेवालों को रोकने के लिए कुछ आदमी तैनात करने पड़ते थे, फिर भी मिलनेवालों का ताँता रुकने का नाम नहीं लेता था। लेकिन सफलता और लोगों के प्यार की खातिर सब सहना पड़ता है और उसमें एक सुप्त खुशी भी होती है। लेकिन *सहचारिणी* का मंचन समाप्त होने पर सन्नाटा छा जाता था।

उदास माहौल में हास्य नाटक का मंचन होने लगा और एक दिन बोडस ने एलान कर दिया...*सहचारिणी* नाटक बन्द। भारी मन से गंधर्व ने वत्सला के वस्त्र उतार दिए। अब दुबारा यह वेश धारण नहीं करना है। चाहे जो हो, पर वत्सला को बिदा करते समय

उनका गला भर आया। कौन, कहाँ से आई, कागज पर उतरी वत्सला, पर नट से नाता जुड़ ही जाता है न...।

वे गर्दन झुकाए उठे। वस्त्रों को प्रणाम किया और पीछे मुड़ गए। पीछे गुंडेशा खड़ा था। "नाना, कोई मिलने आया है।"

उस दशा में भी गंधर्व की हँसी छूट गई, "यह नाटक देखने के बावजूद? कौन है?"

"कामिनीबाई...यही नाम बताया था। पंडित ने कहा है कि बड़ी असामी है खानदेश की।" गंधर्व ने गर्दन हिलाकर उन्हें भेजने के लिए कहा। कामिनीबाई भीतर आईं। गंधर्व ने उनकी तरफ देखा और देखते ही रह गए। लगा मानो दर्पण में देख रहे हों। हूबहू गंधर्व। वही साड़ी, पहनने का ढंग भी वही। आभूषण भी वही और खड़े रहने का ढंग भी वही। पूरा शरीर आभूषण से ढँका। मानो भामिनी। गले का हार तो खास बनवाया लगता था।

"प्रणाम," गंधर्व ने उनका स्वागत किया। "आपका कोई काम था?"

"नहीं जी...काम नहीं था। बस एक बार जी भरके आपको देखना था, हो गया।" देवीजी की नजर में कृतकृत्य होने का भाव था।

"बैठिए न!" देवीजी बैठ गईं। हमेशा की तरह तारीफ का प्रपात शुरू हुआ। उन्होंने कहा कि केवल नाटक देखने के लिए वे पुणे-मुम्बई आती रहती हैं। गंधर्व को महसूस हुआ, देवीजी की नजरों में सम्मान, सन्तोष आदि सभी भावनाओं का मेला लगा हुआ है।

"सुना है आपको इत्र बहुत पसन्द है!" उन्होंने बटुवे से एक शीशी निकाली। हाथों के सोने के कंगन खनक उठे। व्यवहार में एक मोहकता थी। गंधर्व को महसूस हुआ, देवीजी का गौर गुलाबी वर्ण इस साड़ी में और भी खिल उठा है। चेहरे पर लज्जा की लाली और आवाज में एक मीठी झनकार। देवीजी के सान्निध्य में गंधर्व को मानो सुकून मिल गया।

बाहर गुंडेशा उन्हीं की प्रतीक्षा में था। विसूभाऊ वहाँ से गुजरे।

"क्यों रे, नारायणराव कहाँ हैं? और तुम इस तरह क्यों खड़े हो?" उन्होंने गुंडेशा से पूछा।

"उन्हीं की राह देख रहा हूँ। कोई मिलने आया है।"

"कोई स्त्री है?"

गुंडेशा चुप।

विसूभाऊ हँस दिए। "क्या कहने गंधर्व के! स्त्रियाँ भी मोहित हो जाती हैं उन पर। काफी स्त्रियाँ प्रयास करती हैं उनसे मिलने का!" एक बेवजह की पीक डालकर वे चले गए।

कामिनीबाई शीशी को गंधर्व के पास ले गईं। गंधर्व ने हाथ आगे बढ़ाया, और देवीजी ने सीधे हाथ ही पकड़ लिया। गंधर्व चौंके, पर उतनी ही सफाई से देवीजी ने हाथ उल्टा किया और शीशी खोलकर इत्र गंधर्व के हाथ पर आहिस्ता-आहिस्ता मलने लगीं। देवीजी का कोमल स्पर्श...उनकी उँगलियों में गंधर्व की उँगलियाँ...और हाथ पर घूमता इत्र का फाहा। उसकी खुशबू गंधर्व की नाक से होती हुई उनके मस्तक तक जा पहुँची... उन्होंने गहरी साँस ली...अनजाने में आँखें मूँद लीं...। पल-भर के लिए सारे संसार को भूल गए, खुद को भी। भूल गए कि उनका हाथ अभी भी कामिनीबाई के ही हाथ में है।

कुछ पलों बाद देवीजी की सुरीली आवाज कानों पर आई, ''पसन्द आया? मैं ज्यादा कुछ नहीं जानती इत्र के बारे में।'' गंधर्व सँभल गए और देवाजी ने हौले से उनका हाथ छोड़ दिया। देवीजी उठीं, ''फिर आऊँगी'' कहती हुई मुड़ गईं। बाहर जाने लगीं। बाहर जाते-जाते पल-भर के लिए फिर रुकीं, पीछे मुड़ीं ''चलती हूँ...'' और यूँ ही शरमाकर अन्तर्धान हो गईं।

गंधर्व समझ नहीं पा रहे थे कि वे कहाँ खो गए हैं? इत्र की उस मदहोश खुशबू में या...।

गंधर्व घर आए। लक्ष्मी बच्चे को सुला रही थी। उसने बाहर आकर पूछा, ''खाना लगा दूँ?'' उन्होंने उसकी तरफ देखा। असल साँवला रंग गाढ़ा हो चुका था। घर के काम का बोझ...जी-तोड़ मेहनत...चार जचगियों की मार...सबके चिह्न थे चेहरे पर। विशाल वृक्ष से चिपकी और उसके सहारे जैसे-तैसे जी रही लता ही लगी वह उन्हें। दुर्बल, सूखी। प्यार उमड़ने के स्थान पर करुणा उमड़ आई उन्हें उसके प्रति। उस मैले-कुचैले माहौल में इत्र की खुशबू चुभने लगी। जैसे-तैसे चार कौर निगलकर वे उठे। काफी देर तक बिस्तर पर यूँ ही पड़े रहे। कामिनीबाई की चूड़ियों की खनक को भूलने का प्रयास करते रहे। काफी देर तक अन्दर से बर्तनों की, पानी की आवाजें आती रहीं। फिर बाद में रुक गयीं। लक्ष्मी आई। उसने भी देह को बिस्तर पर झोंक दिया। सुबह फिर काम में जुतना था। देह सिकोड़कर लेट गई। गंधर्व के मन में खुशबू अभी भी महक रही थी। वे उसकी तरफ खिसके। उसे स्पर्श किया। लक्ष्मी को स्पर्श की आहट हुई। उसने देह और सिकोड़ ली और पति की अगली क्रिया की प्रतीक्षा करने लगी। गंधर्व कुछ देर तक उसके कन्धे को सहलाते रहे, पर आगे बढ़ने की इच्छा ही नहीं हो रही थी। काफी देर तक हाथ वैसा ही कन्धे पर रखे वे लेटे रहे। लक्ष्मी ने प्रतीक्षा की, पर अगली कोई हलचल दिखाई नहीं दे रही थी। आखिरकार उसने देह को ढीला छोड़कर खुद को नींद के आगोश में सौंप दिया। उन्हें लक्ष्मी के सो जाने की आहट लगी और वे भी पीछे हट गए। धीरे-धीरे निद्रा ने उन्हें भी अपनी आगोश में ले लिया। विवाह के धागे से बँधे दोनों जीव एक ही छत के नीचे थे...पर पूर्णतः भिन्न...अलग...अकेले...एकाकी...।

नरूभाऊ चाहते थे कि *सहचारिणी* की असफलता से बोडस-गंधर्व का साहचर्य खत्म न हो। पर अहंकार का दावानल! वह तो सबसे पहले निवाला बनाता है विवेक को। बोडस ने कहना शुरू किया कि गंधर्व की इस नाटक के प्रति बेरुखी ही *सहचारिणी* की असफलता का कारण है और उसी समय गडकरी ने अपने नए नाटकों का कथानक सुनाने की इच्छा जाहिर की। तोड ही माळ मिश्र विवाह पर आधारित नाटक था। गंधर्व ने उसका कथानक सुना, पर उन्हें खास पसन्द नहीं आया। फिर गडकरी ने *एकच प्याला* का कथानक सुनाया। सुनते-सुनते ही गंधर्व को महसूस होने लगा था कि नाटक में अलग और उदात्त जैसा कुछ है। उन्होंने गडकरी से कहा, ''गुरुजी, *एकच प्याला* खेलेंगे।'' गडकरी हँस दिए। ''नारायण, तुम्हें नहीं जँचेगा यह नाटक। अरे भाई, इसमें न तो कलाबत्तू के वस्त्र हैं और न महँगी साड़ी। गहनों का शौक भी पूरा नहीं होगा इसमें तुम्हारा। उतरन पहननी पड़ेगी तुम्हें।'' जब

गडकरी ने ही ऐसी बातें शुरू कीं तो दिनू को लगा, यह बैठक भी टूट जाएगी। पर गंधर्व उठे। गुरुजी के पास आए और बोले, "गुरुजी, आपके लिए यह नारायण उतरन तो क्या, टाट पहनने के लिए भी तैयार है।" नारायण की मधुर आवाज, उसकी निर्मलता देखकर गडकरी चकित हो गए। पल-भर के लिए कुछ सूझा ही नहीं उन्हें। "बताइए गुरुजी, कब देंगे अपना नाटक?" नारायण के सवाल पर वे होश में आए।

"नारायण, सबकुछ दिमाग में पक रहा है। तुरन्त शुरू करता हूँ।" फिर गडकरी उठे और डेरे से बाहर निकल पड़े। सभी अवाक्। उस रात में सभी को *सहचारिणी* की असफलता से उबरने का रास्ता दिखाई देने लगा। भोजन हुआ और सभी ने अपना-अपना बिस्तर बिछाया। दिनू के बगल में नरूभाऊ ने गद्दा बिछाया।

उन्हें आता हुआ देखकर दिनू ने पूछ ही लिया, "यह चमत्कार कैसे हुआ?"

"दिनू बेटा, *सहचारिणी* की असफलता से बोडस और गंधर्व दोनों समझ चुके होंगे कि नाटक केवल नटों के बल पर नहीं चलते। नटों की ख्याति लोगों को थिएटर तक खींच तो सकती है, पर उन्हें वहाँ बाँधे रखना है तो नाटक में भी कुछ दम होना चाहिए।" और नरूभाऊ ने मशाल बुझा दी और दिनू के पास खिसक आए। दिनू ने देह सिकोड़ ली। विसूभाऊ के खर्राटों की आवाजें आ रही थीं। कहीं दूर से भजन की भी आवाजें आ रही थीं। गोठ में गाय का रँभाना, कहीं किसी पंछी की फड़फड़ाहट सुनाई दे रही थी। बीच में टिटहरी की चिल्लाहट भी सुनाई दी। चन्द्रमा भी सिकुड़कर कोर भर रह गया था। अमावस का आरम्भ था। नरूभाऊ आगे कहने लगे, "और भावबन्धन, *पुण्यप्रभाव* वगैरा नाटकों के बाद गडकरी की कलम की ताकत भी सभी जान गए हैं और उन्हें यदि गंधर्व जैसी कम्पनी मिलती है, तो वे मना थोड़ी करेंगे?"

"मतलब, स्वार्थ ही हुआ न यह दोनों का?" दिनू ने पूछा। अब रात के अँधेरे में मानो आवाज के सिवा और किसी की मौजूदगी नहीं थी।

"नहीं, स्वार्थ नहीं है।" दिनू के कानों पर नरूभाऊ की आवाज आई और साथ ही उनका हाथ उसकी जाँघें सहलाने लगा। दिनू को उस स्पर्श से घिन हो आई। उसने उनका हाथ अपनी जाँघों से दूर हटाया। पर अब नरूभाऊ बिलकुल उसके पास खिसक आए थे। एक हाथ से उसे मजबूती से आगोश में लेते हुए बोले, "यह दो कलाकारों द्वारा एक-दूसरे को परखने की निशानी है। दोनों की परस्पर के काम पर दी गई दाद।" और उन्होंने दिनू का पाजामा नीचे खिसकाया। उसे पेट के बल सुलाते हुए उस पर कब्जा किया। उनका हाथ अब दिनू के सर्वांग को सहलाने लगा। उसने कुछ पल विरोध किया, पर धीरे-धीरे उसका भी खून सुलग उठा। फिर उसने खुद को नरूभाऊ के हवाले कर दिया। दोनों को पता नहीं चला कि कब वे विवस्त्र हो गए। अब दोनों की साँसों की रफ्तार बढ़ गई थी। दोनों के शरीरों ने एक-दूसरे को कसकर पकड़ लिया था। नरूभाऊ के कसरती गठीले बदन की उग्र गन्ध दिनू को दीवाना बनाती गयी और पागल की तरह वह उनके बदन को चूमने लगा। नरूभाऊ आवेग से उस सुकुमार-मुलायम देह के साथ जूझते रहे। उसे रौंदते-कुचलते रहे। काफी देर तक जानवरों की तरह ये दो बदन परस्पर भोगते रहे। कुछ पल बाद नरूभाऊ का आवेग ठंडा पड़ गया और वे शान्त हो गए, पर दिनू का दावानल

अभी बुझा नहीं था। वह उनकी देह पर झुककर उनसे लिपटता रहा। कुछ देर बाद वह भी शान्त होकर उनसे अलग हो गया। दोनों निस्तब्ध। अब उनकी साँसों ने भी एक धीमी लय पकड़ ली। दोनों मानो अँधेरे में पिघल गए। अब था केवल अँधेरा और विसूभाऊ के खर्राटे, जो उस घने अँधेरे पर खरोंचें लगा रहे थे।

दिनू को थकान अनुभव हुई और उससे भी ज्यादा अकेलापन। क्यों आया मैं अपने गाँव वाई से यहाँ ? किसलिए ? उसे अपनी जाँघों के बीच घिनौना चीकटपन महसूस हुआ और उसे घिन हो आई, खुद से...नरूभाऊ से...विसूभाऊ के खर्राटों से...सारे माहौल से...कुल मिलाकर अपनी जिन्दगी से...।

"सचमुच, कैसी भयानक स्थिति रही होगी, नहीं? तुमसे किसने कहा यह?"

"अरे भाई, कहीं न कहीं फुसफुसाहट के रूप में मिल जाता है सुनने को, पढ़ने को। स्वयं गंधर्व ने भी कहा था कि नाटक कम्पनियों में ये कच्ची उम्र के लड़के यानी मालिक लोगों की भूख मिटाने के साधन हैं।"

"माय गॉड। वाकई, कला के लिए और पेट पालने के लिए क्या-क्या करना पड़ता होगा, नहीं?"

"और क्या? ये कच्ची उम्र के लड़के आते थे कम्पनी में। वैसे बहुत ज्यादा मेहनत का काम नहीं होता था इनका। दूसरी बात, धीरे-धीरे उन्हें भी अच्छा लगता होगा न! महीना-महीना घर से दूर रहना। स्त्री को देखने के लिए भी तरस जाते होंगे और आसपास जनाना नखरे दिखानेवाले ये कच्ची उम्र के लड़के। फिर पैर फिसलने में कितनी देर? दरअसल, जनाना भूमिका करनेवाले नट रंगमंच की भूमिका से बाहर आ जाएँ तो बात और है, पर उनके शरीर में, नाजो-अदाओं में और प्रकृति में भी वही सब घुल-मिल जाने के कारण उनकी भी यह जरूरत हो जाती होगी, और कम्पनी के पुरुष नटों के लिए भी सुभीता। दूसरी बात, लोगों से दुत्कार ही मिलती थी इन नटों को। इसलिए समाज क्या कहेगा यह डर भी नहीं लगता होगा और जब तक यह चोरी-छिपे चल रहा है, तब तक समाज भी क्यों बीच में टाँग अड़ाता? इस कारण यह सारा मामला यानी तेरी भी चुप और मेरी भी चुप।"

"पर कुछ गृहस्थ लोग भी तो होंगे?"

"हाँ, जरूर होंगे। पर महीना-महीना दौरे पर रहना! ऐसे में कुछ लोग दो नावों पर सवार होनेवाले भी तो हो सकते हैं!"

"यू रास्कल," चिनिया हँसा, "अरे, तो बाइसेक्स्युअल कहो न!"

"वही यार।"

"पर महिया, एक तरफ कला को उदात्त और जीवनसाधना वगैरा कहना और दूसरी तरफ उसकी आड़ में ये सब...।"

"चिनिया, इन बातों की तरफ हम किस निगाह से देखते हैं, सब उस पर निर्भर है। यह एक भूख है, जरूरत है। अगर इसे एक बार स्वीकार कर लेते हैं, तो फिर कलाकार के तौर पर ऊँचा दर्जा प्राप्त किए मनुष्य की जरूरत —यही उसका अर्थ निकलता है। फिर यह बहुत ज्यादा भयानक या घिनौना प्रतीत नहीं होता। पानी का रेला अपने लिए राह खोज

ही लेता है। उस दौर के ठहरे हुए समाज जीवन में इन लोगों द्वारा खोजी गई राह थी यह। पर इससे उनके कलात्मक जीवन में कोई कमी आती होगी, ऐसा मानने का कोई कारण नहीं है। एक कलाकार के रूप में ये लोग अपना योगदान सौ फीसदी देते ही थे न!''

''सही बात।'' कहकर चिनिया पल-भर के लिए रुका। फिर उसने बोल ही दिया, ''लेकिन गंधर्व का क्या? मुझे लगता है, सर से पूछना चाहिए।'' महेश ने नजरें घुमाईं। सर निशा के साथ कास्ट्यूम पर बात कह रहे थे। उनके हाथों में एक मयूरपंखी साड़ी थी। कितने अदब से पकड़ रखी थी उन्होंने! भामिनी के पदों के समय पहनने के लिए लाए थे वे। फिर उन्होंने नथ भी हाथ में ली। उनके चेहरे का सन्तोष का भाव यहाँ से भी टीप लिया दोनों ने। गंधर्व का कार्यक्रम। कार्यक्रम के हर पल को सुन्दर, अविस्मरणीय बनाने के लिए कितनी जद्दोजेहद चल रही थी उनकी। उन्होंने आहिस्ता से साड़ी की तह करके उसे दुबारा बक्से में रख दिया। उस पर एक बार हाथ फेरा। मानो एक माँ अपने लाड़ले लाल के चेहरे पर हाथ फेर रही हो, प्यार से।

चिनू ने सोचा, जाने दो, क्या पूछना। उसे लगा मानो यह पूछकर वह उस साड़ी की तह ही बिगाड़ रहा है। काफी देर तक वह सर की तरफ देखता रहा। कैसे हूबहू जिन्दा रखा है उन्होंने उस दौर को। वैसे उनके लिए भी सुना-सुनाया ही दौर है वह। पर उस दौर का जो एक सुन्दर चित्र उनके मन में बसा हुआ है, उसे हम क्यों बिगाड़ें? और नहीं मिला इस सवाल का जवाब तो क्या फर्क पड़ेगा? उसका मन पूछने को मना कर रहा था। फिर उसने वह विचार ही छोड़ दिया और दोनों सर के पास आए।

एक पुरानी-सी लगती साड़ी हाथ में लिये सर खुशी से मुस्काए। ''सिन्धू, हाँ बिलकुल सिन्धू ही सामने खड़ी दिखेगी इस साड़ी में।''

''सर, क्या सचमुच वह वाकया हुआ था? उतरन पहनने का?''

''और क्या! नारायणराव बोले ही थे गुरुजी से कि मैं उतरन भी पहनूँगा। मगर करें क्या, नाटक पूरा ही नहीं हो रहा था। क्योंकि गुरुजी यानी एक कलन्दर हस्ती। कलम उठाई और लिख डाला, ऐसा मामला नहीं था। लेकिन बोडस सिर पर ही सवार हो गए थे।''

''बोडस, मुझे कुछ पैसों की जरूरत है।'' गुरुजी ने पैसों की माँग की। पहले दो सौ और बाद में डेढ़ सौ, इस तरह साढ़े तीन सौ रुपये गुरुजी पेशगी ले चुके थे। पर बोडस जानते थे, जब लेखक का मन ठिकाने पर होता है, तभी ऊँची चीज बनती है। उन्होंने पैसे दे दिए। पैसे मिलते ही गडकरी बोले, ''मुझे किर्लोस्करजी की अभ्यर्थना की नांदी के लिए तर्ज बनाकर दीजिए। फिर मैं नांदी लिखना शुरू करता हूँ।'' बोडस ने सोच-विचार किया और किर्लोस्कर की नांदी के एक चरण की तर्ज बनाई। पल-भर गडकरी खामोश रहे और अचानक बोले, ''लीजिए।'' और उन्होंने कागज पर लिखना शुरू किया। बोडस की कुछ भी समझ में नहीं आ रहा था कि वे क्या लिख रहे हैं। दो-ढाई मिनट गडकरी कुछ लिखते रहे। फिर बोले, ''पढ़िए।'' बोडस ने कागज उठाया। उस पर शब्द लिखे थे '*...शरण ते करुण तव।*' एकच प्याला के लिए नांदी। ये आदमी याद करके ही आया था नांदी? उन्हें लगा। पर याद करके कैसे आएगा? तर्ज तो अभी दी है मैंने। मतलब...केवल एक

बार तर्ज सुनकर...बैठे-बैठे इस आदमी ने...इसे प्रतिभा कहें या कुछ और? आशुकाव्य और वह भी इतना सुन्दर? "अनुपम गुरुजी, अनुपम..." कहते हुए बोडस उठे और उन्होंने गुरुजी के चरणों में अपना मस्तक नवाया। "अजी, परमात्मा ने गजब का चमत्कार बनाकर भेजा है आपको हमारे लिए। अब इसी रफ्तार से नाटक लिखकर पूरा हो जाए तो तुरन्त अभ्यास शुरू कर सकते हैं।"

फिर गुरुजी ने नाटक लिखना शुरू किया। पर यह आदमी उल्टा था। उसने पहले पूरा किया आखिरी पाँचवाँ अंक, फिर शुरू किया चौथा। अभी वह आधा-अधूरा ही था कि उन पर सनक सवार हुई ब्याह की।

"क्या? गडकरी दूसरा ब्याह कर रहे हैं?" गंधर्व को आश्चर्य हुआ।

"जी हाँ। इसीलिए पेशगी माँग रहे हैं। तीन सौ रुपये।" मुनीम ने बताया, "कह रहे थे, इस साल के सारे मुहूर्त निकले जा रहे हैं। जल्द से जल्द निपटा डालेंगे...।"

"ठीक है, उनसे कहना निपट लीजिए।" गंधर्व ने पेशगी देने के लिए कह दिया।

गंधर्व को गडकरी के दूसरे ब्याह की बात अजीब लग रही थी। हालाँकि दूसरा ब्याह रचाना कोई नई बात नहीं थी। कहीं ऐसा तो नहीं कि मुझे गृहस्थी का सुख प्राप्त हुआ, इसलिए मुझे ऐसी बातें अजीब लगती हैं? 'गृहस्थी का सुख' शब्दों पर वे जरा ठिठक गए...क्या देता हूँ मैं लक्ष्मी को और क्या मिलता है मुझे...वाकई, अगर ब्याह नहीं करता तो? नाटक की ही गृहस्थी सजाता तो? उन्हें एहसास हुआ, कामिनीबाई की इत्र की खुशबू अभी भी दिल में महक रही है, पीछा कर रही है।

और उनके मन में एक अपराधबोध उभर आया। वचन दिया है लक्ष्मी को। ईश्वर-ब्राह्मण देवता के साक्ष्य में...समाज के सामने...और उन्होंने कामिनीबाई का विचार झटकने का प्रयास किया।

स्वयंवर, संशयकल्लोळ के मंचन जोरों-शोरों से हो रहे थे। रसिकों ने भी *सहचारिणी* की यादों को देशनिकाला दे दिया था। लोग आते थे, मिलते थे, तारीफ की वर्षा करते थे। कामिनीबाई भी हर मंचन में उपस्थित रहने लगी थीं। गुंडेशा को अब आदत हो चुकी थी। मंचन समाप्त होने पर बाहर प्रतीक्षा में बैठे रहना। पर गंधर्व महसूस कर रहे थे कि अब उनकी नजरें भी कामिनीबाई की राह तकती हैं। उनके सान्निध्य में बिलकुल खिल जाने का अनुभव होता है। यह भीतरी खालीपन आज तक कभी अनुभव ही नहीं हुआ था। पर अब कामिनीबाई भी गंधर्व से खुलेपन से पेश आ रही थीं। कभी इत्र की शीशी तो कभी महँगी वस्तुएँ...

गंधर्व को भी उनका साथ अच्छा लगने लगा। एक दिन मध्यांतर में ही देवीजी भीतर आईं...नाटक खत्म होने से पहले गंधर्व किसी से मिलते नहीं थे। लेकिन इस नियम का टूट जाना भी उन्हें महसूस नहीं हुआ। देवीजी बैठ गईं, फिर जाते-जाते बोलीं, "हर बार थिएटर में ही मिलते हैं। कोठी पर आइए न कभी। आराम से बैठेंगे। जब भी हम इधर आते हैं, तब इसी कोठी में ठहरते हैं...।" फिर जाते-जाते रुक गईं, मुड़ीं और मंजुल आवाज में बोलीं, "कोठी पर और कोई नहीं होता, सिवा हमारे।"

गंधर्व वैसे ही बैठे रहे।

कामिनीबाई के पैगाम बार–बार आने लगे। गंधर्व से कुछ भी निश्चय करते नहीं बन रहा था। एक बेचैनी शुरू हुई। वाकई, आज तक मंच पर मैंने जो शृंगार रचाया है, उसकी कौन–सी अनुभूति है मेरे भीतर, या यह सब मेरे मन की क्रीड़ा है ? वह विभ्रम, वह रूठना, वह आवेग ! लक्ष्मी से सहवास में कब मैंने यह अनुभव किया ? *विविधवृत्ता* अखबार में छपता है कि मैंने मराठी मानस को शृंगार की दीक्षा दी है...पर यह शृंगार है क्या ? लक्ष्मी का शुष्क शरीर और मेरी पतिधर्म की पूर्ति। सचमुच, बीते कई सप्ताहों से मैं और लक्ष्मी...। अचानक दिनू की आवाज आई...'नाना आपका प्रवेश...' और उनकी तन्द्रा भंग हुई। नाटक के दौरान मैं अपना प्रवेश भूल सकता हूँ ? वे शरमिंदा हुए। सीधे नेपथ्य में गए और उस गन्ध को भूलने का भरसक प्रयास करने लगे।

अब उन्हें गडकरी के दूसरे ब्याह की बात पर हँसी नहीं आ रही थी।

गडकरी गुरुजी ब्याह करके लौटे और *एकच प्याला* लिखकर पूरा किया। परन्तु नाटक का केवल गद्य हिस्सा लिखकर पूरा हुआ था, पद्य लिखना अभी बाकी था। नाटक का वाचन हुआ और दोनों दलों में अलग–अलग प्रतिक्रियाएँ उभरीं। बोडस दल का माहौल उत्साहपूर्ण बन गया, क्योंकि नाटक में मुख्य जोर था सुधाकर के पतन पर। शराबखोरी से होनेवाली उसकी त्रासदी पर। इस कारण बोडस को यकीन हो चला था कि यह कोट उन्हीं को फिट बैठेगा। इसलिए उन्होंने यह प्रचार शुरू किया कि गडकरी का यह नाटक एक आदर्श नाटक है। फिर रानडे, पंढरपुरकर बोवा आदि उनके करीबी लोगों ने भी उन्हीं की बात को दोहराना शुरू किया और कम्पनी में कानाफूसी शुरू हुई। आज तक के नाटककारों ने गंधर्व की लोकप्रियता के सामने समर्पण कर उन्हीं को केन्द्र में रखकर भूमिकाएँ लिखी थीं। रुक्मिणी के रूप में एक खम्भेवाला तम्बू खड़ा किया था। गीत भरपूर। फिर आसपास चाहे जो नट हो। क्या इसे नाट्यलेखन कहेंगे ? यह मुद्दा इन लोगों ने उछाला। नाटककार को चाहिए कि वह विषय को महत्त्व दे, नट को नहीं। और गंधर्व तो काकासाहब के भी और तातियासाहब के भी दुलारे। इस कारण हम गद्य नटों के सामने सवाल खड़ा हो जाता कि कम्पनी में हम ठीक–ठीक क्या कर रहे हैं ? पर *एकच प्याला* दिखा देगा कि हर पीली चीज सोना नहीं होती। ऐसा कहते हुए यह दल अभ्यास में जुट गया।

दूसरी तरफ पंडित ने इस नाटक का विरोध ही किया। नारायणराव ही कम्पनी के सौभाग्य हैं। फिर इस नाटक में वे हैं कहाँ ? जिस गंधर्व को लोगों ने महँगे वस्त्रों में देखा, उसी को एक असहाय, विवश, अबला के रूप में खड़ा करेंगे ? और साथ में सुधाकर की भूमिका में बोडस, उनके लम्बे–लम्बे संवाद और पूरा नाटक भी उन्हीं पर केन्द्रित ? यह नाटक खेलकर क्या दुबारा *सहचारिणी* का ही इतिहास दोहराना है ? वह सवाल करने लगा। कम्पनी में मतभिन्नता का कोलाहल मच गया।

लेकिन गंधर्व खामोश थे। उन्हें भी बात जँच रही थी। पर भीतर ही भीतर उनका कुछ हिल उठा था। सिन्धू के किरदार ने उनका कलेजा छलनी कर दिया था। उन्हें लगने लगा था कि सम्पूर्ण भारतीय स्त्री का मानस ही सिन्धू में केन्द्रित हुआ है। सिन्धू में कुछ ऐसा है जो मुझे बेचैन कर रहा है...जिसके साथ मेरा कोई नाता है...।

अभ्यास शुरू हुआ और गंधर्व पागल की तरह सिन्धू के भीतर कुछ ढूँढ़ने लगे। गडकरी ने बड़ी होशियारी से यह भूमिका लिखी थी। गंधर्व यह नाटक खेलेंगे, शायद इसी कारण उन्होंने सिन्धू को गंधर्व की अन्य भूमिकाओं की तरह अल्हड़ और युवा न बनाकर गृहस्थी की चकरघिन्नी में जुती स्त्री के रूप में दर्शाया था। इसमें गंधर्व की बढ़ी हुई उम्र और तनिक मोटापा भी बढ़िया ढंग से समा जाता था। सिन्धू के भीतर दर्शक सुन्दरता को ढूँढ़नेवाले नहीं थे, बल्कि सहनशीलता को देखनेवाले थे। यहाँ दिल में गुदगुदी होनेवाली नहीं थी, बल्कि कलेजा छलनी होनेवाला था। अभ्यास खत्म होते ही गुंडेशा ने गंधर्व को याद दिलाया कि आज कामिनीबाई की कोठी पर नाश्ते का निमंत्रण है। गंधर्व ने बस गर्दन हिला दी। उनकी आँखों के सामने देवीजी का गर्दन मोड़ना, कंगनों की खनक...और मुड़कर जाते-जाते बीच में ही रुक जाना, ओठों ही ओठों में बात करना...'याद से आइएगा...' सब खड़ा हो गया।

अभ्यास खत्म कर गंधर्व घर गए। लक्ष्मी ने दूध का प्याला सामने रखा। उनकी नजर उसके हाथों पर गई। "ये जख्म कैसे?" उन्होंने पूछा।

"जख्म नहीं हैं। तवे पर रोटी बना रही थी, तनिक जल गया।"

"हाथ भी फूल गया है।"

"अजी, कंगन चुभा था और लगातार पानी से काम। खुल जाते हैं जख्म। उसमें ऐसा क्या?" तभी लड़की का रोना सुनाई दिया। तुरन्त वह मुड़ गई। गंधर्व की नजर उसकी पीठ पर गई और मन में करुणा उमड़ पड़ी। गृहस्थी के बोझ में डूब गई है यह। सभी स्त्रियों का यही होता है। इस पर न जाने कितने दिनों से कोमल धूप की किरणें नहीं पड़ी होंगी। जो देता हूँ, जितना देता हूँ, उसी में गुजारा करती है बेचारी...न कोई शिकायत, न कोई अफसोस। सिन्धू ही तो है यह।

और तभी उनके कलेजे में कुछ कौंधा। सिन्धू से उनका रिश्ता खुल गया। घर-घर में एक-एक सिन्धू को दफन करके रखा है हम हिन्दुस्तानी पुरुषों ने...और हम सब पति हैं सुधाकर...। वे खिड़की के पास जा खड़े हुए। बाहर झाँकने लगे। शाम हुई थी। उस धुँधलके में उन्हें एक बग्गी आती हुई दिखाई दी। कामिनीबाई की भेजी हुई। घर की लक्ष्मी को ठुकराकर शराब के आदी बने सुधाकर में और मुझमें क्या फर्क है? उन्होंने अपने आप से पूछा। धीरे-धीरे अँधेरा फैलने लगा था। मानो किसी अशुभ की कालिख सारी जिन्दगानी पर जमने लगी थी। उन्होंने पल-भर सोचा। वह खुशबू उन्हें याद आई। खुशबू नहीं, नशा है वह। मदहोशी। तभी लक्ष्मी सामने आई।

"गुंडेशा कह रहा था, बग्गी तैयार है। चलना है?"

उन्होंने उसकी तरफ देखा। उसका खिंचा हुआ-सा चेहरा।

"कहीं दावत पर जा रहे हैं? लौटने में देर होगी क्या?" उसने भोलेपन से पूछा। उसे नहीं पता था कि वे कहाँ जा रहे हैं। और पता चल भी जाता, तब भी वह क्या कर सकती थी? अब उनकी समझ में आई सिन्धू की विवशता, उसकी असहायता। "गुंडेशा से कहिए बग्गी वापस लौटा दे। कहीं नहीं जाना हमें।" लक्ष्मी नीचे गई। वे वैसे ही खड़े रहे। थोड़ी देर बाद बग्गी के पहियों की और घोड़ों की टापों की आवाजें दूर-दूर जाती

हुई अँधेरे में समा गईं। गंधर्व के दिल का बोझ हट गया...मानो कोई मटमैलापन दूर हुआ हो। वे खामोश बैठे रहे।

नीचे से आ रही छौंक की गन्ध उन्हें अपनी करीबी लगने लगी।

दूसरे दिन गंधर्व ने अभ्यास शुरू किया। "आप खुद को ऐसा क्यों कोसते हो जी! मैं बदकिस्मत हूँ इसलिए? पर हाथों में चूड़ियाँ और माथे पर कुंकुम सजाए आपकी गोद में दम तोड़ रही हूँ, इससे ज्यादा और क्या सौभाग्य चाहूँ मैं?" कहते हुए जब उन्होंने बोडस की तरफ देखा तो बोडस के होश ही उड़ गए। गंधर्व की आवाज की कातरता और आँखों में हिरन जैसा हक्का-बक्कापन देखकर वे चकित हो गए। प्यारा-दुलारा चेहरा कहीं का कहीं गायब हो चुका था गंधर्व का...उस दिन सिन्धू पर हाथ उठाने की हिम्मत नहीं हो रही थी बोडस की। गंधर्व समझ चुके थे कि गडकरी की सिन्धू अब मेरे अन्तर्मन में बसने के लिए आई है...सदियों से चले आ रहे स्त्री जाति के दुखों की गठरी लिये।

नाटक का गद्य हिस्सा लिखकर पूरा हुआ और अभ्यास भी शुरू हुआ। परन्तु गंधर्व के दल में दबी जबान में चर्चा शुरू हुई कि पदों का क्या करेंगे? कल बोडस यह भी कह सकते हैं कि पद्य के बिना भी नाटक खूब रंग ला रहा है, तो पदों की जरूरत ही क्या है? और पद लिखवाएँगे भी तो किससे? गडकरी को उनकी पुरानी बीमारी ने फिर से जकड़ लिया था, पर मंचन भी जल्द शुरू करना था। बड़ौदा के महाराज का आग्रह था कि पहला मंचन उन्हीं के यहाँ हो। मंडली गडकरी के पास पहुँची। पहले मलेरिया और बाद में तपेदिक। गडकरी सूखकर काँटा हो चुके थे। उन्हें इस तरह बिस्तर पकड़ा देख सभी का दिल बैठ गया। एक वैद्यराज उन्हें जाँच रहे थे। जाँचने का कार्यक्रम समाप्त होते ही बोले, "अजी, मामूली बीमारी है। एक सप्ताह के अन्दर तंदुरुस्त कर दूँगा। फिर लिखवाइए जो भी गाने-वाने लिखवाने हैं।" वैद्यराज चले गए। मंडली खुश हुई। पांडोबा बोले, "गुरुजी, अब चिन्ता की कोई बात नहीं। देखा न, वैद्यराज ने सीना ठोंककर कहा है कि सप्ताह-भर के भीतर आपको तंदरुस्त बना देंगे।"

उस दशा में भी गडकरी बोले, "अजी, वैद्यराज ने अपने सीने पर हाथ रखकर कहा है। मेरे सीने पर हाथ रखते तो ऐसा कहने की उनकी हिम्मत ही नहीं होती।" और हास्य का फौवारा छूट पड़ा। गडकरी की देह सूख गई थी, बुद्धि नहीं। फिर थोड़ा रुककर उन्होंने पानी का घूँट लिया और पदों की तुरन्त आवश्यकता पर विचार करते हुए एक रास्ता सुझाया कि उनके ठीक होने तक किसी और से कामचलाऊ पद लिखवाए जाएँ। साथ ही उन्होंने यह काम अपने नाटककार मित्र वी.सी. गुर्जर को सौंपने के लिए भी कहा। गुर्जर अभिभूत। वे भर्राए गले से बोले, "अजी आपके कलाबत्तू की साड़ी में मेरे पैबन्द मत लगाइए।" इस तरह उन्होंने मना ही कर दिया। लेकिन गडकरी और अन्य लोगों ने उन्हें समझाया कि यह काम आप ही कर सकते हैं। वे तैयार हो गए। इस तरह गुर्जर के कन्धों पर बड़ा उत्तरदायित्व डालकर सारी मंडली चल दी।

गुर्जर ने कड़ी मेहनत से पद तैयार किए और दबी जबान में बोडस-गंधर्व से बोले, "एक बार सुनेंगे पद?"

मंडली सुनने के लिए बैठ गई। सचमुच, गडकरी के नाटक के लिए पद लिखना एक दुष्कर कार्य था। उन्होंने पहला पद पढ़ा...*सत्य वदे वचनाला नाथा*...और रुक गए। कोई कुछ नहीं बोल रहा था...उन्हें लगा, कहीं अपनी योग्यता से बड़ा शिवधनुष तो नहीं उठा रहा हूँ? उन्होंने बही समेटनी शुरू की और अचानक उन्हें गंधर्व के सुरों में वही पद सुनाई दिया। भर्राए गले से गंधर्व गुनगुना रहे थे...*सत्य वदे वचनाला नाथाऽऽऽ*...

"नारायणराव, अजी बहुत बढ़िया तर्ज है। लगता है, इसी तर्ज पर बनाया गया है पद।" बोडस बोले।

"भगवन्, बहुत सुन्दर पद लिखा है आपने। लगता है गडकरी ने ही लिखा है।"

"लेकिन नारायणराव, यह तर्ज सुनकर लग रहा है कि अगर आप ही तर्जें बाँधें तो बहुत अच्छा होगा।"

"भगवन्, मैं ठहरा मिट्‌टी का लोंदा। जो मिले वह रूप धरता हूँ। यह तर्ज हमारी नहीं है।" गंधर्व हँस दिए।

"फिर किसकी है? बुला लीजिए उनको।" बोडस बोले।

"इसके लिए कल ही चल देंगे हम।" फिर गुर्जर ने एकेक पद पढ़कर सुनाया। *कशी या त्यजू पदाला, लागे हृदयी हुरहुर* और *दया छाया घे...।* गंधर्व समझ गए कि गुर्जर विषय के साथ और गडकरी की शैली के साथ एकाकार हो गए हैं। अब गडकरी भी पहचान नहीं पाएँगे कि पद उनके हैं या गुर्जर के। गुर्जर उठे और बोले, "गडकरी के ठीक होने तक इन्हीं से काम चला लीजिए।" गंधर्व ने उनके कन्धे पर हाथ रखा। बोले, "भगवन्, पूरे नाटक को चार पंक्तियों के भीतर बसा दिया है आपने। अब यह हमारे लिए शिवधनुष बन गया है। उसे उठा पाएँगे या सीने पर उठाकर ढह जाएँगे, यह समय ही तय करेगा।"

और दूसरे ही दिन गंधर्व ने सुन्दराबाई के घर की राह पकड़ी। नर्तिका सुन्दराबाई गंधर्व की सच्ची मुरीद थी। प्यार नहीं, भक्ति थी उन्हें गंधर्व के प्रति। गंधर्व को भी ममता न्योछावर करनेवाली बहन मिली थी उनके रूप में। बाईजी गायन और नर्तन दोनों में निपुण। नाचते-नाचते सम पर आते ही ताली बजाती। पर ताली सीधी नहीं, बल्कि दोनों ऊपर उठे हाथों की जाली बनाकर और हथेलियों को परस्पर टकराकर ताली बजाना। सुन्दराबाई की ताली पूरे महाराष्ट्र में गूँज रही थी।

नाना के आने की खबर पाते ही बाईजी दौड़ती हुई आईं। "नाना! आइए, आइए," आगवानी करते हुए उन्होंने हुक्म दिया, "अरे कोई पानी ले आओ, नाना आए हैं।" गंधर्व के पहुँचने की खबर मिलते ही वहाँ हड़कम्प मच गया। मसखरे भाँड़ ने शरमाते, नाजोअदा दिखाते हुए पानी सामने रखा। साथ में गुड़ की डली भी। बाईजी की केशसज्जा बिलकुल गंधर्व जैसी होती। गंधर्व के गायन के प्रति भी अतीव आदर।

तमाशा-नौटंकी कलाकारों के बीच गंधर्व का आना-जाना, उनमें उठना-बैठना और तमाशा कला के प्रति उनके मन में सम्मान का भाव बाईजी को अपूर्व लगता। इतनी साफ नजर का पुरुष उन्होंने अभी तक देखा नहीं था। गंधर्व के मन में भी बाईजी के प्रति विलक्षण आदर था। उनकी ठुमरियाँ, गजलें उन्हें भाती थीं। वे कहते, बाईजी की कोठी पर सरस्वती का वास है।

"कैसे आना हुआ नाना?" गंधर्व को गुड़ की डली और पानी देने के बाद बाईजी ने पूछा।

"दिवाली काफी दूर थी। सोचा, उससे पहले ही चल दूँ, भैयादूज के लिए।"

"अभी?" गंधर्व की बात बाईजी को समझ नहीं आई।

"जी हाँ, पर इस बार मामला जरा उलटा है। आप हमें भैयादूज की सौगात देंगी।"

बाईजी की कुछ भी समझ में नहीं आ रहा था। ठोड़ी हथेली पर टिकाए वे सोच में पड़ गईं। परदे के पीछे से गंधर्व को कौतूहल से ताकती लड़कियाँ भी देखती रह गईं। उस ओर बैठे बुजुर्ग ढोलकिया गजाबा और हारमोनियम पर बैठे किसना ने भी कान खड़े किए। "दीदी...यह सुनिए," कहते हुए उन्होंने पद शुरू किया।...*कशी या त्यजू पदालाऽऽऽ*।"

बाईजी को लगा, पद कहीं सुना है। पर शब्द अपरिचित हैं। चार पंक्तियाँ सुनाकर गंधर्व रुक गए। "कैसा लगा?"

बाईजी बोल गईं, "अजी कलेजे को चीरता जाता है नाना!"

"आप ही का है।"

"हमारा?"

"जी हाँ।" और गंधर्व उन्हीं की एक ठुमरी उन्हें सुनाने लगे और बाईजी को याद आया कि ठुमरी तो उन्हीं की है।

"हाय राम, नाना, आपको कुछ भी सुनाएँ तो दिमाग में बिलकुल फिट बैठ जाता है। मैं तो भूल ही गई थी।"

"आपकी यह ठुमरी चाहिए, मेरे नए नाटक के लिए। केवल यही नहीं, कुछ और भी।"

बाईजी खामोश हो गईं। गर्दन नीचे झुक गई।

"हमारा गाना भी कोई गाना है? तमाशा-नौटंकी। पेट पालने के लिए करते हैं कुछ न कुछ।"

"दीदी, सभी पेट की खातिर ही करते हैं। हम भी कहाँ मन्दिर में भगवान के लिए गाते हैं? पर सभी तरफ जाति-पाँति का भेद बनाने की आदत है इनसान की। गाने में भी उसने ऊँच-नीच का भेदभाव भर दिया है। मुझे बताइए, आज इसे इस कोठी पर गाया जाए तो मामूली और कल नाटक में गाया जाए तो ऊँचे दर्जे का, ऐसा कैसे?"

क्या बताऊँ नाना, इतने सालों से कला की सेवा कर रही हूँ, पर एक बात कहूँ! लोगों की नजर हमारी कला पर कम और चमड़ी पर ही ज्यादा होती है। हम आँतें टूटने तक गाती हैं और...वो भूख मिटने तक निहारते रहते हैं....।"

"दीदी, हमें कलाकार का धर्म कभी नहीं भूलना चाहिए। उनकी बात वो जानें। अच्छा तो बताइए, आपकी तर्जें मैं ले लूँ?"

"नाना!" बाईजी का गला भर आया। वे उठीं और उन्होंने पुकारा, "अरे गणिया, आरती का थाल सजाओ...और चन्दना, तुम पूरन बनाना शुरू करो। नाना घर आए हैं, यही मेरी दिवाली है।"

देखते ही देखते कोठी पर दीप जल उठे। शमा जगमगा उठी और पूरन-पोली की थालियाँ सज गईं। और दूसरी तरफ बाईजी ने धराऊ आभूषणों की तरह सँजो कर रखीं अपनी धराऊ

चीजें निकालीं। देखते ही देखते *एकच प्याला* का संगीत बनकर तैयार हो गया। *दया छाया* हो या *प्रभु अजि गमला मनी तोषला* हो...सुरों की दिवाली सम्पन्न हुई। गंधर्व का प्यारा और सुरीला कंठ, और बाईजी की आवाज की दमकती तेजस्वी दामिनी...गंधर्व का गान अमृत समान और बाईजी का गान खालिस, प्राकृतिक प्रपात की तरह...।

दोनों का संगम हुआ और यह महफिल तभी थमी, जब भोजन का बुलावा आया।

बहन ने अपने दुलारे भाई की आरती उतारी और बहन ने ही भाई को भैयादूज की सौगात दी।

पद बनकर तैयार हो गए थे, फिर भी गुर्जर की इच्छा थी कि गडकरी उन्हें एक बार देख लें। उन्होंने वैसी जिद ही पकड़ी। गडकरी के घर जाना तय हुआ। 25 सितम्बर का दिन। सुबह-सुबह *इन्दुप्रकाश* में खबर छपी— *शब्दप्रभु गडकरीजी का निधन!* गंधर्व का तो दिल ही बैठ गया। गुर्जर की आँखों से झड़ी लग गई। सारी नाटक मंडली पर शोक के बादल छा गए। सभी गडकरी के निवास 136, कसबा की तरफ दौड़ पड़े। लेकिन उनका स्वागत किया गडकरी की खाँसी ने! सारी नाट्यप्रेमी मंडली इतनी सुबह-सुबह और मेरे दर्शन के लिए? अपने सवाल का जवाब गडकरी को मिल गया और मरणासन्न दशा में भी वे अपनी हँसी रोक न पाए। ''अरे अरे, मैंने आप सबको निराश कर दिया।'' इस दशा में भी मजाक केवल गडकरी ही कर सकते थे। संवाददाता ने *मृत्युचूक* के शीर्षक से तुरन्त समाचार तैयार किया और प्रार्थना भी की कि गडकरी जी को सौ साल की दीर्घायु प्राप्त हो। उसे पढ़कर गडकरी बोले, ''डॉक्टर और वैद्यराज के हाथों इनसानों को मरते हुए कई बार देखा है, पर संवाददाता की कलम से मरनेवाला शायद मैं अकेला हूँ।'' बात करते-करते गडकरी पर खाँसी का दौरा पड़ गया। खाँसी बढ़ती ही चली गई। फिर गडकरी ने तय किया कि वे अपने गाँव सावनेर चले जाएँगे और ठीक होकर ही वहाँ से लौटेंगे।

पर गंधर्व उस समाचार से बेचैन हो गए थे। विसूभाऊ बार-बार उन्हें *इन्दुप्रकाश* का वह माफीनामा दिखला रहे थे। आखिरकार रानडे आए और बोले, ''नारायणराव, आज पूरन-पोली के भोज का इंतजाम किया है। अजी, इस तरह मौत की गलत खबर छपना भी एक शगुन होता है। इससे उस मनुष्य की उम्र बढ़ती है।''

''क्या कह रहे हो रानडे? सच?'' गंधर्व ने हाथ जोड़े। अब उन्हें शीघ्रता थी। गडकरी ठीक होकर जल्दी लौट आएँ और उतरन पहनकर भी पातिव्रत का आदर्श स्थापित करती मेरी सिन्धू को देखें। उस दिन सभी को आग्रहपूर्वक पूरन-पोली परोसी गई। गडकरी स्वस्थ होकर अगला नाटक लिखाना शुरू करें, इसलिए पूजा भी की गई। पूजा के बाद स्वयं गंधर्व आरती के लिए खड़े हो गए। पूरन की तरह आरती में उनकी आवाज भी मीठी लग रही थी। पर वे गा रहे थे केवल अपने गुरुजी के लिए...

और नाटक का अभ्यास जोश में शुरू हुआ। सारे दृश्यों का संयोजन हो गया। पदों का भी। लेकिन इसी दौरान पंढरपुरकर बोवा ने एक मुद्दा उठाया—

''विसूभाऊ, संवाद तो याद हो गए, पर...।''

''पर... ? अब पर क्या बोवा?'' विसूभाऊ ने पूछा।

"आपको क्या लगता है, नाटक का समापन उचित है?" नरूभाऊ की कुछ भी समझ में नहीं आया। उनके चेहरे पर सवालिया निशान बन गया। "नहीं, मेरा कहना यह है कि नाटक का समापन शोकात्मक है। त्रासदी देखने कौन आएगा?"

"फिर क्या करेंगे? वैसा ही तो लिखा गया है!" विसूभाऊ ने कहा।

"समापन बदलना चाहिए!" बोवा दृढ़ता से बोले।

"क्या? समापन बदल दें?" विसूभाऊ चौंक गए। चाय उनके गले में ही फँसकर रह गई।

"और क्या! नाटक का कोई भी एक गणित नहीं होता। कल तक पसन्द आ रही बात को आज लोग नकार देते हैं। कुछ नया दें तो भी पीठ फेर लेते हैं। किसे सिर पर उठाएँगे और किसे नहीं, इसका कोई हिसाब नहीं होता। फिर बिना वजह नई राहें तलाशने का क्या मतलब? *सहचारिणी* में नया सामाजिक विषय लिया था, क्या हश्र हुआ? बिना वजह ऐसा-वैसा साहस करने से क्या लाभ?" बोवा ने यूँ ही विचार रखा और यही विचार जोर पकड़ता गया। कम्पनी में फिर से दो दल हो गए। मत-मतान्तर का कोलाहल मच गया। क्या सही है और क्या गलत, किसी की समझ में नहीं आ रहा था। आखिरकार यह मुकदमा सॉलिसिटर लाड़ के कोर्ट में पेश करना तय हुआ। लाड़ यानी *गंधर्व कम्पनी* के अपने आदमी। हर परेशानी में तुरन्त दौड़े चले आते। उन्होंने सीधे-सीधे अपने घर पर ही वाचन का आयोजन कर डाला।

मंडली वाचन के लिए इकट्ठा हुई। मंचन के लिए बिलकुल तैयार नाटक का नए नाटक की तरह वाचन शुरू हुआ। बोडस ने नाटक पढ़ना शुरू किया। बोडस का पढ़ना, एक तरह से नाटक का मंचन ही होता। पढ़ते समय वे पात्रों को इस तरह सजीव बनाते कि सुननेवाले की आँखों के सामने पूरा नाटक खड़ा हो जाता। आज भी नाटक सम्पन्न हुआ और सभी के मन पर उसका नशा छा गया। लाड़, उनकी बेटी विठा, सॉलिसिटर वैद्य, कुंटे और मोहनदास। मोहनदास साहित्य के प्रोफेसर थे। वाचन के बाद बोडस ने सभी की तरफ देखा और चर्चा शुरू हुई।

"मुझे बताइए, नाटक देखकर घर लौट रहे दर्शकों को दुख में धकेलकर हम क्या पाएँगे? ऐसा नाटक देखने लोग बार-बार आएँगे ही क्यों?" एक ने मुद्दा रखा।

"पैसा देकर रोने के लिए कोई क्यों आएगा भला? दूसरे ने भी वही बात दोहराई और इसी ढंग से सूचनाएँ आने लगीं। आखिरकार यह विचार सामने आया कि नाटक का समापन बदल दें और सुधाकर शराब पीना छोड़ देता है, ऐसा समापन दिखाया जाए। इससे लोगों को शराब की लत से छुटकारे का उपाय भी मिल जाएगा।

"ऐसा है, ग्रीक नाट्यदर्शन में कैथार्सिस का सिद्धान्त रखा गया है।" सभी की सूचनाएँ, विचार सुनने के बाद मोहनदास बोलने लगे, "लोगों की भावनाओं को उद्दीप्त करना, दुख से उन्हें इस तरह बाँध लेना कि उसमें वे तन्मय हो जाएँ। दुख की पराकाष्ठा तक उन्हें ले जाना और फिर...फिर उसी दुख से उन्हें बाहर निकालना। यह आकाश-झूले की तरह ऊपर-ऊपर ले जाना और फिर नीचे उतारना लोगों को भी अच्छा लगता है। इस नाटक में दुख की पराकाष्ठा हो जाती है। इसलिए वहाँ से लोगों को फिर से नीचे ले आना

चाहिए। नाटक में सुखांतता आने से लोग दुख की अनुभूति के बाद सुख से अपने घर चले जाएँगे। मन का खटका दूर होगा उनके...भावनाओं का, दुख की भावना का विरेचन होना सबसे अहम है।'' मोहनदास के इस लाजवाब तर्क के सामने सभी दब गए। सभी इस निष्कर्ष पर आ गए कि नाटक का समापन फिर से लिखवाना चाहिए। पर इस सारे कोलाहल में गंधर्व खामोश थे। उनके मन में एक ही सवाल था कि यदि नाटक का समापन सुखांत ही चाहिए था, तो गडकरी गुरुजी ने स्वयं वैसा क्यों नहीं किया? और गुरुजी ने वैसा नहीं किया, इसका अर्थ यह है कि वह वैसा अपेक्षित है ही नहीं। अब नाटक सुधाकर की मृत्यु के साथ समाप्त हो जाता है। शराब उसका, उसके घर-परिवार का सत्यानाश किए डालती है और एक बेचैनी-सी उभरती है नाटक समाप्त होने पर। यदि नाटक का समापन सुखांत बनाया जाए तो लोग इस बेचैनी को अपने साथ घर ले जा पाएँगे? या सुखांतता के कारण उस दुख का असर कम हो जाएगा? उनके मन में विचारों का छत्ता फूट पड़ा।

लगभग सभी मोहनदास के मत पर मुहर लगा चुके थे और अन्तिम निर्णय के लिए गंधर्व की तरफ देख रहे थे। उनका विचार था, नारायण का अपना मत है कहाँ? वह तो हाँ में हाँ मिलाएगा।

गंधर्व ने गर्दन ऊपर उठाई और बोले, ''नहीं, समापन नहीं बदला जाएगा।''

''क्या?'' सभी की आखें फैल गईं। मोहनदास ने तो कुत्सित नजरें टिकाईं उन पर। ''हाँ। भगवन्, इस नाटक को देखनेवाला हर दर्शक आँखों में आँसू लिए ही बाहर निकलना चाहिए।'' कहते हुए गंधर्व ने अपनी बात आगे बढ़ाई, ''घर-परिवार को ध्वंस करनेवाली शराब, सर्वस्व का विनाश करनेवाली शराब, मनुष्य को जानवर बना देनेवाली शराब...किसी बर्बर पशु की तरह उनकी गर्दन पर सवार हो जानी चाहिए। गर्दन पर यह बोझ लेकर ही लोग अपने घर जाने चाहिए। शराब का कोई इलाज नहीं है, यही उनके मानस पर अंकित करना है।''

''अजी, आप समझ नहीं रहे हैं कि नाटक में कैथार्सिस...।'' मोहनदास व्यंग्य में बात करने लगे। पर गंधर्व ने उन्हें बीच में ही रोक दिया।

''मैं नहीं जानता नाट्यशास्त्र की व्याख्याएँ। पर एक बात जानता हूँ, बाहर निकलते समय आदमी सन्न रह जाना चाहिए। एक-दूसरे से तो क्या, अपने आप से भी बात करने का होश नहीं रहना चाहिए उसमें! सुधाकर के स्थान पर वह खुद और सिन्धू के स्थान पर अपनी पत्नी ही दिखनी चाहिए उसे। समापन यही रहेगा।'' कहते हुए गंधर्व उठ खड़े हुए। जाते-जाते पल-भर के लिए रुके और मुड़कर सबकी तरफ देखते हुए बोले, ''इस समाज में स्त्री के माथे पर सौभाग्य तिलक हो या न हो, पर दुख और पीड़ा का तिलक अवश्य लगा रखा है परमात्मा ने...।''

लाड़ की बेटी विठू ने सीढ़ियाँ उतर रहे गंधर्व की पीठ की तरफ आश्चर्य से देखा। उसने सोचा, कौन बोला यह? गंधर्व या सिन्धू? समूची स्त्री जाति के साथ एकाकार हो जाने का कहीं यह असर तो नहीं? और उसने भी गंधर्व के पलड़े में अपना मत डाल

दिया। उसने भी साफ-साफ कहा, नहीं बदलेंगे समापन। बाकी लोग भी यह सोचकर उठे कि दो-चार मंचन देखेंगे, जब लोग नकार देंगे नाटक को, तो गंधर्व खुद कहेंगे कि समापन बदल दीजिए। सभी की नजरें बाहर गईं। पता चला कि इस विवाद में सुबह होने को आई है...।

मंचन चार सप्ताह दूर था। रसिकों में जबरदस्त उत्सुकता थी। गडकरी और गंधर्व का गठजोड़ यानी रसिकों के लिए एक सुनहरा अवसर। ऐसे में पद अभी तक गडकरी को दिखाए नहीं गए थे, इसलिए नाटक भी छपकर तैयार नहीं था। इसलिए नाटक में ठीक-ठीक क्या है, उसकी मंचसज्जा कैसी है, रसिकों को कोई अनुमान नहीं था। गडकरी की प्रतीक्षा करने के उपरान्त गुर्जर जी ने आखिरकार डाक द्वारा पद उनके पास भेजने का निर्णय लिया। पद सावनेर रवाना हुए।

गडकरी *भावबन्धन* नाटक का अन्तिम अंक पूरा करने में व्यस्त थे। रात का अँधेरा और खाँसते-खाँसते जैसे-तैसे अंक पूरा करने में जुटे गडकरी। उनका मन उनसे कह रहा था, *भावबन्धन* पूरा करना है, फिर *एकच प्याला* के पद लिखने हैं, *वेडयांचा बाजार* नाटक पूरा करना है...कितने ही काम इस बीमारी के कारण रुके हुए हैं। पर *भावबन्धन* में वे ही लिख गए थे, ''चार अक्षर पढ़ना आया, इसका मतलब यह तो नहीं है कि भाग्य का लेखा भी पढ़ना आया।'' चाहे वे शब्दप्रभु हों, पर वे भी कहाँ पढ़ पाते थे अपने भाग्य का लेखा! गडकरी की नियति ने उन्हें *भावबन्धन* पूरा करने नहीं दिया...सवेरा हुआ। परिश्रम से क्लांत गडकरी ने कलम नीचे रखी और नियति ने इस शब्दप्रभु को मृत्यु का ओढ़ावन ओढ़ाया। पद सावनेर पहुँच गए...पर उन्हें पढ़ने के लिए गडकरी वहाँ नहीं थे।

आज ड्रेस रिहर्सल होना था। गंधर्व ने उतरन पहनी और आईने के सामने खड़े हो गए। गडकरी गुरुजी से कहूँगा, भगवन्, देखिए, मैंने अपना वचन निभाया है। अब आइए, टाट पहना नारायण देखने। वे अपने आप से हँस दिए और पीछे मुड़े। देखा तो पीछे दिनू खड़ा। आँखों में आँसू। उन्होंने नजरों से ही पूछा, क्या हुआ और दिनू ने अखबार सामने किया, जिसमें छपी थी वह मनहूस खबर...। गंधर्व ने अखबार हाथों में लिया। उनकी नजरें उस खबर पर घूमने लगीं। पढ़ते-पढ़ते उन्हें लगा कि आँखों में आँसू आए हैं और वे उस खबर की तरफ अविश्वास से देख रहे हैं। खबर पढ़कर उन्होंने अखबार फेंक दिया और खुद से ही सवाल किया...कोई भी सुख, कोई भी सफलता सच्चे मन से झोली में न डालना ही क्या तय कर लिया है मेरी नियति ने? लेकिन उन्होंने आँसुओं को बाहर आने ही नहीं दिया। सिसकियों को भी गले में ही रोक लिया और आसमान की तरफ देखते हुए नियति को ही चुनौती दी, ''देह ले गई हो तुम गुरुजी की...पर उनके शब्द? उनका काम? मैं अमर कर दिखाऊँगा उन्हें...मौत की छाया भी नहीं पड़ने दूँगा उन पर...।'' गंधर्व ने पल्लू सँवारा और किसी कुलीन और स्वाभिमानी स्त्री की तरह अभ्यास के लिए रंगमंच की तरफ चल पड़े। मानो सारे आँसू, सारी सिसकियाँ उन्होंने सुरक्षित रखी थीं, *एकच प्याला* के मंचन के लिए...।

महाराज के सामने *एकच प्याला* के निजी मंचन के लिए कम्पनी बड़ौदा पहुँची। मंचन निजी था। नियम था कि दरबारी लोग महाराज के सामने उनका लिहाज रखकर ही नाटक का मजा लें। न विनोद पर हँसना और न पदों को वन्समोर देना। बहुत इच्छा हुई तो महाराज सामने की घंटी बजाएँगे। यही वन्समोर। ऐसे नीरस माहौल में *एकच प्याला* का मंचन हुआ। लेकिन फिर भी महाराज को ऐसा भाया कि उन्होंने तय हुई राशि से दो हजार रुपए ज्यादा ही दिए।

कम्पनी बड़ौदा से मुम्बई दाखिल हुई।

29 मार्च, 1919, मुम्बई में *एकच प्याला* का पहला मंचन घोषित हुआ...

''और 'एकच प्याला' ने इतिहास रचा।'' निशा और सनत हाथ की उस पुस्तक की तरफ देख रहे थे। पुराने जमाने का वह ग्रन्थालय, भीतर तनिक अँधेरा। पुरानी पुस्तकों की वह टिपिकल गन्ध उन्हें भली लग रही थी। ''देखो न, क्या लिखा है। भयानक उथल-पुथल मची थी इस नाटक के बाद। अब तक महँगे शालू और शृंगार रस के सम्राट गंधर्व फटे-पुराने वस्त्रों में ? और वह भी अत्यन्त करुण भूमिका में ? रसिकों को सिन्धू केवल पसन्द ही नहीं आई, बल्कि सीधे उनके कलेजे से जा भिड़ी। गंधर्व को श्रेष्ठ नट का दर्जा मिला, इसी भूमिका के कारण। टिकट खिड़की पर भीड़ कम होने का नाम नहीं ले रही थी। मार्च के उस ग्रीष्म में कम्पनी पर सफलता की, पैसों की झड़ी लग गई। नाटक देखनेवाले दर्शकों की आँखों से आँसुओं की धाराएँ बहने लगीं। वाकई, इसके बाद मराठी नाटक में इतनी महान त्रासदी आई ही नहीं। गडकरी ने इस नाटक के जरिए अपना श्रेष्ठत्व हमेशा के लिए रंगमंच पर अंकित कर दिया।''

पुस्तक बन्द करते हुए सनत बोला, ''और निशा, गंधर्व में नाटक की समझ कितनी गहरी थी, नहीं ? उन्होंने किताबी पंडितों की व्याख्याओं के फेर में न पड़कर नाटक का समापन बदलने नहीं दिया।''

''हाँ न।''

तभी ग्रंथपाल मैडम ने उनकी वांछित दो किताबें सामने रखीं। ''देसाई सर से कहिएगा, मैं भी आ रही हूँ। मेरे लिए दो टिकट दीजिए।'' वे मुस्कुराईं। टिकट खरीदे। दोनों ने उन्हें थैंक्स कहा और बाहर निकलने लगे।

''कॉफी पीकर चलेंगे।'' निशा कैफेटेरिया में घुसी तो सामने के टेबल से उसे 'हाय!' की आवाज सुनाई दी। वह एना थी। लन्दन निवासिनी एना यहाँ किसी प्रबन्ध लेखन के लिए आई थी।

''हाय!'' वह भी उसी टेबल पर जा बैठी। उसने सनत से उसका परिचय कराया। पुस्तक लेने आई थी कहकर उसने भी कॉफी मँगवाई।

''ओह, भालगंधर्व...दैट क्रॉसड्रेसर ?''

''व्हॉट ?'' सनत चौंक ही गया। ''नो नो, ही वाजन्ट ए क्रासड्रेसर।'' उसने एना को रोक ही दिया। ''वे बस फीमेल रोल करते थे।'' उसने कहना शुरू किया।

''ओह, आई थॉट... ।'' एना ने सॉरी कहा। ''बट वॉज ही अ बायसेक्स्युअल ? नॉर्मली फीमेल रोल करनेवालों में दिखते हैं ये ट्रेट्स।'' एना ने अपना सन्देह सामने रखा।

''नहीं, ऐसा कुछ नहीं था। ही वॉज हैप्पीली मैरीड।'' फिर कार्यक्रम के बारे में उसे जानकारी देकर और उसे इन्वाइट कर दोनों चल दिए। बढ़िया उद्धरण और फोटो प्राप्त होने की खुशी तो थी ही, पर सनत के दिमाग से एना का सवाल जा नहीं रहा था।

''तुम इतने क्यों बिगड़ पड़े उसके सवाल पर?''

''अरे यार, पर ऐसा कैसे हो सकता है?''

''क्यों नहीं? तुम भी सर की तरह ही सोचने लगे?'' दोनों अभ्यास हॉल की तरफ मुड़े। हॉल में धीरे-धीरे सभी आ रहे थे। सनत ने किताबें सर को दिखाईं।

''वाह, बहुत बढ़िया,'' सर ने कहा, ''अच्छा चलो, अब 'एकच प्याला' के पदों की तैयारी करते हैं।''

पूछे या न पूछे सोचते हुए सनत सर से पूछ ही बैठा, ''सर, एक बात पूछनी थी।''

''क्या?''

''सर, प्लीज गुस्सा मत होइए। पर मुझे लगता है कि गंधर्व की तरफ सेमी गॉड की नजर से देखने के साथ-साथ एक मनुष्य के तौर पर भी देखना चाहिए।''

''मतलब!'' सर ने उसकी तरफ नजर घुमाई। पल-भर के लिए उसे लगा भी कि विषय बदल दें, पर फिर भी उसने पूछ लिया, ''सर, गंधर्व अपने गृहस्थ जीवन में सन्तुष्ट नहीं थे। पत्नी के साथ उनके स्वस्थ कहें, ऐसे सम्बन्ध नहीं थे। कामिनीबाई जैसी अमीर स्त्रियों से सम्बन्ध के अवसर पाकर भी उन्होंने उन्हें ठुकराया था। फिर कहीं गंधर्व सचमुच... यानी... उस दौर के स्त्री-भूमिका करनेवाले नटों के बारे में जो सुनते हैं हम... वैसा कुछ...आय मीन कुछ सम्भावना...समलैंगिकता की... ?'' महेश, चिन्मय, निशा दहल ही गए। पोनी टेल भी काम छोड़कर सर की तरफ देखने लगा। सर का गुस्सा सातवें आसमान पर पहुँचेगा...कुछ न कुछ अनिष्ट जरूर होगा। सर पल-भर चुप रहे। सनत को लगा, तूफान आने से पहले की खामोशी? फिर चश्मा उतारकर सर ने उसे साफ किया। फिर हल्की-सी मुस्कान के साथ बोले, ''एक मनुष्य के तौर पर देखना यानी बस इसी एक आस्पेक्ट से देखना, क्या ऐसा लगता है आपको? माना कि सेक्स और सेक्सुऑलिटी व्यक्तित्व का एक हिस्सा है, पर व्यक्तित्व में यही एक हिस्सा होता है, ऐसा क्यों सोचते हैं आप?

''सर, शायद सबसे भीतरी, छिपा हुआ हिस्सा भी हो सकता है।'' चिन्मय बोला।

''या जुगाली के लिए अच्छा, इसलिए भी होगा,'' महेश बोला।

सर हँसे। ''चाहे जो हो, इस विषय पर भी बात करेंगे। स्त्री-भूमिका करनेवाले नटों की जिन्दगी में ऐसा कुछ घटित होना, बहुत खास बात नहीं थी। पर गंधर्व के बारे में जो सन्दर्भ मिलते हैं, वे उनकी स्थिर गृहस्थी, आचरण की शुद्धता आदि के ही हैं। कानाफूसी के रूप में भी जो बात नहीं मिलती, उस पर किसी भी ऐतिहासिक प्रमाण के अभाव में बात करना, मुझे तो ठीक नहीं लगता।''

''सर, मगर ऐसा कौन लिखकर रखेगा?''

''क्यों? राजे-रजवाड़ों के यौन जीवन के बारे में लिखा हुआ नहीं मिलता? गंधर्व तो एक नट थे और उनकी अन्य खामियों के बारे में काफी कुछ लिखा गया है। अव्यावहारिकता... बाद के विवाहबाह्य सम्बन्ध वगैरा...।''

"सचमुच?" पोनी की आँखें फैल गईं।

"हाँ, सबकुछ लिखा गया है और इसके बावजूद उनका कलाजीवन दस अंगुल ऊपर ही रहा है। इसी कारण वे सेमीगॉड बन पाए हैं। वरना, लोकप्रिय नटों की कमी नहीं थी महाराष्ट्र में। और खास बात, रंगमंच के अलावा उन्होंने कभी स्त्री-वेश धारण नहीं किया। मंचन से पहले किसी को भी उनसे मिलने की या उस वेश में उन्हें देखने तक की इजाजत नहीं थी। क्रॉसड्रेसर न होने का ही सबूत है न यह? बावजूद इसके, यह सवाल पूछा जाता है?"

"'अगर ऐसा कुछ होता तो उनका चरित्र और भी चटखारेदार बन गया होता, यह भी सच है...।" महेश ने माहौल तनिक ठंडा किया और सभी हँस दिए।

"नहीं। अरे भाई, कुछ न होने के बावजूद उनकी जिन्दगी के उतार-चढ़ावों को देखें तो लगता है, जैसे किसी उपन्यासकार की योजना के तहत ही सब घटित हुआ है। सीधी रेखा में कुछ भी नहीं।" सनत ने जोड़ा।

"सही है। ऐसी घटनाओं में उनके भीतर का इनसान खोजने की बजाय इन फिजूल की बातों पर बल देनेवालों पर मुझे हँसी आती है। वही मुझे क्लिशे लगता है। इसमें भक्तिभाव नहीं है। पर मुझे लगता है कि कुछ सन्दर्भ मिल जाएँ तो उन्हें सामने रखकर बात करना ज्यादा सही होगा। लेकिन मनुष्य पतनशील होता है, केवल ऐसा कहकर बिना वजह उस पर कुछ भी थोपने की मुझे आवश्यकता प्रतीत नहीं होती।" और सर प्यार से मुस्कुराए।

सनत को अच्छा लगा। उसने नई पुस्तक खोली।

लेकिन चिन्मय को सन्तोष नहीं हुआ था। उसे लगता रहा कि इस विषय में और गहराई में जाना चाहिए। पर सर से इससे ज्यादा पूछना ठीक नहीं लग रहा था। इसकी खोज कहीं और करनी चाहिए, उसने खुद को समझाया। इसके सन्दर्भ कहाँ मिलेंगे? मिलेंगे भी या नहीं? जिन्दगी का इतना बड़ा हिस्सा स्त्री-भूमिकाएँ साकार करने में लगा दिया था उन्होंने। इसका कुछ तो असर होगा न आदमी पर? पंडित पर अपने आपको सौंपने के रहस्य में इसके कुछ उत्तर मिलेंगे? चिन्मय अपने आप में खो गया।

एकच प्याला की सफलता से गंधर्व धन्य हो गए थे। गडकरी गुरुजी होते तो उन्हें अधिक धन्यता अनुभव होती! यह विचार बीच-बीच में उनमें अवसाद भर देता। पर इस नाटक ने कम्पनी को अच्छी स्थिरता प्रदान की थी। अब मंचन के अलावा नटों के पास काफी खाली समय रहता था। इस बचे हुए खाली समय में कम्पनी के नट अभ्यास, रियाज वगैरा झमेलों में न पड़कर गपशप का अड्डा जमाना और समय बिताना, यही एकमात्र काम करते थे। रात का मंचन खत्म होने के बाद सुबह देर से उठना और गाँव के निठल्लों को जमा करके चाय-नाश्ता और गपशप का अड्डा जमाना। *गंधर्व कम्पनी* का नाटक मतलब नाटक के शौकीनों को यहाँ आने के लिए निमंत्रण की आवश्यकता ही नहीं। रसोइया भीड़ देखकर अनुमान लगाता और चूल्हे पर बर्तन रख देता, यह रिवाज ही बन गया था। अब तो कम्पनी के लोग कौन और बाहरी कौन, समझ में भी नहीं आता था। गंधर्व, पंडित और उसके दल की तारीफ करो तो यहाँ पालथी मारकर बैठने की अनुज्ञप्ति ही मिल जाती

थी। फिर निन्दा रस के प्याले छलक उठते। खाली दिमाग शैतान का घर। ऊपर से नाटक की सफलता का जोश। लोगों के दिमाग में शैतान नाचने लगा।

आज भी सुबह-सुबह निठल्लों ने अड्डा जमाया था। लोग कम्पनी के परोसिए को अपने घरेलू नौकर की तरह आदेश दे रहे थे, "अरे, कंजूसी मत कर, और परोस पोहे।" एक ने परोसिए को आदेश दिया।

लगता है *गंधर्व कम्पनी* में नए आए हो। अरे यहाँ केवल गाने को ही नहीं बल्कि खाने के लिए भी वन्समोर मिलता है...।" अपनी ही शब्दक्रीड़ा पर खुश होकर अतिथि ने ताली माँगी और सभी ने हँसते-हँसते ताली भी दी। गंधर्व अभी सोए हुए थे। पंडित फारिग होकर बाहर आ बैठा। पंडित को खुश रखना यानी गंधर्व अपने हाथ में, यह पता होने के कारण लोगों ने पंडित का स्वागत किया। उसके लिए जगह बनाई। उसने भी अँगड़ाई भरते हुए चाय का फर्मान जारी किया। फिर उसने एक की तरफ शरारत से देखा और एक आँख छोटी करते हुए पूछा, "क्यों वकील साहब, लगता है काफी मुवक्किल मिल गए हैं।"

वकालत में नाकाम वकील साहब ने चेहरा बनाकर कहा, "नहीं जी, बिलकुल नहीं। लोग अच्छी राह पर चलने लगे हैं आजकल। हमारा तो धन्धा ही चौपट हो गया न इससे।" सभी ने हँसकर दाद दी।

"अच्छा! फिर भी आप काफी गोल-मटोल दिख रहे हैं, पहले के मुकाबले," पंडित ने पूछा।

"और क्या, गंधर्व द्वारा विज्ञापित द्राक्षासव जो पीते हैं रोज।" इस पर खूब कहकहे लगे।

वकील साहब ने हँसी रुकने दी। फिर बोले, "आप भी तो अपना गंजापन ढँकने के लिए गंधर्व टोपी पहनते हैं? ऐसा ही है यह!" अब तो और भी जोर से ठहाके लगे। फिर वकील साहब ने ही पूछा, "कैसा चल रहा है धन्धा?"

अब पंडित खिल गया। उसने चाय की चुस्की ली, सिगरेट सुलगाई और मुँह खोला, "बढ़िया। दो मिलों में पैसा निवेश किया है। अन्य उद्योग भी चल रहे हैं। कम्पनी का पैसा व्यवसाय में डालने पर दोगुना हो जाता है।

फिर एक ने हौले से विषय छेड़ा, "सुना है बोडस खेत में पैसा निवेश कर रहे हैं? बता रहे थे परसों।"

खेत में क्या मिलेगा, ढेले? उसकी क्या सुनते हो। आजकल तो जनाब गुस्से में ही दिखते हैं।

"सो क्यों?" उत्तर जानते हुए भी एक ने सवाल किया। फिर पंडित ने बोडस की अवहेलना ही शुरू कर दी। चाय और बीड़ी के बंडल घूम ही रहे थे।

"अजी, ये गणू कहता था कि काकासाहब, तातियासाहब गंधर्व को ही सामने रखकर नाटक लिखते हैं। अब गडकरी ने यह कोट मेरे लिए सिलाया है। पर क्या करें? उनके लिए सिलाया गया यह कोट भी गंधर्व को फिट बैठ गया। सिन्धू के सामने सुधाकर बिलकुल फीका पड़ गया न! *एकच प्याला* किसका तो सिन्धू का।" लोग खी-खी करने लगे।

''कहाँ हैं वे?'' दूसरे ने पूछा।

''आपको पता नहीं?'' वकील साहब ने आँख बारीक करते हुए पूछा, ''बलवन्त संगीत मंडली के पड़ाव पर।''

''अब वहाँ क्या काम?''

फिर वकील साहब ने तीली डाल दी। ''अजी, नाट्यशिक्षक हैं न वे। उनके नाटक की तैयारी करवाने के लिए जाते हैं। सुना है, बुलावा आया है उन्हें खास बलवन्त का। बलवन्त के ही कलाकार बता रहे थे परसों।'' पंडित के कान खड़े हो गए।

''इस बोडस का ध्यान अपनी कम्पनी में कम और बाहर ही ज्यादा!'' वकील साहब ने समापन किया। अगर यह सच है, तो हथौड़ा चलाने का यही समय है। पंडित के कुटिल दिमाग ने हामी भरी। सहज तरीके से वह उठा और बिदा लेते हुए सीधे गंधर्व के पास चला आया।

गंधर्व अभी-अभी जगे थे और कोठी की अटारी में बैठे हुए थे। अटारी से सुबह का पुणे शहर दिख रहा था। दूर शनिवारवाड़ा और पर्वती। उस तरफ जातीं धूल से सनी सड़कें। कुछ पगड़ियाँ तेजी से जाती हुई दिख रही थीं। कुछ बैलगाड़ियाँ, कुछ इक्के और कुछ टोपियाँ। पुणे शहर जग चुका था और काम पर लगा था। लेकिन गंधर्व का ध्यान उसकी तरफ नहीं था। सामने कुछ चित्र थे। पंडित को देखते ही वे बोले, ''पंडित, यह देखो द्रौपदी। काकासाहब *द्रौपदी* नाटक लिख रहे हैं मेरे लिए। उसमें ऐसी केशसज्जा चाहिए। बढ़िया है न?''

पंडित ने उस पर निगाह डाली और पूछा, ''द्रौपदी यानी मयसभा! और मयसभा खड़ी करनी है, मतलब खर्च की बात। वह गणू बोडस करने देगा खर्च?''

इस सवाल ने मानो गंधर्व के उत्साह पर पानी ही फेर दिया। ''मैं इसे खर्च या फिजूलखर्ची नहीं मानता और अगर कोई ऐसा मानता है तो मुझे उसकी परवाह नहीं। द्रौपदी नाटक होगा और मयसभा भी खड़ी होकर रहेगी!'' गंधर्व उठे और नहाने चल दिए।

फिर पंडित ने अपनी चालें चलीं। उसने कम्पनी के सलाहकार सदस्यों को बहकाया कि बोडस कम्पनी के उत्कर्ष में बाधा बन रहे हैं। इस तरह बोडस के खिलाफ माहौल गर्म किया। बोडस इन सारी बातों से अनभिज्ञ थे।

और एक दिन कम्पनी के सलाहकारों ने बोडस को बुला लिया। बोडस भी तैयार थे। चाहे जो हो, आज झुकना नहीं है। बैठक शुरू हुई।

सामने गोलाकार गद्दों पर बैठी सलाहकार समिति और उनके आगे बोडस...कौन प्रारम्भ करेगा, किसी की समझ में नहीं आ रहा था। सभी एक-दूसरे की तरफ देख रहे थे। कुछ पल खामोश बीते। एक झुँझलाहट थी सभी के चेहरों पर। कहीं मैं अभियुक्त के पिंजरे में तो खड़ा नहीं हूँ, बोडस को लगने लगा। भीतर ही भीतर उनका मन असन्तोष से जल रहा था। लेकिन वे शान्त रहे। फिर जरा-सा खखारकर एक ने प्रारम्भ किया।

''बोडस, कुछ शिकायतें हैं...।''

बोडस ने बोलनेवाले की तरफ तल्खी से देखा। वह हड़बड़ा गया। फिर पंडित ने मोर्चा सँभाला, ''गंधर्व को मनानुकूल खर्च से मंचसज्जा करनी होती है। इसके लिए कर्ज

उठाना होता है, पर हमने सुना है कि आप उसमें अड़ंगा डालते हैं? क्या आपको ये खर्च उचित नहीं लगते?'' और बोडस के आगे शिकायतों की फेरहिस्त पढ़ी गई। काकासाहब के नाटकों की आलोचना करने से लेकर बलवन्त संगीत मंडली में नाटक सिखाने तक की सारी बातों का उसमें समावेश था। बोडस का मन अवसाद से भर उठा। 'कम्पनी शुरू करते समय धार के इनामदार से जो कर्ज उठाया गया था, वह चुकता हुआ मेरी ही सतर्कता के कारण। नाटक की भूमिकाओं के लिए लोगों को तैयार किया, *मानापमान, स्वयंवर* जैसे नाटकों में दोयम भूमिकाएँ कीं, गडकरी की सहमति प्राप्त की, उन्हें कम्पनी को नाटक देने के लिए मनाया, कम्पनी के लिए टेंबे के साथ दुश्मनी मोल ली...यह सब इतनी जल्दी भूल गए ये लोग? कम्पनी ने स्वर्णयुग देखा, क्या इसमें मेरा कोई हिस्सा नहीं?'

फिर वे तीखे स्वर में बोलने लगे, ''ऐसा मूर्ख नहीं हूँ कि उचित खर्च का विरोध करूँ। नाटक में ही सारी जिन्दगी बिताई है मैंने। खून में है नाटक मेरे। लेकिन हाँ, फिजूलखर्ची के लिए मेरा विरोध होता है।''

''यानी, नाटक में साड़ियाँ, गलीचे की कोई जरूरत नहीं, ऐसा लगता है आपको?'' एक ने मुद्दा रखा।

''अब तो आपके नारायण ने ही सिद्ध कर दिखाया है कि टाट पहनकर भूमिका करने पर भी पैसों की वर्षा होती है। फिर किसलिए चाहिए महँगी साड़ियाँ?'' बोडस ने भी ताना मारा। ''और नाटक में क्या चाहिए और क्या नहीं, यह बाहरी लोगों से सीखने की नौबत अभी नहीं आई है मुझ पर।''

''बोडस...अजी जरा समझने का प्रयास तो कीजिए...।''

''बस...।'' तीखेपन से बोडस बोले, ''बात अब समझने-समझाने के परे पहुँच चुकी है। जहाँ विश्वास ही खत्म हो जाता है, वहाँ समझने-समझाने का क्या मतलब?'' बोडस के इस कदम से सभी सिटपिटा गए। बोडस की आवाज का सच्चा सात्विक क्रोध उनके मन तक पहुँच रहा था। लेकिन किसी पर इसका असर होने से पहले ही इसे तोड़ना जरूरी समझकर पंडित ने आवाज चढ़ाई, ''फिर सोच लीजिए आप...।''

बोडस तड़ाक् से बोले, ''यही बात मुझे नारायणराव से सुननी है।''

गंधर्व खामोश थे। उन्होंने गर्दन तक ऊपर नहीं उठाई। पंडित पर सबकुछ सौंपने के बाद अपना बीच में पड़ना ठीक नहीं, यही उन्हें लगता था। और खास बात, ये झमेले उन्हें नहीं चाहिए थे। नाटक के अलावा कुछ भी नहीं। वे खामोश बैठे रहे। बोडस की नजरों के सामने पूरा दौर गुजर गया। कम्पनी में नया आया कुमार नारायण, शकुन्तला की भूमिका में खड़ा नारायण...बोडस से दीक्षा लेनेवाला नारायण, *गंधर्व कम्पनी* शुरू करनेवाला और फिर सफलता के शिखर पर खड़ा नारायण...और आज इस तरह कान बन्द कर खामोश बैठा नारायण...अब यदि मैं यहाँ से बाहर नहीं निकला तो ये लोग सुख से काम भी नहीं करने देंगे। उनका गला भर आया। सोचा, एक बार नारायण को सीने से लगा लें, उसे झिंझोड़कर कहें, 'पगले, किस रिश्तेदारी में फँसा है तू बेटा! ये भेड़िए हैं। मोहिनी डाल रखी है इन्होंने तुम पर, मोहिनी। जैसे दुष्यन्त पर डाली गई थी। जागो। अरे, नक्षत्र की तरह एक-एक कलाकृति का आविष्कार करोगे तुम। इस जाल से बाहर तो निकलो...।'

पर वे चुप रहे। वे जानते थे, स्वर्णमृग का असली रूप खुलने तक सीतामाई भी मोहित हो गई थीं...एक दिन इसे भी पता चलेगा। ईश्वर करे और वह दिन देखने के लिए मैं न रहूँ...। बोडस ने सबकुछ निगल लिया और एक अभिजात नटश्रेष्ठ की तरह ऐसा चेहरा बनाया मानो कुछ हुआ ही नहीं। बोले, ''सामोपचार में समय ज़ाया मत कीजिए। मेरा हिस्सा दे दीजिए, मैं जाता हूँ।'' सभी भीतर से हिल गए। क्या कहें किसी की समझ में नहीं आ रहा था। पर पंडित का चेहरा सन्तुष्ट था। शान्त और ठंडे दिमाग से, होशियारी से बिछाई शतरंज की बिसात पर एक-एक मुहरा धराशायी हो गया था। पहले शंकरराव, फिर टेंबे...और आज यह आखिरी और सबसे बड़ा...उसने गंधर्व की तरफ देखा। मानो कह रहा हो, देखिए, कितनी आसानी से कम्पनी छोड़ने की बात कर रहा है। इसे क्या पड़ी है? उसने हाथ का लिफाफा आगे बढ़ाया, ''लीजिए, हिसाब तैयार है आपका। सत्ताईस हजार निकलते हैं। दस अभी लीजिए, बाकी बाद में।''

बोडस के दिमाग में मानो क्रोध का ज्वालामुखी फट गया। लिफाफा भी तैयार! यानी यह बैठक मात्र औपचारिकता थी?

''नहीं, बाद में क्यों?'' वे गरज उठे, ''जब तक पैसे नहीं मिलते, तब तक कम्पनी गिरवी रहेगी मेरे पास।'' उन्होंने भी व्यावहारिक पैंतरा लिया।

''नहीं, कम्पनी गिरवी नहीं रहेगी। हम कर्ज लेंगे और आपका हिसाब चुकता करेंगे।'' गंधर्व बोले।

कर्ज? और कर्ज? उनसे रहा न गया। वे तड़प उठे। बोले, ''नारायण...!'' पर गंधर्व की आँखों में उन्हें कुछ भी नजर नहीं आया। न खेद न अफसोस। फिर वे दहाड़ उठे, ''नारायण, तुम्हें उतरन पहनाने के लिए गडकरी की जरूरत नहीं है। ये पंडित ही पहनाएगा तुम्हें उतरन, देख लेना...।'' और बोडस बाहर चले गए। पर गंधर्व वैसे ही बैठे रहे। उन्होंने अपने आप को पंडित पर सौंप दिया था और इनसान की अच्छाइयों पर उन्हें भरोसा था।

कम्पनी पर एक ही व्यक्ति के स्वामित्व की चाह रखनेवाले पंडित के लिए अब सारी दिशाएँ खुल गई थीं। गणपतराव बोडस गए और कम्पनी का सारा कारोबार उसके हाथों में आया। गणपतराव के स्थान पर सुधाकर की भूमिका के लिए उसने विद्याधर जोशी नामक नट की नियुक्ति की और बोडस की सारी हास्य भूमिकाएँ कृष्णाप्पा भांडारकर को सौंपीं। बोडस की ऊँचाई को छूना दोनों के बस की बात नहीं थी। इस कारण मंचन के दिन गंधर्व पर पहली बार भयानक दबाव आया। उनके मन में लगातार एक ही सवाल उठ रहा था। कम्पनी के नटों से अच्छा अभिनय करवाने का अहम काम बोडस करते थे। अब वे ही नहीं हैं। ऐसे में काम में कमी आई तो? लोग क्या कहेंगे? नाटक में रंग कैसे भरेगा? रंगभूषा से पहले भी उनके मन में यही विचार मँड़रा रहा था। तभी उन्हें बाहर कुछ कोलाहल सुनाई दिया। नरूभाऊ, विसूभाऊ, दिनू सभी बड़े खुश नजर आ रहे थे। पंडित सभी को किसी बात के लिए पेड़े बाँट रहा था। गंधर्व समझ गए, सभी टिकट बिक गए हैं। बोडस के न होने के बावजूद मंचन में भीड़ हुई है। बोडस के बिना कम्पनी का कुछ नहीं बिगड़ता है, यही खुशी पंडित के चेहरे पर झलक रही थी। गंधर्व बिना कुछ बोले चुपचाप मंचन के लिए तैयार होने लगे। नाटक शुरू हुआ। सामने जहाँ तक नजर

जाए, लोग ही लोग दिखाई दे रहे थे। पर गंधर्व को लग रहा था कि मंचन मनमाफिक नहीं हो रहा है। बोडस की कमी खल ही रही है। नाटक सबकी सहभागिता से बनता है। इसके लिए साथी कलाकार भी जोड़ के तोड़ होने चाहिए। लेकिन अब सारा दारोमदार गंधर्व के कन्धों पर था। गंधर्व को देखने, सुनने आनेवाले लोगों ने अपना ध्यान केवल गंधर्व पर केन्द्रित किया और बाकी सबको अनदेखा कर दिया। गंधर्व कुछ नहीं बोले; पर बोडस के चले जाने से उभरा शून्य उन्हें लगातार खलता रहा। मन में बात उभरी, मैंने कभी साड़ियों और गलीचों में गुणवत्ता के साथ समझौता नहीं किया, फिर इतने अहम पात्रों के बारे में ये समझौते कैसे स्वीकार कर लिये? आभूषण तक सोने के होते हैं कम्पनी में, फिर सुधाकर के स्थान पर यह ताँबा-पीतल कैसे सह रहा हूँ? बोडस वापिस आने चाहिए, उन्हें वापिस लाना ही होगा! लेकिन पंडित पर यह उन्माद सवार था कि बोडस के होने न होने से कोई फर्क नहीं पड़ता। पंडित को विस्तार में, फैलाव में दिलचस्पी थी...ऊँचाई और गहराई के प्रति नहीं।

रात का मंचन समाप्त हुआ और पंडित ने सीधे कम्पनी के सातवें जन्मदिन की घोषणा ही कर डाली। कलाकारों ने तालियाँ पीटीं, लेकिन गंधर्व संजीदा हो गए।

सात वर्ष...*किर्लोस्कर कम्पनी* से अलग होकर सात वर्षों से कम्पनी ने अपना परचम लहराया था। जिस गडकरी ने यह कहा था कि किर्लोस्कर से फूटकर बाहर जाने के बाद आप पर जूते पड़ेंगे, उसी गडकरी ने अपना सर्वश्रेष्ठ नाटक कम्पनी को दिया था। दुर्योधन के जन्म के समय भी ऐसा ही गधा हिनहिनाया था, ऐसा कहनेवाले शंकरराव की आवाज भी कहीं सुनाई नहीं दे रही थी। *गंधर्व कम्पनी* समूचे महाराष्ट्र की अभिरुचि की परिभाषा बन बैठी थी।

कम्पनी का जन्मदिन बड़े ठाठ से मनाना तय हुआ। लेकिन गंधर्व के दिल में कम्पनी की ढहती गुणवत्ता का विचार मँड़रा रहा था। पंडित को महसूस हुआ कि गंधर्व समारोह में होकर भी नहीं हैं। उसने पहचाना कि मंच पर बैठे गंधर्व मन से कहीं और हैं। गंधर्व बोलने के लिए खड़े हुए। "माई-बाप अन्नदाता...।" वे रुके और उनकी भावनाओं का बाँध टूट गया। उन्होंने इस सफलता का श्रेय सभी में बाँट दिया। केवल नियति और देवतासमान गुरुओं के कारण मैं खड़ा हूँ, यह बताकर उन्होंने अचानक बोडस का विषय छेड़ा।

उन्होंने साफ-साफ कहा कि उन्हें बोडस की कमी खलती है। श्रोता भौंचक रह गए और पंडित चौकन्ना। पंडित समझ गया कि गंधर्व भावुकता की रौ में बहकर बोडस को दुबारा बुला सकते हैं। उसने तत्काल एक चाल चली। बाहर गंधर्व भाषण दे रहे थे और भीतर पंडित एक लिफाफा बना रहा था। कम्पनी की आमदनी और अगले मंचनों के कार्यक्रमों का कैलेंडर उसने बोडस के घर भिजवाने की योजना बनाई थी। उसमें यह सन्देश था कि आपके न होने से कम्पनी के मंचन पर और आमदनी पर कोई असर नहीं पड़ा है। बाहर गंधर्व बोडस के सम्मान में बोल रहे थे और भीतर पंडित सीधे बोडस के कलेजे पर प्रहार कर रहा था। समारोह समाप्त होते ही एक नौकर लिफाफा लेकर बोडस के घर रवाना हुआ।

बोडस ने लिफाफा खोला और कैलेंडर देखकर इस बचकानेपन पर मुस्कुरा दिए। उन्होंने उल्टे हाथ अभिनन्दन पत्र भेजा, "नारायणराव कम्पनी की श्रीवृद्धि होते देखकर प्रसन्नता हुई। आपका वैभव उत्तरोत्तर इसी तरह वृद्धिगत होता रहे। पर मुझे डर है कि आपके भंडार में चूहे और घुनें बहुत ज्यादा बढ़ गई हैं। इसलिए वह हमेशा खाली रहने की सम्भावना है।" बोडस ने नौकर की हथेली पर शक्कर रखी और लिफाफा भी। नौकर लौट आया। पंडित ने लिफाफा पढ़ा। पंडित गंधर्व की जिन्दगी में लगी घुन है, बोडस की यह बात उसे चोट कर गई। उसने वह लिफाफा गंधर्व के सामने पटक दिया और उन्हें बताया कि बोडस कम्पनी से किस तरह द्वेष करता है। पर गंधर्व ने उसकी बातों को अनदेखा कर दिया।

बल्कि उन्होंने अपनी तरफ से एक लिफाफा पंडित को दिया। *द्रौपदी* नाटक में मयसभा के दृश्य की मंचसज्जा बनाने के लिए कोल्हापुर के बाबूराव पेंटर को निमंत्रित करने का पत्र। पंडित ने गंधर्व की आँखों में देखा। उनमें कोई द्वेष, कोई शिकायत नहीं थी। उनमें उसे दिखाई दिया, बस एक स्वप्न, भव्य-विशाल स्वप्न। कभी किसी ने देखी नहीं होगी ऐसी भव्य मंचसज्जा के नाटक *द्रौपदी* का स्वप्न। फिर उसने बोडस का विषय छोड़ दिया और कमरे से बाहर निकल पड़ा।

पत्र पाते ही बाबूराव तुरन्त कोल्हापुर से पधारे। वे भी जानते थे कि मंचसज्जा के लिए मयसभा का दृश्य पेश कर सकने की क्षमता केवल एक ही कम्पनी में है, और वह है *गंधर्व कम्पनी*।

कलाकारों तक पहले ही यह खबर पहुँच चुकी थी कि काकासाहब खाडिलकर गंधर्व के लिए *द्रौपदी* लिख रहे हैं। अब बाबूराव को देखकर विसूभाऊ के मन में सन्देह का कीड़ा कुलबुलाया, "नरूभाऊ, यह अच्छा शगुन नहीं है। कम्पनी *द्रौपदी* खेलने की बात कर रही है।"

"क्यों नहीं ? अजी, काकासाहब लिख रहे हैं और वह भी खास नारायणराव के लिए।"

"नहीं जी, यह *द्रौपदी* अभागी है।"

"यानी ?"

"आज तक *द्रौपदी* पर कुछ भी सफल नहीं हुआ है। *सैरन्ध्री* फिल्म भी नहीं। नारायणराव ऐसे अजीब विषय में हाथ न ही डालें तो अच्छा।"

"अरे विसूभाऊ, क्या पता, गंधर्व के स्पर्श से द्रौपदी का भी भाग्य खुल जाए!"

"अरे लेकिन...।"

"देखिए, *द्रौपदी* मत कीजिए, ऐसा कहेंगे तो पंडित हमें नौकरी से निकल देगा और गंधर्व खामोश देखते रहेंगे। फिर क्या पड़ी है ? द्रौपदी वस्त्रहरण के समय भीष्म-द्रोणाचार्य ने जैसे आँखें मूँद ली थीं, हम भी मूँद लेंगे। याद रखिए, कम्पनी में चलती है पंडित की।" फिर सभी चुप हो गए और *द्रौपदी* की तैयारी शुरू हुई। गलीचे पच्चीस हजार के, चाँदी की लाठियाँ, चाँदी के छत्र-चामर, पैरों के आभूषणों में कलाबत्तू की पच्चीकारी...चाँदी के चँवर, मोरछल, बनारसी साड़ियाँ...चाँदी के मुकुटों पर सोने का मुलम्मा...और भीतर परदे त्रिमिती आकार के। मानो हूबहू दीवार! पानी के परदे के पास खड़े रहें तो पानी में

पैर डुबोने की इच्छा हो। पर एक-एक करते-करते खर्च बढ़ता गया और देखते ही देखते बहत्तर हजार तक जा पहुँचा। कर्ज उठाया गया। असली मयासुर की आँखें भी चौंधिया जाएँ, ऐसी भव्य मंचसज्जा बनायी जा रही थी। मास्टर कृष्णराव ने बड़ी मेहनत से पद बनाए। सारंगी के लिए विख्यात सारंगी सम्राट कादरबख्श को बुलाया गया। रसिक *द्रौपदी* की प्रतीक्षा करने लगे।

दरअसल, द्रौपदी की जिन्दगी ही अद्‌भुत थी। इसलिए देवल गुरुजी की दीक्षा के अनुसार गंधर्व द्रौपदी के भीतर घुसने का प्रयास कर रहे थे। नाटक की द्रौपदी तो उद्‌दंडता की हद तक तेज-तर्रार थी। दुलारी रुक्मिणी, सात्विक सिन्धू, मधुरभाषिणी सुभद्रा और श्रृंगारचतुर भामिनी...इनसे काफी अलग। पर उन्हें उसके क्रोध में घमंड महसूस नहीं होता था। युधिष्ठिर, अर्जुन, भीम पर विश्वास कर सारी दुनिया से अलग गृहस्थी बसानेवाली द्रौपदी को उन्होंने क्या दिया? भरी सभा में अवहेलना? पाँच पतियों के सामने उसके दामन पर हाथ डाला जा रहा है? गंधर्व को महसूस हुआ कि द्रौपदी का विश्वास ही भंग हो गया है। उसे प्रतिशोध लेना है, सबसे। केवल दुर्योधन या दुःशासन से नहीं, बल्कि यह दिन दिखलानेवाले पाँचों पतियों से भी और नियति से भी। दाँव पर लगाए जाने का उसका दुख उन्हें जानना था...।

लेकिन दूसरी तरफ पंडित ने एक अलग ही द्यूत आरम्भ कर दिया था। उसने गंधर्व की साख या उनकी प्रतिष्ठा को ही नहीं, बल्कि खुद गंधर्व को ही व्यवसाय रूपी जुए के दाँव पर लगा दिया था। बोडस को भागीदारी से मुक्त करते समय उठाया गया सत्ताईस हजार का कर्ज, द्रौपदी के नेपथ्य के लिए उठाया गया कर्ज, गंधर्व के लिए घर खरीदने की खातिर किया गया घाटे का सौदा और उसके लिए उठाया गया पन्द्रह हजार का कर्ज...। बहत्तर साहूकारों से उठाए गए इस कर्ज की कुल राशि थी एक लाख अस्सी हजार रुपए!

कुन्ती ने कहा और द्रौपदी ने बिना कोई सवाल किए पाँचों पांडवों के गले में वरमाला डाल दी। ठीक उसी प्रकार पंडित ने कहा और गंधर्व ने सामने आए दस्तावेजों पर हस्ताक्षर कर डाले...।

जिन्दगी के महाभारत की वास्तविकता से अनजान गंधर्व को लगन थी द्रौपदी की...।

आखिरकार वह दिन उग आया...द्रौपदी देखने के लिए थिएटर के बाहर रसिकों की कतारें लग गईं...सुबह से ही!

गंधर्व ने पानी में बर्फ डालने को कह दिया। गुंडेशा ने बिना उनसे पूछे रोज की तरह दूध की हाँड़ी पानी में उँड़ेल दी। गंधर्व ने स्नान किया और थिएटर की तरफ चल दिए। मेकअप शुरू करने से पहले हाथ-भर बड़ा दूध का प्याला प्राशन किया और दर्पण के सामने बैठ गए...खुद की तरफ देखा। द्रौपदी का स्वाभिमान और दमकती दामिनी का तेज मेरे चेहरे से छलककर बहना चाहिए। सिन्धू की ताकत सहनशीलता में थी और द्रौपदी की प्रतिशोध में। दिल में बसी सिन्धू को हौले से अलग करते हुए उन्होंने रंगभूषा आरम्भ की। बाहर लोगों का ज्वार उमड़ा हुआ था। लोग कौतूहल से प्रतीक्षा कर रहे थे द्रौपदी की।

बाबूराव पेंटर परदे की सजावट में मग्न थे। आखिरी हाथ फेरते हुए उन्होंने अन्तिम बार रंगमंच की तरफ देखा और पल-भर के लिए सन्तुष्ट हो गए। कितना हूबहू बन पड़ा

है! तभी दिनू उन्हें खोजता हुआ वहाँ आया और सामने दीवार देखकर रुक गया। फिर उसकी समझ में आया कि यह दीवार नहीं, परदा है और झेंपकर हँस दिया। बाबूराव बोले, "दिनू बेटा, शाबाश! मेरे दिल का बोझ हल्का कर दिया तूने।" पूजा के लिए बुलाया है, कहकर दिनू चला गया। बाबूराव भीतर आए। समूचा नट समुदाय खड़ा था। हाथ जोड़े ईश्वर की प्रार्थना कर रहा था। बाबूराव ने भी हाथ जोड़े और बोले, "हे श्रीकृष्ण, इस द्रौपदी की इज्जत अब आपके ही हाथों में है।"

और वह पल आया। तीसरी घंटी बजी। दर्शकों में उत्सुक खामोशी। परदा ऊपर गया और लोग दंग रह गए। अद्‌भुत...अद्‌भुत...की आवाजें कानों पर आईं और तालियों की गड़गड़ाहट से थिएटर गूँज उठा। रंगमंच पर न कोई गायक था और न कोई नट। पर उस दिन पहली ताली वसूली थी...परदे ने। बाबूराव सन्तुष्ट हुए...उनका गला भर आया।

लेकिन आरम्भ में मिली तालियों की गूँज धीरे-धीरे कम होती गई। परदे ने तालियाँ अवश्य वसूलीं, पर परदे के सामने हो रहा नाटक लोगों का दिल नहीं जीत सका। काकासाहब के वाक्यों में न *मानापमान* जैसा जोश था और न ही *कीचकवध* जैसा जोर। लोगों ने शान्ति से नाटक देखा और अपने-अपने घर चले गए। नाटक भी एक द्यूत होता है। कौन-सा दाँव कैसा पड़ेगा, कोई नहीं जानता। इस नाटक की सफलता-असफलता का भी विश्लेषण हुआ। कोई बोला काकासाहब ने केवल गंधर्व को सामने रखकर नाटक लिखा और उसके नाट्यगुण खो दिए। किसी को लगा, नाटक भव्य-दिव्य करने के मोह में उसके अन्य अंगों की उपेक्षा हुई। कुल मिलाकर, दाँव उल्टा पड़ गया था...कम्पनी यह जुआ हार चुकी थी।

नाटक में दर्शकों की भीड़ होती रही। पर *एकच प्याला* या *मानापमान* की ऊर्जा उसमें नहीं थी। यह सफलता *गंधर्व कम्पनी* की परिभाषा में समानेवाली सफलता नहीं थी। बावजूद इसके नाटक के मंचन की माँग थी। बाहरी गाँवों के लोग भी अपने यहाँ नाटक के मंचन के लिए निमंत्रण दे रहे थे। इसलिए कम्पनी ने बाहरी गाँवों के दौरों पर जाकर किस्मत आजमाने का फैसला किया और रेल के तीन डिब्बे आरक्षित किए गए।

गंधर्व कम्पनी का दौरा यानी रियासती तामझाम! *गंधर्व कम्पनी* का वस्त्रागार, मंचसज्जा के परदे और अब *द्रौपदी* का ठाठ। चाँदी के गहने, जरी की साड़ियाँ, गलीचे...परदे...और साथ में गंधर्व के लिए बर्फ...। लोग केवल यह तामझाम देखने के लिए भी स्टेशन पर आ जाते। साथ में रसोइया और भोजन सामग्री के लिए अलग से वैगन। हाँ, भोजन में व्यंजन ही इतने होते थे। व्रत रखनेवालों के लिए अलग से नाश्ता। उसमें साबूदाना खिचड़ी, शकरकन्द का हलुवा और न जाने क्या-क्या...। एक बार तो कादरबख्श ने घोषणा ही कर डाली थी, "आज मेरा भी व्रत है कृष्णा चतुर्थी संकष्टी का!"

परोसिया चकित। कादरबख्श ने धर्म तो नहीं बदल दिया?

कादरबख्श बोले, "खिचड़ी खाने का मन कर रहा है।" और सभी ठहाके मारकर हँस पड़े। कादरबख्श की पत्तल में साबूदाना खिचड़ी का पहाड़ खड़ा हो गया। उसे परोसकर परोसिया दूसरी थाली लाने गया, तब तक पहाड़ गायब। ऐसे में कम्पनी में आने पर आदमी

का वजन क्यों न बढ़े ? ऐसी प्रतिष्ठित कम्पनी के भारी-भरकम लोगों का सफर एक सैर ही होती थी।

लोग प्लेटफार्म पर जमा हो गए। तभी सॉलिसिटर लाड़ जल्दी-जल्दी प्लेटफार्म की तरफ आते दिखाई दिए। "आइए लाड़साहब, आप भी चलेंगे साथ में ?" किसी ने पूछा।

"नहीं, पर नारायणराव कहाँ हैं ?"

"घर से रवाना हो चुके हैं।"

लाड़ बेचैन लग रहे थे। हाथ में कुछ दस्तावेज भी थे। गंधर्व पधारे। उनके इर्द-गिर्द लोग जमा हो गए। 'अरे यही हैं वे, यही हैं वे' की आवाजें और इशारे शुरू हुए। गाड़ी छूटने में अभी समय था। लाड़ दौड़ते हुए उनके पास गए। पर तमाशबीनों ने उन्हें घेर रखा था। लाड़ उन्हें बाहर बुलाने लगे, "नारायणराव, एक जरूरी बात करनी है... ।" लेकिन गंधर्व लोगों के घेरे से निकल नहीं पा रहे थे। तारीफ-प्रशंसा के प्रपात में डूबे हुए थे।

और तभी...प्लेटफार्म पर एक पठान कहीं से घुस आया। "कहाँ है, कहाँ है वह बालगंधर्व ?" चिल्लाता हुआ सीधे कम्पनी के लोगों की तरफ लपका। "किधर है ?" उसकी गुस्ताखी देखकर कम्पनी के लोग चकित रह गए। अन्य लोग भी उसकी तरफ देखने लगे।

"भगवन्, जिसे आप ढूँढ़ रहे हैं, वह मैं ही हूँ। क्या चाहिए, बोलिए ?" गंधर्व ने पूछा।

"अमारा पैसा निकालो।" लाठी पटकते हुए वह गुर्राया।

"भगवन्, यह वक्त पैसे माँगने का नहीं है। बाद में आइए।"

"ऐसा अम कब से सुनती। अमको अबी के अबी पैसा मँगती।"

गंधर्व ने देखा, सारी भीड़ यह तमाशा देख रही है। उन्होंने लाड़ को पास बुलाया। "लाड़ साहब, इन्हें पंडित के पास ले जाइए।" और वे डिब्बे की तरफ जाने लगे। अब लाड़ साहब से रहा न गया। वे उनके पास गए और पस्त आवाज में बोले, "अब काहे का पंडित! सब गुड़-गोबर कर गया वो!"

"मतलब ?" गंधर्व रुक गए। आसपास के लोगों पर भी सन्नाटा छा गया। कम्पनी का यह नाटक उनके लिए नया था।

"अजी, कल ही शोलापुर में उसे गिरफ्तार किया गया है।"

"क्या ?" गंधर्व थर्रा उठे। विसूभाऊ, नरूभाऊ, रानडे, दिनू, पंढरपुरकर बोवा... सभी अवाक्।

"गिरफ्तार ?"

"जी हाँ। कर्ज न चुकाने के जुर्म में। लोगों को झूठी हुंडियाँ, झूठे धनादेश... ।"

गंधर्व की आँखों के सामने अँधेरा-सा छा गया। पर जैसे-तैसे सँभलते हुए उन्होंने पूछा, "कितना कर्ज बकाया है हम पर ?"

"एक लाख अस्सी हजार रुपए नारायणराव।"

"क्या ?" गंधर्व को अपने कानों पर यकीन ही नहीं हो रहा था। पंडित ने इतना कर्ज उठाया और मुझे बताया तक नहीं ? मुझे अँधेरे में रखा ? विश्वासघात ? उन्हें कुछ भी नहीं सूझ रहा था। कुछ पल ऐसे ही सूने-सूने बीते। कम्पनी के लोग अवाक्। उनकी भी समझ

में नहीं आ रहा था कि यह क्या हो गया। कोई कुछ नहीं बोल रहा था। इन सूने पलों पर प्रहार करता हुआ पठान फिर चिल्लाया, "पैसा दे दो, नहीं तो..." और उसने वैगन में चढ़ाए जा रहे मंचसज्जा के परदे पर हाथ डाला। बाबूराव के कलात्मक हाथों से बना वह परदा...एक पठान के भावहीन हाथों से भ्रष्ट हो गया।

पठान की वह झल्लाहट गंधर्व का कलेजा छलनी कर गई। परदे पर हाथ डालकर उसने *गंधर्व कम्पनी* की इज्जत पर ही हाथ डाला था। उन्हें इर्द-गिर्द खड़े लोग ऐसे लग रहे थे मानो महाभारत के द्यूत के लिए बैठे पांडव हों...उन्हें लग रहा था मानो उन्हीं के वस्त्र पर किसी ने हाथ डाला है। पठान हाथों से परदे को नोच रहा था और गंधर्व आँखें भींचे खड़े थे। राजसभा की द्रौपदी की तरह। बेबस...निरुपाय...। अपने ही लोगों द्वारा दाँव पर लगाकर हार जाने के भाव से शर्मिन्दा...। अब शिकायत करें भी तो किससे और किसके खिलाफ?

उन्हें लगा, यह संसार एक मयसभा है। जहाँ दीवार समझकर विश्राम के लिए आश्रय खोजें, वहाँ है केवल शून्य। भूमि समझकर विश्वास से कदम बढ़ाएँ, वहाँ है पानी और फिसलन और पानी समझकर अंजुली आगे बढ़ाएँ तो वहाँ हैं काले-कलूटे पत्थर। अब गुहार लगाएँ भी तो किससे? उनके लिए सभी रिश्ते-नाते मानो समाप्त हो गए थे। अब कौन कृष्णसखा आएगा मेरे लिए? दुःशासन के हाथ में कैद अपनी साड़ी के आँचल की तरफ खामोशी से देख रही द्रौपदी की तरह वे खड़े रह गए...द्यूत में दाँव पर लगाए जाने की उसकी पीड़ा को महसूस करते हुए...

और एक बुलन्द आवाज उभरी, "ऐ, हाथ हटा। खबरदार जो *गंधर्व कम्पनी* के परदे को हाथ लगाया।" भीड़ का एक तमाशबीन आगे बढ़ा, उसके पीछे दूसरा।

उन्हें देखकर पठान भी चिल्लाया, "अमको क्या करना है ये नौटंकी का सामान? अमारा पैसा दे दो, अम जाती...।"

"कितना पैसा है तुम्हारा? आँ? ये ले...।" उसने गले से अपनी सोने की चेन उतारी और पठान की तरफ फेंक दी। पठान चौंक गया। तभी दूसरा सामने आया। "ये ले...।" उसने अपने दोनों हाथों की अँगूठियाँ उतारकर उसके मुँह पर दे मारीं। फिर कोई नोट तो कोई सोने की वस्तुएँ फेंकने लगा।

फिर लाड़ आगे बढ़े, "ठहरिए भाइयो, ठहरिए। कल हम एक सभा बुलाएँगे। फिर आप जो भी मदद देना चाहें, दीजिए।" फिर पठान की तरफ मुड़कर बोले, "जाओ, और अपने मालिक से कह दो, एक पैसा भी नहीं रखेंगे हम तुम्हारा।" पठान इस आकस्मिक हमले से पहले ही सकपका गया था। हाथ का परदा छोड़कर वह चला गया। गंधर्व ने भीड़ की तरफ देखा। हाथ जोड़े और बोले, "भगवन्...।" उनसे आगे कुछ बोला ही नहीं गया।

उन्हें लगा जैसे कृष्णसखा ही दौड़ा आया है भीड़ का रूप धरकर...मेरी लाज रखने के लिए...।

रात में जहाज पर चूहों की सभा हुई। 'कहता था मैं कि यह पंडित मीठी छुरी चला रहा है, पर नहीं सुना।' यह वाक्य लगभग सभी ने दोहराया। विसूभाऊ को, नरूभाऊ को चिन्ता ने घेर लिया था। कम्पनी बन्द हो गई तो खाएँगे क्या, जाएँगे कहाँ?

"रानडे, भई आपका अच्छा है, बोडस से दोस्ती है तुम्हारी।"

"अजी, उनका भी कहाँ सब कुशल-मंगल है? यशवन्त संगीत मंडली में हैं। पर सुना है वहाँ के नटों को उनका अनुशासन रास नहीं आ रहा। क्या पता वे वहाँ रहेंगे भी या नहीं?" उम्र बढ़ी हुई। कोई नया व्यवसाय शुरू करने की न हिम्मत न कोई हुनर। ऐसे में कम्पनी बन्द हो जाए तो कहाँ जाएँगे? कोई जमीन-जायदाद कमा रखी होती, पर वह भी नहीं। ऊपर से *गंधर्व कम्पनी* में ठूँस-ठूँसकर खाने की आदत। पत्तल में देसी घी और दाएँ-बाएँ लबालब भरी थाली न हो तो निवाला हलक से नीचे नहीं उतरता। दिनू जैसों को उम्र का सहारा है। वे कहीं भी जाकर काम कर सकते हैं। पर हमारा क्या? कम्पनी के लोग बहुत चिन्ता में थे। तभी पंढरपुरकर बोवा आए और उन्होंने सूचना दी, "लाड़ साहब के प्रयास रंग लाए हैं। कल सभा बुलाई गई है। उसमें जरूर कोई उपाय ढूँढ़ा जाएगा।" लोगों ने राहत की साँस ली। चिन्ता खत्म नहीं हुई थी, फिर भी कल कुछ अच्छा होगा यह उम्मीद बँध गई थी। सभी सो गए। लेकिन सोने से पहले सभी ने किस कम्पनी में कैसा जुगाड़ करना है, इसका जायजा लिया। दिनू के बगल में नरूभाऊ ने गद्दा बिछाया। लेकिन आज उन्हें दिनू का अस्तित्व भी महसूस नहीं हुआ। पेट की चिन्ता के सामने सब कुछ गौण हो जाता है कभी-कभी।

और सभा शुरू हुई। *गंधर्व कम्पनी* का कर्ज एक दुखद घटना होने की बात सभी ने दोहराई। कलाकार की रक्षा होनी चाहिए, नाट्यकला जिन्दा रहनी चाहिए। वह समाज की आवश्यकता है, यह विचार सभी ने प्रस्तुत किया। गंधर्व भी सभा में बैठे थे। लेकिन भीड़ में होकर भी अकेले। किसी पर भरोसा करना दोष है या गुण? लाड़ खड़े हो गए। बोले, "*गंधर्व कम्पनी* पर हुआ कर्ज बुरी लतों के कारण नहीं हुआ है। नारायणराव ने एक कौड़ी तक अपने घर के लिए, घरवालों के लिए इस्तेमाल नहीं की है। यदि कर्ज की वजह फिजूलखर्ची है तो यह फिजूलखर्ची उन्होंने रसिकों को शानदार मंचसज्जा दिखलाने के लिए की है। उनकी आँखों को ठंडक पहुँचाने के लिए की है।"

फिर एक-एक वक्ता ने गंधर्व का गुणगान करना आरम्भ किया। बैरिस्टर जमनादास मेहता, वालचन्द हीराचन्द, विट्ठल सायन्ना, नानूभाई जोशी जैसे समाज के प्रतिष्ठित लोग मंच पर विराजमान थे। सभा में वक्ता बोल रहे थे, पर गंधर्व उन सबसे अलिप्त थे। उस गुणगान से न उन्हें गुदगुदी हो रही थी न पंडित पर भरोसा करने का पछतावा। मानो वहाँ किसी और के बारे में बातें हो रही हों और गंधर्व सुन रहे हों। मानो नियति द्वारा लिखे गए नाटक में वे एक भूमिका निभा रहे हों। ऐसी ही स्थितप्रज्ञता से उन्होंने सब सुना। अब अन्य लोगों की तरह वे भी तटस्थ भाव से गंधर्व नामक व्यक्ति की तरफ देखने लगे। संसार रूपी रंगमंच पर अपने हिस्से आई भूमिका निभाने की तरह। न गुस्सा, न प्रतिशोध...और न मन में कोई उथल-पुथल। इतना सबकुछ होने के बावजूद उनका मन शान्त था।

विसूभाऊ, नरूभाऊ कान लगाकर भाषण सुन रहे थे। विसूभाऊ ने तो रानडे से धीमी आवाज में पूछ भी लिया, "क्यों जी, इतने बड़े-बड़े लोग कह दें तो क्या कर्ज माफ हो जाता है?"

"कर्ज कैसे माफ होगा? कुछ भी!" और रानडे ने विसूभाऊ को फिर चिन्ता में डूबो दिया।

आखिरकार, सभी ने कम्पनी को आर्थिक मदद देकर उसे कर्ज से मुक्त करने का प्रस्ताव रखा। सभी मिलकर एक फंड बनाएँगे और यह कर्ज चुका देंगे। और सभा में कोलाहल मच गया। किसी ने पाँच हजार, तो किसी ने दस हजार का आँकड़ा बताया। कोई नकद राशि देने के लिए मंच की तरफ दौड़ा, तो कुछ लोगों ने 'मैं दो ही रुपए दे पाऊँगा, पर दूँगा जरूर' कहकर अपना छोटा-सा हिस्सा उठाने की पहल की। देखते ही देखते राशि दो लाख तक जा पहुँची और लाड़ को बिनती करनी पड़ी, 'रुक जाइए! पर्याप्त राशि जमा हो गई है।' उपस्थित जन समुदाय ने अपना सांस्कृतिक दायित्व समझकर कर्ज चुकता कर दिया था और दो लाख रुपए की थैली गंधर्व को भेंट करने का प्रस्ताव पास किया गया। नरूभाऊ, विसूभाऊ, रानडे सभी ने राहत की साँस ली। और गंधर्व बोलने के लिए खड़े हो गए।

"भगवन्...।" उनकी कातर पुकार पूरी सभा में गूँज उठी और लोगों का गला भर आया। इस भोले-भाले आदमी की यह दशा? रंगमंच पर जिसे देखने के लिए भीड़ उमड़ पड़ती है, वही तो है यह हमारा गंधर्व! नहीं, यही है हमारी भामिनी, सुभद्रा, द्रौपदी...आज सिन्धू की तरह सामने खड़ी है।

"भगवन्, मेरे लिए फंड इकट्ठा मत कीजिए।" लाड़ ने चौंककर देखा। नरूभाऊ को लगा, शायद उन्होंने कुछ गलत सुना है।

"मत इकट्ठा कीजिए फंड। जो कुछ हुआ, मेरी ग़लती से हुआ। भगवन्, मेरा कर्ज मुझे ही चुकाना होगा।"

"पर नारायणराव, लोग अपनी खुशी से दे रहे हैं।"

गंधर्व निर्मलता से मुस्कुराए, "भगवन्, भूखी दशा में भी लंगर में जाने से इन्कार करनेवाली सिन्धू का किरदार निभाता हूँ मैं रंगमंच पर और वास्तविक जीवन में इस कदर हाथ फैलाऊँ? नहीं भगवन्, यह थैली मैं नहीं लूँगा।"

"लेकिन नारायणराव...इतना बड़ा कर्ज...।" रानडे से रहा नहीं गया। वे बैठे-बैठे ही चिल्लाए। उनकी आवाज और नरूभाऊ-विसूभाऊ की नजरों की कातरता, चिन्ता गंधर्व जान गए। वे मुस्कुराए। "चुकाएँगे, सारा कर्ज चुकाएँगे...नाटक खेलकर, इन रसिकों के बलबूते पर ही चुकाएँगे। पुरुषार्थी लोग कहते हैं, हमने चूड़ियाँ नहीं पहन रखी हैं। पर आज आपका यह नारायण इस भरी सभा में प्रतिज्ञा करता है कि मैं यह कर्ज चुकाऊँगा। चूड़ियाँ पहनकर ही यह पुरुषार्थ कर दिखाऊँगा।"

सारी सभा देखती रह गई।

क्या कहें, लाड़ की कुछ भी समझ में नहीं आ रहा था। पंडित द्वारकानाथ भी सभा में उपस्थित थे। संगीत विद्यालय की तरफ से वे भी एक छोटी-सी राशि लाए थे। साने ने एक दिन की आमदनी देना तय किया था। कलेक्टरनी साहिबा तो चेक ही ले आई थी। नहीं खरीदूँगी नथ इस पड़वे पर! सभा में बैठे लोगों के अपनी-अपनी जेबों में गए हाथ जेबों में ही रह गए। सभी लोग खुद को भूलकर गंधर्व की तरफ बस देखते रहे। कर्ज

में बुरी तरह से डूबा आदमी, और मदद लेने से इन्कार कर रहा है? मदद भी ऐसी जिसे लोग खुद अपनी तरफ से दे रहे हैं! पर किसी को भी गंधर्व के चेहरे पर घमंड दिखाई नहीं दिया। बातों में भी अहंकार या गुस्ताखी नहीं थी। माई-बाप अन्नदाता दर्शकों के प्रति हमेशा दिखनेवाली आत्मीयता ही उनके शब्दों से झर रही थी। वाकई, एक कुर्ता-पाजामा और खाकी कच्छे के सिवा यह आदमी कुछ नहीं पहनता। नाटकवाला होकर भी शराबखोरी या अन्य लतों की इसकी चर्चाएँ कानों में नहीं पड़तीं। न औरतों का शौक और न ही गाड़ियों का। फिर भी! जो भी कमाता है, सब नाटक में झोंकता है ताकि हम लोग अपने दुख, परेशानियाँ भूल सकें। और आज अपने मित्र के गैरजिम्मेदाराना बर्ताव के कारण सड़क पर आ जाने के बावजूद कह रहा है कि कर्ज मैं ही चुकाऊँगा? अपने नायक का यह रूप उन्होंने कभी नहीं देखा था। पर उसके इस रूप पर भी वे मुग्ध हो गए। गंधर्व बोले, "अन्नदाता माई-बाप...चलते हैं हम। हमारे प्रति ऐसा ही स्नेह बरकरार रखिए। अब वही मेरी ताकत है।" और उन्होंने हाथ जोड़े और वहाँ से चल दिए।

गंधर्व को रास्ता देने के लिए भीड़ ऐसी फट गई मानो समुद्र फट गया हो। वे आगे बढ़े और एक रसिक नीचे झुका। गंधर्व के कदम जहाँ पड़े थे, वहाँ की मिट्टी उसने भभूत की तरह माथे पर लगा ली। उसका नायक अब महानायक बन चुका था।

सभा से घर लौट रहे प्रोफेसर मोहनदास सोच में पड़ गए थे। *एकच प्याला* का समापन न बदलने पर दृढ़ गंधर्व को नाटक के बाद उन्होंने मन ही मन सलाम किया था। पर इस सारे घटनाचक्र ने उन्हें सम्भ्रम में डाल दिया था। चलते-चलते वे एक नुक्कड़ तक पहुँचे तो कुछ लोगों का रेला सामने आया। शायद कोई फिल्म देखकर लोग घर लौट रहे थे। वे पल-भर के लिए रुके। वह रेला उन्हें लाँघकर आगे गया। वे सोचते हुए आगे बढ़े। गंधर्व के निर्णय की समीक्षा कैसे करें? नाट्यशास्त्र का अध्ययन करते समय उन्होंने पढ़ा था कि नाटक एक परकाया प्रवेश होता है। गंधर्व के परकाया प्रवेश के बारे में वे हमेशा बात किया करते थे। गंधर्व के अभिनय पर उन्होंने स्वयं लिखा था कि स्त्री के मन को टटोलते-टटोलते मन से स्त्री ही बन जाना और फिर उसे अंग-प्रत्यंग से अभिव्यक्त करना गंधर्व की खासियत है। गंधर्व ने आसपास की स्त्रियों में भामिनी देखी, शकुन्तला देखी और उसके बाद यह परकाया प्रवेश सम्भव हुआ। इस परकाया प्रवेश को उन्होंने कई बार प्रस्तुत किया था। परन्तु आज गंधर्व का यह रूप देखकर वे सम्भ्रम में पड़ गए थे। गंधर्व का अभिनय परकाया प्रवेश है या स्वकाया प्रवेश?

श्रृंगार और सम्पत्ति को ही जिन्दगी की सफलता माननेवाली भामिनी आखिरकार विरक्त होकर धैर्यधर की हो जाती है। सिन्धू भी प्राण चले जाएँ तो भी पतिव्रता धर्म छोड़ने को तैयार नहीं होती। सुभद्रा बड़े-बूढ़ों का लिहाज रखते हुए प्रेम में छलाँग लगाती है। द्रौपदी की तेजस्विता, शकुन्तला की सहनशीलता...यह सब उन्हें गंधर्व के उस एक निर्णय में दिखाई दिया। ये नायिकाएँ बाहर से आईं गंधर्व के भीतर या उनके भीतर से ही बाहर आकर अभिनय में परिणत हुईं?

भूमिकाओं ने गंधर्व को बनाया या उनके अपने व्यक्तित्व के अंश ही उनकी भूमिकाओं में उतर आए? मोहनदास विचारों के जंगल में खो गए। उस जंजाल में फँसे मोहनदास

को पता भी नहीं चला कि वे घर कब पहुँच गए। उनकी विधवा माँ पूजागृह में जप के लिए बैठी थी। पत्नी भोजन की तैयारी कर रही थी। उनके आते ही दोनों रुक गईं। ''क्या हुआ? हो गया संकट दूर गंधर्व का?'' माँ ने चिन्तित स्वर में पूछा। पत्नी भी अधीर हो गई थी। मोहनदास हँसते हुए बोले, ''होगा, सब ठीक हो जाएगा। वह औलिया है। क्या जादू करेगा, वही जाने।'' माँ ने भगवान को हाथ जोड़ते हुए सन्तोष प्रकट किया और उनकी पत्नी के बर्ताव में भी उन्हें संकट से मुक्ति का आभास हुआ। मोहनदास जान गए, गंधर्व किस सम्पत्ति के बल पर तनकर खड़े हैं...।

''अद्‌भुत! अद्‌भुत!'' सनत बोला।

''सचमुच, क्या तर्क लगाएँ इस बर्ताव पर? कैसे समर्थन करें अपने ही पैरों पर कुल्हाड़ी चलाने के इस बर्ताव का? इस बेफिक्री का या अव्यावहारिकता का?'' चिनिया बोला।

''पर समर्थन करें ही क्यों? एक बात कहूँ, किसी इनसान की बात करते समय हम बिना वजह न्यायाधीश बनने की कोशिश करते हैं। और वह भी अपनी नजर से, अपने समय के चश्मे से। पर हम भी कहाँ तटस्थ होकर देख पाते हैं? माना कि यह पागलपन था, पर पागलपन था हमारी-आपकी दृष्टि से। गंधर्व को ऐसा नहीं लगा होगा।''

''जी हाँ, पर इज्जत तो खाक में मिल गई न!'' निशा बोली।

''लेकिन जिन्दगी में इज्जत ही सबसे अहम है, यह तुमने तय किया है। गंधर्व के लिए मित्रप्रेम का मूल्य शायद उससे बड़ा हो। भरोसा करना है तो आँखें मूँदकर, यही होगा उसका दर्शन और शायद उसे यह भी लगता हो कि दुनिया उसके जैसे लोगों से ही बनी है। अरे भाई, चाँदी के प्याले चुरा ले जानेवालों के प्रति भी दयाभाव रखनेवाला यह आदमी। क्यों जाँचें हम इसे अपनी परखनली से?''

''लेकिन उन्होंने जो किया, उसका समर्थन कैसे करोगे तुम? क्या यह अव्यावहारिकता नहीं है?''

''दो और दो बराबर चार—सभी लोग इस गणित में नहीं समा सकते। कुछ लोग अलग भी हो सकते हैं।''

''महेश, मुझे तो यह गंधर्व शेक्सपीयर का ही रचा चरित्र लगता है।'' सनत बीच में ही बोल पड़ा, ''शेक्सपीयर कहता है, मनुष्य अपनी प्रकृति का गुलाम है। और देखो न, क्या उन्हीं की प्रकृति का परिणाम नहीं है ये? जिसने लोगों को यह दिखाया कि वैभव किसे कहते हैं, वही आज कर्ज में डूब जाए? उपन्यास में ऐसा दिखाया जाए, तो वह भी मेलोड्रेमैटिक लगेगा।''

''हाँ यार, यकीन नहीं होगा किसी को। लोग कहेंगे, जैसे डेली सोप्स में कुछ भी, कहीं भी मोड़ आते हैं, वैसा ही सुना रहे हैं आप। सचमुच, गंधर्व के जीवन का यह पल बहुत ज्यादा अनबिलीवेबल है। कैसा कंट्राडिक्शन है यह?''

''पर मैं कहूँगा, कर्ज चुकाने के लिए हाथ आए अवसर को नकारना उनके बर्ताव का कंट्राडिक्टरी हिस्सा बिलकुल नहीं है। देखिए न, अपने भाषण में भी उन्होंने यही कहा

था कि यह मेरी ग़लती है और इसे मुझे ही सुधारने दीजिए। इसका अर्थ यह हुआ कि उनके मन में पश्चाताप की भावना थी। हमारे यहाँ तो प्रायश्चित्त से ही ग़लती का परिमार्जन होता है। वे तो आध्यात्मिक प्रकृति के थे। इसलिए इस अवधारणा पर उनका यकीनन भरोसा होगा। शकुन्तला का किरदार निभाया था उन्होंने। शकुन्तला ने जो सहा था वह उसके शाप का परिणाम था, जो उसी की ग़लती से उसे मिला था। इसी कारण गंधर्व को यह दिन दिखाया परमात्मा ने, क्योंकि उन पर भी शाप है अपनी बेहिसाबी प्रकृति का, आँखें मूँदकर दूसरों पर भरोसा करने का। कहीं उन्होंने इन बातों की तरफ एक शाप के रूप में तो नहीं देखा? और अपने कर्ज को खुद चुकाने की जद्दोजहद को कहीं उस शाप से मुक्ति के रूप में तो नहीं लिया उन्होंने? अपनी ग़लती के लिए खुद को कष्ट देना, परेशान करना हमारी परम्परा का एक हिस्सा है। कहीं गंधर्व ने हँसते-हँसते इन सबका मुकाबला करना इसीलिए तो तय नहीं किया? और वह भी बिना किसी दूसरे के सिर पर ठीकरा फोड़े... यहाँ गंधर्व शेक्सपीयर के चरित्र जैसे लगते-लगते अलग हो जाते हैं। अपनी ही प्रकृति की बलि चढ़ते-चढ़ते, उस भँवर में फँसते-फँसते भी उनके चेहरे पर जो हास्य, जो स्थितप्रज्ञता नजर आती है, वह हैमलेट, लियर के चेहरों पर नजर नहीं आती। ये तीनों नियति के शाप से झुलस उठते हैं, पर केवल गंधर्व ही उस जलन को बाइ च्वॉइस स्वीकार करते हैं और और ऊँचा उठते जाते हैं, क्यों?''

''हूँ... मुद्दा विचारणीय है।''

''चाहे जो हो, पर गंधर्व ने कर्ज चुकाने के लिए हाथ आई सहायता को ठुकराया और पीड़ा को अपनाया।

''पागलपन है, बिलकुल पागलपन। पहले उस पंडित पर भरोसा किया और अब हाथ आई थैली को नकार दिया।'' डेरे से ऐसे सुर उभरने लगे। नरूभाऊ, विसूभाऊ, उस रात किसी को नींद नहीं आई।

''गंधर्व इतना बड़ा कर्ज चुका कैसे पाएँगे? ठीक है हाथों में अच्छे चल रहे नाटक हैं, लेकिन...।'' नरूभाऊ सुबह के कर्म से निवृत्त होते-होते बड़बड़ा रहे थे। आँगन में बड़े चूल्हे पर लकड़ियाँ धधक रही थीं। पानी गर्म हो रहा था। नौकर दियों की कजली पोंछकर उन्हें साफ कर रहे थे। सामने चाय भी उबल रही थी। दिनू ने आईने में देखकर काजल की एक छोटी-सी रेखा आहिस्ता से आँखों में खींची। शायद वह कहीं बाहर जा रहा था। नरूभाऊ के सुर में चिन्ता झाँक रही थी। ''गंधर्व अब तैंतीस के हैं। सारी बातों को मात दे सकते हैं, पर प्रकृति को कैसे मात देंगे?'' बेचैनी से चाय का घूँट भरते हुए नरूभाऊ बोले, पर गर्म चाय से जबान ही जल गई उनकी।

''उनकी सुन्दरता में कोई कमी नहीं दिखती जी। अभी भी उनकी कान्ति ज्यों की त्यों है। उनका वह दिखना, वह सौन्दर्य। रसिक अभी भी फिदा हो जाते हैं।'' कहते-कहते दिनू ने आईने में देखा और खुद पर मुदित हुआ। नाजुक ठोड़ी, पतले होंठ और सीधी नाक। चेहरा भी कोमल...। ''हाँ, पर मुझे अलग ही चिन्ता खाए जा रही है। इन सदमों का उनके स्वास्थ्य पर असर हो गया तो? पंडित के विश्वासघात का सदमा, यह सबके

सामने अपमान का सदमा और अब पैसों की चिन्ता। उनका स्वास्थ्य खराब हो गया तो... ?'' नरूभाऊ की आवाज कातर हो गई। ''हमारा क्या है, दो जून निगलने को मिल ही जाएगा कुछ न कुछ। तुम युवा हो, कुछ काम करोगे, पेट पाल लोगे। पर गंधर्व? हमारी तरह केवल पेट नहीं है उनका। लोकप्रियता...सम्मान...और ये लतें बड़ी खराब होती हैं भैया।''

अब जाकर दिनू को अगले खतरे का अहसास हुआ। उसने पूछा, ''लेकिन पंडित ने क्यों किया होगा ऐसा?''

''लालच! अरे भाई, सोने की मुर्गी पालने की अक्लवाले लोग कम ही होते हैं। ये हजरत चले थे उसे काटने।''

''लेकिन दोनों की दोस्ती...।'' दिनू की आवाज में नरूभाऊ को कुछ और ही गन्ध आई। लेकिन वे चुप रहे। दिनू ने और कुरेदना शुरू किया, ''आँखें मूँदकर पंडित पर इस तरह निर्भर रहना यानी...।'' पर नरूभाऊ चुप हो गए थे इसलिए दिनू ने भी बात और आगे नहीं बढ़ाई। उसने अपना सन्दूक खोला। नरूभाऊ को उसमें दिखाई दिए कुछ कमीजें, कुछ रंगीन रूमाल, एक-दो मामूली इत्र की शीशियाँ और कुछ अलग-अलग नाजो-अदा की टोपियाँ। उन्होंने सोचा, दिनू की तनख्वाह में ये सब कैसे...। दिनू ने एक टोपी निकाली, पहनकर देखी। फिर दूसरी पहनी। आईने पर दाग लगे थे। पुराना हो गया था वह। उसकी चन्दन की लकड़ी की नक्काशीदार चौखट खास राजस्थानी बनावट की थी। उसमें देख-देखकर दिनू ने एक टोपी चुनी। पहनी और सीटी बजाते हुए बाहर निकल गया।

हाथ में चाय की प्याली थामे नरूभाऊ खिड़की के पास आए। अब दिन काफी उग आया था। सड़क पर आवाजाही शुरू हो चुकी थी। कोई स्त्री मुटका पहने पूजा-अर्चा के लिए जा रही थी, कोई सब्जी-तरकारियों से भरी पाटियाँ लिये जा रहा था तो कोई दूध की हाँड़ी लिये। बीच-बीच में मन्दिर के घंटे की भी आवाजें आ रही थीं। नरूभाऊ ने देखा, कोई तीस-पैंतीस की उम्र का एक आदमी सड़क पर खड़ा है। उसके कोट से रंगीन रूमाल झाँक रहा था। सुबह-सुबह मुँह में पान का तोबड़ा...हाथ में रंगीन छड़ी। हजरत काफी शौकीन मिजाज के लग रहे थे। कुछ समय बीता। चाय खत्म हुई। नरूभाऊ मुड़ ही रहे थे कि देखा, दिनू उस आदमी के पास पहुँचा है। उस आदमी ने दिनू के गाल पर छड़ी छुवाई और दिनू शर्माया। वह आदमी मुड़ा। दिनू भी उसके पीछे-पीछे हो लिया। देखा जाए तो एक साथ भी और देखा जाए तो अलग-अलग भी। नरूभाऊ दोनों आँखों से ओझल होने तक उनकी तरफ देखते रहे।

वाकई, नारायणराव इक्कीस सालों से स्त्री-भूमिकाएँ निभा रहे हैं। इक्कीस सालों से लगातार साड़ी पहनते आ रहे हैं। उनके हाव-भाव का, विभ्रम का कुछ तो असर होता होगा उन पर? दिनू की देह में स्त्री कैसे रच-बस गई है। मानो पुरुष की देह में कैद स्त्री। माना कि नारायणराव नाजुक, कोमल दिखते हैं, पर स्त्रैण कभी नहीं लगते। पर भीतर...मन में स्त्रीत्व का वास होगा या खुद को इस तरह किसी पर सौंप देने की प्रवृत्ति? या पतिव्रता जैसी अंधी निष्ठा? नाना जोगलेकर को वे मालिक कहकर पुकारते थे...नाना भी उनके करीबी मित्र। रोबदार व्यक्तित्व के धनी टेंबे से भी उनकी खास दोस्ती थी। और पंडित तो सुन्दर भी है। तीनों पर खुद को सौंप दिया था गंधर्व ने। निर्णय में, काम में कभी कोई

हस्तक्षेप नहीं...। नरूभाऊ का सिर चकराया। खुद से ही घिन हो आई उन्हें। सारी जिन्दगी मैंने कम्पनी के कच्ची उम्र के बच्चों को धर-दबोचने में गुजार दी, शायद इसलिए मुझे सारी दुनिया वैसी लगने लगी है। अब सभी लोगों पर मेरा सन्देह? मैंने तो बिना कोई स्त्री भूमिका किए इसका उपभोग किया है। फिर स्त्री-भूमिका करनेवालों को क्यों मैं एक ही तराजू में तौल रहा हूँ? गंगाजल जैसे निर्मल हृदय का इनसान है वह...और क्या सोच रहा हूँ मैं उसके बारे में? वह भोला हो सकता है, बेवकूफी भरा बर्ताव किया होगा उसने, पर इसलिए उसके तार हम यहाँ तक लाकर जोड़ दें?

गंधर्व की मानसिकता को कुरेदते-कुरेदते अपने ही मन के कूड़े को गींजने की भावना उनमें उत्पन्न हुई। इतने सालों तक कम्पनी के बच्चों को कभी डरा-धमकाकर, कभी धोखे से तो कभी लालच देकर बहकाने का उन्हें पछतावा होने लगा। कहीं यह ढलती उम्र का असर तो नहीं?

उन्होंने चाय की प्याली नीचे रखी। तेजी से मोरी के पास गए और देह पर जल उँडेलते हुए स्तोत्र बुदबुदाने लगे। उन्हें शुद्ध होना था, भीतर से, बाहर से...।

कोठी की मजबूत पथरीली सीढ़ियाँ चढ़ते हुए गंधर्व अटारी की तरफ जाने लगे। दीवार में बने कपाट, ताक अब अपना पुरानापन जता रहे थे। आले में कुछ-कुछ सामान रखा हुआ था। नाटक के पड़ाव के लिए यह कोठी अच्छी थी। कई कमरे, उनके शीशम के दरवाजे, लोहे के भारी-भरकम साँकल, ऊपर झूमर, सीढ़ियों की दीवार पर पुराने तैलचित्र—सबसे उन्हें अपना नाता प्रतीत हो रहा था। वे अटारी पर पहुँचे और गुंडेशा के बिछाए मृगाजिन पर बैठक जमाई। दूर तक उनकी नजरें गईं। कितनी ही कोठियाँ, गलियाँ नजर आ रही थीं। उन सबसे अलग होकर सुखासन लगाते हुए उन्होंने लम्बी साँस भरी। फिर पद्मासन लगाया और प्राणायाम शुरू किया। बीते कई वर्षों से नियम था यह। आसन, प्राणायाम के कारण ही यह कान्ति, यह देह, यह लचीलापन बरकरार रख पाए थे वे। फिर वे अपना मन अपनी साँसों पर केन्द्रित करने लगे। पर देखते ही देखते मन झट से उनके कब्जे से छूट गया और भूत-वर्तमान की तरफ आड़ा-तिरछा दौड़ने लगा। पुरानी स्मृतियों से धूल हटाने लगा। कच्ची उम्र में नाटक कम्पनी में आना, देवलजी का कड़ा अनुशासन, शंकरराव मुजूमदार का व्यावहारिक बर्ताव...। वह अभ्यास, वह रियाज और उसमें दिलासा देनेवाला, सपने दिखानेवाला मित्र पंडित। मुझे वन्स मोर मिलने पर खुश होनेवाला। सोने की घड़ी भेंट देनेवाला! इत्र में दिलचस्पी उसी ने जगाई। उसी ने दर्शन कराया ऐश्वर्य का! वेतन में बढ़ोतरी के लिए उसी ने झगड़ा किया...और उसी ने...। वे इस विचार से डगमगाए। ठेस लग गई उन्हें। इतने दिनों का रिश्ता एक पल में कैसे गँदला गया? उन्होंने फिर लम्बी साँस भरी। फिर उन्होंने सोचा, क्या खोया है मैंने! कुछ लाख रुपये? मेरा यह दिखना, यह कान्ति, यह रूप तो बरकरार है? इस देह का लचीलापन तो बरकरार है? और देवल गुरुजी, बखले बोवा का पढ़ाया सबक? इनके बल पर सबकुछ दुबारा प्राप्त करूँगा। कल तक जो हुआ, वह एक प्रवेश था। वह अब समाप्त हो चुका है। अब उस पर परदा डालकर और सब भूलकर फिर से नया प्रवेश शुरू करना है।

नए जोश में नया प्रवेश। इस घटना से मन पर कोई खरोंच नहीं लगने देनी है। प्राणायाम की साँसों की तरफ जिस तटस्थता से देखता हूँ, इसकी तरफ भी वैसे ही देखना होगा। ऊपर बैठे नाटककार के लिखे प्रवेश की तरह। मानो इसमें हमारा कुछ भी नहीं है। अलिप्तता से! स्थितप्रज्ञता से! पर कैसे? दो घड़ी का सिन्धू का स्वाँग, पर सिन्धू के नकली दुख से वहाँ भी जल उठता है मन मेरा। शकुन्तला का विरह मुझे भी पीड़ा पहुँचाता है। नाटक के स्वाँग के सुख-दुख की खरोंचें मन पर भी अंकित हो जाती हैं। और ये तो...ये...

जिन्दगी की तरफ तटस्थ दृष्टि से देख रहे गंधर्व का गला अचानक भर आया...भीतर गहराई में टीस उठी और हजारों की भीड़ को अपने अभिनय से रुलानेवाले गंधर्व ने खुद को उस मृगाजिन पर धकेल दिया। वे फूट-फूट रोने लगे। उन्हें न पंडित पर गुस्सा आ रहा था और न उसके प्रति कोई प्रतिशोध का भाव था...उन्हें बस हल्कापन महसूस हो रहा था। सारा तनाव मानो आँसुओं से बह रहा था। कुछ पल ऐसे ही बीते। वे उठे, आँखें पोंछीं और उठकर खड़े हो गए। गमछा कन्धे पर डाला और सीढ़ियाँ उतरने लगे। मानो अगला प्रवेश उनकी प्रतीक्षा कर रहा हो।

अब उन्हें एक नए किरदार में खड़े रहना था। कम्पनी के मालिक के किरदार में। *गंधर्व कम्पनी* का सारा भार उन्हें अकेले उठाना था। जैसे *स्वयंवर* नाटक उनके अकेले के कन्धे पर टिका हुआ था, ठीक वैसे!

सॉलिसिटर लाड़ सहायता के लिए साथ थे। उन्होंने निश्चय किया था कि *गंधर्व कम्पनी* की गाड़ी पटरी पर लाकर ही रहेंगे। इसके लिए दो अहम आदमी उनके सामने थे। एक थे स्पष्टवक्ता काटदरे और दूसरे थे, गंधर्व के भाई बापूराव। उन्हें गंधर्व को कर्ज की खाई से केवल बाहर ही नहीं निकालना था, बल्कि दुनिया का और उनके आसपास के लोगों का असली रूप भी गंधर्व के सामने उजागर करना था। साथ ही गंधर्व के भीतर के कलाकार को सँजोना भी था। पर सबसे पहले साहूकारों के तकाजे! उनका क्या करें?

डेरे में अभ्यास चल रहा था। बली सेठ पधारे। उनका कर्ज था। कम्पनी का नियम था कि अभ्यास के दौरान कोई किसी से बात नहीं करेगा। आना-जाना भी बिल्ली के कदमों से, आहिस्ता। लेकिन सेठ पधारे बिलकुल गड़गड़ाहट के साथ। उन्होंने जोर से 'नमस्ते काटदरे' की आवाज दी। गंधर्व गा रहे थे। वे आए, सामने की कुर्सी खर्रर से खींची और नाक में नसवार ठूँसकर 'ऑक छी'—छींकें भी। उनके बर्ताव में छिपा गुरूर काटदरे को चुभ गया। उन्होंने देखा, गंधर्व का चेहरा उतर गया है। आठ आने का टिकट लेकर प्रेक्षागृह में आनेवाले रसिक दर्शक के हम देनदार हैं, इस भाव से जी-जान से गानेवाला यह कलाप्रेमी आदमी; आज उस साहूकार के सामने लाचार नजर आया उन्हें। गंधर्व ने गाना जैसे-तैसे पूरा किया। "कहिए भगवन्।" वे अदब से सामने बैठने लगे। तभी काटदरे के मन में एक विचार कौंधा। उन्होंने तुरन्त आवाज लगाई, "नारायणराव, बैठिए नहीं, उठिए। भीतर जो नई साड़ियाँ लाई गई हैं, उन्हें देख लीजिए। बाद में समय नहीं मिलेगा। उठिए चलिए...बेकार की बातों में समय ज़ाया मत कीजिए।" गंधर्व की कुछ भी समझ में नहीं आ रहा था। पर काटदरे ने उन्हें भीतर भेज दिया। सेठजी भी तनिक गड़बड़ा गए। वे कुछ कहने ही

वाले थे कि काटदरे ने चार काम यूँ ही निकाले और नौकरों को डाँट लगाई, ''गंधर्व के खड़े रहने की जगह ठीक से साफ करो। कंकड़ नहीं दिखने चाहिए वहाँ। रंगमंच का सम्राट है वह!'' और जगह दुबारा साफ करवाई। इस बीच उन्होंने सेठजी का वजूद मानो शून्य कर दिया। सेठजी भी अब तक सँभल गए थे। फिर उन्होंने सीधे मुद्दे की बात छेड़ी, ''काटदरेजी, कब देंगे पैसा? ये साड़ियाँ वगैरा खरीदारी की बातें हो रही हैं, मेरा पैसा कैसे चुकाएँगे?'' कहते हुए उन्होंने मूँछों पर हाथ फेरा।

''मुझे नहीं लगता आपका कर्ज चुकता होगा। उस बापूराव ने पूरा कब्जा कर लिया है कम्पनी पर। उसकी नीति भी आप सेठ लोगों जैसी है। कहता है, नारायणराव बेकार ही डरते हैं इज्जत को। ये इज्जत, ये आबरू सब मानने की बातें हैं। कल तो बोले, सीधा दिवाला घोषित कर डालो। क्या होगा? चार दिन लोग जुगाली करेंगे, बाद में भूल जाएँगे।''

''क्या?'' सेठजी दहल गए।

''और क्या। अच्छा, लोगों का क्या है जी! नारायणराव के गाना शुरू करते ही सब भूल जाते हैं। दिवालिया बनने का डर किसलिए? ऐसा ही भर दिया है दिमाग में।''

अब सेठजी को अपना भविष्य दिखाई देने लगा। उन्होंने काटदरे को बीच में ही रोका। अपनी कुर्सी में बिठाया और जानने का प्रयास करने लगे कि नारायणराव के दिमाग में क्या चल रहा है। काटदरे ने भी खूब मिर्च-मसाला लगाकर बताया कि कैसे उन्होंने गंधर्व को दिवाला घोषित करने के विचार से रोकने का प्रयास किया। लेकिन बार-बार साहूकार आते हैं, बार-बार कर्ज की याद दिलाते हैं और नारायणराव बेचारे हतबुद्ध बने बैठे रहते हैं। भोजन भी नहीं करते, वगैरा बताया। सेठजी जान गए, कलाकार आदमी है, पर खाली दिमाग। यह बापूराव उन्हें दिवाला घोषित करने के लिए बाध्य कर देगा और हम बरबाद हो जाएँगे। उन्होंने अचानक चाल बदली, ''अरे काटदरेजी, इतना महान कलाकार और खुद को दिवालिया घोषित करेगा? नहीं, नहीं! चाहे चार की जगह आठ महीने लग जाएँ। हम कसाई थोड़े ही हैं? समझाइए नारायणराव को कि कोई जल्दी नहीं है। अजी, नारायणराव पर कर्ज की बात गर्व से बताते हैं हम औरों को। उसी बहाने कला की सेवा!'' और सेठजी हँस दिए। काटदरे ने सोचा, सेठजी को भी नाटक कम्पनी में भर्ती कर लेना चाहिए। अच्छा नाम कमाएँगे। चाय आई। मूँछों को चाय में डूबने से बचाते हुए सेठजी ने चाय पी। फिर नारायणराव आ गए। उन्हें देखते ही सेठजी खड़े हो गए। ''नाना, बैठिए।'' अपने लिए दूसरी कुर्सी खींची। गंधर्व की कुछ भी समझ में नहीं आ रहा था। सेठजी ने नए नाटकों के बारे में पूछा। उनकी तारीफ की। फिर हाथ जोड़कर बोले, ''नाना, हमारा रिश्ता केवल कर्जदार और साहूकार का नहीं है। आदर है आपके प्रति। रही बात कर्ज की, उसे थोड़ा-थोड़ा करके आराम से चुका दीजिए।'' और वे उठकर बाहर जाने लगे। बाहर दरवाजे में उन्हें बापूराव दिखाई दिए। उन्हें देखते ही सेठजी और ज्यादा झुक गए। ''बापूराव!'' उन्होंने उनके हाथ अपने हाथों में लिये। ''आइए, आइए। अजी, इधर से गुजर रहा था, सोचा नाटक का अभ्यास देखकर चलूँ। ईश्वरीय कंठ है जी, ईश्वरीय।''

बापूराव विनम्रता से बोले, ''सेठजी, काफी शो लगे हैं। धीरे-धीरे सब...।''

"नहीं, नहीं! कोई जल्दी नहीं। कर्ज के बारे में मत सोचिए। खूब शो कीजिए।" और सेठजी चले गए। बापूराव की कुछ भी समझ में नहीं आ रहा था। वे मुड़ गए।

इधर काटदरे ने देखा, गंधर्व के दिल का बोझ उतर चुका था। अभी वक्त है कर्ज चुकाने के लिए। कोई भी हमारी तरफ देनदार के रूप में नहीं देख रहा है। उनके आत्मसम्मान में फिर अँखुए फूटने लगे। काटदरे दूसरे काम में लग गए और उनके कानों पर गंधर्व के सुर आए, *मम आत्मा गमलाऽऽऽ।* पल-भर के लिए काटदरे रुके। उन्होंने अनुभव किया कि गंधर्व की आवाज में एक नई ताजगी आई है।

मुम्बई के सभी व्यापारी-साहूकारों से बली सेठ ने समझाया, "भाइयो, जरा सब्र से काम लीजिए। वह बापूराव गंधर्व को दिवाला घोषित करने के लिए बाध्य कर देगा। फिर यह गंधर्व गाँव-गाँव आराम से गाता फिरेगा। लोग भी उसका जयकारा लगाएँगे, पर हम डूब जाएँगे।" फिर तकाजे बन्द हुए और गंधर्व मंचन के लिए आजाद।

कर्ज चुकाना है, यही धुन अब गंधर्व पर सवार थी।

नाटक क्षेत्र में गंधर्व युग था और देश गांधीयुग की दिशा में चल पड़ा था। राजनीति के फलक पर गांधीयुग का आरम्भ हो चुका था। गंधर्व की नर्म या गर्म ऐसी कोई विचारधारा नहीं थी। देशकार्य करनेवाले हर इनसान के प्रति उनके मन में सम्मान का भाव था। गांधीजी ने *स्वराज्य फंड* की घोषणा की और गंधर्व को लगने लगा, हमें भी उसमें कोई योगदान देना चाहिए। परन्तु बापूराव यह विचार सुनकर ही दहल गए। उन्होंने काटदरे की तरफ देखा। वे भी चिन्तित हुए। बापूराव के सामने सवाल खड़ा हुआ कि हम खुद कर्ज में डूबे हुए हैं। कैसे करेंगे मदद? डेरे में इस विषय पर मंत्रणा शुरू हुई।

"अजी, देशकार्य के लिए हर एक को वासुदेव बलवन्त की तरह फाँसी पर चढ़ने की जरूरत नहीं है।" विसूभाऊ बढ़-चढ़कर कहने लगे। उन्होंने अब सिर पर सफेद टोपी पहनना शुरू किया था। "शान से निकल जाता हूँ मैं, चाहे सामने अंग्रेज अफसर दिखाई दे।" स्वतंत्रता का सपना केवल मुट्‌ठी-भर क्रान्तिकारियों या नेताओं का सपना बनकर रह जाना ठीक नहीं। वह सामान्य जनता का सपना बनाना चाहिए। गांधीजी इसी पर बल देते थे। उसके चिह्न विसूभाऊ की टोपी के रूप में देश-भर में दिखाई देने लगे थे। गंधर्व को लग रहा था कि स्वराज्य फंड के बहाने तिलक के कार्य की वन्दना करने का अवसर गँवाना नहीं चाहिए। वे अपनी बात रखते रहे। विवाद में काफी रंग चढ़ चुका था।

तभी सन्देश आया कि कोई मिलने आया है। कह रहे हैं कि वे गंधर्व के पुराने परिचित हैं। पीछे-पीछे एक वृद्ध सज्जन भी आए। गंधर्व ने स्मृतियों के पन्ने खँगाले और पहचान लिया, अरे, ये तो फूफाजी के मित्र हैं! अब उम्र ने चेहरे पर काफी बदलाव कर दिया था। शरीर भी थका हुआ लग रहा था। "पहचाना मुझे नारायणराव? अब नारायण कैसे कहूँ तुम्हें?" वे अदब से मुस्कुराए। गंधर्व के मन में बात उभरी, क्यों नहीं पहचानूँगा? इसी व्यक्ति ने केशवराव भोंसले के बारे में बताया था और तभी मेरे मन में विचार आया था कि जब केशव भोंसले नाम का लड़का नाटक में गा सकता है, तो मैं क्यों नहीं गा

सकता? फूफाजी के सामने इन्होंने ही केशवराव भोंसले की चर्चा की थी और उसके बाद ही मेरे मन में विचार अंकुरित हुआ कि मैं भी नाटक में काम करूँगा। कैसी विलक्षण बात है! कौन किसके दिमाग में कौन-सा बीज बो देगा, कोई नहीं जानता। यह ईश्वरीय योजना होती है या संयोग? बाद के दौर में तो गंधर्व और केशवराव भोंसले मराठी रंगमंच के चन्द्र और सूर्य ही बन गए। इसका निमित्त बने उस परिचित के प्रति गंधर्व के हृदय में आत्मीयता उभर आई। "कितने बड़े हो गए हो बेटा, नाम रोशन कर दिया घराने का।" गंधर्व ने दूध और नाश्ता मँगाया। दोनों की बातें शुरू हुईं। घर की बातें निकलीं, पुरानी स्मृतियाँ ताजा हुईं। "तिलक महाराज का ही आशीर्वाद है तुझे बेटा। तुम्हारा और उत्कर्ष होगा।" फिर वे उठे और गंधर्व के जहन में बात उभरी, 'मैं अपने कर्ज की फिक्र में हूँ, पर तिलक महाराज का जो कर्ज मेरे ऊपर है, उसका क्या? वह कब चुकाया जाएगा? और कैसे?'

शाम का मंचन शुरू हुआ, पर गंधर्व उसी सोच में थे। *शारदा* का मंचन हो रहा था। खचाखच भरा हुआ प्रेक्षागृह। यह सब तिलक महाराज के आशीर्वाद का फल है। उनका गला भर आया। उन्होंने निश्चय किया, हम स्वराज्य फंड में योगदान देंगे। दूसरे दिन डॉक्टर भडकमकर डेरे पर आए। उन्होंने यूँ ही विचार रखा। "नाना, संयुक्त *मानापमान* खेलें तो? आप और केशवराव—दोनों मिलकर?" केशवराव भोंसले और बालगंधर्व एक मंच पर? नरूभाई, विसूभाऊ, दिनू...सबके रोंगटे खड़े हो गए। आसमान में चन्द्र और सूर्य एक साथ? दिनू ने मन ही मन कहा, 'असम्भव। कलाकार जितना बड़ा, उसका अहंकार उससे भी बड़ा।' बाकी लोग भी अविश्वास से देखते रह गए। पर इस विचार से गंधर्व की बाछें खिल गईं। नाटक को ही हथियार बनाने का सन्देश दिया था लोकमान्य ने जोगलेकर को। अत: गंधर्व के मन में आया, लोकमान्य को श्रद्धांजलि अर्पित करने के लिए उनके चरणों में नाटक का ही थाल और नाटक का ही नीरांजन बनाकर नाट्यपुष्प अर्पित करेंगे...।

गंधर्व काम में जुट गए और सीधे केशवराव के *ललितकलादर्श* के डेरे पर आ धमके। केशवराव अपने साथी कलाकारों के साथ ताश का दाँव सजाए बैठे थे।

केशवराव भी एक अद्‌भुत हस्ती थे। नियति ने हमेशा मेहनत और संघर्ष के पत्ते इनके हिस्से में डाले थे। गरीबी से उभरे, पर प्रकृति से अद्‌भुत कलाकार। पेट की आग बुझाने के लिए जनुभाऊ निमकर की कम्पनी में आए और अपने गुणों से इतने महान बन गए कि कम्पनी का ही पेट उनके गाने से भरा जाने लगा। लेकिन वहाँ भी संघर्ष खत्म नहीं हुआ। उस कम्पनी का दाँव बीच में ही छोड़कर खुद की कम्पनी शुरू करने की दौड़-धूप उनके हिस्से में आई। दौड़-धूप भी की और कम्पनी तथा प्रशंसकों का एक वर्ग भी खड़ा किया। कई वर्षों तक स्त्री-भूमिकाएँ करने के उपरान्त जब एहसास हुआ कि अब देह में सुकुमारता नहीं बची है, तब पुरुष भूमिकाओं में खड़े हो गए और एक रोबदार नट के रूप में ख्याति अर्जित की। नियति से हमेशा संघर्ष करनेवाला यह गानसूर्य यहाँ भी कमजोर पत्तों के सहारे लड़ रहा था।

"केशवराव, दाँव आपका है।" सामने बैठे सहकलाकार ने हँसते हुए कहा। अपने हिस्से आए अच्छे पत्तों पर वह खुश था। केशवराव हँस दिए और उन्होंने एक पत्ता हाथ

में लिया। अचानक सामने नजर गई और वे स्तम्भित हो गए। अरे, स्वयं नारायणराव और हमारे यहाँ?

''नारायणराव...!'' वे उठे।

''उठिए मत केशवराव...उठिए मत।'' गंधर्व आगे आए, पर केशवराव उठ ही गए। उन्होंने गंधर्व के हाथ अपने हाथों में लिये और उन्हें कसकर आलिंगन में बाँध लिया।

दोनों की समझ में नहीं आ रहा था कि क्या कहें? आखिरकार केशवराव ही बोले, ''बैठिए नाना। बैठिए न! अरे सुनो, पानी ले आओ।''

गंधर्व बैठ गए, ''दाँव आधा ही रह गया आपका।''

''अरे नहीं, नहीं, आप आए, मैं सबकुछ पा गया।'' केशवराव की बातों में खास कोल्हापुरी मिठास थी। पल-भर के लिए दोनों दुबारा मौन हो गए। दोनों एक-दूसरे को निहारते रहे। गंधर्व ने देखा, केशवराव का मर्दाना रोब, चमकीली आँखें, चेहरे पर झलकता आत्मविश्वास। कोई भी सुन्दरी सहज ही खुद को उन्हें सौंप दे, ऐसी मजबूत देह। केशवराव को भी गंधर्व की आँखों में बसी छोटे बालक-सी वह मासूमियत, निर्मलता भा गई। गुड़ की मलाई-सी पारदर्शी त्वचा और मिठास-भरी आवाज।

पानी आया। साथ में शरबत भी। और भोजन करके ही जाने का आग्रह। कोल्हापुरी आग्रह। गंधर्व ने तुरन्त स्वीकार कर लिया।

गंधर्व बोलने लगे, ''केशवराव, आप जानते हैं, लोकमान्य तिलक हमारे गुरु हैं।'' लोकमान्य का नाम सुनते ही केशवराव ने पहले माथे पर और फिर दिल पर हाथ रखकर उनकी वन्दना की। ''गांधीजी उनके नाम से तिलक स्वराज्य फंड जुटा रहे हैं। सोच रहा हूँ, हम भी अपनी ओर से कुछ योगदान दें। फिर कुछ लोगों ने सुझाया कि एक संयुक्त मंचन किया जाए, *मानापमान* का। उसमें हम दोनों...''

केशवराव को कानों पर यकीन नहीं हो रहा था। रंगमंच पर दोनों एक साथ? और *मानापमान* में? गंधर्व भामिनी और मैं धैर्यधर?

''नाना!'' उन्होंने गंधर्व के हाथ अपने हाथों में लिये। ''क्यों नहीं? आप जैसे कलाकार के साथ काम करने से भला कौन इन्कार करेगा?''

''नहीं, नहीं, भगवन्। नाटक में आपका स्थान श्रेष्ठ है। उम्र में चाहे हम दो साल आपसे बड़े हैं, पर नाटक में आपकी उपस्थिति काफी पहले से है। नाटक में आप हमारे वरिष्ठ हैं। आप हाँ कह दें तो...।''

''नाना, गांधी हों या तिलक, दोनों ईश्वर समान हैं। और ईश्वर की पूजा के लिए भी कोई मना करता है?''

गंधर्व अभिभूत हुए। उन्होंने दुबारा उनके हाथ अपने हाथों में लिये। लेकिन उनके प्रति आभार प्रकट करने के लिए उन्हें शब्द ही नहीं सूझ रहे थे। वे ओठों ही ओठों में बुदबुदाते रहे और केशवराव ने महसूस किया, कितने मुलायम हाथ हैं उनके। सुकोमल, मानो भामिनी।

भोजन परोसा गया। गंधर्व ने शोरबे की चुस्की भरी और उनका मुँह ही जल गया। वह कोल्हापुरी ठसक का तीखा शोरबा। पानी पीते-पीते बोले, ''केशवराव, आज पता

चला, आपके कंठ से निकलनेवाली तानें शोलों की तरह क्यों दहकती हैं!'' और पंगत में हँसी की लहर फैल गई।

''लेकिन नाना, आपकी कम्पनी के भोजन के बारे में भी काफी सुन रखा है हमने।''

''क्या करें? आजकल हमारे गाने की बजाय हमारे भोजन की ही चर्चा ज्यादा हो रही है। हमारे कुछ कलाकारों को यह नाटक कम्पनी नहीं, बल्कि भोजनालय ही लगता है।'' फिर हँसी के ठहाके लगे। फिर वहीं निश्चित हुआ कि *मानापमान* का अभ्यास तुरन्त शुरू किया जाए। मराठी रंगमंच के एक अद्‌भुत मंचन की रूपरेखा बनाकर ही सभी वहाँ से उठे। देशभक्ति के सामने मान-सम्मान, अहंकार बौने साबित हुए। गांधीजी और लोकमान्य के सामने झुककर इन इनसानों ने अपनी आसमान जैसी ऊँचाई की मिसाल पेश की।

गंधर्व इसी मदहोशी में डेरे पर लौटे और दरवाजे पर आते ही उन्होंने देखा, सामने काकासाहब और बखले बोवा बैठे हुए थे। अत्यन्त जोश में उन्होंने संयुक्त मंचन का समाचार दिया। बोवा खामोश रहे, परन्तु उनके मन में कोलाहल मचा था, गंधर्व ने पहचाना।

''निर्णय में जल्दबाजी क्यों की, नारायण?'' उन्होंने कड़ी आवाज में पूछा।

''जल्दी?'' गंधर्व की समझ में कुछ भी नहीं आ रहा था।

लेकिन बोवा को अपने शागिर्द की सादगी पर आनन्द नहीं आया, बल्कि गुस्सा आया। फिर उन्होंने संयम रखते हुए गंधर्व को समझाना शुरू किया। इस नाटक में धैर्यधर के पद आरोही सुरों के हैं और भामिनी के तनिक धीमे और दुलारपूर्ण सुरों के। इस कारण धैर्यधर के पद भीड़ को मोहित कर सकते हैं। धैर्यधर की भूमिका में कई आयाम हैं। उसके जोश-भरे संवाद, तलवारबाजी, सबकुछ लोगों को मोहित कर सकता है। काकासाहब ने कहा, नाटक चुनना ही है तो कोई और चुनो। गंधर्व स्तब्ध हुए। दोनों गुरु उन्हें समझा रहे थे, ''दोनों में तुलना होगी और तुम्हारे हिस्से में गौणत्व आएगा।'' गंधर्व की इच्छा हुई, पूछें कि एक कलाकार तुलना से क्यों घबराए? तुलना से ही तो पता चलता है कि हम कितने पानी में हैं! पर वे चुप रहे। फिर केवल इतना ही बोले, ''मैंने जबान दी है।''

बोवा पहचान गए, नारायण ने कान बन्द कर लिये हैं। फिर भी वे खुद को रोक नहीं पाए और बोले, ''ठीक है। होने दो मंचन। लेकिन उनसे कहना, *मानापमान* नहीं, *विद्याहरण*। मैंने कसम खाई थी कि अब नाटक नहीं करूँगा। पर कसम तोड़कर मैं लगाऊँगा अपने चेहरे पर रंग। मैं बनूँगा शुक्राचार्य।''

गंधर्व ने पल-भर सोचा और बोले, ''नहीं बोवा, मैं जबान से नहीं मुकर सकता।''

''ठीक है। ऐसा है तो मैं इस उपक्रम में नहीं हूँ।'' बोवा उठे और दरवाजे से बाहर चले गए। काकासाहब भी पल-भर रुके और बिना कुछ बोले बाहर चल पड़े। गंधर्व अकेले हो गए।

लेकिन संयुक्त *मानापमान* की खबर ने रसिकों में खलबली मचा दी। दो दिग्गज कलाकारों को एक साथ देखने का सौभाग्य! साथ में *गंधर्व कम्पनी* के साथ दीर्घावधि अनुबन्ध पर बोडस भी खड़े रहेंगे। टिकटों के लिए अभी से माँग शुरू हो गई। लोकमान्य के ऋण से उऋण होने के शुद्ध भाव से रचा गया था यह प्रपंच, पर लोगों ने इसके अलग-अलग अर्थ लगाने शुरू किए। किसी ने इसे गल्ला कमाने की नाटकवालों की तरकीब

बताया, तो किसी को यह देशभक्ति का ढिंढोरा पीटने का प्रपंच लगा। कुछ लोगों ने तो इसे और अलग रंग दे दिया। ''केशवराव की चतुराई है जी यह, चतुराई।'' बरगद के चबूतरे पर लोगों में गपशप हो रही थी। ''जब से गंधर्व आए हैं, केशवराव का आसन डगमगा गया है! गंधर्व से अपना श्रेष्ठत्व साबित करने का अवसर खोज निकाला है अब उन्होंने।'' केशवराव के प्रति ईर्ष्यालु लोगों को यह सब स्वादिष्ट लग रहा था। फिर तो बोलनेवालों का उत्साह और बढ़ गया। दूसरे ने आग में घी डाला, ''अजी, गंधर्व के रसिकों जैसा अभिरुचिसम्पन्न रसिक दर्शक कहाँ मिलता है उन्हें! इसीलिए इन रसिकों के सामने अपना दमखम दिखाने की चाल चली है अब उन्होंने।''

एक तरफ गांधीजी के इस तिलक फंड के बहाने नरम और उग्र दोनों दल एकसाथ आ रहे थे, और दूसरी ओर कुछ तत्त्व इस कलाकृति को कुश्ती का अखाड़ा बनाने की प्रतियोगिता में लगे हुए थे। गंधर्व को इससे ऊब होने लगी। अभ्यास के दौरान भी उन्हें इसी विचार ने घेर रखा था। केशवराव की गायकी उनकी अपनी पद्धति से खिलती है। उसका तेज अलग। मेरे गाने का लहजा अलग। उसका आनन्द लेने की बजाय तुलना के ये निकष क्यों? गंधर्व को यों विचारलीन देखकर केशवराव ही उनके पास आए। बोले, ''दर्शकों में रसिक और जानकार लोग मुट्ठी ही भर होते हैं। बाकी होते हैं तमाशबीन। अरे भाई, रसिक और तमाशबीनों में अन्तर होता है।'' और दोनों खिलखिलाकर हँस पड़े।

संयुक्त *मानापमान* के मंचन में सभी ने भीड़ मचाई। रसिकों ने, जानकार लोगों ने और तमाशबीनों ने भी...।

8 जुलाई, 1921 का दिन। आज ग्रांट रोड की तरफ जानेवाली हर सड़क बालीवाला ग्रांट थिएटर की दिशा में दौड़ रही थी। कोल्हापुर, नासिक, पुणे, शोलापुर, बड़ौदा, भोपाल...सभी दिशाओं से लोग आ रहे थे। थिएटर के बाहर लबालब भीड़ थी और भीतर रंगशाला में दो दिग्गज सज-धज रहे थे। व्यंकटेश पेंढारकर ने ऑर्गन पर लगा मलमल का कपड़ा हटाया। दूसरी तरफ राजण्णा तबला लगा रहे थे। बोडस ने लक्ष्मीधर की पोशाक पहनी। तभी हमेशा की तरह गंधर्व का दूध का बड़ा-सा प्याला आया। प्याला हाथ-भर ऊँचा था। मंचन से पहले दूध पीने की गंधर्व की आदत। लेकिन हाथों में प्याला आया और गंधर्व दुविधा में, क्योंकि केशवराव अतिथि थे। उन्होंने प्याला केशवराव की तरफ बढ़ाया और अपने लिए दूसरा प्याला लाने को कहा। लेकिन केशवराव भी दुविधा में। मंचन से पहले कुछ खाने-पीने की उनकी आदत नहीं थी। लेकिन इतने आग्रह से दिया गया दूध का प्याला। मना भी कैसे करें? उन्होंने प्याला लिया और मुँह से लगा लिया। रंगशाला में केशवराव के पक्ष की कुछ नजरें चोरी-छिपे परस्पर टकराईं। कुछ लोगों के मन में सन्देह का कीड़ा कुलबुलाया। दूध में कुछ...। लेकिन न देनेवाले के मन में छल था न लेनेवाले के। केशवराव ने प्याला खाली किया और दोनों मंचन के लिए तैयार हुए।

बाहर टिकट ऊँचे दामों पर बिक चुके थे। द्वारकानाथ खास ग्वालियर से पधारे थे। बगल में भस्मे भी थे। साने भी भीड़ में कहीं थे। साथ में उनकी अर्धांगिनी भी थी। मोहनदास, कलेक्टरनी साहिबा। मराठी ही नहीं, गुजराती, मारवाड़ी, दक्षिण भारत के दर्शक भी थे।

थिएटर का दरवाजा खुल गया और दर्शकों का रेला भीतर आया। जितने लोग भीतर थे, बाहर भी उतने ही खड़े थे। कुछ कानों तक पहुँचेगा ही, इस आशा में...।

लेकिन खचाखच भरे प्रेक्षागार में बखले बोवा नहीं थे। नारायण के निर्णय से आहत होकर वे सतारा, अपनी ससुराल जा बैठे थे। अज्ञातवास!

गंधर्व रंगभूषा कर तैयार हुए और अपना आँचल सँभाला। अण्णासाहब की प्रतिमा को प्रणाम किया और पीछे मुड़े। और क्या देखा? पीछे केशवराव खड़े। विलक्षण सुन्दर रूप। "वाह, केशवराव वाह! मर्दाना सुन्दरता की साक्षात् मिसाल हैं आप।"

केशवराव हँस दिए। बोले, "नाना, मुझे डर लग रहा है।"

"भगवन्, आप जैसा गानसूर्य और डर?"

"हाँ नाना, इतनी सुन्दर भामिनी सामने आने पर कंठ से आवाज फूटेगी भी या नहीं, यही डर।"

दोनों खिलखिलाकर हँस पड़े। "चलिए।" गंधर्व आदरपूर्वक उन्हें रंगमंच की तरफ ले गए। पूजन हुआ। बाकायदा घंटी बजी और रसिकों की धड़कनें रुक गईं। साँस रोके सभी देखने लगे। और प्रारम्भ हुआ संयुक्त *मानापमान* का अद्भुत मंचन।

सूत्रधार वालावलकर आए और मंगलाचरण की शुरुआत हुई—*नमन नटवरा विस्मयकारा...।* मंगलाचरण में लोग खो गए। लेकिन उन्हें प्रतीक्षा थी गंधर्व के प्रवेश की और 'नहीं, मैं बिलकुल नहीं आऊँगी' संवाद के साथ गंधर्व ने प्रवेश किया। तालियों की गड़गड़ाहट हुई। छप्परतोड़ तालियाँ। गंधर्व को देखकर द्वारकानाथ भस्मेजी से बोले, "आज भी कितना सुन्दर दिखते हैं ये!" लेकिन भस्मे ने कोई जवाब नहीं दिया। फिर गंधर्व का गायन शुरू हुआ। अपने प्राकृतिक लहजे में उन्होंने गाया। फिर प्रवेश हुआ केशवराव का। उनका वह आरोही सुर...उसमें कड़कती दामिनी की चमक। और वन्स मोर की ताली गूँज उठी और दो मिनट गूँजती ही रही। केशवराव ने फिर गायन शुरू किया...फिर तालियों की गूँज...फिर गायन शुरू और फिर तालियों की गूँज...। गंधर्व ने रंगमंच से ही केशवराव की तरफ देखा। "वाह, आज कैसा बढ़िया सुर लगा है केशवराव का।" वे भी कौतुक से देखने लगे और केशवराव ने कमाल कर दिया। एक-एक पद ऐसी तन्मयता से गाया कि सभी रसिक तृप्त हो गए। "खा गए जी केशवराव आपके गंधर्व को, खा गए।" भस्मे एक अलग ही खुशी में तैर रहे थे। "फीका पड़ गया आपका गंधर्व आज की जुगलबन्दी में।" वे द्वारकानाथजी के कानों में फुस्फुसाए। लेकिन गंधर्व के चन्द्र की तरह शीतल तानें और केशवराव के सूर्य जैसे तेजस्वी गान की तुलना करना द्वारकानाथजी को अच्छा नहीं लग रहा था। वे दोनों के गानों का लुत्फ उठाते हुए सामने देखने लगे।

धैर्यधर बने केशवराव भामिनी बने गंधर्व के पास आए। "तुम्हारे मुख के सिवा अन्य जगह भी चन्द्रमा रह सकता है, इससे तुम्हें ईर्ष्या हो रही है, न! हाँ, बिलकुल यही; तुम्हारे ही हाथों से यह पगड़ी हमारे सिर से उतरनी चाहिए। जी हाँ, बिलकुल यही; यही हमारी जिद है।"

"अब क्या करें?" कहते हुए गंधर्व आगे बढ़े और झुक गए। सहजता से उन्होंने धैर्यधर के जूते उठाए और पल्लू से पोंछने लगे। केशवराव चकित। नाटक का अपना

किरदार भूलकर वे आगे आए। बोले, ''नाना! नहीं नाना, आप बड़े हैं। आप नहीं उठाएँगे मेरे जूते।'' गंधर्व सम्भ्रम में। सामने कतार में बैठे लोगों को भी सुनाई दिए ये शब्द। द्वारकानाथ तो चकित होकर देखते ही रह गए। तभी लोगों की समझ में न आए, ऐसे अन्दाज में गंधर्व मुड़े और बोले, ''भगवन्, यह क्या? यह नाटक है। भामिनी उठा रही है जूते धैर्यधर के। मुझे उठाने दीजिए।'' कहते हुए उन्होंने जूते उठाए। केशवराव की आँखें भर आईं; और साथ ही पहली दो-चार पंक्तियों में बैठे दर्शकों की आँखें भी नम हुईं। दिग्गजों का बड़प्पन उन्हें करीब से देखने को मिला था...।

नाटक में पल-पल रंग चढ़ता गया। द्वारकानाथ, मोहनदास जैसे जानकार लोगों ने केशवराव और गंधर्व की गायकी की छोटी-बड़ी जगहों का, उनकी गायकी का खूब मजा लूटा था। रसिकों ने भी जिन्दगी-भर के लिए सँजोकर रखने योग्य कलाकृति का आस्वादन किया था और तमाशबीनों ने दोनों की तुलना के तराजू में बिठाकर दोनों में श्रेष्ठ कौन, विषय की जुगाली शुरू की थी।

मंचन समाप्त हुआ। लोग अपने-अपने घर गए। बापूराव उत्साह से थिरकते हुए भीतर आए। बोले, ''नाटक का पहला टिकट सौ रुपये का था, और आखिरी पाँच रुपये का। उपहार, सोने के गहने, सब मिलाकर साढ़े-सोलह हजार रुपयों की आदमनी हुई है। थिएटर के मालिक ने थिएटर का किराया भी फंड में दान दिया है।'' आमदनी देखकर सभी खुश हुए। फिर केशवराव ने गंधर्व से पूछा, ''नाना, आप कर्ज की चिन्ता मत कीजिए। अब *सौभद्र* करेंगे, *मानापमान* के भी शो करेंगे। देखते ही देखते आपका कर्ज चुका देंगे।'' गंधर्व का गला भर आया। इन शब्दों से बापूराव, विसूभाऊ सभी का धीरज बँध गया। सचमुच, केशवराव के साथ शो करेंगे तो देखते ही देखते कर्ज चुकता हो जाएगा। वे गंधर्व की प्रतिक्रिया की प्रतीक्षा करने लगे। गंधर्व केशवराव के पास आए। उनके हाथ जोड़े, और बोले, ''भगवन्, कर्ज मेरे कारण हुआ है, उसे मैं ही चुकाऊँगा।'' बापूराव, विसूभाऊ के चेहरे पर कालिमा छा गई।

गंधर्व आँचल सँवारते हुए भीतर चले गए। केशवराव ने सिन्धू के चरित्र में भामिनी को जाते हुए देखा। वे सोच में पड़ गए, कैसा जटिल मन बनाया है विधाता ने इस इनसान का। एक तरफ मित्र पर भरोसा करके सबकुछ गँवा बैठा है, और दूसरी तरफ सहायता के लिए आगे आ रहे सभी हाथों को नकार खुद को कष्ट में झोंककर कर्ज चुकाने चल पड़ा है?

संयुक्त *मानापमान* का कवित्व काफी समय तक टिका रहा। *सन्देश* अखबार में कोल्हटकर ने लिखा, *मानापमान* में केशवराव ने गंधर्व को पराजित कर दिया। अखबार पढ़कर गंधर्व ने हँसकर उसे अलग रखा। अब गंधर्व को बखले बोवा के विरोध का कारण समझ में आया। लेकिन उन्हें अपने निर्णय से पश्चाताप नहीं हुआ। इस समय तुलना का विचार करना उन्हें बचकाना प्रतीत हुआ। उनके मन में बसी थी बस केशवराव की निर्मलता।

उसी उत्साह और लगन से *सौभद्र* का अभ्यास शुरू हुआ। इसे भी लोगों ने बहुत सराहा। वहाँ गंधर्व की गायकी का प्रभाव अधिक पड़ा। इस बार सन्देशकार ने लिखा, ''गंधर्व ने केशवराव को जीत लिया।'' गंधर्व को इस बार भी हँसी आई। किनारे पर खड़े रहकर बातें करना कितना आसान होता है। इन लोगों को टक्कर और प्रतियोगिता में अन्तर

ही पता नहीं है। दो नामचीनों के बीच परस्पर ईर्ष्या होना क्या इतना जरूरी है? उन्होंने अखबार रख किया। दिनू सामने खड़ा था। दिनू से और खुद से बात करने की तरह वे बुदबुदाए, 'लोग चाहे जो कहें, पर हममें परस्पर ईर्ष्या नहीं है।' और वे नहाने चल दिए। उन्हें पता था कि गंधर्व हो या केशवराव, दोनों राजर्षि शाहू महाराज नामक बरगद की बरोहें हैं...।

सौभद्र के मंचन के बाद केशवराव मुम्बई चले गए और गंधर्व कर्ज चुकाने के उपक्रम में डूब गए। स्वराज्य फंड में मदद देने के सन्तोष से उनका मन उल्लसित हुआ था। उनके दिमाग में नई-नई योजनाएँ उभरने लगी थीं। उन्होंने एक कागज लिया और कामों की सूची बनाने लगे। नए नाटकों की आवश्यकता थी। इसके लिए उन्होंने पहले नम्बर पर लिख दिया कि गुर्जर, यशवन्त टिपणीस, वसन्तराव को नया नाटक लिखने का आग्रह करना है। बोडस ने स्वास्थ्य की शिकायत के कारण अवकाश ग्रहण करना तय किया था। इसलिए नए कलाकार की खोज...। गंधर्व सूची बनाने में मशगूल हो गए। लेकिन नियति ने फिर एक बार उन पर प्रहार करने के लिए हथियार तेज किया था। गंधर्व के एक और आत्मीय को निवाला बनाने के ताक में थी वह। सूची पूरी होने को आई और हाँफते हुए विसूभाऊ आए।

"नाना...।" उन्होंने पुकारा।

गंधर्व ने बिना गर्दन उठाए ही हुँकार भरी।

"नाना, केशवराव...चल बसे...।" उन्होंने गर्दन ऊपर उठाई।

"जी हाँ नाना, केशवराव मुम्बई गए थे। विषमज्वर की बीमारी और...।" गंधर्व की कुछ भी समझ में नहीं आया। वे उद्विग्न हुए। उन्हें दिखाई देने लगे, हाथों में हाथ लेकर धीरज बँधानेवाले, 'नाना कर्ज चुका देंगे' कहनेवाले, 'आप बड़े हैं' कहकर जूते उठाने से मना करनेवाले, दमकती दामिनी के समान तानें भरनेवाले उदारमना केशवराव। क्यों? क्यों इस तेजस्वी गानसूर्य को नियति के धोखेबाज बादलों ने भरी दोपहरी में ढँक दिया? क्यों?

"नाना, लोगों का कहना है, केशवराव ने एक हीरा खरीदा था और उसी का कुप्रभाव पड़ा उन पर। वही खा गया उन्हें।" विसूभाऊ बोल रहे थे और गंधर्व की आँखों से आँसू छलक रहे थे। छलकते आँसुओं को रोकने का एहसास भी उन्हें न रहा। फिर एक बार नियति ने उन पर प्रहार किया था। वे बोले, "नहीं विसूभाऊ, नहीं। हीरे ने हीरे पर कुप्रभाव नहीं डाला, बल्कि इस गानहीरे का तेज ही रंगमंच सह नहीं पाया। नियति ने केशवराव को यातनाएँ दीं, दौड़धूप दी, पर हर घटना से वे और तराशे गए, और निखरते गए और कान्तिमान होते गए, दमकते...।" और गंधर्व से आगे बोला ही नहीं गया। केशवराव की सुरीली यादों में वे तड़पते रहे...तिलमिलाते रहे...।

लाड़ साहब का केवल कम्पनी के कारोबार पर ही ध्यान नहीं था, बल्कि उन्हें गंधर्व की देखभाल भी जरूरी लग रही थी। गंधर्व का पहला दायित्व है कर्ज चुकाना और उन्हें विश्वास था कि वे अपने दम पर इसे निभा सकते हैं। पर साथ में यह चिन्ता भी खाए जा रही थी कि इस दायित्व के बोझ तले गंधर्व के भीतर का कलाकार कहीं कुम्हला न

जाए। आज तक गंधर्व गर्दन उठाकर जिए हैं। उनकी गर्दन झुकी है केवल सम्मान में। शर्म अथवा लज्जा से नहीं। इसलिए लाड़ साहब ने कम्पनी में ऐसा माहौल बनाना शुरू किया, मानो कुछ हुआ ही नहीं। कम्पनी में आने-जानेवालों का स्वागत उसी तरह हो रहा था। भोजन की थाली में उतने ही ढीले हाथों से घी-शक्कर पड़ रही थी। वे कलाकार की देखभाल कर रहे थे।

आज भी लाड़ साहब कम्पनी के डेरे पर आए। गंधर्व रियाज कर रहे थे।

"आइए भगवन्," गंधर्व ने स्वागत किया।

"कैसा लगा?" सवाल पर लाड़ साहब मुस्कुराए। कई बार उनसे सवाल किया जाता, 'कैसा लगा गंधर्व का गाना आपको?' वे खुले दिल से कहते, 'मुझे इसमें कुछ भी समझ नहीं आता। पर जब इतने लोगों को अच्छा लगता है, मतलब अच्छा ही होगा।' लेकिन आज बिना कोई उत्तर दिए वे सामने रखे लोटे से पानी पीने लगे। तभी गुंडेशा खबर लाया कि कासिम आया है। पीछे-पीछे कासिम भी आ गया। बीस-तेईस की उम्र का कासिम कम्पनी के वाद्यों की मरम्मत करता था। कम्पनी के वाद्य बेसुरे हो जाने पर मरम्मत के लिए उसी की दुकान में जाते थे। उसके अब्बाजान के जमाने से यह दस्तूर जारी था। कम्पनी को नए वाद्य मुहैया कराने का दायित्व भी इसी परिवार पर था। कासिम के अब्बाजान मक्का-शरीफ जा रहे थे, इसलिए धन्धा उसके हाथों में सौंप दिया था उन्होंने। लाड़ साहब ने उसकी तरफ देखा। उसने पहले गंधर्व को और बाद में लाड़ साहब को चरणस्पर्श कर प्रणाम किया। "भगवन्, ऑर्गन कुछ ज्यादा ही रो रहा है।" गंधर्व ने कासिम को कोने में पड़ा ऑर्गन देखने का इशारा किया। उसने ऑर्गन देखा। चलाकर भी देखा और मुँह बनाकर गर्दन हिलाई। "वह तो पूरा खराब हो गया है।" फिर अनुमान लगाकर खर्च का आँकड़ा भी बताया। गंधर्व चुप हो गए। अब जब भी किसी खर्च की बात निकलती, वे चुप हो जाते। लाड़ साहब को उनकी यह चुप्पी खल गई। कासिम भी जवाब की प्रतीक्षा करने लगा। एक खामोशी फैल गई। बस पिछले कुएँ से रहट की आवाजें पार्श्वसंगीत की तरह आ रही थीं। फिर कासिम ही बोला, "ये बूढ़ा हो गया है। अब्बाजान के पास एक नया ऑर्गन आया है। चीज महँगी है, पर है कमाल की।" गंधर्व के चेहरे पर एक उदासी फैल गई। पर उसमें भी वे हँस दिए। बोले, "भगवन्, इसी को ठीक कर दीजिए।" कासिम ने गर्दन हिलाई। गंधर्व भीतर गए। कासिम भी चलने लगा। पर तभी गुंडेशा मसाला दूध ले आया और उसे रुकना पड़ा। वैसे भी, कम्पनी में आना यानी दूध पक्का। भोजन के समय पर तो पेट-भर भोजन किए बिना जाना असम्भव। उसने दूध पीना शुरू किया। लाड़ साहब विचारों में खो गए। साड़ी का तनिक कलाबत्तू निकल जाना जिस आदमी से सहा नहीं जाता था, वही आज बेसुरा ऑर्गन चला रहा है! जब उन्होंने कहा, 'इसी को ठीक कीजिए' तब कितने टूटे होंगे वे भीतर से! पर दो हजार का खर्च करें नए ऑर्गन के लिए? वे भी उलझन में फँस गए। कासिम ने प्याला नीचे रखा। "हुकुम", कहते हुए अदब से झुका और मुड़ा। वह बाहर निकलने ही वाला था कि लाड़ साहब ने उसे पुकारा, "कासिम, बेटा कल वह ऑर्गन भेज देना।"

"जी? नया?" कासिम की आँखें फैल ही गईं।

"हाँ, कल लेकर ही आना। आदमी भेजता हूँ मैं सुबह।"

"जी...जी...।" वह खुशी से चला गया। उसका मन उल्लसित हुआ। उसे यकीन था कि यह ऑर्गन *गंधर्व कम्पनी* में ही शोभा दे सकता है। उसकी दुकान से सरदारों, अमीरों के घर साज जाते थे। उनकी बैठक की शोभा बढ़ाते थे। इस तरह कोने में सजा रखे साज अब्बाजान को भूसा भरे बाघ-हिरन की तरह लगते थे, बेजान। वे अक्सर कहते, "साज तो खरीद लोगे जनाब, पर सुर कहाँ से खरीदोगे ? सुर साजिन्दों के दिल से निकलते हैं। साज तो बस बहाना हैं।"

सुबह होते ही ऑर्गन डेरे पर पहुँच गया। वह नया चमचमाता ऑर्गन देखकर गंधर्व विस्मित हो गए। वे उस पर हाथ फेरने लगे, मानो नवजात अर्भक के गाल पर प्यार से हाथ फेर रहे हों। कासिम का गला भर आया। वापिस लौटते समय उसका मन तृप्त लग रहा था।

'दो हजार का ऑर्गन खरीदा लाड़ साहब ने ?' सभी की भवें तन गईं। गंधर्व की फिजूलखर्ची पर अंकुश लगाना छोड़कर खुद ही फिजूलखर्ची कर रहे हैं लाड़ साहब! लेकिन लाड़ साहब को यह खर्च खर्च लग ही नहीं रहा था। उन्हें पता था, वे क्या कर रहे हैं। यह मात्र एक भावुक निर्णय नहीं था, व्यावहारिक निर्णय भी था। वे समझ चुके थे कि *गंधर्व कम्पनी* अब एक खम्भे का तम्बू है और इसे चलाने के लिए गंधर्व का खुश और सन्तुष्ट रहना बहुत जरूरी है। सभी इकट्ठा हुए। रियाज शुरू हुआ और हरिभाऊ देशपांडे ने गंधर्व को ऑर्गन का सुर दिया। गंधर्व ने उसमें अपने सुर मिला दिए और लाड़ साहब जान गए, गंधर्व को उनका खोया हुआ सुर वापिस मिल गया है। वे निश्चिन्त होकर बाहर आए। वैसे भी उनमें गायकी की समझ थी कहाँ ?

रात में संगीत *शारदा* का मंचन था। *शारदा* कम्पनी की दुधारू गाय थी। *सौभद्र, स्वयंवर, मानापमान* सोने की खदानें थीं। गंधर्व का नाम था, ख्याति थी। इतना सामान होने पर सिर पर सवार कर्ज के भूत से क्या डरना ? आज भी कुछ ही टिकट बचे थे।

गंधर्व प्रसन्नता से रंगभूषा के लिए बैठे गए। चेहरे पर पानी का छपाका मारा, कपड़े से चेहरा पोंछा और उनकी नजर अपने बालों की तरफ गई। झड़ रहे हैं बाल अब। नए विग मँगाने चाहिए। बालों से होती हुई उनकी नजर अपने चेहरे की तरफ गई और उस पर वे अपनी बढ़ती उम्र के चिह्न खोजने लगे। पलकों के नीचे, गालों पर...। नहीं-नहीं, अभी तो जवान दिख रहा हूँ मैं। पर पलकों के नीचे ये रेखाएँ कैसी ? कर्ज चुकाने की चिन्ता कहीं चेहरे पर तो नहीं फैल रही है ? वह तनाव कहीं दिख तो नहीं रहा है ? हो गया हूँ अब मैं तैंतीस का...देह भी तनिक मुटाती जा रही है। योगासन बढ़ाने चाहिए। मालिक बनने की जिम्मेदारी के कारण एक वयस्कता रिसने लगी मेरे भीतर। उन्होंने आँखों में काजल लगाया। उनके खास रंगभूषाकार ने उनके चेहरे पर कुशलता से *शारदा* अंकित करना शुरू की। सुकुमार, युवा *शारदा*।

अभी कोई कमी नहीं आई है मेरी सुन्दरता में। वे दर्पण के सामने खड़े हो गए। आँखों के नीचे पाउडर की एक पर्त चढ़ाई। गालों पर भी...। कुछ छिपाना चाह रहा हूँ मैं ? उनकी नजर दर्पण पर पड़ी। दिनू नजर आया। सुकुमार, युवा दिनू। *शारदा* की पात्र वल्लरी के रूप

में। छरहरा बदन और अल्लड़पन। उसकी हरकतों में, बर्ताव में ही उसकी सुकुमार उम्र झलकती थी। अपने आप गंधर्व के मन पर एक अज्ञात कुशंका ने कालिख पोतनी शुरू की। वे नेपथ्य में गए। दर्शक नाटक में मग्न थे। फिर गाना शुरू हुआ, *म्हातारा इतुका न अवघे पाऊणशे वयमानऽऽऽ*[1] और दर्शकों में हास्य के फौवारे छूटने लगे। दरअसल, गंधर्व का पसन्दीदा गाना था यह। बुढ़ापे का बहुत ही कमाल का और मजाकिया वर्णन किया था देवलजी ने इसमें। कभी-कभी तो उन्हें दिनू और बाकी लोगों की तरफ देखकर हँसी भी आती थी। लेकिन पता नहीं क्यों, आज वे गम्भीर ही थे। *दन्ताजीचे उठले ठाणे, नन्ना म्हणती मान... ।*[2] उन्हें लगा, सारे दर्शक उन्हीं की तरफ देख रहे हैं, उन पर हँस रहे हैं।

काफी देर तक उन्हें यही लगता रहा। फिर नाटक खत्म हुआ। वे रंगभूषा उतारने लगे। रंगभूषा उतारकर बाहर रंगमंच के पास आए। फिर एक बार उन्होंने घुटने टेककर रंगदेवता को प्रणाम किया और उठे।

लाड़ साहब आए। बोले, ''यह *शारदा* बिलकुल सदाबहार है। बासी लगती ही नहीं रसिकों को। बिलकुल चिरयुवा। आमदनी भी अच्छी हुई हैं।'' पीछे से नौकर उस नए ऑर्गन को सँभालता हुआ ले जा रहा था। उस ऑर्गन का नयापन गंधर्व ने दूर से भी भाँप लिया।

''पुराने ऑर्गन का क्या करेंगे?'' उन्होंने यूँ ही पूछा। अँधेरे में से जवाब आया, ''बापूराव ने कहा है, कबाड़ में बेच देंगे।''

गंधर्व के कलेजे में दर्द हुआ। इस नाटक के धन्धे में साज हो या इनसान, काम खत्म हो जाने पर सबको कबाड़ में जाना होता है। उन्हें अचानक अपने माथे पर पसीने की बूँदें महसूस हुईं। उन्होंने हाथ से चेहरे का पसीना पोंछा। लेकिन पता नहीं क्यों, उन्हें अपना चेहरा तनिक सख्त लगा...झट से उन्होंने हाथ पीछे खींच लिया।

वे बाहर जाने लगे।

लाड़ साहब साथ ही थे। ''नारायणराव, श्रीपाद कृष्ण ने पूछा है, उनका नया नाटक पढ़कर पूरा हुआ?''

''*वीरतनय* न?'' गंधर्व ने पूछा। ''पढ़ा है। बहुत बढ़िया बन पड़ा है। उनसे कहिए, नाटक हमने ले लिया है। और हाँ, उनसे कहना, उसमें शूरसेन की भूमिका मैं करूँगा।'' और गंधर्व बाहर चले गए। लाड़ साहब सम्भ्रम में।

गंधर्व और शूरसेन बनेंगे?

गंधर्व और पुरुष भूमिका में? दर्शकों तक यह खबर पहुँची और उनकी उत्सुकता भी चरम तक पहुँच गई। लोग ही नहीं, गंधर्व भी खुद को पुरुष भूमिका में देखने के लिए उत्सुक थे। गणपतराव बोडस होते, तो यह परिवर्तन बहुत आसान हो जाता। वे सिखाते मुझे। लेकिन बोडस कम्पनी में नहीं थे, इसलिए उन्होंने चिन्तोबा गुरव को बुला लिया। अभ्यास शुरू हुआ और चिन्तोबा समझ गए, काम तनिक कठिन है। गंधर्व स्त्री भूमिकाएँ करनेवाले अन्य नटों की तरह स्त्रैण कभी नहीं थे। फिर भी उनकी प्रकतिगत कोमलता

1. ज्यादा बूढ़ा नहीं, बस पछत्तर की उम्र।
2. दाँत गिर गए और गर्दन भी हिलती हुई ना-ना कर रही है।

स्त्री-भूमिका में उनके काम आती थी। लेकिन शूरसेन की भूमिका में उन्हें दिखानी थी पुरुष की बेफिक्र प्रवृत्ति। पुरुषों की धाँधलेबाजी और गँवारपन। लेकिन गंधर्व की मूल प्रकृति से पूरी तरह विपरीत ऐसे भाव निकलवाना बहुत मुश्किल काम था। ऐसे में, अनेक वर्षों से एक ही पैर पर भार देकर खड़े रहने की उनकी आदत। बोलते समय दिख पड़नेवाली कोमलता। चिन्तोबा को हर बार कहना पड़ता, 'नारायणराव, तनकर खड़े रहिए। एक पर नहीं, दोनों पैरों पर भार दीजिए। गर्दन सीधी कीजिए और साँस भरकर सीना बाहर निकालिए।' दरअसल, गंधर्व रोज योगसन-प्राणायाम करते थे, जिससे उनकी देह मानक बनी हुई थी। लेकिन उसी देह में सालों से वास कर रही उस स्त्री को हाथ पकड़कर बाहर निकालना! चिन्तोबा अपनी तरफ से पूरा प्रयास करते रहे और गंधर्व भी किसी विनम्र छात्र की भाँति सबकुछ आत्मसात करते रहे।

वीरतनय का मंचन शुरू हुआ। इस अनोखे मंचन के लिए भी भारी भीड़ जुट गई। गंधर्व रंगभूषा के लिए बैठे। देह पर वीर की पोशाक चढ़ाई। रंगमंच पर प्रवेश किया और तालियों की गड़गड़ाहट हुई। लोगों को गंधर्व का यह रूप भी भा गया। अपने गंधर्व को पुरुष रूप में देखने में भी उन्हें मजा आने लगा था। गंधर्व भी अभ्यास के अनुसार सबकुछ हूबहू कर रहे थे। लोगों की दृष्टि में प्रशंसा थी, पर शूरसेन को उन्होंने दिल से स्वीकार नहीं किया। उनकी बात छोड़ो, खुद गंधर्व ने भी नहीं। गंधर्व को यही लगता रहा कि शूरसेन के भेस में उन्हें जैसे-तैसे ठूँसा गया है। भामिनी या सुभद्रा की वेशभूषा में कितनी सहजता से विचरता हूँ मैं। हाव-भाव भी अपने आप होते रहते हैं। अपने आप भवें हिलती हैं, पलकें फड़कती हैं, होंठ भी लाल हो जाते हैं। लेकिन यहाँ न भुजाएँ फड़कीं न जोश आया... । मैं इन कपड़ों में पराए की तरह विचरता रहा हूँ। और स्त्रीवेश...ऐसा लगता है, मानो त्वचा की तरह जन्म के पहले से वह मेरे साथ है।

मंचन खत्म हुआ। गंधर्व ने शूरसेन के वस्त्र उतारे। अपनी हाफ पैंट पहन ली। आधी आस्तीनों की कमीज, सिर पर टोपी। वे दर्पण से दूर हुए। पीछे देखा तो लाड़ साहब खड़े थे। उन्होंने पूछा, "नारायणराव, कैसा रहा मंचन?" गंधर्व हँस दिए। बोले, "भगवन्, खैरियत रही कि शूरसेन का काम करते-करते दामन पर हाथ नहीं गया। इसी में सबकुछ समझ जाइए।"

रात में डेरे पर नए नाटक जैसी भीड़ नहीं थी। पंगत में भी बहुत ज्यादा लोग नहीं थे। शायद वे सोच रहे हों कि गंधर्व से कहेंगे भी तो क्या? और सच कैसे बोल दें? सभी ने भोजन किया और गद्दे बिछा दिए।

गंधर्व अपने कमरे में जाकर लेट गए। पर नींद नदारद। मन ही मन वे जान गए कि मैंने ही यह साँचा बनाया और आप ही उसमें फँसता गया। केशवराव, भाऊराव स्त्री-भूमिका से बाहर निकल गए, पर मुझसे यह न हो सका। गंधर्व भीतर से हिल गए। बाहरी चेहरे पर पुता हुआ स्त्री-भूमिका का रंग...मेरे भीतर इस तरह कब्जा करे? स्वाँग रचाने के लिए अपनाए हाव-भाव, ढंग रंगमंच पर ही छोड़कर आता रहा हूँ मैं। लेकिन मन में कहीं वह स्त्री अड्डा जमाए तो नहीं बैठ गई? मैं पुरुष हूँ। बाल-बच्चे और सुखी गृहस्थी का स्वामी। पर किसे देखना है मेरे भीतर का पुरुष? शूरसेन की भूमिका में मैं कहीं भी

उन्नीस नहीं था, फिर भी...! कितनी मेहनत से खोदकर निकाला था मैंने स्त्री को अपने तन-मन से बाहर। पर अब...स्त्रीवेशधारी गंधर्व...यही मेरी पहचान, यही मेरी नियति है। कलाकार अपनी प्रतिमा रचता है। उसके लिए दिन-रात मेहनत-परिश्रम करता है। फिर वह प्रतिमा ही उसकी देह से चिपक जाती है। स्वाँग के लिए पहना मुखौटा हमेशा के लिए चेहरे पर चिपक जाने की तरह। फिर लोग उस मुखौटे को ही चेहरा मान लेते हैं। इसके बाद असली चेहरा चाहे जितनी अपनी पहचान देता फिरे, उसे कोई नहीं पूछता। कुछ ऐसा ही...।

उन्होंने करवट बदली। दीवार पर उन्हें एक मकड़ी दिखाई दी...कितनी मेहनत से उसने अपना जाल बुना था। कितना सुन्दर नक्काशीदार जाल। लेकिन जाल बुनते-बुनते वह खुद ही उसमें फँसती चली गई थी। अपने ही कोए में बन्द हो गई थी। कुछ देर उसने जद्दोजहद की बाहर निकलने की। गंधर्व उस जद्दोजहद को देखते रहे। देखते-देखते कब नींद आ गई, उन्हें भी पता नहीं चला। रात में सपने में उन्हें फिर वही मकड़ी दिखाई दी। अपने ही कोए में उलझती, जूझती, बेदम होती जाती। उन्होंने देखा कि अब उसके जाले के धागे सुनहरे हैं, कलाबत्तू के हैं...परिचित मालूम हुए वे कलाबत्तू उन्हें। कहीं वे कलाबत्तू उनकी सुभद्रा, भामिनी की साड़ी के तो नहीं थे? वे उसे निरखते रहे। ढूँढ़ते रहे। बाहर घने अँधेरे ने सारी दुनिया को अपना ओढ़ावन ओढ़ाया था। निरपेक्ष भाव से। उसे न उस मकड़ी से कुछ लेना-देना था, न गंधर्व से।

रात का घना अँधेरा मन में लिये ही गंधर्व सुबह उठे। बाहर बापूराव बैठे हुए थे। *वीरतनय* ने अच्छी आमदनी दी थी। बापूराव *वीरतनय* के और शो लगाने की तैयारी में थे। लेकिन गंधर्व ने ही कह दिया, ''कौतुक के तौर पर कुछ शो करेंगे और लोगों के रोकने से पहले हम ही इसे रोक देंगे।'' गुंडेशा कचरा हटाने लगा और गंधर्व उसमें कल की मकड़ी ढूँढ़ते रहे...।

सभी ने राहत की साँस ली। अच्छा हुआ गंधर्व ने पुरुष भूमिका की जिद खुद ही छोड़ दी। अब आगे के लिए सब आसान था। लाड़ साहब को और अब गंधर्व को भी यह एहसास हो गया था कि वे स्त्री-वेश में ही यह कर्ज उतार सकते हैं। बाद में *आशा-निराशा, नन्दकुमार* आदि नाटक आए। इन नाटकों में आमदनी भी अच्छी होती रही लेकिन नेपथ्य में खड़े गंधर्व को लगता रहा कि इनमें दिल नहीं लगता। इनमें न *स्वयंवर* के कलाबत्तू हैं, न *मानापमान* की वह ऐंठ है और न ही *एकच प्याला* की गरिमा। सीधे, सपाट। कोई चुनौती नहीं। लेकिन मंचन होना तो चाहिए। क्योंकि कम्पनी है, लोग हैं और कर्ज भी तो है!

मंचन होते रहे, आमदनी होती रही। परदा खुलने पर गंधर्व किसी यंत्र की तरह काम शुरू करते और परदा गिरने पर रुक जाते। लोग भी बस गंधर्व को देखना चाहते थे। लेकिन उनमें *सौभद्र, शारदा* का जादू नहीं था। गंधर्व को भी एहसास था कि मैं किसी क्लर्क की तरह काम कर रहा हूँ। मगर करें क्या? आया दिन धकेलना तो चाहिए! लेकिन क्यों धकेल रहा हूँ मैं यह? क्यों?

लेकिन जब *सौभद्र* या शाकुन्तल का मंचन होता, वे खिल जाते। उम्र बढ़ चली थी, फिर भी लोग *सौभद्र* देखने आते। क्योंकि आज भी 'भैया, वे आ गए?' संवाद बोलते समय उनके गालों पर गुलाब खिलते थे। 'कंकर मारना हो तो' कहते समय वे भूल जाते कि अब वे पैंतीस के हो गए हैं। और जब नट अपनी उम्र भूलकर भूमिका में घुल-मिल जाता है, तब लोग भी उसकी उम्र भूल जाते हैं। जब-जब नाटक की उनकी भूमिकाएँ इस तरह बढ़ती उम्र पर मात करतीं, तब तब वे खुश हो जाते और कहते—है, अभी काफी समय है। फिर मंचन में और रंग चढ़ जाता। दर्शकों पर अभी भी गंधर्व की मोहिनी है, इससे उन्हें एक अलग ही खुशी मिलती। और मेरा कंठ भी तो है! रियाज, मेहनत से बरकरार रखा है उसे। बखले बोवा, मास्टर कृष्णराव के साँचे में ढाला है उसे।

गुंडेशा ने नहाने का पानी निकाला। उसमें दूध की हाँड़ी उँड़ेली और गुलाब की पंखुड़ियाँ भी डालीं। गंधर्व स्नान के लिए चल दिए। तभी एक सज्जन ने कोठी का दरवाजा खोला। ''नारायणराव, नारायणराव!'' पुकारते-पुकारते वे भीतर ही घुसे चले आए। गंधर्व को देखकर उनके पास आए। कपड़ों से सज्जन काफी सम्भ्रान्त लग रहे थे। गुंडेशा उन्हें रोकने के लिए आगे बढ़ा लेकिन गंधर्व ने उसे रोका और उन्हें भीतर आने दिया।

''नारायणराव, गाँव से अतिथि आए हैं। *सौभद्र* देखना रह गया है उनका।''

''ठीक है, आज वही मंचन है, भगवन।''

''जी हाँ, पर टिकट खत्म हो गए हैं। दुबारा *सौभद्र* आएगा अगले हफ्ते में। चार आना ज्यादा ले लीजिए, पर टिकट दीजिए।''

''ठीक है, बोल दूँगा बापूराव से।''

''उन्हीं से मिलकर आ रहा हूँ। टिकट ही नहीं बचे हैं। अजी कुछ मेहमान तो सात-सात रुपये देकर साथ-संगत करनेवालों के पास जंगले पर भी बैठने को तैयार हैं। आप बस टिकट दे दीजिए। वरना अगले सप्ताह तक खूँटा गाड़कर बैठे रहेंगे वे।''

''मैं बोल दूँगा बापूराव से।'' हँसते हुए गंधर्व बोले, ''कितने टिकट लगेंगे?''

सज्जन पसोपेश में फँस गए। बोले, ''सत्रह!''

''सत्रह?'' गंधर्व की आँखें चमक उठीं।

सज्जन आश्वासन पाकर चले गए और गंधर्व के चेहरे पर खुशी तैर गई।

रात के मंचन में अलग ही समाँ बँध गया। उस सज्जन के वे सत्रह आदमी ऐसे अभिभूत हुए, मानो परमात्मा के दर्शन हुए हों। मंचन समाप्त होने पर वे रंगभूषा कक्ष के बाहर प्रतीक्षा में खड़े थे। गंधर्व बाहर आए तो सबने उनके पैरों पर सिर रखकर प्रणाम किया और चले गए। जाते समय उनकी आँखों में भक्तिभाव था। गंधर्व जैसे-तैसे इस घेरे से बाहर निकले और देखा तो सामने मास्टर कृष्णराव खड़े। अकेले में गंधर्व उनसे अबे-तबे से बात किया करते थे। इस कारण गंधर्व ने उन्हें 'क्यों रे मास्टर' कहकर पुकारा। लेकिन तभी उनका ध्यान गया कि उनके साथ एक सज्जन खड़े हैं। हाथ में चाँदी की मूठवाली लाठी और उँगलियों में कई अँगूठियाँ। हस्ती काफी अमीर मालूम होती थी। उनके पीछे उनकी चार पहियोंवाली विदेशी गाड़ी भी खड़ी थी। लेकिन चेहरे पर न अमीरी का दर्प था न घमंड। गंधर्व को उनकी आँखों में आँसू चमक उठने का आभास हुआ। फिर

मास्टर कृष्णराव सामने आए। बोले, "नारायणराव, आप हैं लालजी। कराची से आए हैं आपका नाटक देखने के लिए।" और उस सज्जन ने हाथ जोड़े। सचमुच उनकी आँखों से आँसू झर गए। वे आगे बढ़े और गंधर्व के हाथ अपने हाथों में लिये। वे कुछ कहना चाह रहे थे, शब्द तलाश रहे थे। पर उन्हें कुछ भी नहीं सूझ रहा था। लेकिन उनके उस स्पर्श में सबकुछ था। आत्मीयता, प्यार और संगीत के प्रति लगाव। फिर 'भगवन्' कहते हुए गंधर्व ने भी हाथ जोड़े।

"आपके बारे में काफी सुना है। मास्टर बताते रहते हैं न! आप संगीत के जानकार हैं। मास्टर का दिल जीतनेवाली हस्ती मामूली कैसे होगी?" कहते हुए गंधर्व ने उन्हें सुबह भोजन का निमंत्रण दिया और चले गए। लेकिन लालजी उस दिशा में देखते ही रह गए। उन्हें एहसास हुआ कि गंधर्व की गायकी, उनके अभिनय के वर्णन के लिए शब्द कितने अधूरे हैं। अथाह...असीम...अवर्णनीय...अतुलनीय। सारे के सारे शब्द उन्हें फीके, कमजोर और मामूली लगते रहे।

दूसरे दिन गंधर्व ने भोजन का विशेष प्रबन्ध किया। लालजी ने भरपेट भोजन किया और गंधर्व को कराची आने का न्यौता दिया और बताया कि उनके खास हवाई जहाज से उनके आने-जाने का प्रबन्ध किया जाएगा। लेकिन गंधर्व का कौर गले में ही फँस गया। हवाई जहाज में बैठकर हवा में उड़ेंगे? कल्पना की उड़ानें ठीक हैं, पर प्रत्यक्ष में? उन्होंने लालजी को कराची आने का आश्वासन जरूर दिया, पर जमीन पर चलनेवाले किसी वाहन से, हवाई जहाज से नहीं। लालजी ने आश्वासन नहीं, बल्कि वचन ही लिया गंधर्व से। उन्होंने बताया कि कुछ साल पहले गंधर्व का नाटक देखा था उन्होंने। तब से उनके सुर उनके मन में घर किए बैठे हैं। वचन लेकर लालजी चले गए। मास्टर भी अपने काम में लग गए। लेकिन गंधर्व अकेले बैठे रहे। इतनी दूर तक पहुँची है मेरी आवाज! मुझसे प्यार करनेवाले इतनी दूर-दूर से आते हैं मुझे देखने? आज भी? अभी भी मुझे कोई खतरा नहीं है। अभी भी मेरी गायकी की माँग है, इस एहसास से कलाकार को जो दिलासा मिलता है, जो खुशी मिलती है, और अभी भी मैं कला के गगन में उड़ान भर सकता हूँ, इस भावना से जो ऊर्जा प्राप्त होती है, वही होता है उसका ईंधन...और गंधर्व की गाड़ी इसी ईंधन के बल पर तेजी से आगे बढ़ रही थी। सारे गड्ढों को भरकर भी तेज रफ्तार से चल रही थी।

"यह बीच का दौर एक कलाकार की जिन्दगी का सचमुच बड़ा कठिन दौर होता है।" सर बताने लगे। "पुराने कीर्तिमान स्थापित हो चुके होते हैं। अब आपकी तुलना उन्हीं कीर्तिमानों से होती रहती है। अच्छा, जवानी में किया काम और अब प्राप्त हुई स्थिरता। नई चुनौतियों की तलाश होती रहती है, पर हाथ में कुछ नहीं होता।"

"फिर गंधर्व शराब वगैरा के आदी नहीं बने?"

"नहीं। गला खराब न हो इसलिए उन्होंने वाईन, शराब से दूर ही रहने का निश्चय किया था। व्रत मानकर वे चाय से भी दूर रहते थे। लेकिन सचमुच, यह दौर ऐसा था, जिसे हम ठाँठ कह सकते हैं।"

"कर्ज चुकता हो गया सर?" पोनी टेल ने पूछा। सर मुस्कुराए।

"रुक्मिणी, रुक्मिणी जिसे कहते हैं, वह मैं ही हूँ।' या 'कंकड़ मारना हो तो...' जैसे वाक्य गंधर्व के मुँह से सुनने के लिए दस-दस बार नाटक देखनेवाले दर्शक हों, तो कैसे नहीं चुकता होता कर्ज? अरे भाई, गंधर्व कम्पनी का पड़ाव जिस गाँव में होता, वहाँ जाकर नाटक देखनेवाले लोग थे। अच्छा, खर्च में कहीं भी कटौती नहीं थी। नई साड़ियों की खरीदारी, भोजन में पकवान, पंगत में ढेर सारे लोग। सारा ठाठ रियासती। लेकिन लाड़ साहब जैसे लोग भी थे साथ में, इसलिए सब ठीक चल रहा था। इस बीच पंढरपुरकर बोवा गुजर गए और उनकी जगह पर विनायकराव पटवर्धन आए।

"सर, लेकिन सारा कर्ज चुकता हो गया? कैसे? कब?" पोनी टेल ने पूछा। सनत, निशा सभी बिलकुल एक्साइट हो गए थे।

"विदर्भ में पड़ाव था कम्पनी का। वैसे भी कम्पनी इधर बहुत कम आई थी। इसलिए यहाँ गंधर्व को देखने की ऐसी उत्सुकता कि कुछ पूछो मत। विदर्भ यानी कपास के गट्ठर जी! कपास से सोना निकालनेवाला यह रसिक। सोने के गहने सामने रखता और कहता, 'टिकट दो।' औरतों की भी भीड़ लगती थी।" सर ऐसे अन्दाज में बता रहे थे मानो वे ही टिकट खिड़की में बैठे हों, "और मजे की बात यह कि नागपुर में सभी अभिनेता मंच के बाएँ नेपथ्य से ही प्रवेश करते थे।"

"ऐसा क्यों?"

"अरे भाई, बाल्कनी फुल हो जाती और औरतें दाहिने नेपथ्य में बैठतीं। और उल्लेख है कि सौ के करीब औरतें नेपथ्य में बैठती थीं। इस तरह विदर्भ ने खूब पैसा दिया कम्पनी को। खूब मंचन हुए। दो सवा दो महीनों में ही आमदनी हुई थी बावन हजार रुपए। अमरावती, अकोला शहरों से तो पैसे बोरों में भर-भरकर लाने पड़े थे। लेकिन इन पैसों पर लाड़ साहब की कड़ी नजर थी। उन्होंने खर्च का पक्का नियोजन किया था और...और...।" सर रुके। उनका गला भर आया और उनकी आँखों से आँसुओं की धारा ही बहने लगी।

"सर?" निशा ने उन्हें पुकारा।

आँखें पोंछते हुए सर मुस्कुराए, "अरे, इसी दौरे में आखिरी किस्त चुकाई लाड़ साहब ने। कर्ज की आखिरी किस्त। 1 जनवरी, 1928 को बालगंधर्व ने पुणे जाकर ब्याज समेत कर्ज चुका दिया। कुल तीन लाख नौ हजार रुपए दिए उन्होंने साहूकारों को। उस दिन गंधर्व अण्णासाहब की प्रतिमा के सामने खड़े हो गए। हाथ जोड़े और बोले, 'भगवन्...' और आगे कुछ बोल ही नहीं पाए।"

साहूकार की पेढ़ी पर गंधर्व का शानदार स्वागत हुआ। सभी साहूकार और अन्य प्रतिष्ठित लोग उपस्थित थे। बली सेठ भी थे। वहाँ गंधर्व को एक और परिचित चेहरा नजर आया। 'अरे, यह तो वही पठान है! बाबूराव के परदे पर हाथ डालनेवाला!' गंधर्व ने आखिरी किस्त साहूकार के हवाले की। पठान को लगा, मानो प्रतिज्ञा पूरी करनेवाली द्रौपदी ही अपने बाल सँवार रही है। गंधर्व उसकी तरफ देखकर मधुरता से मुस्कुराए। वह झेंप गया। नाश्ता आया। फिर साहूकार लिखा-पढ़ी में व्यस्त हो गए। पठान मुनीमजी के सामने खड़ा था। दोनों की बातचीत शुरू हुई। 'बेटी की शादी के लिए मुल्क जाना है' वगैरा

संवाद गंधर्व के कानों में पड़े। मुनीम पैसों के लिए खिचखिच करता रहा और आखिरकार कुछ पैसे हाथों में टिकाकर उसने पठान को बिदा कर दिया। पठान हाथ आए पैसे कमर की थैली में बाँध रहा था कि गंधर्व सामने आए। ''भगवन्, बिटिया का ब्याह है न? यह लीजिए, रखिए। दीजिए उसे।'' और गंधर्व ने अपने गले से सोने की चेन निकाली। पठान चौंका। उसकी समझ में नहीं आ रहा था, यह मजाक है या...। फिर गंधर्व उसके बिलकुल पास गए। चेन उसके हाथ में पकड़ाई और बोले, ''बिटिया से कहना, बड़े भाई ने सौगात भेजी है। सुख से गृहस्थी चलाना।'' पठान की सात फीट की देह गद्गद् हो गई। उसकी सिसकी ही निकल गई। इतने सालों तक नौकरी करने पर भी सेठजी ने तनख्वाह के अलावा एक धेला नहीं दिया और ये...ये...आदमी...। उसने काँपते हाथों से चेन ली और गंधर्व के कदमों पर लोट गया। सात फीट तगड़े जवाँमर्द पठान को आज मर्दानगी शब्द का अर्थ पता चला था।

सचमुच, गंधर्व ने साड़ी पहनकर, चूड़ियाँ पहनकर यह पुरुषार्थ कर दिखाया था...।

एक सुनहरा पल था वह गंधर्व की जिन्दगी का। लोगों से थैली लेकर या केशवराव की सहायता से कर्ज चुकता हो भी जाता, पर क्या यह दिन देखने को मिलता? गंधर्व साहूकार की पेढ़ी से उठे। लाड़ साहब भी उठे। बिना किसी पर ठीकरा फोड़े, बिना किसी शिकायत के गंधर्व ने अपना धर्म निभाया था। सीना तानकर वे बाहर निकले।

बोलते-बोलते सर की आवाज में एक जोश आया था, जिसमें गंधर्व के प्रति भक्ति थी, गर्व था।

बालगंधर्व ने अपने पुरुषार्थ के बल पर कर्ज चुकाया था। पर उन्हें एहसास था कि इसमें काटदरे, लाड़ साहब, बापूराव सभी का योगदान है। ऐसे में कम्पनी में तबलची अहमदजान तिरखवा का आगमन हुआ। यह उँगलियों का जादूगर सारे देश में विख्यात था। उसके आने से गंधर्व एक अलग ही जोश में गाने लगे। नया सुर मिल गया था गंधर्व को, कम्पनी को...।

''सर...'' पूछे या न पूछे, सोचते हुए पोनी टेल ने पूछ ही लिया, ''अब कर्ज चुकाने पर सबकुछ ठीक हो गया न? इस बार कुछ ट्रेजेडी...।'' सर के लिए यह प्रश्न अनपेक्षित था। वे सोचने लगे, कहीं बच्चों के दिल में यह समीकरण तो नहीं बैठ गया कि गंधर्व का सुख और नियति के प्रहार के बीच दिन और रात का नाता था। जैसे दिन के पीछे रात और रात के बाद दिन। और क्यों न बैठे? गंधर्व कर्ज चुकाने की खुशी में थे कि अमरावती दौरे में उनकी युवा लड़की कमला ने बालों में लगाने का पिन मैल साफ करने के लिए कान में डाला। जख्म हुआ और उसका ऑपरेशन करना पड़ा। ऐसे में उसे टाइफाइड ने जकड़ लिया और...कमला चली गई। सर की आँखों के सामने से सारे दृश्य तेजी से सरकते गए। उनका चेहरा देखकर बच्चे जान गए कि नियति ने यह सुख भी खुशी से उनकी झोली में नहीं डाला था। फिर किसी ने कुछ नहीं पूछा। लेकिन सर को कर्ज चुकाने की खुशी के बाद तुरन्त कमला का अन्तिम संस्कार करके लौटे गंधर्व दिखाई देते रहे। कुछ देर बाद उन्होंने वह सब कह दिया।

रात में मृच्छकटिक का शो था। गंधर्व रेलगाड़ी से उतरे। सामने अपने लोग दिखाई देते ही गले लगकर फूट-फूटकर रोने लगे। लेकिन उस दिन भी शो रद्द नहीं हुआ। नाटक हुआ।

सर उठे। अगला कुछ याद करने की बजाय उन्होंने कार्यक्रम की संहिता हाथ में ली और कुछ इशारे करते रहे। फिर महेश ने, चिन्मय ने भी विषय आगे नहीं बढ़ाया। अक्षय चाय लाने चला गया। सभी तितर-बितर हो गए।

सनत ने पुस्तक खोली। 'कमला की मृत्यु से गंधर्व के मन पर गहरा असर हुआ था। आज तक उन्होंने सारे दुख पचा लिये थे। नाटक के बल पर सभी प्रवंचनाओं का सामना किया था। नाटक ही उनकी शक्ति थी, वही उनकी साँस। इसी दौर में वसन्त शान्ताराम देसाई नामक एक नए युवा नाटककार के विधिलिखित *नाटक का अभ्यास शुरू हुआ।' पढ़ते-पढ़ते सनत खुद को वसन्त शान्ताराम के स्थान पर रखकर सोचने लगा। जिस बालगंधर्व ने देवल गुरुजी, गडकरी, श्रीपाद कृष्ण, काकासाहब खाड़िलकर जैसे दिग्गज नाटककारों के नाटक खेले, वे इस नए नाटककार का नाटक मंचन के लिए स्वीकार करते हैं! यह एक अभूतपूर्व घटना रही होगी उस नाटककार की जिन्दगी की। कैसी फीलिंग होगी, नहीं? स्वयं गंधर्व उससे कहते हैं 'एक नाटक दीजिए हमें' और वसन्त शान्ताराम कहता है, 'हमारी दो शर्तें हैं।' सनत को मजा आने लगा। उसने वसन्त शान्ताराम की पुस्तक पढ़ने के लिए उठाई और उसे वसन्त की तरफ हँसमुख मुद्रा में, कौतुक से देख रहे गंधर्व दिखाई देने लगे।*

सचमुच, गंधर्व को इस युवक का कौतुक था। *रत्नाकर* पत्रिका में छपे उसके आलेख उन्हें पसन्द आए थे। उन्हें लगता था, यह लड़का कुछ लिखेगा। अब गडकरी, देवल, कोल्हटकर की कलम का जादू लोगों को लुभा नहीं पा रहा है। काकासाहब भी नया कुछ नहीं लिख रहे थे। पर नाटक तो चाहिए। उन्हें पता था, सारे मर्ज की एक ही दवा है—नाटक। इसीलिए नए नाटक में डूब जाना था उन्हें। कमला के चले जाने का दुख भूलना था। वसन्त ने नाटक देना कबूल किया, पर एक शर्त पर—नाटक आप अकेले पढ़ेंगे। पसन्द आया तो ठीक, वरना फाड़ देंगे और पसन्द आ जाए, तो हर हाल में खेलेंगे। बड़े साहस से शर्तें रखनेवाला यह लड़का गंधर्व को भा गया। साथ ही यह एहसास भी हुआ कि समय बदल रहा है। हमारी हिम्मत होती कभी देवल गुरुजी के सामने शर्त रखने की? काकासाहब के शब्द से बाहर नहीं था मैं। आज के युवक दब्बू नहीं हैं। वे समझ गए, अब गुरु-शिष्य परम्परा का दौर लद गया है। उन्होंने नाटक का अभ्यास शुरू किया और अप्रैल महीने में उसका मंचन होगा—घोषित भी किया।

गंधर्व खुद को नाटक में डुबोने लगे। नाटक ही उनका मनोरंजन था, आड़ थी, छत थी। लेकिन विधिलिखित के अभ्यास में कुछ और ही होने लगा। नाटक में उनका मन नहीं लग रहा था। संहिता के शब्दों से नजर फिसलती जा रही थी, पर न शब्द मन में उतर रहे थे और न ही अर्थ!

किसलिए यह सब ? क्या पाऊँगा मैं इससे ? कर्ज चुकाने के लिए दौड़धूप की, क्या मिला ? सन्तानों की मृत्यु ! इन्दू चली गई, अमृत चला गया, कमला भी गई... । मित्र पर भरोसा किया, उसने भी दगा किया... । रंगमंच के उस पार का अँधेरा इस तरह सीने में दबाए कब तक जिएँ जिन्दगी ? रंगमंच पर सुभद्रा, भामिनी, रुक्मिणी बना, बस यही था मेरे लिए सुख। बाहर आते ही दुर्भाग्य पीछे पड़ जाता। पहली बार गंधर्व को लगा, अब नाटक का नशा भी नहीं भुला पा रहा है यातनाओं को। इच्छा हुई, सबकुछ छोड़-छाड़कर खामोश बैठे रहें। एक तरफ नाटक के संवाद याद नहीं हो रहे थे और दूसरी तरफ मंचन का दिन भी करीब आता जा रहा था। ऐसे में नाटक में भी परिवर्तन होता गया। तीन घंटे के नाटक में पर्दों के पैबन्द लगाकर उसे पाँच घंटे तक खींचा गया। मास्टर कृष्णराव की भूमिका बढ़ाई गई। नाटक की चारों दिशाओं से खींचातानी शुरू हुई। लेकिन गंधर्व तटस्थ दृष्टि से उसकी तरफ देखते रहे। परिपूर्णता के हिमायती गंधर्व उस नाटक में थे भी और नहीं भी। नायिका के, वैजयन्ती के भीतर प्रवेश करने का प्रयास किया उन्होंने, पर कमला के दुख से बाहर ही नहीं आ पा रहे थे वे। नट भी आखिरकार एक इनसान होता है। भावनाओं पर लगाम कसने का चाहे जितना प्रयास करे, पर आखिरकार वह ठहरा इनसान। दुनिया से टक्कर लेनेवाले, संकटों में भी पीछे न हटनेवाले, किस्मत से लोहा लेनेवाले गंधर्व अब खुद से ही हारने लगे थे और यह हार उन्हें दिखाई भी दे रही थी और महसूस भी हो रही थी। पर... ।

आखिरकार नाटक का दिन आया। *गंधर्व कम्पनी* के प्रशंसकों की भीड़ लग गई। टिकटें बिक चुकी थीं। पर आज नाटक में एक नई बात थी। *गंधर्व कम्पनी* ने अपना सामने का परदा बदलकर नया मलमल का परदा लगाया था। इसलिए नाटक में पहली ताली मिली इसी लिपटते हुए ऊपर-ऊपर जाते परदे को।

नाटक शुरू हुआ, पर गंधर्व का प्रवेश ही नहीं हो रहा था। दो प्रवेश हो जाने पर भी नायिका दिखाई नहीं दे रही थी। इसलिए दर्शकों में बेचैनी फैल गई। जो प्रवेश हुए, वे भी बहुत सतही रहे थे, और ऐसे में गंधर्व का आगमन हुआ। परन्तु वैजयन्ती की भूमिका में वे तनिक मोटे लग रहे थे। चेहरे पर भी कमला की मृत्यु की खिन्नता कायम थी। चेहरे पर लगी रंगों की पर्तें भी उस खिन्नता को ढँक नहीं पाई थीं। आँखों में अपार वेदना और ऐसे में गंधर्व अपने संवाद याद करने का प्रयास करते दिख रहे थे। नाटक में रंग नहीं चढ़ा। तीसरा अंक शुरू हुआ। दर्शकों को यकीन नहीं हो रहा था, क्योंकि गंधर्व लगातार अपने संवाद भूल रहे थे। नेपथ्य में खड़ा एक साथी हाथ में संहिता लिए उन्हें वाक्य याद दिला रहा था और गंधर्व उसके पीछे-पीछे बोले जा रहे थे। सबकुछ निर्जीव...सतही... । उस दिन रसिक दर्शक प्यासा ही लौट गया। उसे उसके अपने गंधर्व नजर ही नहीं आए।

सनत को एहसास हुआ कि एक नाटककार के नाटक का पहले ही मंचन में अन्त हो गया। पर इससे भी ज्यादा यह लगा कि कमला की मृत्यु से गंधर्व अपना उत्साह खो बैठे हैं। नियति के प्रहारों से आज पहली बार वे घायल हुए हैं... ।

उसने पुस्तक बन्द की और कुछ देर वैसे ही बैठा रहा। गंधर्व का स्वभाव ही उनके दुख का कारण बना था और उनकी नियति का लेखा भी। पर वह तय नहीं कर पा रहा था कि गंधर्व की ट्रजेडी ग्रीक है या शेक्सपीरियन? फिर उसने किताब बैग में रखी और सीधे अभ्यास कक्ष की तरफ चल पड़ा। वहाँ निशा, पोनी, अक्षय चाय पी रहे थे।

चाय पीते-पीते पोनी टेल ने एक रेफरन्स बुक खोली। ज्ञानप्रकाश अखबार की कटिंग्स थीं उसमें। ''अरे सनिया, सॉलिड है यार। इसी दरमियान दादा काटदरे ने गंधर्व को पुणे में रहने के लिए एक जगह दिखाई थी, ''तीन सुन्दर बंगले बनाएँगे आप तीनों भाइयों के लिए। इससे पैसा भी जायदाद में लगा रहेगा।'' दादा का विचार अच्छा था। पर इसके लिए कर्ज? 'नहीं भगवन् नहीं। अब दुबारा कर्ज नहीं लूँगा!' कहकर गंधर्व ने कर्ज से हाथ खींच लिया। कर्ज चुकाने के लिए करनी पड़ी भागादौड़ी की याद भी उनके लिए असहनीय थी। उम्र अब चालीस के आसपास पहुँच चुकी थी। युवावस्था का वह अविचार अब डरावना लगता था। गंधर्व कहीं आम इनसान तो नहीं बन गए! सनत ने सोचा। ऐसे में गंधर्व को अपनी लड़कियों के ब्याह करने थे। सरोजिनी के लिए एक अच्छा रिश्ता आया था।

''चालीस की उम्र भी कोई बुढ़ापा होता है?''

''तुम आज की बात कर रहे हो। उस जमाने में चालीस यानी ढलती उम्र। चालीस की उम्र में स्त्री-भूमिका करना मतलब टेंशन ही न?'' अक्षय ने कहा।

''सच है। अब दुबारा कौन कर्ज उठाएगा?''

''हाँ, सही है। लेकिन देखो न, कर्ज के डर से घर खरीदने के लिए मना कर रहे गंधर्व बिटिया के रिश्ते की बात करने बैठक में गए और दुबारा कर्ज में डूब गए।''

''क्या कह रहे हो? दुबारा?'' अक्षय ने पूछा।

''और क्या, घर का पहला ही मंगल कार्य होने की वजह से वह शाही ठाठ से सम्पन्न हुआ होगा।''

''शाही ठाठ से नहीं, गंधर्व ठाठ से हुआ होगा।''

सभी हँस दिए। ''और क्या। यह देखो, उस जमाने के ज्ञानप्रकाश में क्या छपकर आया था,'' पोनी ने रेफरन्स बुक दिखाई।

''ब्याह में शाही ठाठ था। आतिशबाजी हो रही थी। दुल्हन के शरीर पर इतने गहने थे कि उससे उसका भार भी सहा नहीं जा रहा था। किसी जुलूस की तरह लोग इकट्ठा हुए थे। चार घोड़ों की बग्गी फूलों से सजी थी। बारात भी ऐसी धूम से निकली कि बीते पच्चीस सालों में पुणेवासियों ने ऐसी बारात न देखी होगी।''

''और सुना है, दस दिनों तक भोजन की पंक्तियाँ उठती रहीं। एक अतिथि को प्यास लगी इसलिए उसने लोटा कमोरे में डुबाया। लोटा मुँह से लगाने पर पता चला कि उसमें पानी नहीं बल्कि घी था, देसी घी।''

''माई गॉड, मतलब, कुछ ज्यादा ही हो गया यह।''

''नहीं सनत, नहीं। इसके पीछे का विचार तो देखो।'' निशा बोली।

''इसके पीछे भी कोई विचार है? इस फिजूलखर्ची के पीछे?''

"क्यों नहीं? घर का पहला मंगल कार्य। लक्ष्मी भाभी के बारे में भी सोचा गया होगा। क्या सुख मिला था गृहस्थी में उन्हें? कम से कम इस बार तो घरवालों का मान रखें, उनके दिलों को सुकून पहुँचाए, इसीलिए यह सब किया होगा गंधर्व ने। ब्याह पर तीस-चालीस हजार रुपयों का खर्च हुआ और गंधर्व फिर एक बार कर्ज में डूब गए।"

बारात बिदा हुई। बिटिया बड़े ठाठ से ससुराल गई। पीछे बचा था बस कर्ज...।

गंधर्व के लिए कर्ज कोई नई बात नहीं थी। लेकिन सन् 1921 में हुआ कर्ज अलग और आज का कर्ज अलग। गंधर्व को अपने आसपास का माहौल तेजी से बदलता दिख रहा था और माहौल के असर से लोग भी। कम्पनी को अपना घर माननेवाले नरूभाऊ बुढ़ापे के कारण अपने गाँव चले गए थे।

दमे से पीड़ित विसूभाऊ मृत्यु की प्रतीक्षा में थे। अब लाठी के बिना खड़े भी न रह सकनेवाले इस आदमी को घर कौन ले जाएगा? पत्नी मर गई थी। भाई-बहन, बच्चे अपनी-अपनी गृहस्थी में रमे हुए थे। नाटक की दीवानगी के चलते चार पैसे भी बचाकर नहीं रखे। लेकिन कम्पनी ने अपना मानकर सहारा दिया था। अपनी भूमिका खत्म होने की प्रतीक्षा में वे बिस्तर पकड़े हुए थे।

"दिनू..." उन्होंने क्षीण आवाज में पुकारा। "पानी देना तो जरा बेटा...।"

दिनू ने पानी का लोटा आगे किया।

"नरूभाऊ की कोई खबर?" पानी का घूँट भरते हुए उन्होंने पूछा।

"बहुत याद आती होगी न आपको उनकी?" दिनू ने पूछा। फिर आगे बोला, "गाँव गए हैं। पिछले खत में लिखा था कि भाई की बहू परोसती है दो जून, पर जरा-सा कुछ हुआ नहीं कि ताना देना भी नहीं भूलती। कहती है, यह नाटक कम्पनी नहीं है, जो रोज मीठे-मीठे पकवान ठूँसने को मिलेंगे।"

"चाहे जो हो, पर हैं तो अपनों के बीच। मरने पर कोई तो है पानी पिलानेवाला!"

"नाटक में खूब पैसा मिलता है। फिर कहाँ गए आपके पैसे, ऐसा ही पूछती रहती है।"

विसूभाऊ हँस दिए। "नाटक में कहाँ मिलता है पैसा हम जैसों को? दोयम नटों को पेट भर खाने को मिले तो भी बहुत बड़ी बात है, बताना चाहिए उस माता को।"

"हूँ, इसीलिए मैं ज्यादा देर नहीं रहूँगा यहाँ," दिनू बोला।

"फिर कहाँ जाओगे? न कोई शिक्षा, न कोई हुनर। भाई मेरे, एक बार चेहरे पर सफेद रंग लग जाए न, फिर मुक्ति नहीं है यहाँ से।"

"रंग कहाँ पोंछ रहा हूँ मैं? विज्ञापन आया है। मूक फिल्मों में काम के लिए जवान लड़के चाहिए। मैंने पहचान निकाली है। जाऊँगा मूक फिल्मों में काम करने। खूब पैसा मिलता है वहाँ। और यहाँ, जिन्दगी-भर कला की सेवा करो और मरते दम अपनी सेवा के लिए भी कोई नहीं।" दिनू ने बालों की लट शान से पीछे खिसकाई। वह उठा और दरवाजे से बाहर चला गया। विसूभाऊ वहीं लेटे रहे। वे जान गए, समय आगे बढ़ रहा है। जिस प्रकार बूढ़े जानवरों को पीछे छोड़कर झुंड आगे निकल जाता है, उसी तरह सारा

संसार हमें पीछे छोड़कर आगे बढ़ रहा है। एक दिन मौत आएगी और आहिस्ता से उठाकर...। विसूभाऊ उस पल की प्रतीक्षा में लेटे रहे।

गंधर्व भी जान गए थे कि झुंड से एक-एक पंछी अपनी राहें तलाशने निकल चुका है। रंगमंच ने इतने साल जिलाया, पर अब रंगमंच को जिलाने के लिए कोई तैयार नहीं।

''नाना, अब पुणे-मुम्बई की बजाय बाहरी गाँवों में ही करेंगे शो। वहाँ के दर्शकों को हमारे नाटक बार-बार देखने को कहाँ मिलते हैं? गंधर्व कैसे दिखते हैं, यह देखने के लिए भी वे मचलते रहते हैं।''

गंधर्व ने देखा, बापूराव के भीतर से एक चतुर मैनेजर बोल रहा है। ''लेकिन पुणे-मुम्बई में?''

''बरसात में डालेंगे डेरा पुणे में। अन्य समय नहीं। इन मूक फिल्मों ने रात के मंचन की आमदनी डकार ली है।''

''भगवन्, बस कुछ दिन। बापूराव, नए के नौ दिन होते हैं। कुछ दिन जाएँगे इन फिल्मों की तरफ लोग, फिर लौट आएँगे नाटकों की तरफ। भैया, यह जिन्दा माध्यम और वे निर्जीव चित्र। उसमें भी कहीं वन्स मोर होता है? गाने से मन की प्यास बुझाने के लिए नाटक ही चाहिए। इन मूक फिल्मों की चिन्ता मत कीजिए।'' नाट्यकला की शक्ति पर गंधर्व का विश्वास था। उन्हें यकीन था, मूक फिल्मों की तरफ गया रसिक दुबारा लौट आएगा।

बापूराव ने बाहरी गाँवों में मंचन का आयोजन शुरू किया। लेकिन गंधर्व को घर पर लक्ष्मी के पास रहना जरूरी था; क्योंकि कई दिनों के बाद लक्ष्मी के फिर दिन चढ़े थे। गंधर्व ने बड़ी श्रद्धा से कई मन्दिरों में चढ़ावे चढ़ाए, पूजाएँ कीं, साधू-सन्तों को दान दिया, नागबलि की पूजा की और इस सारी दौड़-धूप से फलप्राप्ति हुई। गंधर्व के बेटा हुआ। सुन्दर! बिलकुल गंधर्व की शक्ल धरकर आया था शिशु। लेकिन गंधर्व को बनाते समय से ही नियति ने उनसे खिलवाड़ शुरू किया था। रूप दिया था भामिनी का और किस्मत दी थी सिन्धू की। बेटा हुआ, कुछ घंटे जिया और...अपनी राह चला गया। बेटे को ठीक से देख भी नहीं पाए होंगे गंधर्व। कुछ ही दिन पहले सरोजिनी को ससुराल भेजनेवाले गंधर्व अब अपने नन्हे बालक पर मिट्टी डाल रहे थे। सरोजिनी को बिदा करते समय फूट-फूटकर रोनेवाले गंधर्व इस वक्त खामोश थे। मानो वे उस अर्भक के पार्थिव पर नहीं, अपनी आशा-आकांक्षाओं पर ही मिट्टी डाल रहे थे। अब कुछ नहीं माँगना है। मन में कोई आस नहीं रखनी है। आज के बाद आँसू बहेंगे तो बस सिन्धू-शकुन्तला के। ओठों पर मुस्कान खिलेगी तो बस रुक्मिणी-सुभद्रा की। मेरा अपना कुछ नहीं, मैं भी कोई नहीं। गंधर्व श्मशान से एक वैराग्य लेकर लौटे। रंगमंच का गंधर्व असली, बाहर का गंधर्व बस आभास...। रंगमंच का गंधर्व ही सत्य, बाकी सब माया...मिथ्या...।

गंधर्व उदास नहीं हुए...विरक्त हो गए। श्मशान से लौटने पर उन्होंने स्नान किया और मानो अपना, अपने नाम का लौकिक अस्तित्व ही मिटा दिया उन्होंने। लक्ष्मी आक्रोश करती रही। दहाड़ें मार-मारकर रोई, पर गंधर्व इन सबसे परे पहुँच गए थे।

बाहरी गाँवों में शो होते रहे। गंधर्व मन को रिझाते रहे। रात में शो है—इस भावना से मन को कुछ सुकून मिलता। सोलापुर दौरा था। पन्द्रह दिन लगातार शो थे। इनमें एक शो *सौभद्र* का होना ही चाहिए। *किती अरसिक हा शेला...*पद पर दो-चार बार वन्स मोर आ ही जाता। दिनू भी बहुत बढ़िया करता यह दृश्य। गंधर्व भी खिल जाते यह दृश्य करते समय।

"नाना, आज का *सौभद्र* ये करेंगे।" गंधर्व ने देखा। सामने एक युवक खड़ा था तेईस-पच्चीस की उम्र का। युवक सामने आया और प्रणाम किया।

"पहले कुछ कम्पनियों में किया है मैंने *सौभद्र*। यही भूमिका।"

"मेरे परदादा थे ये। काशीनाथ अभ्यंकर... ।" चिन्मय एक्साइट होता हुआ बोला। "कितनी ही बार सुनाया है उन्होंने अपनी उस पहली मुलाकात का यह किस्सा। 'सौभद्र' में ही आए थे वे पहली बार गंधर्व के साथ।"

गंधर्व को लड़का अच्छा लगा। "लेकिन भगवन्, हमारा दिनू करता है यह भूमिका।"

बापूराव बोले, "इससे आगे नहीं करेगा वह। कम्पनी छोड़ रहा है। सिनेमा कम्पनी से बुलावा आया है उसे...।" गंधर्व ने देखा, दिनू पीछे गुमसुम खड़ा था।

"दिनू?" उन्होंने पुकारा। दिनू सामने आया और उसने गंधर्व को प्रणाम किया। गंधर्व का गला भर आया। कितने सालों से प्यार से सँभाला था इस लड़के को। अब पंखों में ताकत आ गई है, घोंसला छोटा पड़ने लगा है। "जाओ बेटा, सुख से रहो।" उन्होंने उसे सीने से लगाया। लेकिन दिनू सूखा ही था। उसने अपना सन्दूक उठाया और चला गया।

बापूराव सामने आए, "आपने उसे रोका क्यों नहीं? अनुबन्ध है उसका, हमारे साथ।"

गंधर्व हँस दिए, "बापूराव, एक बार चूजे को आसमान पुकारने लगे, तो फिर बहुत देर तक उसे कैद नहीं किया जा सकता घोंसले में। जाने दो। यह फिल्मों के आकर्षण का असर है। दिनू के पास तो बस उसका पेट है। जहाँ जाएगा, भरेगा बेचारा। कला के क्षेत्र में रहकर भी कुछ लोग नौकरीपेशा जैसे ही रहते हैं। बेचारे करेंगे भी क्या? कला बाहर से थोपी तो नहीं जा सकती! वह भीतर से बाहर आती है। जाने दो बेचारे को। जहाँ जाए, सुख से रहे।" अभ्यंकर ने देखा, गंधर्व की आँखें भर आई हैं। कम्पनी उनके लिए परिवार थी। कागज पर लिखे अनुबन्धों के मुकाबले रिश्तों के बन्धन उनके लिए ज्यादा मायने रखते थे। अभ्यंकर ने उस रात भूमिका में जान लगा दी। कुसुमावती की भूमिका करते समय उन्होंने गंधर्व का ऐसा साथ दिया कि गंधर्व को भी लगा, मानो उससे सालों-साल का रिश्ता है, दोस्ती है।

"देवी जी! सुना है, पार्थ महाराज को दिया आपका दुशाला फिर आपके पास लौट आया है। मेरी इच्छा है कि जरा देखूँ उसे, वह है कैसा!" कहते हुए अभ्यंकर ने सन्दूक से दुशाला निकाला और पल-भर रुक ही गए।

इतनी कम्पनियों में कुसुमावती की भूमिका की थी उन्होंने, पर इतना सुन्दर दुशाला उन्होंने कभी नहीं देखा था। वे मुदित मन से दुशाले की तरफ देखते रहे। अपना संवाद

भी भूल गए। आवेग से वहीं पर दुशाले पर हाथ फेरते रहे। गंधर्व की कुछ भी समझ में नहीं आ रहा था। फिर वे ही आगे बढ़े, "कुसुमा...कैसी है इसकी बेलबूटी?" और उन्होंने अभ्यंकर को कोहनी से चेताया। अभ्यंकर चेत गए। उन्हें एहसास हुआ कि वे रंगमंच पर खड़े हैं। खुद को सँभालते हुए बोले, "देवी जी, कैसा हुनर है आपमें...यह बेलबूटी...लगता है, ये पंछी अभी उड़ जाएँगे।"

और फिर गंधर्व ने गुस्से का अभिनय किया, "मुझे तो इस मुए पर ऐसा क्रोध आया है कि इसके टुकड़े-टुकड़े कर डालूँ।" अभ्यंकर आगे बढ़े और दुशाला हाथ में लिया। क्या पता, गंधर्व सचमुच फाड़ दें?

फिर गंधर्व ने गाना शुरू किया, "अरसिक किती हा शेला...।"

दो-तीन बार वन्स मोर हुआ और 'जाओ, रख दो सन्दूक में इस मुए को' कहकर गंधर्व ने दुशाला अभ्यंकर के हाथ में दिया और उन्होंने उसे सन्दूक में रख दिया। बिलकुल आहिस्ता...सावधानी से...। मानो उस दुशाले पर उनका दिल आ गया हो।

शोलापुर पड़ाव में दिनू चला गया। उसके पीछे-पीछे और भी कुछ लोग चले गए।

गंधर्व ने बचे-खुचे लोगों को साथ लेकर शो जारी रखे।

कम्पनी दौरा खत्म कर पुणे लौट आई। शाम को दादा काटदरे और बापूराव हिसाब के लिए बैठे। भीतर के कमरे से किसी के संध्या के श्लोक सुनाई दे रहे थे। बाहर सड़क पर बच्चों के खेलने की आवाजें...किसी मन्दिर की घंटी भी बीच-बीच में सुनाई दे रही थी। लेकिन दादा और बापू इन सबसे अलग हिसाब में खोए हुए थे। एक-एक खर्च लिखा जाने लगा...पहले भोजन का, मेहमानों के नाश्ते का खर्च घटाया गया। फिर नई खरीदारी, नई बातें। पूरा खर्च लिखा और दोनों के ध्यान में आया कि अब तनख्वाह वगैरा चुकाने के बाद हाथ में ज्यादा कुछ नहीं बचेगा। जैसे-तैसे खर्च निकल रहा है, पर लाभ का कोई चिह्न नहीं है। दोनों खामोश बैठे रहे। फिर बापूराव ही बोल पड़े, "दादा, धन्धा सब तरफ से मार खा रहा है। हमारा कम से कम खर्च तो निकल रहा है, पर बाकी कम्पनियाँ तो...।"

दादा हताशा से देखते हुए बोले, "लेकिन बाकी कम्पनियों पर कर्ज का भार नहीं होता। हम जो कमाते हैं, उसका आधा कर्ज चुकाने में ही निकल जाता है। नारायणराव मान नहीं रहे हैं, पर...सिनेमा ने कमर तोड़कर रख दी है। अब तो सिनेमा बोलने और गाने भी लगा है। दृश्य, संगीत और सुन्दर-सुन्दर औरतें। असली औरतें...।

बापूराव कुछ नहीं बोले। दादा ने हाथों के कागज नीचे रखे और चप्पलें पहनकर बाहर चले गए। बापूराव काफी देर तक वैसे ही बैठे रहे। फिर गंधर्व की पुकार सुनाई दी।

"अरे, अँधेरे में क्या रह रहे हो? बत्ती नहीं जलानी है?" गंधर्व ने दिये का बटन दबाया। पूरा कमरा उजाले से दमक उठा...और उसमें साफ-साफ दिखाई देने लगीं दीवारों में पड़ी पपड़ियाँ...जमीन में पड़ी दरारें और कोठी का बुढ़ापा। यह कोठी भी अब थक गई है। संगीत नाटकवालों को आश्रय दे-देकर बेदम हो गई है बेचारी। उन पथरीली दीवारों पर बिजली के दियों के लिए लगाई गईं वे पट्टियाँ भी थोपी हुई लग रही थीं।

लेकिन कम्पनी के भविष्य का अँधेरा दूर करने का सामर्थ्य नहीं था उन बिजली के दियों में...।

गंधर्व ने देखा, बापूराव के हाथों में हिसाब के कागजात हैं। उन्होंने यों ही उन्हें हाथ में लिया। बापूराव ने तनिक चैन की साँस ली। अब गंधर्व ही खुद देख लें तो ज्यादा कुछ कहना न पड़ेगा। पल-भर गंधर्व ने सोचा। ''हूँ। भगवन्, तनिक कम लग रही है आमदनी।''

फिर बापूराव बोले, ''फिल्में अब बोलने लगी हैं। रात में उनके शो में बहुत भीड़ होती है।''

''होने दो। वहाँ पेट नहीं भरेगा तो आएँगे रसिक लौटकर। अजी, उनके गानों की हमारे गानों से क्या बराबरी? गडकरी गुरुजी, देवल गुरुजी की जोड़ का एक भी लेखक है उनके पास? रात में पहना गजरा सुबह होने से पहले ही सूख जाता है भगवन्, लेकिन तुलसीचौरा आँगन में हमेशा बना रहता है। नाटक का भी ऐसा ही है। भंग का नशा उतर जाएगा जल्द ही। जरा सब्र कीजिए।'' गंधर्व भीतर चले गए, पर बापूराव वैसे ही बैठे रहे। गांधारी की तरह पट्टी बाँध ली है नारायणराव ने। उन्हें बदलते समय की आहट भी सुनाई नहीं दे रही है। कैसे टिकेगा नाटक इन फिल्मों के तूफान में? कौन बताएगा उन्हें? कैसे बताएगा? सिर पर इतने बड़े कर्ज का भार, रसिकों का नाटक की तरफ यों पीठ फेरना और ये अभी भी गडकरी-देवल के जमाने में रमे हुए! क्या करें? क्या जुगत लड़ाएँ? बापूराव बेचैन हुए और उन्होंने हिसाब के कागजात गद्दे के नीचे खिसका दिए। मानो सारा यथार्थ उन्हें नजरों से दूर करना था...गंधर्व की तरह...।

लेकिन यथार्थ अलग-अलग रूपों में सिर उठा रहा था।

अब टिकट खिड़की पर भीड़ नहीं उमड़ती थी। पहले महीना-महीना पड़ाव लगता था, पर अब जल्द ही समेटना पड़ता। सिनेमा के रूप में लोगों के लिए मनोरंजन के नए द्वार खुल गए थे। परदा खुलते ही दिखाई देता कि कुछ कतारें खाली हैं और गंधर्व को याद आता वह दौर, जब लोग थिएटर के बाहर भी इस आशा में खड़े रहते कि शायद कुछ कानों में पड़ जाए। नाटक के टिकट तार से सुरक्षित किए जाते थे। नाटक देखने के लिए लोग अपने घरेलू समारोह की तरह बन-ठनकर आते थे। अब ये बातें बस किस्से-कहानियों जैसी लगने लगी थीं।

उन्हें याद आया *किर्लोस्कर कम्पनी* का वह जमाना। उस दौर में भी रसिकों के न आने से शंकरराव बेचैन रहते थे। एक नायिका चाहिए, इसलिए गंधर्व से आग्रह किया गया था। हर संस्था की किस्मत में बुरे दिन आते हैं। लेकिन यहाँ नाट्यकला के ही बुरे दिन आए थे। थिएटर की खाली कतारें उन्हें बेचैन कर ही रही थीं, पर उससे भी ज्यादा बेचैन कर रहा था बदलता जा रहा दर्शक। फिल्मों के शौक से पगलाया दर्शक जब नाटक के थिएटर में आता, तब उसकी माँग कुछ और ही होती। पहले जमाने में गंधर्व के कंठ से जैसे ही कोई नई तान निकलती, तुरन्त रसिकों की उत्स्फूर्त प्रतिक्रिया उमड़ आती। अपना गाना लोगों के कानों तक नहीं बल्कि हृदय तक पहुँच रहा है—रसीद ही मिल जाती। गाते समय अलग खुशी मिलती। गाने में रंग नहीं चढ़ा तो वह भी दर्शकों से पता चलता। एक राग में दूसरा राग मिलाया जाता और यदि वह सहजता से घुल-मिल जाता

तो रसिक ही तालियाँ बजाते, कौतुक करते। परन्तु आज का यह दर्शक गंधर्व को जाना-पहचाना नहीं लगता था। सामने बैठे दर्शक में गाने की समझ नहीं है, और फिर भी गाना है। कैसी यातनाएँ होती हैं, यह एहसास गंधर्व को हो चला था। गाने की समझ न हो, पर गाने का आनन्द तो उठा ही सकते हैं। परन्तु पता चलता कि यह भी उनकी क्षमता से परे है। क्यों गाएँ, किसके लिए गाएँ की दुविधा में गंधर्व फँस जाते और एक उपचार की तरह शो सम्पन्न होता। लगता, यह रंगमंच के साथ धोखा है। यह धर्म नहीं है हम नटवों का! धीरे-धीरे गंधर्व का मन नाटक से उचटने लगा। रंगमंच के उजाले में निथरते रहना, यही उनके जीवन का सुख था। लेकिन अब उन्हें उस उजाले से भयानक ऊब लगने लगी। रंगभूषा कहीं सजा तो नहीं लगने लगी है मुझे? इन फिल्मों ने रसिक दर्शकों का केवल अपहरण ही नहीं किया, बल्कि उन्हें पूरा भ्रष्ट कर दिया है। उनके मन में दुख की, हाथ से कुछ फिसलते जाने की भावना फैलने लगी। एक तरह की रिक्तता उन्हें घेरने लगी। लोगों के बीच में और रंगमंच पर भी यह रिक्तता उनका पीछा नहीं छोड़ती। कलाबत्तू की महँगी साड़ियाँ, भव्य दृश्य और गाने में उन्होंने खुद को रिझाने का प्रयास किया। परन्तु यह सब उन्हें व्यर्थ और निस्सार लगता रहा। जीने और गाने का कारण ही समाप्त हो जाने की भावना उन्हें कुरेदने लगी। उदासीनता ने उन पर कब्जा कर लिया।

लेकिन क्या कहें? किससे कहें? कौन समझेगा?

एक दिन गंधर्व ने बापूराव और दादा के सामने विषय छेड़ा। "सही बात है नाना, लेकिन अब हमें भी दर्शकों की जरूरतों को ध्यान में रखकर कुछ बदलाव लाने चाहिए।"

"क्या बदलाव करूँ? फिल्मों की तरह उछल-कूद की तर्जों पर गाने गाऊँ? भामिनी के लिए लिखवाऊँ वैसे गाने या रुक्मिणी से नृत्य कराऊँ?" गंधर्व के सुर में विषाद झाँकता नजर आया। बापूराव चुप हो गए। अब उपलब्ध संसाधनों से कम्पनी चलाकर कर्ज चुकना, यही उनके हाथों में बचा था।

"एक काम करेंगे नाना?"

"क्या भगवन्?"

"कुछ स्त्रियों को यानी नटियों को लिया जाए कम्पनी में तो? लोगों को आपकी भूमिकाओं में दिलचस्पी होती है। वे आपको देखने आते हैं। लेकिन गौण भूमिकाओं में स्त्रियों को उतारा जाए तो?"

नाटक में स्त्रियाँ? गंधर्व के रोंगटे खड़े हो गए। "भगवन्, अण्णासाहब के रंगमंच पर स्त्रियों को उतारकर पैसा कमाएँगे? नरक में भी जगह मिलेगी हमें? कम्पनी बन्द करके और देह पर राख मलकर हिमालय चला जाऊँगा। लेकिन इस तरह कुछ भी करने के लिए मत कहो मुझे।"

"लेकिन अब फिल्मों में भी स्त्रियाँ...।'

"भगवन्," गंधर्व ने हाथ जोड़े और उठकर चले गए। क्या कहें, दादा की भी समझ में कुछ नहीं आ रहा था। बापूराव गर्दन झुकाए बैठे थे। थोड़ी देर बाद दादा काटदरे उठे और चप्पल पहनकर बाहर जाने लगे। उन्हें दिख रहा था खर्च का पहाड़ और पीठ पर लदे कर्ज का भार। गंधर्व को यदि कुछ भी नहीं दिख रहा है, तो कोई क्या कर

सकता है? यथासम्भव गाड़ी खींचनी है अब। अपने आप से बुदबुदाते हुए वे बाहर निकल गए। दादा के लिए बाहर जाने का रास्ता था। बापूराव कहाँ जाएँ? कम्पनी भी घर की और...।

गंधर्व घर आए। आहट पाते ही लक्ष्मी ने पानी का लोटा भरकर रख दिया। गंधर्व बैठ गए। पानी का लोटा मुँह से लगाया। लक्ष्मी वैसी ही खड़ी, कुछ कहने की ताक में। गंधर्व जान गए। "बापूराव से कह दिया है। वे देंगे पैसे। आजकल कम्पनी में कुछ खर्च निकल आए हैं...।"

"हमेशा कम्पनी के खर्च का ही तकाजा होता है उनका। भोजन की पंक्तियाँ तनिक कम कीजिए अब। शादी-ब्याह के भोजन जैसा भोजन होता है कम्पनी में सुबह-शाम। अब पहले जैसे दिन थोड़े ही रह गए हैं?"

माँ ने भी मुँह खोला, "पेशवा ठाठ का भोजन, वह रहन-सहन। पाँव फैलाने से पहले चादर तो देखनी चाहिए?"

"माँ, कलाकारों को भूखा रखूँ?"

"सुना है, परसों फिर से नई साड़ियाँ खरीदी हैं?"

"इन फिल्मों के सामने नाटक दरिद्र दिखेगा तो क्या अच्छा लगेगा? इसलिए खरीदनी पड़ती हैं महँगी पोशाकें, गहने।"

"हाँ हाँ, नाटक के स्वाँग को मढ़ दो सोने से और घर की लक्ष्मी को बना डालो लंका की दरिद्र पार्वती।" माँ भीतर गई। लक्ष्मी ने हमेशा की तरह औंधे घड़े पर पानी उँड़ेलने का कर्तव्य पूरा किया और भोजन परोसने की तैयारी में जुट गई। गंधर्व को महसूस हो रहा था कि जिन्दगी में अँधेरा छा जाने पर छाया भी अपना साथ छोड़ जाती है। लक्ष्मी का और उनका संवाद वैसे भी कभी था नहीं। अब तो...। गंधर्व खामोश बैठे रहे। आज उन्हें तीव्रता से नाना जोगलेकर की याद आने लगी। देवल-गडकरी की कमी महसूस हो रही थी। बात करने के लिए ऐसा आदमी ही नहीं है, जिसके पास दिल को खोलकर रख दें। पुराने दिनों को याद करते-करते और नए जमाने से दूर होते-होते उन्होंने हाथ-पैर धोना शुरू किया।

हाथ-मुँह धोकर गंधर्व दुबारा बरामदे में आए। तभी कोठी का दरवाजा कुनमुनाया और किसी के आने की आहट हुई। देखा, सरपोतदार भीतर आ रहे हैं। "प्रणाम नारायणराव जी!" वे भीतर आए और पैरों में झुक गए। "आइए भगवन्, बैठिए।" गंधर्व ने उन्हें बिठाया और "सरपोतदार जी आए हैं" कहकर भीतर सूचना दी। भीतर कुछ हलचल हुई। बर्तनों की आवाजें आईं, पानी भी आया। गंधर्व झूले पर बैठ गए। सरपोतदार जी ने पानी के कुछ घूँट पिये। फिर खामोशी छा गई। झूले की कड़ियों की कुछ आवाजें आ रही थीं। फिर गंधर्व ने ही उनके आने का कारण पूछा।

"नारायणराव, एक फिल्म का प्रथम प्रदर्शन समारोह है। आप अध्यक्ष के रूप में...।"

"नहीं नहीं! फिल्मों से हमारा क्या सम्बन्ध?" गंधर्व ने मानो झटक ही दिया। "और भगवन्, हम क्या जानें भाषण देना? यह अधिकार देवल गुरुजी का, काकासाहब का। अजी, वे लिख देते हैं और हम उसे रटकर बोल देते हैं। नहीं भगवन् नहीं।"

''ठीक है, मत बोलिए, आकर आशीर्वाद तो दीजिए।'' सरपोतदारजी पीछे ही पड़ गए। बार-बार बिनती की। इन्कार के लिए कोई गुंजाइश ही नहीं छोड़ी उन्होंने। आखिरकार गंधर्व की स्वीकृति लेकर ही सरपोतदार जी उठे। दुबारा कदमों पर झुके। प्रणाम किया, ''नारायणराव, चलता हूँ...।''

फिर दुविधा में ही गंधर्व ने सवाल किया, ''भगवन्, सुना है, आजकल बहुत अच्छे दिन हैं फिल्मों के?''

''जी हाँ नारायणराव। सच कहूँ तो आपको भी इन फिल्मों की तरफ मुड़ना चाहिए। कलकत्ता की मादन कम्पनी ने पूछा भी था न आपसे?''

''नहीं भगवन्, नाटकों से फुरसत कहाँ हमें।''

''सही बात है। कुछ भी कहिए नारायणराव, नाटक में कुछ और ही मजा होता है। आपके नाटकों में घंटों बैठे हैं हम। रात-रात-भर चलनेवाले नाटक कहाँ और ये तीन घंटों के शो कहाँ! मगर क्या करें, लोगों को यही पसन्द है। आपके आने की बात सुनेंगे तो भीड़ उमड़ पड़ेगी दर्शकों की। चलता हूँ।'' सरपोतदार जी चले गए।

गंधर्व को अच्छा लगा। कुछ भी कहिए, नाटक नाटक होता है। ग्रहण लगने से चन्द्रमा का मोल क्या कम हो जाता है? राम के हिस्से में भी तो वनवास आया था। आएँगे, रसिक दर्शक दुबारा लौट आएँगे। बस यह अमावंस का दौर बीत जाए। उन्हें अलग ही ऊर्मि अनुभव हुई, उत्साह जगा।

और उस दिन सिनेमा थिएटर के बाहर गंधर्व को देखने के लिए भीड़ उमड़ पड़ी। बालगंधर्व कैसे दिखते हैं और वह भी पुरुष लिबास में? लोगों की नजरों में ये भाव साफ-साफ पढ़े जा सकते थे। जिसे कलाबत्तू की साड़ी में देखा, फटी-पुरानी उतरन में देखा, वही बालगंधर्व अब प्रत्यक्ष सामने? स्वयं बालगंधर्व? थिएटर के अहाते में गंधर्व का आगमन हुआ और लोगों ने उन्हें घेर लिया। सरपोतदार जी उन्हें जैसे-तैसे वहाँ से भीतर ले गए। गंधर्व को अच्छा लगा। उनका उत्साह बढ़ गया। अपने रसिक दर्शकों से दुबारा मिलने की सन्तुष्टि उनके चेहरे पर मुखर हो उठी। उनके साथ थे हरिभाऊ देशपांडे। गंधर्व उनसे बोले, ''भगवन्, अपनेपन से आए हैं सभी दर्शक।''

''जी हाँ, लेकिन फिल्मों में भीड़ मचानेवाले ये दर्शक आजकल नाटकों में नहीं आते। पगला गए है सभी फिल्मों के पीछे।'' हरिभाऊ ने गर्दन हिलाकर निषेध ही कर डाला।

''आएँगे भगवन्, आएँगे।'' गंधर्व हँस दिए।

फिल्म शुरू हुई। अँधेरे में प्रकाश की किरणें परदे पर आ रही थीं और उससे परदे पर चित्र अंकित हो रहे थे। हिलने-डुलनेवाले, बोलनेवाले चित्र। लेकिन गंधर्व का मन उनमें नहीं लग रहा था। सब कुछ निर्जीव लग रहा था। आदमी कैसा पूरा का पूरा दिखाई देना चाहिए। सिर से लेकर पाँव तक। तभी उसका खड़े रहना, चलना सब दिखता है—वे बुदबुदाए। 'स्त्री की भूमिका स्त्री ही कर रही है,' हरिभाऊ ने यूँ ही कहा। लेकिन गंधर्व को उसमें स्त्रीत्व कहीं नजर ही नहीं आया। दिखने में वह अच्छी थी, पर दिल को नहीं छू रही थी। गंधर्व को लगा, केवल स्त्री होना पर्याप्त नहीं है; बर्ताव में, बोलचाल में स्त्रीत्व दिखना भी तो चाहिए! कितनी औरतों को देखा होगा इसने ठीक से? भारतीय स्त्री लज्जा

का आभूषण पहनी होनी चाहिए। शालीनता का दामन होना चाहिए उसके व्यक्तित्व पर। गंधर्व को वह जँच ही नहीं रही थी। मैं पुरुष हूँ, पर देवलजी ने कैसे कुरेदकर बाहर निकाली है स्त्री मेरे भीतर से। स्त्रियों को भी ऐसा करना चाहिए। उनके मन में बात उभरी। कोई सचुमच का भिखारी है इसलिए वह भिखारी का स्वाँग भर पाएगा? या सभी पक्के शराबियों को खड़ा कर देने से उन्हें तलीराम का स्वाँग भरना आ जाएगा? नहीं। केवल स्वाँग होने से बात नहीं बनती, उसे भरना भी पड़ता है। स्वाँग न भी हो तो भी कोई बात नहीं, पर उसे भरना अहम। असलियत अलग और अभिनय अलग। इस नटी का अभिनय उन्हें जँचा नहीं। गंधर्व उस फिल्म में रमे ही नहीं। कुछ देर चित्र हिलते रहे, बोलते रहे। आखिरकार शो खत्म हो गया।

फिल्म-प्रदर्शन समाप्त हो गया, परन्तु लोग बाहर जाने का नाम नहीं ले रहे थे। सरपोतदार पास आए और बोले, "नारायणराव, चाहे दो शब्द ही बोलिए। लोग सुनना चाहते हैं आपको।"

"भगवन्, हम क्या बोलेंगे? हमें कहाँ आता है बोलना?"

लेकिन लोग रुके रहे। उन्हें उनके अपने गंधर्व की आवाज सुननी थी। लोगों के आग्रह पर गंधर्व पसीजे और बोलने के लिए खड़े हो गए। थिएटर में खामोशी। कलाकार, सरपोतदार सब सुनने लगे। नटी नाटक की तरह मेकअप पोतकर आई थी। "भगवन् माई-बाप रसिकजन, आप हमारे अन्नदाता हैं। हम क्या बोलें? गुस्सा मत होइए, पर दिल से कहता हूँ, नहीं रास आई यह फिल्म मुझे। बिलकुल नहीं भायी।" सरपोतदार जी के माथे पर पसीना। "अच्छी फिल्में एक ही हजरत बनाते हैं। हमारे बाबूराव पेंटर। अजी, कला की सेवा कठिन कार्य होता है।" क्यों इन्हें बोलने के लिए कहा मैंने? सरपोतदार के चेहरे पर भाव उभरे। फिर उन्होंने नटी की तरफ देखा। कौतुक सुनने की आदी वह सुन्दरी पलकें झपकाती हुई सुनने लगी। "इस माता की भूमिका भी बहुत अच्छी नहीं हुई।" उसका चेहरा उतर गया। "लेकिन बेचारी करे भी क्या? जैसे सिखाया, वैसा उसने किया।" फिर बाद में कुछ देर तक गंधर्व उस फिल्म की बखिया उधेड़ते रहे। संयोजकों को लगा, अपने हाथों से पैरों पर कुल्हाड़ी चला ली है हमने। परन्तु लोगों का खूब मनोरंजन हुआ। फिल्म की बजाय भाषण से ही वे तृप्त हुए। निन्दारस में यही तो मजा होता है। सभी उसका आनन्द उठाते हैं।

भाषण समाप्त हुआ और गंधर्व लौटे। सरपोतदार जी ने औपचारिकतावश हाथ जोड़े। लेकिन वे जान चुके थे कि एक बुरी फिल्म के रूप में इसका बोलबाला होगा। फिल्म की तुलना में भाषण की ज्यादा चर्चा हुई। दो सप्ताह में ही फिल्म नीचे उतर गई, पर भाषण की चर्चा सभी तरफ होती रही।

इस सारी जानकारी से सनत बेचैन हो गया और विचारलीन भी। उसे उस दौर के गंधर्व ज्यादा इंटरेस्टिंग लगने लगे। सर से कुछ पूछने की बजाय वह पुस्तकों की एक गड्डी ही अपने घर ले गया और कमरे का दरवाजा बन्द कर रात-भर उस जमाने के गंधर्व को ढूँढ़ता रहा।

उस दौर के गंधर्व उसे दिखाई दिए। नाटकों का मंचन कर रहे गंधर्व, दुबारा कर्ज चुकाने के लिए जूझ रहे गंधर्व, सौ लोगों की कम्पनी चला रहे गंधर्व, तिरखवाँ जैसे आदमी की कला पर मुग्ध होकर उसकी तनख्वाह में बेहिसाब पैसे लुटानेवाले गंधर्व, गलीचे, साड़ियाँ आदि पर बेहिसाब पैसा खर्च कर रहे गंधर्व, कान्होपात्रा नाटक के लिए नृत्य सिखाने हेतु कुंजबिहारी जैसे कुशल नर्तक को कम्पनी में रखकर नम्रता से नृत्य सीख रहे गंधर्व, खान-पान और यात्रा पर पैसे बहा रहे गंधर्व। पर ये गंधर्व सनत को मालूम हो चुके थे। उसे एक नए गंधर्व दिखाई दिए और वह सिटपिटा गया। हृदय में खिन्नता लिए 'भगवन, अब हम बूढ़े हो गए' कह रहे गंधर्व। ये गंधर्व अलग थे। लेकिन इनसे भी अलग थे सभाओं में भाषण का निमंत्रण स्वीकार करनेवाले और भाषण देनेवाले गंधर्व। ये गंधर्व उसके इमैजिनेशन से परे थे।

"क्या यह उनका फिल्मों के प्रति गुस्सा था? भीड़ देखने पर वे अपना आपा खो बैठते थे? या अपने मन की बात बोल रहे थे?" सनत ने कुछ प्रश्न सामने रखे सभी के।

"कहीं यह सौतिया-डाह तो नहीं था?" महेश ने मुद्दा रखा।

"क्या?" अक्षय ने पूछा।

"हाँ अक्षय, सौतिया डाह। जिसने अपनी जिन्दगी में सत्तर फीसदी से भी अधिक समय तक स्त्री-भूमिकाएँ निभाई हों, सम्भवत: वह आदमी स्त्री-प्रकृति का बन जाता है। क्या यह स्वाभाविक नहीं?"

"लेकिन केवल स्त्रियों में ही डाह होता है, यह किसने कहा? क्या पुरुषों के बीच डाह नहीं होता? बोडस और गंधर्व के रिश्ते में क्या इसकी सूक्ष्म पर्तें नहीं थीं?" सनत ने पूछा।

"हूँ, सच है।" महेश ने उसकी बात मान ली।

"पर मैं पूछती हूँ, यह आइडेंटिटी क्राइसिस क्यों नहीं है?" निशा बोली।

"गंधर्व में यह क्राइसेस क्यों आता?" महेश ने पूछा।

"क्यों नहीं आ सकता? अरे भाई, सीधे-सीधे नाटक का स्थान फिल्मों ने हथिया लिया, दर्शक भी ले गए और गंधर्व का जिस पर एकाधिकार था, वे स्त्री-भूमिकाएँ भी अब स्त्रियाँ करने लगीं। सनत्, गंधर्व को इन बदलावों का अहसास धीरे-धीरे यकीनन हो रहा होगा। साम्राज्य ही हाथ से फिसलते जाने की भावना या फोकस। पूरे समाज का फोकस दूसरी तरफ शिफ्ट होते जाने का संत्रास भी तो होता होगा न?"

"हूँ...शायद इसी कारण पुणे की 'वसन्त व्याख्यानमाला' में उन्होंने दुर्गा खोटे की कड़ी आलोचना की थी।"

"नहीं नहीं, मैं नहीं मानता। गंधर्व ऐसा कर ही नहीं सकते।" सनत ने गर्दन हिलाते हुए दृढ़ता से नकार दिया।

चिन्मय हँस दिया, "सनत्, अब तुम्हारी हालत भी तुम्हारे परदादा जैसी हो रही है या फिर सर जैसी। भक्त बनते जा रहे हो तुम गंधर्व के, भक्त।"

सभी हँस दिए। ''नहीं भाई, ऐसा नहीं है। उन्होंने आलोचना की दुर्गा खोटे की। लेकिन दुर्गा खोटे हमारे लिए। गंधर्व को उससे क्या?''

''मतलब?''

''अरे भाई, वह तो उनके लिए विठा थी। विठा यानी गंधर्व कम्पनी के हितैषी सॉलिसिटर लाड़ साहब की बेटी, और गंधर्व के लिए भी वह बेटी जैसी ही थी। इसमें मुझे उनकी चिन्ता नजर आती है। कुलीन घर की लड़की नाटक-सिनेमा में जाए, उन्हें ठीक नहीं लगता था, क्योंकि इसके खतरों को वे जानते थे। साथ ही उनका अपना एक चिन्तन भी था। वीरता पर मोहित होनेवाली भामिनी और सहनशीलता का आदर्श स्थापित करनेवाली सिन्धू, उनकी दृष्टि में स्त्रीत्व के आदर्श रूप थे! मन में एक बात, व्याख्यान में दूसरी और आचरण में तीसरी, ऐसा पाखंड रचाने के लिए वे आधुनिक रंगमंच के रंगकर्मी थोड़े ही थे। 'थिएटर इज माय फर्स्ट लव' कहते-कहते जो भी मिले उस सीरियल में खड़े रहना और चाहे जिस सिनेमा में काम करना!'' सनत ने टॉन्ट मारा और अक्षय खिल गया।

''सही यार,'' उसने दाद दी। महेश और चिन्मय भी हँस दिए।

''अच्छा, दुर्गा खोटे यानी 'मुगल-ए-आज़म' की जोधाबाई न? उनके बारे में क्या कहा गंधर्व ने भाषण में?'' अक्षय ने पूछा।

फिर महेश आगे बढ़ा, ''जो ठीक लगा वह किया और जो उचित लगा वह बोल दिया, ऐसी सपाट प्रकृति के गंधर्व ने भाषण में न कोई बात घुमा-फिराकर कही और न ही मन की कोई बात अधूरी रखी! फिर निमंत्रण बढ़ते गए। नाटक के शो की कतारों का खालीपन इस भीड़ ने पूरा किया। भीड़ के प्रति उनका लगाव और भूख यहाँ तृप्त होने लगी। गंधर्व भी जो मिले उस मंच पर जाने लगे।''

श्रोतागण और संयोजक भी यह बात अच्छी तरह से जान चुके थे कि गंधर्व बेखटके बोलते हैं। वे सैद्धान्तिक चर्चा का चर्रख-चूँ नहीं चलाते। उपदेश देने के पचड़े में नहीं पड़ते। अपने ही कार्य के पँवाड़े नहीं गाते। लेकिन इससे लोगों का मनोरंजन खूब होता था। परसों की एक सभा में एक हारमोनियम क्लास का उद्‌घाटन करते समय उन्होंने क्लासवालों की ही क्लास ले ली। बोले, 'पढ़ाने से भी भला कुछ आता है? नोटेशन सिखाने से हारमोनियम बजाना नहीं आता। इसके लिए चाहिए गुरुसेवा! सच्चा गुरु एक ही है, गोविन्दराव टेंबे।' फिर उनके एक शागिर्द का नाम लेकर बोले, 'हजरत बजाते तो ठीक हैं, पर पीने में बरबाद हो गए।' इस हजरत का नाम लिये बिना भी लोग जान गए और हास्य के खूब फौवारे छूटे। लोगों का मनोरंजन हुआ। 'शराब काफी लोग पीते हैं, पर उसमें भी कुछ दर्जा होना चाहिए।' फिर छप्परतोड़ तालियाँ। लोगों को जी-भर हँसने का मौका मिला। आज भी गंधर्व कोई करामात करेंगे, इस उम्मीद से सभागार में उनकी प्रतीक्षा हो रही थी। उनके भाषण का विषय था, स्त्रियाँ और रंगमंच। स्त्री क्या है, यह रंगमंच को सिखानेवाले और स्त्रियों को शृंगार और समर्पण दोनों की दीक्षा देनेवाले नटसम्राट इस विषय पर अपना मन्तव्य प्रस्तुत करनेवाले हैं। वसन्त व्याख्यानमाला के

आयोजक प्रस्तावना कर रहे थे। सामने खचाखच भरा सभागार। गंधर्व को देखने और सुनने के लिए भी।

रेल में जैसे एक के बाद एक खूब डिब्बे जोड़ दिए जाते हैं, आयोजकों ने भी गंधर्व के परिचय में ऐसे ही विशेषणों के डिब्बे जोड़ दिए और गंधर्व से बोलने की बिनती की। गंधर्व ने हमेशा की तरह 'मैं नट, दूसरों के द्वारा लिखा हुआ बोलनेवाला' वगैरा कहा।

दरअसल, कुलीन ही नहीं, किसी भी स्त्री का रंगमंच पर आना गंधर्व को पसन्द नहीं था। मनोरंजन करना उसका काम नहीं है। उसका काम है घर सँभालना, घर को संस्कार देना। इसी कारण लाड़ साहब की विठा का सिनेमा में जाना उन्हें जँचा नहीं था। लाड़ साहब तो नाटक के धन्धे से परिचित हैं। उन्हें कैसे दिखाई नहीं दिए इसके भीतर के गड्ढे? गंधर्व बेचैन थे। कहते हैं, विठा पढ़ी-लिखी है। पढ़ी-लिखी लड़कियों को पता है अपनी रक्षा कैसे करनी है और बाहर कैसे बर्ताव करना है। लेकिन पुरुष पढ़ा-लिखा हो या अनपढ़। आखिरकार है तो जानवर। यह देखकर कि कोई स्त्री हाथ आ रही है, कितने पुरुष शिक्षा का, संस्कारों का लिहाज करते हैं? कुछ भी हो, विठा का सिनेमा में जाना गंधर्व के पल्ले नहीं पड़ा था।

और इसमें ईर्ष्या का भाव कतई नहीं था। क्योंकि, रंगमंच पर स्त्रियों के आने से पुरुष नटों पर कोई खास असर पड़नेवाला नहीं था। आखिरकार, पुरुष यदि स्त्री से बेहतर काम करता है, तो लोग उसी को देखने जाएँगे। गंधर्व के मन में लहरों की तरह विचार टकरा रहे थे। परन्तु स्वभाव में कुशल वक्ता के गुण न होने के कारण ये विचार ज्वार की लहरों की तरह तेजी से तट से टकराने लगे और अनजानी दिशाओं में भटकने लगे, जिनमें न कोई सूत्र था और न ही कोई सन्तुलन।

'कुलीन स्त्रियों के रंगमंच पर आने से उनके बिगड़ जाने की सम्भावना होती है।' फिर पल-भर वे रुके और आगे बोल गए, 'दुर्गाबाई खोटे कहती हैं, मैं काम करूँगी तो केवल गोविन्दराव टेंबे के साथ। ठीक है, टेंबे हैं आपके गुरु, पर ऐसा आग्रह क्यों? ईश्वर की कृपा से हैं न आपकी भी दो सन्तानें?' हँस-हँस कर श्रोताओं के पेट में बल पड़ गए। गंधर्व अपना आपा खो बैठे थे और लोगों को जुगाली के लिए विषय मिल गया था। सभा का बोलबाला हुआ।

दरअसल, गंधर्व आगाह करना चाहते थे नाटक धन्धे के खतरों के बारे में। लड़कियाँ बिगड़ती हैं, मतलब इस धन्धे के लोगों का आचरण उन्हें बिगाड़ता है। लेकिन उनके पास न भाषण की शैली थी और न ही ठीक से तैयारी। इस कारण गजब हो गया और चारों ओर से उनकी कड़ी आलोचना होने लगी। भारतीय स्त्री की तरफ परम्परागत दृष्टि से देखनेवाले गंधर्व आधुनिक स्त्री के दिल तक पहुँच ही नहीं पाए थे। वह जाग रही है, शिक्षा से सयानी हो रही है और इसी कारण वह घर की दहलीज को लाँघने का साहस कर रही है, अपने वजूद को तलाश रही है। परन्तु इसका एहसास गंधर्व को नहीं था। वे अभी भी सिन्धू के त्याग को और धैर्यधर के पौरुष से चिपकी बैठी भामिनी को ही स्त्री-जीवन का निकष मान रहे थे। आज की इस नई स्त्री को वे समझ

ही नहीं पाए थे। शायद इस बाहरी दुनिया का मुकाबला कर रही स्त्री को नाट्यकला के जरिए आवाज मिल सकती हो, उसे अपना अन्तरंग प्रकट करने के लिए एक मंच मिल सकता हो। यदि स्वतंत्रता संग्राम में रंगमंच एक हथियार बन सकता है, तो मुक्ति के इस संग्राम में स्त्री एक हथियार की तरह नाटक का इस्तेमाल क्यों नहीं कर सकती? पर यह विचार कभी उनके जहन में आया ही नहीं। उनके विचार पिछले जमाने की स्त्री जाति के प्रति करुणा रखनेवाले इनसान के विचार थे और उन्हें यह एहसास ही नहीं था कि आज की स्त्री को करुणा या दया नहीं चाहिए, उसे तलाश है अपने वजूद की। सदियों से अँधेरे से बाहर निकलने के लिए छटपटा रही स्त्री के कृष्णसखा नहीं बन पाए गंधर्व।

भाषण समाप्त हो गया, परन्तु उसकी अनुगूँज कई दिनों तक सुनाई देती रही। अखबारों ने गंधर्व को काफी आड़े हाथों लिया। कुछ लोगों का गंधर्व के प्रति आदरभाव खत्म हो गया तो कुछ लोगों ने उनकी बातों को बचकाना समझकर छोड़ दिया। एक रसीली दन्तकथा के रूप में विख्यात गंधर्व अब गली-गली के अखबारों के फुटकल हास्य का विषय बन गए। महान नट सामान्य लोगों में घुल-मिल जाए तो उसकी कीमत कम हो जाती है। उन्हें वह अपने जैसा लगने लगता है। काकासाहब खाड़िलकर का यह सूत्र गंधर्व भूल गए और आम लोगों के उपहास का विषय बन गए। सामान्यों की कतार में जा बैठे। बात यहीं तक रहती तो भी गनीमत थी। लोगों की याददाश्त वैसे भी कमजोर होती है। लेकिन गंधर्व ने अपने करीबी लोगों को भी आहत किया। उनके प्रति आत्यंतिक भक्तिभाव रखनेवाली विठा और बुरे समय में भी उनके साथ खड़े होकर उनकी निष्काम सहायता करनेवाले लाड़ साहब भी आहत हुए। विठा अर्थात दुर्गाबाई खोटे ने इस विषय पर कुछ भी बोलने से मना किया, पर लाड़ साहब ने सीधे कानूनी नोटिस भेजा।

और वसन्त शान्ताराम देसाई सहायता के लिए दौड़ पड़े, ''नारायणराव, अजी ये क्या कर दिया आपने? कल अदालत में मुकदमा चलेगा।''

गंधर्व खामोश थे। मन ही मन शर्मिंदा भी। उन्हें क्या पता था कि इतने सारे झंझट खड़े हो जाएँगे? अब क्या करें? अदालत के चक्कर, वह जुर्माना और अखबारों में रोज की चर्चा। किसी तरह इससे बाहर निकलना चाहिए। वसन्तराव ने एक तरकीब सोची। मामला अदालत तक पहुँचे, उससे पहले ही इसे रोकना होगा। फिर उन्होंने सारा समाचार मँगवाया। उनका वकीली दिमाग समझ गया कि गंधर्व के वाक्यों में जहाँ टेंबे-खोटे उल्लेख आए हैं, वे परेशानी का सबब बन सकते हैं। फिर उन्होंने सीधे उसका स्पष्टीकरण तैयार किया कि 'गंधर्व ने ऐसा कहा ही नहीं। सभा के शोरगुल के कारण पत्रकारों ने कुछ और ही सुन लिया। अखबार में, 'टेंबे आपके गुरु हैं, लेकिन काम करूँगी तो टेंबे जी के साथ ही, ऐसा आग्रह वे करती हैं, ऐसा क्यों?' यह छपा हुआ गलत है। गंधर्व बोले थे कि ऐसा वे कहती हैं क्योंकि टेंबे उनके गुरु हैं। अब इसमें क्या है अपमानजनक? स्पष्टीकरण ज्ञानप्रकाश को भेजा गया। ज्ञानप्रकाश ने उसे छापा और मामला सुलझ गया।

मामला सुलझ गया, जख्म भर गए, पर उसके निशान नहीं मिट पाए। लाड़ साहब ने गंधर्व से सम्बन्ध तोड़ दिए, हमेशा के लिए।

गंधर्व के नजदीकी लोग...कुछ नियति ने छीन लिये, कुछ उन्होंने अपनी करतूतों से गँवा दिए।

कुछ लोगों का उनकी जिन्दगी से एक्जिट हो गया था, और कुछ लोग एंट्री के लिए नेपथ्य में खड़े थे।

ऊपर बैठा नाटककार प्रत्येक के चेहरे पर अपनी मर्जी से रंग लगाता रहता है। अपनी मर्जी से पात्रों की जिन्दगी के उतार-चढ़ाव तय करता है। किसी को नेपथ्य में भेज देता है, किसी को नेपथ्य में ही प्रतीक्षारत खड़ा करता है और किसी को भटकाता-घुमाता रहता है। कोई बहुत कुछ होकर भी न होने जैसा जीता रहता है। वह प्रत्येक के हिस्से की भूमिका पहले से तैयार करता है। फिर कुछ पात्रों की भूमिकाएँ परस्पर समांतर जाती रहती हैं, और कुछ पात्र परस्पर को काटते हुए जीते रहते हैं।

गंधर्व के भाषणों का जोर उतर गया था। नाटक के शो जारी थे। कर्ज की रकम सत्तर हजार के करीब पहुँच चुकी थी। फिल्मों ने दर्शकों पर कब्जा कर लिया था। रात के शो में दर्शक नदारद और बाहरी गाँवों में खर्च घटाकर हाथ आनेवाली आमदनी बिलकुल ही नगण्य...अब घर और कम्पनी चलाने के लिए कुछ करना ही चाहिए, इसी उधेड़बुन में गंधर्व एक-एक दिन धकेल रहे थे।

इसी दरमियान एक युवती सिनेमा के मायाजाल में फँसकर अपने प्राणों की बाजी लगाए सिनेमा में जड़ें जमाने का प्रयास कर रही थी। बिजापुर से तीस मील दूर बसे बिलगी गाँव की थी यह युवती। नाम, गौहर।

सपनों का नगर मुम्बई। यहाँ काम करने की तमन्ना रखनेवाला कोई भी शख्स कभी भूखा नहीं सोता। इस कारण यहाँ पेट भरने की खातिर आनेवाले लोगों की तादाद बेशुमार। लेकिन गौहर केवल पेट भरने के लिए मुम्बई नहीं आ रही थी। उसके लिए आँखों में बसे सपने का मोल पेट की आग से ज्यादा था। उसे रूप-रंग देते समय अल्लाह ने कंजूसी जरूर बरती थी, लेकिन कंठ कमाल का सुरीला दिया था। साँवले वर्ण में भी एक चमक थी। देह सुडौल, तनिक मर्दाना छटा। पुरुष को वश में करने का यकीनन उसमें कुछ था, जिसे वह अच्छी तरह जानती भी थी। सपनों की गठरी सीने से लगाए वह मुम्बई पहुँची। मुम्बई, हमेशा भागादौड़ी में और अपनी ही धुन में मगन रहनेवाली मायानगरी। चमचमाती बत्तियाँ, शोरगुल से भरे होटल, सड़कों पर चकाचौंध, दीयों का उजाला...किसी किसी कैफे के बाहर रोशनाई...अपने बेढंगेपन में भी अमीरी की शेखी बघारती मुम्बई! परन्तु गौहर ने जब कदम रखा, तब पूरी तरह से दहक रही थी। हिन्दू-मुसलमान दंगे में झुलस रही थी। छीली जा रही थी। अत्यन्त भयानक माहौल में गौहर ने मुम्बई में कदम रखा। मुम्बई के बोरीबन्दर स्टेशन पर गौहर का स्वागत किया इसी बर्बर माहौल ने।

स्टेशन के बाहर पुलिस की गश्त जारी थी। चारों ओर डर और सन्देह का माहौल...'या अल्लाह!' उसके मुँह से आह निकल गई। गौहर के साथ काका देसाई नामक एक बुजुर्ग

थे। उसने उनकी बाँह कसकर पकड़ रखी थी। ''गौहर, वापिस लौट चलो। मौत कब और कहाँ दबोच लेगी, पता भी नहीं चलेगा,'' काँपती आवाज में वे बोले। तभी एक स्वयंसेवक सामने आया। उसने सभी को स्टेशन के एक दरवाजे की तरफ जाने को कहा। गौहर सोच में पड़ गई। बाहर जाएँ या स्टेशन से जो मिले उस गाड़ी से अभी वापस लौट चलें? पर सपना अगर दिमाग पर कब्जा कर ले, तो फिर आँखों को कुछ और नजर ही नहीं आता। उसने एक पल सोचा और वह स्वयंसेवक के दिखाए दरवाजे की तरफ चल पड़ी। काका देसाई भी उसके पीछे घिसटते-से आने लगे। स्वयंसेवकों ने आनेवाले यात्रियों के रेले के साथ गौहर को भी एक धर्मशाला में भेज दिया।

गौहर धर्मशाला में आई। बाहर लोग अपना आपा खो बैठे थे। उनके दिलो-दिमाग पर शैतान सवार था। स्वयंसेवकों ने उसे एक कमरे में सामान रखने को कहा। काका देसाई अगला प्रबन्ध करने के लिए बाहर चले गए। गौहर ने धर्मशाला के उस कमरे का दरवाजा बन्द किया। गुजराती धर्मशाला के कमरे की सजावट भी गुर्जर ढंग की थी। नक्काशी, रंग, सब गुजराती। लेकिन मुम्बई पर रंग चढ़ा था बर्बरता का। आदमी को आदमी से ही डर लगने लगा था। गौहर खामोश नीचे बैठ गई। बिजापुर, बिलगी पीछे छूट चुका था। आगे सब अनिश्चित। बस सहारा था अपने सुरीले कंठ का और उसमें बसी हुईं अलग-अलग चीजों, राग-रागिनियों का। उसने खिड़की बन्द की, चटाई बिछाई और माथा ढँककर नमाज पढ़ने लगी। कुछ देर के लिए खुद को उस सारे माहौल से अलग कर वह अल्लाह की शरण में चली गई। उसके प्राणों की बेचैनी तनिक थमी, लेकिन सीने में धुकधुकी अभी भी बाकी थी। वह खामोश बैठी रही। आँखें मूँद लीं और उसे याद आए उसके अब्बाजान हुसेन खाँ। तबले पर खाँ साहब का हाथ ऐसा चलता, मानो हाथों में बिजली उतर आयी हो। हुसेन खाँ की नाटक कम्पनी कर्नाटक इलाके में शो करती थी। नन्ही-सी गौहर नेपथ्य से नाटक देखा करती। अब्बाजान ने तभी पहचान लिया था कि उनकी दुलारी शहजादी नाटक की तरफ ही मुड़ेगी। उन्होंने तभी से उसके मन में उच्चाकांक्षा के बीज बोना शुरू किया था। 'बेटा, अल्लाह ने तुम्हें गाने का हुनर दिया है, उसे चूल्हे-चौके में बरबाद मत करना।' गौहर को रसोई से उठाकर वे हारमोनियम के पास बिठाते। फिर एक से बढ़कर एक चीजें गौहर और अमीरबाई के गले से ऐसी बाहर निकलतीं, मानो कलकल करते झरने। यूँ तो दोनों बहनों की आवाजों की फितरत अलग। पर गौहर काली पाँच सफेद सात में गाने लगी। गाते-गाते ही वह जान गई कि अब यही मेरी जिन्दगी है। बस गाते रहो, और यही दीवानगी उसे मुम्बई ले आई। चाहे जो हो, अब वापस नहीं जाना। बाहर की मार-काट दिमाग से हट नहीं रही थी। भीतर खलबली मची हुई थी। उसने सीधे तानपूरा उठाया और सारी दुनिया से अलग होते हुए 'सा' लगाया,..। उस 'सा' पर खुद को झोंक दिया और अपने आप उसके कलेजे से एक आर्त सुर फूटा और कंठ से बाहर मुखर हुआ...'प्रभु अजि गमला मनी तोषलाऽऽऽ'

काफी देर तक वह गाती रही...और गाते समय उसके सामने साकार हुआ था गंधर्व का रूप...और बिलकुल उन्हीं की शैली में वह पद आगे बढ़ने लगा। हमेशा यही होता। गौहर के कंठ पर अम्मी, अब्बाजान और अन्य गुरुओं की बजाय गंधर्व की गायकी चढ़ी

थी। हूबहू। गंधर्व के रिकॉर्ड सुनने में वह घंटों खोई रहती। उन्हीं की तरह गाने की कोशिश करती। यद्यपि उसकी आवाज की फितरत अलग थी, फिर भी उसने गंधर्व की गायकी को अपने कंठ में हूबहू बसा लिया था। बाहर क्या हो रहा है, उसे न कोई परवाह थी न कोई फिक्र। वह गाती ही रही। गाते समय उसे गंधर्व याद आते रहे। उसकी बेचैनी थमती गई। उसे मानो खुदा ही मिल गया। वह गाती रही। कई घंटे...। और फिर आधी रात बाद उसके दरवाजे पर दस्तक हुई। उसने तानपूरा अलग किया। काका देसाई दरवाजे में खड़े थे। हाथों में कुछ भोजन की सामग्री...।

"क्या हुवा जी ? वो मिले ?" सुर को लम्बा खींचकर उसने अपने कर्नाटकी लहजे में पूछा।

"हाँ, चापेकर से मुलाकात हुई। आश्चर्य हुआ उन्हें, आप मुम्बई आईं यह सुनकर। कल उधर ही बुलाया है उन्होंने।"

गौहर ने राहत की साँस ली। यह जानकर उसे अच्छा लगा कि जिस चापेकर पर भरोसा करके वह मुम्बई आई है, उसने स्वागत किया है। "आने को बोला उन्होंने ?"

"हाँ, पर..."

"अब ये पर कायकू जी..." उसने पूछा।

"ये दिया है।" काका देसाई ने एक थैली आगे बढ़ाई। "ये पहनकर आने को कहा है।" थैली में हाथ डालकर उसने वस्तुएँ बाहर निकालीं और चौंक गई। थैली में चूड़ियाँ, किसी देवता का तावीज और सिन्दूर की पुड़िया थी। "वे बोले, हिन्दुओं की बस्ती है, कुछ हुआ तो...।"

पल-भर के लिए वह चौंक गई। क्या करें ? उसके लिए यह अनपेक्षित था। लेकिन उसने निश्चय किया। मन में कुछ सोचा। 'कोई मजहब सपनों से बड़ा नहीं होता।' दर्पण के सामने जाकर उसने सिन्दूर की पुड़िया खोली और माथे पर बड़ा-सा टीका लगाया। हाथों में चूड़ियाँ पहनीं, गले में वह देवता का तावीज लटकाया और दर्पण के सामने खड़ी हो गई। उसे खुद का एक अनोखा रूप दिखाई दिया। अब उसकी राह में कोई बाधा बननेवाला नहीं था। न वह दंगा, न कोई डर और न कोई मजहब...।

मंजिल क्या होगी, कहाँ होगी, खुदा जाने...हम तो चल पड़े हैं...। उसने पल्लू सिर पर रखा और एक और पात्र मानो सजकर तैयार हो गया। अपना स्वाँग रचाने के लिए...।

सब लड़के अब गौहर का प्रवेश उत्सुकता से सुनने लगे। उसके बारे में फैली अफवाहें, बातें उनके सुनने में आई थीं। इस कारण उसके प्रति एक प्रभामंडल ही बना हुआ था सबके मन में। सनत को तो एंट्री में ही भा गई वह। गंधर्व की गायकी में प्यार की गरमाहट खोजनेवाली, माथे पर सिन्दूर सजानेवाली गौहर। आदमी इतना इकतरफा प्यार कर सकता है?

सर बोल रहे थे, "भाइयो, एक चतुर नाटककार नाटक के एक वाक्य में कई अर्थ भर देता है। पात्र की एक-एक क्रिया से कई अर्थ ध्वनित करता है और कभी-कभी किसी प्रसंग में आगामी घटना का भी संसूचन कर देता है। अभी घटित हुआ प्रसंग इसी

वक्त क्यों था, इसका उत्तर कुछ प्रसंगों के बाद, कभी-कभी तो आखिरी अंक में मिल पाता है और तब समझ में आता है कि आगामी घटना की सूचना देने के लिए नाटककार ने कितनी चतुराई से उस प्रसंग की योजना बनाई थी।

मुम्बई में आते ही गौहर के माथे पर सिन्दूर सजाने की योजना। इसके पीछे ऊपरवाले नाटककार का कुछ आगामी घटनाओं की ओर संकेत तो नहीं था? लेकिन असली नाटक और जिन्दगी का नाटक, दोनों में यही फर्क होता है। नाटक में नट को पता होता है कि आगे क्या होनेवाला है। नट जानता है कि उसके हिस्से में आई भूमिका का अन्त कहाँ है, कैसा है। परन्तु जिन्दगी के नाटक में किसी को पता नहीं होता कि उसकी भूमिका में आगे क्या लिखा गया है। अपने हिस्से आई भूमिका को निभाना, बस यही उसके बस में होता है। हम जो करते हैं, वह सचमुच हम ही करते हैं? या उसका कर्ता-धर्ता कोई और है? इसी सम्भ्रम में पूरा नाटक खत्म हो जाता है। गडकरी गुरुजी कहते हैं, अपने हिस्से आया स्वाँग रचाना चाहिए। कुछ-कुछ वही बात। बहरहाल, उस ऊपर बैठे नाटककार ने गंधर्व की जिन्दगी में एक नया स्वाँग भेज दिया था। गौहर। गौहर उस ऊपर बैठे नाटककार के लिखित आदेश के अनुसार गोलपीठा के पास की बद्रिकाश्रम चाल की तरफ चल दी।"

बाहर आदमियों के आने की हलचल हुई और बद्रिकाश्रम चाल के कबूतर पंख फड़फड़ाते हुए उड़ गए। गौहर को उनके पंखों पर मुम्बई का मटमैला रंग चढ़ा हुआ नजर आया। काका देसाई उसे लेकर चाल में भीतर गए। दरवाजा खटखटाया। चापेकर ने दरवाजा खोला और क्या देखा? सामने गौहर। साँवले रंग पर खिली साड़ी, हाथों में चूड़ियाँ और माथे पर कुलीन स्त्री की तरह बड़ा-सा सिन्दूर। उसका नूर कुछ ऐसा था मानो कोई विवाहिता मायके से ससुराल आई हो। दरवाजे से हटकर उसने गौहर को भीतर आने दिया। गौहर भीतर गई। उसकी मादक देह की गतिविधियाँ चापेकर ने दर्ज कीं। लड़की वादे के मुताबिक आ गई मुम्बई!

बिलगी में परिचय, बाद में चापेकर कम्पनी में दाखिल होने का उसका प्रयास, फिर सिनेमा में किस्मत आजमाने का विचार। चापेकर ने सारी बातों का पूरा समर्थन किया था। चापेकर के प्रति उसे खास अपनापन और विश्वास लगने लगा था। उसने उसे बैठने को कहा। वह खुलकर बोली। दिल खोलकर बोलती रही। चापेकर की पारखी नजरों ने पहचाना, लड़की मुम्बई के सिनेमा में झंडे गाड़ेगी। चापेकर नाट्यादर्श संगीत नाटक मंडली का संस्थापक था। कलाक्षेत्र में आने के लिए पगलायी गौहर को उसकी जान-पहचान से लाभ होनेवाला था। गौहर ने सचमुच मन लगाकर सिनेमा के लिए प्रयास शुरू किए। दरअसल, चापेकर दूरदर्शी था। वह जानता था कि ऐसी लड़कियों की इस धन्धे में क्या दशा हो जाती है। इसलिए उसने सूझ-बूझ के साथ कदम बढ़ाना तय किया। उसने गौहर को सब समझा दिया। सिनेमा में नायिका को अपने गाने आप ही गाने पड़ते हैं। इसलिए सिनेमावालों को गानेवाली सुन्दर लड़कियों की तलाश रहती है। गौहर निर्माताओं के दरवाजों पर चक्कर नहीं लगाएगी। पहले उसकी आवाज और नाम पहुँचेगा उनके कानों तक। फिर

वे खुद आकर उससे सिनेमा के लिए आग्रह करेंगे। इसके लिए उसने गौहर को रेडियो पर गवाने की योजना बनाई। चाल के उस कमरे में बैठे-बैठे गौहर जान गई, माना कि सफर मुश्किल है, पर यदि सही कदम उठाए जाएँ तो मुश्किल कुछ भी नहीं है। चापेकर का एक मित्र दत्तोपन्त फाटक एक अर्धसरकारी रेडियो में था। चापेकर ने तुरन्त उसे पकड़ा और आग्रह किया कि एक बार, बस एक बार वह गौहर की आवाज सुन ले। गौहर को गाने का टेस्ट देने के लिए रेडियो से बुलावा आया।

मुम्बई में पहली परीक्षा। आज तक हजारों दर्शकों के सामने गाने की आदी गौहर। पर आज एक दबाव था उस पर। उसे दूर हटाते हुए वह तैयार हो गई। चापेकर ने देखा, चुस्ती से पहनी चन्द्रकला साड़ी और चेहरे पर मेकअप। दामन ऐसा ओढ़ा हुआ कि देखनेवालों को उसके उरोज साफ-साफ नजर आएँ। गायन के साथ-साथ इस कला में भी उसकी प्रवीणता को वे भाँप गए और निश्चिन्त हुए। गौहर ने गाना गाया। काँच के उस पार बैठे चापेकर को भी दिखाई दे रहा था। गाते समय गौहर के ओंठ मादकता से हिल रहे थे। श्रवण के साथ-साथ उसका गाना दर्शनीय भी बन रहा था। गाना और गौहर, दोनों सभी को पसन्द आए और वह रेडियो से अनुबन्ध-पत्र लेकर ही लौटी।

गौहर रेडियो पर गाने लगी। रेडियो स्टार बन गई और धीरे-धीरे उसकी आवाज एक पहचान बन गई। फिर सिनेमा कम्पनियों का ध्यान उसकी तरफ जाने लगा और *शारदा* सिनेटोन के मालिक मायाशंकर ठक्कर ने अपने मैनेजर बाबूभाई को गौहर के पास भेजा।

सिनेमा कम्पनी का मैनेजर मिलने आ रहा है, इस खबर से वह पागल-सी हो गई। साथ ही चौकन्नी भी। उसने चतुराई से योजना बनाई। मैनेजर आया, जान-पहचान हुई। गौहर बोली, "बाबूभाई, रियाज का वक्त है। आप बैठो जी जरा देर।" उसने हारमोनियम निकाला और उसी के सामने रियाज शुरू किया। बाबूभाई गाना सुनने लगा। परन्तु गौहर जान गई कि उसकी नजर उसकी सुघड़ देह पर फिसल रही है। अब उसके फिसलने में कितनी देर? गाते-गाते उसने एक भौंह उड़ाई और देह को झटका दिया। बाबूभाई जान गया, उसका सारा ध्यान गौहर की उस कमनीय देह में ही अटका हुआ है। उसने गौहर की सारी शर्तें मान लीं। गौहर का दिया पान का बीड़ा उसी के हाथ से ओठों में दबाया और चला गया। गौहर भी जान गई कि जाते समय सौ बार इसके कदम मन ही मन ठिठके हैं।

बाबूभाई बार-बार आता रहा। *शारदा* सिनेटोन के रासविलास में गौहर नायिका और गायिका के रूप में चमक उठी। यद्यपि सिनेमा का नायक कृष्णराव चोणकर था, पर गौहर की जिन्दगी का नायक बाबूभाई ही बन गया। गौहर कहती और वह पैसे लाकर डाल देता। वह ऐसे आता जैसे उससे बँध गया हो। नवभारत, जयभारत, जयदेव सिनेटोन, इंडियन लिबर्टी पिक्चर्स जैसी कम्पनियों के काम गौहर के पास चले आए। बाबूभाई की सीढ़ी उसके लिए बहुत फायदेमंद साबित हुई।

बाबूभाई गौहर का दीवाना हो गया था। उसने कम्पनी का पैसा उसी पर लुटाना शुरू किया। कम्पनी के खर्च से बिलगी में गौहर का घर बनने लगा और इसमें कम्पनी को

पन्द्रह-बीस हजार का झटका लगा। इसकी आहट मायाशंकर को लगी और बाबूभाई को बाहर का रास्ता दिखाया गया।

बाबूभाई की सीढ़ी बनाकर गौहर ने मनचाही मंजिल पा ली थी। उसने बड़ी चतुराई से यह सीढ़ी फेंक दी। चापेकर भी जान गए कि आदमी को अपनी गिरफ्त में फँसाने, पर खुद उसमें बिलकुल न फँसने की कला में माहिर है गौहर। अब उसे बाबूभाई से भी बड़ी सीढ़ी की तलाश थी। फिर चापेकर ने कोलंबिया कम्पनी के मैनेजर व्यास साहब से उसकी मुलाकात कराई। देह का हथियार बनाने में माहिर गौहर ने व्यास को भी अपना बना लिया।

गौहर का वेतन बढ़ गया। अब उसे सात सौ रुपए मिलने लगे। उसने ग्रांट रोड पर अपना घर-बार बसाया। अब चापेकर उसके पास रहने लगा। गौहर ने उसका साथ नहीं छोड़ा था, क्योंकि सारा संसार फिल्मों के पीछे पागल था, पर गौहर नाटकों पर फिदा थी।

चापेकर के सान्निध्य में गौहर की नाटकों में दिलचस्पी और बढ़ गई और गंधर्व नामक चमत्कार का नशा और गहरा होता गया। गंधर्व का नाटक होता तो गौहर खिल उठती। चापेकर ने भी स्त्री-भूमिकाएँ की थीं। उस पर भी गंधर्व का प्रभाव था। इसलिए गौहर ने उससे ही गंधर्व के पद सीखे। चापेकर को यह लड़की एक पहेली-सी लगती थी। एक तरफ अपनी देह-सम्पदा का पूरा एहसास। प्यादे की तरह उसका कहाँ और कैसे इस्तेमाल करना है, कैसे किसी के सामने प्रदर्शित करना है, इसका पैदाइशी ज्ञान और दूसरी तरफ गंधर्व का नाम सुनते ही चेहरे पर उभरता भक्तिभाव। दोनों के बीच कोई तालमेल नहीं था। गौहर ठीक-ठीक है क्या? मौकापरस्त? होशियार? या गंधर्व के पद हूबहू उनकी तरह गानेवाली और गाते समय अपने आप को भूलकर समाधिस्थ होनेवाली मीरा?

गौहर को फिल्में मिलीं, काम मिला, पर धीरे-धीरे उसे यह एहसास भी होने लगा कि यह बहुत दिन नहीं चलेगा। गौहर के नाम ने टिकट खिड़की पर कोई जादू नहीं किया। वह दर्शकों के दिलों की धड़कन वगैरा नहीं बन पाई। उसे अनुमान हो रहा था कि यहाँ जड़ें जमाना मुश्किल है।

और एक दिन नाटक देखने जा रही गौहर काफी देर तक बनाव-शृंगार करती रही। धराऊ पोशाक, व्यास का दिया खास विदेशी इत्र, गंधर्व जैसी केशसज्जा...।

"आज कोई खास बात?" चापेकर ने पूछा।

"आज उनके दर्शन करके ही लौटूँगी!"

"किसके?"

गौहर अपना हाथ हृदय के पास ले गई। "उनके, बालगंधर्व के...।" और उठी।

चापेकर समझ गया कि अगर इसने ठान लिया है, तो उनसे मुलाकात करके ही लौटेगी। निर्माताओं से मिलने जाते समय कितनी ही बार वह दर्पण में खुद को निहारती। उसकी नजर में उसे एक शिकारी दिखाई देता। आत्मविश्वास से लैस गौहर सारी योजना ठीक से बनाती। जाती, और शिकार पूरा करके ही लौटती।

नाटक शुरू होने में अभी समय था। गंधर्व भीतर रंगभूषा कक्ष में थे। बगल में लालजी खड़े। दर्पण के सामने बैठे गंधर्व के चेहरे पर विवशता के भाव। चारों ओर से बढ़ रहे खर्च और आमदनी की राहें संकीर्ण। लालजी सब समझ रहे थे। गंधर्व की छटपटाहट, उनका नाट्यप्रेम। लालजी ने पास खड़े क्लर्क को इशारा किया। उसने अपनी चमड़े की थैली खोली। उसमें से पचास हजार रुपये के नोट निकाले। लालजी ने गंधर्व को देने के लिए नोट आए बढ़ाए। लेकिन गंधर्व खामोश थे।

''नाना...'' उन्होंने गंधर्व की तरफ देखा। उनकी आँखों में अनुनय था।

''गंधर्व ने बिना कुछ बोले नोट हाथ में लिए और बापूराव को दिए। लालजी उठे और हाथ जोड़ते हुए बोले, ''नाना, कराची में मिलेंगे।'' और बाहर चल दिए। वे गंधर्व की मुद्रा, उनकी आँखों की खिन्नता देखना नहीं चाहते थे।

गौहर प्रेक्षागृह में पहुँची। फिर उसने सीधे रंगभूषा कक्ष की राह पकड़ी। बाहर गुंडेशा खड़ा था।

''गंधर्व महाराज से मिलना है।'' उसने कहा। गुंडेशा भीतर गया। गौहर के मन में एक अनकही बेचैनी थी। बचपन से जिस गंधर्व के गाने सुनती आई हूँ, जिसकी गायकी के उजाले में संगीत की आराधना की है; वही गंधर्व—स्वयं गंधर्व से मुलाकात होगी!

क्या कहूँगी? क्या पूछूँगी? पैर पकड़ूँ या...सिर पर पल्लू रहने दूँ या...गौहर पसोपेश में पड़ गई। गुंडेशा बाहर आया। उसने कदम आगे बढ़ाया।

''नहीं मिलेंगे वे। नाटक के समय वे किसी से नहीं मिलते,'' गुंडेशा बोला और भीतर चला गया। कुछ पल गौहर वैसी ही खड़ी रही। नहीं मिलेंगे? उसे लगा अब उसकी रुलाई छूटेगी। फिर भी खुद को समझाती हुई वह नाटक देखने बैठ गई। गंधर्व ने प्रवेश किया। वह सुध-बुध खोकर उनकी तरफ देखती रह गई। उनका गायन, उनका दिखना, उनका बोलना...। गौहर को लगता रहा, मानो पूरे प्रेक्षागार में केवल वे दोनों हैं और गंधर्व केवल उसके लिए हैं। गंधर्व के आचरण में एक शालीनता थी। खड़े रहना भी कैसा? अपनी प्रतिष्ठा और सामनेवाले का लिहाज! उसने सोचा, इनसे आधी नजाकत भी मुझमें होती, तो भी पागल बना देती मैं दर्शकों को। वह उनकी नजाकत पर बेहद फिदा हो गई। नाटक खत्म हुआ। लोग लौटने लगे। गौहर दौड़ती हुई रंगभूषा कक्ष की तरफ गई और कक्ष के बाहर गंधर्व की प्रतीक्षा करने लगी। गंधर्व काफी देर तक अपनी रंगभूषा उतारते रहे। उन्होंने विग उतारा। सिर के झड़ते बालों को अनदेखा किया और बाहर आए। गौहर उनकी तरफ देखती हुई सामने आई। लेकिन उन्होंने उसकी तरफ देखा तक नहीं। एक स्त्री और वह भी एक फिल्मी दुनिया की नटी सामने प्रतीक्षा में खड़ी है। लेकिन गंधर्व उसे लाँघकर आगे चले गए। गौहर निराश नहीं हुई, गुस्सा भी नहीं हुई। मुलाकात नहीं हुई तो क्या हुआ? दर्शन तो हुआ। उसे इस बात का भी सन्तोष था। आँखों से ओझल होने तक वह उन्हें देखती रही...।

गौहर लौटी, पर एक अलग मस्ती में। चापेकर को उसके बर्ताव से लगा, शायद गंधर्व से मुलाकात हो गई। उसने पूछा, ''क्या बोले नाना?''

"मुलाकात नहीं हुई, पर देखा। करीब से देखा उन्हें। खुदा की मेहरबानी जी।" वह हवा में तैरती-सी भीतर चली गई। चापेकर देखता ही रह गया।

फिल्म जगत् में जहाँ मौका मिले, वहाँ रासक्रीड़ा रचानेवाली गौहर गंधर्व के मामले में मीरा की तरह समर्पित कैसे हो जाती है? चापेकर के लिए यह एक पहेली थी। कभी न कभी गंधर्व से मुलाकात होगी, इस आशा में गौहर गंधर्व के नाटक देखती रही।

गंधर्व के भाषणों का ज्वर उतर गया और नाटकों का मंचन दुबारा शुरू हुआ। लेकिन कर्ज की राशि बढ़कर सत्तर हजार के करीब जा पहुँची थी। लालजी द्वारा दिए पैसे कैसे आए और कहाँ गए, पता भी नहीं चला। रात के मंचन में दर्शक नदारद। बाहरी गाँवों के दौरों में खर्च घटाकर हाथ आनेवाली आमदनी बहुत ही नगण्य। अब घर और कम्पनी चलाने के लिए कुछ तो करना चाहिए! दौरे करते-करते कम्पनी येवला आ पहुँची।

येवला में नाटक शुरू होना था। गंधर्व नेपथ्य में खड़े परदा खुलने की प्रतीक्षा में थे। काफी देर हुई, फिर भी परदा खुलने के चिह्न नहीं। सब कुछ बदल रहा है। उनके मन में बात उभरी। कलाकारों को तैयार होने में इतनी देर, अच्छी बात नहीं! हरिभाऊ नेपथ्य में ही थे।

"हरिभाऊ, कलाकारों से कहिए, समय पर तैयार हो जाएँ।"

"कलाकार तैयार हैं नाना।" हरिभाऊ गर्दन झुकाए हुए बोले, "लेकिन...।"

"लेकिन क्या?"

"लेकिन, दर्शक ही नहीं हैं। बस छह लोग आए हैं।"

गंधर्व के भीतर कुछ हिल उठा। केवल छह लोग? उन्हें कुछ भी नहीं सूझ रहा था।

"नाना, शो रद्द करें?"

गंधर्व ने पास के खम्भे का सहारा लिया। तभी कोई आया। "नाना, पूजा करें?"

"सभी तैयार थे। परदा, पोशाक...कलाकार, वादक...लेकिन जिसकी पूजा करनी है, वह ईश्वर ही रूठा हुआ था। "नहीं, शो रद्द नहीं करेंगे। नाटक होगा। बजाइए तीसरी घंटी।"

घंटी घनघनाई। माहौल धूप से गमगमा उठा। परदा खुल गया और बस जरा-सी तालियाँ मिलीं। गंधर्व रंगमंच पर आए। तान ली और सामने देखा। पूरा प्रेक्षागृह खाली गर्भगृह की तरह जान पड़ा उन्हें...अभिजात साहित्य...बखले बोवा, मास्टर कृष्णराव का संगीत...हमारी जी-तोड़ मेहनत...यह मंचसज्जा, यह नेत्रसुखद निर्माण...फिर भी दर्शक उधर जा रहे हैं? उन निरर्थक, निर्जीव चित्रों की ओर? ऐसा है तो किसके लिए करें यह सब? किसके लिए करें यह यज्ञ, यह दौड़धूप? क्यों नकारे गए हम? कुछ समझ नहीं आता। भगवन्, क्या खत्म हो गई मेरी भूमिका? खत्म हो गया नाटक? क्या कला भी मनुष्य की तरह मरती है? नाटक मर रहा है और हम यूँ ही बैठे हैं उसके सिरहाने-पैताने झूठी आशा में। खुशकिस्मत थे भाऊराव, केशवराव, देवल गुरुजी...। मंच पर गंधर्व दर्शकों को भामिनी के विभ्रम दिखा रहे थे और भीतर उनका मन आक्रोश कर रहा था। गडकरी गुरुजी, ईर्ष्या होती है आपसे, ईर्ष्या! नाट्यकला को इस तरह फटी-पुरानी उतरन में देखने

की नौबत नहीं आयी आप लोगों पर...। मंचन खत्म हुआ। सवेरा हो रहा था...पर गंधर्व जान चुके थे, अब सुबह नहीं होगी।

दौरा खत्म करके गंधर्व घर लौटे। लक्ष्मी के हाथों पर कुछ पैसे टिकाए। वे समझ गए थे, अब यह ज्यादा देर तक नहीं चलेगा। अब कम्पनी विसर्जन के अलावा और कोई चारा नहीं। नाट्यकला की यह गृहस्थी बर्खास्त करनी ही पड़ेगी। जहाँ से फूल चुने, वहीं पर उपले चुनने की नौबत आई। उन्होंने कभी नहीं सोचा था कि सिन्धू का यह वाक्य कभी उन्हें अपनी जिन्दगी के बारे में भी कहना पड़ेगा।

गंधर्व उठे। मन ही मन कम्पनी बर्खास्त करना तय किया और स्नान के लिए बैठ गए। तभी नौकर ने आकर बताया, 'वी शान्ताराम आए हैं।' शान्ताराम आया है? उन्हें आश्चर्य हुआ। मुझसे क्या काम हो सकता है उसका? अभी परसों ही तो शोलापुर में *एकच प्याला* देखने आया था। उन्होंने जल्दी-जल्दी स्नान किया। तब तक लक्ष्मी ने शान्ताराम को पानी दिया।

"कैसे हो?" उसने प्यार से पूछा।

"सब कुशल है।"

गंधर्व कपड़े पहनकर आए। उन्हें देखते ही शान्ताराम ने उठकर प्रणाम किया। "सुखी रहो भगवन्।" कहते हुए गंधर्व ने उसे सीने से लगाया। "बैठो बैठो। अच्छी चल रही है तुम्हारी घुड़दौड़। खुशी होती है देखकर।"

"नाना, शुरुआती सबक आप जैसे लोगों से ही सीखे हैं मैंने। याद है न?"

"क्यों नहीं? *मानापमान* में *किती मजेदार हा हार* के नृत्य में तुम थे। लेकिन नहीं रम पाए नाटक में। अब सचमुच बड़े हो गए हो।"

शान्ताराम ने गंधर्व की तरफ देखा। बढ़ती उम्र की कुछ निशानियाँ दिख रही थीं, पर चेहरे पर वही निश्छल भाव।

"नाना, परसों शोलापुर में आपका *एकच प्याला* देखा। यकीन मानिए, सारे देश में आप जैसा महान कलाकार नहीं है। आपका गाना, आप का अभिनय। अजी, मेरी आँखों से भी गंगा-जमुना बह रही थीं। कितनी ही देर तक मैं तालियाँ बजाता रहा परदा गिरने पर।"

"भगवन्..." गंधर्व ने गर्दन हिलाई। परन्तु सन्तोष की अपेक्षा औपचारिकता ही अधिक थी उसमें।

"नाना, नाराज मत होइए। लेकिन परदा गिरा और नाटक खत्म। फिल्म अनादि-अनन्त काल तक बनी रहती है। कलाकार और कलाकृति को अजरामर करनेवाला साधन है यह।"

लक्ष्मी भीतर सब सुन रही थी। चाय उबल रही थी। थाली में बेसन के दो लड्डू भी रखे हुए थे। "नाना, सदी में कभी-कभार जन्म लेता है आप जैसा कलाकार। उसे इस माध्यम से दूर बिलकुल नहीं रहना चाहिए। मुझे बताइए, आगामी पीढ़ियाँ पूछेंगी, कौन थे गंधर्व? क्या दिखाएँगे उन्हें हम?"

लक्ष्मी के रोंगटे ही खड़े हो गए। नाटक में पैसा फूँका, अब फिल्मों में भी फूँकने के लिए कहेगा ये? लेकिन इस बार उसने तय किया कि ये शान्ताराम अगर ऐसा कुछ उल्टा-सीधा भरमाने की कोशिश करेगा, तो साफ-साफ कहूँगी उससे, भैया, चाय पियो और चलते बनो। मत खींचो हमें इस कर्ज की दलदल में। अपनी गृहस्थी चलाई, दोनों भाइयों की गृहस्थी भी चलाई, ऊपर से नाटक की भी गृहस्थी...दो कदमों से आ रहा ऐश्वर्य दस पैरों से, दसों दिशाओं में लौट जाता है। अब नहीं चाहिए कुछ और। वह कान लगाकर सुनने लगी।

''नाना, मेरी फिल्मों में काम कीजिए। तीन फिल्मों के अनुबन्ध करेंगे। मैं आपको छह लाख रुपए देता हूँ।''

छह लाख? लक्ष्मी की आँखें फैल गईं। कान खड़े हो गए। लेकिन बाहर से उसे खामोशी ही सुनाई दी और वही खामोशी मानो उसके कान के परदे फाड़ रही थी। उससे रहा न गया और वह दरवाजे के पास गई। वहाँ से उसने गंधर्व को भीतर आकर चाय ले जाने के लिए कहा। गंधर्व भीतर आए। उसने उनके हाथ में लड्डू की थाली और चाय दी। फिर अनुनय भरे सुर में बोली, ''इनकार मत कीजिए। ये सच ही कह रहा है। नाटक की तरफ दर्शकों ने ही पीठ फेर ली है अब।''

उसकी आवाज की कातरता गंधर्व का कलेजा चीर गई। फिर भी वे बोले, ''देखो, कलाकार को अजरामर होने के लिए काम नहीं करना चाहिए, अपनी खुशी के लिए करना चाहिए।''

अब लक्ष्मी का संयम चुक गया। वह गुस्से में बोली, ''आपको तो बस कर्ज उठाने में ही खुशी है। एक चुकता हुआ नहीं कि दूसरा पहाड़ खड़ा किया। कुछ हमारी भी तो सोचिए। पैसों की तरफ तो देखिए, मना मत कीजिए। एक लड़की का ब्याह बाकी है अभी।''

गंधर्व मुड़ गए। यह क्या बोल गया मैं? और खुशी कहें, तो कहाँ बची है खुशी नाटक में? नाटक अकेले के दम पर खिलनेवाली कला नहीं है। कलाकार के साथ जब दर्शक समरस होता है, तभी खड़ा होता है नाटक। मंचन में अगर रंग भरना है, तो दर्शक भी वैसे चाहिए। जानकार।

चाय पीते-पीते शान्ताराम बोले, ''नाना, आपकी प्रतिष्ठा को शोभा देगा, ऐसी ही रचना होगी। भव्य। कोई समझौता नहीं। सोचिए।'' कहते हुए शान्ताराम उठे। बाहर उनकी गाड़ी खड़ी थी। गाड़ी के पास जाते ही ड्राइवर ने अदब से दरवाजा खोला। शान्ताराम गाड़ी में बैठे और गाड़ी नजरों से ओझल हो गई। गंधर्व ने अब तक कभी किसी बात का हिसाब नहीं लगाया था। परन्तु अब वे शान्ताराम की बातों पर सोचने लगे। छह लाख। पहले साल में दो लाख मिलेंगे। उसमें कर्ज चुकता हो जाएगा। कुछ पैसा बचा भी रहेगा...।

लक्ष्मी अत्यन्त उत्कंठा से गंधर्व के जवाब की प्रतीक्षा कर रही थी। गंधर्व खामोश थे। जिन फिल्मों का निर्जीव निर्जीव कहकर मजाक उड़ाया था, अब उन्हीं

का दामन पकड़ें? *एकच प्याला* नाटक में दूध को ठुकराकर मदिरा पीनेवाले तलीराम और सुधाकर ही याद आए उन्हें। घर की पतिव्रता को लात मारकर गणिका की कोठी की सीढ़ियाँ चढ़नेवाले इनसानों की कतार में बैठने जैसा लगा उन्हें। मैं फिल्म करूँगा?

गंधर्व से निर्णय लेते नहीं बन रहा था। लेकिन बापूराव के साथ वे हिसाब के लिए बैठ गए और उन्हें एहसास हुआ कि आमदनी का पक्ष बहुत कमजोर है। हिसाब हुआ और एक नग्न सत्य उनके सामने खड़ा हो गया कि दूसरा कोई विकल्प नहीं है। निर्णय की स्वतंत्रता का विकल्प परिस्थिति ने उनके सामने रखा ही नहीं। कोल्हापुर का दौरा निश्चित हुआ और गंधर्व ने मन ही मन निर्णय ले लिया। नाटक की गृहस्थी बर्खास्त करेंगे। तलाक लेंगे इस गृहस्थी से। बन्द, कम्पनी विसर्जित। आखिरी मंचन करेंगे कोल्हापुर में और...।

राजर्षि की नगरी कोल्हापुर में आखिरी मंचन। उन्हें राजर्षि की याद आई। काश, आज शाहू महाराज होते...उनके पास जाता। वे रास्ता दिखाते। लेकिन अब वे भी नहीं रहे। अब नियति के बताए रास्ते पर चलते रहना ही हमारे बस में है। मन की उथल-पुथल को भीतर ही भीतर दबाते हुए उन्होंने कोल्हापुर की राह पकड़ी और अन्तिम मंचन के लिए रंगभूषा शुरू की। चेहरे रँगे गए, नाटक में भी रंग चढ़ा...भरत वाक्य के बाद परदा गिरा, तब गंधर्व ने अपनें आप को समझाया, 'ऊपर बैठे नाटककार का लिखा एक और प्रवेश समाप्त हो गया। उस पर अब विस्मृति का परदा डालना है और नए प्रवेश के लिए तैयार होना है।'

खुद को धीरज बँधाते हुए गंधर्व ने सभी को बुला लिया। सभी इकट्ठा हुए। अभी तक किसी ने पोशाक नहीं उतारी थी, चेहरे का रंग अभी वैसा ही था। सामान भरा जा रहा था। सभी को अन्दाजा हो गया था कि अब सबकी राहें अलग-अलग होनेवाली हैं। कभी न कभी तो यह होना ही था, पर वह वक्त अब आ गया था।

"भगवन् ऽऽऽ।" गंधर्व बोलने लगे। काफी कुछ कहना था उन्हें। सभी को सीने से लगाकर कहना था, "भगवन्, आज तक खूब साथ निभाया है आपने मेरा। अच्छा-बुरा सब कुछ अपना समझकर सहा। हमने भी यथासम्भव यह गाड़ी खींची। लेकिन अब शक्ति नहीं रही। समय के पहिए को रोकना किसके बस में होता है, जो मैं रोकता? कुछ गलतियाँ हुईं हैं मुझसे। कुछ दाँव उल्टे पड़ गए हैं। मेरी गलतियों को क्षमा कीजिए भगवन्। यहाँ से जाते समय मन में कुछ भी मत रखिए। अब मेरा ही भाग्य मुझ पर रूठा है। मेरे दुर्भाग्य से जुड़कर आप अपनी खींचातानी मत कीजिए। कुछ गलतियाँ हुई हों तो क्षमा कीजिए।" काफी कुछ कहना था, गले लगकर रोना था, पुराने दिन याद करने थे। लेकिन शब्द ही नहीं फूट रहे थे।

आखिर में, "भगवन्, कर्ज चुकाने की मजबूरी में कम्पनी बन्द करके मेरा फिल्मों में जाना आवश्यक है। इसलिए...।" इतना ही जैसे-तैसे बोलकर गंधर्व ने गर्दन झुका ली। सभी की आँखें भर आईं। गालों पर आँसू बहने लगे। सभी कलाकार निःशब्द होकर तितर-बितर हो गए।

सन्दूकों में सामान भरा जाने लगा। पिछला परदा उतारा गया, गलीचे लपेटे गए, साड़ियों की तहें की गईं। आखिरी बचा-खुचा सामान भी समेटा गया और रंगमंच खाली हो गया। कोई जीर्ण पेड़ ढह जाने के बाद वह स्थान जिस प्रकार नंगा-बूचा दिखाई देता है, रंगमंच भी वैसा ही दिखने लगा।

गंधर्व को अभ्यंकर दिखाई दिए। उन्होंने पुकारा, ''कुसुमावती।'' अभ्यंकर ने गंधर्व की तरफ देखा। गंधर्व की आँखें सूखी थीं, लेकिन भीतर अपार वेदना। ''हाँ नाना'', अभ्यंकर पास आए।

''भगवन्, वेतन नहीं दे पाए पूरा हम...''

''नाना।'' अभ्यंकर ने रोना ही शुरू कर दिया।

''जरा रुको।'' गंधर्व ने कहा और वे एक सन्दूक के पास गए। उसे खोला और उसमें से एक दुशाला बाहर निकाला। *सौभद्र* नाटक में *अरसिक किती हा शेला* कहते हुए गंधर्व जिस दुशाले को कुसुम की तरफ फेंक देते थे, वही दुशाला! वह दुशाला उन्होंने अभ्यंकर के हाथों में रखा। ''इसे ले जाओ...और बेच दो। कलाबत्तू का है। जो मिलेगा, उसे वेतन समझकर सन्तोष कर लेना...''

गंधर्व रुके। फिर वह दुशाला उन्होंने अभ्यंकर को ओढ़ाया। ''चलता हूँ भगवन्...।'' गंधर्व रंगमन्दिर के बाहर निकले। बाहर घना अँधेरा छाया था। उस अँधियारे रंगमन्दिर में पेट्रोमैक्स के उजाले में गंधर्व की बस आकृति ही दिखाई देती रही...बाहर जाती हुई! धीरे-धीरे गंधर्व एक अँधेरे से निकलकर दूसरे अँधेरे में डूबते हुए तिरोहित हो गए। अभ्यंकर ने वह दुशाला सीने से कसकर पकड़ा। मानो गंधर्व का वह सुनहरा दौर ही उस दुशाले में लिपटा हुआ था, जिसे उन्हें खोना नहीं था।

उस रात चिन्मय ने दुशाला कपाट से निकालकर हाथ में लिया। अपने आप उसकी आँखें भर आईं, परदादा की याद में। उसने भी वह दुशाला हृदय से कसकर पकड़ा। मानो गंधर्व ने ही उसे वह ओढ़ाया हो।

'फिल्म कम्पनी' के अहाते का गेट खुला था और धूल का बवंडर उड़ाती हुई एक गाड़ी भीतर घुसी। पीछे-पीछे दो बाइक्स पर सवार सनत, अक्षय, निशा, पोनी भी भीतर घुसे। गाड़ी से सर, चिन्मय और महेश उतरे। ''आज मैं आपको एक सरप्राइज देनेवाला हूँ।'' सर ने उस इंस्टिट्यूट के अहाते में विज्डम ट्री नाम से विख्यात पेड़ के तले बरामदे में बैठक जमाई। ''यहाँ थी प्रभात नगरी और यहीं शान्तारामजी फिल्में बनाते थे।''

''गंधर्व ने उनका आग्रह स्वीकार किया और शान्ताराम ने राहत की साँस ली। गंधर्व को तो जरूरत थी ही, पर शान्ताराम को भी गंधर्व की आवश्यकता थी। अभी-अभी 'प्रभात कम्पनी' कोल्हापुर से पुणे स्थानान्तरित हुई थी। लेकिन इस बार कम्पनी में उनके पुराने सहयोगी नट नहीं थे। इसलिए शान्ताराम को एक ऐसे समर्थ नाम की आवश्यकता थी जो उनके पुराने साथियों की जगह ले सके।''

''सर, समर्थ नट की या नाम की?'' पोनी ने पूछा।

"नट की भी और नाम की भी। गंधर्व के हामी भरते ही शान्ताराम बापू ने अखबारों में बड़े-बड़े विज्ञापन, समाचार दिए और घोषणा की, "रंगभूमि का सम्राट फिल्म में!"

गंधर्व *प्रभात कम्पनी* में आ गए।

फिल्म में गंधर्व को स्त्री-भूमिका में उतारा जाए या पुरुष भूमिका में—शान्ताराम बापू के सामने बड़ा सवाल था। क्योंकि नाटक में स्त्री-भूमिका करना अलग और कैमरे के सामने करना अलग! कैमरा चेहरे की हर बारीकी को पकड़ता है। अब गंधर्व छियालीस साल के हो गए थे। इसलिए परदे पर वे पहले जैसे सुकोमल, नाजुक नहीं दिख सकते थे। इसलिए उनकी सात्विक प्रकृति के अनुकूल सन्त एकनाथ की भूमिका उनके लिए लिखी गई। पूरा महाराष्ट्र गंधर्व को परदे पर देखने के लिए आतुर था। सभी को यकीन था, शान्ताराम बापू का यह गणित जोड़ का नहीं बल्कि गुणाकार का ही साबित होगा।

फिल्म के चित्रांकन के लिए गंधर्व स्टूडियो में आए। सभी सहायकों को सख्त आदेश था कि गंधर्व के साथ अदब से पेश आएँ। रंगभूषा के लिए उनका अलग कमरा था। गंधर्व दर्पण के सामने बैठ गए। रंगभूषाकार ने चरणस्पर्श से ही प्रणाम किया उन्हें। 'भगवन्...' कहते हुए गंधर्व ने उसके हाथ अपने हाथों में लिये। फिर पहले सामने रखे रंग से माथे पर तिलक लगाया और उनकी नजरें ओठों पर लगाने का रंग ढूँढ़ने लगीं। गंधर्व क्या ढूँढ़ रहे हैं, रंगभूषाकार की कुछ भी समझ में नहीं आ रहा था। फिर गंधर्व को याद आया कि अब ओठों को लाली लगाने की आवश्यकता नहीं है। वे मुस्कुराए और उन्होंने सामने रखी लच्छेदार मूँछ उठाई। हाथ में लेकर उसे निहारा। फिर बुदबुदाए, "ओठों की लाली से हमारा बहुत अच्छा जोड़ बैठ गया था। सखि, अब तेरे साथ गृहस्थी बसानी है...। और वे मूँछ को ओठों के पास ले गए। घुटा हुआ सिर...मूँछ...साफा...क्या-क्या स्वाँग रचाने पर मजबूर करता है वह ऊपरवाला बैठा नाटककार भी!"

गंधर्व सजकर तैयार हो गए। सन्त एकनाथ की पोशाक में वे कान्तिमान लग रहे थे। अभंग गायन उनका पसन्दीदा काम। वे दृश्य के स्थान पर आए। शान्ताराम बापू ने उनका स्वागत किया। बापू ने उनके हाथ अपने हाथों में लिए। पल-भर के लिए गंधर्व वैसे ही खड़े रहे। निःशब्द। फिर झुके। उन्होंने शान्ताराम बापू के पैर छूकर प्रणाम किया। "नाना, नाना...यह क्या?" कहते हुए बापू भी झुके। उन्होंने गंधर्व को उठाया। "नाना, क्यों मुझे शर्मिंदा करते हैं? अजी, ठीक से खड़े रहना भी नहीं आता था रंगमंच पर, तब से आपको देख-देखकर सीख रहा हूँ।"

"नहीं भगवन्, आप निर्देशक, यानी हमारे गुरु। आप सिखाएँगे, वही हम करेंगे। फिर बताइए, गुरु के चरणस्पर्श किए बिना कहीं श्रीगणेश होता है? चलिए...।" गंधर्व आगे बढ़े। बापू की आँखें भर आईं। मेरे हाथों इस महान अभिनेता, गायक को परदे पर अजरामर करने का ऐतिहासिक कार्य हो रहा है...इस बात की उन्हें अतीव प्रसन्नता थी।

गंधर्व के लिए वह सारा माहौल नया था। वादक मंडली को एक खोके में बिठाया गया था। उनके चेहरे नजर नहीं आ रहे थे। कैमरामन अपने यंत्र के साथ कुछ कर रहा

था। सहायक बड़ी-बड़ी लाइट्स इधर से उधर ले जा रहे थे। सूचनाएँ दी जा रही थीं। उस सारे कोलाहल में गंधर्व को एक स्थान पर बिठाया गया। सामने भगवान विट्ठल की मूर्ति थी। गंधर्व बैठ गए। अत्यन्त भक्तिभाव से उन्होंने प्रणाम किया उस मूर्ति को। उनसे दो हाथ की दूरी पर एक आदमी लकड़ी का छोटा-सा पटरा लिए खड़ा था। दो लाईट तो ऐसे थे कि मानो आँखों में ही घुस रहे हों। इर्द-गिर्द कई लोग खड़े थे। एक आदमी रंगभूषा का सामान लिये, दो-चार सहायक, पानी देनेवाले और लाइटवालों पर चिल्लानेवाले अलग। सारा कोलाहल। चित्रांकन का समय होने पर शान्ताराम सभी को दूर करेगा, यह सोचकर गंधर्व खामोश रहे।

पर तैयारी पूरी हुई और शान्ताराम बापू चीखे, "चलिए, तैयार। म्यूजिक..." और संगीत बजने लगा। 'कैमरा' कहते ही कैमरे के पीछे हरकत हुई और शान्ताराम ने गंधर्व को गाने का इशारा किया। गंधर्व सम्भ्रम में...शुरू करें? ऐसे माहौल में? लेकिन फिर भी उन्होंने सुर लगाया, आलाप शुरू किया और अपने आप में खो गए। भाव तोचि देवऽऽ उन्होंने परमात्मा की मनुहार शुरू की। बीते कुछ दिनों से मंचन नहीं था, रतजगा, दौड़धूप नहीं थी। योगासन भी समय पर हो रहे थे। इन सारी बातों की ताजगी उनके गाने में दिखने लगी। वे खो गए। लेकिन अभी एक मिनट भी नहीं हुआ कि शान्ताराम बापू चिल्लाए "कट...कट...।" गंधर्व रुके। "क्यों भगवन्? कुछ ग़लती हुई हमसे?"

"नहीं, नहीं, बहुत बढ़िया हुआ शॉट।"

"फिर रोका क्यों भगवन्?"

शान्ताराम को गंधर्व के भोलेपन पर हँसी आई। "नाना, सिनेमा में इसी तरह टुकड़े-टुकड़े में चित्रांकन होता है।"

"मतलब बार-बार इसी तरह रुकना होगा? फिर गाने में रंग कैसे चढ़ेगा भगवन्? अब मत रोकिए गाते समय।"

शान्ताराम समझ गए कि इनसे जरा तरकीब से ही काम लेना होगा। दोपहर के भोजनावकाश में शान्ताराम गंधर्व को अपने साथ ले गए और उन्हें फिल्म की तकनीक समझायी। सुनते-सुनते गंधर्व को एहसास हुआ, शान्ताराम सिखाता बहुत बढ़िया है, बिलकुल देवल गुरुजी की तरह। उसे क्या चाहिए, उसे ठीक पता होता है। लेकिन इस तरह रुक-रुककर गाना...आवाज भी तपने लगती है। गाने को चरम तक ले जाना है तो शुरू से ही उसे बाँधना पड़ता है। कौन-सी तानें लेनी हैं, कैसे लेनी हैं, हरकतें, मुर्की सबको एक नियम के तहत धीरे-धीरे ऊपर चढ़ाते हुए ले जाना होता है। कली से फूल कैसे हौले-हौले बनता है, ठीक वैसे! लेकिन शान्ताराम की एक ही रट, 'नाना, यहाँ ऐसा ही करना होगा।' ठीक है, अपनी-अपनी पद्धति। उस रात सभी ने गंधर्व की प्रशंसा की। उनका गायन, सन्त एकनाथ की भूमिका से उनका एकरूप होना। एक सहायक ने तो यहाँ तक कहा, 'ऐसा लगा, मानो सन्त एकनाथ ही सामने खड़े हैं। हाथ ही जोड़े मैंने।'

लेकिन फिर भी गंधर्व को देह पर मोरपंख फिरने जैसी खास खुशी नहीं हुई। उन्हें लगातार लगता रहा कि मजा नहीं आया है। जरा कहीं एकनाथ जी के भीतर घुसता हूँ,

एकनाथ बनता हूँ, कि कट-कट कहते हुए सब बेरंग किए डालते हैं। नाटक में परदा खुलते ही मैं सिन्धू बनकर, मेनका बनकर विचरता हूँ। लेकिन यहाँ लगता ही नहीं कि मैंने स्वाँग रचा है। देखनेवालों को चाहे जो लगे, लेकिन रचानेवाले को तो मजा नहीं आता यहाँ।

निरुपाय गंधर्व दिन धकेलते रहे।

शुरू-शुरू में सह लिया, पर बाद में सहना बिलकुल मुश्किल हो गया। अब वह लड़केनुमा कैमरामन भी उन्हें हिदायत देता, 'नाना, यह वाक्य बोलते समय इतना मत देखिए उधर, बस तीस अंश के कोण में गर्दन घुमाइए।' या 'नाना, दो कदम ही आइए आगे।' तीसरा कदम पड़ते ही तुरन्त शोरगुल कट कट...। अरे भाई, अभिनय भी कहीं इस तरह नाप-तोलकर किया जाता है? एक बार देह को सन्त एकनाथजी के कब्जे में सौंप देने के बाद वही तय करेंगे कितना आगे जाना है और कितना पीछे...मुझे भी कहाँ पता होता है कि मैं गर्दन तिरछी करूँगा या टेढ़ी? एकनाथजी के मन के भाव प्रकट करना अहम! फिर कैमरे में उसे सुरक्षित कर लीजिए आप। लेकिन गंधर्व की बात सुनने को कोई भी राजी नहीं। गंधर्व को एहसास हुआ, सब कुछ नीरस होता जा रहा है। खुलकर गाना चाहिए, मनचाहा गाना चाहिए। ऐसा कि सुननेवाला भी जी भरकर सुने। इन दोनों के बीच इस कैमरा नामक राक्षस का क्या काम? कहते हैं वह संसार के अन्त तक सब कुछ सुरक्षित रखने का करिश्मा करता है। पर मैं पूछता हूँ, गाने को इस तरह कैद करे ही क्यों? जैसे रंगोली अपनी खुशी के लिए बिछाई जाती है, वैसे ही यह रोज का गाना!

लेकिन गंधर्व अनुबन्ध में फँसे हुए थे। कर्ज चुकाना था। इसलिए चुपचाप जो कहा जाए, वह करते रहे।

आज शूटिंग का आखिरी दिन था। भाव तिथे देव.. का आखिरी चरण दुबारा शूट करना तय हुआ। अब तक पानी गंधर्व के गले तक आ पहुँचा था। एक बार चित्रित हुआ गाना किसी तकनीकी गड़बड़ी के कारण दुबारा शूट करने के विचार से वे नाराज हो गए। लेकिन अन्त भला तो सब भला के विचार से खड़े हो गए। रुकते-रुकते, कट-कट सुनते-सुनते और सन्तुलन की कलाबाजी दिखाते हुए उन्होंने शॉट दिए। लेकिन उनका मन तृप्त नहीं हो रहा था। स्टूडियो की दीवारों में उन्हें घुटन-सी महसूस होने लगी। साँसें ही मानो फँस गई हो गले में। उन्हें लगा, वह अँधेरा उन्हें निगल जाएगा। वे उठे। अब उन्हें बाहर जाना था। खुली हवा में सीना फुलाकर साँस लेनी थी। वे दरवाजे की तरफ चल दिए। दरवाजे से बाहर आए और सूर्य की किरणों से उनकी आँखें चौंधिया गईं। हवा की एक शीतल लहर उनकी देह को छूकर निकल गई। उन्हें अच्छा लगा और तभी उनके कानों में आवाज आई, मृदंग की आवाज। वे आवाज की दिशा में चल पड़े। अब तो मँजीरे और करताल की ध्वनियाँ भी सुनाई देने लगीं। उस आवाज से मानो वे सम्मोहित हो गए और उसकी तरफ खिंचे जाने लगे। स्टूडियो के बाहर गणेशखिंड के कोने पर कुछ वारकरी लोगों ने डेरा डाल रखा था। सामने एक अनगढ़ पत्थर भगवान के रूप में स्थापित था। उसके सामने बैठकर वे लोग गा रहे थे।

'जय जय राम कृष्ण हरी, जय जय राम कृष्ण हरी।' गंधर्व ने उस पत्थर की ओर देखा। यह कैसा भगवान? लेकिन वारकरी सम्प्रदाय के उन लोगों के सुरों का भाव उन्हें अनुभव हुआ। आखिरकार भगवान बनता कैसे है? भक्त का भाव ही तो पत्थर को भगवान बना देता है।

वे उन भक्तों में शामिल हो गए। जय जय राम कृष्ण हरी, जय जय राम कृष्ण हरी गाते-गाते उनके कंठ से एक आलाप छूट गया। बेचारा कई दिनों से स्टूडियो के तकनीकी माहौल में फँसा पड़ा था। 'भाव तोचि देऽऽऽव...।' वे गाने लगे। वारकरी भी शामिल हुए। एक ने आगे बढ़कर उनके माथे पर अबीर लगाया।

काफी दिनों बाद उन्हें जी भरकर गाने का मौका मिला था। न कोई कट कहनेवाला था और न कोई रोकनेवाला...। गाना अपनी दिशाओं में, उत्स्फूर्त जोश में और अपनी ही मस्ती में फूट रहा था। कभी वह चट्टान की परवाह किए बिना प्रपात की तरह छलाँग लगाता, तो कभी बाढ़ के पानी की तरह बेकाबू बनकर बहता। क्या नहीं था उस गाने में? दमकती दामिनी की चकाचौंध, मध्याह्न के सूर्य की आग...किसी तानपूरे की तरह गंधर्व की आवाज लगी थी। मानो गानसमाधि। वारकरी भी तल्लीन। सुर, भक्ति और भाव की विशाल बाढ़ आ गई थी।

इधर स्टूडियो में शान्ताराम ने शॉट पूरा किया। शूटिंग खत्म होने की थकान अब धीरे-धीरे उन्हें घेरने लगी थी। उन्होंने गंधर्व की कुर्सी की तरफ देखा। लेकिन वे थे कहाँ?

वे तो बीते डेढ़ महीने की अपनी प्यास बुझा रहे थे। उन्हें ढूँढ़ने के लिए चारों दिशाओं में लोग दौड़ाए गए। खुद शान्ताराम बापू गाड़ी से निकल पड़े। गाड़ी गणेशखिंड के पास आई और उन्हें दिखाई दिया...वारकरी पुरुष-स्त्रियाँ नाच रहे हैं...और उस भीड़ में गंधर्व सारे जग को भूलकर अपने में ही मगन गा रहे हैं। गाड़ी रुकी। वे नीचे उतरे। सचमुच, गंधर्व ने सुरों से स्वर्ग खड़ा किया था। क्यों कैद कर रहा हूँ मैं हवा को? शान्ताराम की समझ में नहीं आ रहा था। क्या हर आदमी का माध्यम निश्चित होता है? मोर का नृत्य जंगल में ही रमणीय क्यों लगता है? पूर्णिमा की सफेद चाँदनी को कहीं मैं अंजुरी में तो नहीं भर रहा हूँ? किसलिए ये जिद? एक कलाकार को उसके अपने माध्यम की तलाश होनी चाहिए। मैं भी कहाँ रम पाया नाटक में? वे खामोश सोचते खड़े रहे। गंधर्व का गाना समाप्त हुआ। वारकरी इर्द-गिर्द इकट्ठा हुए। एक स्त्री ने दोनों हाथों से गंधर्व की अलाएँ-बलाएँ उतारीं। फिर उन्हीं हाथों को कानों पर रखती हुई बोली, "अलाएँ-बलाएँ दूर हो बेटा तुम्हारी। कौन हो तुम? कहाँ से आए हो?"

एक बूढ़ा वारकरी सामने आकर बोला, "अरे भैया, तुम्हारी ये आवाज सुनकर तो स्वयं पांडुरंग भी ईंट से उतरकर यहाँ चले आएँगे।"[1]

दूसरा आगे बढ़ता हुआ बोला, "पिछले जनम में जाने क्या-क्या पुण्य किए होंगे तुमने। तभी तो गुड़ की भेली जैसा मीठा कंठ पाया है..."

---

1. मराठी जनता के आराध्य देवता पंढरपुर के विट्ठल और रुक्मिणी ईंट पर विराजमान हैं। जब वे अपने प्रिय भक्त पुंडलिक की परीक्षा करने गए थे, तब वह अपने माता-पिता की सेवा में व्यस्त था। इसलिए उसने उन्हें खड़े रहने के लिए ईंट पेश की थी।

गंधर्व चेत गए। जान गए कि मैं किसी और ही जगह पर आकर गा रहा हूँ। कपड़े भी नहीं उतारे थे, एकनाथजी की भूमिका के।''

''कहाँ के रहनेवाले हो? कहाँ से आए हो?'' बूढ़े ने आत्मीयता से पूछा। गंधर्व ने उसे प्रणाम किया। बोले, ''रास्ता भूलकर आया हूँ दादा...पर यह मेरा रास्ता नहीं है।'' और वे मुड़े। सामने देखा तो शान्तारामजी खड़े, गाड़ी से टेक लगाकर। गंधर्व के लिए उन्होंने दरवाजा खोला। गंधर्व शर्मिंदा थे। वे गाड़ी में बैठे। गाड़ी स्टूडियो की दिशा में चल पड़ी।

''भगवन्, हम बूढ़े हो गए।'' गंधर्व के चेहरे पर गहरा विषाद था। शान्ताराम ने देखा, ''ऐसा क्यों कहते हो नाना?''

''अजी, जिस समय मनुष्य कुछ सीखने की स्थिति में नहीं रहता, उसे बूढ़ा ही कहना चाहिए। आपकी यह नई तकनीक, पद्धति नहीं सुहाएगी अब। हमें नाटक-सा आनन्द नहीं मिलता यहाँ। रमता ही नहीं मन।''

शान्ताराम ने कोई प्रतिक्रिया नहीं दी। उन्होंने सोचा, गंधर्व खुद को परदे पर देखेंगे, तो सिनमा माध्यम की अद्‌भुत शक्ति, अपने आप उनकी समझ में आ जाएगी। और वे सिनेमा के बाकी तकनीकी कामों में जुट गए।

गौहर सिनेमा-जगत के दरवाजों पर चक्कर काट रही थी। जो मिले वह काम करती जा रही थी। लेकिन सिनेमा ने उसकी जिन्दगी में कोई चमत्कार नहीं दिखाया। लेकिन गंधर्व का सिनेमा में आना एक अहम घटना थी। दर्शक चातक की तरह उनकी फिल्म की प्रतीक्षा कर रहे थे और गंधर्व सिनेमा जगत में बाहरी आदमी की तरह विचर रहे थे। धर्मात्मा तैयार हुआ। शानदार विज्ञापन और अखबारों में छपे समाचारों के साथ वह प्रदर्शित हुआ। मुम्बई के कृष्णा टॉकीज में फिल्म देखने के लिए लोगों की कतारें लग गईं। गंधर्व को परदे पर देखने के विचार से वे मोहित हो गए। किसी की आँखों के सामने भामिनी थी, तो किसी को 'कंकड़ मारना हो तो' का संवाद बोलनेवाले गंधर्व याद आ रहे थे। किसी को द्रौपदी की सन्तप्त द्रौपदी परदे पर देखनी थी तो कोई आज भी सिन्धू के प्रति करुणा लिये थिएटर में आया था। रसिकों की दृष्टि में गंधर्व एक सम्मोहन था, नशा था। अभी भी उस सुभद्रा का, शारदा का नशा दिल में लिये हजारों प्रशंसक ऊँचे दामों पर टिकट खरीदकर थिएटर में जुट गए थे। परदे पर चित्र अंकित हुआ, बालगंधर्व-प्रभात चित्र प्रस्तुत...धर्मात्मा!

गंधर्व प्रेमी आतुरता से गंधर्व की प्रतीक्षा कर रहे थे। पर उन्हें दिखाई दिया बगलबन्दी, मोटी धोती पहना एक मुच्छड़ आदमी। घुटा हुआ सिर और ऊपर साफा... गंधर्व कहाँ हैं?

पूरी फिल्म में बस यही आदमी विचरता रहा, गाता रहा। लोग देखने आए थे अपने प्यारे, मोहक और शालीन गंधर्व को। उन्हें अपने बीवी-बच्चों को दिखाना था उनका स्त्री-रूप का चमत्कार। इसी गंधर्व पर न्योछावर थे वे। परदे पर वह सौन्दर्य अब खिलेगा,

तब खिलेगा यह सोचकर भीड़ मचानेवाले दर्शकों को उनके गंधर्व नजर आए ही नहीं। गंधर्व ने काम बढ़िया किया था। गाने भी श्रवणीय थे। लेकिन यह वह रूप नहीं था, जो लोगों के मन में बसा हुआ है। लोग जिस उत्साह से गंधर्व को देखने आए थे, उतनी ही बड़ी मायूसी लेकर बाहर आए।

सिनेमागृहों में सन्नाटा। फिल्म ने गंधर्व को नकारा था।

सफलता के अधिकारी कई होते हैं और असफलता की समीक्षा करनेवालों की गिनती करना भी मुश्किल। ग़लती कहाँ हुई? समीक्षा के लिए लोगों की मानो होड़ लग गई। कोई कह रहा था, गंधर्व को पुरुष भूमिका में उतारना ही गलत था, तो कोई यह तर्क दे रहा था कि गंधर्व को परदे पर स्त्री-रूप में देखना असम्भव हो जाता। लेकिन मत-मतान्तरों के इस कोलाहल में गंधर्व खामोश ही थे। उन्हें समूची फिल्मी दुनिया से ही अरुचि हो गई थी। सफलता मिल जाती तब भी यह यथार्थ उन्हें कुरेदता रहता कि वे सिनेमा में रम नहीं रहे हैं। आखिरकार उन्होंने अनुबन्ध समाप्त करने का प्रस्ताव रखा। शान्ताराम बापू भी जान चुके थे कि गंधर्व फिल्म के लिए भीड़ को नहीं खींच सकते। इसलिए उन्होंने भी अनुबन्ध समाप्त करने में आपत्ति नहीं की। वे समझ चुके थे, गंधर्व उनके किसी काम के नहीं हैं।

गंधर्व और शान्ताराम! अपने-अप्रने क्षेत्र के दो शिखर। दोनों ने अनुबन्ध समाप्ति के दस्तावेज पर हस्ताक्षर किए और गंधर्व ने फिल्म से पीठ फेर ली।

दोपहर का समय। बदली छायी हुई थी। उसके चिह्न मानो सभी के मन पर अंकित थे। बीच-बीच में बिजली कड़कती थी। स्टूडियो के सभी कर्मचारी गंधर्व को बिदा देने के लिए खड़े थे। उनकी आँखों में आँसुओं की झड़ी लगी थी। सभी ने चरणस्पर्श कर गंधर्व को प्रणाम किया। गंधर्व ने हाथ जोड़े। बोले, "भगवन्, बहुत प्यार दिया आप लोगों ने...।" फिर गंधर्व शान्ताराम की तरफ गए। उनके मन में कोलाहल मचा हुआ था। कम्पनी को कोल्हापुर से पुणे लाए जाने पर गंधर्व तुरुप का पत्ता साबित होंगे। उसी बल पर बाजी बिछाने, जीतने की योजना थी उनकी। लेकिन...। अब कुछ नया ढूँढ़ना होगा। उन्हें कम्पनी की, स्टूडियो की गाड़ी हाँकनी थी। उन्होंने गंधर्व के हाथ अपने हाथों में लिए। बोले, "नाना, यह आपका नहीं, सिनेमा जगत का दुर्भाग्य है।" गंधर्व ने शान्ताराम के हाथ को अपने हृदय से लगाया, "शान्ताराम, खूब बड़ा बनना। एक बात हमेशा जहन में रखना। मेहनत करनेवाले की झोली में नियति को सफलता का दान डालना ही पड़ता है।"

गंधर्व गाड़ी में बैठे। गाड़ी चल पड़ी और मूसलाधार वर्षा शुरू हुई। बादल बीच-बीच में गड़गड़ा रहे थे। गंधर्व को लग रहा था, मानो वे विकट हास्य कर रहे हैं, *सौभद्र* के राक्षस की तरह...। गंधर्व पर हँस रहे हैं। स्टूडियो के पेड़-पत्ते भी हँस रहे हैं। कह रहे हैं 'टूटमुहाँ घड़ा...टूटमुहाँ घड़ा...।'

फिल्म जगत् द्वारा नकारे गए गंधर्व नाकामी का एक ठप्पा माथे पर लिये वापस लौटे थे। अब सारी जिन्दगी पर यह नाकामी का कलंक लगनेवाला था।

क्या कहा मैंने शान्ताराम से? मेहनत करनेवाले की झोली में नियति को सफलता का दान डालना ही पड़ता है! यह वास्तव था या यों ही कुछ बोल गया मैं? कहीं अपने मनोविनोद के लिए रचा नियति का खेल तो नहीं इनसान की जिन्दगी? क्योंकि उसके पास न्याय वगैरा कुछ है ही नहीं! कुछ देना और कुछ निकाल लेना। शतरंज के प्यादों की तरह इनसान का बस इस्तेमाल करना। वह किसी की झोली में उसका मनचाहा, जी भरकर कुछ आने ही नहीं देती। भाऊराव को सब कुछ दिया—नाम, कला, सफलता, ख्याति! लेकिन उसे भोगने के लिए जिन्दगी ही नहीं दी। भाऊराव का सारा जीवनक्रम गंधर्व के मानस पटल पर सिनेमा की भाँति अंकित होने लगा। नाना जोगलेकर को भी सफलता की झलक दिखा दी, और सफलता के बारे में सोचने तक उसे ऊपर भी खींच लिया। गडकरी को उत्तुंग प्रतिभा प्रदान की, पर आयु ही नहीं दी। केशवराव को भी इसी तरह गाना बीच में ही समाप्त करना पड़ा। राजर्षि शाहू महाराज को भी जल्दी बुला लिया, जबकि उनकी कितनी ही योजनाएँ अभी अधूरी थीं। विसूभाऊ को, नरूभाऊ को क्या मिला? बस ऐसे ही जिन्दगी ढोना भाग्य में लिख दिया। बेचारे अभी भी माला जपने की तरह एक-एक दिन गिन रहे हैं...। मतलब, नियति का कोई कायदा-कानून है ही नहीं। ऐसा है, तो किसलिए कोई उम्मीद लगाए? हम हैं नियति की शतरंज के प्यादे! जिधर बढ़ाएगी, बढ़ते रहना। शतरंज से उठाकर अलग रख दे, तो चुपचाप अलग हो जाना। इसीलिए गडकरी गुरुजी कह गए हैं, 'अपनी नियति में लिखा हुआ स्वाँग रचाना ही चाहिए।' जिसे हम जिन्दगी कहते हैं, वह नियति द्वारा लिखा गया बस एक स्वाँग है। जिन्हें हम सुख-दुख कहते हैं, वे सुख-दुख सारे इसी स्वाँग के होते हैं। फिर किसलिए उसकी फिक्र? बस निभाते रहो, बिना नियति की फिक्र किए। कर्मण्येवाधिकारस्ते मा फलेषु कदाचन...गंधर्व गीता का श्लोक गुनगुनाने लगे। उन्हें अब अपना सारा पुराना पीछे छोड़ना था। लेकिन यह एहसास भी हो रहा था कि इतना आसान नहीं है। इस तरह पीछे छोड़ देने से वह पीछे नहीं चला जाता। फँसे हुए पैर, उलझा हुआ मन बाहर निकाल लेंगे, लेकिन मात्र ऐसा कहने से उसे निकाला तो नहीं जा सकता। गंधर्व वैसे ही तड़पते रहे और यह तड़प मन में लिए ही स्टूडियो के अहाते से बाहर चले आए। मानो कोई नट एक प्रवेश समाप्त कर दूसरे प्रवेश की तैयारी के लिए भीतर जा रहा हो...।

लक्ष्मी का चेहरा काला पड़ गया था। उसके लिए यह आदमी समझ से परे था। इतना बढ़िया अवसर गँवाकर यह आदमी वापस लौट आया! कोई सोच-विचार है ही नहीं। हमारी यह खींचातानी भी इसे दिखाई नहीं देती? उसने भड़भड़ाकर गंगाल में पानी उँड़ेला। गंधर्व स्नान के लिए आए और पानी की तरफ देखकर स्तब्ध रह गए। फिर लक्ष्मी ही आगे बढ़ी। बोली, "दूध नहीं डाला है पानी में। पीने के लिए भी दूध नहीं है घर में। और अब ये दूध से नहाना किसलिए? क्या गया रूप वापस लौट आएगा?" और घर में चली गई। गंधर्व टूट गए। उन्होंने गंगाल में देखा। क्या सचमुच मैं बूढ़ा दिखता हूँ? वाकई अब चेहरे पर कोमलता नहीं बची? पल-भर वे वैसे ही बैठे रहे। फिर एक-एक लोटा देह पर उँडेलते हुए स्नान किया। लक्ष्मी ने भोजन की थाली परोसी और गंधर्व

को आते देखकर फिर शुरू हो गई, "शान्ताराम से आया पैसा पूरा थोड़ी पड़ेगा? अब कर्ज कैसे चुकाएँगे? क्या करेंगे?"

"नाटक करेंगे, और क्या?" स्वगत संवाद बोलने की तरह गंधर्व बोल गए। "धूल झाड़कर फिर से इकट्‌ठा करूँगा सब।"

"पुराने लोग सब चले गए।"

"पुराने चले गए तो क्या, नए जमा करूँगा!" बोलते-बोलते उन्हें ही जोश महसूस हुआ।

"अजी, पर कर लेते न सिनेमा? क्यों आए छोड़कर?"

गंधर्व की कुछ भी कहने की इच्छा नहीं हो रही थी। लक्ष्मी ने मेरी गृहस्थी के लिए बहुत दुख झेले हैं। पर रोजी-रोटी से परे की भी कुछ परेशानियाँ झेलनी पड़ती हैं कलाकार को। क्या कहूँ इससे? और वे इतना ही बोले, "समझ लेना सिनेमा के साथ कुंडली नहीं मिली मेरी।"

"हमारी कुंडली भी कहाँ मिली थी? फिर भी खींचते-खींचते आ ही गए न यहाँ तक?" उसने कड़वाहट उँड़ेली।

अब गंधर्व की कुछ भी सुनने की इच्छा नहीं रही। उन्होंने जैसे-तैसे दो निवाले गटक लिये और उठे। लक्ष्मी ने भी कोई आग्रह नहीं किया। उनकी थाली उठाती हुई बोली, "सच ही कहते हैं लोग कि नटुवे को ब्याह के, गृहस्थी के झंझट में पड़ना ही नहीं चाहिए।"

गंधर्व माड़ी पर चले आए। उन्हें भी लगा, सचमुच, तभी दृढ़तापूर्वक कहना चाहिए था मुझे कि मुझे नाटक की ही गृहस्थी बसानी है। लेकिन...।

उन्होंने तानपूरा उठाया। उसकी धूल हटाई। कई दिनों से वह अनाथ की तरह पड़ा हुआ था बेचारा। लक्ष्मी नीचे कोई काम कर रही थी। अब गंधर्व को तानपूरे का ही साथ सुखद लग रहा था। उन्होंने सुर लगाया और एक भजन शुरू किया।

लोंढे, मास्टर दुर्गाराम, हरिभाऊ, वालावलकर...सब अपने लोग हैं। मेरी अनुपस्थिति में भी कम्पनी की गाड़ी खींच रहे हैं। मुझसे प्यार करनेवाले। इन सबको साथ लेकर दुबारा नाटक की दुनिया बसानी होगी। पर क्या मैं अभी भी सुन्दर दिखता हूँ? उनके हृदय में एक हूक-सी उठी। लक्ष्मी की बात मर्मस्थल पर चोट करती-सी जान पड़ी। कम से कम लक्ष्मी को तो मेरी तड़प समझनी चाहिए। आज तक क्या केवल पेट की खातिर नाटक खेले हैं मैंने? पर उन्हें एहसास हुआ कि अब केवल अपनी खुशी के लिए नहीं, बल्कि उत्तरदायित्व निभाने के लिए भी खड़े रहना होगा। कर्ज चुकाना है, घर सँवारना है। पेट के लिए मैंने कभी नाटक का इस्तेमाल नहीं किया, लेकिन अब वह भी करना होगा। गल्ले पर नजर कभी नहीं रखी, पर अब परदा खुलने से पहले गल्ला भी देखना होगा। उनके मुँह का स्वाद कसैला हो आया। भजन में मन नहीं लग रहा था। यह तो चढ़ावे की थाली पर नजर रखकर कथा बाँचने जैसी बात हुई। लेकिन अब यह भी करना होगा। कला और कमाई का सम्बन्ध कभी नहीं जोड़ा, पर अब जोड़ना होगा। मतलब, अब रंग लगाना है तो पैसों के लिए। गंधर्व को खुद पर तरस आया।

शाम को उन्होंने हरिभाऊ से बात की। हरिभाऊ को भी उनका विचार पसन्द आया। "नाना, आपको नाटक में खड़ा होना ही चाहिए। अजी, दुर्गाराम हो या लोंढे, काम दोनों अच्छा ही करते हैं। लेकिन देखिए न, तख्ती *गंधर्व कम्पनी* की और भामिनी बन रहा है लोंढे? और पैसा वगैरा के बारे में ज्यादा मत सोचिए। आजकल सबकुछ बदल गया है। कला पैसा कमाने का साधन बन बैठी है। क्या हम समय का पहिया उल्टा घुमा सकते हैं?" हरिभाऊ की बात से गंधर्व का हौसला बढ़ा। समय ही बदल रहा है। अब लोगों की रुचि के अनुरूप नाटक करने होंगे। कर्ज चुकता हो जाने पर सिर का भार उतर जाएगा। हरिभाऊ भी जोश में थे।

"अजी, शाकुन्तल में शकुन्तला को यातनाएँ मिलती है, *मृच्छकटिक* में भी चारुदत्त को सूली की तरफ ले जाते हैं...अगर अन्त सुखद चाहिए, तो पहले कुछ कड़ुए घूँट पीने ही पड़ेंगे।"

गंधर्व हँसने लगे। "हरिभाऊ, आज ये कैसा प्रवचन लगाया है आपने? ऑर्गन पर बैठे-बैठे अच्छा अध्ययन किया है।" हरिभाऊ और खिल उठे। लेकिन तभी सुदामराव बीच में बोले। वे कई कम्पनियों से अच्छे-बुरे अनुभवों की गठरी लेकर आखिरकार *गंधर्व कम्पनी* में आए थे। मजाक में हमेशा कहा करते कि 'बरकत के समय हम दोयम कम्पनियों में स्वाँग की खेप ढोते रहे और *गंधर्व कम्पनी* में भी तब आए, जब यहाँ की समृद्धि सूख गई।' कंठ ठीक था। दिखने में भी ठीक थे। समा जाते किसी छोटी-मोटी भूमिका में। बोले, "नाना, परसों नाट्यमन्वन्तर[1] के लोगों के साथ गपशप हुई। जाने क्या-क्या नए-नए शब्दों का इस्तेमाल करते रहते हैं। क्लाइमैक्स...एंटीक्लाइमैक्स... रियलिज़्म...और भी जाने क्या-क्या। परसों तो वे नाटक से गाने ही निकाल देने की बात कह रहे थे। नाटक से गाने निकाल देना यानी पतिव्रता का सिन्दूर ही पोंछ देना हुआ न? कल कहेंगे तानपूरे के तार ही निकाल दो और बजाओ।" सभी जी भरकर हँस दिए। ये मन्वन्तर के लोग सभी के मजाक का विषय थे। नाटक के बारे में न जाने क्या-क्या बोलते रहते। उन्हें रंगमंच के लिपटते हुए ऊपर जाते परदे खटकते थे। उनका कहना था, नाटक असली जैसा दिखना चाहिए। सुदामराव ने उनका मजाक उड़ाना शुरू किया, "अजी, जानते हैं उनके नाटक का नाम क्या है? 'अंधों की पाठशाला' और गाना एक भी नहीं। बस, कविता जैसा कुछ।"

"उसे वे भावगीत कहते हैं।" रतन ने बात जोड़ी। वह भी अभी-अभी *गंधर्व कम्पनी* में दाखिल हुआ था। अच्छा जनाना नट था। "सुना है, उधर विदेश में जैसे होते हैं, वैसे नाटक करना चाहते हैं वे। अभ्यास से पहले सबको सिखाते हैं कि नाटक क्या है? उनका कहना है कि नाटक में सब कुछ बिलकुल हूबहू होना चाहिए, हूबहू।"

"अजी, काहे की अंधों की पाठशाला, उसे अंधों की नाटकशाला कहना चाहिए अंधों की नाटकशाला।" सुदामराव के इस शाब्दिक परिहास पर सभी हँस दिए। लेकिन गंधर्व यह सब खामोशी से सुन रहे थे। अभी रतन का इस्तेमाल किया हूबहू शब्द उन्हें

---

1. महाराष्ट्र का एक नाट्य आन्दोलन, जिसे मामा वरेरकर ने चलाया था।

भी अपना करीबी लगा। इसी शब्द के कारण शंकरराव से झगड़ा हो गया था। मैंने भी इसी हूबहूपन का आग्रह किया था। वे सोच में पड़ गए। देखना चाहिए वह नाटक। लेकिन नाटक में गाने ही नहीं हैं? बिना गानों का नाटक पसन्द करेंगे लोग? गंधर्व कोई अन्दाजा नहीं लगा पा रहे थे। सुदाम, रतन इन नए लोगों का मजाक उड़ाने में मग्न थे। फिर गंधर्व ने उससे मन निकाल लिया और अभ्यास में जुट गए।

अब गौहर मुम्बई में अपनी जड़ें जमा चुकी थी। मुम्बई उसे रास आई थी और यहाँ का पानी भी उसे लग चुका था। करीब पन्द्रह फिल्मों में काम करने के बाद वह जान गई थी कि अब यहाँ बहुत ज्यादा उम्मीदें रखना बेकार है। चापेकर को भी लगने लगा था कि अब बहुत देर उसे नायिका की भूमिकाएँ मिलना मुश्किल है। मतलब, अब वह अपनी बहन के नक्शेकदम पर चलकर किसी धनिक सेठ को पकड़ेगी और उसके सहारे अपनी अगली जिन्दगी का प्रबन्ध कर डालेगी। गौहर को भी पता चल चुका था कि अब फिल्म कम्पनियों के मालिक लोग नायिका की भूमिका के लिए उसकी बजाय नई लड़कियों को तलाश रहे हैं। नई फिल्म की घोषणा होते ही वह लिबर्टी सिनेविजन के दफ्तर पहुँची। मालिक पारसी था। मुम्बई के कोने-कोने में बिल्डिंगें बना रखी थीं उसने। "आओ, गौहरबाई आओ।" उसने प्यार से स्वागत किया। पिछली फिल्म की नायिका को आया देखकर प्यून ने भी अदब से पानी लाकर सामने रखा। "सुना है नई फिल्म की तैयारी शुरू हो गई है...।" गौहर ने ओठों की नाजोअदा दिखाते हुए प्यार से पूछा। लेकिन चालाक मालिक समझ गया था कि अब यह बिल्डिंग उसके काम की नहीं है। वह उठा और गौहर की कुर्सी के पीछे जाते हुए बोला, "हाँ...लाहौर से एक छोकरी आई है, फाइनान्सर फिदा है उस पर।"

"यानी...हमारा पत्ता कट?" ओठों ही ओठों में जबान को मादकता से घुमाते हुए गौहर बोली।

"अरे नहीं, नहीं, गौहरजान...हमारा रिश्ता अलग है।" उसने पीछे से उसके कन्धों पर आहिस्ता से हाथ रखा। कुर्सी पर भार देते हुए वह झुका और उसे आलिंगन में बाँधते हुए कहने लगा, "सोच रहा हूँ, तुम्हें अपने लोनावलावाले बंगले पर रखूँ। हम आते रहेंगे, तुम्हारा खयाल भी रखेंगे...मालकिन बनकर रहोगी तुम वहाँ...।" तभी प्यून ने दरवाजे से झाँका। उसके हाथों में शरबत के प्याले थे। वह वहीं रुका और पीछे मुड़ गया। ऐसे वक्त बीच में ही पीछे लौट जाना, उसकी ड्यूटी का हिस्सा था।

गौहर हल्की-सी मुस्कुराई। उठी और उसने उसकी तरफ देखा। अब्बाजान जैसी मेहँदी से रँगी दाढ़ी, सूखी देह...लेकिन आँखों में वासना।

"खुदा हाफिज।" उसने सलाम किया और मुड़ गई।

'साली जवान है, नखरे तो दिखाएगी ही।' मालिक ने सोचा। फिर गुस्सा किए बिना उसे आवाज दी, "आती रहना...।"

गौहर सड़क पर चलने लगी। कुछ बग्गीवाले सवारी के लिए उसके पास आए। लेकिन उसका ध्यान ही नहीं था। वह सड़क का दामन थामे चलती रही। क्या मिला

इस मुम्बई में मुझे? कितनी ही बार परोसी है यह देह मैंने...न जाने किस-किस के सामने...पर समर्पित नहीं किया किसी को...समर्पण का सुख कभी मिला ही नहीं। वह वैसे ही चलती रही। आज इस नए खयाल ने उसे बेचैन कर दिया। क्या करूँगी इसके बंगले पर जाकर? सेठ का इंतजार? इसीलिए आई हूँ मुम्बई में? वह खुद पर झुँझलाती हुई घर पहुँची।

चापेकर खड़ा था। "किससे मिलकर आ रही हो? लिबर्टी का सेठ?" उसके स्वर में जिज्ञासा कम और ताना ज्यादा था। गौहर ने कोई जवाब नहीं दिया और भीतर चली गई। आजकल चापेकर को उसका यह बर्ताव अखरने लगा था। वह उसके पीछे-पीछे भीतर गया। "क्या पूछ रहा हूँ?" उसने मालिकाना अन्दाज में सुर लगाया। गौहर ने ग्रामोफोन निकाला और लगाने के लिए कोई रिकार्ड ढूँढ़ने लगी। चापेकर आगे बढ़ा। "गौहर, क्या तय किया है अब?"

"दो टाईम का खाना मिल जाएगा।" वह झुँझलाई।

चापेकर भड़क उठा। इसे मुम्बई लाया मैं। मैंने मिलाया इसे निर्माताओं से। काम दिलाने में मदद की और इसकी ये अकड़? उसने उसका हाथ पकड़ा, "गौहर!"

अब गौहर झट से घूमी। चापेकर की आँखों में आँखें डालते हुए उसने सवाल किया, "क्या है?" चापेकर सिटपिटा गया। उसकी नजर में उसे आग नजर आ रही थी। और अचानक गौहर ने उसका हाथ पकड़ा। उसकी पकड़ में मर्दाना ताकत अनुभव हुई उसे। झट से उसने अपना बाजू छुड़ा लिया। फिर गौहर ने उसकी आँखों के सामने उँगली तानते हुए उसे धमकाया, "तुम नहीं भरते हो पेट मेरा।" पल-भर के लिए चापेकर को लगा, कोई पुरुष ही सामने खड़ा होकर चुनौती दे रहा है। इस वक्त उसकी आवाज भी उसे मर्दाना लगी। वह पस्त हो गया। वैसे भी, बाहर लोग उसका मजाक ही उड़ाते थे कि चापेकर ने गौहर को नहीं बल्कि गौहर ने चापेकर को रखैल बना रखा है। वह गर्दन झुकाए पीछे हटा और बाहर चला गया। गौहर कुछ पल वैसे ही खड़ी रही। उसकी देह काँप रही थी। हाथ सुरसुरा रहे थे। उसके खड़े रहने में भी किसी योद्धा का आवेश था। उसने एक रिकार्ड उठाया। गंधर्व का ही था। घर में और किसी के रिकार्ड होते ही नहीं। उसने रिकार्ड चलाया। पल-भर केवल सन्नाटा था और उसमें गौहर अपनी तेज साँसें महसूस कर रही थी। फिर धीरे-धीरे वाद्यों की आवाजें सुनाई दीं और उसके पीछे गंधर्व का वह कोमल, दुलारा सुर...*कशी या त्यजू पदाला...*

गौहर नीचे बैठ गई। दीवार से सिर टिकाया। धीरे-धीरे उसकी सन्तप्त देह, साँसें शीतल होती गईं...आँखें मूँदकर वह गाना सुनती रही। थोड़ी देर बाद उसे लगा...गंधर्व के सुर से सैकड़ों हाथ निकल आए हैं और वे उसके सर्वांग को सहला रहे हैं। वे मृदु, मुलायम मोरपंख जैसे हाथ...उसने अपनी देह उन हाथों को समर्पित कर डाली। कितनी देर तक वह उन हाथों का स्पर्श महसूस करती रही...अपने मोटे-से होंठों पर... अपनी बड़ी-सी कदकाठी पर उस प्यार की, दुलार की छुअन उसे महसूस होती रही... सुख की अनुभूति देती रही...काफी देर तक वह उन हाथों का सुकोमल स्पर्श अनुभव करती रही।

नोचनेवाले हाथों की ही आदत थी उसकी देह को...परन्तु ये हाथ कुछ भी नोच नहीं रहे थे...बल्कि मन ही मन वह खुद भी उन हाथों को सहलाती रही...भोगती रही।

रिकार्ड खत्म हुआ, पर गौहर वैसे ही बैठी रही...काफी देर तक...।

कृष्णराव चोणकर चौंकते हुए गौहर की बात सुनते रहे।

"*गंधर्व कम्पनी* में आना है आपको? काम के लिए?"

"हाँ जी। वो जो सिखाएँगे वैसा गाना है। खुदा की फजल से गला अच्छा है जी मेरा।"

कृष्णराव के लिए यह उल्टी बात समझ से परे थी। सिनेमा में अभी काम है। नायिका के न सही, पर सहनायिका के काम मिल सकते हैं। पैसा भी नाटक की तुलना काफी ज्यादा मिलेगा। फिर भी इसके ये दोहद?

कृष्णराव ने बहुत समझाया, पर गौहर जिद पर ही अड़ गई। "सिनेमा में मजा नहीं आता जी। उनके साथ काम करने की खुशी थोड़े ही मिलेगी सिनेमा में?" गौहर नामक पहेली कृष्णा की समझ से परे थी। उस पारसी सेठ का खुला निमंत्रण है। अन्य तरीके भी हैं।

"ठीक है, मैं बात करूँगा।" लेकिन कृष्णा को पता था, बात गंधर्व को रास नहीं आएगी। किसी भी स्त्री को कम्पनी में प्रवेश देने के वे सख्त खिलाफ हैं। उसने गर्दन हिलाकर आश्वासन दिया और गौहर खिल उठी।

रात के मंचन के समय कृष्णा ने बात छेड़ी। "नाना, एक गायिका है। गौहर।" गंधर्व सजकर तैयार हो गए थे। फिर भी ओठों पर और जरा-सी लाली लगाने के लिए आईने के सामने खड़े थे। उन्होंने तनिक रुककर कृष्णा की तरफ देखा। वह सिटपिटाया। "नहीं, मेरा मतलब, वह आपकी गायकी की दीवानी है। सिनेमा में काम करती है...आपसे मिलना चाहती है।"

"नहीं।" गंधर्व ने बात खत्म की और गाल पर भी लाली लगाने लगे।

"नाना, पर एक बार केवल मिलने में...।"

"नहीं भगवन्।" वे साड़ी ठीक करने लगे। आईने के सामने खड़े होकर उन्होंने उसे चुस्ती से पहन लिया। कमर तनिक बड़ी लग रही थी। मोटापा बढ़ गया है क्या? खुद से ही सवाल किया। अभी दिखता हूँ न मैं सुन्दर? नहीं, अभी भी मैं बिलकुल पहले जैसा ही हूँ। वे हँस दिए। यह देखकर कि ओठों पर लाली तनिक घनी हो गई है, उन्होंने जरा-सी पोंछ डाली...और वे किर्लोस्कर की तस्वीर के सामने आ खड़े हुए। श्रद्धा से हाथ जोड़े, "भगवन्, आपका लगाया यह पौधा...हमने यथासम्भव बड़ा किया, देखभाल की।" और वे झुके। पल-भर के लिए उन्हें जोड़ में खिंचाव महसूस हुआ। सबकुछ बिगड़ रहा है क्या अब? उनके मन में निराशा की बदली ने दस्तक दी। तभी धूप की महक आई। उन्होंने आँखें बन्द कर लीं और भीतर तक उस खुशबू को भर लिया। उस खुशबू से उन्हें जोश आया। वे नेपथ्य की ओर चल दिए। कृष्णा उनकी ये सारी गतिविधियाँ देख रहा था। वह उनका मन पढ़ नहीं पाया, पर उसे एहसास हुआ कि गंधर्व की देह पर अब रुक्मिणी कब्जा करने लगी है।

परदा खुल गया और कृष्णा ने देखा, गंधर्व कुछ दशक पीछे जाकर दुबारा नई-नवेली रुक्मिणी बन गए हैं। मानो रंगमंच पर प्रवेश करते ही उनके भीतर रुक्मिणी सवार हो गई हो। सचमुच, क्यों नहीं होगा सारा महाराष्ट्र सम्मोहित! लेकिन गौहर पर जो सम्मोहन था, वह सम्मोहन नहीं, कुछ और था। बिलकुल दीवानगी। कृष्णा ने निश्चय किया कि कोशिश करते रहना है। गाते-गाते गंधर्व ने सामने देखा। कुछ जानकार लोग बड़ी तल्लीनता से गर्दनें डुला रहे थे। उन्हें अपने पसन्दीदा गंधर्व की गायकी सुनते हुए सन्तोष मिल रहा था। लेकिन...प्रेक्षागृह ज्यादा भरा हुआ नहीं था। खर्च घटाकर क्या आएगा हाथ? बेचारा बापूराव ही जाने। गंधर्व ने सोचा, खुद गाना गाने आया था बापूराव। नाटक में नट बनने के लिए आया था। लेकिन कम्पनी के प्रबन्धन का यह भार हमेशा के लिए उसके गले में पड़ गया।

गाना समाप्त हुआ और फिर नाटक भी। लोग अपने-अपने घर गए। गंधर्व रंगभूषा उतार रहे थे कि देखा पीछे मोहनदास खड़े हैं।

"आइए प्रोफेसर साहब, आइए।" गंधर्व ने बड़े प्यार से उन्हें बिठाया। उन्होंने गंधर्व के हाथ अपने हाथों में लिये।

"वाह, नारायणराव, वाह। क्या गाया आज आपने। अभी भी वही सुर, वही सौन्दर्य!"

गंधर्व को अच्छा लगा। उन्होंने मन ही मन किर्लोस्करजी को प्रणाम किया। देवल गुरुजी का स्मरण किया। "भगवन्, गुरुओं के आशीर्वाद।"

"लेकिन नारायणराव, बुरा न मानें...तो एक बात कहूँ?"

गंधर्व ने स्निग्धता से मोहनदास की तरफ देखा। "कहिए न भगवन्, कहिए।"

"नारायणराव, इस उम्र में भी आप सारी भूमिकाएँ बखूबी निभाते हैं। अजी, उम्र का पता ही नहीं चलता आपकी। रुक्मिणी की वह तल्खी, वह अकड़...वाह, बहुत बढ़िया। लेकिन... ।"

"लेकिन क्या भगवन्?"

"आपके इर्द-गिर्द के लोग बहुत ही औसत लगते हैं। अजी, कोई भी खड़ा हो जाता है धैर्यधर बनकर? श्रीकृष्ण भी। दोयम श्रीकृष्ण पर कैसे मोहित होगी रुक्मिणी?" गंधर्व खामोश हो गए। वे भी क्या कर सकते थे?

"भगवन्, अच्छे लोग कहाँ मिलते हैं? नाना जोगलेकर जैसा धैर्यधर बाद में हुआ ही नहीं।"

"तो फिर यह नाटक की जिद किसलिए?" मोहनदास बोले, "नारायणराव, केवल गायन कीजिए, महफिलें कीजिए। शिष्य बनाइए। पर ऐसे दोयम और औसत दर्जे के लोगों के साथ काम मत कीजिए।," मोहनदास तड़प के साथ कह रहे थे, "लोग आते हैं गंधर्व का गाना सुनने, आपको देखने। और सहना पड़ता है बाकी लोगों को।" गंधर्व सब समझ रहे थे। लेकिन कोई चारा नहीं था।

गंधर्व उठे, "आते रहिए। अच्छा लगता है आप जैसे लोगों से मिलकर," और बाहर चल दिए।

मोहनदास की बात उन्हें जँची थी। लेकिन मोहनदास थे एक प्रोफेसर। वे कला की तरफ मात्र कला की निगाह से देख सकते थे। लेकिन एक कम्पनी चलाने और गाँव-

गाँव जाकर नाटक खेलने के पीछे की परेशानियों को वे कैसे समझेंगे? लेकिन मोहनदास के स्वर की आत्मीयता से भी गंधर्व को अच्छा लगा। आजकल कौन देता है प्यार की ऐसी गर्माहट?

सचमुच, कम्पनी का मालिक बनने के झंझट में फँसना ही नहीं चाहिए था मुझे। पंडित ने भरमाया और...ब्याह भी माँ की जिद की खातिर करना पड़ा। किस गर्त में धकेल दिया है इन लोगों ने मुझे? लेकिन अब निभाना तो पड़ेगा ही। लेकिन निभाना मतलब क्या-क्या करना पड़ेगा? स्त्रियों को लेकर करेंगे नाटक? हे ईश्वर, और क्या-क्या करवाएगा हमसे, तू ही जाने!

गंधर्व यथाशक्ति सब निभा रहे थे। उनके नाटक यानी एक खम्भे का तम्बू बन गया था। गंधर्व का गाना, यही उसमें असली मजा था। उनका गाना अभी भी पूरे चरम पर था। कंठ बढ़िया था। उम्र की लकीरों की खरोंचें अभी उस पर नहीं लगी थीं। उसी बल पर गंधर्व अपनी कम्पनी का कारोबार जैसे-तैसे खींच रहे थे। लेकिन वे यह जान चुके थे कि गाड़ी अब अवनति की ढलान पर दौड़ने लगी है। केवल उनकी कम्पनी की ही नहीं, बल्कि समूचे मराठी संगीत रंगमंच की भी।

"हूँ। तो ऐसा कहो न कि लोगों को अब नाटकों में दिलचस्पी नहीं रही।" बाहरी गाँवों के दौरों में भी आमदनी की दुर्गत की बात सुनकर गंधर्व की माँ ने दीर्घ साँस छोड़ी। कृष्णराव चोणकर ने माँजी के सामने स्थिति तनिक मिर्च-मसाला लगाकर ही पेश की। "अरे माँजी, अब जो नए नट आए हैं, सुना है वे तो नाटक से संगीत ही निकाल देना चाहते हैं। अब सभी गद्य नट। गणपतराव बोडस जैसे।"

"क्या कह रहे हो?"

"और क्या! अजी, बहुत सुरीला न सही, पर नायक के पास कंठ तो हो? उनमें तो एक को भी गाना नहीं आता। रागदारी छोड़ दीजिए, कम से कम साधारण भजन? पर नहीं। और तो और, औरतों के काम भी औरतें ही करती हैं।"

"मुओं को मिलती कहाँ से हैं ऐसी औरतें?" माँजी ने सारा गुस्सा दियों की बातियों पर उतारा और जोर से बातियाँ बनाने लगीं।

"वह भी एक अलग चक्कर है माँजी। अजी, उस *अंधों की पाठशाला* नाटक में...।"

"क्या? नाटक का नाम है ये? अरे, मैं कहती हूँ, कम से कम नाम तो अच्छे रखो। पुराने जमाने में *स्वयंवर, सौभद्र* कैसे पवित्र नाम रखे जाते थे।"

"वे लेखक अलग थे। अब ये वर्तक हैं। कैसे लेखक कहें इन्हें? नटी नहीं मिली तो अपनी पत्नी को ही खड़ा कर दिया रंगमंच पर इन्होंने। वही बात केशवराव भोले की। नई-नवेली दुल्हन को ही नाटक के संवाद याद कराए! पार्श्वनाथ आळतेकर, के. नारायण काले और यहाँ तक कि अनन्त काणेकर भी शामिल हैं इनमें। अगर संगीत नाटक नहीं चले, तो ये लोग रंगमंच की पूरी दुर्दशा कर डालेंगे। लिख लीजिए।"

"मगर करें क्या? मुआ कोई आता ही नहीं संगीत नाटक देखने।" माँ के स्वर में चिन्ता उभरी।

कृष्णा ने धीरे-धीरे कुरेदना शुरू किया और असल मुद्दे पर आए। "हमें भी जरा बदलना चाहिए। कम्पनी में अच्छा गानेवाली स्त्रियाँ आनी चाहिए। गंधर्व हैं, उनका सानी कोई नहीं, पर...।"

माँजी सोच में पड़ गईं। कृष्णा को लगा, बात बन रही है। माँजी का स्वभाव उसे पता था। वे व्यावहारिक थीं। भावनाओं को अलग रखना उन्हें आता था। फिर एक दीर्घ नि:श्वास छोड़कर वे बोलीं, "लेकिन हमें कहाँ से मिलेंगी स्त्रियाँ?"

"ढूँढ़ेंगे। कुछ एक हैं मेरी नजर में। एक है गौहर...", यूँ ही कहने की तरह कृष्णा बोल गया।

"गौहर...! मुसलमान?" माँ का चेहरा बिगड़ गया। कृष्णा जानता था, माँजी की सुई यहीं फँसेगी।

"हाँ, मुसलमान है, लेकिन सारे संस्कार हमारे हैं। हमारे कादरबख्श की तरह...।"

"उँगलियों में जादू था उसकी, जादू। उसका नाम मत लो। अरे, सच्चा कलाकार था वह। दो-दो महीने नागा करता था, पर नारायण ने कभी तनख्वाह नहीं काटी उसकी। क्योंकि जब भी आता, स्वर्ग खड़ा कर देता, स्वर्ग।"

"हूँ..." कृष्णा ने जरा रुककर दूसरा पत्ता फेंका, "सिनेमा में काम करती है।"

"सिनेमा में? फिर क्यों आएगी वह? खूब पैसा मिलता होगा वहाँ। यहाँ क्या मिलेगा उसे?"

"नहीं, गंधर्व के साथ काम करना चाहती है वह। कहती है, पैसा नहीं मिले तो भी कोई हर्ज नहीं। माँजी, एक बार उसका गाना सुन तो लीजिए।" कृष्णा ने फिर पीछा नहीं छोड़ा। गौहर का गाना सुनने का आग्रह नहीं, जिद ही करने लगा।

"ठीक है, बुलाओ उसे।" और माँजी उठीं। यह सब कहाँ जाकर रुकेगा, कैसे सँभलेगा, उनकी भी कुछ समझ में नहीं आ रहा था। किसी तरह यह कर्ज चुकता हो जाए, सन्तोष से दो निवाले खाने को मिलें, इससे ज्यादा अब उनकी कोई ख्वाहिश नहीं थी।

गंधर्व महाराज के घर में गाना है!

मात्र विचार से ही गौहर खिल उठी। 13 मार्च, 1934 का दिन उसे अपनी जिन्दगी का सबसे सुन्दर दिन प्रतीत हुआ। वह मुम्बई से निकली और पुणे पहुँची। गंधर्व महाराज की माताजी ने, स्वयं अन्नपूर्णाबाई ने यह कार्यक्रम रखा था। उस दिन वह तड़के ही उठी। नमाज के बाद रियाज के लिए बैठी और काफी देर तक रियाज करती रही। आज उसे मामूली-सी भी ग़लती नहीं करनी थी। दिन-भर उसे एक अनाम बेचैनी घेरे रही। महफिलें उसके लिए नई नहीं थीं, लेकिन आज वह ऐसी कमर कसकर तैयारी में जुटी थी, मानो उसकी जिन्दगी ही दाँव पर लगी हो। दोपहर की धूप घर लौटने लगी और वह तैयारी करने लगी। आज जान-बूझकर उसने लाल कटसरैया रंग की साड़ी पहनी। बालों का जूड़ा बाँधा, गजरा लगाया। चेहरे पर हल्का-सा मेकअप किया। उसने देखा था, कुलीन स्त्रियाँ बनाव-शृंगार नहीं करतीं। गंधर्व के आचरण में भी एक कुलीन सादगी होती थी। गौहर सोचती, हमारे तरफ की औरतें तो ऐसी नहीं लगतीं! वह अदब, वह तहजीब सीखने

से नहीं आती। लेकिन फिर भी वह गंधर्व की तरह बनने का प्रयास करती। आज भी उसने यही सावधानी बरती थी कि सादगी में भी वह आकर्षक लगे। उसकी तैयारी पूरी हुई। उसे अपनी गानकला पर पूरा भरोसा था। उसी आत्मविश्वास से उसने घर से बाहर कदम बढ़ाया।

इर्द-गिर्द की औरतें शर्मातीं, नाजो-अदा, लटके-झटके दिखातीं...लेकिन गौहर से ऐसा कभी नहीं करते बना। अब्बाजान कहते, 'अल्लाह ने बेटा दिया है, बेटा।' अपने फैसले खुद करने की आदत हो गई थी उसे। किसी पर क्यों निर्भर रहें हम? अब वह चापेकर पर निर्भर नहीं थी, बल्कि वही गौहर पर निर्भर था। इसी कारण चापेकर से अनुमति वगैरा माँगने के झंझट में वह नहीं पड़ी और सीधी चली आई। बाहर तबलची रहीम उसकी प्रतीक्षा में खड़ा था। दोनों बग्गी पर सवार हुए। बग्गी चल पड़ी और गंधर्व की कोठी के सामने आकर रुकी। दोनों नीचे उतरे। 'या अल्लाह! यहाँ रहते हैं गंधर्व महाराज?'' उसने गहरी साँस भरी और भीतर जाने लगी। कोठी के दरवाजे के पास आते ही वह रुकी। जरा-सी नीचे झुकी और उसने जमीन को छुआ। फिर वही हाथ सीने से लगा लिया। पल-भर के लिए आँखें मूँद लीं और फिर कोठी में कदम रखा। उसकी नजर ऊपर थी। कुछ खोज रही थी। ऐसे ही ऊपर देखते-देखते वह आगे बढ़ी और तभी तबलची की आवाज उसके कानों में पड़ी, 'गौहरजान सँभल के।' लेकिन इसे पहले कि वह सँभलती, ऊपर कुछ खोजने की धुन में वह सीढ़ी से जा टकराई। ओंठ भींचकर उसने टीस सही और सीढ़ी से ऊपर आ गई। फिर रुककर पीछे देखा। रहीम आ रहा था।

लक्ष्मी ने कोठी की खिड़की से नीचे देखा। उसे कुछ भी दिखाई नहीं दिया। दिखाई दिए बस गौहर के पैर। ठेस लगे पैर और उन पैरों से अस्त-व्यस्त हुई उसकी रंगोली। सारे रंग एक दूसरे में मिल गए थे। उसने सोचा, कितनी मेहनत से बनाई थी मैंने रंगोली, सारी बरबाद हो गई। फिर वह भीतर चली गई। गौहर को आते देखकर वसन्त देसाई आगे आए, ''अरे, लगता है सीढ़ी भूल गईं। आइए, भीतर आइए।''

रहीम के साथ गौहर भीतर आई।

भीतर गायन का पूरा प्रबन्ध किया गया था। गावतकिए, गद्दे...बगल में पानी से भरे लोटे। पान-सुपारी। गौहर ने देखा, कुछ लोग परिचित थे। वसन्तराव बोले, 'मैं वसन्त शान्ताराम देसाई।' उन्होंने रहीम को बैठने का इशारा किया। गौहर भी अदब से बैठ गई। गर्दन झुकाए। पर उसकी नजर सारा जायजा ले रही थी। कोठी चौपहली थी, लेकिन पुरानी लगती थी। झूमर, झूला, काठ के खंबों पर नक्काशी। उसके जहन में विचार कौंधा, एक जमाने में कोठी काफी शानदार रही होगी। माँजी आईं। उनके आने से जरा-सी हरकत हुई। गौहर ने उठकर प्रणाम किया। माँजी ने बैठने का इशारा किया। उनकी नजर गौहर को निहारने लगी। नाक-नक्श तो अच्छा है। कदकाठी जरा मर्दाना है। माँजी ने तुरन्त निरीक्षण किया। लेकिन आँखों में एक चमक है। वर्ण साँवला पर चिकनाहट से भरा हुआ। 'हूँ...क्या गाओगी? अरे, पानी, नाश्ता कुछ ले आओ!' माँजी ने आदेश दिया और लोग हरकत में आए। गौहर जान गई, घर में इन्हीं की तूती बोलती होगी। माँजी चाहे विधवा के भेस में हों, पर एक विधवा के चेहरे की दीनता दिखाई नहीं देती यहाँ। सुना है, गंधर्व

भी अपनी माँ की बात नहीं टालते। गौहर को इसकी वजह आज पता चली। माँजी खुश हो गईं तो *गंधर्व कम्पनी* में जाने की राह सुकर हो जाएगी। गौहर ने झुकी हुई गर्दन से ही हिसाब लगा लिया।

नौकर ऊपर आया। ''नाश्ता बनाने के लिए कहा है।''

''ठीक है, देखती हूँ।'' लक्ष्मी काम में जुट गई। ''यह ले जाओ।'' उसने आला खोला। उसमें से चार-छह चाँदी के प्याले बाहर निकाले। एक जमाना था जब पूरा आला भरा हुआ रहता था। अब चुनिन्दा ही बचे हैं मेहमानों के लिए। उसने मन की कड़वाहट को निगलते हुए प्याले नौकर को थमाए। 'बिना सोचे-समझे कर्ज उठाया, और अब चाहे जो करके चुकाना है। अब गानेवालों को भी घर पर बुलाना शुरू हो गया। किसी चापेकर के पास रहनेवाली ये औरत, बेझिझक घर की सीढ़ी लाँघती है। नियति है यह नियति।' मन ही मन कुढ़ती हुई वह सीढ़ियों की तरफ गई और बाहर बरामदे की तरफ बिना देखे सीधी रसोई में जाकर नाश्ता बनाने लगी।

''हूँ, करें श्रीगणेश? क्यों माँजी?'' और गौरवर्णीय रोबीले वसन्तराव ने गौहर को गाना शुरू करने का इशारा किया। गौहर ने सभी को पहले मुसलमान ढंग से आदाब किया और बाद में हिन्दू ढंग से प्रणाम। उसने ऐसे श्रद्धाभाव से हारमोनियम पर सुर लगाया मानो मन्दिर के गर्भगृह में बैठकर गा रही हो। उसने सन्त कान्होपात्रा का अभंग शुरू किया।

सुर रसोईघर में पहुँचे और लक्ष्मी थम गई। कौन गा रहा है? आवाज में खुलापन है। तनिक आरोही है, पर गायकी बिलकुल इनकी जैसी। मानो इन्हीं के कंठ से उतरी हो या इन्होंने ही सिखाया हो। उसे उस गाने में गंधर्व का आभास होता रहा। माँजी ध्यान से सुनने लगीं। लड़की के कंठ में गंधर्व की गायकी बस गई है। उसी का प्रभाव है। आवाज में दुलार और फिरत नारायण जैसी प्रभावशाली नहीं है, पर गंधर्व घराने में बेझिझक समा सकेगी यह। उन्हें उसके प्रति वात्सल्य प्रतीत होने लगा। मुसलमान है पर नाममात्र की। अंभग गाते समय भी कितनी तल्लीन हो गई है? और सचमुच, गौहर की समाधि ही लग गई थी। गंधर्व महाराज के घर में गाना उसके लिए खुदा की मेहरबानी थी। वह गा नहीं रही थी, वरन् सेवा दे रही थी, अपना गाना अर्पण कर रही थी। उसकी नजर में यह गायन नहीं था बल्कि इबादत थी...जिस श्रद्धा से वह नमाज पढ़ती है, उसी श्रद्धा से वह खुदा की मनुहार करती रही...गंधर्व नामक अपने खुदा की।

गाना समाप्त हुआ। सभी के चेहरों पर गाना पसन्द आने के भाव थे। वसन्तराव ने दाद दी। सभी ने कौतुक किया। गौहर को सन्तोष हुआ। संगीत में कैसी ताकत, कैसा जादू होता है? जातपाँत, मजहब का भेद भी नहीं टिकता उसके सामने! वह और अधिक विनम्र हुई। बस इसी तरह जिन्दगी-भर महाराज की सेवा में गाना गाने को मिले, महाराज जैसी शालीनता, वह अदब सीखने को मिले, उनके जैसी ही बन जाऊँ। और क्या चाहिए इस बित्ते भर की जिन्दगी में... ?

रहीम ने तबला-ठेका समेटा। नाश्ता आया। गौहर की नजरें लक्ष्मी को ढूँढ़ रही थीं। लेकिन पूछे भी क्या और कैसे? माँ ने उसे नाश्ता करने को कहा। मसाला दूध सामने आया। प्रसाद ग्रहण करने की श्रद्धा से उसने दो कौर उठाए।

माँ ने साजिन्दों को पैसे दिए। गौहर भी चलने को हुई। जाते समय उसने माँ के पैर छुए। माँ ने "तुम्हें क्या दूँ?" पूछते हुए बिदागी के तौर पर कुछ वस्तुएँ भेंट दीं। गौहर की आँखें भर आईं। "माँजी, मुझे बस महाराज की कम्पनी में काम दीजिए। और कुछ नहीं चाहिए मुझे...आपका एहसान जिन्दगी-भर नहीं भूलूँगी।" उसकी आवाज का कम्पन माँ को भी अनुभव हुआ। "देखेंगे।" और उन्होंने उसे बिदा किया। गौहर वसन्तराव को प्रणाम कर बाहर निकली।

लक्ष्मी ने खिड़की से नीचे देखा। उसे उसकी पीठ ही दिखाई दी। पर चाल में एक दृढ़ता थी। 'चलो, पिछवाड़े का सामान समेटना होगा।' लक्ष्मी ने दिमाग से विचार निकाल दिया और वह सीढ़ियों की तरफ मुड़ी।

गौहर के जाने के बाद माँ के मन में यह विचार जोर पकड़ने लगा कि किसी को नारायण के कन्धों की जिम्मेदारी साझा करनी चाहिए। बेचारा कितना करेगा? और जिम्मेदारियाँ भी कितनी? बापूराव का परिवार भी वही चलाता है। छोटे भाई की शिक्षा से लेकर सारा खर्च उसी ने उठाया है। अब नाटक में तो कोई हो उसके साथ, गाड़ी खींचने के लिए।

लेकिन अकेलापन गंधर्व का पीछा नहीं छोड़ रहा था। नाटक कम्पनी से एक-एक आदमी उन्हें छोड़ बाहर जाने लगा और *गंधर्व कम्पनी* की स्थिति फिर एक बार एक खम्भे के तम्बू जैसी हो गई। लोग गंधर्व के प्रति भक्ति के कारण नाटक देखने आते थे, लेकिन नाटक उन्हें कलाबत्तू के वस्त्रों की तरह सम्भ्रान्त नहीं लगता था। क्योंकि गंधर्व के इर्द-गिर्द सभी जुगनू थे। गंधर्व को महसूस होने लगा था कि अब उनके इर्द-गिर्द का औसत दर्जे का अँधेरा और घना होने लगा है। महँगे दुशाले खरीदे जा सकते हैं, लेकिन गुणवान लोग किसी बाजार में नहीं मिलते। फिर भी गंधर्व संगीत रंगमंच की यह गाड़ी खींचते रहे।

"वेलकम, वेलकम। आइए बैठिए।" डॉक्टर विश्वास ने स्वागत किया। सनत और निशा भीतर आए।

"डिस्टर्ब तो नहीं किया हमने?" बैठते हुए निशा ने पूछा।

"नहीं, नहीं। इसीलिए तो सारे पेशेंट निबट जाने के बाद बुलाया मैंने आपको। अब आराम से बतिया सकते हैं।" डॉक्टर ने इंटरकॉम पर चाय लाने को कहा।

डॉक्टर का क्लिनिक एक छोटे-से बंगले में था। तख्ती से लेकर सोफा-कुर्सियों तक की सारी वस्तुएँ उनकी कलाप्रियता की गवाही दे रहे थे। कोने में नटराज के पोज में पीतल के गणेश जी। दीवार पर अलग-अलग पोस्टर। उसमें मनोबल बढ़ानेवाले कुछ चित्र। एक पेड़ का चित्र और उस पर लिखा वाक्य 'लाइफ इज ब्यूटीफूल, बट कंडिशन्स अप्लाय' निशा को बहुत ही ज्यादा पसन्द आया। मरीजों के लिए, उनके रिश्तेदारों के लिए कुछ सूचनाएँ। मानसिक बीमारियों के बारे में कुछ व्यंग्यचित्र। एक व्यंग्यचित्र में दिखाया गया था कि शराब की बोतल एक आदमी को ही निगल रही है। क्लिनिक ऐसे सजाया गया था कि क्लिनिक लगता ही नहीं था और डॉक्टर के विचारों का खुलापन और

उनकी विशिष्टता को भी दर्शाता था। पानी लेकर एक लड़की आई। निशा जानती थी कि क्लिनिक में काम करनेवाले लोग मानसिक बीमारी से उबरे लोग होते हैं। इसलिए उसकी उत्सुक निगाहें उस लड़की पर पड़ीं। डॉक्टर ने उसका परिचय कराया और कहा, ''भाऊ से कहना वे लोग आ गए हैं।''

''जी अच्छा।'' लड़की चली गई।

''हूँ, बोलिए।'' डॉक्टर ने बात आगे बढ़ाई।

''टिकट लाए हैं प्रोग्राम के।'' सर ने कहा, ''हमेशा की तरह आप तो आएँगे ही।''

''जी हाँ, लेकिन इस बार तीन नहीं, चार टिकट चाहिए। मेरे पिताजी भी आए हैं। वे रहते हैं शोलापुर में, लेकिन इस बार वे यहीं हैं। उन्होंने गंधर्व को प्रत्यक्ष सुना है।''

''व्हॉट?'' निशा, सनत थर्रा उठे। ''ग्रेट। मिलना ही चाहिए उनसे।'' सनत ने खुश होकर चार टिकट डॉक्टर को दिए। डॉक्टर ने पैसे दिए। इसी दौरान भाऊ भीतर से आए। हाथ में लाठी, चेहरे पर मफलर। तनिक काँपते-से लग रहे थे। उनके आते ही निशा ने उठकर उनके लिए जगह बनाई। वे बैठ गए। सोफे पर स्थिर होने में उन्हें जरा समय लगा।

''गंधर्व के गाने पेश कर रहे हो?'' उन्होंने हँसकर पूछा।

''जी हाँ। उनके पूरे जीवन का जायजा...।''

''वाह, बढ़िया।''

तभी चाय आई। सभी ने चाय पी। भाऊ ने हाथ से ही मना कर दिया। फिर चाय की घूँट भरते-भरते सनत ने शुरू किया, ''आपने गंधर्व को देखा है? गाते हुए?''

''हाँ।'' भाऊ के चेहरे पर एक अलग ही चमक आई। उनकी गहरी आवाज काँप रही थी, ''तब मैं बीस एक साल का था। गाना-नाटक घर पर सब वाहियातपन की सामग्री मानी जाती थी। पिताजी ने अपनी पूरी जिन्दगी में कोई भी नाटक नहीं देखा था। लेकिन मैं तो गंधर्व के नाटकों का दीवाना था। नाटक आते ही कोई बहाना बनाकर निकल जाना। वैसे मुझे झूठ बोलने की आदत नहीं थी, पर गंधर्व के नाटक आते ही...'' और भाऊ मधुर मुस्काए।

''भाऊ, आप बीस साल के, यानी गंधर्व तकरीबन पैंतालिस के होंगे। फिर भी आपको उनका गाना, उनका दिखना इतना भाता था?''

''अरे भाई, उम्र की फिक्र आप-हम जैसे इनसानों के लिए। गंधर्व को उम्र का क्या?'' भाऊ के इस जवाब से सनत के सारे सवाल खत्म हो गए। भाऊ गंधर्व का वर्णन करने लगे, ''अजी, उनकी वह सुन्दरता, उनकी वह आवाज, क्या बात! सबकुछ ईश्वरीय जी...।'' भाऊ बोलते रहे और इधर निशा और सनत को यह एहसास हुआ कि एक तरफ गंधर्व कम्पनी की दुर्दशा हो रही थी, और दूसरी तरफ उनके प्रति भक्तिभाव रखनेवाले दर्शकों के कारण कम्पनी को आमदनी भी हो रही थी। लगभग पाँच मिनट बोलकर भाऊ थक गए। अब नब्बे की उम्र पार किया यह आदमी उस दौर से बाहर आ गया। लेकिन इस बीच गंधर्व ने नाटक की गृहस्थी की गाड़ी कैसे खींची होगी, यह इन दोनों के ध्यान में आया। गंधर्व अब आम आदमी नहीं थे। लोगों ने उन्हें ईश्वरीय चमत्कार के पद पर

बिठा दिया था। इसी कारण बाद में 'नाट्यमन्वन्तर' हो, मामा वरेरकर हो, जहागीरदार हो—चाहे जितनी नई संवेदनाओं की हवाएँ बहती रहीं हों, पर गंधर्व का स्थान अक्षुण्ण रहा। भाऊ थोड़ी देर बैठे, कार्यक्रम के बारे में पूछताछ की और लाठी के सहारे धीरे-धीरे भीतर चले गए।

उनके जाते ही डॉक्टर हँस दिए, "देखा! ये होती है लोकप्रियता किसी आदमी की। आदमी क्या, उस जमाने के लोग उन्हें साक्षात् गंधर्व ही समझते थे।"

"डॉक्टर, एक बात पूछनी थी। लेकिन सोचा, भाऊ को पसन्द आए न आए। एक मनोचिकित्सक के नाते आपसे पूछना चाहता हूँ, यह गौहर प्रकरण क्या है? कैसे समझें इस स्त्री को? मतलब, देखिए न, उसका जन्म सन् 1910 का, यानी 1936 में वह है छब्बीस साल की युवती है। उसने सिनेमा में काम किया है, यानी दिखने में वह असुन्दर हो नहीं सकती। सुन्दर ही रही होगी और इस समय गंधर्व की उम्र है 48-49 वर्ष। लगभग दोगुनी। उसके पास सिनेमा में काम है, उसे रखैल बनाने के लिए धनी लोग तैयार भी हैं, यानी उसका ठीक-ठाक चल रहा है।"

"हूँ।" डॉक्टर कौतूहल से सुनने लगे।

अब निशा ने बात आगे बढ़ाई, "और गंधर्व कम्पनी की दुर्दशा जारी है। वह सुन्दरता, वह लावण्य भी नहीं बचा है। सिनेमा ने नाटक की कमर तोड़कर रख दी है, और फिर भी गौहर गंधर्व के प्रेमजाल में फँसती है? अन्य जगहों पर व्यावहारिक दिखनेवाली यह स्त्री यहाँ क्यों फिसल जाती है? क्या कहें इस प्यार को?"

"हूँ।" डॉक्टर ने एक पॉज लिया, "सच में, यह एक पहेली ही है। वैसे भी मनुष्य का मन एक उलझन भरी पहेली ही होता है। उसमें एक और एक बराबर दो, ऐसा उत्तर नहीं दिया जाता और उसे उस जमाने के चश्मे से देखना तो और भी मुश्किल होता है। लेकिन मैं इसे ऑब्सेसिव लव कहूँगा। इसमें होता ऐसा है कि आदमी एक प्रतिमा से प्यार कर बैठता है। यानी मानस में गंधर्व की सुन्दरता, उनका गाना, बोलना, विचरना आदि की एक प्रतिमा बनती जाती है और आदमी धीरे-धीरे उसी प्रतिमा को सीने से लगाता हुआ रियालिटी से कटता जाता है। गौहर का परिवेश देखिए। घराने का पेशा गाना-बजाना। जवानी में ही अगली जिन्दगी का इंतजाम करके रखना। इस कारण औरत जात यानी शरीर—यह गणित उसके मन में रहा होगा। ऐसे में गंधर्व के रूप में उसे एक ऐसी खानदानी स्त्री नजर आती है, जिसका अपना एक वजूद है, अदब है, मन है। फिर चाहे वह भामिनी के रूप में हो, सुभद्रा के रूप में हो या सिन्धू के। लेकिन स्टेज पर गंधर्व के रूप में उसने खुली और सुन्दर मानस की स्त्री को देखा। उसे वह तुरन्त भा गई होगी। उसे यह भी लगा होगा कि मैं ऐसी क्यों नहीं हूँ और और...इर्द-गिर्द की अन्य स्त्रियों, बहनों की तरह लाभ के लिए शरीर बिछाते समय भी मन के भीतरी कपाट में उसने इसी आजाद खयाल की स्त्री को सहेजकर रखा होगा। वह उसके उस रूप को मनोविनोद हेतु सहलाती रही होगी।"

"डॉक्टर, यह तो वही बात हो गई, जैसे हम किसी पसन्दीदा नट के चित्र, पोस्टर इकट्ठा करते हैं, उसके जैसे कपड़े, बाल, हाव-भाव...।"

"हाँ, लेकिन इस ऑब्सेशन की सीरियसनेस इतनी आगे बढ़ती जाती है कि दिलोदिमाग में यही विचार छाया रहता है। देखो, इसी कारण गौहरबाई ने गंधर्व का गाना हूबहू अपने भीतर उतार लिया था। किसी पर लट्टू होना या किसी का फैन होना, बुरी बात नहीं है। लेकिन इस टाईप के प्यार में आदमी धीरे-धीरे यथार्थ से कटता जाता है और गौहरबाई का यही हाल हुआ होगा।"

"वाकई, क्योंकि 1934 से 1936 तक यह स्त्री 'गंधर्व कम्पनी' में प्रवेश करने के लिए पागलपन की हद तक दौड़धूप कर रही थी," निशा बोली।

"क्योंकि अब वह उनके प्रति केवल भक्ति से सन्तुष्ट नहीं थी। उसमें चाह थी सान्निध्य की," डॉक्टर बोल रहे थे, "उस आदर्श इमेज के सान्निध्य की चाह, यानी उसके साथ रहना। मात्र साथ रहने का सुख! और कुछ नहीं। अच्छा, इसका एक दूसरा पहलू भी है—समर्पण का क्रेज। उसके भीतर की स्त्री को तीव्रता से यह महसूस हुआ होगा कि मैं भी किसी पर न्योछावर होकर समर्पित हो सकती हूँ। इसीलिए उस रूप को, उस प्रतिमा को मन के गर्भगृह में स्थापित कर लिया होगा उसने! और पैसा, भविष्य का इंतजाम वगैरा की फिक्र न कर उसने 'गंधर्व कम्पनी' का दरवाजा खटखटाना शुरू किया होगा।"

"डॉक्टर, लेकिन यहाँ एक पेंच है। गौहर को गंधर्व की जो प्रतिमा भायी थी, वह रंगमंच के और स्त्री-रूपी गंधर्व की थी। बाहर गंधर्व अलग ही थे। हमारा पसन्दीदा नट यदि बाहर भी वैसा आचरण करे, तो हमें उसका ज्यादा क्रेज लगता है, पर यहाँ तो बाहरी रूप ही अलग है।" डॉक्टर हँस दिए। उन्हें लड़कों की जिज्ञासु प्रवृत्ति भली लगी।

"बढ़िया। लेकिन सनत, इसी कारण मैं इसे ऑब्सेसिव लव कहता हूँ। आगे चलकर सोच-विचार बचता ही कहाँ हैं मनुष्य में? यथार्थ से सम्बन्ध टूट जाता है मनुष्य का, और मन में बसी स्टेज की उसी प्रतिमा को लेकर वह उनके पास जाने की जद्दोजहद करने लगे, तो इसमें अचम्भा कैसा? उनकी असली प्रतिमा उसके लिए ओझल हो जाती है।"

"माय गॉड। हॉरिबल।" सुनकर निशा का दिमाग मानो चकराने लगा। अब धीरे-धीरे उसे गौहरबाई समझ में आने लगी और अनजाने में उसके प्रति उसे अपनापन भी लगने लगा। रात में उसने फेसबुक पर स्टेटस डाला, 'लव इज ब्लाइंड!'

और सैम्युअल चैट पर आया। "हाय, यह क्या प्यार-व्यार लगा रखा है?"

निशा मुस्कुराई। "यूँ ही यार।" फिर अचानक उसने टाइप किया, "सैम्युअल, आर यू वर्जिन?"

"क्या?" उसने चौंककर पूछा।

"अरे, मुझे लगने लगा है कि वर्जिनिटी एक मानसिक दशा होती है। यदि आप देह के साथ मन भी अर्पित करते हैं, तभी आप वर्जिनिटी-कौमार्य अर्पित करते हैं—ऐसा मुझे लगता है।"

"मतलब?" सैम्युअल की कुछ भी समझ में नहीं आ रहा था। लेकिन फिर उसके जहन में एक सवाल कौंध गया कि कहीं निशा निमंत्रण तो नहीं दे रही है? इस विचार से उसे गुदगुदी हुई।

''क्या विचार है?'' स्माइल के साथ उसने मैसेज किया।

''यू आर इम्पॉसिबल!'' निशा मन ही मन बोली। ''मुझे बस यही कहना है कि मेरे हिसाब से गौहर अभी भी कुआँरी है। वर्जिन!''

''कौन गौहर?'' सैम्युअल ने आश्चर्य से पूछा।

''कुछ नहीं। टेक केयर।'' उसने साइन आउट कर पीसी ऑफ किया और बिस्तर पर लेट गई। लेकिन मन से गौहर जाने का नाम नहीं ले रही थी। इसे प्रेम कहें या मानसिक बीमारी? इतनी उत्कटता से किसी से प्यार करना, क्या यह पागलपन नहीं? श्रीकृष्ण से प्रेम करनेवाली राधा-मीरा के प्यार को क्या कहेंगे? वह खुद से ही बोली, येस, गौहर गो अहेड। कोई जरूरत नहीं किसी का लिहाज करने की। आज वर्जिनिटी का एक अलग और नया अर्थ उसके लिए खुल गया था। सचमुच, किसी पर जान न्योछावर करने में भी एक सुख होगा। ठीक है, नहीं कर सकते उस सुख को हम एक्सप्लेन, नहीं होगा प्रैक्टिकली वह करेक्ट! लेकिन गौहर इसे जान गई थी और उस सुख के लिए वह सबकुछ ठुकराकर तड़प रही थी। निशा को एहसास हुआ कि वह गंधर्व के साथ-साथ गौहर की भी फैन बनती जा रही है, जो गंधर्व के पास जाने के लिए बेचैन है।

सनत ने नोट्स बनाए। डॉक्टर के साथ हुआ पूरा वार्तालाप दर्ज किया। उसे गौहर के प्रति करुणा, दया प्रतीत होने लगी थी। उसे जो लगता था, उसे ही बेचारी प्यार समझ बैठी थी। गंधर्व के पीछे जाने का उसका निर्णय व्यावहारिक तो कतई नहीं था, और समझदारी का भी नहीं था। लेकिन सच्चाई यही थी कि वह खिंची चली जा रही थी। उसने कापी बन्द की। कल काफी काम करने थे। कार्यक्रम तेजी से करीब आ रहा था। उसे अभी बाईस टिकट बेचने थे। कल मिसाल काका के पास भी जाना था। उन्हें भी तनिक कुरेदने में क्या हर्ज है गौहर के बारे में? सुना है उन्होंने गंधर्व को गाते देखा था, आखिरी दौर में।

''अरे बेटा, कब तक जागोगे? सो जाओ अब। या कार्यक्रम होने तक जागते ही रहोगे?'' माँ की आवाज आई और उसने बत्ती बुझा दी।

सुबह मिसाल काका ने अलग ही सुर अलापा। ''कौन? गौहर? अरे धन्धेवाली औरत थी वह आखिरकार। उसने देखा, नारायणराव बेचारे भोले हैं, फैलाया जाल। मासूम पंछी की तरह फँस गए बेचारे। लूट लिया रे उसने, पूरा लूट लिया उन्हें!''

''लेकिन ऐसे सबकुछ गँवा चुके आदमी पर क्यों समय ज़ाया करेगी कोई ऐसी औरत? मतलब, गंधर्व के पास बचा ही क्या था उन्हें लूटने के लिए?''

इस सवाल पर मिसाल काका तनिक हड़बड़ाए। फिर भी जोर-जोर बोलते रहे, ''अरे ऐसी ही होती हैं ये औरतें।'' कुल मिलाकर उन्होंने नारायणराव के भोलेपन का वर्णन करते-करते गौहर को पूरे काले रंग में रँग डाला। ''प्यार-व्यार कुछ नहीं था, चालाक थी वह कमीनी।'' फिर तीन टिकट खरीदे और बोले भी, ''उसके बारे में कुछ मत दिखाना कार्यक्रम में। हाँ, वरना आजकल फैशन बन गया है बड़े-बड़े लोगों की ऐसी बातें उछालने का। इससे ख्याति भी मिलती है और सनसनी भी फैल जाती है। क्यों?''

"नहीं-नहीं काका, ऐसे ही पूछा, उत्सुकता से।" सनत उठा।

"सनत, नारायणराव की जिन्दगी पर कलंक है वह कलंक। दुर्भाग्य, और क्या!" काका की बात पर कोई प्रतिक्रिया न देकर वह हॉल की तरफ मुड़ गया।

अब सच में माहौल बन गया था। कुछ कॉस्ट्यूम्स, कुछ सजावट। एक दल गाने का रिहर्सल कर रहा था, दूसरी तरफ गाने के ट्रायल जारी थे। सब कुछ कलाबत्तू का और भव्य था।

लेकिन सर और चिन्मय उस तरफ चिन्तित मुद्रा में खड़े थे। महेश भी था। सनत पास गया। कुछ चर्चा हुई थी। उसने माहौल को तनिक सहज बनाने के लिए उत्साह से कहा, "सर, मेरे बस अठारह टिकट बचे हैं।"

"हूँ। गुड।" सर ने रूखे स्वर में कहा।

"सर, ले लेते हैं उनकी स्पॉन्सरशिप? आजकल सभी लेते हैं। बड़े-बड़े शास्त्रीय गायक-वादक भी विज्ञापनों में काम करते हैं? फिर हम ही क्यों ऐसी जिद करें? खर्च कितने बढ़ गए हैं... ।"

चिन्मय बोल रहा था। लेकिन सर नीचे जमीन की तरफ नजरें गड़ाए खड़े थे। स्तब्ध। वही स्तब्धता सभी को खाए जा रही थी। उसमें असहायता थी, लेकिन एक दृढ़ता भी। सर की आँखों के सामने दृश्य झिलमलाने लगे।

"बोलिए न सर, क्या हर्ज है?"

कृष्णा की आवाज की बेचैनी गंधर्व तक पहुँच रही थी। "नाना, समय बदल गया है। कम्पनी की हालत को देखते हुए कुछ बदलाव करने में क्या हर्ज है?"

"अब तो औरतें ही करती हैं औरतों की भूमिका। लाड़ साहब की विठा को देखिए, आप चाहे लाख आलोचना कीजिए, लेकिन लोगों ने उठा लिया न उसे सिर पर? दुर्गा खोटे के रूप में! जब लोगों को ही आपत्ति नहीं है, तो हम क्यों चिन्ता करें?" माँ ने भी कृष्णा के सुर में सुर मिलाया। गंधर्व खामोश थे।

"मेरा मतलब है नाना, अपनी भूमिकाएँ आप ही कीजिए। लोग आज भी आपकी ही भामिनी, सुभद्रा, सिन्धू को चाहते हैं। लेकिन गौण भूमिकाओं के लिए क्या हर्ज है या कुछ नाटकों में आपकी भूमिकाएँ भी... ?" कृष्णा रुका। वह समझ गया, गंधर्व आहिस्ता-आहिस्ता ही समझेंगे। एकदम से पीछे पड़कर कोई लाभ नहीं।

गंधर्व भी समझने लगे थे कि धीरे-धीरे उम्र उन्हें मात दे रही है। इन लोगों की तड़प भी वे समझ रहे थे। फिर भी जिन पैसों की उन्होंने कभी परवाह नहीं की, आज उसी का गुलाम बनने के एहसास से उनका मन दुखी हुआ। कला को मैंने पैसों के लिए कभी नहीं खटवाया। पैसों के पीछे कभी नहीं दौड़ा। न कभी हिसाब रखा न कभी उसकी फिक्र की। लेकिन आधुनिक युग में यही पैसा मनुष्य को कठपुतली की तरह नचाने लगा है। कल लोग इसी पैसे के लिए स्वाँग रचाएँगे। रंगमंच पर भी और प्रत्यक्ष जीवन में भी। सिर पर कर्ज नहीं होता तो किसी की परवाह नहीं करता, लेकिन शो करने जरूरी हैं, चेहरे पर

रंग लगाना जरूरी है। मेरे स्त्री-रूप का जब बोलबाला था, तब सब मेरे इर्द-गिर्द घूमते थे। अब मेरे उस रूप में गिरावट आने लगी है, तो सबको न जाने क्या-क्या सूझ रहा है। मेरे भीतर की स्त्री ही इनकी काम्य थी। दर्शक तो दाम चुकाकर आते थे। लेकिन घरवालों को भी? मेरे अपनों को भी? उन्होंने गर्दन ऊपर उठाई। हर कोई कुछ-न-कुछ बोल रहा था। माँ, कृष्णा, लक्ष्मी...इन सभी के चेहरों में वे अपने लोग खोजने लगे। ऐसा कोई, जो उन्हें समझने का प्रयास करे। रात के शो के समय भी वे इसी उधेड़बुन में थे। कम्पनी के लोगों की भीड़ में गंधर्व खोज रहे थे सहारे का एक हाथ...लेकिन कोई नाटक की भव्यता में खोया हुआ था, किसी को आज भी उनके भीतर की द्रौपदी भा रही थी तो कोई उनकी जवारदार तानों पर झूल रहा था। इन सबके बीच गंधर्व को अपने अकेलेपन ने घेर रखा था। मैं अकेला हूँ, मेरा कोई नहीं। वस्त्रहरण का दृश्य आया। दु:शासन बने सुदामराव ने उनके दामन पर हाथ डाला। दर्शकों को भी यह दृश्य पता था। कुछ लोगों ने न जाने कितनी बार यह दृश्य देखा था। फिर भी साँसें रोककर सभी यह दृश्य देखने लगे। सुदामराव के झटके से एक-एक वस्त्र नीचे गिर रहा था। लेकिन भीतर नई साड़ी दिखाई देती। लेकिन गंधर्व अपने आप में नग्न हो जाने की तरह नीचे गिरता एक-एक वस्त्र देख रहे थे। मानो नाते-रिश्तों के, मित्रता-स्नेह के वसन ही नीचे गिर रहे थे और भीतर का अकेलापन नंगा होकर उनके सामने प्रकट हो रहा था। खुद से ही टकराती सच्चाई जैसा।

अब कोई नहीं है। मैं ही हूँ मेरे लिए। इस एहसास से उन्हें तनिक अच्छा लगा। उनके चेहरे पर कोलाहल, आक्रोश नहीं था, बल्कि एक तरह से मुक्ति का भाव था। मयसभा में जैसे सबकुछ मायावी था, वैसे ही इस मयसभा रूपी जगत् में रिश्ते-प्रेम-स्नेह सबकुछ माया है। यह बात उन्हें मन ही मन जँचती रही।

प्रेक्षागृह में साने सामने ही बैठे हुए थे। वे आठवीं बार यह नाटक देख रहे थे। लेकिन आज गंधर्व के चेहरे पर हमेशा के भाव नहीं थे। वे विवश, असहाय द्रौपदी लग ही नहीं रहे थे। उनकी तरफ देखकर साने का हृदय छलनी हो रहा था। उनकी समझ में नहीं आ रहा था कि यह क्या हो रहा है और क्यों हो रहा है। वे जान गए थे कि आज की द्रौपदी की यातनाएँ कुछ अलग हैं। उन्होंने धीरे-से पास बैठी पत्नी की तरफ देखा। लेकिन वह आँखों से पल्लू लगाए द्रौपदी की यातनाएँ देखकर रो रही थी...।

मंचन समाप्त हुआ। लोंढे सामने आए। ''नाना, कुछ बात करनी है।''

गंधर्व ने उनकी तरफ देखा, ''बोलिए भगवन्।''

''नाना, येवला के दौरे पर नहीं आ सकूँगा...कम्पनी छोड़ने का विचार...।'' लोंढे से आगे बोला ही नहीं जा रहा था। गंधर्व क्या कहेंगे, पता था। उन्होंने तय किया था कि गंधर्व जो भी कहेंगे, सुन लेंगे, पर अपने निर्णय पर अडिग रहेंगे। वे चुप हो गए।

''हूँ। जाते समय बापूराव को बताकर जाना। चलता हूँ।'' गंधर्व मुड़ गए। लोंढे की समझ में नहीं आ रहा था, क्या करें? गंधर्व की कोई प्रतिक्रिया नहीं? वे खड़े के खड़े रह गए। लेकिन गंधर्व सारे पाशों से, गुत्थियों से अलग होकर एक संन्यासी की तरह बाहर निकल गए। वे जान चुके थे कि बसेरे के लिए आया यह अकेलापन अब उनका साथ नहीं छोड़ेगा। उस अकेलेपन को साथ लिये ही वे चल दिए।

रात में जब वे घर पहुँचे तब एक बज चुका था। लक्ष्मी ने भोजन परोसा। वे भोजन के लिए बैठे और पहले ही निवाले पर लक्ष्मी ने पूछा, ''दर्शक थे शो में?'' आजकल लक्ष्मी की जबान पर काँटे उग आते हैं। उन्होंने बिना कुछ बोले भोजन गींजना शुरू किया। ''कब जाना है येवला?'' उसने पूछा।

''जाना तो पड़ेगा ही! शो लगे हैं।'' उन्होंने यूँ ही कहा। उन्हें लगता था, कम से कम लक्ष्मी को तो समझ जाना चाहिए कि यह नाटक की गाड़ी खींचना जरूरी है। कोई विकल्प नहीं है। वैसे गृहस्थी की गाड़ी भी तो जबरदस्ती ही खींच रहे हैं हम। वरना क्या लगाव बचा है दोनों के बीच? बेचारी की किस्मत में आम आदमी जैसा पति नहीं आया और जिन्दगी-भर मुझ जैसे आदमी को ढोने की नौबत आई। कितने ही वर्षों से हम दोनों पास तक नहीं आए। मुझे कम से कम नाटक का सहारा था, पर अब तो वहाँ भी दिवाला पिट गया। जैसे-तैसे चार निवाले गटककर गंधर्व उठे।

फिर बोले, ''लोंढे चले गए कम्पनी छोड़कर।''

''क्यों?'' लक्ष्मी की आँखें फैल गईं। पर उसे भी पता था कि इस 'क्यों' का कोई जवाब नहीं है।

''उनकी जगह पर कृष्णा चोणकर खड़ा होगा।'' और गंधर्व हाथ धोने चल दिए। लक्ष्मी वैसी ही बैठी रही। उसके मन में सवाल खड़ा हुआ, यह सब किधर जा रहा है? क्या होगा उस कर्ज का? कुर्की की नौबत तो नहीं आएगी? इन विचारों ने उसे बेचैन कर दिया। काफी देर तक नींद ही नहीं आई। ईश्वर को याद करती हुई वह वैसी ही लेटी रही।

गंधर्व ने तय किया कि येवला के दौरे में आमदनी की तरफ देखना ही नहीं। वैसे भी, सामने की खाली कतारों की तरफ बिना देखे काम करने की आदत सीख ली थी उन्होंने। कृष्णा ने लोंढे की कमी अच्छी तरह से पूरी कर डाली। सिनेमा कलाकार होने के बावजूद रंगमंच पर भी आवाज बुलन्द थी इस आदमी की। येवला के दर्शक कलाप्रेमी थे। अच्छी दाद मिलती थी। इस कारण चाहे भीड़ कम हो, पर कलाप्रेमी लोगों के सामने मंचन करने में मजा आता। रात में नींद भी अच्छी आती।

सुबह गंधर्व उठे। कृष्णा पहले से बाहर आया बैठा था। ''नाना, और कुछ नए लोग ढूँढ़ने पड़ेंगे।'' गंधर्व ने झट से उसकी तरफ देखा। चेहरे पर भाव थे, अब कौन जा रहा है?

''वालावलकर जा रहे हैं, हरिभाऊ देशपांडे और भांडारकर भी।'' गर्दन झुकाए कृष्णा बोला। गंधर्व हँस दिए। कृष्णा सम्भ्रम में।

''क्या हुआ नाना?'' उसने पूछा।

''भगवन्, मुझे जानेवालों पर नहीं, रुकनेवालों पर अचम्भा हो रहा है और वह भी तुम्हारे जैसे आदमी पर। सिनेमा छोड़कर इधर आ गए तुम!''

''मुझे यह सुझाया गया था नाना।''

''किसने?''

कहें या न कहें की उधेड़बुन में वह बोल गया, ''गौहरबाई ने।''

गंधर्व ने आश्चर्य से उसकी तरफ देखा। फिर कृष्णा ही बोला, "गौहरबाई सिनेमा में काम करती हैं, नाना। आपकी भक्त हैं वे, भक्त! बस आपके ही गाने गाती हैं। वे बोलीं, महाराज की कम्पनी में जाओ। रुकिए नाना..." और कृष्णा ने एक रिकार्ड निकालकर ग्रामोफोन में चाबी भरी। पद शुरू हुआ। गंधर्व कुछ देर सुनते ही रह गए। किसका है यह गाना? बिलकुल मेरी गायकी के संस्कार लेकर उतरा है। "वाह, बहुत बढ़िया!" अपने आप ही उनकी गर्दन डोली। "कशी या त्यजु पदाला...मम सुभग शुभ पदाला...कशी या त्यजु पदाला...।" कुछ देर तक गंधर्व उस गाने की तानों में नहाते रहे। उन्हें लगा, कई दिनों बाद किसी ने उनके हृदय को सहलाया है। मानो जिन्दगी ग्रीष्म बन गई हो और आहिस्ता से वर्षा की बौछार हो रही है...कलेजे को ठंडक, सुकून पहुँचा रही है। उन्होंने आँखें मूँद लीं, मानो समाधि लग गई। कृष्णा यह सब देख रहा था। रिकार्ड खत्म हुआ। उसने ग्रामोफोन बन्द किया और गंधर्व की ओर मुड़ा। देखा, गाना सुनते-सुनते नाना की आँख लग गई थी। उनकी मुद्रा पर एक सुकून नजर आया उसे। कितने दिनों बाद नाना को इस तरह सन्तुष्ट देखा था उसने। चेहरे पर न कोई बेचैनी और न कोई चिन्ता। फिर आहिस्ता से उसने उनके शरीर पर दुशाला ओढ़ायी और उन्हें हवा करता रहा। काफी देर तक...।

येवला दौरे में कृष्णा को अनुभव हुआ कि गंधर्व का मन एक ताजगी से खिल उठा है। फिर उसने एक कर्ताधर्ता पुरुष की भाँति कम्पनी के काम अपने हाथों में लिये। नए कलाकारों की नियुक्ति की। अगली कुछ योजनाएँ बनाईं। येवला पड़ाव कुछ लाभदायी साबित होने के चिह्न नजर आने लगे।

गंधर्व गौहर के गायन पर मोहित हो गए थे। पर उन्हें इस बात की खुशी ज्यादा थी कि उनकी गायकी अगली पीढ़ी के गले में भी बस गई है। एक कलाकार को उसकी कला ही अमर करती है और गंधर्व की गायकी उनके बाद ऐसे गंधर्व भक्तों के कंठ के जरिए बरकरार रहनेवाली थी।

"नाना, एक बार आपके दर्शन करना चाहती हैं गौहरबाई।"

"हमारे दर्शन?"

"जी नाना। बड़ी साध है उनकी। चार साल से कोशिश कर रही हैं।"

"चार साल?"

"जी नाना। एक बार भोजन के लिए मुम्बई आमंत्रित करने की बड़ी तमन्ना है उनकी।"

"माँ ने भी तारीफ की है उसकी आवाज की।" गंधर्व ने पल-भर सोचा और कहा, "भगवन्, हम आएँगे। कह दीजिए उनसे। फुरसत मिलते ही आएँगे।"

कृष्णा को यकीन नहीं हो रहा था। उसी दिन उसने गौहरबाई को पत्र डाल दिया। लिखा था, 'आपके भगवान प्रसन्न हुए।'

शो हो रहे थे, लेकिन आमदनी में कोई सुधार नजर नहीं आ रहा था। गंधर्व कब तक इस तरह कर्ज का भार ढोते रहेंगे? उनके मित्रों को यह सवाल खाए जा रहा था। मुम्बई में, अपने घर में वसन्तराव देसाई *गंधर्व कम्पनी* का हिसाब खोले बैठे थे। बगल में अनन्तराव

ओलकर भी थे। ''नहीं, दिवाला घोषित करने के अलावा और कोई चारा नहीं है।'' वसन्तराव देसाई ने सारे कागज देखकर साफ शब्दों में कह दिया। अनन्तराव मुम्बई में *गंधर्व कम्पनी* के अस्थायी प्रबन्धक थे। वसन्तराव की बात सुनकर वे नीचे ही बैठ गए। ''नहीं वसन्तराव, नहीं। ऐसा मत होने दीजिए। अजी, जिस गंधर्व ने अपने पुराने कर्ज बड़ी शान से चुका दिए, वे खुद को दिवालिया घोषित करेंगे? नहीं...।''

''अनन्तराव, भाई और कोई चारा ही नहीं है अब। पानी सर से ऊपर निकल चुका है।''

''मतलब, गंधर्व युग की समाप्ति स्वीकार करेंगे?''

''नहीं, बल्कि इस वक्त गंधर्व को चाहिए कि खुद को दिवालिया घोषित कर कम्पनी बन्द करें। बहुत कर ली दौड़-धूप। उनके बीमे के दस हजार रुपए आ गए हैं। उसे कब्जे में लेकर भाभीजी के खाते में डाल देंगे। अगले दस साल तक कोई चिन्ता नहीं। और गायन के कार्यक्रम कर सकेंगे न वे। पैसा किसी तरह आता रहेगा। कंठ अभी भी सुरीला है। यह दौड़धूप नहीं देखी जाती अब। देखिए, शान से निवृत्त होने में भी एक अलग मजा होता है।''

''लेकिन गंधर्व मानेंगे यह?''

''हालात ही कुछ ऐसे हैं कि पसन्द हो या न हो, पर यही एक विकल्प है। आजकल *गंधर्व कम्पनी* के पास अच्छे कलाकार भी तो नहीं हैं। कैसे चलेगी कम्पनी? हजरत येवला दौरे से लौटने पर मैं खुद उनको समझाऊँगा। कहूँगा उनसे कि आखिरी कुछ शो कर लीजिए।''

वसन्तराव ने निश्चय किया और येवला दौरा खत्म होने की प्रतीक्षा करने लगे। डेरा उठने में अभी दो सप्ताह समय था और एक दिन सुबह-सुबह मास्टर दुर्गाराम और खुद गंधर्व मुम्बई आ धमके। वसन्तराव का कलेजा मुँह को आया।

''नाना? इस वक्त? येवला में पड़ाव था न?'' उन्हें लगा, दर्शक नहीं है इसलिए समेट तो नहीं लिया दौरा?

''नहीं-नहीं वसन्तराव, इस बार गले ने दगा किया। आवाज ही चली गई। दो सप्ताह वहीं रुके सभी।'' वसन्तराव को सारा चित्र साफ-साफ नजर आया। कम्पनी का बाहरी गाँव में डेरा और मंचन नहीं, मतलब आमदनी शून्य और सारा खर्च सिर पर सवार। और खर्च भी *गंधर्व कम्पनी* का। येवला जाकर कुछ लाने की बजाय जो है उसे खर्च करके आनेवाली कम्पनी। ''बैठिए।'' वे भीतर गए और दूध लाने को कहा।

गंधर्व खामोश थे। ''डॉक्टर सातपुते के यहाँ ठहरे हैं हम। सोचा, समय है तो चलो, बीमा पालिसी का काम निपटा डालेंगे। दुर्गाराम को साथ लिया और चल पड़े।''

''अच्छा किया नाना। अब जरा शान्ति से बातें करेंगे।''

''किस बारे में भगवन्?'' गंधर्व ने पूछा।

''कम्पनी की आर्थिक स्थिति के बारे में।'' दूध आया। गंधर्व ने प्याला ओठों से लगाया और वसन्तराव ने सीने पर पत्थर रखकर अपनी अगली योजना बताई, ''नाना, दिवाला घोषित करने से आपके नाम पर कोई बट्टा नहीं लगेगा। शंकर भगवान को भी हलाहल पचाना पड़ा था। वैसे ही इसे हलाहल समझकर पी जाइए। एक सुकून-भरी जिन्दगी गुजारिए। शागिर्द बनाइए। गायन कीजिए। अब यह दौड़धूप रोक दीजिए।''

गंधर्व ने दूध खत्म कर प्याला नीचे रखा और खिड़की से बाहर देखने लगे। मुम्बई अब सुबह से ही दौड़ने लगी थी। ट्राम की आवाजें, कहीं-कहीं मिलों के भोंपू सुनाई दे रहे थे। गंधर्व को लगा, देखते-देखते सब कुछ बदल गया। आसपास का कोलाहल उन्हें सुनाई देने लगा। उन्हें लगा, मानो एक पल में काफी फासला, काफी समय गुजर गया है। दिवाला घोषित करना कल तक आत्मा पर लगा कलंक माना जाता था और आज लोग सीधे-सीधे दिवाला घोषित करने की सलाह दे रहे हैं? और मेरे साथी...उनकी न किसी को याद न चिन्ता। दुनिया कितनी खुदगर्ज हो गई है? वे समझ नहीं पा रहे थे कि ठीक-ठीक कहाँ आ पहुँचे हैं? उन्हें सब पराया, अनजान लगने लगा।

"फिर कैसे करेंगे नाना?"

"तीन तारीख को आ रहा हूँ पिंपलगाँव से। तब आराम से बात करेंगे।"

वसन्तराव को अच्छा लगा। चलो, कम से कम बात को सिरे से नकार तो नहीं दिया। अब धीरे-धीरे उनका मन मोड़ना मुश्किल नहीं होगा। गंधर्व उठे, बाहर निकले। वसन्तराव ने खिड़की से देखा, दुर्गाराम की मदद से वे सड़क पार कर रहे थे। वसन्तराव की नजरों के सामने बीच के वर्ष चलचित्र की भाँति गुजर गए। उन्हें याद हो आई गंधर्व से उनकी पहली मुलाकात। बापूराव द्वारा कराई गई पहचान—आप हैं वसन्तराव। श्रीमान नाटक लिखते हैं। गंधर्व के लिए नाटक लिखा, संवाद लिखे। लेकिन नियति ने आज गंधर्व को दिवाला घोषित करना तय किया था और उस दिवाले का मसौदा लिखने की जिम्मेदारी सौंपी थी मुझ पर। विधिलिखित ही कहना पड़ेगा, और क्या? लोगों की, गाड़ियों की आवाजाही के बीच गंधर्व ओझल हुए। बचा रहा बस कोलाहल। वसन्तराव के हृदय में। वे बड़े दुख से खिड़की से अलग हुए।

गंधर्व डॉक्टर सातपुते के यहाँ पहुँचे। तब तक दोपहर ढल चुकी थी। "रात में भोजन के लिए क्या बनाऊँ?" सातपुते की पत्नी ने पूछा। दरअसल, उसे पूरनपोली ही बनानी थी। पिछली बार कितने चाव से खाई थी नाना ने। ऊपर से बोले भी थे कि जबान पर रखा नहीं कि घुल जाती है जी पोली। चाव से खाते थे गंधर्व। लेकिन फिर भी पूछ लेना अच्छा। इन कलाकारों का मूड भी बड़ा सनकी होता है।

"आज का भोजन बाहर ही है।"

"कहाँ?" उसने आश्चर्य से पूछा। नाना बाहर भोजन करें, उसे जँचनेवाली बात नहीं थी।

"एक निमंत्रण है।" और गंधर्व ने बात पूरी की। फिर उसने भी आगे नहीं पूछा। लेकिन गंधर्व जान गए कि वह नाराज होकर भीतर चली गई है।

"किसके यहाँ है निमंत्रण?" डॉक्टर से यूँ ही पूछा।

"दादर में...गौहरबाई के घर।"

"गौहरबाई... ?' डॉक्टर पल-भर रुके।

सिनेमा नटी गौहर की सुनी-सुनाई बातें उनके कानों तक आ चुकी थीं। लेकिन एक मुसलमान और वह भी गानेवाली औरत के घर गंधर्व भोजन के लिए जाएँ, उन्हें ठीक नहीं लगा। फिर गंधर्व ने कहा, "कृष्णा को इसी गौहरबाई ने कम्पनी में भेजा है। वे सिनेमा

में काम करती हैं, गाती भी हैं। अच्छा रियाज है उनका। यह कृष्णा उन्हीं के साथ सिनेमा में काम करता था। सिनेमा छोड़कर वह कम्पनी में आया हमारे। लोंढे, हरिभाऊ, जब कोई नहीं बचा था, तब वह आया। अब कृष्णा की ही इच्छा है कि मैं उनसे मिलूँ। मुम्बई जा रहा हूँ सुनते ही वह पीछे पड़ गया। मुझे भी लगा, बेचारी से मिलना चाहिए, आशीर्वाद देने चाहिए। आप चलेंगे?''

एक गानेवाली के घर जाने का विचार भी सातपुते को घिनौना लगा। वे तुरन्त बोले, ''नही नहीं, मुझे शाम को क्लिनिक देखना है न! आप हो आइए।''

शाम को गंधर्व घर से निकले। अनन्तराव ओलकर गाड़ी लेकर आए थे। मास्टर दुर्गाराम और गंधर्व उन्हीं की प्रतीक्षा में थे। गाड़ी इमारत के मुख्य फाटक से भीतर आई। शाम का समय। लोग काम से घर लौट रहे थे। इमारतों की अटारियों में स्त्रियाँ अपने-अपने घरवाले की प्रतीक्षा करती खड़ी थीं। गाड़ी की तरफ उन्होंने कौतूहल से देखा। कुछ स्त्रियों को पता था कि गाड़ी में बैठा आदमी बहुत बड़ा कलाकार है। उनके चेहरों पर उत्सुकता थी। लेकिन गंधर्व को इन नजरों का एहसास भी नहीं था। वे गाड़ी में पिछली सीट पर बैठे। दुर्गाराम ने पिछला दरवाजा ठीक से बन्द किया और अगली सीट पर आ बैठा। अगला दरवाजा बन्द करते समय दरवाजे की 'खाड्' से कर्कश आवाज हुई। दुर्गाराम के जहन में यूँ ही विचार आया, तीन तिगाड़ा और काम बिगाड़ा! लेकिन इस विचार को पीछे धकेलते हुए वे ओलकर से बोले, ''परेल।''

गाड़ी परेल की दिशा में दौड़ने लगी।

क्यों जा रहा हूँ मैं उसके पास? गंधर्व की कुछ समझ में नहीं आ रहा था। कृष्णा को उसने मेरी कम्पनी में भेजा, केवल इसलिए? या मेरी गायकी को आगे बढ़ानेवाली यह गौहर कैसी है, यह देखने के लिए? गंधर्व ने नजरें बाहर दौड़ाईं। फिर भी उनकी आँखें उन्हें भीतर तक जाँचती रहीं। उनकी तलाशी लेती रहीं। क्या वाकई मैं इसीलिए जा रहा हूँ? फिर खुद से ही नजरें चुराकर उन्होंने कुछ देर खुद को धोखे में रखा और बाद में खुद ही कबूला। चाहिए, अब स्त्री भूमिकाओं के लिए कम्पनी को एक नटी चाहिए। उनका जी न जाने कैसा हुआ। नहीं नहीं, कुलीन स्त्रियों को मत भेजिए नाटक में, ऐसा अनुरोध करनेवाला मैं आज एक स्त्री के घर नाटक में उसके आने की सम्भावना तलाशने के लिए जा रहा हूँ? 'पुरुष नट हमेशा शिकार की खोज में होते हैं और कुलीन स्त्रियाँ आसानी से उनका शिकार बनती हैं। इतना होने पर भी यह चक्र थमता नहीं। बल्कि बाद में इन स्त्रियों को अपने शिकार बनने की इतनी आदत हो जाती है कि उन्हें इसमें कुछ भी गलत नहीं लगता। उनका जमीर ही मर जाता है, उनका पतन हो जाता है। इसलिए स्त्रियों को इससे दूर रखिए...।'

अपने ही भाषण के शब्द याद आने लगे उन्हें। गाड़ी तेजी से आगे दौड़ रही थी। लेकिन गंधर्व के विचार उससे भी तेज दौड़ रहे थे। इन विचारों ने, उन्हीं के शब्दों ने उनके मन में ऐसा कोलाहल मचाया कि बाहर की गाड़ियों की आवाजें, भोंपू, फेरीवालों की चीखें कुछ भी उन्हें सुनाई नहीं दे रहा था। भीतरी आवाज के शोरगुल में बाहर से कुछ भी उन तक नहीं पहुँच रहा था। वे सुन्न हो गए थे।

गाड़ी एक इमारत के सामने आकर रुकी। "नाना, उतरेंगे ?" दुर्गाराम ने कहा और वह नीचे उतरा। ओलकर गंधर्व के नीचे उतरने की प्रतीक्षा करने लगे। गंधर्व होश में आए। पल-भर के लिए उन्हें लगा, रहने दो वह नाटक...नहीं चाहिए वह दौड़धूप। वसन्तराव जो कह रहे हैं, वही करेंगे। बहुत हुआ।

लेकिन वे नीचे उतर गए। ऐसे उतरे मानो नियति ने ही उन्हें धकेला हो। ओलकर ने गाड़ी ले जाकर एक दीवार के पास लगा दी।

गंधर्व को देखते ही ऊपरी मंजिल से एक लड़केनुमा युवक नीचे उतरा। पास आया। 'इधरकू आना।' उसने अदब से राह दिखाई। दुर्गाराम आगे हुआ। ओलकर के साथ गंधर्व इमारत की सीढ़ियों के पास आए।

इमारत पर इस्लामिक ढंग की कारीगरी थी। कुछ जगहों पर अरबी में कुछ लिखा हुआ था। शायद कुरआन की आयतें हों। ताजमहल की तस्वीरें भी नजर आईं। सीढ़ियाँ चढ़ते समय इर्द-गिर्द के घरों से आ रही आवाजें, गन्ध और दीवारों का वह हल्का हरा रंग...मुस्लिम माहौल की निशानदेही कर रहे थे...।

और वह लड़का एक दरवाजे के पास रुका। गंधर्व के दरवाजे के पास आते ही वह आज्ञाकारी की तरह वहाँ से पीछे हटता हुआ नीचे चला गया।

गंधर्व दरवाजे के पास खड़े हुए और तुरन्त दरवाजा खुला। भीतर एक दाढ़ीधारी बूढ़ा खड़ा था। उसकी असल सफेद दाढ़ी मेहंदी से रँगी लग रही थी। सिर पर जाली की नक्काशीवाली सफेद टोपी। उम्र में वह गंधर्व से काफी ज्यादा लग रहा था, फिर भी उसने झुककर गंधर्व को आदाब किया और भीतर आने की मिन्नत की। पल-भर के लिए गंधर्व को तकल्लुफ हुआ। लेकिन एक बार दुर्गाराम की तरफ देखते हुए उन्होंने चप्पल उतारी और भीतर गए। भीतर आते ही उन्होंने देखा, जमीन पर एक अफगानी गलीचा बिछा हुआ है और उस पर गुलाब की पंखुड़ियाँ...।

पूरा घर अगरबत्ती की खुशबू से महक रहा था। जगह-जगह गुलदस्ते रखे हुए। बैठक बिछी हुई और उस पर सुन्दर बुनी हुई चादर। दीवारों पर तस्वीरें। उनमें मीरा और श्रीकृष्ण के कुछ तैलचित्र, और एक दीवार पर रुक्मिणी के रूप में साक्षात् गंधर्व।

एक दीवार पर फ्रेम जिसमें उर्दू में कुछ इबारत लिखी हुई...एक कोने में नजाकत से सजाए रखे साज। तानपूरा, तबला...सारा माहौल अभिमंत्रित-सा। दुर्गाराम ने अनुमान लगाया, गौहरबाई काफी पैसे पाले हुए है। लेकिन यह सारा माहौल देखकर गंधर्व की बाँछें खिल गईं। सुन्दरता से प्यार करनेवाले लोग उन्हें हमेशा पसन्द आते। वे सभी तरफ नजरें घुमा रहे थे कि तभी आवाज आई, "आइए...पधारिए...।"

गंधर्व ने देखा, गौहरबाई अपने हाथ सीने के पास जोड़े काँपती हुई खड़ी थी। किसी बिदकती हिरनी जैसी...फिर वह सामने आई और अपनी अंजुरी के फूल गंधर्व के पैरों पर अर्पण कर उनके पैरों पर अपना माथा रख दिया। गंधर्व और ज्यादा तकल्लुफ में पड़ गए। "यह क्या कर रही हैं आप..." कहते हुए अनजाने में वे झुके और कन्धे से पकड़कर उसे उठाया। उसके जोड़े हुए हाथ अपने हाथों में लिये। उन्होंने देखा, उसकी काली-काली आँखों से आँसुओं की अविरल धारा बह रही थी और आँसू उसके गालों पर ढुलक रहे

थे। वे उसकी तरफ देखते ही रह गए। गौहर अभी भी सँभली नहीं थी। उसे यकीन नहीं हो रहा था कि उसके गंधर्व उसी के घर में उसके सामने खड़े हैं। उसके मुँह से एक अस्फुट-सा शब्द फूट पड़ा, ''परवरदिगार...।''

आखिरकार, गंधर्व ने ही उसे सँभाला। दुर्गाराम और अनन्तराव की ओर देखते हुए बोले, ''भगवन्, बैठ जाइए।'' गंधर्व बैठक के पास गए। जाते समय उन्होंने देखा कि दरवाजे से लेकर बैठक तक का सारा रास्ता गुलाब की पंखुड़ियों से सजाया गया है। पूरी सावधानी बरती गई है कि गंधर्व के कदम जमीन पर न पड़ें। वे उन पंखुड़ियों पर आराम से चलते हुए बैठक के पास आए और बैठ गए। दुर्गाराम, अनन्तराव भी बैठे। एक सेवक तश्तरी में पानी के प्याले ले आया। उसमें खस की गन्ध महसूस हो रही थी। अनन्तराव ने प्याला उठाया, फिर दुर्गाराम ने और बाद में गंधर्व ने। गंधर्व ने उस शीतल और खुशबूदार पानी का एक घूँट भरा और उन्हें एकदम से ताजगी महसूस हुई। पर अनन्तराव और दुर्गाराम ने मन ही मन यह सोचकर दो घूँट पी लिये कि वे एक मुसलमान स्त्री के हाथ का पानी पी रहे हैं।

अब गौहर पास आई। गंधर्व के पास की चटाई पर बैठते हुए उसने पंखा हाथ में लिया और उन्हें पंखा झलने लगी, ''आपके कदम मेरे घर में पड़े, खुदा की मेहरबानी जी।'' उसका कर्नाटकी लहजा गंधर्व को मजेदार लगा।

''कृष्णा ने बताया कि आपकी तमन्ना है...बहुत अच्छा लड़का है कृष्णा। वह कम्पनी में काफी अनुशासन ले आया है...।'' गंधर्व बोलने लगे। उन्हें अब जरा खुलापन लगने लगा था। इस आवभगत से वे और खिल उठे थे।

''उनकी किस्मत बुलन्द इसलिए काम मिला जी उन्हें आपकी कम्पनी में।'' तभी शरबत के प्याले आए। गौहर ने तुरन्त एक प्याला गंधर्व की ओर बढ़ाया। लेकिन उसने प्याले को एक ही हाथ से नहीं बढ़ाया, बल्कि दाहिने हाथ को बाएँ हाथ की चार उँगलियों से छूकर उनके हाथ में दिया। एक हाथ से अन्न देना गुस्ताखी समझी जाती है। गंधर्व ने यह संस्कार मन ही मन नोट कर लिया और उसके प्रति उन्हें एकदम अपनापन लगने लगा। शरबत के घूँट भरते हुए वे बोले, ''अच्छा गाती हैं आप।'' गंधर्व का यह वाक्य सुनते ही गौहर की देह में एक मीठी झुरझुरी-सी उठी।

स्वयं गंधर्व उससे यह कह रहे थे...उसे कृतार्थ लग रहा था।

''आपको सुनकर ही सीख रही हूँ जी...।'' कहते हुए उसने अपने कान की लौ छू ली।

''अनन्तराव, इनका रिकार्ड सुना आपने?'' अनन्तराव ने शर्मिंदा होकर इन्कार किया। तभी अचानक गंधर्व बोले, ''सुनेंगे आज?'' अब गौहर की धड़कनें तेज हो गईं। गंधर्व के सामने गाएँ? वह असहज-सी हो उठी। ''गाइए न। उठाइए वह तानपूरा। बढ़िया गाती हैं आप।'' और गंधर्व ने वाद्यों की तरफ इशारा किया और थोड़ी देर पहले का वह दाढ़ीधारी आगे बढ़ा। उसने तबला-ठेका बाहर निकाला। गौहर की नजरों में अभी भी संशय था। लेकिन दुर्गाराम को लगा कि वादक पहले से ही तैयार था। गंधर्व को गाकर सुनाने का इरादा था ही उसका। लेकिन उसने चेहरे से कुछ नहीं जताया।

गौहर गंधर्व के सामने बैठ गई। उस दाढ़ीवाले के साथ बैठे दूसरे आदमी ने तानपूरा उठाया। गौहर ने गंधर्व को प्रणाम किया और हारमोनियम पास खींचा। फिर हाथ सीने के पास ले जाकर आँखें मूँदीं। शायद किसी ईश्वर का स्मरण किया और आलाप लिया, प्रभुजी...।

गौहर गाने लगी। उसकी आँखें बन्द थीं। गंधर्व ने जाना, उसके हाथ सख्त हैं, आँखों में चमक है और होंठ मोटे हैं। उसने पहला ही सुर पूरी तैयारी से लगाया था। गंधर्व समझ गए, इसकी गाने की तैयारी बहुत उम्दा है। नींव मजबूत है। केशवराव जैसी आक्रामकता दिखती है गाने में। केशवराव से उसकी तुलना नहीं हो सकती, पर आजकल इस तरह गानेवाले भी नहीं मिलते। गौहर ने *कान्होपात्रा* नाटक का पद शुरू किया था। बिलकुल तल्लीन होकर गाने लगी। सचमुच इतनी तल्लीन हो गई गाने में? सचमुच कान्होपात्रा की विकलता है गाने में या *कान्होपात्रा* नाटक का पद गा रही है, इसलिए अभिनय कर रही है कान्होपात्रा का? अगर यह अभिनय है तो इसे एक अच्छी नटी मानना होगा। ऐसी नटी की ही तो तलाश है हमें। लेकिन यह कम्पनी में आने को राजी हो भी गई, तो भी क्या इसका वेतन दे पाएँगे हम? वे गाना सुनने लगे। सुनते-सुनते उनकी भी तन्द्रा लग गई। लेकिन दुर्गाराम इस गाने से अलिप्त थे। उन्हें इस औरत का बर्ताव ही खटक रहा था। क्या सम्बन्ध इसका हमसे? किसलिए बेकार में चिपक रही है? उन्होंने देखा, गंधर्व खुलकर गाने का आस्वाद ले रहे थे। मानो यह कान्होपात्रा इसी श्रीकृष्ण के लिए गा रही हो। बीच-बीच में किसी जगह पर 'वाह भगवन्, बहुत अच्छे' कहकर दाद भी दे रहे थे। गाते-गाते गौहर ने एक तान ली। लेकिन तभी वह जान गई कि कुछ गलत हो रहा है। उसने दुबारा वही तान ली। लेकिन इस बार उसका दम ही निकल गया। फिर वही तान लेने के लिए पल-भर रुकी, लेकिन इससे पहले कि वह तान लेती, वही तान उसे सुनाई दी। उसने आँखें खोलीं। सुनते-सुनते गंधर्व ने ही वह तान ली थी। "हाँ...अब गाइए।" उन्होंने उसे हाथ से इशारा किया। गौहर ने उनकी नकल करते हुए वही तान ली और गंधर्व ने दाद दी। "वाह, शाबाश।" गौहर ने आत्मविश्वास से वह जगह दुबारा गायी। हूबहू। उसने बहुत तेजी से वह जगह आत्मसात की थी, जिसे देखकर गंधर्व खुश हुए। फिर गंधर्व पद भी गाने लगे और उनके पीछे गौहर। गंधर्व उसे पद की लाजवाब, धराऊ जगहें देने लगे और तेज धूप से जलती जमीन जिस तरह वर्षा की पहली फुहारों से लालायित होकर उन्हें अपने भीतर रिसाती जाती है, वैसे ही गौहर गंधर्व की वे जगहें आत्मसात करने लगी। यह लेन-देन काफी देर तक चलता रहा। वह गंधर्वसुरों में नहाती रही। सुरों ने मानो उसके सर्वांग को स्पर्श किया था। अब दोनों आसपास के संसार को भी भूल गए। मैथुन-मग्न भुजंग का जोड़ा जिस तरह परस्पर लिपटकर एक-दूसरे को भोगता है, उसी तरह दोनों के सुरों ने उन्हें परस्पर लपेट लिया। दोनों एक हो गए थे। उसके आक्रामक सुरों में मिल गए थे गंधर्व के प्यार भरे सुर...।

काफी दिनों बाद गंधर्व अभिव्यक्त हो रहे थे और गौहर समर्पित...।

सुरों की इस महफिल में रंग भरता ही गया और आखिरकार वह थम गई। गंधर्व तृप्त हो चुके थे और गौहर पसीना-पसीना। थक चुकी थी। गंधर्व शैली की आकारान्त तानों

के तारामंडल की सैर ने उसे थका दिया था। उसने हाथ जोड़े। उसे अपने विट्ठलजी मिल गए थे, जो उसी के सामने बैठकर कह रहे थे, "वाह, गौहरबाई वाह। कमाल कर दिया आपने।" वह उठी, गंधर्व के पैर पकड़े और बोली, "अब अल्लाह मुझे उठा भी ले, तो भी कोई परवाह नहीं। जिन्दगी-भर की मुराद पूरी हो गई।"

गंधर्व ने देखा, उसके मन की सादगी उसकी आँखों में उतर चुकी थी। वह दिल से कह रही थी।

इस भावदशा में कुछ पल बीते। दुर्गाराम, अनन्तराव दोनों असहज थे। तभी भीतर से आवाज आई, "खाना तैयार है। लगा दूँ?"

गौहर उठी। अब उसने खानदानी स्त्री की भाँति आँचल सँभाला और भीतर गई। झट से चटाइयाँ बिछ गईं। उन पर मसनद-गावतकिए...। थालियाँ सज गईं। हाथ धोने के लिए चाँदी के छोटे गंगाल जैसे पात्र सामने आए। उसमें हाथ धोए गए। भोजन परोसने के लिए आदमी सामने आए। गंधर्व ने थाली देखी, लबालब भरी हुई...कितने ही व्यंजन। अलग-अलग स्वाद के, नए ढंग के। मानो *गंधर्व कम्पनी* की थाली...लबालब। गंधर्व कहते, थाली देखकर खानेवाले का मन पहले तृप्त होना चाहिए और बाद में पेट। ठीक वैसा ही था यह। गौहर पास बैठकर पंखा झलने लगी। गंधर्व ने थाली को हाथ जोड़े और दुर्गाराम और अनन्तराव को इशारा किया। अनन्तराव तो जिन्दगी में पहली बार किसी मुसलमान घर में भोजन कर रहे थे। इस कारण पहला कौर उठाते समय जरा तनाव में दिखे। लेकिन पहले ही कौर के स्वाद ने उनकी भूख को बेकाबू बना दिया और वे खाने पर टूट पड़े। दुर्गाराम ने पहला कौर उठाया और मन ही मन बोले, हूँ, पाककला में भी कुशल हैं ये लोग। लेकिन चेहरे पर कौतुक का कोई भाव न दिखाते हुए खाने लगे।

लेकिन गंधर्व के मन में अभी भी वे सुर गूँज रहे थे और वे इस स्वादिष्ट भोजन का मनचाहा आस्वाद भी ले रहे थे। भोजन करते समय उन्होंने गौहर को समझाया—साँस कैसे लेते हैं, उसका इस्तेमाल कैसे करते हैं और शब्द कैसे फेंकते हैं। भोजन करते-करते दो बार उन्होंने तानें भरकर भी दिखाईं। उसकी आवाज की पर्त और उसकी सीमाओं के बारे में भी काफी कुछ बताया। उस कमरे में बाकी लोगों की उपस्थिति ही मानो दोनों ने शून्य कर डाली थी।

भोजन सम्पन्न हुआ। दुबारा हाथ धोए गए। गंधर्व उठे, जेब से रुमाल निकाला कि तभी गौहर तत्परता से सामने आयी। "यह लो जी" कहते हुए उसने बुने हुए रुमाल जैसा कपड़ा आगे बढ़ाया और गंधर्व का रुमाल अपने हाथ में लिया। गंधर्व ने वह रुमाल लिया और हाथ-मुँह पोंछा। पोंछते समय उन्हें लगा, उस पर कोई तेज इत्र छिड़का हुआ है। उन्होंने उसे सूँघा और पल-भर में वह गन्ध मानो उनके अन्तर्मन तक जा पहुँची। यह इतनी तेज गन्ध का इत्र उनका परिचित नहीं था। उन्होंने वह कपड़ा लौटा दिया। लेकिन इत्र की गन्ध उनकी नाक में महकती रही।

गौहर ने पान की गिलौरी सामने की। बोली, "एक बिनती है जी...।"

गंधर्व ने बड़े अपनेपन से उसकी तरफ देखा। "मुझे अपनी नाटक कम्पनी में रख लेंगे जी?"

गंधर्व हँस दिए। कोई ऐसा भी सोच सकता है? इस डूबते जहाज में आने के लिए मचल रही इस लड़की को पागल कहें या दीवानी? वे देखते ही रह गए। फिर दुर्गाराम ही बोला, "सोचेंगे, बाद में बताएँगे।" और सब दरवाजे की तरफ मुड़ गए।

"चलिए, फिर मिलते हैं।" गंधर्व ने हाथ जोड़े। गौहर फिर पैरों में झुक गई। गंधर्व ने उस दाढ़ीधारी और अन्य लोगों को भी प्रणाम किया और दरवाजे से बाहर आ गए।

सीढ़ियाँ उतरते समय भी उन्हें जरा आश्चर्य हो रहा था। वे गाड़ी के पास आए। दुर्गाराम ने दरवाजा खोला। वे बैठे। दुर्गाराम दरवाजा बन्द कर ही रहा था कि वह लड़केनुमा युवक दौड़ता हुआ आया और अदब से झुककर बोला, "आपको बुलाया है ऊपर...गौहर आपा ने।"

सभी सम्भ्रम में। दुर्गाराम ने पूछा, "क्या काम है? किसलिए?" लेकिन उसे हाथ से रोकते हुए गंधर्व नीचे उतरे। "भगवन्, अभी आता हूँ।" वे सीढ़ियों की तरफ निकले और चले भी गए। दोनों को आश्चर्य हुआ। अब क्या काम है इसका? दोनों ने एक-दूसरे की तरफ देखा और चुपचाप प्रतीक्षा करने लगे।

आसपास की इमारतों से कुछ चेहरे उत्सुकता से गाड़ी को ताक रहे थे। लोगों की आवाजाही जारी थी। उनकी आवाजें दोनों को यूँ ही परेशान करने लगीं।

दस मिनट हुए, लेकिन गंधर्व का पता नहीं। "जो कुछ कहना था, यहाँ नीचे आकर नहीं कह सकती थी?" अनन्तराव बुदबुदाए, "ईश्वर जाने, क्या हो रहा है ऊपर।"

"गाने तो नहीं बैठ गए दुबारा दोनों?"

"हे भगवान, फिर तो यहीं सुबह होगी।" पन्द्रह मिनट हुए, पर कोई हरकत नजर नहीं आ रही थी। दोनों जीने की तरफ नजरें लगाए हुए थे। बीस मिनट हुए। अब दुर्गाराम से रहा नहीं गया। "अजी, अगर वे फिर गाने बैठ गए तो उठाकर ही लाना पड़ेगा।" और वह जीने की तरफ चल दिया। लेकिन तभी उसे गंधर्व आते हुए दिखे। गंधर्व गाड़ी के पास आए। दुर्गाराम ने दरवाजा खोला, पर उसकी तरफ बिना देखे वे अन्दर बैठ गए। फिर ये दोनों भी बैठे। अनन्तराव ने देखा, गंधर्व ने आँखें मूँद ली हैं। कोई कुछ नहीं बोला। गाड़ी बाहर निकली और गौहर अटारी में खड़ी उस ओझल होती गाड़ी की तरफ देखती रही। अपलक नेत्रों से। उसके ओठों पर एक मुस्कान थी।

"ठीक-ठीक क्या हुआ था उन बीस मिनटों में?" अक्षय ने पूछा। सर ने गर्दन हिलाई, "कोई नहीं जानता या केवल गंधर्व और गौहर दोनों ही जानते हैं। लेकिन सभी ने गौर किया कि उन बीस मिनटों के बाद गंधर्व गौहर के प्रति कुछ अधिक भावुक हो उठे हैं।

चिन्मय बोला, "फिर, इसके बारे में कौन बता सकेगा?"

"कोई नहीं। पर एक बात है। उस बीस मिनट की मुलाकात के बाद गंधर्व बदल गए। उन्हें लगने लगा कि गौहर को कम्पनी में लेना चाहिए।

तभी चाय आई। सर रुके। चाय की चुस्कियाँ लेते समय भी सभी के मन में कौतूहल था कि उन बीस मिनटों में क्या हुआ होगा? कोई कुछ भी नहीं बोल रहा था। फिर चाय खत्म कर सर ही दुबारा बोलने लगे, "अच्छा, मैं थिएटर के मालिक से मिला हूँ। उन्होंने थिएटर का किराया कम यानी आधा ही लेना मंजूर किया है। दूसरी बात, एक और गंधर्वप्रेमी

मिले हैं कोल्हापुर के। गुड़ के व्यापारी। सुना है, उनके घर गंधर्व पधार चुके हैं। सारा जलपान वे अपनी तरफ से देंगे। मतलब चिन्मय, हमारे काफी पैसे बच गए। अब कोई चिन्ता नहीं। अब बस विज्ञापन की दरों में जरा-सा कन्सेशन मिल जाए, फिर और आसान हो जाएगा। आज मैं सारे अखबारों के सम्पादकों के नाम पत्र बना रहा हूँ। कल पहुँचा दूँगा। अच्छा, मेरे लिए गणेश कौन बनेगा?''

''गणेश?'' पोनी ने सनत की ओर देखा।

सर हँस दिए, ''मतलब, मैं जो बताऊँगा उसे अच्छी लिखावट में लिखना और उसकी कापियाँ बनाना। कल अखबारों में देने के लिए।'' दो खर्च कम हो जाने की वजह से सर तनिक खुश लगे।

''सर, मेरी लिखावट अच्छी है, पर मराठी वर्तनी की परेशानी है।

''भाई, आजकल यह सभी की परेशानी है।''

लेकिन निशा आगे आई, ''मैं लिखूँगी सर। मेरी लिखावट अच्छी है।''

''चलिए।'' सर आगे बढ़े। उनके पीछे-पीछे पोनी और निशा भी गए।

''महेशदा, मुझे दो-एक टिकटों के लिए जरा जाना है। मैं हो आता हूँ।'' सनत ने शबनम बैग उठाया और वह भी चल दिया। महेश ने बस गर्दन हिलाई। परन्तु चिन्मय ने पहचाना कि उसके मन में कुछ कोलाहल मचा हुआ है, ''जाने दो यार। इन लोगों का ऐसा ही होता है।'' उसने महेश की पीठ पर धौल जमाई।

''अरे, ये भी कोई बात है? जलपान के पैसे बचाने के लिए कम से कम चार बार मिले होंगे उस व्यापारी से। लेकिन चैनलवालों ने दस मिनट वेट करने को कहा तो इनका इगो हर्ट। उस जमाने की कम्पनियाँ भी तो किसी न किसी के नाम से माँग भरती होंगी? गंधर्व कम्पनी भी 'महाराजा सयाजीराव गायकवाड़ के आश्रय में' ऐसी तख्ती लगाकर मंचन नहीं करती थी? ये लोग क्यों भूल जाते हैं कि अब आश्रयदाता बदल गए हैं! राजा-महाराजा चले गए, अब कार्पोरेट कम्पनियाँ आई हैं। अब उनकी मदद से ही कलाएँ आगे बढ़ती हैं।''

''वाकई, लेकिन कला को हमेशा किसी न किसी की छाँव में खड़े रहना ही पड़ता है, क्यों?''

''और क्या! और अगर स्पान्सर कहते हैं कि लगाइए हमारा लोगो, तो इसमें बिगड़ने की क्या बात है?''

''महिया, हम कुछ नहीं कर सकते।''

''क्यों नहीं? जी हाँ। है यह भी एक इवेंट। तो फिर इसे एक इवेंट की तरह क्यों नहीं शानदार बनाएँ? गाने में, उसकी गुणवत्ता में नहीं करेंगे समझौता! लेकिन इस तरह भिखारी की तरह क्यों रहें? अरे, जलपान के लिए गुड़ का कोई फालतू व्यापारी पकड़ लाए! मैं लाता हूँ न इससे अच्छा कोई कोल्ड ड्रिंक या चिप्सवाला स्पान्सर! कोई गुटखावाला भी पैसा दे, तो भी क्या हर्ज है? लेकिन उनके पास जाने पर वे लोग पूछेंगे, हू इज दिस बालगंधर्व? या इज ही स्टिल दैट मच नोन टू मराठी कम्यूनिटी? और ये बिगड़ेंगे। अब सभी लोग कैसे यह सब इनकी तरह भक्तिभाव से करेंगे?

''महिया, हम एक काम करते हैं। पहले हम दो-एक स्पान्सर से बात करेंगे और बाद में सर के सामने सीधा प्रस्ताव रख देंगे।''

महेश भी सोच में पड़ गया। उसे भी यह विचार अच्छा लगा। दरअसल, सर का इस तरह दौड़धूप करना, किसी पैसेवाले व्यापारी के यहाँ जाकर बैठना, उन्हें गंधर्व की अहमियत समझाना उसे पसन्द नहीं था। सर बहुत ही सीधे-सादे और सरल हैं। वे इस तरह किसी के आगे एक याचक की तरह खड़े हो जाएँ, उसे पसन्द नहीं था। ''येस, जाएँगे। गुटखावाले के पास नहीं जाएँगे, पर जाएँगे जरूर। इस बार कहूँगा सर से कि आपको मानना ही पड़ेगा। आज ही बात करूँगा।''

''अभी तुरन्त बात करो।''

''ओके।'' चिन्मय ने अपने मित्र सत्यशील को फोन मिलाया। सत्तिया इस बारे में काफी कुछ जानता था। उसकी जान-पहचान थी। फोन उठाया गया और चिन्मय बात करने लगा, ''हाय, सत्तिया...समथिंग अर्जंट यार...।''

सनत वासन्तीबाई के यहाँ बैठा था। उनका घर उसे बहुत भाता था। कितनी ही पुरानी तस्वीरें लगाई थीं उन्होंने। वासन्तीबाई की पढ़ाई हिंगणे में कर्वेजी की पाठशाला में हुई थी। फिर वे वहीं अध्यापिका बन गईं। बाद में कॉलेज में भी पढ़ाने लगीं। लगभग अस्सी की उम्र की वासन्तीबाई अभी भी बिलकुल चुस्त थीं। गोरा रंग, चश्मा और भूरी आँखें। घर का यही हिस्सा उनके पास था। बाकी सब लड़के-पोतों के पास। परिवार संयुक्त होकर भी विभक्त। उनका कमरा मतलब पत्र-पत्रिकाएँ, किताबें और अब सीडी। कोने में एक टूटा-पुराना ग्रामोफोन। सुना है, उस पर वे गंधर्व के रिकार्ड सुना करती थीं। उन्होंने नारियल की बड़ियों की डिश सनत के सामने रखी।

''मुई डायन थी वह, डायन। पिताजी ने कहा था मुझसे। काला जादू किया था उसने गंधर्व पर!'' वे दहाड़ उठीं। वासन्तीबाई के चेहरे पर गुस्सा नजर आने लगा। आवाज में भी क्रोध था, ''नारायणराव बेचारे सीधे-सादे। उसने ऊपर बुलाया, चले गए। अकेले ही चले गए जी। फिर क्या था, उसके साथी तैयार ही थे। जैसे ही नारायणराव ऊपर आए, उसने दरवाजा बन्द कर लिया।''

दरवाजा बन्द हुआ देखकर गंधर्व दुविधा में पड़ गए। क्या काम हो सकता है बेचारी का? शायद कुछ कहना होगा। तकल्लुफ किया होगा उन दोनों के सामने। उन्होंने देखा, वह दाढ़ीवाला अब उनकी तरफ आ रहा है। ''भगवन्, कुछ कहना चाहती हैं गौहरबाई?'' उन्होंने अपनी मधुर आवाज में पूछा। लेकिन दाढ़ीवाले ने कोई जवाब नहीं दिया। उसने बस उनसे नजरें मिलाईं और कुछ बुदबुदाने लगा। अब गंधर्व को महसूस हुआ कि आसपास का माहौल बदल रहा है। कुछ देर पहले का वह सुरीला माहौल गायब हो चुका है। अगरबत्ती का धुआँ लुप्त हो गया है और ऊद या धूप जैसी किसी वस्तु का धुआँ सब तरफ भर गया है। उसकी गन्ध अत्यन्त तेज है। अद्‌भुत रहस्यमय माहौल। कुछ देर पहले लगता था, जैसे किसी स्वरमन्दिर में आए हैं, लेकिन अब किसी श्मशान में आने जैसा लग रहा है। सामने

तनी हुईं दो आँखें। वे मानो कुछ इशारा कर रही हैं...आज्ञा दे रही हैं। उनमें आतंक है...धमकी है। गंधर्व की कुछ भी समझ में नहीं आ रहा था। उन्होंने कुछ बोलने का प्रयास किया। लेकिन उन्हें लगा, उनकी जबान लूली पड़ गई है। वे काँप रहे हैं। फिर वे आँखें हिलीं और पीछे-पीछे जाने लगीं। मानो श्मशान में जल रहे दो दिये हों और मायाजाल में फँसे गंधर्व उन आँखों के पीछे-पीछे जा रहे हों।

वे भीतरी कमरे में आए। लेकिन शायद वह एक गुफा थी। अँधेरे में उन्हें दिखाई दिया कि चिता की तरह कुछ जल रहा है और उसके पीछे एक चेहरा है। वह स्त्री थी। उसके बाल खुले थे। द्रौपदी के बालों में लगे दु:शासन के खून की तरह उसके बालों में भी कुछ लगा था। उसका चेहरा अबीर-गुलाल जैसे पदार्थों से सना था और हाथ में था एक मुर्गा, मरा हुआ। कीचड़ से सना। मुर्गे को उसने उनके सामने गोलाकार घुमाया और तभी वह दाढ़ीवाला कोई मंत्र बुदबुदाने लगा। अब गंधर्व उस चेहरे को पहचान गए। अरे, ये तो गौहरबाई हैं। वे चिल्लाए, "गौहर..." पर वे मूर्च्छित हो गए। उन्हें ऐसा लगा, मानो उन्हें एक वृत्त में बिठाया गया है। उनके चारों ओर हड्डियाँ और खून के सिन्दूर की रेखा है। कुछ मंत्र बुदबुदाए जा रहे हैं। "पानी...पानी," वे जैसे-तैसे चिल्लाए। फिर उन्हें कोई पानी पिलाया गया। उस पानी में न कोई स्वाद था न रंग। पानी पेट में जाते ही उन्हें जरा तरावट महसूस हुई। लेकिन पलकें अभी भी भारी थीं। ऐसी दशा में कितना वक्त बीता, उन्हें पता भी नहीं चला। मानो कई युग बीत गए हों। वे वैसे ही लेटे रहे। अब गौहर सामने आई। उसने उनके माथे पर हाथ रखा। कुछ बुदबुदाई। गंधर्व ने अपनी गर्दन उसके कन्धे पर डाली। मानो खुद को उस पर सौंप दिया हो...कुछ पल और बीते। उन्हें लगा कि कोई उन्हें उठाकर उस गुफा के बाहर ले आया है। वह गौहर थी, दाढ़ीवाला था या कोई और...वे समझ ही नहीं पाए। वे बाहर आए और एक आरामकुर्सी जैसी वस्तु पर लेट गए। उन्हें गहरी नींद आ गई। कुछ देर बाद उन्हें एक पुकार सुनाई दी, "परवरदिगार...!" उन्होंने आँखें खोलीं। लगा, मानो कई तपों से वे वहाँ लेटे हुए हैं। सामने गौहर खड़ी थी। उसकी नजरों में वही भक्तिभाव, वही विकलता थी। वे उठे। उसने उन्हें पानी दिया। खस की खुशबू का ठंडा पानी। उन्हें लगा मानो वे स्वप्न से ही जाग उठे हैं। उसने दरवाजा खोला। वे मुड़े। हाथ का लोटा लौटाने का भी होश नहीं था उन्हें। गौहर हँसती रही और गंधर्व बाहर चल दिए। उन्हें बिलकुल होश नहीं था। मैं कौन हूँ, कहाँ जा रहा हूँ, कुछ भी याद नहीं था। वे चलते रहे। सीढ़ियाँ ले जाएँगी उस दिशा में चलते रहे। सीढ़ियाँ खत्म होते ही उन्हें एक गाड़ी दिखाई दी। कोई व्यक्ति उसके पास खड़ा था। उस व्यक्ति ने दरवाजा खोला, वे गाड़ी में बैठे। दरवाजा बन्द हुआ और गाड़ी चल पड़ी। उन्हें किसी बात का कोई ओर-छोर नहीं लग रहा था। फिर उन्होंने आँखें मूँद लीं।

गाड़ी बाहर चल पड़ी। गौहर इमारत की अटारी में खड़ी उस ओझल होती गाड़ी की तरफ देखती रही। अपलक आँखों से। उसके ओठों पर बस एक मंद मुस्कुराहट थी...।

वासन्तीबाई का यह किस्सा काफी चटपटा था। वे ऐसे बोल रही थीं, मानो कल ही की बात हो। "मुई डायन। उसने कोई मंत्र चलाया और वह पानी। गंधर्व एकदम से अभिमंत्रित

हो गए। बेचारे नारायणराव! उनके भोलपन का गलत फायदा उठाया जी उसने!" ऐसा ही कुछ बड़बड़ाते हुए उसने तीन टिकट खरीदे। "यह गौहर बिलकुल घुन की तरह आई थी गंधर्व की जिन्दगी में। कुतर डाला जी उसने कुतर डाला।" और वासन्तीबाई ने गुस्से से अपनी दोनों हथेलियाँ रगड़ते हुए गौहर की सात पुश्तें निकालीं।

सनत तीन टिकट बिक जाने की खुशी में बाहर निकला। उसे अक्षय, पोनी और निशा को हँसाने के लिए अच्छा मटेरियल मिल चुका था। इसी खुशी में उसने बाइक में किक लगाई।

"अरे, सत्यशील से बात की है मैंने। उसने कहा है कि वह अपने परिचित किसी भल्ला नामक चैनल हेड से बात करेगा। कल का समय लेगा।" चिन्मय ने कहा।

"ग्रेट।" महेश ने सीडी लगाई। आजकल गाड़ी में मात्र गंधर्व ही गंधर्व होते थे। कान्होपात्रा नाटक का पद बज रहा था। पतित तू पावनाऽऽऽ। दोनों शान्ति से सुन रहे थे। लेकिन उन बीस मिनटों के बारे में कौतूहल भी था मन में। चिन्मय को भी यह बात बेचैन कर रही थी। परदादा ने घर में कभी यह बात नहीं छेड़ी थी। अन्य लोगों के सामने उसने भी कुछ नहीं पूछा। रात में दोनों घर लौट रहे थे, तब अचानक चिन्मय ने पूछा, "महिया, क्या हुआ होगा रे उन बीस मिनटों में?"

महेश ने एक पल उसकी तरफ देखा। फिर कुछ पल ऐसे ही खामोश बीते। तनिक सोचकर वह बोला, "अ किस...डीऽऽऽप...डीपेस्ट एव्हर किस...।"

"व्हॉट?"

"हाँ। ऐसा मेरा विचार है। चिन्मय, मुझे लगता है, गौहर के प्रेम की, उसके समर्पण की कई पर्तें रही होंगी। एक तरफ गंधर्व और लक्ष्मी के बीच कई दिनों तक कोई सम्बन्ध नहीं आता होगा और आता भी हो तो बस औपचारिक। नारायणराव ऊपर गए, तब गौहर तकल्लुफ में खड़ी होगी...।"

उसे इस तरह तकल्लुफ में खड़ी देख गंधर्व ने पूछा, "कुछ कहना है?" गंधर्व की स्निग्ध और मधुर आवाज सुनकर गौहर ने राहत की साँस ली। उसकी समझ में नहीं आ रहा था कि क्या कहे, कैसे कहे। "गुस्सा मत होइए। कितनी बार देखा आपको, पर मन नहीं भरता। बार-बार देखने को, मिलने को जी करता है। रात-दिन आप के ही बारे में सोचती रहती हूँ...।" ऐसा काफी कुछ कहना था उसे, लेकिन शब्द ही नहीं फूट रहे थे। 'इतने प्रोड्यूसरों के सामने बेहिचक पेश आनेवाली मैं, लेकिन यहाँ मेरी जबान को क्या हो गया?' उसकी समझ में नहीं आ रहा था। वह कहना चाहती थी कि आप के बिना जीना मुश्किल है। फिर वह बिना कुछ बोले गंधर्व के पास गई और उनके पैर पकड़ लिए, "परवरदिगार...मुझे अपनी कम्पनी में ले लो जी! नहीं चाहिए मुझे तनख्वाह। कुछ भी नहीं चाहिए...एहसान कीजिए।"

अब गंधर्व ही शर्मिंदा हुए। "आकर क्या करेंगी?" उनके स्वर में गहरा विषाद था। वे बोले, "बहुत देर हो गई है। अब तो दिवाला घोषित करने का समय आ पहुँचा है।"

"दिवाला?" गौहर चिल्ला उठी। "नहीं जी, नहीं। कम्पनी पर ये नौबत?" गंधर्व उसकी तरफ देखते ही रह गए। इतने दिनों में पहली बार कम्पनी की हालत के बारे में कोई इतनी आत्मीयता से बोल रहा था। मानो उसी की हो कम्पनी। "क्या करेंगे? काम करने के लिए आदमी नहीं, देखने के लिए दर्शक नहीं।" वे अनजाने में नीचे बैठ गए। अपने खुदा को इस तरह बेबस देखकर गौहर का दिल कराह उठा। वह उनके पास गई। "मैं करूँगी जी काम। लेकिन कम्पनी मत बेचो।" गंधर्व के कानों से ये शब्द गुजर रहे थे। उसकी विकलता उन तक पहुँच रही थी। वे गर्दन झुकाए नीचे बैठे हुए थे। उनका वह निस्तेज चेहरा देखकर गौहर आगे बढ़ी, "हम खड़ी करेंगे कम्पनी दुबारा।" उसने उनके हाथ अपने हाथों में लिये। कई दिनों बाद कोई सहारा देनेवाले हाथ उन्हें ढाढ़स बँधा रहे थे। हाथों पर कसाव बढ़ता गया और वह उन्हें अपने गालों पर ले गई। वह मिन्नतें कर रही थी। गंधर्व को उसके स्पर्श में आत्मीयता महसूस हुई। उन्होंने उसकी तरफ देखा। उसकी आँखों में उन्हें भरोसा नजर आया और उन्हें पता चलने से पहले वे उससे लिपट गए। उसने उन्हें पास खींचा, बाँहों में भर लिया। कई दिनों के बाद मानो गंधर्व को एक ओट मिल गई थी। अब उसने उन्हें अपने सीने से लगा लिया। फिर धीरे-धीरे गंधर्व का चेहरा ऊपर उठाते हुए उसने उन्हें अपने बाहुपाश में बाँध लिया। गंधर्व को महसूस हुआ कि दोनों की साँसें तेज हो गई हैं। गौहर के अपने जवान और सख्त स्पर्श ने उन्हें उत्तेजित कर दिया। उस स्पर्श में उन्हें अनुभव हुई गौहर की उत्कटता...उसका आवेग। उसने उन्हें आगोश में भर लिया और वे भी खुद को उस पर सौंपते रहे। उसके सख्त बाहुपाश में वे सुरक्षित महसूस करने लगे। गौहर ने उनके ओठों पर अपने ओठ रखते हुए कहा, "आपके लिए मैं कुछ भी कर सकती हूँ...मुझे दूर मत कीजिए। आप मेरे खुदा हैं। एक क्या ऐसी दस कम्पनियाँ खड़ी कर सकते हैं आप। वक्त खराब है, पर ये दिन भी बीत जाएँगे जी।"

वाकई, ये दिन भी गुजर जाएँगे। कर्ज चुकाने का पुरुषार्थ कर दिखानेवाला आदमी हूँ मैं। किसी की दया पर नहीं जिऊँगा। गौहर के शब्दों से उन्हें एक ताकत मिलती गई। उन्हें महसूस हुआ कि उनका पौरुष जागृत हो रहा है। गौहर के शब्दों से वे खिलते गए। उनमें एक नया जोश उभर आया। एक नया आवेश...नई ताकत। उन्हें लगा, मेरे भीतर का पुरुष नई चुनौतियों का सामना करने की दृढ़ता से खड़ा हो रहा है। एक नई गर्माहट मिली उन्हें गौहर के आगोश में। गौहर उनके सर्वांग को चूमती रही और वे उस नए एहसास से और ज्यादा मदहोश होते गए।

सारा वक्त दोनों बाहुपाश में उलझे रहे। मानो एक समाधिवस्था। कई दिनों बाद गंधर्व को खुलापन महसूस हो रहा था। फिर गौहर उनसे अलग हुई। उसने हाथ देकर उन्हें उठाया और अदब से झुककर कहा, "खुदा हाफिज।"

गंधर्व उठे। कपड़े ठीक किए और बिना कुछ बोले बाहर निकल गए। उस नई अनुभूति से उन्हें एक नई चेतना का एहसास हो गया था। अभी कुछ भी खत्म नहीं हुआ है। बूढ़ा नहीं हुआ हूँ मैं। अभी भी सब कुछ दुबारा बना सकता हूँ। बीसी के युवक का उत्साह लिये वे सीढ़ियाँ उतरने लगे। गाड़ी के पास पहुँचे। दुर्गाराम ने दरवाजा खोला, लेकिन

उसकी तरफ बिना देखे वे अन्दर बैठ गए। फिर वे दोनों बैठ गए। गंधर्व ने आँखें मूँद लीं। अनन्तराव भी बिना कुछ बोले गाड़ी इमारत से बाहर लाए। गाड़ी बाहर आई और ओझल हो गई।

लेकिन गौहर अटारी में खड़ी उस ओझल होती गाड़ी की तरफ देखती रही। अपलक नेत्रों से। उसके ओठों पर बस एक मन्द मुस्कान थी।

क्या हुआ, ठीक-ठीक किसी को पता नहीं था। गंधर्व ने भी कुछ नहीं बताया था। गाड़ी डॉक्टर सातपुते के दरवाजे पर आकर रुकी। सभी भीतर गए। भाभीजी ने सभी के सोने की व्यवस्था की। सोने से पहले उन्होंने दूध वगैरा के लिए भी पूछा। गंधर्व ने गर्दन हिलाकर मना कर दिया और सोने के लिए चले गए। दुर्गाराम ने रात में स्नान किया। मानो किसी अन्त्येष्टि से हो आए हो। उन्हें उस मुलाकात की सारी यादें धो डालनी थीं। नाना सचमुच बहुत भोले हैं। इतना बड़ा आदमी। सरदार घरानों की औरतों की दावतें ठुकराता है, और इस सिनेमावाली का निमंत्रण स्वीकार कर लिया? उसने कृष्णा को कम्पनी में भेजा इसलिए? अब यह कौन बताएँ कि हमें अपनी प्रतिष्ठा के हिसाब से बर्ताव करना चाहिए? खैर। उन्होंने स्नान सम्पन्न किया।

सुबह की गाड़ी पकड़कर दोनों येवला आए और नाटक की तैयारी में लग गए। शो के समय गंधर्व तरोताजा लग रहे थे। दुर्गाराम ने सोचा शो के बाद अभी दिवाला घोषित करने की बात छेड़नी चाहिए। वसन्तराव ने अच्छा उपाय बताया है। कम्पनी सिर पर लादे घूमने के दिन रहे नहीं अब। पर गंधर्व शो में मग्न नजर आए। शो समाप्त होते ही वे रंगभूषा उतारने बैठ गए। सेवक आया। उसने एक टिकट गंधर्व के हाथ में दिया और जाने लगा।

''कैसा टिकट नाना?'' दुर्गाराम ने पूछा।

''मुम्बई।''

''आप मुम्बई जा रहे हैं?'' दुर्गाराम को खुशी हुई। लगता है वसन्तराव ने सारा मसौदा बना लिया है। अब गंधर्व जल्दी-जल्दी सब कर डालेंगे। चलो अच्छा हुआ। देर आए दुरुस्त आए। भगवान ने हमारी सुन ली। उसने खुश होकर दुबारा पूछा, ''मुम्बई को?''

''हाँ भगवन्।''

''वसन्तराव के पास?''

''नहीं।'' गंधर्व उठे। दुर्गाराम पसोपेश में। सेवक ने पहले से भर रखी छोटी-सी थैली लाकर दी।

''साथ में कोई है या मैं साथ चलूँ?''

''नहीं, अकेला जा रहा हूँ।''

''कहाँ? किसके यहाँ...?''

''गौहर ने बुलाया है।'' और गंधर्व बाहर चल दिए।

दुर्गाराम के रोंगटे खड़े हो गए। गंधर्व गौहर के यहाँ, दुबारा? अकेले? आज तक गंधर्व कभी भी, कहीं भी अकेले नहीं गए थे। दिन-भर सफर किया है, शो की थकान

है और रात में फिर सफर? वह वैसा ही खड़ा रहा। मानो पथरा गया हो। उसे इसका अर्थ ही समझ में नहीं आ रहा था और मन में उठनेवाली शंका-कुशंकाओं को मानने के लिए भी दिल राजी नहीं था। पर गंधर्व स्टेशन की दिशा में चल पड़े थे।

उनकी जिन्दगी के सफर में एक अलग ही स्टेशन आया था।

इसके बाद गंधर्व मुम्बई जाते रहे और शो के लिए लौटते रहे। चालिसगाँव हो या धुलिया, गंधर्व के मुम्बई चक्कर थमे नहीं। रियाज जैसी उत्कटता से वे जाते रहे। गौहर से मिलते रहे।

गंधर्व की गौहर से मुलाकात के बाद भी सुदामराव के मन में गंधर्व के प्रति कोई सन्देह नहीं आया। हरिभाऊ, वालावलकर, दुर्गाराम की तरह वे विचलित नहीं हुए। "अजी, गंधर्व यानी गंगाजल जैसा निर्मल आदमी!" वे रतन से कह रहे थे।

"अरे सुदामरावजी, ऐसे मामले में अच्छे-अच्छे धोखा खा जाते हैं।"

"जरूर खाते होंगे। लेकिन गंधर्व केवल अच्छे आदमी ही नहीं बल्कि उससे भी बहुत अलग हैं। वरना रिपन थिएटर में कभी का उनका देवर्षि इन्द्र बन जाता!" आँखें झमकाते हुए सुदामराव बोले।

यह जानकर कि इस बात के पीछे कोई मजेदार किस्सा है, रतन खिल गया। "क्यों? क्या हुआ था रिपन थिएटर में?"

सुदामराव ने पहले तो हथेली पर तम्बाकू लेकर खूब रगड़ी। खूब रगड़ी। उसमें चूना लगाकर और रगड़ने लगे। रतन उत्सुकता से देख रहा था। "अजी, रिपन थिएटर में गंधर्व का नाटक। गंधर्व शान से मंच पर आए और एक तान ली। छप्परतोड़ तालियाँ। वे खुश हुए और गाते रहे। गाना बिलकुल पान की गिलौरी की तरह रँगता गया। गाते-गाते उनकी नजर सामने गई और थम गए। साजिन्दों को लगा कि अब वे लटका-झटका करेंगे या फिर आज कुछ नया करेंगे। वे सुर देते रहे। लेकिन गाना आगे बढ़ ही नहीं रहा था। *सौभद्र* चल रहा है या *स्वयंवर*? गंधर्व अचानक भूल गए थे।"

"क्या कह रहे हो?"

"और क्या? क्योंकि उनकी नजरें कहीं फँस गई थीं, मानो काँटे में दामन फँसा हो।"

"कहाँ?"

"सामने पहली कतार में...।" रगड़ी हुई तम्बाकू की फंकी को एक हाथ से दूसरे हाथ पर लेते हुए सुदामराव ने रंग भरा, "पहली कतार में बैठी थीं अंजनीबाई मालपेकर। अप्सरा जी, बिलकुल अप्सरा। अजी, उनको देखते ही गंधर्व खुद को भूल गए, घायल हो गए। लेकिन तुरन्त सँभल गए और गाने लगे। अजी, यदि पैर फिसलना ही था तो उसी समय फिसल जाता। इतनी सुन्दर स्त्री के सामने भी व्रतस्थ रहे हमारे गंधर्व, मदन को भस्म करनेवाले शिव की तरह। इस औरत के सामने क्या पिघलेंगे? असम्भव। बिना वजह घबराते हैं लोग।" और उन्होंने तम्बाकू की फंकी मुँह में डाली।

"लेकिन ये मुम्बई के चक्कर?"

"हूँ। कम्पनी में औरत चाहिए, सभी कह रहे हैं न?" सुदामराव ऐसा ही कुछ बोले। साफ-साफ सुनाई नहीं दिया। लेकिन उनका कुल आशय यह था कि गंधर्व उस औरत के प्रेमजाल वगैरा में नहीं फँसे हैं। रतन को क्या लेना-देना था उस प्रेम से? उसका विचार पहले से पक्का था। कम्पनी में किसी स्त्री के आने से नाटक के अच्छे दिन आते हैं तो ठीक है, वरना कहीं और चल देंगे। लेकिन कम्पनी में चर्चाओं का बाजार गर्म था। गंधर्व और गौहर की नजदीकियाँ सबको नजर आ रही थीं और गंधर्व के करीबियों को खटक रही थीं।

यद्यपि गंधर्व ने कुछ नहीं कहा था, फिर भी सभी जान चुके थे कि गौहर कम्पनी में आएगी। उसका आना किसी को भी ठीक नहीं लग रहा था। दुर्गाराम और हरिभाऊ ने तो अभियान ही छेड़ा था। "देखिए, जात-पाँत का कोई सवाल नहीं है। इस कम्पनी में कादरबक्श जैसा आदमी भी था। अजी, पिता समान माना हमने उन्हें और उन्होंने भी कितना प्यार दिया हमें। तिरखवाँ साहब का तो मजहब पूछने की भी हिम्मत नहीं थी किसी की। लेकिन ये औरत...।" हरिभाऊ से आगे बोला नहीं जा रहा था, पर फिर भी वे बात को आगे बढ़ाते रहे। "काम के समय हम नहीं किसी के निजी मामले में दखल देते। मैंने भी कई रिकॉर्डिंग किए हैं औरत के साथ। लेकिन *गंधर्व कम्पनी* में यह औरत! अजी, उसका इतिहास हम सब जानते हैं न?"

दुर्गाराम ने हरिभाऊ की भावनाओं की अभिव्यक्ति दी, "अजी, रखैल थी वह रखैल। और दूसरी बात...।" दुर्गाराम रुक ही गया।

"दूसरी बात?" रतन ने पूछा।

गर्दन झुकाए दुर्गाराम बोला, "लक्ष्मी भाभी की जगह कोई और ले, यह हम बर्दाश्त नहीं कर सकते।" सभी सुन्न हुए। दुर्गाराम के इस वाक्य का अर्थ सभी समझते थे। आनेवाले तूफान की तरफ चाहे जितनी पीठ फेर लें, उसे चाहे जितना अनदेखा करें, फिर भी उसकी भाँय-भाँय सभी को सुनाई देने लगी थी। लेकिन सुदामराव का 'नहीं नहीं, असम्भव' अभी भी जारी था। और गंधर्व बिना किसी की परवाह किए मुम्बई के चक्कर लगा रहे थे।

रात का शो खत्म हुआ और गंधर्व जल्दी से रंगभूषा उतारने लगे। सेवक ने बाहर ताँगा भी लाकर खड़ा किया था। गंधर्व ने कपड़े बदले। कुरता-पाजामा और सिर पर टोपी। उनकी चाल में एक जोश था। वे मुस्कुराए। पल-भर उनके मन में बात उभरी, आज हमारी नाटक मंडली का कोई भी आदमी दिखाई नहीं दे रहा? फिर यह सोचते हुए ताँगे में बैठ गए कि शायद रंगभूषा उतार रहे होंगे। गाड़ी आने में अभी समय था। इसलिए आराम से सीटी बजाते चल रहे ताँगेवाले को उन्होंने आराम से चलने दिया। उनका सेवक अदब से आगे बैठा था। रात की ठंड कैसी बढ़िया लग रही है। कहीं यह मेरे मन की प्रसन्नता तो नहीं, यह सोचकर उन्हें हँसी आई। ताँगा स्टेशन पर आकर रुका। उन्होंने कुछ सिक्के ताँगेवाले के हाथ में रख दिए। फिर खुश होकर और दो सिक्के उसकी हथेली पर टिकाए। ताँगेवाले ने खुश होकर सलाम ठोंका।

सेवक ने थैली उठाई और दोनों गाड़ी की प्रतीक्षा करने लगे।

गाड़ी छूटने तक सेवक स्टेशन पर खड़ा रहता। "आज बाकी मंडली कहाँ गई नाटक खत्म होने पर?" उन्होंने यूँ ही पूछा। सेवक ने गर्दन झुका ली। पल-भर सोचा और बोला, "सब एक हुए हैं। नाराज हैं।" फिर यह सोचकर कि वह अपनी औकात भूलकर बात कर रहा है, चुप हो गया। गंधर्व ने उसकी तरफ देखा। कितने ही सालों से वह उनके साथ था। "क्यों? किसलिए?"

उसने गर्दन ऊपर उठाई और एक साँस में बोल गया, "गौहरबाई कम्पनी में आई तो कोई भी यहाँ नहीं रुकेगा, ऐसा तय हुआ है।" उसके दिल का भार हल्का हुआ।

गंधर्व सोच में पड़ गए। मेरे अजीज लोग नहीं रहेंगे कम्पनी में? फिर किसके लिए ये सारी दौड़धूप? क्या हो रहा है यह? वे स्टेशन के पथरीले बेंच पर बैठ गए। क्या कर रहा हूँ मैं? क्या मिलेगा मुझे इस झमेले से? संसार के झंझट से? इस गुत्थी से मुक्त होने की उम्र में इसमें और फँसता जा रहा हूँ। कहाँ जा रहा हूँ मैं? किसलिए? उन्हें बहुत खाली-खाली लगने लगा। कहीं मैं किसी शून्य के पीछे तो नहीं दौड़ रहा हूँ? उन्होंने खुद की तरफ देखा। रंग उतारकर कहाँ चल पड़ा हूँ? उन्हें खुद पर ही हँसी आई। अचानक मन में विरक्ति का भाव उभरा। किसी भी जंजाल में फँसने की जरूरत नहीं है अब। दिवाला घोषित करेंगे। भजन गाकर जिन्दगी बिताएँगे। क्या नहीं दिया है किस्मत ने? सफलता, ख्याति, ऐश्वर्य, मान-सम्मान! यह क्या लगा रखा है मैंने? परदा गिर जाने के बाद भी मंच पर खड़े रहनेवाले नट की तरह? और लक्ष्मी, माँ, दो लड़कियाँ...चाहनेवाले? गंधर्व के कदम ठिठकने लगे। कुछ आत्मीय नाजुक बन्धन उन्हें खींचने लगे। मन में पश्चाताप की भावना उमड़ने लगी। *शारदा* नाटक का बूढ़ा बनकर मरना है मुझे? गौहर के प्यार को आभूषण की तरह प्रदर्शित करता हूँ मैं। लेकिन अब वह आभूषण *मानापमान* के लक्ष्मीधर के आभूषण जैसा मजाकिया लगने लगा उन्हें। लौटना होगा, कदमों को रोकना होगा। वे उठे। नहीं जाना मुम्बई और नहीं चाहिए मेल-मिलाप। उन्होंने थैली उठाई। सेवक हतबुद्ध। नाना कहाँ चल दिए?

"लौट चलेंगे भगवन्...चलिए।" वे स्टेशन के दरवाजे की तरफ जाने लगे। तभी गाड़ी की सीटी सुनाई दी।

"गाड़ी आई!" सेवक बोला। मुसाफिरों की भागदौड़ शुरू हो गई। सभी खड़े हो गए। लेकिन गंधर्व 'नहीं-नहीं' कहते हुए स्टेशन के दरवाजे की तरफ जाने लगे। पटरियों की तरफ पीठ फेरकर।

चार कदम आगे बढ़े और हवा का एक झोंका आया। कनकचंपा के फूलों की नशीली खुशबू लिए। कनकचंपा की वह तेज खुशबू। गंधर्व ने आँखें मूँदकर हृदय में वह खुशबू भर ली और मुँदी हुई आँखों के सामने खड़ी हो गई गौहर। कनकचंपा की तरह ही तेज, मोहक और नशीली। वे रुके। कदम फिर ठिठक गए उनके। और उसी समय रेल की महाकाय देह स्टेशन में प्रविष्ट हुई और कान के परदे फाड़नेवाली उसकी धड़धड़ाती आवाज उनके मस्तक में घुसी...।

रेल का वह आवेश गौहर जैसा ही लगा उन्हें। वैसा ही सख्त। मर्दाना। आग्रही। अधिकार जमाने की तरह पटरियों को कुचलती हुई गाड़ी भीतर घुस आई और रुकी। और गंधर्व

अपने आप मुड़े और महावृक्ष से लिपट रही लता की तरह रेल से लिपट गए। भीतर प्रविष्ट हुए। नौकर की समझ में नहीं आ रहा था कि यह क्या हो रहा है। और उसने देखा कि मालिक गाड़ी में पिघलकर ओझल हो गए हैं।

गंधर्व गाड़ी में बैठ गए। गाड़ी चल पड़ी और एक लय में आगे खिसकने लगी। गंधर्व ने खुद को उसी लय पर छोड़ दिया। उनके मन में महकती कनकचंपा की खुशबू ने उन पर पूरा कब्जा कर लिया था।

इतने दिनों की गृहस्थी। सात सन्तानों को जन्म दिया। लेकिन ऐसी कनकचंपा जिन्दगी में पहली बार खिलने लगी थी। इतने सालों बाद। रसिकों को शृंगार का पाठ पढ़ानेवाले गंधर्व को असली शृंगार का स्वाद अब मिला था। इसके सामने उन्हें अब संसार की फिक्र नहीं थी, किसी की फिक्र नहीं थी। गाड़ी आगे खिसकती रही, दौड़ती रही।

दुर्गाराम, वालावलकर, रतन, सुदामराव सभी की बैठक हो रही थी। गंधर्व का दिन-दहाड़े गौहर से मिलने जाना किसी को चिन्ताजनक तो किसी को बचकानी हरकत लगती थी।

''अजी, नट के आसपास ऐसे प्रलोभन होते ही हैं। पर मैं कहता हूँ, उसमें बहक जाना क्या जरूरी है?'' वालावलकर ने निषेध व्यक्त किया।

''और मना भी कौन करता है? चलने दीजिए न। नाटकवाले को ऐसी दो-चार रखैलें शोभा ही देती हैं। पर इसका मतलब यह तो नहीं कि उसके पीछे आप अपना सबकुछ छोड़ दें..?''

''वो बात छोड़िए। मैंने सुना है, वह रंडी अब कम्पनी में आ रही है। क्या करेंगे?''

''क्या करेंगे मतलब? कहेंगे कि उसे कम्पनी में मत रखिए। वसन्तराव हैं, अनन्तराव हैं, काकासाहब खाड़िलकर को हम मैदान में उतार सकते हैं।''

बैठक में रंग चढ़ा। गौहर के खिलाफ एक अभियान ही छिड़ गया। विवाहबाह्य सम्बन्ध से किसी को एतराज नहीं था। एतराज था, उसमें बहक जाने से। गौहर के आ जाने पर कम्पनी में फूट पड़ना अटल था।

गौहर इन सारी बातों से दूर गंधर्व के लिए भोजन की तैयारी में डूबी हुई थी। सवेरे ही गौहर ने बूढ़े दाढ़ीवाले के हाथ में थैली रखी। वह हिचकिचाया। ''मुर्गी।'' उसने हुक्म दिया।

''आज भी?''

''उनको पसन्द है।'' और वह मुड़ी। उसे मसाला पीसने के लिए देना था महरी को।

''गौहर,'' बूढ़े की आवाज गूँजी। ''खर्चा बढ़ रहा है। किधर से लाने का पैसा? काम भी छोड़ दिया तूने फिलम का। पैसा लगता है मुर्गी को, मसाले को।''

गौहर के मन में गुस्सा उभर आया। लेकिन उसने खुद पर जब्त कर लिया। ''आज करूँगी बात।'' और वह भीतर गई। बूढ़ा कन्धे झुकाए चला गया। भीतर जाकर उसने महरी को मसाले की पिसाई बताई। फिर गंधर्व के पास गई। गंधर्व अभी भी गहरी नींद में थे। उनका शान्त चेहरा देखकर उसे उन पर प्यार आया। रात-भर का सफर, फिर भी पहुँचते हैं मेरे पास। उसने हौले से उनके माथे पर हाथ फेरा। ''पानी रखती हूँ मुँह धोने

को।'' गंधर्व की नींद में खलल पड़ गया। बाहर मुम्बई शहर सुबह की जल्दबाजी में था। दूध, अखबार, सब्जी के ठेलेवालों ने मुम्बई को जगा दिया था। गंधर्व जाग गए। सामने गौहर थी। उन्होंने ओढ़ावन अलग किया। लेकिन रात की मदहोशी अभी भी आँखों पर तारी थी। ओढ़ावन के साथ उसे भी दूर हटाते हुए वे उठे। गौहर ने गर्म पानी का लोटा हाथ में दिया।

आज रात शो नहीं था। कम्पनी नासिक जा रही थी। इसलिए फ़ुरसत थी। गंधर्व फारिग होने में लग गए और गौहर काम में। गौहर ने महरी के सामने खड़ी होकर मसाला पिसवाया, कर्नाटकी ढंग का। बूढ़ा मुर्गी ले आया और गौहर अगले कुछ घंटे रसोईघर में कमर पर हाथ रखे खड़ी थी, हुक्म देकर महरी से सब करवा रही थी।

गंधर्व बाहर बैठक में बैठे थे। इस दौरे में भी पर्याप्त आमदनी नहीं हुई थी। मानो किस्मत ही रूठ गई हो। वसन्तराव की दिवाला घोषित करने की बात उन्हें बेचैन कर रही थी। मनचाहा खाना बनता देख गौहर बाहर आई और गंधर्व के पास बैठ गई।

''ऐसा कब तक चलेगा? सफर की तकलीफ भी होती है।'' गंधर्व बस हँस दिए। ''एक बात कहूँ? मैं भी आ जाऊँ कम्पनी में तो कैसा रहेगा? यहाँ खाली बैठके क्या करने का?''

गंधर्व सोच में पड़ गए। गौहर के चेहरे पर मिन्नत के भाव थे। उन्होंने सोचा, यह भी एक कलाकार है और कलाकार को कला से दूर रखना, मछली को पानी से दूर रखने जैसा है। गौहर की छटपटाहट उन्हें दिखाई देने लगी। लेकिन वे चुप रहे। दोपहर में भोजन सम्पन्न हुआ। गंधर्व ने बड़े चाव से भोजन किया। गौहर ने भी खूब आग्रह से खिलाया। वैसे भी गंधर्व को दूसरों को आग्रह करना और दूसरों के द्वारा आग्रह करवाना पसन्द था। आज रवाना होने की जल्दबाजी नहीं थी। कल सीधे नासिक पहुँचना था। तब तक बाकी लोग वहाँ पहुँच रहे थे। बापूराव तो अगले प्रबन्ध के लिए पहले ही जा चुके थे। गंधर्व दोपहर में लेटे, लेकिन आँख नहीं लग रही थी। छत की तरफ देखते हुए लेटे रहे। कुछ वक्त इसी तरह शून्य में बीता। फिर अचानक उठे। ''गौहर!'' उन्होंने पुकारा। गौहर आई। ''क्या है जी?'' उसने पूछा। ''सामान बाँधो। कल सुबह नासिक रवाना होना है।''

''किसे जी?''

''हम दोनों को।''

गौहर फूली न समाई। ''कल ही?'' कल से ही मैं *गंधर्व कम्पनी* में? इतने सालों की तमन्ना इस तरह अचानक पूरी होती देख वह पागल-सी हो गई। लेकिन तुरन्त उसके मन में सन्देह उभरा। इस तरह अचानक? वहाँ के लोगों से इनकी बात हुई भी है या नहीं? उसने गंधर्व से पूछा और सुझाया भी कि पहले आप सभी लोगों से बात कर लीजिए। लेकिन गंधर्व के कानों में कोई भी बात नहीं पहुँच रही थी। गंधर्व खुद उसका बक्सा बाहर ले आए और जो दिखाई दे वह कपड़ा उसमें ठूँसने लगे। गौहर को उनके चेहरे पर एक छोटे बच्चे की-सी जिद दिखाई दी। वह समझ गई कि अब चाहे कयामत आ जाए, गंधर्व का फैसला नहीं बदलेगा। फिर उसी ने आगे बढ़कर अपना सन्दूक भरा। गंधर्व ने सन्दूक

अपनी थैली के पास रखा। उस बूढ़े दाढ़ीवाले की हथेली पर कुछ पैसे टिकाए और बोले, "भगवन्, नासिक के दो टिकट ले आइए।" गौहर जान गई, यह आदमी समझ से परे है। रात में गौहर को नींद ही नहीं आ रही थी। उसने उनकी तरफ देखा। उनके निद्राधीन चेहरे पर उसे न कोई शिकन दिखाई दी न कोई बेचैनी। छोटे बालक ही लगे वे उसे। सचमुच, यह आदमी मुझ जैसा ही है। मैं भी तो वही करती हूँ जो दिल कहता है। ज्यादा सोचती नहीं। उस पारसी मालिक की लोनावला के बंगले की ऑफर ठुकराई थी, तब कहाँ सोचा था मैंने? दिल से आवाज आई और 'ना' बोल दिया। अमीरआपा कितनी नाराज हुई थी। यहाँ आकर लड़ी मुझसे, गालियाँ दीं, बाद में रोयीं भी। उस पारसी से भी बड़े सेठ से मिलवाती हूँ बोली। तब भी कहाँ सोचा था मैंने कि यह समझदारी है या पागलपन? अमीरआपा 'जिन्दगी दोजख हो जाएगी...दोजख' कहकर कोसती, उँगलियाँ चटखाती हुई चली गई। यह आदमी भी बिलकुल ऐसा ही है। मुझ जैसा। दिल की आवाज सुननेवाला। उसने गंधर्व के गले में हाथ डाला और उससे चिपक गई। यह चीज मेरी है और अब इसकी देखभाल मुझे ही करनी है। उसने उन्हें कसकर गले से लगा लिया। अब सोचना बन्द। इस आदमी के साथ चल देना। खुद को उसके साथ झोंक देना। वक्त आने पर फेंक भी देना। इस तरह उसने अपनी जिन्दगी का सबसे अहम फैसला कर लिया और सुबह के इंतजार में लेटी रही।

नासिक में हर्षेकोठी में *गंधर्व कम्पनी* का पड़ाव था। सारा प्रबन्ध हो गया था। बापूराव अब निश्चिन्त थे। कोठी पुरानी पर मजबूत थी, लेकिन उसमें तनिक अँधेरा रहता था। पास ही विख्यात कालाराम मन्दिर था। शाम को बापूराव ने पास बहती गोदावरी में जाकर नहाने का सोचा। नौकरों को लक्ष्मी भाभी के लिए जरूरी सामान ला देने की सूचना देकर वे बैठक में लेट गए। उन्हें भाभी पर आश्चर्य होता। व्रत-उपवास से भरी जिन्दगी। जो हाथ में आए, उसी में कतर-ब्योंत से गृहस्थी चलाना। नाटकवालों की स्त्रियों की गृहस्थी यानी हमेशा के लिए वनवास। इनके राम हमेशा जमा-खर्च के रावण से जूझने में मग्न। इस खर्च के रावण के सिर भी दस। एक को उड़ा दें तो दूसरा उग आता है। अब नारायणराव से सचमुच कहना पड़ेगा कि दिवाला घोषित कर डालिए। बहुत हो गया। बीमे के दस हजार रुपए लेकर बन्द कर देंगे यह कम्पनी। गाना कीजिए। मैं भी कोई अच्छा-सा गुरु ढूँढ़कर संगीत की साधना करूँगा। इस भागादौड़ी में गाना छूट गया, यह विषाद बापूराव के मन में गहरा उठा। लेकिन तभी जल्दी-जल्दी में आकर एक नौकर ने सूचना दी, "बापूराव, नाना आ गए।"

बापूराव ने मन पर छाया अँधेरा दूर हटाया और उठे।

दरवाजे पर ताँगा आकर रुका। गंधर्व नीचे उतरे। नौकर ने उनके हाथ से थैली ले ली और गंधर्व ने हाथ से ही उसे सन्दूक भीतर ले जाने का इशारा किया। नौकर ने सन्दूक उठाया। उसकी नजरों ने देखा कि ताँगे में एक स्त्री भी है। चेहरे पर कोई भाव न दिखाकर वह सन्दूक भीतर ले गया। बापूराव बाहर आ रहे थे। सन्दूक देखकर उन्होंने पूछा, "किसका है यह सन्दूक? साथ में कोई और है?" नौकर ने गर्दन हिलाकर हामी भरी और भीतर चला गया। गंधर्व के आने की आहट पाते ही सभी बाहर आ गए। देर से जागे सुदामराव

के मुँह में बबूल का दातौन था। रतन अभी-अभी नहाया था और अपने बाल सुखा रहा था। उसके बाल धीरे-धीरे हवा में लहरा रहे थे। वालावलकर के हाथ में चाय थी और हरिभाऊ मन्दिर जा रहे थे। नौकर ने भीतर लक्ष्मीबाई को भी खबर दी। गंधर्व महाद्वार के फाटक से झुककर भीतर आए और हाथ से इशारा किया, 'आइए, भीतर आइए।' सभी ने जिज्ञासा से उस दिशा में देखा। कोठी के महाद्वार के फाटक से सिर पर पल्लू ओढ़े एक चेहरा पहले भीतर आया और बाद में उस चेहरे की मालकिन गौहरबाई। "आप हैं गौहरबाई। आज से आप हमारी कम्पनी में काम करेंगी।"

"क्या!" सभी के मन में एक ही शब्द फूट पड़ा। सभी चौंक गए। सुदामराव का मुँह खुला का खुला रह गया। रतन के हाथ का अँगोछा कब नीचे गिरा, उसे भी पता नहीं चला। वालावलकर, हरिभाऊ सभी स्तब्ध रह गए। गौहर ने सभी को प्रणाम कर गर्दन झुका ली। गर्दन उठाई तब उसे दिखाई दी लक्ष्मी। खम्भे के सहारे जैसी-तैसी खड़ी। पल-भर के लिए गौहर सिटपिटाई। लक्ष्मी के चेहरे पर अविश्वास था। उसे यकीन था कि गंधर्व कुछ भी कर सकते हैं लेकिन उसे इस तरह दिन-दहाड़े कम्पनी में नहीं ला सकते। उसे अपने सिन्दूर पर, पुण्य पर इतना यकीन अवश्य था। उसकी श्रद्धा थी कि ईश्वर उसके साथ चाहे जितनी कठोरता बरते, पर यह दिन कभी नहीं दिखाएँगे। उसे पता था कि उसकी किस्मत खराब है, पर वह इस तरह फूटकर मिट्टी में मिल जाएगी, यह विचार भी उसके मन में नहीं आया था। उसकी श्रद्धा डाँवाडोल हुई। ईश्वर के प्रति, खुद के प्रति, अपने आदमी के प्रति। उसने गंधर्व की तरफ देखा। वे निर्विकार थे। वह पहचान गई कि उन्होंने अपने कान बन्द कर लिये हैं। वह उनकी तरफ देखती ही रह गई। मानो उसकी आवाज ही चली गई हो। पल-भर के लिए वह वहाँ रुकी और फिर पीछे मुड़कर भीतर चली गई।

सब तरफ सन्नाटा छा गया। बापूराव की भी समझ में नहीं आ रहा था कि क्या कहें? गौहर के लिए यह सन्नाटा असह्य हो उठा। उसकी इच्छा हुई कि कोई उस पर चिल्लाए, हाथ पकड़कर बाहर जाने को कहे। लेकिन कोई कुछ नहीं बोल रहा था। वह गर्दन झुकाए वैसी ही खड़ी रही। फिर गंधर्व ही बोले, "आज से इनका अभ्यास शुरू करना है। दोपहर के भोजन के बाद हम मिलेंगे।" लेकिन किसी की न कोई प्रतिक्रिया हुई न किसी ने कुछ पूछा। गंधर्व बापूराव की तरफ मुड़े, "इनके रहने का प्रबन्ध कीजिए। चलिए।" और सीढ़ियाँ चढ़ने लगे।

बिना कुछ बोले सब तितर-बितर हो गए। हरिभाऊ मन्दिर चले गए। सुदामराव, रतन, वालावलकर अपने-अपने कामों में जुट गए। गौहर की तरफ किसी ने देखा तक नहीं और गौहर जान गई कि यहाँ मैं परायी और बाहरी हूँ। वह समझ गई कि यहाँ उसकी जगह क्या होगी। और वह बापूराव के पीछे-पीछे सीढ़ियाँ चढ़ने लगी। चुपचाप।

पूरा दिन सामान्य रहा। गौहर ने बैठे-बैठे पूरा दिन गुजार दिया। अभ्यास भी नहीं हुआ। गंधर्व भी दिखाई नहीं दिए उसे। किसी से कुछ पूछे, मगर कोई आदमी भी नहीं फटका। दोपहर को नौकर कमरे में ही भोजन की थाली दे गया और खाली हो जाने पर वापस

ले गया। दोपहर की चाय भी नौकर ने इसी तरह लाकर दी। वह वैसी ही बैठी रही। कुछ भी न सोचने की उसने ठान ली थी। मेरे खुदा ने मुझे यहाँ लाकर बिठाया है। उसकी मर्जी सँभालनी है, बस।

गंधर्व ने चाय पीना छोड़ दिया था। फिर भी उन्होंने लक्ष्मी के सामने नौकर से पूछा, ''गौहरबाई को चाय दी?'' नौकर ने गर्दन हिलाई।

''अब ये काम करेगी नाटक में?'' जब्त न होकर लक्ष्मी ने पूछा।

''आप सभी कह रहे थे न कि स्त्रियों की भूमिका के लिए अब स्त्रियाँ ही चाहिए? माँ को तो उसकी आवाज भी पसन्द है।'' और वे उठकर चले गए। लक्ष्मी खामोश बैठी रही। गंधर्व बाहर आए तब कम्पनी के सब लोग जमा थे।

''नाना, कुछ बात करनी है।''

''बोलिए भगवन्।'' गंधर्व मधुर मुस्कुराए। ''बोलिए।'' और पलथी मारकर बैठ गए। उस पार के कमरे में गौहर थी। उसने दीवार से कान सटा लिये।

''नाना, हम सबको लगता है कि ये औरत...मतलब ये गौहरबाई...''

''कम्पनी को स्त्री-भूमिकाओं के लिए स्त्रियों की जरूरत है। मैंने वचन दिया है गौहरबाई को। वो ये काम करेंगी।'' गंधर्व की बातों में रोब नहीं था, दृढ़ता नहीं थी, लेकिन फिर भी सभी समझ गए कि ये शब्द पत्थर की लकीर हैं। कुछ पल सन्नाटा रहा। अब कैसी चर्चा?

''नाना, आप हमारे लिए परमात्मा के समान हैं। लेकिन...।''

''लेकिन क्या भगवन्?''

''आज्ञा दीजिए।'' और वालावलकर ने उनके पैर पकड़ लिये। सभी की आँखें भर आईं। गंधर्व की आँखें भी गीली नजर आई उन्हें। सभी को लगा, अब गंधर्व वालावलकर को उठाएँगे, सीने से लगाएँगे और फिर कोई विकल्प निकल आएगा। गंधर्व झुके। उन्होंने वालावलकर के कन्धों पर हाथ रखे, प्यार से पीठ थपथपाई और कोमल स्वर में बोले, ''जैसी आपकी इच्छा भगवन्।'' फिर बाकी लोगों की तरफ मुड़कर बोले, ''और कुछ?'' सुदामराव को अपनी आँखों पर यकीन नहीं हो रहा था। ऐसे अजीज साथी छोड़कर जा रहे हैं और ये हमारे भगवान...एक मामूली औरत के लिए? नहीं, असम्भव। लेकिन उन्होंने देखा, गंधर्व निर्विकार थे। क्या हुआ इस इनसान को? किसी की कुछ समझ में नहीं आ रहा था।

''भगवन्, और किसी को कुछ कहना है?''

''हाँ नाना।'' अब हरिभाऊ सामने आए। फिर बाकी लोग भी आगे बढ़े। ''हमारा हिसाब कीजिए। हमें भी आज्ञा दीजिए।'' और एक-एक ने गंधर्व के पैर पकड़ लिये। बापूराव पास ही खड़े थे। वे बोले, ''हिसाब कैसे करेंगे? कहाँ से लाएँगे इतना पैसा? देखिए, इस मसले का कोई उपाय ढूँढ़ेंगे।'' बापूराव मन ही मन खुश हो गए थे। उन्होंने एक योजना ही बना डाली मन ही मन। वेतन के बहाने इन लोगों को रोक लेना। इस दरमियान उस औरत को भेज दो, यह कहते हुए वक्त निकालना और खाड़िलकर, वसन्तराव देसाई, डॉक्टर भडकमकर वगैरा लोगों के द्वारा मध्यस्थता करवाकर इस औरत

को यहाँ से खदेड़ देना। इसलिए बापूराव ने ऊपरी पट्टी में सुर लगाया, ''कम्पनी कोई कुबेर का भंडार नहीं है। पता भी है, कितना वेतन बाकी है?''

अब गौहर समझ गई कि उसका भगवान अकेला पड़ गया है। कोई भी उसके साथ नहीं है। उसे लगा, उसे बाहर जाना चाहिए, उसके साथ दृढ़ता से खड़े रहना चाहिए। ब्याहता पत्नी की तरह चुपचाप कमरे में बैठे रहना उसे असह्य होने लगा। उसने सोचा, सीधे बाहर जाएँ और लोगों से कहें कि जिसे जाना हो वह जाए। जैसे-जैसे पैसे जमा होंगे, वैसे-वैसे तनख्वाह चुका देंगे। उसने निश्चय किया और बाहर निकलने का उपक्रम करने लगी, परन्तु तभी उसे गंधर्व की आवाज सुनाई दी। ''भगवन्, बकाया वेतन की चिन्ता मत कीजिए। बापूराव, बीमे के दस हजार रुपए आए हैं न? वे बाँट दीजिए।''

क्या? बीमे का पैसा? बापूराव के पैरों तले की जमीन ही खिसक गई। बाकी लोग भी चुप हो गए। उन्हें ऐसा कुछ नहीं चाहिए था। गौहर के कदम दरवाजे में ही ठिठक गए थे। कैसा इनसान है यह? गंधर्व ने सभी की तरफ देखा। ''भगवन्, पैसे मिलेंगे।'' और वे उठे। ''नाटक कला की ही अवनति का दौर शुरू हो चुका है। हम भी क्या कर सकते हैं। सुखी रहो।'' कहते हुए वे मुड़े। सभी समझ गए, अब वापसी के सारे रास्ते बन्द हो चुके हैं। इतने दिनों का गंधर्व नाटक मंडली का रिश्ता एक पल में टूट गया है। उन्होंने देखा, गंधर्व ज्यों के त्यों थे। उतनी ही विनम्रता से वे जा रहे थे। लेकिन अब वे अपने कमरे की तरफ न जाकर कोठी की बाईं तरफ जाने लगे। सभी की नजरें उन पर केन्द्रित हुईं और गंधर्व सभी के सामने, बिना किसी का लिहाज किए गौहर के कमरे की तरफ चल पड़े। गौहर को पता चला कि वे आ रहे हैं। उसी पल उसने निश्चय किया कि यही वक्त है अपने आदमी के साथ दृढ़ता से खड़े होने का। उसने दरवाजा खोला और बाहर आई। अब उसे जोश आया था। उसने देखा, सभी गंधर्व की पीठ की तरफ विस्मित होकर देख रहे हैं और गंधर्व उसके कमरे की तरफ आ रहे हैं। एक बार उसने सबकी तरफ नजरें घुमाईं। अब उसकी नजरों में दुनिया से लोहा लेने का भाव था। गंधर्व दरवाजे के पास आए। उन्हें भीतर आने के लिए रास्ता देती हुई वह दरवाजे में एक तरफ खिसक गई। गंधर्व भीतर आए। गौहर भी उनके पीछे-पीछे जाने लगी। जाते-जाते रुकी और उसने सभी की तरफ देखा। उसकी नजर मानो कह रही थी कि जानेवाले बेझिझक चले जाएँ। गंधर्व अब अकेले नहीं हैं। बाद में वह भी भीतर गई। दरवाजा बन्द कर लिया और गंधर्व से कसकर लिपट गई। गंधर्व को उसके अंक में बहुत सुकून महसूस हुआ। उनका अकेलापन कहीं का कहीं गायब हो गया।

दूसरे दिन से गौहर ने पूरे डेरे पर विचरना शुरू किया। वैसे भी डर, संकोच जैसे शब्दों से वह कोसों दूर थी। अब तो वह जिदपूर्वक अपना वजूद दिखाने लगी। यह कम्पनी का पड़ाव है, घर नहीं। कम्पनी में हुकूमत चलती है गंधर्व की और वे मुझे यहाँ लाए हैं। यही भाव उसके बर्ताव में नजर आ रहा था। गौहर जान चुकी थी कि ये लोग किसी कीमत पर मुझे अपनाएँगे नहीं, फिर मैं उनसे भीख क्यों माँगूँ! यह उसकी प्रकृति में कहाँ था? वह तो बस छीनना जानती थी।

शो खत्म होने पर गंधर्व लौटे। गौहर ने मन ही मन कुछ सोचा और उनके पास गई। उसने देखा गंधर्व एक हाथ से सिर थामे हुए हैं।

"सिर में दरद है क्या जी?" वे कुछ नहीं बोले। पर गौहर सीधे काम में जुट गई। "आप बैठिए, मैं दवा लाती हूँ।" वह भीतर गई। रसोई कोठी में पिछली तरफ थी। गौहर वहाँ गई। रसोइया सिटपिटाया। उसने उसे अनदेखा करते हुए हक से कहा, "सोंठ चाहिए। सिर में दर्द है उनके।" तभी पीछे से किसी की चूड़ियों की खनक सुनाई दी। लक्ष्मी भाभी थीं।

"वहीं रुको।" वे भीतर गईं। गौहर बरामदे में ही खड़ी रही। कुछ देर तक सोंठ पीसकर गरम किए जाने की आवाजें आती रहीं। भाभी बाहर आईं। सोंठ का गरम बर्तन कपड़े से हाथ में पकड़ा हुआ था। गौहर आगे बढ़ी। भाभी उसे अनदेखा करती हुई बाहर आईं। गंधर्व बैठक में बैठे थे। एक ही दिया जल रहा था। लक्ष्मी ने सोंठ का बर्तन नीचे रखा। पहले सभी दिए जलाए। बैठक में उजाला हुआ। बाहर अँधेरा था। झिंगुरों की आवाजें आ रही थीं। दूर किसी मन्दिर में भजन चल रहा था। भाभी ने अधिकार से गंधर्व का सिर पकड़ा और उस पर सोंठ की दवा मलने लगीं। गौहर पीछे ही खड़ी थी। उसकी समझ में नहीं आ रहा था कि क्या करे। वह पराए की तरह वहीं खड़ी रही। गंधर्व ने लक्ष्मी को दवा मलने दी और उठे। "भीतर बिस्तर डाला है।" और भाभी ने नौकर से उन्हें ले जाने को कहा। गंधर्व भी बिना कुछ बोले नौकर के पीछे-पीछे चले गए। गौहर अपने कमरे की तरफ चल दी। लक्ष्मी ने उसे रोका, "उनकी ब्याहता बीवी अभी जिन्दा है। कम्पनी के नौकरों को उनकी फिक्र करने की जरूरत नहीं।" और दिये बुझाकर भीतर चली गईं। गौहर अपनी ही जगह पर सन्न खड़ी रही। मैं कौन हूँ? क्या है मेरी जगह? जैसे सवालों ने उसके दिमाग में तूफान उठा दिया। वह अपने कमरे में आई। उसे अमीरआपा की बातें याद आईं, 'अगर सेठ पकड़ना है तो पैसेवाला देखके पकड़! यह क्या शादी करेगा तेरे साथ?' गौहर तकिया हाथ में लिये उस पर अपना गुस्सा उतारने लगी। उसकी समझ में आया, जितना सोचा था, उतनी आसान नहीं होती जिन्दगी। वह जिस डगर पर चल पड़ी है, बहुत कठिन है।

सुबह गंधर्व नींद से जागे और उन्हें एक परिचित आवाज सुनाई दी। देखा, दामादजी डॉक्टर वाबले पुणे से मिलने आए थे। "आइए भगवन्।" लेकिन उनका चेहरा देखकर वे समझ गए कि इस मुलाकात के पीछे लक्ष्मी का ही निमंत्रण होगा। "आता हूँ निबटकर।" और गंधर्व चले गए। "बिलकुल सुधाकर बन गए हैं। लाज-शरम कुछ भी बाकी नहीं रही। आँखों में शर्म का भाव भी नहीं। और वह डायन तो कल सीधे रसोई में घुसी। भ्रष्ट करने पर तुली है सबकुछ। लेकिन अपना ही सिक्का खोटा।" भाभी ने पल्लू आँखों से लगा लिया। गंधर्व की माँ पुणे में थी। इस कारण लक्ष्मी को यहाँ निराश्रित-सा लग रहा था। दामादजी के आने से उन्हें जरा सहारा मिला।

"मैं कुछ कहूँ उनसे?"

"कोई फायदा नहीं होगा।"

"फिर आप चलिए हमारे साथ।"

"क्या?" भाभी चौंक गई।

''जी हाँ, यहाँ रहेंगी तो कल अपमान भी कर सकती है वह डायन। नाना से कहिए आपका अलग प्रबन्ध करने को। कुछ दिन बीत जाने पर वे भी लौट आएँगे। ऐसी औरतें जिन्दगी-भर थोड़े ही टिकती हैं?''

बातचीत चल रही थी कि तभी गंधर्व आए। नौकर ने दूध और चाय लाकर रख दी। ''लीजिए।'' गंधर्व ने दूध का प्याला उठाया। वाबले मन ही मन शब्द सोच रहे थे। पर गंधर्व ने शुरुआत ही कर डाली, ''नई गायिका को मेरे किरदार में खड़ा करने की सोच रहे हैं। गौहर नामक स्त्री है। अच्छा गाती है।'' चाय गले में ही फँस गई वाबले की। लेकिन फिर भी हाथ की प्याली सँभालते हुए बोले, ''नहीं नहीं नाना, आपकी जगह कोई भी कैसे ले सकता है? और गाना? और नाना, यह देखने आएगा कौन?'' गंधर्व पल-भर चुप रहे। फिर बोले, ''हम सिखाएँगे, भगवन्। सब ठीक होगा।'' और दूध खत्म कर उठ गए। वाबले समझ गए, अब इससे आगे बात नहीं हो सकती।

''मुम्बई दौरे के बाद अलग ठिकाना देखेंगे।'' वाबले ने कहा और उठे। नासिक में ठीक-ठाक आमदनी हुई थी। लेकिन इसी पवित्र तीर्थक्षेत्र से लक्ष्मी भाभी का वनवास शुरू हो गया। मुम्बई दौरे में भाभी ने अपनी गृहस्थी एक बड़े-से घर में बसाई।

साने की दुकान में आज एक बड़ा-सा परिवार आया था। ब्याह की खरीदारी। आठ-दस औरतें और उनके पति। औरतों ने तो कब्जा ही कर लिया था साड़ियों के ढेर पर। पति लोग बेचारे एक तरफ बैठे हुए थे। साने ने पूछा, ''गन्ने का रस मँगाऊँ?'' और नौकर को रस लाने भेज दिया।

''इससे तो अच्छा है कि भोजन ही मँगाइए। अपनी पसन्दीदा साड़ियाँ चुनने में इन औरतों को रात हो जाएगी।'' सभी हँस दिए।

''हाँ, फिर यहीं से चल देंगे गंधर्व का नाटक देखने।''

''अरे वाह, गंधर्व का नाटक देखने जा रहे हैं? कौन-सा नाटक?'' साने ने पूछा।

''*सौभद्र*।''

''वाह, बढ़िया। फिर तो खूब मजा आएगा।'' साने ने दो-चार पदों का उल्लेख भी किया।

''अरे वाह, आप भी नाटक के शौकीन मालूम होते हैं।''

''हाँ, थोड़ा-बहुत है। बस गंधर्व को देखने जाता हूँ।''

''वाह, बढ़िया।'' शायद यह दूल्हे का बाप था। उसने नसवार चढ़ाई और साने की तरफ देखकर आँख झपकाते हुए बोला, ''जो सुना क्या वह सच है सानेजी?''

''क्या?'' साने समझ गए थे, पर उन्होंने अनजान बनकर पूछा।

''सुना है आपके उस गंधर्व को किसी मुसलमान औरत से प्यार हो गया है? इश्क में पूरा पागल हो गया है वह।'' इश्क, मुहब्बत, प्यार ये शब्द अब मध्यवर्गीय लोगों की जबान पर भी चढ़ चुके थे। फिल्मों की देन।

''नहीं जी, मैं क्या जानूँ? इस दुकान के मारे फुरसत ही कहाँ?'' और साने ने विषय बदल दिया। लेकिन बूढ़ा पक्का घाघ था।

''पर मेरे सुनने में आया है सब। हमारे वो मालशे हैं न, मेरे पड़ोसी, पक्के गंधर्व भक्त हैं। परसों कह रहे थे कि घर की लक्ष्मी को कहीं बाहर रख दिया है और ये डायन रहती है उनके साथ।''

''अरे साहब, नाटक की कलाकार है वह। डेरे में नहीं रहेगी तो और कहाँ रहेगी?'' साने ने अनजाने में गंधर्व की वकालत की।

''हूँ, अरे भाई, इन नाटकवालों का कोई भरोसा नहीं।'' बूढ़ा छींकते-छींकते बोलने लगा। उसके पास बैठे उसके दामाद ने और जोड़ा, ''अजी, सारी दुनिया जानती है। सुना है कम्पनी में ही गृहस्थी बसायी है उन्होंने।''

''लेकिन गंधर्व ऐसा करेंगे, लगता नहीं था जी,'' एक सभ्य दिखते आदमी ने कहा।

''अजी साहब, वो क्या आसमान से गिरा है? सभी नाटकवाले ऐसे ही होते हैं। भूखे।'' इस वाक्य पर दामादजी को सभी से तालियाँ मिलीं। इस तरह क्यों हँस रहे हैं ये लोग? खरीदारी करती औरतों ने भी पीछे मुड़कर देखा।

''ऊपर से देखो तो सभी दूध के धुले लगते हैं। मंच पर कैसे अच्छाई के पुतले लगते हैं। पर होते हैं सभी एक ही थाली के चट्टे-बट्टे।'' और एक ने अपना ब्रह्मज्ञान प्रकट किया।

''और क्या! ऊँचे वस्त्रों के भीतर सभी नटुवे नंगे।'' दामादजी ने अपने इस वाक्य पर एक और ताली वसूली। फिर उन्होंने अलग-अलग नटों के किस्सों की जुगाली करना शुरू किया और साने वहाँ से उठ गए। उनके भोले-भाले मन को सचमुच यह बर्दाश्त नहीं हो रहा था। मगर करे क्या? हम चाहे अपने कान बन्द कर लें, पर बोलनेवाले मुँह कैसे बन्द होंगे? पुणे, मुम्बई, सब तरफ गंधर्व-गौहर मामले का बोलबाला हो चुका था। कपड़े खरीदते-खरीदते उन लोगों ने गंधर्व की इज्जत की धज्जियाँ उड़ा डाली थीं।

पंडित द्वारकानाथ आजकल ग्वालियर में जा बसे थे। गाना, रियाज और संगीत साधना के चलते मुम्बई आकर गंधर्व के नाटक देखना सम्भव नहीं होता था। इसलिए जब भी उन्हें कोई मुम्बई से आया आदमी मिलता, तब एक ही सवाल होता उनका, हाल में देखा कोई नाटक गंधर्व का? लेकिन आजकल जो भी मिलता, उनकी बरबादी के ही किस्से सुनाता। सुना है, अब वालावलकर, हरिभाऊ भी नहीं हैं कम्पनी में। कृष्णा चोणकर ठीक-ठाक नट है, दुर्गाराम भी अच्छा है, लेकिन पुरानी शान कुछ और ही थी। पर गंधर्व अभी भी वैसा ही गाते हैं और दिखते भी हैं सुन्दर। द्वारकानाथ को अच्छा लगता। लेकिन आज मुम्बई से आए मेहमान ने एक अलग ही समाचार दिया था। सुना है, गंधर्व की भूमिका अब कोई दूसरी स्त्री करेगी।

''कौन स्त्री?'' पंडितजी ने पूछा।

''रखैल है उनकी।'' मेहमान ने बताया।

''क्या?'' पंडितजी चौंके। ''नहीं जी, नहीं। गंधर्व के बारे में ऐसी ऊटपटांग बातें मत कीजिए।''

''अजी, हमें भी कहाँ यकीन हुआ था? लेकिन आजकल जो भी सुनता हूँ, चौंक जाता हूँ। सुना है, पूरी कम्पनी हथिया ली है उस स्त्री ने। उसकी ही बीन पर डोलता है ये नागराज!'' पंडितजी को पल-भर के लिए कुछ भी सूझ नहीं! गंधर्व यानी शालीनता,

शुचिता। प्रात:स्मरणीय नाम है यह। सब झूठ है। साजिश है। इसमें से भी वे सही-सलामत बाहर निकल आएँगे। उन्होंने विषय ही बदल डाला। उनका मन उनसे कह रहा था, यह सम्भव नहीं है, असम्भव।

बूढ़े दाढ़ीवाले ने कम्पनी के पड़ाव में एक बिछौना और कुछ सन्दूक लाकर रख दिए। गौहर ने उसे सब सामान भीतर के कमरे में रखने को कहा। बूढ़ा गर्दन झुकाए बोला, ''अमीर आपा का खत आया था। पूछ रही थी, कैसी है गौहर।'' गौहर हँसी। दिल से हँसी। ''लिखूँगी उसे, बहुत खुश हूँ मैं।'' सचमुच, गौहर बहुत खुश थी। वह अपने भगवान के साथ रहती थी। उनका सान्निध्य पाती थी, और खास बात, उसके साथ उसका नाम जोड़ा जा रहा था। अमीर आपा ने भी कई मालिक बदले। उनके साथ उसका भी नाम जोड़ा गया। लेकिन वे लोग कौन थे? जेब में चार पैसे खनकानेवाले अमीरजादे। लेकिन इस आदमी के पास जो दौलत है, वह उसे खुदा ने दी है। अल्लाह की नेमत है। और क्या चाहिए जिन्दगी में? गौहर ने मन ही मन पत्र का मसौदा बना डाला। बूढ़े ने सामान रखा और तभी गौहर के कानों पर गंधर्व की एक सुरीली तान पड़ी। शायद रियाज शुरू हो गया था। वह बाहर आई और कमरे के सामने से गुजर रहे नौकर से पूछा कि उनके रियाज की जगह पर पानी, मिश्री रखी है या नहीं। उसने उनका मसाला दूध बनाने का हुक्म दिया और कोठी के चौक में आई। देखा, कलाकार गप्पें हाँक रहे हैं, कोई हजामत बना रहा है, कोई फंकी मार रहा है। ऊपर से ऐसी अनुपम तानें सुनाई दे रही थीं, पर यहाँ एक भी बन्दा ऐसा नहीं था जिसमें उन्हें आत्मसात करने की इच्छा हो। उसने देखा, गाँव के ऐरे-गैरे भी गप्पें हाँकने आए हैं। चाय और नाश्ते के थाल घूम रहे हैं। घर के माल की तरह भीड़ मौज उड़ा रही है। उसने मन ही मन कुछ सोचा और कोठी के पिछले हिस्से की तरफ चल पड़ी। उसकी आहट पाते ही लोगों में तनिक बेचैनी फैल गई। आवाजें धीमी हुईं। वह उनकी तरफ ध्यान दिए बिना चली गई। उसके पीठ पीछे आँखों ही आँखों में इशारे हुए, जो उसकी पीठ को भी महसूस हुए। लोगों के चेहरों पर उभरे कुत्सित भाव उसकी पीठ ने भी पढ़ लिये। वह रसोई की तरफ चल पड़ी।

उसने देखा, नौकर बैलगाड़ी से चावल के बोरे उतार रहे थे। सब्जियाँ, दलहन सब था। उसने मन ही मन सोचा कि पड़ाव के लोगों की संख्या देखते हुए कम से कम दो सप्ताह चलना चाहिए यह राशन। नौकरों ने माल उतारा और पूछा कि बापूराव कहाँ हैं और उनसे पैसे लेने के लिए चले गए। गौहर ने निश्चय किया कि इस फिजूलखर्ची पर रोक लगानी चाहिए। वह पीछे मुड़ी। गंधर्व रियाज खत्म कर दूध पी रहे थे। पास ही बापूराव बैठे थे, ''हफ्ते-भर का राशन लाकर डाल दिया है।'' उन्होंने हिसाब के कागज सामने रखे। गंधर्व ने बस नजरें दौड़ाईं और कागज अलग रख दिए। बापूराव कागज उठा ही रहे थे कि गौहर ने उठा लिये और हिसाब देखने लगी। बापूराव को यह अखर गया, लेकिन चेहरे पर उन्होंने कोई भाव नहीं दिखाया। गंधर्व का चेहरा ज्यों का त्यों था। मासूम। गौहर ने कागज देखे और पूछा, ''कम्पनी में लोग तो ज्यादा नहीं हैं, फिर हफ्ते-भर में कैसे खत्म हो गया इतना राशन?'' बापूराव के चेहरे ने बता दिया कि इस सवाल का

जवाब देना जरूरी नहीं है। लेकिन गौहर ने पीछा नहीं छोड़ा, ''बाहरी लोग आते हैं खाने के, नाश्ते के समय पर।''

''कम्पनी के मेहमान होते हैं वे।'' बापूराव तल्खी से बोले।

''मेहमानों से कहिए, दिवाली और दशहरे पर आइए, रोज-रोज नहीं। दो हफ्ते चलेगा ये राशन।'' वह उठी और गंधर्व से ''पानी रखती हूँ नहाने का'' कहती हुई सीढ़ियों की तरफ जाने लगी।

''अच्छा, अब हमें इनसे सीखना होगा कि कम्पनी कैसे चलाते हैं?''

बापूराव के शब्द उसने सुने और वह सीढ़ियों के पास रुक गई। लेकिन तभी गंधर्व की हँसी उसके कानों पर आई। वे कह रहे थे, ''बापूराव, एक औरत ही रसोई में अनुशासन ला सकती है। फिक्र से कहा होगा बेचारी ने।'' गौहर के चेहरे पर सन्तोष की मुस्कान छा गई। उसे महसूस हुआ, मेरा भगवान मेरे साथ है। कम्पनी में चल रही धाँधली पर रोक लगानी ही होगी। लेकिन बापूराव को बात अखर गई। उन्होंने तय किया कि इस औरत की दखलन्दाजी बर्दाश्त नहीं करेंगे।

लेकिन गौहर ने मानो तय कर लिया था कि सबकुछ अपने हाथों में लेना है। रात में उसने रसोइए से पत्तलों का हिसाब माँगा और पूछा, ''ज्यादा सत्ताइस पत्तलें किसके लिए लगाई गई थीं? किसके मेहमान आए थे? और यदि वे गाँव के ही लोग थे तो दोनों जून खाने के लिए यहाँ कैसे आए?'' सवालों से रसोइया हड़बड़ाया। फिर उसने कल के लिए रसोइए को हुक्म दिया, ''सभी के लिए एक जैसा भोजन बनेगा। व्रत के पदार्थ व्रतवालों को ही दिए जाएँगे। अन्य किसी को नहीं। दोनों जून भोजन में मीठे पकवान बनाने की आवश्यकता नहीं। पत्तल में चार-चार सब्जियों की जरूरत नहीं।'' कम्पनी में खलबली मच गई। दूसरे दिन गप्पें हाँकने आए लोगों को नाश्ता नहीं मिला। भोजन के समय भी उनकी पत्तलें नहीं बिछीं। भोजन स्वादिष्ट, पौष्टिक और भरपेट था, लेकिन पत्तलें पकवानों से लबालब नहीं थीं। भोजन के समय गौहर कमर पर हाथ रखे खड़ी थी। थाली में जूठन छोड़नेवालों को उसने 'जितना चाहिए उतना ही लिया कीजिए' सुनाया और कलाकार भड़क उठे। भोजन के बाद दो-चार घंटे आराम से लेटनेवाले कलाकार इकट्ठा हुए और इस जुल्म के खिलाफ बोलने लगे, ''अजी, *गंधर्व कम्पनी* की पंगत की तुलना पेशवाओं की पंगत से होती है। ये भिखारन क्या जाने उस शान को?''

''अजी, कभी-कभी पत्तल में घी इतना परोसा जाता कि कटोरी की दाल से घी ज्यादा हो जाता, और आज पत्तल में घी बस चार बूँदें? अजी, जितना खाते थे, उससे ज्यादा फेंकते थे। यह है हमारी परम्परा और ये आँखें गड़ाए देखती रहती है।''

''नहीं नहीं। ऐसा जेल के कैदियों जैसा भोजन नहीं उतरेगा हलक से मेरे।''

''लेकिन इसकी अकड़ क्यों सहे? बापूराव से कहो कि इसे अपनी औकात में रहने को समझाए। कम्पनी की नौकर है, मालकिन की अकड़ न दिखाए।'' बाहरी ऐरे-गैरों ने भी आग में घी डाला।

''अजी, कम्पनी को अपना घर समझते हैं हम। प्यार से बुलाते हैं, तभी तो हम आते हैं, और ये औरत हमारा ऐसा अपमान करती है?'' एक ने यह सुर लगाया, तभी दूसरा

आहत सुर में बोला, "मुझसे पूछती है कि ठीक भोजन के समय पर ही कैसे आते हो? अरे, दस मुहल्लों में पूजा-पाठ करते हैं हम, हमारे लिए उस पकवान का क्या मोल? हर रोज प्रसाद आता है हमारे घर दगड़ेश्वर मन्दिर से। इस जैसी दस को खिला सकते हैं।"

सभी क्रोध से उबल रहे थे। प्रस्ताव ही पास किया गया कि समय रहते इसे रोका नहीं गया तो बाद में यह सिर पर चढ़ जाएगी। बापूराव की अगुवाई में सारी शिकायतें गंधर्व के कानों पर डालना तय हुआ और सभी गंधर्व के पास आए।

"नाना... ?" पुकार सुनकर गंधर्व ने आँखें खोलीं। सभी को एकसाथ देखकर उन्हें आश्चर्य हुआ।

"बोलिए भगवन्।" वे उठ बैठे। सभी ने उनके कान फूँके। बात का बतंगड़ बनाते हुए कहा कि किस प्रकार भोजन की पत्तलों से लोगों को उठा दिया। गंधर्व चुप हो गए। अन्न के लिए किसी का दिल दुखाना उनकी प्रकृति में भी नहीं था और संस्कारों में भी। उनको सोच में पड़ा देख सभी ने हमला और तेज किया। नाप-तौलकर भोजन परोसे जाने की बात बताई। लोग थाली से अधपेट उठ रहे हैं, सुनकर तो गंधर्व की आत्मा कलप उठी। आखिरकार सभी ने गंधर्व से एक विनम्र प्रार्थना की कि गौहरबाई अपनी भूमिका सीखना प्रारम्भ करें और कम्पनी के कारोबार में दखल न दें। गौहर शरबत लेकर ऊपर आई। सभी को एक साथ देखकर समझ गई कि यह शिकायत समारोह है। लेकिन बिना कुछ बोले उसने शरबत नीचे रखा। गंधर्व ने उसकी तरफ देखा और अत्यन्त कोमल स्वर में बोले, "गौहर, बापूराव और अन्य लोगों का कहना है कि कम्पनी में हो रहे बदलाव कम्पनी की ख्याति की दृष्टि से ठीक नहीं हैं। इसलिए कल से बापूराव को ही सब सँभालने दो।" गौहर ने बस गर्दन हिलाई। कोई प्रतिवाद नहीं किया। सारी मंडली जीत की खुशी में झूम उठी और उठकर बाहर चली गई।

कोठी के चौक में मानो विजयसभा ही सम्पन्न हुई। "जाति-धर्म कोई भी हो! हमें उससे कोई लेना-देना नहीं। कादरबख्श, तिरखवाँ साहब थे न कम्पनी में। लेकिन उन्होंने अपनी सन्तान जैसा प्यार दिया हमें। घुल-मिल गए थे हमारे साथ। और ये...है कौन? चली है मालकिन की अकड़ दिखाने?"

गौहर को परास्त करने की खुशी सभी के चेहरों पर झलक रही थी। खाली प्याले लेकर गौहर सीढ़ियाँ उतर रही थी। उसे देखकर तो एक ने रसोइए को हुक्म ही दे डाला, "बाबू, आज की रात खिला हमें कढ़ी-चावल। कल से दुबारा पेशवा राज अवतरित होगा कम्पनी में।" गौहर रुकी नहीं। उसे मजाक उड़ाए जाने से उड़नेवाले हास्य के फौवारे समझ में आ रहे थे। मन ही मन वह इतना ही बोली, 'कल! लेकिन आज और कल के बीच एक रात होती है। रात!' और वह रात की तैयारी में लग गई।

रात का शो खत्म करके गंधर्व लौटे। शो के बाद वे कभी भोजन नहीं करते थे। बाकी लोग भी खिचड़ी-दूध जैसा कुछ खाकर सो जाते। गंधर्व आए और कमरे की तरफ चल पड़े। दरवाजा बन्द था। उन्होंने दरवाजा धकेला और उन्हें इत्र की तेज खुशबू आई। उन्होंने पहचाना, खालिस ईरानी इत्र की खुशबू। और लम्बी साँसें लेते हुए उन्होंने वह खुशबू सीने में भर ली। उन्होंने देखा, गौहर आईने के सामने इधर पीठ किए खड़ी थी।

दाँत में साड़ी का पल्लू पकड़े कुर्ती ठीक कर रही थी। गंधर्व की आहट पाते ही उसने चेहरे पर आश्चर्य पोत लिया और बोली 'या अल्लाह।' तभी साड़ी का पल्लू नीचे गिर गया। उसे उठाने के बहाने वह नीचे झुकी और पहले ही पल में उसने उनकी नजरों को कैद कर डाला।

फिर पल्लू सँभालते हुए वह उनके पास गई। उनकी टोपी उतारकर खूँटी पर टाँग दी और "बैठिए जी" कहते हुए उन्हें बिठाया। "कैसा हुआ शो? थक गए क्या?" कहते हुए हल्के हाथों से सिर दबाना शुरू किया। गौहर में प्रणय की कला जन्मजात थी। ऊपर से बहन का, माहौल का असर...। फिर उसने स्पर्श, गन्ध, श्वास के हथियार निकाले। गंधर्व की थकावट धीरे-धीरे दूर होती गई और बदन में आग जलने लगी। अब वे एक अलग ही मदहोशी अनुभव करने लगे। अब गौहर आक्रामक हो गई। मानो उसने उन पर कब्जा ही कर लिया। उसे पता था कि स्त्री का आक्रामक होना गंधर्व को पसन्द है। दोनों की भूमिकाएँ कब बदल गईं, उनको भी पता नहीं चला। उसकी स्त्री देह की आक्रामकता उफनकर बाहर आती गई। उसके भीतर की हुकूमत की भावना बाढ़ के पानी की तरह स्त्री देह के, स्त्रीत्व के सारे बन्धन तोड़कर बहने लगी...और गंधर्व उस धाँधलीबाज प्रपात का जोश अपनी देह में पचाते रहे...प्रपात की शरण में जाते रहे...समर्पित होते रहे...तृप्त हुए।

काफी देर बाद गौहर अलग हुई। वे वैसे ही लेटे रहे...मसले गए बेला के फूलों के बीच...बेला के फूल जैसे...। उन्होंने सोचा, कौन कहता है मैं पचास की तरफ झुक गया हूँ? यह भावना उन्हें सुख देती रही। वे उस सुख को देह में, दिल में उतारते रहे। काफी देर तक। उन्हें लगा, मैं आदी हो गया हूँ इस धाँधलीबाज प्रपात का। वे दुबारा उससे लिपट गए और अस्फुट-से बुदबुदाए...गौहरबाबा...गौहरबाबा...।

सुबह हुई। गौहर उठी और उसने अपने बालों का जूड़ा बनाया। उसने देखा, गंधर्व के विरल हो रहे बाल हल्के-हल्के लहरा रहे हैं। उसके मन में भक्तिभाव उमड़ आया। उसने उनके अस्त-व्यस्त हुए कपड़े ठीक किए, उन पर ओढ़ावन ओढ़ाया, बाल ठीक किए और उनके माथे पर प्यार से हाथ फेरते हुए बाहर आई। नहाकर लौटी तब भी गंधर्व सोए हुए थे। लेकिन उसने उन्हें जगाया नहीं। अपने खुले बाल बाँधे और तभी उसे बाहर आदमियों की आवाजाही सुनाई दी। शायद सभी उठ गए थे। वह सीधे रसोई में गई। देखा, रसोइए ने सेंकने के लिए सूजी निकाली है, पोहे भी भिगोए हैं और साबूदाना भी निकाल रखा है। उसने उसे बुलाया। नाश्ते में चार पदार्थ किसलिए? केवल पोहे बनाओ। व्रत कितने लोगों का है?"

"सोलह।" रसोइया बोला।

"फिर इतना साबूदाना किसलिए? सोलह लोगों का निकालो और बाकी रख दो।" और उसने साबूदाना उठा लिया। रसोइये की कुछ भी समझ में नहीं आ रहा था। लेकिन उसकी नजरों का रोब देखकर उसने चुपचाप वैसा ही किया। फिर गौहर बाहर आई। कुछ मेहमान दिखाई दिए। उसने पहचाना कि गौहर का काँटा निकल जाने की खबर उन लोगों तक जरूर पहुँची होगी। वह उनके सामने ही चली गई।

"क्यों, आज भी मेहमान?"

"जी हाँ। रिश्ते-नाते अहम मानते हैं हम।" एक ने कुत्सित ढंग से जवाब दिया।

गौहर हँस पड़ी। "ऐसा? क्या ये मेहमान आज आपको नाश्ते के लिए अपने घर बुलाने आए हैं? जाइए जाइए।" फिर भीतर मुड़कर रसोइए से बोली, "इनका नाश्ता आज बाहर ही होगा, मेहमान जो आए हैं उन्हें लेने के लिए।" और चली गई। बोलनेवाला सिटपिटा गया। मेहमान भी शर्मिंदा।

तभी परोसिया आया और पोहे परोसे गए। सुदामराव ने पूछा, "हलुवा नहीं बनाया?" रसोइए ने गर्दन झुका ली। सुदामराव पहचान गए, आज भी देवीजी ने भाँजी मारी है। लेकिन वे चुप रहे। सभी नाश्ता करने लगे। विद्रोह की चिनगारी जल जाए तो सभी टूट पड़नेवाले थे। लेकिन आगाज करेगा कौन? तभी रतन ने पोहे खत्म कर खिचड़ी की माँग की। लेकिन गौहर की बुलन्द आवाज गूँज उठी, "पोहे खा लिए न? अब टूट गया व्रत! खिचड़ी अगले व्रत के समय लीजिए। आज पूरी नहीं पड़ेगी व्रतवालों को।" रतन के हाथ की थाली हाथ में ही रह गई। परोसिए ने भी हिम्मत नहीं की परोसने की। गौहर समझ गई, उसका हेतु सफल हो चुका है। फिर वह चली गई।

"ये औरत खुद को समझती क्या है? मालकिन?" रतन बिगड़ गया।

तभी बापूराव आए। "आइए बापूराव, आइए। व्रत हो तो ही हाथ लगाइए खिचड़ी को। नया निजाम शुरू हो गया है। मुगल सल्तनत का, मुगल।" अपनी 'मुगल' शब्द-योजना पर सुदामराव मुग्ध हुए और खिलखिलाकर हँस पड़े। बापूराव ने सब सुन लिया और क्रोधित हुए। "अभी तक इसकी हेकड़ी कायम है? चलिए।" वे गंधर्व के कमरे की तरफ जाने लगे। अन्य लोग भी अभियान पर जाने की तरह चल पड़े। लेकिन अभी चार सीढ़ियाँ भी नहीं चढ़े थे कि गंधर्व खुद बाहर निकल आए। उनके पीछे गर्दन झुकाए गौहर। गंधर्व की आँखों पर रात की नींद थी और रोम-रोम में रात का शृंगार...।

"नाना," बापूराव बोलने लगे, "कम्पनी में प्रबन्धक है। कलाकार को प्रबन्धन में दखलन्दाजी नहीं करनी चाहिए।"

"हूँ।" गंधर्व रुके। फिर बापूराव बोले, "कम्पनी के कुछ रीति-रिवाज हैं। वे पहले सीख लेने चाहिए बाहरवालों को।" गंधर्व के चेहरे पर कोई प्रतिक्रिया न देख बापूराव तनिक सिटपिटाए और गंधर्व के बोलने की प्रतीक्षा करने लगे। गंधर्व ने सभी की तरफ देखा, "बापूराव, अपने घर की नाटक कम्पनी थी गौहरबाबा की। आपके लिए अच्छा ही हुआ जो मदद के लिए एक साथी मिल गया।" कहते हुए वे चले गए। सभी अवाक्। सभी समझ गए, गंधर्व ने इस मामले में अपने कान बन्द कर लिये हैं। गौहर ने एक बार सभी की तरफ देखा। बापूराव की ओर भी। "किसी के मेहमान हो तो एक दिन पहले बताया कीजिए, फिर उसके हिसाब से राशन निकाला जाएगा। ऐन समय पर कोई आएगा तो झमेला हो जाएगा जीऽऽऽ।" और शान से चली गई। बापूराव भी अपमानित होकर पीछे लौट पड़े। लेकिन रतन बहुत ज्यादा उत्तेजित था। "वो कुछ नहीं। अभी के अभी फैसला करेंगे।" और वह गंधर्व की दिशा में जाने लगा। लेकिन सुदामराव ने उसे रोका। रतन को आश्चर्य हुआ कि सुदामराव ने हथियार अचानक म्यान में क्यों कर लिये? दरअसल, सुदामराव को भी गंधर्व के ठंडेपन पर आश्चर्य हुआ था, लेकिन उन्हें इससे ज्यादा डर

लगा 'गौहरबाबा' शब्द से, जिसे गंधर्व ने गौहर को पुकारने के लिए इस्तेमाल किया था। भीतर से एक अशुभ संकट का एहसास हुआ और सुदामराव पीछे मुड़ गए।

गंधर्व पर कब्जा करने के बाद गौहर ने रसोईघर पर कब्जा कर लिया। उसने राशन नाप-तौलकर देना शुरू किया। अब बाहरी बेकार की भीड़ दिखाई नहीं देती थी। खर्च पर लगाम लग गया। अब उसने अपने पसन्दीदा व्यंजन बनाने शुरू किए। सप्ताह-भर यह उपक्रम जारी रहा। गंधर्व ने भी हर सवाल पर 'गौहरबाबा से कहिए' या 'गौहरबाबा से पूछिए' का जवाब देकर गौहर के निर्णयों का समर्थन करना शुरू किया। दाढ़ीवाले बूढ़े को यह सब दिखाई दे रहा था और खटक भी रहा था। उसने गौहर को बचपन से देखा था। उसकी जिद, उसका गुस्सा, सबसे वह परिचित था। उसके तजुर्बेकार सफेद बाल उससे कह रहे थे कि गौहर को यह बहुत महँगी पड़ेगी। ऐसा रिश्ता कभी कामयाब नहीं होता। वह भीतर से बेचैन हो रहा था। उसे पता था कि गौहर इस घर के लिए चाहे जिस तरह से खड़ी हो जाए, उसका स्थान रखैल का ही रहेगा। रात का भोजन खत्म हुआ। बूढ़े ने जैसे-तैसे दो कौर निगले। गौहर बनाव-शृंगार कर रही थी। गंधर्व के आने में अभी देर थी। बूढ़ा उसके पास आया। वह आईने में देखकर बाल बना रही थी। साँवली और मजबूत कदकाठी की गौहर को पुरुष बनकर ही जन्म लेना चाहिए था।

"गौहर, मेरा दिल यहाँ नहीं लगता।"

"आदत पड़ जाएगी चचा।" उसने बिना देखे कहा।

"गौहर।" मानो उसके हृदयतल से आवाज निकली, "वापिस चलो।"

"क्यों चचा? आपको भी डर लग रहा है इस रिश्ते से? चाहे पंडित-मौलवी के सामने हमने एक-दूसरे को न अपनाया हो, फिर भी जान की बाजी लगाकर निभाते हैं हम यह रिश्ता। दृढ़ता से। मुझे पता है कि मेरा आदमी कभी भी मुझसे जुदा हो सकता है, अपने घर वापिस लौट सकता है, फिर भी! यूँ ही नहीं चचा...।"

"यह आदमी उनका खुदा है रे, भगवान है। तू आग में हाथ डाल रही है पगली।"

"खुदा तो मेरा भी है वह। परवरदिगार।" गौहर हँसी।

"कैसे समझाऊँ तुझे? तेरी बात अलग है।"

"क्यों?" वह गर्र से मुड़ी। "अलग क्यों?"

बूढ़ा शब्दों में बयान नहीं कर पा रहा था, लेकिन उसे पता था कि यह सब गौहर को कहाँ लेकर जाएगा। उसे यह भी पता था कि गौहर का निर्णय खुदा भी नहीं बदल सकता, और इसीलिए वह तड़प रहा था। उसे पता था कि गौहर कम्पनी पर कब्जा नहीं करना चाहती। कम्पनी की मालकिन नहीं बनना है उसे। लेकिन उसका स्वभाव किसी मुखिया जैसा था, हर बात में दखल देना। वह अलग रह ही नहीं सकती थी।

"बेटी, तेरे यहाँ आने से उनके बीच झगड़े शुरू हो गए हैं।" वह तड़पा।

"क्यों? मैंने क्या किया?"

"गौहर!" बूढ़े ने बस गर्दन हिलाई और चुप हो गया।

"चचा, मुझे मालकिन नहीं बनना है। उनके साथ रहना है, सीखना है। बहुत भोले हैं वो। इन लोगों ने उन्हें बेच-बेच कर कुतर डाला है। बेचारे। भाई की गृहस्थी भी वो

ही चलाते हैं। थक गए हैं वो। एक हाथ चाहिए उन्हें मदद के लिए। मुझसे माँगा, जहे-किस्मत। उन्हें सुकून में देखती हूँ तो बहुत अच्छा लगता है। वे हँसते हैं तो मुझे खुशी होती है। चचा, क्या ये कोई गुनाह है?''

''गौहर गौहर...बेटी!'' बूढ़ा उसकी तड़प समझ भी रहा था और इसी कारण परेशान भी था। कोई अच्छा दूल्हा देखकर निकाह क्यों नहीं कर लिया इस लड़की ने? यह कैसी मुहब्बत है? जिन्दगी को दोजख बनानेवाली? इस नाटक की दुनिया में मुहब्बत से कोई सुखी हुआ है भला? लेकिन गौहर कुछ भी सुनने की हालत में नहीं थी। अकल पर परदा डाल देती है मुहब्बत। अब कहने से कोई फायदा नहीं। वह समझ गया और उठा। बोला, ''मुझे बेलगी जाने दे वापिस।''

''चचा?'' गौहर ने आश्चर्य से देखा।

''हाँ बेटा। अब तो जिन्दगी खत्म होने को है। बेलगी की किसी दरगाह में बैठकर इबादत में जिन्दगी काट दूँगा।''

गौहर को चचा के चेहरे पर अपने लिए तड़प महसूस हुई। उसने उसके हाथ अपने हाथों में लिये और बोली, ''मेरी फिक्र मत कीजिए चचा। मेरा खुदा भी यही है और इबादत भी।''

''मैं आशम्मा को भेजता हूँ तेरी सोहबत के लिए।'' और बूढ़ा उठकर चला गया। गौहर सुनसान दरवाजे की तरफ देखती रही। बचपन से साथ था चचा का। कब वह नाटक कम्पनी में आया और कब नाटक कम्पनी का होकर रह गया, उसे याद भी नहीं। पेट पालने के लिए आया था, लेकिन दिल लग गया इनसानों से। बाद में कम्पनी बन्द हुई फिर भी साथ रहा। ऐसा आदमी भी समझ न पाए दिल का लगना? या मेरे लिए दिल टूट रहा है, इसीलिए जा रहा है? उसने आईने में देखा। खुद को निरखा और एक निश्चय के साथ खड़ी हुई। उसे लगा शायद वह रो देगी। भीतर कहीं कुछ टीस रहा था। फिर भी बिना डगमगाए वह खड़ी हो गई। अब किसी बात की, किसी भी विरोध की परवाह नहीं करनी है। उसने सुरमे की तीली उठाई और आँखों पर फेरी। मानो आँसुओं से कह रही हो कि इस रेखा के बाहर कदम भी मत रखना।

वह दरवाजे के पास आई। रात ने कोठी पर ओढ़ावन ओढ़ाया था...गंधर्व के आने का समय हो रहा था। उसने सारे विचार पीछे छोड़ दिए और आज रात की नई रतिक्रीड़ा की योजना बनाने लगी। दुनिया का मनोरंजन करके लौटनेवाले उसके अपने आदमी को रिझाना उसका कर्तव्य था। वही उसका धर्म था...।

सप्ताह-भर बाद बैलगाड़ी भरकर फिर सब्जियाँ और राशन आया। बापूराव ने नौकर से सारा सामान कोठी में रखने को कहा। सामान उतारना शुरू हुआ और तभी गौहर बाहर आई, ''ठहरो।''

बापूराव के मन में कड़ुवाहट उभरी, ''क्यों?''

''अभी हफ्ता-भर चलेगा वह बचा हुआ राशन!'' दुकानदार हैरान। हमेशा कम पड़नेवाला राशन, सब्जियाँ दो-दो महीने चलने लगीं?

उसने बापूराव की तरफ देखा। ''कैसे चलेगा? हमेशा हर सप्ताह लेते हैं हम इतना।''

"हमेशा की बात और है। अब सब बदल गया है। जाकर देखिए जरा कमरे में। सब का सब पड़ा हुआ है।" फिर दुकानदार से मुखातिब होकर बोली, "आप जाइए। जरूरत होगी तब कहूँगी आपसे। जाइए।" दुकानदार ने बापूराव की तरफ देखा। उनकी मजबूरी वह समझ गया। लदी हुई बैलगाड़ी लेकर वह पीछे लौटा और सारे बाजार में खबर फैल गई कि देवीजी ने कम्पनी की चाबियाँ अपने हाथों में ले ली हैं। बापूराव नामधारी बन गए हैं। बाजार में 'गंधर्व मोहिनी' अब चर्चा का विषय बन गई।

कम्पनी के लोग भी समझ चुके थे कि अब बापूराव के हाथों से सब फिसल रहा है और स्वयं गंधर्व के भी। फिर भी उनके साथ रहना चाहिए, इसी भाव से वे कम्पनी का, गंधर्व का साथ देते रहे। एक दिन सारे हिसाब और आमदनी का गणित देखकर उन्होंने गंधर्व को पकड़ा। दोपहर के भोजन के बाद गंधर्व आराम कर रहे थे। साथ में गौहर भी थी। "नाना, जरा बात करनी है," बापूराव ने शुरुआत की। अब गंधर्व गौहर को बाहर जाने के लिए कहेंगे, इस उम्मीद से वे जरा रुके। लेकिन गंधर्व ने गौहर से कुछ नहीं कहा। वह भी बैठी रही, "जरा पैसों के बारे में बात...।" वे फिर रुके। इसके बाद भी गंधर्व को चुप देखकर निरुपाय बापूराव ने बोलना शुरू किया, "मुझे लगता है, वसन्तराव की सूचना पर दुबारा गौर करना चाहिए।"

गंधर्व कुछ कहते इससे पहले गौहर ही बोली, "दिवाला घोषित करने की बात न?" लेकिन बापूराव ने उसकी बात को अनदेखा किया, "वे कह रहे थे, दिवाला...।"

"ऐसा भी कोई बोलता है भला?" गौहर ही बोलने लगी। "कहने में क्या जाता है जी उनका? चार लोगों में इज्जत है, लोग भगवान मानते हैं इन्हें। कर्ज चुकता हो जाएगा नाटक से।"

बापूराव ने गंधर्व की तरफ देखा।

"सच ही तो है। आज तक क्या कर्ज नहीं चुकाए हमने? नाटक धन्धे में कर्ज होता ही है। वीरों की देह पर जख्म, वैसे ही हमारे सिर पर ये कर्ज। लेकिन अब गौहरबाबा है स्त्री भूमिका करने को। जल्द ही अभ्यास शुरू करना है इनका! सिखानी है भूमिका। बापू, फिक्र मत कीजिए।"

बापूराव ने देखा, गंधर्व गौहर की हाँ में हाँ मिला रहे हैं। उसी के इशारों पर नाच रहे हैं। उसी की भाषा बोल रहे हैं। पहले माँ, फिर पंडित और अब ये। माँ और पंडित का चलो ठीक था, लेकिन ये...ये तो जनाने में घुसी नागिन है। उन्होंने अपने हाथ के हिसाब के कागज गंधर्व के सामने रख दिए।

"नाना, तो फिर मुझे इस जिम्मेदारी से आजाद कर दीजिए।" गंधर्व ने एक बार उन कागजों की तरफ देखा और कहा, "ठीक है।" और कागज उठा लिये। बापूराव उठे, गंधर्व के पैरों पर अपना माथा टेका और "चलता हूँ" कहकर सीढ़ियाँ उतरने लगे। संगीत साधना करनी थी, नाटक में काम करना था। नहीं बन पाता गंधर्व, पर कम से कम अपने ढंग से जी तो लेता। कम्पनी के लिए सबकुछ छोड़ दिया और बदले में क्या मिला? यही हिसाब बापूराव के दिमाग में मँड़रा रहा था। जवाब के स्थान पर बस एक शून्य दिख रहा था। सीढ़ियाँ उतरकर वे नीचे आए।

नीचे बैठे लोगों की तरफ देखकर उनका गला भर आया। अब इनका सान्निध्य भी खत्म। वे बिना कुछ बोले अपने कमरे में गए। नौकर से ताँगा मँगाया और सामान समेटने लगे। सामान भरकर बाहर आए। तब तक सबको हाल पता चल चुका था। पत्नी, सगा भाई सब छोड़कर जा रहे हैं और इस देवता जैसे आदमी पर कोई असर नहीं? यह आदमी ऐसा पत्थरदिल कैसे हो गया? एक औरत के पीछे यह आदमी...छी! सभी बापूराव के पास इकट्ठा हुए। बापूराव ने सभी को प्रणाम किया।

बापूराव चले गए। आँखें पोंछता हुआ रतन बोला, "दुर्गाराम कह रहे थे, उस दिन भोजन के बाद वापिस बुलाकर काला जादू किया है इस औरत ने।"

"सच ही होगा। वरना ऐसा कैसे होता?" रसोइया भी तड़पा।

गंधर्व के मन में भावनाओं का तूफान मचा हुआ था। अरे, समझने का प्रयास क्यों नहीं करता कोई इस लड़की को? इसने गाँव छोड़ दिया, खून का रिश्ता तोड़ दिया। फिल्मों में रहती तो काफी पैसा कमाती! लेकिन केवल *गंधर्व कम्पनी* के लिए यहाँ आई। नाटक से प्यार की खातिर। वरना, आजकल किसे नाटक की पड़ी है? यहाँ न कोई इसका रिश्तेदार है, न कोई हममजहब। इसके कंठ में मेरी गायकी, मेरा गाना बसा है। लेकिन गंधर्व कुछ नहीं बोले। उनके लिए यह अकेलापन अब परिचित भी हो गया था और वे इसके आदी भी हो गए थे।

अब गौहर के मन में अपराधबोध जगने लगा। क्या मेरे कारण इनके लोग टूट रहे हैं? पर किसकी गोद में सिर रखकर रोती वह? गाँव, अम्मी, अब्बा से दूर हो जाने के बाद सिर रखकर रोए, ऐसी गोद नसीब ही नहीं हुई उसको। बस एक पलंग से दूसरे पलंग पर जाती रही वह। उसने दिल को कड़ा किया और चुपचा५ बैठी रही। बापूराव का ताँगा चला गया। लोगों को अफसोस हुआ। भाई चला गया फिर भी इस आदमी का दिल नहीं पसीजा। उस औरत के कमरे में बैठा रहा...गुलाम की तरह। लोग तितर-बितर हुए। गंधर्व और गौहर उस कमरे में नि:शब्द बैठे रहे। अपने-अपने अकेलेपन के साथ। बाद में वह अकेलापन गौहर के लिए बर्दाश्त से बाहर हो गया और वह गंधर्व की गोद में सिर रखकर सिसकने लगी। उन्होंने भी उसे कसकर गले से लगा लिया, ठीक उस तरह जैसे मालेगाँव में नन्हे बापू को सीने से लगाया करते थे। चुप हो जाओ...रोते नहीं, ऐसा ही कुछ बुदबुदाते रहे। किसे समझा रहे थे वे? बापू को? गौहर को? या खुद को?

महेश और चिन्मय भल्ला के केबिन के पास पहुँचे, तब शाम के सात बज रहे थे। भल्ला चैनल का हेड था। सत्यशील का जिगरी दोस्त। अगर उसने ठान लिया और उसे प्रोजेक्ट पसन्द आया तो चैनल ही स्पॉन्सर वगैरा देखेगा। भल्ला समझदार आदमी है। उसे पता है कि कलाकार के अधिकारों में बहुत ज्यादा दखलन्दाजी नहीं करते। वरना अलग और एक्साइटिंग ऐसा कुछ भी हाथ नहीं आता। उसका मार्केट रिसर्च भी बहुत परफेक्ट होता है। मार्केट को क्या चाहिए और क्या नहीं, उसे सही सही पता होता है। इसलिए उससे मिलकर कुछ हो पाता है तो समारोह का विज्ञापन भी हो जाएगा और खर्च का टेंशन भी नहीं रहेगा। सत्यशील अभी ऑन दी वे था। दोनों भल्ला के सुसज्जित केबिन के बाहर रुके थे। सत्यशील आया और उसने रिसेप्शनिस्ट के जरिए अपने आने की खबर भल्ला

को दी। भल्ला ने पाँच-एक मिनट में उन्हें भीतर बुला लिया। हाय, हैलो हुआ और भल्ला सीधे मुद्दे पर आया।

"बालगंधर्व? आय मीन दैट लिजेंडरी एक्टर सिंगर?"

चलो, इसे पता तो है। और लिजेंडरी वगैरा कहकर उनका नाम आदर से भी ले रहा है। उम्मीदें जगीं उनकी। भल्ला ने सारा कार्यक्रम ठीक से सुन लिया और सोच में पड़ गया। "एक्चुअली, है तो बड़ा इंपॉर्टेंट प्रोग्राम, मगर देखना होगा। सिंगर्स सारे नए लगते हैं। टिकट्स का क्या हाल है?"

"वो तो सेल हो जाएँगे सारे। मगर भल्ला, ऐसे प्रोग्राम होने जरूरी हैं।" सत्यशील ने कहा।

"हाँ, आय अंडरस्टैंड!" और उसने बताया कि पंजाब में भी पंजाबी भाषा मरती जा रही है। हिन्दी-अंग्रेजी का प्रभाव इतना ज्यादा है कि कुछ सालों बाद ये रीजनल भाषाएँ थीं, बस यही याद रहेगा। उसके जोक पर सब हँस दिए। इसी सूत्र को पकड़ते हुए चिन्मय ने कहा कि परम्पराएँ हमीं को जिन्दा रखनी पड़ेंगी। यद्यपि भल्ला ने कहा कि मुद्दा अहम और इंपॉर्टेंट है, फिर भी सभी समझ गए कि मार्केट का जायजा लिये बिना ये कुछ नहीं करेगा। इसलिए चिन्मय ने उम्मीदें छोड़ दीं। पर महेश को लगा कि चैनल कुछ न कुछ मदद जरूर करेगा। कम से कम एक दिन विज्ञापन ही मुफ्त में कर दे। उससे गपशप कर और 'बताइएगा आराम से' कहकर वे बाहर आए।

"साला, सब मार्केट ओरिएंटेड हो गया है।" कॉफी शॉप में चिन्मय झल्लाया। "बिलकुल नीचे की तरफ जा रहा है सब। औसत लोगों की भरमार है आजकल, औसत लोगों की।" उसने कॉफी मँगाई। महेश उसकी तरफ देख रहा था। कॉफी आई। फिर महेश ने एक घूँट लिया। उसे तरावट महसूस हुई। फिर एक-एक शब्द पर जोर देते हुए वह बोला, "कब नहीं थी भरमार औसत लोगों की?"

"मतलब?" चिन्मय ने पूछा।

"मतलब यह कि समाजिक जीवन में वह कौन-सा दौर था, जब औसत लोगों की भरमार नहीं थी? चिन्मय, मुझे लगता है हम लोगों ने एक आदत पाल ली है। सामाजिक तौर पर हर नई चीज को बुरा-भला कहना और पुराने जमाने का ग्लोरिफिकेशन करना। अब यही देखो न, आज हम कहते हैं कि आज की फिल्में रद्दी, गाने रद्दी, संगीत रद्दी। लेकिन पुराने गानों की तारीफ करते समय यह भूल जाते हैं कि उस दौर में उन गानों को भी रद्दी या छिछोरा ही माना जाता था। उस दौर में फिल्मी संगीत मजाक का विषय था। यही नहीं, भावगीत भी मजाक का विषय था। अब मुझे बताओ, गंधर्व के नाटकों का विश्लेषण किया है किसी ने? पश्चिमी देशों में नाटकों में जब अलग-अलग प्रयोग शुरू हुए, तब हमारे यहाँ संगीत नाटकों का जोर था। इन नाटकों को किस निकष पर अभिजात ठहराया गया? गाना और विजुअल्स, मतलब तड़क-भड़कवाले नाटकों में प्रयोगात्मक था कुछ? गंधर्व के नाटक को जलसा ही तो कहते थे लोग?"

महेश की बात चिन्मय ध्यान से सुन रहा था। थोड़ा सोचकर उसने पूछा, "मतलब, गंधर्व की गणना भी औसत दर्जे में करेंगे?"

''एक मिनट, अभी किसी भी निष्कर्ष तक मत पहुँचो। देखो, गंधर्व के प्रत्येक नाटक में अनेक गाने थे। उनमें से कितने याद हैं, बताओ? मानापमान याद है? चौवन गाने थे उसमें, चौवन।'' दोनों ने मानापमान के गानों की सूची बनाई, जैसे याद आते गए वैसे। ''हमें इतने ही याद रह गए। इनमें पसन्द आनेवाले कितने? दस-बारह। जो हमें बहुत ज्यादा पसन्द हैं और याद नहीं आए ऐसे कितने? चालीस-बयालीस और वे भी बहुत ग्रेट वगैरा नहीं। गंधर्व का प्रेजेंस, उनके करिश्मे के कारण लोगों ने उन्हें बार-बार सुना। लेकिन वे कामचलाऊ थे। गंधर्व ने कितने नाटकों में काम किया? सत्ताईस! इनमें से मशहूर कितने हुए? सूची बनाओ। स्वयंवर, शारदा, संशयकल्लोल...।''

महेश ने भी उसमें कुछ जोड़े, ''मानापमान और वह सिन्धूवाला, और शंकरराव के साथ झगड़ा हुआ वह, सरस्वती का विद्याहरण...।''

''सौभद्र, शाकुन्तल, द्रौपदी...।''

''हूँ। पर गंधर्व के नाम से आशा-निराशा, विधिलिखित, नन्दकुमार ये नाटक कितने लोगों को याद होंगे? मेनका, गुप्तमंजूष?''

''हूँ। मतलब, गंधर्व के मशहूर और आज भी चल रहे नाटकों की संख्या सात, और अधिक से अधिक दस। मतलब, सत्रह नाटक औसत दर्जे के थे। देखो, जो पौष्टिक होता है, वही सुरक्षित रहता है या फिर अत्यधिक पॉपुलर। मतलब, दौर औसत दर्जे का नहीं होता। औसत दर्जे की चीजें समय की गर्त में दफन हो जाया करती हैं। आज भी जो कुछ हो रहा है, उसमें से अगले दौर में कितना जाएगा, यह वक्त ही तय करेगा न!''

''लेकिन, इन टीवीवालों को है कोई परवाह अच्छी बातों की? उन्हें बस बिकाऊ माल चाहिए। जो बिकता है, वही चाहिए।''

''और हमें भी तो जो बिकाऊ है, वही खलता है!''

''मतलब?''

''देखो, मार्केट के चक्रव्यूह से कला भी छूटी नहीं है, बल्कि मैं तो कहूँगा कि कला उसके बिना जी ही नहीं सकती। गंधर्व के इत्र, ऊँची पोशाकें सब मार्केटिंग का ही अंग थे, क्यों? गंधर्व बिक रहे थे...। इस शब्द के लिए सॉरी बट...ही वाज सेलेबल।''

''नहीं। हियर आय वुड लव टू डिफर। उनके पास गाना यानी एक जोरदार चीज थी, बाकी सब तड़क-भड़क। लेकिन बुनियाद थी उनका गाना और अभिनय भी। आज बाकी सबकुछ है, बस बुनियाद गुम हो गई है। आज बस तड़क-भड़क बची है। उस भल्ला ने यही देखा न कि कार्यक्रम में सेलिब्रिटी हैं या नहीं? और सेलिब्रिटी कौन होते हैं? ऐसे लोग जिनके चेहरे जाने-पहचाने हैं। महेश, मुझे अब सर की बात समझ में आने लगी है और उनका व्यवहार भी। यदि उन्हें केवल बिक्री से ही मतलब है, तो वे आइटम गर्ल्स को लेकर करें इवेंट। लेकिन यह इवेंट नहीं हो सकता। यह उस शानदार दौर को, उन लोगों को हमारा सलाम है, चाहे तुम उसे वन्दना कह लो।''

''ऐसा है तो केवल अपनी खुशी के लिए करना पड़ेगा। उसकी चर्चा नहीं होगी, मेगा इवेंट नहीं बनेगा।''

"कोई बात नहीं। साल में एक बार ही सही, पर मनुष्य को अपनी खुशी के लिए भी कुछ करना चाहिए। मार्केट के लिए रोज ही करते हैं हम ऊटपटांग, पेट की खातिर!"

"मैं तो बस यही देख रहा हूँ कि इन दोनों का मेल होता है या नहीं। कुछ मनपसन्द करना और उसे सभी तक पहुँचाना भी। कला और मार्केट में मेल की कोशिश कर रहा हूँ। ठीक वैसा, जैसा गंधर्व ने अपने दौर में किया था। एनी वेज...अब भल्ला के कोर्ट में बॉल है।" महेश उठा।

"जी हाँ, लेकिन छोटा ही सही, पर यह कार्यक्रम हो रहा है और हम उसके अंग हैं, इस बात की मुझे अनएक्सप्लेन्ड खुशी है।"

बिल चुकाकर दोनों बाहर आए।

कहीं न कहीं गंधर्व भी समझ रहे थे कि वक्त बदल गया है। अब कला और बाजार में मेल बिठाने का वक्त आ गया है। दिन ही फिर गए हैं। लोग भी फिल्मों का हल्का-फुल्का सस्ता मनोरंजन चाहने लगे हैं। अब समझौता करना ही होगा। गंधर्व ने अभ्यास कक्ष में प्रवेश किया। पर उनका मन इन्हीं विचारों में ऊभ-चूभ हो रहा था। वादक मंडली बैठी हुई थी। उन्होंने उठकर गंधर्व को प्रणाम किया। गंधर्व ने अण्णा की तस्वीर के पास जाकर प्रणाम किया। फिर नाना जोगलेकर, गडकरी गुरुजी, देवल सभी की तस्वीरों की वन्दना की और मुड़े। उन्होंने देखा, गौहर आ रही है। लगता था स्नान करके ही आ रही है। बाल खुले थे। ऐसी तैयारी से आ रही थी मानो भगवान की पूजा के लिए आई हो। हाथ में कुछ फूल थे। उसने हर तस्वीर पर फूल चढ़ाए। फिर गंधर्व को झुककर प्रणाम किया। सुदामराव, रतन सब देख रहे थे। फिर वह मुड़ी और सभी वादकों के पैर छूकर प्रणाम करने लगी। उन्हें तकल्लुफ हुआ, पर उसके चेहरे पर भक्तिभाव था। वरिष्ठ समझकर उसने सुदामराव को भी प्रणाम किया और वे हड़बड़ा गए। यह नाटक है या सच, उनकी समझ में नहीं आ रहा था। उन्होंने भी बुदबुदाते हुए उसे 'सुखी रहो' का आशीर्वाद दिया और वह अभ्यास के लिए खड़ी हो गई। गंधर्व आगे आए और उन्होंने उसे *मृच्छकटिक* की बही दी। *कुरआन* उठाने की श्रद्धा से उसने उसे हाथ में लिया और माथे से लगाया। गंधर्व भीतर से गद्गद् हुए। बेचारी, किसी छात्र की तरह खड़ी है। उन्हें देवल गुरुजी के शब्द याद आए। मन में विश्वास जगानेवाले, अभिनय का मर्म समझानेवाले देवल गुरुजी। उनके शब्द उनके कानों में गूँजने लगे, 'नारायण, नटी मतलब स्त्री। दरअसल, हर पुरुष में एक स्त्री का वास होता है। यूँ ही नहीं हम *ज्ञानेश्वर माऊली, गुरु माऊली*[1] कहते हैं। पुरुष के भीतर का वात्सल्य, उसके भीतर की भावुकता, यही है उसके भीतर की स्त्री। स्वाँग रचाना मतलब अपने भीतर का वह कोना खोल देना।' गौहर तो स्त्री है, लेकिन उसके भीतर एक कोना पुरुष का है, जिससे मैं परिचित हूँ। यह विचार आते ही पल-भर के लिए वे चौंके। उन्हें महसूस हुआ कि सभी उन्हीं की तरफ देख रहे हैं। उन्हें लगा, मेरे मन के विचार कहीं पढ़ तो नहीं लिये इन लोगों ने? मन के विचार छिपाकर वे कहने लगे, "गौहर, स्वाँग रचाना मतलब अपने व्यक्तित्व के उस कोने को खोल देना। जैसे, शकुनी मामा का स्वाँग रचाते समय अपने

1. महाराष्ट्र में अतीव भक्तिभाव से किसी को माऊली अर्थात माता सम्बोधित करने का प्रचलन है।

भीतर के काइयाँपन का और शकार का स्वाँग रचाते समय घमंडी लालचीपन का...।'' गौहर कानों में प्राण लाकर सुन रही थी। ''तुम अब वसन्तसेना कर रही हो...वसन्तसेना एक गणिका भी है और एक प्रेमिका भी। गणिका भी प्यार कर सकती है, किसी से दिल लगा भी सकती है, ठीक वैसा...।'' गंधर्व बोल रहे थे।

सुदामराव ने रतन की तरफ देखा और उसने उनकी तरफ। दोनों की नजरों में एक ही भाव था। 'अजी, इसे कोना खोलने की क्या जरूरत? ये तो है ही गणिका, धन्धेवाली! बिलकुल हूबहू रचाएगी यह स्वाँग। स्वाँग भी क्यों, यह विचरती रहे, तो भी काफी है।' दोनों ने बिना कुछ बोले एक दूसरे की तरफ देखा और दोनों के ओठों पर मुस्कान की रेखा फैल गई। ''गौहरबाबा, अब चलते हुए सामने आइए और संवाद बोलिए।'' गंधर्व निर्देश के अनुसार गौहर चलते हुए सामने आई और उसने संवाद पूरा किया।

गौहर के कन्नड़ शैली के संवाद सुनकर सुदामराव धीरे से रतन के कान में बुदबुदाए, ''यह कर्नाटकी वसन्तसेना जँचेगी मराठी दर्शकों को?'' रतन ने हँसी दबा ली। सभी समझ गए कि गाने में गौहर को महारत हासिल है, पर भाषा पर उसे काफी मेहनत करनी पड़ेगी। गंधर्व ने एक गुरुजी की नियुक्ति की और डेरे में अब *मृच्छकटिक* का अभ्यास शुरू हुआ। गौहर दिन-रात अभ्यास में डूब गई, लेकिन 'होता', 'आता' जैसे शब्दों का उच्चारण वह 'होती', 'आती' करती। उसकी यह आदत छूट नहीं रही थी।

गंधर्व पर नाटक दुबारा खड़ा करने का जुनून सवार हो गया था। पैसा जुटाने की तैयारी चल रही थी। ऐसे में उन्हें पैगाम मिला कि कराची से लालजी आए हैं। गंधर्व बहुत खुश हुए। गौहर और बाकी लोगों को अभ्यास में जोतकर वे लालजी के डेरे पर पहुँचे और 'भगवन्' कहते हुए उन्होंने उन्हें सीने से लगा लिया। पर उन्हें महसूस हुआ कि आज का माहौल कुछ अलग है। पहले गंधर्व के आने से पूर्व ही महफिल की तैयारी मुकम्मल हो जाती और गंधर्व के आते ही फरमाइश होती, ''नारायणराव, 'सत्य वदे वचनाला नाथा' से शुरुआत...।'' और सेठजी के ध्वनिमुद्रण यंत्र में वह गाना दर्ज हो जाता। लालजी उन्हीं सुरों को अपने साथ कराची ले जाते। फिर गंधर्व कहते, ''सेठजी, ये मशीनी सुर बिलकुल निर्जीव और बासी लगते हैं।'' फिर लालजी गहरी साँस भरकर कहते, ''मैं कबसे आपसे गुजारिश कर रहा हूँ कि नाटक से तौबा कीजिए और कराची चलिए। पूरे परिवार के साथ वहीं रहिए और बस गाते रहिए।'' गंधर्व हँसकर कहते, ''भगवन्, नाटक नहीं, मतलब साँस नहीं।'' मगर आज जब गंधर्व ने नजरें घुमाईं, तो कोई वादक नजर नहीं आया। लालजी से कुछ पूछते, पर उन्हें खाँसी का दौरा पड़ गया। वे खाँसने लगे। उनकी देह थर्राई। फिर जरा-सा पानी पीते हुए वे हल्के से मुस्कुराए। चेहरे पर स्नेहभाव उभर आया। ''नारायणराव, अब बहुत ज्यादा दिन नहीं बचे हैं। स्वास्थ्य गिरता जा रहा है बार-बार।''

''नहीं भगवन्, ऐसा नहीं कहते।''

''नहीं। लगता है, अब तो चार कदमों का ही सफर बाकी रह गया है। उम्मीद है, आखिरी दिन चैन से कटेंगे। जाते समय आपके सुर सुनते-सुनते देह त्यागें, बस यही अभिलाषा है।'' लालजी की आवाज में हताशा झलकने लगी थी। ''आपके सुर खालिस, खरा सोना...उन्हें इस यंत्र में नहीं, हृदय में सँजोए रखा हैं मैंने। लेकिन...।''

"लेकिन क्या भगवन्...।" गंधर्व ने चिन्तित होकर पूछा।

"लेकिन उन्हें यूँ भ्रष्ट क्यों कर रहे हैं आप?" लालजी का सुर कातर हुआ।

सुनकर गंधर्व चौंक गए। लालजी सीधे-सीधे इस मुद्दे पर आएँगे, उन्हें बिलकुल उम्मीद नहीं थी। वे चुप हो गए।

"अजी साहब, घर की लक्ष्मी को छोड़कर किसी बाजारू औरत के पीछे पड़े हैं आप? आपके आगे हाथ जोड़ता हूँ। जितना चाहिए उतना रुपया लीजिए, कम्पनी दुबारा खड़ी कीजिए, पर अपने घर जाइए, अपनी लक्ष्मी के साथ रहने के लिए।" गंधर्व को एहसास हुआ कि लालजी बहुत तड़प के साथ बोल रहे हैं। "क्यों नारायणराव, क्यों? यह कम्बख्ती क्यों सूझी आपको? आपको पता नहीं कि सुधाकर की शराब की तरह आपको जकड़ लिया है उसने?" लालजी बोलते रहे। लेकिन गंधर्व के कान बन्द हो चुके थे। उनके चेहरे पर कोई भाव नहीं था। न गुस्से का न खेद का। लालजी बोलते-बोलते खाँसने लगे। फिर गंधर्व उठे। उन्होंने लालजी को पानी दिया। लालजी ने उनके हाथ पकड़ लिये। "क्यों? क्यों?" कहते हुए वे आर्त नजरों से उनसे जवाब माँगने लगे। लेकिन गंधर्व ने सारे पाश तोड़ने की तरह उनसे अपने हाथ छुड़ा लिये।

फिर विनम्रता से बोले, "भगवन्, चलता हूँ। अपना खयाल रखिए।" और बाहर चले गए। लालजी भौंचक। उन्हें गंधर्व का बर्ताव समझ में ही नहीं आ रहा था। फिर धीरे-धीरे वे होश में आए। उन्हें अगले खतरे का एहसास हुआ। "मुनीमजी!" उन्होंने पुकारा। उनके क्लर्क दौड़ते हुए आए। "नारायणराव को कर्ज के तौर पर दी रकम के दस्तावेज निकालिए।"

"उस रकम को कर्जखाते दर्ज नहीं किया है।"

"कोई बात नहीं। कल तुरन्त एक खरीदपत्र बनाइए और एक पत्र भी तैयार कीजिए।" क्लर्क ने कलम उठाई और लालजी मजमून कहने लगे—

"नारायणराव, इस औरत के पीछे आपका सब कुछ डूबने की राह पर है। इसीलिए यह खरीदपत्र की दौड़धूप। आपको दी गई रकम के एवज में आपकी जायदाद, सम्पत्ति, अमरूद के बगीचे समेत...सबका खरीदपत्र मैं अपने नाम कर रहा हूँ। नारायणराव, इस सारी जायदाद पर आपका अधिकार था और रहेगा। बस साहूकारों के चंगुल से इसकी रक्षा की खातिर यह कागजी खेल। ईश्वर करे इस ग्रहण से आपको मुक्ति मिले। ऐसा होते ही सब कुछ ज्यों का त्यों आपके हाथों में वापस आ जाएगा। अस्थायी मुख्तार के तौर पर डॉक्टर भडकमकर को नियुक्त कर रहा हूँ।" पत्र पूरा कर लालजी लेट गए। उन्हें अब बहुत थकावट महसूस हो रही थी...बदन भी काँप रहा था। उन्होंने अपने क्लर्क से तुरन्त कराची लौटने का प्रबन्ध करने को कहा और उदास और हताश बैठे रहे। मानो उनका मन्दिर ध्वस्त हो गया हो...।

गंधर्व बाहर आए, बग्गी में बैठे और बग्गी पड़ाव की तरफ दौड़ने लगी। गंधर्व को लगा, उनका मन खाली-खाली हो गया है। उसमें कोई भावना नहीं है। लालजी की बात पर न उनसे कुछ कहने की इच्छा हुई, न अपना पक्ष रखने की। कोई जवाब देने की भी नहीं।

आजकल अक्सर ऐसा ही होता है। मन विचारहीन दशा में खो जाता है। किसी के प्रति कोई संवेदना उत्पन्न नहीं होती। न गुस्से की न प्यार की...।

वे डेरे के समीप पहुँचे। भीतर से अभ्यास की आवाजें आ रही थीं। वे झुककर महाद्वार के फाटक से भीतर आए तो उन्हें गौहर दिखाई दी। अब उसने वसन्तसेना की पोशाक पहनी थी। विट बने सुदामराव आगे आए और बोले, "वसन्तसेना, तुम्हारी यह बात वेश्याधर्म के बिलकुल खिलाफ है।" फिर गौहर उनकी तरफ मुड़कर बोली, "अरे विट, गुण ही प्रीति का कारण बनता है। जबरदस्ती से प्रीति नहीं होती।" और अचानक रुक गई। दरवाजे से आ रहे गंधर्व उसे दिखाई दिए। दोनों की नजरें मिलीं। तभी सुदामराव आगे आए, "हुई मुलाकात लालजी से?" गंधर्व जान गए कि सभी की नजरें और कान उनकी तरफ हैं। "हाँ हुई।" और वे सीढ़ियाँ चढ़ने लगे। "क्या बोले?" रतन ने पूछा। मानो प्रश्न सभी को पता था और उत्तर सुनने की उत्सुकता थी। पल-भर के लिए गंधर्व को लगा, लालजी से आए सन्देश की बात शायद सभी को पता थी। वे रुके, "क्या बोलेंगे? कराची जा रहे हैं लौटकर। सभी को आशीर्वाद दिये हैं।" और भीतर चले गए। गौहर भी उनके पीछे गई और बाकी सभी निराश हो धम्म से नीचे बैठ गए। संध्या की छाया ने पूरी कोठी को घेरना शुरू किया।

रात का भोजन सम्पन्न हुआ। सुदामराव तम्बाकू रगड़ने लगे। रतन ने बिस्तर बिछाया। "सुदामराव! गंधर्व लालजी की बात भी नहीं मान रहे हैं, मतलब...।"

"क्या कहें अब रतन? कौन-सी लत किसे बरबाद करके छोड़गी, ईश्वर ही जाने। अच्छे-अच्छों की मति भ्रष्ट हो जाती है किस्मत रूठ जाने पर।" उन्होंने तम्बाकू की फंकी मुँह में डाली और चिराग बुझा दिया।

गंधर्व के कमरे का दरवाजा कुनमुनाया और उन्होंने देखा, दरवाजे में गौहर। हाथ में दिया...राजा रविवर्मा के तैलचित्र जैसी लग रही थी वह। पीछे अँधेरा। दिये की रोशनी और रोशनी में निथरती गौहर। उसकी कान्ति अब तनिक ताम्रवर्णीय लग रही थी। उजाले का किरमिजी रंग और उसकी हरियाली छटा की साड़ी। दिये की लौ लपलपा रही थी और गौहर के चेहरे पर धूप-छाँह का अद्‌भुत खेल चल रहा था। वह पास आई। खम्भे पर दिया रखकर पास बैठी। "ठीक से कर रही हूँ न मैं? आपकी ये पुणे की भाषा मतलब बहुत कठिन है जीऽऽऽ।" वे हँस दिए। "जरूर कर पाओगी, गौहरबाबा। अब बस प्रतीक्षा करो शो के दिन की।" गौहर को अच्छा लगा। उसने दिया बुझा दिया। काफी देर तक उसकी चूड़ियों की और उनकी साँसों की आवाजें कमरे में गूँजती रहीं।

अचानक दरवाजे के बाहर आहट हुई और लक्ष्मी चौंक उठी। दरअसल, आजकल रात-रात-भर उसकी आँख नहीं लगती थी। पता नहीं आज पलकों पर नींद कैसे चढ़ी? वह उठी। उसे दरवाजे के पास आहट सुनाई दी। "दैया री, शायद ये आ गए।" वह जल्दी से उठी। देह में शक्ति नहीं थी, फिर भी जबरदस्ती उठी। दरवाजे के पास गई। "आईऽऽ!" दरवाजा खोला। बाहर देखा, अँधेरा था। जहाँ तक नजर जाए, बस अँधेरा...आभास! पल-भर खड़ी रही और पीछे मुड़ी। पीछे सासू माँ खड़ी थीं। उन्होंने भी दुख से गर्दन हिलाई।

"नहीं आया न आज भी?" गर्दन से ही ना कहती हुई लक्ष्मी जाने लगी। "जाने दो, क्यों झूठी आशा लगाए बैठी हो?"

लेकिन अब लक्ष्मी से रहा न गया। वह धम्म से नीचे बैठ गई, मानो शक्तिपात हुआ हो। "ऐसा कैसे हुआ माँजी? जवानी में कम औरतें मँड़राईं इनके इर्द-गिर्द? जवान, सुन्दर, अमीर...और अब इस उम्र में...ऐसा कैसे जादू हो गया जी उन पर?" वह फूट-फूटकर रोने लगी। माँजी उसके पास गईं। उसे सीने से लगाया। वे समझ रही थीं कि उनके लड़के की गृहस्थी के लिए मर-मरकर जीती रही है यह लड़की। "ग़लती मेरी है बेटा। वो शंकरराव सही कह रहे थे कि यह लड़का आम लड़का नहीं है। तिलक महाराज ने यूँ ही नहीं उसे गंधर्व कहा। स्वर्ग के गंधर्व को इस धरती के नियमों से बाँधने चले थे हम। उसे आम लोगों जैसा बनाने चले और तुम्हारे आँचल में अंगारे बाँध दिए। जलन के सिवा कुछ नहीं मिला री तुझे।"

लक्ष्मी ने आँखें पोंछी और उसकी जन्मजात सहनशीलता उभर आई उसके चेहरे पर। "उनके साथ भूख की परवाह नहीं की, गरीबी की परवाह नहीं की, हाड़-तोड़ मेहनत, सारी आँच खुशी से सही मैंने। पर यह घाव...।" वह फिर सिसकने लगी। माँजी जान गई कि लड़की की हिम्मत बिलकुल जवाब दे गई है। वे उसे थपथपाती रहीं...सांत्वना देती रहीं। दरवाजा खुला था और बाहर था बस अँधेरा...जानलेवा...।

साने ने दुकान में कदम रखा और उन्हें सामने पड़ा अखबार दिखाई दिया। उन्होंने उसे उठाया और विज्ञापन का पन्ना खोला। एक विज्ञापन पर उनकी नजर गई, *गंधर्व संगीत मंडली का मृच्छकटिक।* उन्होंने लोलुप नजरों से पढ़ना शुरू किया। वसन्तसेना के रूप में गौहर और चारुदत्त बनेंगे बालगंधर्व? मतलब, खबर सच्ची है। भीमिया ने उनकी तरफ देखते हुए आदत के मुताबिक पूछा, "टिकट खरीदकर लाएँ?" साने जरा सोच में पड़ गए। ये औरत तो क्या, कोई भी नहीं ले सकता गंधर्व की जगह! और चारुदत्त के रूप में कैसे लगेंगे वे? उनमें उत्सुकता जगी। देखना चाहिए गंधर्व को। वैसे भी काफी दिन हुए हैं उन्हें देखे। उन्होंने भीमिया को टिकट के लिए दौड़ाया।

सुदामराव और रतन टिकट खिड़की पर नजर रखे हुए थे। भीड़ देखकर दोनों ने राहत की साँस ली। चार दिन पहले ऐसी भीड़, मतलब मंचन के समय तिल धरने की भी जगह नहीं मिलेगी। चलो, अब शो होंगे खूब। दोनों इसी खुशी में थिएटर के अहाते से बाहर आए। फिर रतन ने ही बात छेड़ी, "कुछ भी कहिए सुदामराव, लेकिन बाईजी काम करती हैं जी-जान से।"

"भाई मेरे, कलाकार है वह। बचपन से नाटक में खानदान है उसका।" सुदामराव की आवाज में गौहर के प्रति बरते गए पराएपन के लिए खेद झाँक रहा था। लेकिन करे क्या? यह औरत वैसे रह जाती तो कोई आपत्ति नहीं थी, लेकिन वह भाभीजी के यहाँ से चले जाने का कारण बनी और यही बात उनके मन को खाए जा रही थी। मन में गुस्सा था। लेकिन अब अगर कम्पनी से जुड़े रहना है तो मालिक की तरह मालकिन की भी मर्जी स्वीकारनी होगी। वे कुछ कहते, तभी उन्हें कम्पनी के कुछ लोग नजर आए। उनमें वादक

थे, यहाँ तक कि वस्त्रागार के लोग भी थे। सभी के चेहरों से उत्साह झलक रहा था। "देखा सुदामराव, भीड़ मची है लोगों की।" उनके कन्धे हिलाता हुआ वस्त्रागार का आदमी बोला, "अजी, स्त्रियों को कम्पनी में लेने का असर तो होगा ही।" उसने शान से नाक में नसवार चढ़ाई और खुश होकर छींक मारी। तीसरे ने भी खुशी जाहिर की, "इसीलिए गंधर्व कह रहे थे, नाटक में गौहर के खड़ी होते ही लोग टूट पड़ेंगे। देखते ही देखते कर्ज चुकता हो जाएगा।" सुदामराव ने देखा, सभी बहुत आशान्वित होकर लौट रहे थे डेरे पर। उन्होंने सबको जाने दिया और बाद में रतन से बोले, "चलो, आज तुम्हें जलेबी खिलाता हूँ।" जलेबी खाते-खाते दोनों गौहर के गुणों की चर्चा करने लगे। उसका गाना, उसकी मेहनत, सबकी तारीफ। जलेबी का टुकड़ा तोड़ते समय सुदामराव ने सोचा, गौहर के कदमों से ही सही, कम्पनी में बरकत आ जाए तो और हमें क्या चाहिए? आखिरकार सभी पेट से जुड़े हैं। और वे शो के दिन की प्रतीक्षा करने लगे।

गौहर ने नमाज अदा की और उठी। आज परीक्षा का दिन था। नाटक उसके लिए नया नहीं था, लेकिन आज स्वयं गंधर्व के साथ खड़े होना था, उनका सिखाया अभिनय दिखाना था। लोगों की उम्मीदें, गंधर्व का उस भूमिका पर असर...सारी बातों का दबाव था उस पर। उसने तानपूरा उठाया और रियाज करने लगी। तभी गंधर्व सामने आए। उसके पास आ बैठे और बोले, "गौहरबाबा, कोई फिक्र नहीं करना। नेपथ्य के उस पार की दुनिया में अपना सबकुछ छोड़कर ही रंगमंच पर जाना। वसन्तसेना के सुख-दुखों को अपना मानना। वसन्तसेना ही बन जाना। गाओ अब।" गौहर ने गर्दन झुकाई और गाने लगी, *त्या मदनमनोरमरूपी, मन माझे गुंतूनि गेले। कधिं वाहिन काया त्यासी, प्रेमें ही ऐसे झाले।* पल-भर के लिए उसने सोचा, क्या फर्क है मेरी और वसन्तसेना की दशा में? मेरे मन की बात ही तो कह रही है वह। फिर वह अपने चारुदत्त की तरफ देखती हुई गाती रही। गंधर्व को उसके गाने की तैयारी पक्की लगी और वे उठे। उन्हें लगा, अब कोई चिन्ता नहीं। अब यह स्वाँग खिलेगा। फिर गाँव-गाँव दौरे करेंगे और देखते ही देखते कर्ज चुका देंगे। एक अलग ही जोश में वे बाहर आए।

शाम को बालीवाला थिएटर खचाखच भर गया था। द्वारकानाथ नहीं थे, पर भस्मे जरूर आए थे। जब से दिल का दौरा पड़ा है, वे जरा भावुक हो गए थे। आहिस्ता-आहिस्ता चलकर वे भीतर आए। साने पत्नी को साथ लेकर आए थे। और भी परिचित चेहरे नजर आ रहे थे। धराऊ दुशाले और गजरे पहनकर औरतें आई थीं। पुरुष भी पतलून-कमीज और कोट पहने हुए थे। सारे दर्शक खास गंधर्व दर्जे के जान पड़ते थे। भीतर की मंडली भी उत्साह से सज-धज रही थी। फिर सभी कलाकारों ने मिलकर श्रीगणेश, अण्णासाहब की तस्वीरों का पूजन किया। सबसे पीछे खड़ी थी गौहर। वसन्तसेना की पोशाक में। शान से, गहने पहनी...सुन्दर चेहरा, कजरारी आँखें...बिलकुल गणिका का रूप। उसने गंधर्व को प्रणाम किया। गंधर्व चारुदत्त की भूमिका में थे। चारुदत्त का मासूम, शालीन स्वभाव उनके चेहरे से ही नजर आ रहा था। सभी तीसरी घंटी की प्रतीक्षा कर रहे थे। तीसरी घंटी घनघनाई और गौहर का कलेजा मुँह को आ गया। वह काँपने लगी। फिर सीधे गंधर्व के पास गई और उनके हाथ अपने हाथों में ले लिये। तभी ऑर्गन के सुर बोल

उठे और परदा खुल गया। जरा देर बाद उसका मन शान्त हुआ। उसमें विश्वास जगा और वह उनसे दूर हुई। उसे बल प्राप्त हुआ था। अब वह मजबूत कदमों से नेपथ्य की तरफ चलने लगी...जीतने के लिए।

नटी-सूत्रधार का प्रवेश हुआ। नाटक में रंग चढ़ने लगा। आधे लोगों को तो नाटक मानो जबानी याद था। वे गंधर्व की प्रतीक्षा कर रहे थे और गंधर्व का प्रवेश हुआ। अपने दुलारे भगवान को चारुदत्त के रूप में देखकर जोरदार तालियाँ बजीं। भस्मे ने बगल में बैठे शिष्य से कहा, ''पुरुष भूमिका में भी गंधर्व कितने सुन्दर लग रहे हैं।'' गंधर्व ने गाना शुरू किया, ''*सार्थचि ते वदती। लोकी। प्रारब्धाची गति न कळे ती।*''सचमुच, प्रारब्ध को कौन जान सका है? नेपथ्य में खड़े सुदामराव के मन में विचार आया। लगा, गंधर्व मानो अपना ही हृदय खोल रहे हैं। लेकिन न जाने क्यों, साने का गला भर आया। गंधर्व गा रहे थे। गाते-गाते चारुदत्त का आवेश पीछे छूटता गया और महफिल में गाने की तरह वे गाने लगे। वे तानें अब कोमलता की ओर झुकने लगीं। लोगों को पुराने गंधर्व से मुलाकात होने की खुशी होने लगी। पुराने गंधर्व, पर पुरुष वेश में। लेकिन मोहनदास बेचैन। कौन गा रहा है? चारुदत्त या वसन्तसेना? गंधर्व अपना किरदार भूलकर अपनी नाजुक, मृदु-मुलायम शैली में गाते रहे। मोहनदास जान गए, लोगों को कोई फर्क नहीं पड़ता। उन्हें तो बस गंधर्व का गाना सुनना है, चारुदत्त का नहीं। इसे भक्तिभाव कहें या गँवारपन? वे बुदबुदाए। वैसे भी हमारे यहाँ के दर्शकों में समझ है कहाँ! इस भूमिका के लिए गंधर्व को सौ में से जैसे-तैसे पास होनेलायक अंक देकर वे गाने के आस्वादन का प्रयास करने लगे। गंधर्व ने वन्समोर लिये और भीतर चले गए। लोग जानते थे, अब प्रवेश है वसन्तसेना का...अनजाने में दर्शकों में खामोशी छा गई। जिसके बारे में इतना कुछ सुन रखा है...गंधर्व की मोहिनी...गौहर...। यह खामोशी गौहर भी जान गई। उसने सारी शक्ति केन्द्रित की और शकार, विट, चेट के चंगुल से छूटने की जद्दोजहद करते हुए प्रवेश किया। तनिक साँवली, परन्तु काया सुडौल, सुन्दर चेहरा और करारी-सी गौहर...सारा प्रेक्षागृह उसकी तरफ देखता रह गया। साने की समझ में नहीं आ रहा था कि गंधर्व ने इसमें क्या देखा? कुछ शौकीनों ने उसकी आकर्षक कदकाठी को जरूर नोट कर लिया। लेकिन यह उनकी समझ से परे था कि इस तरह फिदा होने लायक इसमें है क्या? गौहर सचमुच हकबकाई थी, डर गई थी। उसे दर्शकों में सभी विट, चेट, शकार लगने लगे थे...मोहनदास को एहसास हुआ, लड़की का अभिनय ठीक है। फिर उसने ऑर्गन से सुर मिलाया और गाने लगी। एक ही तान में विशेषज्ञ जान गए कि इसकी बैठक पक्की है, सुर पक्का है, समझ अच्छी है और तैयारी भी। साने को भी लग रहा था कि गंधर्व जैसा ही कुछ सुन रहा हूँ और वे गाने में रँग गए। भस्मे ने शिष्य के कानों में कहा, ''ज्यों का ज्यों आत्मसात किया है गंधर्व को।'' उसके गाने में रंग भरा। अब उसे भी गाते समय खुलापन महसूस होने लगा। वह सबकुछ भूलकर गाती रही। गाना खत्म हुआ और तालियाँ भी मिलीं। उसमें कौतुक था, पसन्द थी; लेकिन तालियाँ छप्परतोड़ नहीं थीं। सन्तोष की बात थी कि लोगों ने उसे नकारा नहीं। एक अच्छा गाना सुनने को मिला, यही भाव था उनके चेहरों पर। गाने के बाद गौहर ने वन्समोर की प्रतीक्षा की, और संवाद शुरू किए। ''भीतर जाऊँ ऐसा मेरा

अहोभाग्य कहाँ... ?'' उसके उस कर्नाटकी ढंग की मराठी के कारण वसन्तसेना कुछ अजीब लग रही थी। लेकिन लोग उसे अनदेखा करते रहे। फिर थोड़ी-बहुत तालियाँ लेते हुए नाटक आगे खिसकता गया और खत्म हुआ।

लोग बाहर जाने लगे, परन्तु हमेशा की तरह अभिमंत्रित होकर नहीं। गंधर्व के गाने का प्रभाव था मन पर, लेकिन पुरुष वेश का गंधर्व मोहिनी नहीं डाल सका था। साने की पत्नी ने पूछा, ''पर गंधर्व ने क्यों नहीं रचा वसन्तसेना का स्वाँग?'' साने के पास से मोहनदास गुजर रहे थे। उनके कानों पर ये शब्द आए और उन्हें आश्चर्य हुआ। इसे गंधर्व की महानता कहें या भोले-भाले लोगों की श्रद्धा? उनके मन में विचार उठा, कब बनेगा हमारे देश का दर्शक समझदार और कलावादी? और वे चल पड़े। युवकों ने साइकिलें निकालीं और बग्गियाँ, ताँगे, कुछ गाड़ियों के बीच से रास्ता निकालते हुए जाने लगे। जाते-जाते एक युवक बोला, ''वैसे ठीक-ठाक गा लेती है गौहर।''

दूसरे को मजाक करने की सूझी, ''सुना है गंधर्व अपने पास बिठाकर सिखाते हैं उसे।''

तीसरा हँसते हुए बोला, ''हाँ, पास बिठाने के लिए बिलकुल बढ़िया पात्र है।''

''पचास की उम्र में भी ये सज्जन रखैल रखते हैं, और वह भी अपने से आधी उम्र की!'' सभी हँस दिए। चलो, पान खाते हैं। और वे एक दुकान के पास रुके। उनकी गपशप जारी थी। पान की दुकान में उन्हें आईने पर नजर आई गंधर्व की तस्वीर, भामिनी के रूप में!

''कुछ भी कहो बबन, गंधर्व के नाखून के बराबर भी नहीं है वह।''

''मगर पता नहीं क्या जादू कर दिया उसने उन पर?'' फिर काफी देर तक वे पान चुभलाते हुए गौहर के अभिनय और गाने की बजाय अन्य बातों की ही चर्चा करने लगे। कुल मिलाकर गौहर अपना यही स्थान बना पाई थी—पान के साथ जुगाली का एक विषय।

सामान समेटा जा रहा था। रंगभूषा उतारकर गंधर्व गौहर के पास आए। ''गौहरबाबा, वाह। बहुत बढ़िया हुआ गाना।''

उसे अच्छा लगा, पर तनिक नाराज होकर बोली, ''पर वन्समोर नहीं मिला जीऽऽऽ।''

''मिलेगा गौहरबाबा, मिलेगा।'' वे उत्साह से मुड़ गए। गौहर भी आश्वस्त हुई।

रात का भोजन निबटाकर रतन आया। सुदामराव कुछ सोचते हुए अकेले ही बैठे थे। ''क्यों सुदामराव, आज आपने भोजन नहीं किया ठीक से?'' उसने पूछा। सुदामराव की इच्छा हुई, उसे बताएँ कि चिन्ता हो रही है। लोग आएँगे कुछ दिन उत्सुकता से, पर ऐसा कब तक चलेगा? गंधर्व को दिखाई नहीं देता? गनीमत रही कि उनके लिहाज से लोगों ने गौहर को नकारा नहीं! लेकिन पैसे चुकाकर आनेवाले दर्शकों ने कल पीठ फेर ली तो? प्यार में आदमी इतना अंधा हो जाता है? लेकिन वे कुछ नहीं बोले। उन्होंने बस तम्बाकू निकाली। रात में मैनेजर ने शो का हिसाब दिया। आमदनी देखकर गंधर्व की बाँछें खिल गईं। साथ में गौहर भी थी। ''गौहरबाबा, जीत गईं आप,'' कहते हुए उन्होंने *मानापमान* नाटक करने की घोषणा की। गौहर झूम उठी। मैं और भामिनी? उसे लगा, उसके सारे सपने पूरे हो गए हैं। फिर वह तैयारी में जुट गई। उसने दिन-रात अभ्यास किया। अब

नाटक के पूरे संवाद उसे जबानी याद हो गए थे। गंधर्व ने बड़े उत्साह से गाँव-गाँव में शो लगाए। लोग गंधर्व को पुरुष भूमिका में देखना चाहते थे और उनके साथ की उस औरत के प्रति जिज्ञासा भी थी, जिसके बारे में उन्होंने काफी कुछ सुन रखा था। परन्तु सुदामराव जानते थे, मंचन में आनेवाली भीड़ असली नहीं है। लेकिन कैसे कहें और किससे कहें? कम्पनी दौरे के लिए बाहर निकल पड़ी।

मानापमान का मंचन। लोगों की भीड़ उमड़ पड़ी। रंगशाला में कलाकार तैयार हो रहे थे। बाहर लोग कतारों में खड़े थे। यह भीड़ देखकर थिएटर के बूढ़े डोरकीपर का गला भर आया। कई दिनों बाद वह थिएटर को इस तरह खचाखच भरा हुआ देख रहा था। भाऊसाहब के जमाने की बातें उसने बस सुनी थीं। लेकिन गंधर्व के शो के टिकट भी उसने फाड़े थे और दरवाजे भी खोले थे। कुछ काम के लिए उसने रंगशाला में झाँका। उसने देखा, गंधर्व ने धैर्यधर का साफा पहना है। निर्मल सुन्दर रूप। लेकिन उसके मन को एक सन्देह छू गया, लोगों को पसन्द आएगा? वह नानासाहब के, केशवराव के धैर्यधर से इस धैर्यधर की तुलना करने लगा। धैर्यधर की पोशाक में गंधर्व उसे पराए ही लगे। फिर वैसे ही पीछे मुड़कर अपने काम पर चला गया। गौहर दुशाला पहनकर आई। झुककर उसने गंधर्व को प्रणाम किया। ''गौहरबाबा,'' गंधर्व बोलने लगे, ''काकासाहब की यह भामिनी अब हम तुम्हें सौंपते हैं। बीते कई दशकों से हमारे देह में बसती थी यह। समझो, बिलकुल कलेजे का टुकड़ा निकालकर दे रहा हूँ।'' पास से सुदामराव गुजर रहे थे। वे रुके। वे पहचान गए कि गंधर्व की आवाज काँप रही है। ''अब यह साफा हमारा। इस दुशाले से हमेशा के लिए तलाक ले रहा हूँ मैं। अब यह दुशाला पहनना बन्द, और वह भी बस तुम्हारे कारण। कम्पनी में आकर तुमने मुझे इस दुशाले से, साड़ी से मुक्ति दिलाई है।'' रतन की भी आँखें भर आईं। फिर वे बोले, ''जाओ, तीसरी घंटी बजाने को कहो।'' और उस खामोशी में तीसरी घंटी घनघना उठी।

मानापमान गंधर्व के लिए ही नहीं, बल्कि सभी के लिए एक आत्मीय विषय था। एक से बढ़कर एक बढ़िया गाने और काकासाहब के संवाद। 'केवल वीरता से स्त्रियों का मन नहीं रीझता। जी भरकर गहने पहनानेवाला पति स्त्रियों को अच्छा लगता है।' लेकिन गौहर के इन संवादों में आया कर्नाटकी लहजा और हर वाक्य में सुर को लम्बा खींचना, दर्शकों को तनिक खटक रहा था। लेकिन गंधर्व ने धैर्यधर के पद गाकर लोगों की प्यास बुझाने का प्रयास किया। पहला अंक समाप्त हुआ, दूसरा भी खत्म होने को आया, लेकिन लोगों की प्यास बुझ नहीं रही थी। जिन्दगी-भर जिसे मन में सँजोए रखा, वह भामिनी पड़ोस में खड़ी है और यह कौन अपने आप को भामिनी समझ रही है? गौहर ने अपने हिसाब से बहुत अच्छे गाने गाए और उसने पद शुरू किया, *मला मदन भासे हा...।* वह शरमाई, लटके-झटके दिखाए, आँखों से शृंगार रस बरसाया। गाना समाप्त हुआ और परदा गिरने को था कि तभी एक आदमी उठकर खड़ा हो गया, ''नारायणराव, अब यही पद आपकी आवाज में हो जाए!''

''क्या?'' गंधर्व हँस दिए। उन्हें लगा, यह मजाक है। लेकिन दूसरा आदमी भी खड़ा हो गया, ''हाँ हाँ नारायणराव, हो जाए...।''

गंधर्व सामने आए और बोले, ''भगवन्, भामिनी के पद धैर्यधर कैसे गा सकता है?''

''नारायणराव, इतने सालों से सुन रहे हैं हम यह पद आपसे...।'' और कोलाहल मच गया। गंधर्व ने परदा गिराने का इशारा किया। पर परदे को गिरता देखकर कुछ लोग उठे। उन्होंने परदेवाले को रोका। ''नारायणराव, अजी आपका *मानापमान* नाटक देखें और *नाही मी बोलत नाथा, मला मदन भासे हा* पद आपसे न सुनें?'' दूसरा व्यक्ति नम्रता से बोला, ''यह तो वही बात हो गई कि मन्दिर में जाकर भगवान के दर्शन न करना।'' गंधर्व दुविधा में पड़ गए। बगल में ही गौहर खड़ी थी, वह शर्मिंदा हो गई।

लोगों का शोरगुल बढ़ता गया। अब लोग चिल्लाने लगे। गंधर्व जान गए, अगर इनकी बात नहीं मानी तो अगला नाटक होगा ही नहीं। उन्होंने साफा उतारा और गाना शुरू किया, *मला मदन भासे हाऽऽऽ* और छप्परतोड़ तालियों से थिएटर गूँज उठा। उस बूढ़े डोरकीपर को लगा, मानो थिएटर की देह में प्राणों का संचार हुआ है। नेपथ्य में सुदामराव, रतन आदि मंडली खड़ी थी। गौहर भी रंगमंच पर सिकुड़कर खड़ी थी। वह जान गई, पड़ाव हो या रंगमंच, मैं पराई ही हूँ। ये लोग मुझे कभी नहीं अपनाएँगे। भामिनी पर गंधर्व का अधिकार वे उन्हें त्यागने नहीं देंगे। इतनी मेहनत की, प्रयास किया, फिर भी इन्हें सन्तोष नहीं होता। गंधर्व गा रहे थे। गाते-गाते अनजाने में वे स्त्रैण होते गए। धैर्यधर का कवच झड़ गया और भीतर बसी सदाबहार, सतेज भामिनी रंगमंच पर उमुक्त होकर विचरने लगी। गौहर रंगमंच से दूर हुई। उसका जाना किसी को पता भी नहीं चला। वह रंगशाला में गई और एक-एक गहना उतारने लगी। बाहर तालियों की गूँज और वन्समोर की भीषण आवाजें सुनाई दे रही थीं। गौहर समझ गई, उसके सपने चकनाचूर हो रहे हैं...वह ज्यों की त्यों बैठी रही। पद समाप्त कर गंधर्व रुके, तब रात के दो बज रहे थे। नाटक की बजाय पदों का मजा लूटकर दर्शक घर लौटने लगे। बूढ़े डोरकीपर ने दरवाजे बन्द किए। उसकी पलकों पर भी नींद सवार थी, पर मन में पुराने दिन, पुरानी यादें जाग उठी थीं।

सुबह पड़ाव पर बैठक हुई। कल की घटना से सभी सिटपिटाए हुए थे। तभी मैनेजर आया और बोला, ''नाना, शो की अच्छी माँग है आज भी। टिकट खिड़की पर भीड़ है, लेकिन...।''

''लेकिन क्या भगवन?''

''लोग पूछ रहे हैं, आज सुभद्रा कौन है?'' फिर गर्दन झुकाकर बोला, ''लोग वापिस लौटने की तैयारी में थे। इसलिए मैंने कह दिया कि नारायणराव ही कर रहे हैं सुभद्रा। और क्या करता? नाटक का शो नहीं हुआ तो दौरे का खर्च सिर पर पड़ेगा। रोजमर्रा का खर्च भी वसूल नहीं हुआ तो कर्ज कैसे चुकाएँगे?'' सभी चुप हो गए। गौहर के सीने में हूक-सी उठी। मुझे कोई नहीं चाहता यहाँ। एक अजीब खामोशी फैल गई। गंधर्व का मन दुख से कलप उठा। सोचा, लौट जाएँ। नहीं करने शो। लेकिन तभी गौहर की आवाज गूँजी।

''मैं कहती हूँ, क्या गलत कहा लोगों ने?'' सभी ने मुड़कर देखा। ''भामिनी मतलब आप और सुभद्रा भी आप...दूसरा कोई नहीं। आपकी और मेरी खुशी क्या अलग है?''

"गौहरबाबा!" गंधर्व के शब्द गले में ही फँसकर रह गए। उनका गला भर आया। सभी को लगा, मानो सारे सवाल चुटकी में हल हो गए हैं। बैठक में तय हुआ कि दौरे का हर शो गंधर्व खुद करेंगे और इसी खुशी में बैठक खत्म हुई। लेकिन गंधर्व को गौहर के लिए बुरा लगता रहा। टूटमुहाँ घड़ा कहकर जब कोई चिढ़ाता है, तब कैसी यातनाएँ होती हैं, वे जानते थे। कमरे में आते ही गौहर को उन्होंने कसकर बाँहों में भर लिया। उसके विशाल हृदय ने आज उन्हें पूरा जीत लिया था। अब वे उसके गुलाम बनने के लिए भी तैयार थे।

रात में शो के लिए गंधर्व सजने लगे। यह सजना उनके लिए खूब परिचित था। अभ्यस्त होने के कारण वे सब सफाई से करने लगे। विग चढ़ाया, गालों पर लाली लगाई और ओंठ रँगाने लगे। उस लाल रंग की तरफ देखकर बोले, "तुमसे तलाक? असम्भव।" और उन्होंने आइने में देखा। चेहरे पर उन्हें वयस्कता नजर आ रही थी। वर्षा के पचास ऋतु देखे थे। क्यों? किसलिए ये स्त्री-भूमिका अब? उन्हें लगा, उठकर चले जाएँ। लेकिन जाएँ भी तो कहाँ? और इस पसारे का क्या होगा? पल-भर के लिए मन विषाद से भर गया। लेकिन अगले ही पल गडकरी गुरुजी का वाक्य याद आया—'किस्मत में लिखा स्वाँग रचाना चाहिए', और उन्होंने चेहरे पर सुभद्रा को उकेरना शुरू किया। कुछ देर वे सजते रहे। थोड़ी देर बाद उन्हें लगा, मन खाली हो गया है। उसमें कोई भाव-भावनाएँ हैं ही नहीं। न खेद, न विषाद, न दुख...। अब उन्हें कोई फिक्र नहीं थी। कोई भूमिका निभाने के भाव से वे उठे। नेपथ्य में खड़े हो गए। परदा खुला, नाटक शुरू हुआ। अपने प्रवेश पर वे रंगमंच पर गए। तालियों की गड़गड़ाहट हुई और उन्होंने खुद को सुभद्रा के भीतर झोंक दिया। नाटक में रंग चढ़ा। वन्समोर की ध्वनि से थिएटर का छप्पर उड़ने को था। लोगों को न तो गंधर्व के चेहरे पर वयस्कता नजर आ रही थी न रंगों के पीछे छिपी झुर्रियाँ परेशान कर रही थीं। उनके लिए यही काफी था कि उनके लिए उनका भगवान खड़ा गा रहा है। गंधर्व की मुटाती देह को वे देख ही नहीं रहे थे। उन्हें तो बस सामने दिखाई दे रहे थे रंगभूमि को वैभव और शान प्रदान करनेवाले बालगंधर्व जिसे उन्होंने अपने दिल में सँजो रखा था। इस गंधर्व के लिए उम्र मायने नहीं रखती थी। उनका वहाँ होना ही काफी था। आखिरी अंक का परदा गिरा, गंधर्व बाहर आए। बाहर भी मुझे एक भूमिका निभानी है, इस स्थितप्रज्ञता से उन्होंने बाहरी दुनिया के वस्त्र चढ़ाए और चल पड़े। विधाता का लिखा प्रवेश ईमानदारी से निभाने के लिए। उसके प्रति उन्हें न अब गुस्सा था न कोई मोह...।

खबर सब तरफ फैल गई कि गंधर्व ने फिर से स्त्री-वेश धारण किया है। मोहनदास अपने अध्ययन कक्ष में बैठे कोई अंग्रेजी किताब पढ़ रहे थे। एलिजाबेथ जमाने के नटों द्वारा की गई स्त्री-भूमिकाओं के बारे में उसमें काफी जानकारी थी। वे उनमें किसी ऐसे नट को ढूँढ़ रहे थे जो पचास की उम्र के बाद भी स्त्री-भूमिका के लिए लोकप्रिय रहा हो। लेकिन ऐसा सन्दर्भ उन्हें मिल ही नहीं रहा था। मतलब, गंधर्व को धरती का ऐसा एकमात्र नट मानें? उनके सामने सवाल खड़ा हो गया कि गंधर्व को आज भी अपनाने के पीछे लोगों की क्या मानसिकता हो सकती है? अगर मन्वन्तर का आन्दोलन सफल

हो जाता तो नाट्य-जगत् को कुछ नया देना गंधर्व के लिए अनिवार्य नहीं हो जाता? अपने जीवनकाल में ही आख्यायिका बन बैठे गंधर्व की लोकप्रियता की पहेली उनसे सुलझ नहीं रही थी। लेकिन इसी लोकप्रियता के बल पर गंधर्व दुबारा कमर कसकर गाँव-गाँव शो करते नजर आ रहे थे। मोहनदास समझ नहीं पा रहे थे कि यह जिद क्यों? मुम्बई-पुणे में ही लगातार डेरा डालें तो नाटक के प्रति लोगों की दिलचस्पी कम हो जाएगी, इसलिए बाहरी गाँवों में उनके शो जारी थे। बाहरी गाँव के शो यानी पड़ाव-दर-पड़ाव कठिन सफर। नाट्यगृहों में सुविधाएँ नहीं। रतजगा, भयानक थकान और रंगभूषा के लिए बैठते ही रंगों की आड़ से झाँकती झुर्रियाँ। चाहे जितना छिपाएँ, फिर भी धीरे-से आकर मुँह चिढ़ाती उम्र। लेकिन लोग इसे अनदेखा करते। केवल गंधर्व की खातिर! नाटक देखने आनेवाले ऐसे ही माई-बाप रसिकों के बल पर कम्पनी की गाड़ी चल रही थी। ये माई-बाप गंधर्व के सचमुच के अन्नदाता बन गए थे। लेकिन खर्च, आमदनी और कर्ज का मेल बिठाना असम्भव होता जा रहा था। डेरा उठते ही हिसाब होता और हाथ आता एक विशाल शून्य। अब साहूकारों के तकाजे भी बढ़ने लगे थे। लोग भी समझ रहे थे कि पुराना कर्ज जिस शान से चुकाया था, वह शान और वह दौर अब नहीं है। गौहर यानी सारे सवालों को चुटकी बजाते ही हल कर देनेवाली जादू की छड़ी, यह भ्रम भी अब टूट चुका था। सब समझ चुके थे कि टिकट खिड़की पर गौहर का सिक्का नहीं चल सकता। गंधर्व की यह मोहिनी अप्सरा कैसी होगी, यह देखने की उत्सुकता भी शान्त हो चुकी थी। मोहनदास की दृष्टि से यह दृश्य अत्यन्त दयनीय था, जहाँ एक कलाकार अपनी सारी कला दे चुकने के बाद भी काम करता रहता है। लेकिन गंधर्व को कौन समझाता? और इससे भी बड़ी बात, मोहनदास की अध्ययनशील दृष्टि यह भी जान चुकी थी कि अगर फिल्मों का मुकाबला करना है, तो पुराने हथियार काम नहीं आएँगे। वही *स्वयंवर* और वही भामिनी अब नहीं चलेगी। कुछ नई संवेदनाएँ, नई हवाओं के नाटकों की, एक मन्वन्तर की आवश्यकता है। पर उन्हें यह भी एहसास था कि पचास को छू रहे गंधर्व से ये उम्मीदें करना गलत है। अन्य कम्पनियों की दशा भी बहुत अलग नहीं थी। सबकुछ ढलान पर आ चुका है। मोहनदास समझ रहे थे कि यह दौर केवल गंधर्व की अवनति का दौर नहीं है, बल्कि समूची संगीत-रंगभूमि की अवनति का दौर है। लेकिन फिर भी अपने जंग लगे हथियारों से लड़ रहे गंधर्व के प्रति उनके मन में आदर भी था और आत्मीयता का भाव भी। पीठ पर सामान लादे गाँव-गाँव भटकनेवाले गंधर्व को उन्होंने सलाम किया। एक दर्शक के नाते भी और रंगमंच के अध्येता के नाते भी।

दौरा खत्म कर कम्पनी के पुणे लौट आने की खबर सेठ चन्दूमल को मिली और वह डेरे पर आ धमका। आज सुबह गंधर्व आराम से उठे थे। चाय की प्याली सामने थी। चन्दूमल ने आकर प्रणाम किया। गंधर्व को पता था कि वे किसलिए आए हैं और उनका बाबूगीरी का उत्तर भी तैयार था। लेकिन चन्दूमल ने इधर-उधर की बातें शुरू कीं और कहा कि मुम्बई जाकर उनका *मृच्छकटिक* देखा। गौहर के काम की भी तारीफ की। गंधर्व को सन्तोष हुआ। उन्होंने गौहर को पुकारा और सेठ से उसका परिचय कराया। लेकिन सेठ

की नजरों में छिपे शकार को उसने तुरन्त पहचाना और नाप-तौलकर हँसते हुए धन्यवाद दिया। सेठ ने धन्धे की परेशानियों का तूमार बाँधा और गंधर्व ने वादा करना शुरू किया। अब धीरे-धीरे उन्हें इन संवादों की आदत हो चली थी। जल्द से जल्द पैसे मिलने चाहिए, कहकर सेठ उठा। गौहर को महसूस हुआ, जाते समय उसने उसे खूब निहारा है। बाहर चबूतरे पर सुदामराव धूप सेंक रहे थे। सेठ ने हँसकर उनसे 'जय राम जी की' कहा और अपनी गाड़ी की तरफ न जाकर उनके पास आया। सुदामराव उठकर खड़े हो गए। "आज भी अगला वादा लेकर जा रहे हैं हम। नाटक के धन्धे का अब कुछ ठीक नहीं।" सेठ मेरे साथ क्यों बतिया रहा है, सुदामराव की समझ में नहीं आ रहा था।

"नहीं सेठजी, कर्ज चुकता होगा। शो हो रहे हैं आजकल काफी।" उन्होंने यूँ ही कम्पनी का पक्ष लिया। सेठ हँस दिया। "कर्ज की क्या फिक्र करते हो! आपके पास वह हुंडी है न! तुड़वाओ उसे और करो पैसा वसूल!" और सेठ ने आँख ही मारी। "क्या करेंगे उसे यूँ ही घर में बिठाकर?" कहकर ताली के लिए हाथ आगे बढ़ाया। सुदामराव के रोंगटे खड़े हो गए। फिर भी बेशर्म-सी हँसी बिखेरते हुए उन्होंने ताली दी। सेठ हँसता हुआ और आँखें मिचकाता हुआ गाड़ी की तरफ बढ़ा। सुदामराव की नजर ऊपर गई और वे सिटपिटाए। ऊपरी मंजिल पर गौहर खड़ी थी। उन्होंने गर्दन झुकाई और चले गए। दूर जाती गाड़ी की आवाज गौहर के कानों तक आई। वह सोचते-सोचते नीचे आई। गंधर्व ओसारे में थे। क्लर्क से कुछ बतिया रहे थे। वह रसोई में गई। उसने देखा, रसोइया खीर बना रहा था। आज उसने खीर के लिए कहा नहीं था। उसने पूछा, लेकिन रसोइए के जवाब देने से पहले ही रतन बोला कि मैंने कहा है। रसोइए ने भी उसे अनदेखा करके खीर के लिए दूध उँड़ेलना शुरू किया। 'काजू और किशमिश डालो' कहता हुआ रतन उसे लाँघता हुआ निकल गया। उसने पहचाना कि नाटक में मेरी असफलता का ही यह परिणाम है। आजकल डेरे पर लोगों की बदली नजरें भी उसे बेचैन कर रही थीं। उसने पल-भर सोचा और बिना कुछ बोले कोठी के पिछवाड़े के दरवाजे की तरफ गई। नौकर लकड़ियाँ फाड़ रहा था। उसे हँसने की कलकल सुनाई दी। कुछ बाहरी लोग और कम्पनी के कलाकार किसी वाहियात जोक पर हँस रहे होंगे। वह बिना रुके मुड़ी। तभी सुदामराव की हँसी और एक बाहरी आदमी की बात उसके कानों में पड़ी। "मतलब, चाहे रंगमंच पर यह हुंडी नहीं भुनी, पर लगता है बाहर जरूर भुनेगी।" गौहर का माथा ठनका। कुछ कहने को हुई, पर खुद को रोका और भीतर गई। मैं कम्पनी में इस तरह मजाक का पात्र बनकर रहूँगी या दया का? वह कमरे में आई। खम्भे से टेक लगाकर बैठ गई। खामोशी से सोचने लगी। ये कलाकार लोग तो पेटपोसुआ हैं। कम्पनी का जहाज डूब जाए तो सबसे पहले ये ही चूहे उसे छोड़कर जाएँगे। पर मैं यहाँ सारे रिश्ते तोड़कर आई हूँ, और उसने जल्दी-जल्दी में कुछ फैसले लिये। अब उसे कम्पनी में अपना स्थान बनाना था।

रात के भोजन में रतन ने चुस्कियाँ ले-लेकर खीर पर हाथ साफ किया। उसकी नजरों में गौहर को गुस्ताखी दिखाई दे रही थी। सुबह सब उठे तो देखा डेरे में कुछ नए-नए चेहरे दिखने लगे हैं। दो मुसलमान दाढ़ियाँ, एक जवान लड़की और एक अधेड़ औरत। किसी की कुछ समझ में नहीं आ रहा था। गौहर कोठी के पिछवाड़े मसाला पिसवा

रही थी, हिदायतें दे रही थी। थोड़ी देर बाद उसने एक बूढ़े को पुकारा, "गफूरचचा।' हाथ में छिली हुई मुर्गी लिये चचा आया। दुर्गाराम ने पूछा, "आप कौन?" गौहर बोली, "हमारे रसोइए को मुर्गी पकाना नहीं आता न, इसलिए चचा पकाएँगे।" और बात को स्पष्ट किए बिना अपने काम में लग गई। मुर्गी की मसालेदार खुशबू सभी के मन की भूख को तड़पा रही थी। दोपहर में गंधर्व के पास बैठकर उसने मुर्गी परोसी और आग्रहपूर्वक खिलाई। गंधर्व का यह पसन्दीदा भोजन था। दोपहर में आराम फरमा रहे गंधर्व से बात कर उसने इन चारों आदमियों का कम्पनी में रहने का प्रबन्ध कर डाला। पुराने रसोइए के दो आदमियों को काम से हटा दिया। अब उसे कम्पनी में अपने भरोसेमंद लोगों की जरूरत थी। अब वह पलटवार के लिए तैयार थी। रतन ने सोने से पहले दूध माँगा। बूढ़े चाचा ने 'रसोई बन्द हो गई' कहकर उसे लौटा दिया। तनतनाते हुए लौट रहे रतन की रास्ते में गौहर से मुलाकात हुई। उसने रतन को रोका, पूछा, "दूध चाहिए क्या जी?" और चचा को इशारा किया। चचा ने प्याला-भर दूध ला दिया और सोने चला गया। रतन समझ गया कि अब घूँट-भर दूध के लिए भी इसकी चिरौरी करनी पड़ेगी। इस नागिन को यहाँ से खदेड़ना ही होगा। मन ही मन झल्लाते हुए उसने वह दूध फेंक दिया।

कोठी का दरवाजा कुनमुनाया और वसन्त शान्ताराम देसाई ने देखा, दरवाजे से बापूराव आ रहे हैं। "बापूराव?" वसन्तराव उठे, बापूराव को कुर्सी दी और पूछा, "बापूराव, आज इधर मुम्बई में कैसे?" बापूराव बैठ गए। हाथ की थैली मेज पर रखी और बोले, "यूँ ही, काम से आया था। आपकी याद आई।" फिर दो पल खामोश बीते। वसन्तराव ने देखा, बापूराव का चेहरा उतरा हुआ है। *गंधर्व कम्पनी* छोड़ने के बाद उन्होंने पुणे में ही डेरा डाला था। फिर वसन्तराव ने चाय मँगाई। क्या बात करें, दोनों की समझ में नहीं आ रहा था। फिर वसन्तराव ने ही पूछा, "डेरे पर जाना हुआ कम्पनी के? नाना से मुलाकात हुई?" बापूराव पल-भर चुप रहे। "नहीं, उधर नहीं गया। लेकिन...कल थिएटर में गया था। नाटक शुरू हो चुका था, इसलिए दरवाजे से खड़े-खड़े ही देखा थोड़ी देर।" फिर कुछ पल खामोश बीते। लेकिन उनसे रहा न गया और फिर बोलते ही चले गए, "रोकिए जी, नाना को रोकिए वसन्तराव! तबीयत गिर रही है। चेहरे पर उम्र तो दिखती थी, पर अब बीते कुछ दिनों में झेलीं मुसीबतें भी दिखने लगी हैं। अजी, राज किया है उन्होंने राज। कल नाटक में नाना का संवाद सुना, "जिस जगह से फूल चुने, वहाँ से उपले चुनने की नौबत आई...और सिसकी ही निकल गई मेरी।" और सचमुच, बापूराव की देह सिसकियों से काँपने लगी। "कितनी दौड़धूप करेंगे कर्ज चुकाने के लिए? और किसलिए ये उपले चुनना? तभी चाय आई। बापूराव की पीठ पर हाथ फेरते हुए वसन्तराव ने उन्हें चाय दी। बापूराव चाय पीने लगे। इस बीच वसन्तराव के मन में विचार पक्का होने लगा। कुछ बातें गंधर्व के गले उतारनी ही पड़ेंगी। बापूराव ने चाय की प्याली नीचे रखी और बैठे रहे।

"भाभीजी कैसी हैं?"

"जिन्दा हैं, बस।"

"बापूराव!" बापूराव की बात से कलेजा छलनी हुआ उनका।

"जी हाँ। कब क्या होगा, ऊपरवाला ही जाने। अजी, हड्डियों का ढाँचा रह गया है। ऊपर से नाना के लौटने के लिए व्रत-उपवास...सूखकर काँटा हो गई हैं। माँ भी हिम्मत हार चुकी है।"

"बापूराव, मैं बात करूँगा। बात नहीं, जबरदस्ती ही करूँगा।"

वसन्तराव की बातों से बापूराव के चेहरे पर आशा की किरणें नजर आने लगीं। थोड़ी देर बैठकर वे उठे और सीढ़ियाँ उतरने लगे। वसन्तराव समझ रहे थे, लक्ष्मण की तरह अपना सबकुछ भाई के चरणों में अर्पित कर चुका है यह भी। उन्हें बापूराव पर तरस आया। जाते-जाते बापूराव थमे और अचानक पूछा, "वसन्तराव, क्या सचमुच सभी गन्धर्वों को श्राप होता है?" वाकई, श्राप के अलावा क्या जवाब हो सकता था किसी के पास इस नियति का? वसन्तराव को पहेली में उलझाकर बापूराव चले गए। वसन्तराव ने दूसरे दिन के अपने सारे कार्यक्रम रद्द किए और डेरे पर जाना तय किया।

गाड़ी कम्पनी के डेरे के सामने खड़ी करके वसन्तराव भीतर आने लगे। तभी उन्हें बाहर निकलती हुई गौहर नजर आई। दहलीज पर ही। उसके साथ एक लड़की थी। गौहर ने हँसकर प्रणाम किया, "भोजन करके ही जाइएगा अब।" और हाथ से ही इशारा किया कि भोजन सामिष है। फिर कुछ याद आने के बहाने उसने साथ की लड़की से भी प्रणाम करने को कहा। लड़की ने प्रणाम किया। गौहर बोली, "यह आशम्मा है, मेरी मुँहबोली बेटी। चलती हूँ।" गौहर चली गई। वसन्तराव दरवाजे से झुककर भीतर आने लगे। उनके मन में बात उभरी, इस औरत की कौन-सी बात खटकती है मुझे? बेचारी ने जी-जान से काम किया नाटक में। दर्शकों ने अपनाया नहीं। गंधर्व के स्थान पर कोई भी खड़ा हो जाता तो उसका भी यही हाल होता। कम्पनी के लोगों ने भी नहीं अपनाया उसे। परन्तु गंधर्व ने अपनाया और यह घमंडी बन गई। उसने कुछ ज्यादती भी की। कुल मिलाकर गौहर गंधर्व के चरित्र पर एक धब्बा है। बिलकुल धब्बा। सामने रतन नजर आया। उसने तुरन्त उनका स्वागत किया। "नाना को खबर करता हूँ।" और वह गंधर्व की तरफ दौड़ा। सुदामराव आए। उन्होंने भी प्रणाम किया। वसन्तराव ने देखा, डेरे में हमेशा की चहल-पहल नहीं है। लोगों की आवाजाही या हँसी-मजाक का माहौल भी नहीं है। कुछ अनजाने चेहरे नजर आ रहे थे। गौहर के साथी लोग पराए की तरह विचर रहे थे। कोने में एक हकीम बैठा था। बीच में एक फकीर आया और खैरात ले गया। उन्होंने सोचा, कितना बदल गया है सबकुछ? अब नहीं इकट्ठा होता यहाँ कोई। मानो वसन्तराव का चेहरा पढ़कर ही सुदामराव बोले, "कम्पनी के तीज-त्योहार, भजन, भोजन के बाद की पंचपदी सब बन्द हो गया है। आजकल बस हकीम और फकीर आते हैं।" वसन्तराव को लगा मानो वे किसी अनजानी जगह पर आ गए हैं। तभी पैगाम आया कि गंधर्व ने ऊपर बुलाया है। वे सीढ़ियाँ चढ़कर ऊपर गए। उनका गला भर आया। एक कुर्ता-पाजामा पहने गंधर्व बैठे थे। अकेले। पपड़ियों से भरी दीवारें और सब बेरंग। बस एक ही चीज पहले जैसी थी, गंधर्व के चेहरे की निर्मल मुस्कान।

"आइए भगवन्।" गंधर्व ने मुस्कुराते हुए वसन्तराव का स्वागत किया। चरण स्पर्श कर वसन्तराव बैठे। "अरे सुनो, वसन्तराव के लिए दूध भेजो।" और वे प्रसन्नता से हँस दिए।

"नाना, यूँ ही आया था।" फिर खुद पर जब्त न कर पाए और बोले, "नहीं नहीं, कुछ खास काम से ही आया हूँ। नाना, नाटक में स्त्रियों के काम करने से कम्पनी को लाभ होगा, यह सोचकर आप गौहरबाई को यहाँ ले आए। उन्होंने भी अपने हिसाब से काम किया। लेकिन..." वे रुके। उन्होंने देखा, गंधर्व ध्यान से सुन रहे हैं, "लेकिन अब यह साबित हो चुका है कि गौहरबाई का कम्पनी के लिए, टिकट खिड़की के लिए कोई लाभ नहीं है। इसलिए अब उन्हें छुट्टी देना ही ठीक होगा।"

"उन्हें चले जाने के लिए कह दूँ, भगवन्?" गंधर्व ने आगे पूछा, "बताइए, जब कम्पनी को जरूरत थी, तब गौहरबाबा ने सारे प्रलोभन त्यागकर हमारा साथ दिया। अब उन्हें जाने के लिए कह दूँ?"

"लेकिन नाना...।"

"नहीं भगवन्, ऐसा नहीं होगा।"

"लेकिन उनके आने से सभी आहत हैं। अच्छे-अच्छे लोग इधर आने से कतराते हैं। बाहर लोक अनाप-शनाप बक रहे हैं।"

गंधर्व ने कोई प्रतिक्रिया नहीं दी। "अब आए हो तो भोजन करके ही जाना। सामिष भोजन अच्छा बनाती है गौहरबाबा।" और उन्होंने आँखें भींच लीं। मानो बात ही खत्म हो गई। फिर भी वसन्तराव बोले, "भाभीजी बीमार हैं। आपको याद करती हैं।"

गंधर्व फिर भी खुश्क थे, "पुणे में शो हो रहे हैं। मिल आऊँगा।" कुछ पल खामोश बीते।

"नाना, एक बिनती है। आपके हाथ जोड़ता हूँ, अब ये कर्ज का भार उठाए मत घूमिए। दिवाला घोषित करने के लिए अर्जी दे दीजिए। इन सारे झंझटों से मुक्त होने का यही एक तरीका है। और यदि कोई आपत्ति उठाता है तो दिखाइए उसे हिसाब। जितना कर्ज लिया था, ब्याज के एवज में उससे दोगुना झोंका है आपने साहूकारों के हलक में। कोई नहीं डूबेगा।"

गंधर्व कुछ पल चुप रहे। अचानक वसन्तराव को एहसास हुआ कि पीछे गौहर खड़ी है। वसन्तराव परेशान। कब आई ये और क्या-क्या सुन लिया इसने? वे कुछ कहते, इससे पहले गौहर ही सामने आई, "मुझे लगता है, ये ठीक कह रहे हैं। कर्ज का पहाड़ खड़ा हो गया है जी। वसन्तराव, जैसा आप बोलेंगे वैसा करेंगे हम।" और वह नीचे चली गई।

वसन्तराव उठे, "मैं तैयारी में जुट जाता हूँ, पर वादा कीजिए कि अब आप फैसला बदलेंगे नहीं। लोग चाहे जो कहें।"

"आपकी आज्ञा से बाहर नहीं हूँ मैं।" गंधर्व बोले।

"तो यह तय रहा। मैं चलूँ नाना?"

"भोजन करके जाइएगा। गौहरबाबा को बुरा लगेगा।" और वे निर्मलता से मुस्कुरा दिए। वसन्तराव को लगा, इस आदमी पर गुस्सा कर ही नहीं सकते। चरणस्पर्श किया

और बोले, ''अब दिवाला घोषित करने की अर्जी लाकर ही भोजन करूँगा।'' और चल दिए। गंधर्व खिड़की के पास गए। नजरें गड़ाए बाहर देखने लगे। उन्हें वसन्तराव दिखाई दिए। गाड़ी की तरफ जा रहे थे। दूर जा रही गाड़ी को भी गंधर्व देखते रहे। तटस्थता से। एक पल के बाद उन्हें लगा कि वे पूरे संसार की तरफ ही तटस्थता से देख रहे हैं। इस सड़क की तरफ, उस गाड़ी की तरफ, कोठी की तरफ...और खुद की तरफ भी... ! खुद से अलग होकर दूसरे की नियति देखने जैसा वे देखते रहे...मानो दुनिया के रंगमंच पर कोई नाटक देख रहे हों।

गाँव में बहू-बेटों के कब्जे में जी रहे नरूभाऊ को लकवा मार गया था। सारा शरीर लूला पड़ गया था। बीच-बीच में *गंधर्व कम्पनी* से कुछ पैसे आते थे उनके नाम से। ये पाँच-पचास रुपए भी उन्हें बहुत मूल्यवान लगते। कम्पनी मुझे भूली नहीं, इस एहसास से उनका गला भर आता। कभी साल दो साल बाद दिनू उन्हें मिलने आ जाता। उसके कुलदेवता उनके गाँव के पड़ोस में ही थे। दिनू कहता था, फिल्मों में छोटी-मोटी भूमिकाएँ करता हूँ। उसके कपड़े और रहन-सहन देखकर नरूभाऊ को लगता, अच्छा चल रहा है उसका। लेकिन आज जब दिनू आया तो उनकी जबान भी लूली पड़ गई थी। देह का एक हिस्सा बेकार हो गया था। उनकी बहू ने बाहर फाटक से ही कहा, 'आदमी को भी नहीं पहचानते। अब तो बस प्रतीक्षा करनी है।' दिनू ओसारे पर आया। नरूभाऊ का बिस्तर वहीं लगा था। बहू चाय बनाने भीतर गई। दिनू ने भगवान की भभूत उनके माथे पर लगाई और उन्हें आपदमस्तक निहारा। उसके लिए परिचित थी वह देह। उस देह के आवेग...और अब ये क्या हो गया। उसका गला भर आया।

नरूभाऊ का लड़का आया। चाय पीते-पीते दोनों बतियाने लगे। बहू दहलीज के पास खड़ी थी। ''विसूभाऊ चले गए, बीते साल। नरूभाऊ को बहुत याद कर रहे थे। कम्पनी के लोगों ने ही किया दाह-संस्कार।''

''टॉकीज में अच्छा पैसा मिलता होगा?'' लड़के ने पूछा।

''हाँ मिलता है, पर कम्पनी का मजा और था। कुछ अलग ही था।''

''अभी भी पैसे भेजते हैं जी!'' लड़के का भी गला भर आया, ''कुछ अलग ही हैं ये लोग।''

''भोजन के समय भैया हमेशा गंधर्व को याद करते थे। पहला निवाला उन्हीं को याद करके ग्रहण करते थे। लेकिन अब कुछ भी याद नहीं आता। दिमाग ही काम नहीं करता।'' बहू ने बताया।

''वैसे भी अब सुनने जैसा बचा क्या है? सबको लकवा मार गया है। मुम्बई की ऊपरी अदालत में अर्जी दी है गंधर्व ने दिवाला घोषित करने की। कम्पनी की इस तरह दयनीय दशा कभी नहीं हुई थी।'' दिनू बता रहा था। ''पर एक बात कहूँगा, सोने के दिन थे वे। क्या नहीं था? ऐश्वर्य, समृद्धि, साथ में हिमालय से भी ऊँचे लोग। सफलता, पैसा, कौतुक। वह दौर नहीं आएगा अब लौटकर। अजी, कमोरा भर श्रीखंड बनता था कम्पनी में कमोरा भर। मूँगफली की जगह किशमिश खाते थे हम...याद है नरूभाऊ?'' कहते

हुए दिनू ने नरूभाऊ की तरफ देखा। यूँ ही उसे उनके चेहरे पर हँसी फूटने का आभास हुआ। "अच्छा हुआ जो दिमाग काम नहीं करता है। ऐसे ही सुख-भरे दिन याद करते-करते जाने दीजिए इन्हें। सोने जैसे दिन।" चार ही दिनों में नरूभाऊ चल बसे। चिता पर लेटी उनकी देह देखकर दिनू की सिसकी निकल गई। उसे लगा, मानो वे पुराने दिन ही चिता पर लिटाए गए हैं। श्मशान से लौटने पर उसने कम्पनी को तार से नरूभाऊ के गुजर जाने की खबर दी। गंधर्व ने तार पढ़ा। आदत के मुताबिक उन्होंने यह दुख भी निगल लिया। वे उठे, भगवान के पास गए और नरूभाऊ के लिए हाथ जोड़े।

वे मुड़े। पीछे रतन खड़ा था। "नाना, वसन्तराव के यहाँ से एक आदमी आया था। ये कागजात देकर गया है। कहा है कि दिवाला घोषित करने की आपकी अर्जी मंजूर हो गई है और ऊपरी अदालत ने आपको लगभग सारे कर्ज से मुक्त कर दिया है।" गंधर्व ने कागज हाथ में लिये। रतन जाने लगा तो रोकते हुए बोले, "रतन, नरूभाऊ के घर पैसे भिजवाने का इंतजाम करो। श्राद्ध के लिए। हमारे आदमी थे वे। उनका कर्ज तो चुकाना ही होगा।" और वे खामोशी से सीढ़ियाँ चढ़ने लगे। अब भीतर से उन्हें एक अलग ही वैराग्य घेरने लगा था।

कम्पनी पुणे के दौरे पर आई। लेकिन इस साल का पुणे का दौरा हमेशा की तरह लाभदायी साबित नहीं हुआ। दिवाले की खबर से रसिकों में जरा-सी खलबली मची, पर वह धूल भी तुरन्त शान्त हो गई। शो खत्म हुआ तब गंधर्व ने देखा, बापूराव रंगशाला में आए हैं।

"नाना, कल भाभी जी ने भोजन के लिए बुलाया है।"

"ठीक है, कहना आ रहा हूँ।" और गंधर्व ने रंग उतारना शुरू किया। बापूराव चले गए। उन्हें महसूस हुआ, इस रिश्ते पर भी एक सिलवट उभर आई है।

दूसरे दिन गंधर्व भोजन के लिए गए। लक्ष्मी ने दरवाजा खोला और गंधर्व ने देखा, हड्डियों का एक ढाँचा सामने खड़ा है। उसने एक तरफ हटकर उन्हें भीतर आने दिया। वे बाहर झूले पर बैठ गए। उनकी नजरें तुलसीचौरे की तरफ गईं। हल्दी-कुंकुम से लथपथ हो गया था उसका तना। घर में भी जगह-जगह देवताओं की, साधू-सन्तों की तस्वीरों पर सूखे हार लटक रहे थे। यह सब किसलिए, किसके लिए, उन्हें सब पता था। फिर माँ बाहर आई। उनकी तरफ देखा, "बेटा, तुम ठीक तो हो?" पूछा और उनके कुछ कहने से पहले ही बाहर सूख रहे कपड़े उतारने चली गई। कुछ देर अपने ही घर में वे पराए की तरह बैठे रहे। फिर भोजन के लिए बुलावा आया और वे मुँह-हाथ धोकर पीढ़े पर बैठ गए। लबालब भरी हुई थाली...रंगोली, अगरबत्ती...लक्ष्मी परोसने लगी। पास ही बैठकर माँ इन दोनों को निहारने लगी। बेचारी। किसी आम आदमी से ब्याह करती तो सुखी हो जाती। कुशलता से गृहस्थी चलाती। और बेटा? भगवान जाने क्या अभिशाप लेकर आया है। गंधर्व भोजन कर रहे थे। बेटे का निर्विकार बर्ताव माँ को अखर रहा था। जी हुआ कि डाँटकर कहें कि बन्द करो ये हरकतें और बाहर कर दे उस बाजारू औरत को। लेकिन उसके शब्द फँसे हुए थे। वह समझ रही थी कि अब सबकुछ बिगड़ चुका है। अब तो बस सामने जो हो रहा है, उसे देखते रहना और किस्मत की थाली में जो

परोसा गया है, उस पर सन्तोष करना, इससे ज्यादा किसी के हाथ में कुछ नहीं रहा है। गंधर्व ने भोजन किया। उठकर हाथ धोए और बाहर जाकर बैठ गए। फिर माँ ही आगे बढ़ी। "मिरज का दौरा है न अब?" उसने पूछा और गंधर्व ने गर्दन हिलाई। "इसे भेजती हूँ साथ में। अब नहीं होता इससे घर का कामकाज। आराम करेगी वहाँ।" लक्ष्मी कुछ कहती इससे पहले माँ ही बोली, "जाओ री, तैयारी करो। पुणे का दौरा खत्म होते ही चल देना है।" गंधर्व ने गर्दन हिलाई और बाहर चल पड़े। माँ ने लक्ष्मी का सामान भरना शुरू किया। आखिरी प्रयास...

मिरज के दौरे में भाभीजी को साथ में देख सभी की बाँछें खिल गईं। सुदामराव, रतन सभी को लगा कि अब सब ठीक हो जाएगा। गौहर ने लक्ष्मी का न विरोध किया और न ही स्वागत। लेकिन उसका सारा प्रबन्ध कर दिया। लक्ष्मी को उसका मनचाहा कमरा लेने दिया। उसके पूजागृह के लिए जगह बना दी। अलग रसोइया नियुक्त किया। मानो गंधर्व के पास आई कोई अतिथि हो। लक्ष्मी को भी लगता रहा कि गौहर ही गृहस्वामिनी है और वह पराई। लेकिन इसी में वह सन्तुष्ट थी कि दूर से ही सही, पर अपनी माँग का स्वामी रोज दिखता तो है! शो जारी थे। एक दिन शो खत्म कर गंधर्व आए। सामने देखा, लक्ष्मी खड़ी थी।

"कुछ बात करनी है।" लक्ष्मी बोली।

गंधर्व उसके कमरे की तरफ मुड़े, तभी गौहर आई। गंधर्व को उधर जाता हुआ देख ठिठक गई। लक्ष्मी बिना कुछ कहे भीतर गई। गंधर्व के भी पैर ठिठके और फिर लक्ष्मी के पीछे चल दिए। गौहर हैरान। बेचैनी से वह भीतर गई। पर उसे चैन कहाँ। औरत से पुरुष का मन जल्द ही भर सकता है और चार घड़ी मनबहलाव के बाद भारतीय पुरुष को घर, बाल-बच्चे और पत्नी के आधार की जरूरत पड़ती है। मैं तो कम्पनी के काम भी नहीं आ पाई। अब छिलके की तरह फेंकने में कितनी देर? उसकी बेचैनी बढ़ती गई। उसके सारे हथियार इस्तेमाल किए जा चुके थे। अब भाभीजी ने अगर अपना आँसुओं का हथियार बाहर निकाला तो? चाहे जो हो, आखिरकार है तो वह उनकी ब्याहता! और एक पुरुष को कभी भी पछतावा हो सकता है। उसकी धड़कनें तेज होने लगीं।

गंधर्व को बैठने के लिए जाजम देकर भाभीजी भी बैठ गईं। थोड़ी देर कोई कुछ नहीं बोला।

"कुछ चाहिए?" गंधर्व ने ही शुरुआत की।

"नहीं," लक्ष्मी बोली। कितनी धँस गई है इसकी आवाज! उन्होंने सोचा। जिन्दगी के एक कर्तव्य, एक उत्तरदायित्व के अलावा क्या रिश्ता बचा है हममें!

"बिटिया के बारे में कुछ सोचना चाहिए। विवाह योग्य हो गई है पद्मा अब।"

"हूँ।" गंधर्व ने हामी भरी। उनकी आँखों के सामने इससे पहले की बेटी के ब्याह का दृश्य तैर गया।

"ज्यादा खर्च नहीं, सादगी से ही करेंगे...कोई अच्छा-सा लड़का देखकर...।" उसने सुझाया।

"ठीक है।" गंधर्व ने फिर हामी भरी।

फिर दोनों एक दूसरे के बोलने की प्रतीक्षा करने लगे। कुछ समय ऐसे ही बीत गया। फिर गंधर्व ही बोले, "देखता हूँ।" और दरवाजे की तरफ मुड़े। लक्ष्मी उठकर खड़ी होने का प्रयास करने लगी। लेकिन देह में ताकत थी कहाँ? जैसे-तैसे अधखड़ी हुई। गंधर्व दरवाजे के पास आए और पीछे की तरफ देखा-अनदेखा करते हुए बाहर निकल पड़े। लक्ष्मी ने खड़े होने का प्रयास छोड़ दिया और नीचे बैठ गई।

गौहर जाग ही रही थी। आहट मिलते ही दरवाजे के पास गई और गंधर्व को वापिस लौटा देखकर राहत की साँस ली। उनके भीतर आते ही उसने दरवाजा भिड़ा लिया।

"थक गए?" उसने उन्हें बिठाया और उनका माथा सहलाने लगी। कुछ देर बाद गंधर्व ने उसका हाथ हटाया और बिस्तर पर लेटकर सो गए। पर गौहर करवटें बदलती रही। उसे असुरक्षा घेरने लगी।

अब जब भी लक्ष्मी दिखाई देती, गौहर के भीतर डर की एक लहर फूटने लगती। तुलसीचौरे के चक्कर लगा रही लक्ष्मी के स्तोत्र सुनकर उसके प्राण ऊपर-नीचे होने लगते। उसकी थाली का निवाला छीन लेने का अपराधबोध उसे सालने लगता। लेकिन उसका मन भी आक्रोश करता था। मैंने प्यार किया है इस आदमी से, पूजा है उसे। लेकिन गौहर जान चुकी थी कि अब अपने आदमी का प्यार ही काफी नहीं है, उस पर कब्जा भी चाहिए।

गौहर जान गई थी कि बाकी सब गौण हो जाता है और माथे का सिन्दूर ही अहम हो उठता है। असुरक्षा के डर से पीड़ित गौहर ने निश्चय किया कि अब गंधर्व को अकेला नहीं छोड़ेगी और किसी बाड़ की तरह वह उनके इर्द-गिर्द मँड़राने लगी। मिरज का दौरा खत्म होते ही लक्ष्मी को पुणे भेज देने के मनसूबे बाँधने लगी। लेकिन मन ही मन पस्त भी होने लगी। गाना, नाटक और अपने खुदा की इबादत में उसके साथ रहना, यही तो उसकी ख्वाहिश थी! लेकिन...इनसान की जिन्दगी किस्मत की रेखा पर लटकी हुई होती है...अब्बाजान की बात अब उसकी समझ में आने लगी और इस रिश्ते की गुत्थी में फँसे रहने का विषाद भी उसके मन को घेरने लगा।

मिरज के दौरे का आखिरी दिन। कम्पनी मुम्बई को रवाना होनेवाली थी। इस उपलक्ष्य में सत्यनारायण पूजा रखी गई थी। भाभीजी ने ओसारे पर पूजा सजाई। बालकृष्ण समेत सभी देवताओं को करीने से सजाया। पूजा सम्पन्न हुई और गंधर्व भजन के लिए खड़े हो गए। 'भजन मत गाइए, कंठ पर दबाव पड़ेगा' की सलाह को हमेशा की तरह अनदेखा कर तारस्वर में गाने लगे। आज की पूजा को देखते हुए गौहर ने सात्विक भोजन का प्रबन्ध किया था। भजन पूरी रंगत में था कि तभी भवानीचन्द साहूकार आया। उसके साथ दो मुस्टंडे भी थे। सुदामराव आदरपूर्वक उन्हें भीतर ले आए। भवानीचन्द ने कम्पनी को कर्ज दिया था। पूजा का प्रसाद उनके सामने किया गया, पर उसने उसे अनदेखा कर दिया।

"प्रसाद नहीं चाहिए, मेरे पैसे निकालो।" वह चिल्लाया। "दिवाला घोषित करने की तारीख के बाद का कर्ज है यह। मेरे पास कुर्की का आदेश है।" उसने कुछ कागजात नचाए। मँझीरेवाले, वादक सभी रुक गए। लेकिन गंधर्व का भजन जारी था। उनकी ढिठाई देखकर भवानीचन्द का माथा भड़क उठा। "रंडियाँ रखने के लिए पैसे हैं और कर्ज चुकाने

के लिए नहीं ?'' पूजा के स्थल पर ऐसे शब्द सुनकर लक्ष्मी बहुत बेचैन हुई। गौहर को तो बिच्छू के डंक जैसे लगे वे शब्द। ''उठाओ सामान।'' भवानीचन्द ने अपने मुस्टंडों को आवाज दी। मुस्टंडे आगे बढ़े। ''रुकिए, आज मत कीजिए ऐसा अनर्थ। पूजा हो रही है।'' लक्ष्मी आगे बढ़ी। ''पूजा!'' भवानीचन्द पूजाघर के पास गया और उसने दोनों हाथों से देवताओं की मूर्तियाँ उठाईं और बाहर फेंक दीं। ''हे राम!'' लक्ष्मी मूर्तियों की तरफ दौड़ी। उसके बालकृष्ण, गणेशजी, देवी के टाँक सब रास्ते पर धूल में बिखरे पड़े थे और वे मुस्टंडे सामान उठाते-उठाते उन्हें पैरों तले रौंद रहे थे। सुदामराव, रतन आगे बढ़े। धूल में गिरी मूर्तियों को उठाकर लक्ष्मी की तरफ ले जाने लगे। ''अजी सुनिए...अजीऽऽऽ'' कहती हुई वह गंधर्व की तरफ दौड़ी। लेकिन गंधर्व इन सबको मात देते हुए चीख-चीखकर भजन गाए जा रहे थे, ''जय जय राम कृष्ण हरी।'' लक्ष्मी के भगवान विवश हो मिट्टी में पड़े हुए थे और यह भगवान दुनिया से...दुनियादारी से दूर...आसमान के सहस्त्र प्रकाश योजन दूर के भगवान को पुकार रहा था। पूरा कोलाहल मच गया। एक मँझीरेवाला दौड़ता हुआ आया और मूर्तियों को उठाकर लक्ष्मी के हाथों में देने लगा। लक्ष्मी मूर्तियों को यथासम्भव अपने आँचल में समेटती रही और फिर ओसारे पर जाकर खम्भे के सहारे खड़ी हो गई और बाद में इस तनाव से ढह गई। ''भाभीजी!'' कहते हुए रतन दौड़ा, लेकिन वह अचेत हो चुकी थी।

''टोना है यह, टोना!'' रात के अँधेरे में अलीजुम दरगाह के पास कब्रिस्तान में बैठे सुदामरा बोल रहे थे। उनकी बगल में दुर्गाराम और रतन भी बैठे हुए थे और सामने था एक फकीर। सीने तक बढ़ आई सफेद दाढ़ी, कौड़ियों जैसी आँखें और आँखों के इर्द-गिर्द सुरमा। मानो काले दह में चाँद के दो टुकड़े तैर रहे हों...गले में तसबीह, तावीज। उँगलियों में अँगूठियाँ, कलाई में कड़ा और चेहरे पर धाक। और उसकी दहला देनेवाली आवाज, मानो गहरी सुरंग की तलहटी से आ रही थी। झिंगुरों की आवाजें और सामने दहक रहे अंगारे। एक अलग ही दुनिया में आने जैसा लग रहा था सभी को। ''वह रूह है...एक नापाक रूह।'' उसने गंधर्व की कुछ चीजों को हाथ में उठाकर और उनका मुआयना कर बोलना शुरू किया। ''उस रूह ने उन पर कब्जा कर रखा है।''

''सच है!'' दुर्गाराम बोला, ''वरना ऐसा सीधा-सादा, नाक की सीध में चलनेवाला साफ दिल आदमी! ऐसे बेकाबू कैसे हो जाता?''

''उसने टोना किया है। कुछ खिलाया था उसने?'' दुर्गाराम को उसके घर की पहली मुलाकात याद आई। ''हाँ, खाने पर बुलाया था।''

''और कुछ सुँघाया भी था?''

पर दुर्गाराम को याद नहीं था। घर में सभी ओर खुशबू की महक थी। सभी को वह खुशबू आ रही थी। ''नहीं।'' उसने याद कर कहा।

''जरूर कुछ सुँघाया है। इस शैतान को गले से और नाक से अन्दर भेजा है उस चुड़ैल ने।'' और अचानक दुर्गाराम को याद आया, भोजन के बाद गंधर्व को उनका रुमाल इस्तेमाल करने नहीं दिया था उसने। बल्कि अपना रुमाल दिया था और गंधर्व ने उसे सूँघा

था। "हाँ, हाँ...सुँघाया था।" फिर उसने उस दावत की सारी हकीकत बयान की। फकीर हँसने लगा। हँसता ही रहा, बादलों की गड़गड़ाहट जैसी हँसी। "बड़ी कुत्ती चीज है वह। एक मुर्गा जमीन में आधा गाड़कर खेल रचाया है उसने।"

"क्या इसका कोई तोड़ नहीं?" सुदामराव ने विनम्रता से पूछा।

"वो औरत माहिर है इस खेल में, रूहें पाल रखी हैं उसने। लेकिन डरो मत। मैं भी उसका बाप हूँ।" उसने काफी देर तक कुछ मंत्र बुदबुदाए। हड्डियों और खोपड़ियों से कुछ देर खेलता रहा और फिर एक बोतल में पानी भरकर और मंत्र मार-मारकर उसे पवित्र करता रहा। आधे घंटे के खेल के बाद वह पानी उसने दुर्गाराम को पकड़ाया। "यह पानी लो। बन्दे को पिला देना। उस औरत की शकल से भी नफरत करने लगेगा यह आदमी।" रतन ने पैर ही पकड़ लिये उसके। हाथ में पैसे रखकर सभी बाहर आ गए। बस यह पानी पिला देना। आसान काम।

"काम आसान नहीं है। वह औरत हमेशा पहरे पर रहती है।"

"वो मैं देख लूँगा। गंधर्व के इस औरत के जाल से आजाद होते ही भाभीजी को फौरन डेरे में ले आएँगे।" दुर्गाराम ने कहा। सभी उत्साह से बाहर आए। अमावस की रात। सभी ओर कालिमा का साम्राज्य छाया था, उसी में रास्ता टटोलते हुए सब चल पड़े।

सुबह हुई। सभी गंधर्व के उठने की प्रतीक्षा करने लगे। नौकर दूध ऊपर ले गया और रतन, सुदामराव, दुर्गाराम भी ऊपर माड़ी पर चल पड़े। गौहर रसोइए को हिदायत देकर आ रही थी। वह सोच में पड़ गई, आज सुबह-सुबह सभी ऊपर? मेरे खिलाफ कान फूँकने होंगे! वह भी ऊपर जाने को हुई, पर सीढ़ियों के पास रुक गई। सोचा, कितनी डरपोक और दयनीय बन गई हूँ मैं? ये डर का, असुरक्षा का भूत गर्दन पर क्यों सवार हो गया है मेरे? कोई गंधर्व से मिलने ऊपर जा नहीं सकता? इसे अपने ही मन के खेल करार देकर उसने नौकर को ओसारे का बिस्तर उठाने के लिए कहा। ऊपर सभी गंधर्व के पास बैठ गए। "आइए भगवन्, बैठिए।" गंधर्व निर्मलता से मुस्काए। रतन ने उनका चाँदी का प्याला उठाया। उसमें पहले से पानी भरा हुआ था। वह उसे फेंकने खिड़की के पास गया। पानी फेंक दिया और मुड़ा। अब इसी में वह अभिमंत्रित जल भरना है, पर तभी गौहर ऊपर आई। "पानी चाहिए? उन्हें बरफ का ठंडा पानी लगता है जी।" उसने नौकर से पानी लाने को कहा और गंधर्व के पास बैठ गई। फिर यूँ ही बातें होने लगीं। गौहर भी उठने का नाम नहीं ले रही थी। ये लोग भी चुलबुलाते हुए बैठे रहे। फिर दूध पीकर गंधर्व उठे और बाहर चले गए। दिन-भर गंधर्व को अकेले पकड़ने का प्रयास जारी रहा। समय तेजी से निकला जा रहा था। दोपहर में, शाम को भी गंधर्व को वह जल पिलाने का प्रयास हुआ। लेकिन गौहर के पहरे के कारण उन तक पहुँचना सम्भव नहीं हुआ। रात में भोजन के समय भी यही हाल। गंधर्व सोने के लिए चल दिए। रात में फिर इन लोगों की बैठक हुई। अब सुबह यह कार्य सम्पन्न करना ही होगा। रात के अँधेरे में कल की योजना पर मंत्रणा हो रही थी और उधर गौहर करवटें बदलती हुई तड़प रही थी। अब चार लोग एक साथ बातें करते हैं तो भी उसके मन में संशय उठ खड़ा होता कि कहीं मेरे खिलाफ कोई साजिश तो नहीं?

अचानक उसे याद आया, कितने ही दिनों से रियाज नहीं किया है उसने। इस एहसास से वह चौंक गई। कलाकार बनकर आई थी, कला की साधना करने के लिए आई थी और सौतिया डाह में उलझकर रह गई? नहीं, यह मेरी असली जिन्दगी नहीं हो सकती। कल सुबह से ही रियाज के लिए बैठूँगी। और वह सोने का प्रयास करने लगी।

सुबह लोग ऊपर पहुँचे तो गौहर नहाकर रियाज के लिए बैठी हुई। बाल खुले हुए और गंधर्व सामने बैठे। दुर्गाराम ने उन्हें बाहर आने का इशारा किया। गंधर्व उठने लगे, पर तभी गौहर ने एक तान ली। "वाह", गंधर्व ने दाद दी और फिर सुनने लगे। अब सीढ़ियों के पास खड़े लोगों की बेचैनी बढ़ गई। "अरे नाना को उठाओ, बाहर बुलाओ।" रतन बोला। पर बुलाएगा कौन? लगभग एक घंटा हो गया। गाना चल ही रहा था। अब तो गंधर्व की भी तानें सुनाई देने लगीं। दुर्गाराम के लिए अब यह असह्य हो गया। "अब नहीं रुकूँगा मैं। ऐसे ही जाता हूँ और कहता हूँ, प्रसाद है, पूरा पी लीजिए। मना करेंगे, गौहर बीच में आएगी तो भी नहीं सुनूँगा। जबरदस्ती जाता हूँ और...।" दुर्गाराम सीढ़ियाँ चढ़ने लगा। गंधर्व और गौहर गाने में खोए हुए थे। बाहर का शोरगुल भी उन्हें सुनाई नहीं दे रहा था। तभी सुदामराव तेजी से ऊपर दुर्गाराम की तरफ दौड़े। "रुको, रुको!" कहते हुए उन्होंने उसे बीच में ही रोका। पर दुर्गाराम कुछ भी सुनने की हालत में नहीं था। उनके हाथ को झटका देकर वह ऊपर जाने लगा। सुदामराव ने आखिरी सीढ़ी पर उसे रोका और कसकर पकड़ते हुए चीखे, "रुको! इसका कोई फायदा नहीं है अब।" दुर्गाराम ने उनकी तरफ देखा। सुदामराव की आँखों में आँसू थे। "अब कोई फायदा नहीं। अभी-अभी खबर आई है, भाभीजी आज सुबह तड़के गुजर गईं।" दुर्गाराम के टाँगों की सारी शक्ति ही चली गई। वह धम्म से नीचे बैठ गया। "सुना है, उस दिन से हिम्मत ही हार चुकी थीं वे। लगातार कह रही थीं...मेरे भगवान...मेरे भगवान...धूल से उठाइए जी कोई उन्हें।" रतन और बाकी सब बस देखते रह गए। दुर्गाराम की सिसकी निकली और ऊपर गंधर्व गा रहे थे, "प्रभु अजि गमला मनी तोषला।"

सर की आँखों से झड़ी लग गई। सभी का गला भर आया था। किसी आदमी की जिन्दगी कैसे-कैसे मोड़ लेती है। अब तो गंधर्व की जिन्दगी मानो नीचे की तरफ लुढ़कने लगी थी। क्या कहें इसे, किस्मत या कर्मफल? मनुष्य-प्रकृति की जटिलता...कैसे लगाएँ तर्क? किसके दामन में डालें इसका दोष? किसे उत्तरदायी ठहराएँ? सभी के मन में अलग-अलग सवालों का कोहराम मचा हुआ था। गंधर्व को जिम्मेदार मानें तो बदलते हालात और फिल्मों की चुनौतियाँ आदि पर उनका बस नहीं था। लेकिन गौहर के साथ यूँ बहते जाना! उसे रोकना तो उनके बस में था?

अभ्यास कक्ष में खामोशी छा गई थी। कुछ बत्तियाँ बुझाई गई थीं। काम चलाने लायक उजाला था। अब बाहरी आवाजाही की आवाजें भी ज्यादा नहीं थीं। अक्षय ने थोड़ी देर बाद पूछा, "सर, बाद में, उसके बाद क्या हुआ?"

सर कुछ पल स्तब्ध रहे, "बाद में, उसके बाद जो हुआ, उसे...उसे याद करें तो भी रोंगटे खड़े हो जाते हैं। इसलिए हम कभी उसे याद करते ही नहीं। इसके बाद के हमारे अपने गंधर्व को हम किसी पुस्तक की तरह बन्द कर देते हैं। नहीं, बिलकुल भूल जानी

हैं वे यादें। मन में सँजोए रखा है तो बस उनका स्वर्णकाल। उनका वह वैभव, शान और उनकी ईश्वरीय प्रतिभा। और कुछ नहीं।'' सर उठे, पर जाते समय उनकी देह काँपती हुई जान पड़ती थी। भाभीजी के जाने से, गंधर्व की दुर्गत से आज भी वे ऐसे भावुक हो सकते हैं? सभी को यह अद्‌भुत लगा। फिर महेश ने इशारा किया और पोनी उठा। बोला, ''सर, मैं पहुँचाता हूँ आपको घर। कार लाया हूँ मैं आज।'' सर ने उसके कन्धे पर हाथ रखा और उसके सहारे हॉल से बाहर चले गए।

''महेशदा, एक अध्येता की दृष्टि से क्या यह भूमिका सही है?'' सनत ने पूछा।

''हूँ। पर सर कहाँ खुद को अध्येता मानते हैं? वे तो खुद को भक्त ही मानते हैं गंधर्व का और इसके बाद के गंधर्व की जिन्दगी देखें, तो गंधर्व-भक्तों को सचमुच यातनाएँ होती होंगी।'' महेश बोला।

''मुझे सर की यही बात बहुत अच्छी लगती है। एक जमाने से कैसा निस्सीम प्यार कर सकते हैं न कुछ लोग? हम नहीं कर सकते ऐसा कुछ। इसकी भी एक वजह है।'' चिन्मय बोला।

''अरे भाई, यह उन्हें अपनी जड़ लगती है। हमारी जड़ें कहाँ हैं? हम किसे जड़ मानते हैं? सारी खिचड़ी हो गई हमारे बारे में। आजकल, चाहे जैसे हो, पर अपनी जड़ से जुड़े लोगों से ईर्ष्या होने लगी है।''

''सच है! अब बताओ, हम अपनी राजनैतिक विचारधारा कौन-सी मानें? आजकल सभी विचारधाराओं के रंग इतने फीके हो गए हैं कि वे एक दूसरे से अलग लगती ही नहीं हमारी पीढ़ी को।''

''और क्या, और सिर हथेली पर लेकर लड़ें, ऐसा न तो झंडा है हमारी पीढ़ी के पास और न ही एजेंडा!''

''क्या बात है।'' सनत बोला और सभी हँस दिए। ''चाहे जीर्ण हो, पर ऐसी डाल थी उस पीढ़ी के पास कि जिसे मजबूती से थामे रहे। बाद के दौर में गंधर्व भी उसी परम्परा को थामे रहे, संगीत नाटक की। स्त्रीवेश धारण कर गाँव-गाँव घूमते रहे। लक्ष्मी जा चुकी थी। बेटी पद्मा ने मास्टर दुर्गाराम से ब्याह कर लिया था, सादगी से। कुछ लोग कम्पनी छोड़कर चले गए। कृष्णराव चोणकर भी छोड़कर चले गए। गंधर्व गौहर के इतने अधीन हो गए थे कि आखिरकार डॉक्टर भडकमकर को कम्पनी का हिसाब-किताब श्रीपादराव नेवरेकर और कृष्णाप्पा भांडारकर को सौंपना पड़ा और गंधर्व गौहर के साथ अपनी ही कम्पनी से बाहर हो गए।''

''माय गॉड!'' निशा बोली, ''फिर?''

''फिर क्या? गंधर्व तो गंधर्व थे। उनका बर्ताव वैसा ही रहा, गंधर्व जैसा। दुनिया को उनके बर्ताव में कोई तर्क नजर नहीं आ रहा था, और यही तर्कहीनता गंधर्व की पहचान बन बैठी थी।''

सुबह-सुबह वसन्तराव और आचार्य अत्रे को आया देखकर गंधर्व की बाँछें खिल गईं। गौहर बाहर कुछ लाने गई थी। आशम्मा ने पानी दिया और भीतर चली गई। ''यह है आशम्मा। इसे पहचानते ही होंगे आप। गौहर के साथ ही रहती है।'' गंधर्व ने कहा।

"नाना, एक बात पूछूँ? पद्मा के ब्याह में नहीं गए। कम्पनी गौहर को नहीं सौंपी इसलिए आपने अपनी ही कम्पनी त्याग दी। यह सब क्यों?" वसन्तराव ने पूछा। अब क्या लाभ इस औरत से? क्यों नहीं उसे छोड़..."

गंधर्व मुस्कुराए। "भगवन्, सही कह रहे हैं आप। गौहर को कम्पनी में लेकर कोई लाभ नहीं हुआ। मुझसे ग़लती हुई। इसलिए अब मुझे ही अपनी ग़लती का प्रायश्चित करना होगा। कहिए, कैसे आना हुआ?" वसन्तराव समझ गए, गौहर का विषय खत्म। फिर अत्रे बोलने लगे, "नाना, इस साल मराठी नाटक के सौ साल पूरे हो रहे हैं। इस उपलक्ष्य में सांगली और मुम्बई में नाट्यशती मनाने का विचार है।"

"सौ साल हो गए भगवन्?" गंधर्व की आँखें भर आईं, "अहोभाग्य कि यह देखने के लिए हम जिन्दा हैं। कहिए भगवन्, मेरे लिए कोई आज्ञा?"

"नाना, सांगली में शताब्दी समारोह का अध्यक्षपद स्वातंत्र्यवीर सावरकरजी विभूषित करेंगे और मुम्बई में आप।" अत्रेजी ने ऐसी बुलन्द आवाज में कहा कि मानो बिनती नहीं, सचमुच आज्ञा है।

"मैं? भगवन्...मैं क्यों?" गंधर्व को सचमुच तकल्लुफ हुआ।

"सीधी बात है," अत्रे फिर दहाड़े, "क्योंकि बीते दस हजार सालों में आप जैसा प्रतिभाशाली नाटकप्रेमी हुआ नहीं और आनेवाले दस हजार सालों में भी होगा नहीं।"

"नहीं भगवन्, काकासाहब खाड़िलकरजी को बुलाइए।"

"नहीं, नाम हमने फायनल कर दिए हैं। आप आएँगे और मुम्बई में *स्वयंवर* का मंचन भी करेंगे।"

"*स्वयंवर*?" गंधर्व की आँखें चमक उठीं। फिर से रुक्मिणी? "भगवन्, मैं आपकी आज्ञा से बाहर नहीं हूँ। लेकिन..."

"लेकिन?" वसन्तराव के मन में सन्देह की रेखा उभर आई।

"एक बार गौहरबाबा से बात कर लीजिए।"

गाड़ी में बैठते-बैठते अत्रेजी के मुँह से गौहर के लिए एक भद्दी-सी गाली निकल गई। "अजी, रंगरलियाँ कौन नहीं मनाता? सीना ठोंककर कहता हूँ, हाँ, हमने मनाई हैं रंगरलियाँ। लेकिन हमने नहीं आज्ञा मानी किसी की। उठाकर ले आएँगे गंधर्व को, जी हाँ उठाकर!"

वसन्तराव चुप रहे। वे जानते थे, यह गुत्थी नजाकत से ही सुलझानी पड़ेगी। उन्होंने गौहरबाई से मुलाकात करना तय किया।

इस मुलाकात में गौहर चौकन्नी थी। वसन्तराव भी समझ गए कि नाना को देखने, सुनने के लिए भीड़ जुटेगी। इसलिए गौहर को फिक्र है, कुछ पैसा हाथ आएगा या नहीं। "अजी, समय ही नहीं है। बड़ौदा जाना पड़ता है बार-बार उन्हें। उस माधवराव मुंशी ने जीना हराम कर रखा है।"

वसन्तराव ने बड़ी चतुराई से वही धागा पकड़ लिया। "जी हाँ, जानता हूँ। माधवराव कह रहे थे, कुछ कर्ज लिया है आपने और लौटाया नहीं है। डॉक्टर भालेराव ने कहा है कि *स्वयंवर* के अलावा एक शो और करेंगे *एकच प्याला* का। उस मंचन से जो आमदनी

होगी, उसमें से...'' और वसन्तराव रुके। कर्ज के उल्लेख से गौहर सिटपिटा गई थी। लेकिन 'मदद करेंगे' कहने पर उसने अनुमति दे दी।

मुम्बई का नाट्यशती महोत्सव समारोह बड़ी धूमधाम से शुरू हुआ। मंच पर बैठे-बैठे गंधर्व को पुराने दिन याद आ रहे थे। वे भाषण के लिए खड़े हो गए और उनका गला भर आया, ''भरत ने जिस प्रकार राम की पादुकाएँ सिंहासन पर रखकर राज किया, उसी प्रकार आपने काकासाहब के स्थान पर मेरी योजना की है।'' उन्होंने बोलना शुरू किया। वसन्तराव, अत्रे जान गए कि बीते कई तपों का अनुभव इस आदमी की बातों से फूट रहा था। संगीत रंगमंच का स्वर्णकाल देखनेवाले, नहीं उसे बनाने में मुख्य भूमिका अदा करनेवाले इनसान का अनुभव। संगीत नाटक की अलग-अलग दशाएँ, उनकी कारण मीमांसा करते हुए गंधर्व बोलते रहे। उन्होंने बल देकर कहा कि संगीत ने रंगमंच को डुबोया नहीं है बल्कि बचाया है। परम्परा को तोड़ने का दम भरनेवाले नए नाट्यकर्मियों को उन्होंने आत्मीयता से समझाया, ''बच्चो, परम्परा को तोड़ो मत, उसमें कुछ जोड़ो।'' बोलते-बोलते उन्होंने अण्णासाहब, नाना जोगलेकर, केशवराव भोंसले, देवल गुरुजी, गडकरी, बोडस सबको याद किया। सुनकर लोग अभिभूत हो गए, तालियाँ बजाते रहे और गंधर्व बिलकुल तल्लीन होकर बोलते रहे। भाषण में सब तक पहुँच रही थी उनकी तड़प...उनका रंगमंच से प्यार और निष्ठा। भाषण खत्म हुआ और तालियों की गड़गड़ाहट गूँज उठी।

गंधर्व को प्रशंसकों की भीड़ ने घेर लिया, लेकिन गौहर पंडाल के इर्द-गिर्द बस मँड़राती रही। उसकी तरफ किसी ने ध्यान नहीं दिया। उसके मन में फिर एक बार पराएपन की भावना उभरने लगी।

रात में *स्वयंवर* का मंचन होना था। गंधर्व सज-धजकर तैयार हो गए। उन्होंने आईने में देखा भी नहीं। वे जानते थे, सत्तावन की रुक्मिणी देखने का साहस नहीं है उनमें। वे नेपथ्य में आए और उन्होंने देखा, दो आदमी किसी व्यक्ति को हाथों पर उठाए ला रहे हैं। गंधर्व ने ठीक से देखा और चौंक गए। अल्लादिया खाँ थे। उन्होंने वहीं से हाथ जोड़े और भालेरावजी की आवाज आई, ''नाना, मान ही नहीं रहे थे खाँ साहब। बोले, गंधर्व का गाना सुनना है।'' और गंधर्व को एहसास हुआ कि इन जैसे कद्रदानों के प्यार और आशीर्वाद से ही वे इस उम्र में भी रंगमंच पर खड़े हैं। नाटक शुरू हुआ और गंधर्व ने प्रवेश किया। उनका 'भैया वे आ गए?' संवाद सुना और आसमान तालियों से गूँज उठा। सत्तावन साल की रुक्मिणी ने एक बार फिर लोगों को पागल बना दिया।

समारोह का समापन *एकच प्याला* से होना था। भालेराव और मुंशी माधवराव गंधर्व के पास आए। माधवराव के हाथ अपने हाथों में लेकर गंधर्व बोले, ''नाटक देखकर ही जाना भगवन्।'' भालेराव तुरन्त बोले, ''क्यों नहीं, जरूर देखेंगे और मंचन के बाद ही हम सौदा पूरा करेंगे।'' रात में दस हजार दर्शकों के सामने '*एकच प्याला*' का मंचन शुरू हुआ। गौहर नेपथ्य में थी। उसके वहाँ होने को किसी ने अहमियत नहीं दी। एक-एक पद शुरू हुआ। *कशी या त्यजु पदाला, सत्य वदे वचनाला नाथा*...लोग नाटक में खो गए। दर्शकों में आँसुओं की बाढ़ आई। कलेजे पर खोदकर रखी वह सिन्धू, उसकी पीड़ा...गंधर्व भूमिका में घुल-मिल गए थे। दरअसल, भालेराव नए नाटकों के प्रणेता थे। उनके साथियों

के बीच हमेशा चर्चाएँ होती थीं कि *एकच प्याला* में पद आवश्यक हैं या अनावश्यक? भालेराव ने देखा, अत्रे जैसा आदमी भी रुमाल से आँखें पोंछ रहा था। भालेराव खुद ही हँस पड़े। कुछ नाटक एनालिसिस के परे होते हैं। गंधर्व की सिन्धू एक इन्द्रजाल है। बढ़ी हुई उम्र, भारी-भरकम शरीर, फिर भी लोगों पर मोहिनी डाल रही है। गंधर्व बोल रहे थे, "जाओ, पिता, भाई, कोई नहीं दुनिया में मेरा। पतिव्रता के..." और गंधर्व रुक गए। उन्हें आगे कुछ याद ही नहीं आ रहा था। सारा प्रेक्षागार खामोश। सभी साँस रोके देखने लगे। ऐसा कभी नहीं हुआ था। गंधर्व ने बार-बार 'पतिव्रता केऽऽऽ' कहकर संवाद याद करने की कोशिश की, पर कुछ भी याद नहीं आ रहा था। गौहर देखने लगी। भालेराव भी सम्भ्रम में। तभी पास खड़े लोंढे बोले, "रिश्ते नहीं होते' और गंधर्व ने वाक्य पकड़ लिया, पतिव्रता के दुनिया में रिश्ते नहीं होते। लेकिन फिर अगला वाक्य याद नहीं आ रहा था। फिर लोंढे ने बताया, 'वह पिता की कन्या नहीं होती...' और आगे प्रवेश खत्म होने तक स्टेज से इसी तरह लोंढे कह रहे थे और गंधर्व बोल रहे थे। लेकिन लोग बिना किसी शिकायत के सुन रहे थे। दर्शकों के लिए यही बहुत बड़ी बात थी कि उम्र को मात देकर उनका भगवान उनके लिए आज भी सजकर खड़ा है। वसन्तराव की आँखें भर आईं। दोपहरी के सूरज की ढलती धूप उन्हें महसूस होने लगी। उनकी सिसकी ही निकल गई। पड़ोस में बैठे दर्शक को लगा, वे सिन्धू का दुख देखकर रो रहे हैं। पर वसन्तराव के आँसू उस नटसम्राट के लिए थे...।

नेपथ्य में खड़ी गौहर की आँखों में भी आँसू आए। उसने सोचा, इस आदमी को जितना दिया, उसका एक प्रतिशत भी प्यार ये लोग मुझे देते, तो भी मैं धन्य हो जाती। गंधर्व बनने की योग्यता नहीं थी मुझमें, पर कम से कम उनकी छाया के रूप में तो स्वीकार करना चाहिए था मुझे। पर मेरे हिस्से आई है बस उपेक्षा और विरोध। वह आँखों का पानी छिपाए रंगशाला में गई। आज सिन्धू ने सबको रुलाया था, पर हर एक का कारण अलग-अलग था।

नाटक खत्म हुआ और भालेराव ने मुंशी माधवराव को गंधर्व के कर्ज की रकम अदा की। दरअसल, माधवराव गंधर्वभक्त थे। वे कर्ज का रुपया छोड़ भी सकते थे, लेकिन गौहर के कारण वे इस हद तक आ गए थे। उन्होंने गंधर्व को प्रणाम किया और चल दिए। सारा खर्च घटाकर आठ हजार रुपए बचे थे। भालेराव ने रुपए गंधर्व को दिए। गौहर को अच्छा लगा। उसने प्रतीक्षा की कि गंधर्व हमेशा की तरह ये पैसे मुझे देने को कहेंगे। लेकिन गंधर्व बोले, "भगवन्, यह राशि मुम्बई गोदी के विस्फोट में जख्मी हुए मजदूरों को दे दीजिए, मेरी ओर से सहायता।" गौहर चौंक गई। भालेराव का गला भर आया। "चलिए गौहरबाबा।" गंधर्व ने उसे पुकारा। गौहर ने उनका हाथ पकड़ा और दोनों चल दिए। जा रहे गंधर्व की पीठ की तरफ देखनेवाले भालेराव को लगा, नाटक ही नहीं, कुछ लोगों का व्यवहार भी एनालिलिस के परे होता है।

मनुष्य का मन, उसके बर्ताव का कोई तर्क नहीं होता। वह जटिल होता है। लेकिन यह सोचकर कि यह पहेली सुलझेगी ही नहीं, उसे छोड़ देना सनत को ठीक नहीं लग रहा था। उस पर भी गंधर्व जैसा मनुष्य। भक्त की तरह गर्दन झुकाकर सब अनदेखा करना, उसे

अच्छा नहीं लग रहा था। लेकिन बात करें भी तो किससे ? वह जिन-जिन लोगों से मिला, सब सत्तर की उम्र पार किए हुए थे। उन्होंने भी गंधर्व को तब देखा था, जब गंधर्व की उम्र साठ के ऊपर थी और ये लोग थे छोटे-छोटे बच्चे। तो कैसे समझ में आएगा ? सनत को एहसास हो चला था कि गंधर्व के आसपास के ईश्वरत्व को दूर कर उसके भीतर के गंधर्व को ढूँढ़ना अत्यन्त कठिन कार्य है। उनके प्रभामंडल का घेरा, आख्यायिका, मत-मतान्तर...के जंजाल में गंधर्व को कैसे समझ पाएँगे ? क्यों नहीं गंधर्व ने कुछ लिखकर रखा अपने बारे में ? इस देश की महान हस्तियाँ अपना आत्मचरित्र लिखने में आलस्य क्यों दिखाती हैं ? दरअसल, कानून ही बनाना चाहिए कि जो कोई आदमी महान बनेगा, वह अपना आत्मचरित्र लिखे बिना मरेगा नहीं। उसे हँसी आई। यह बात उसने दूसरों को भी बताई और उन्हें भी हँसाया। लेकिन चिन्मय बोला, ''है, है। गंधर्व ने अपना खुद का आत्मचरित्र लिखने का प्रयास किया है।''

''दूसरे का कैसे लिखते हैं भई आत्मचरित्र ?'' कहते हुए महेश हँसा।

''लिखते हैं भाई, लिखते हैं। कुछ लोग पैसे देकर औरों से अपना चरित्र लिखवाते हैं और बतौर आत्मचरित्र छापते हैं।'' सभी हँस दिए।

''नहीं, वो बात नहीं। गंधर्व ने अपने संस्मरण सुनाने का प्रयास किया था, लेकिन उनका यह संकल्प तुरन्त मटियामेट हो गया। कुछ हैं उनकी खुद सुनाई यादें, पत्र...पर बहुत कम।''

''क्या ?'' सनत थर्रा उठा। ''फिर तो ढूँढ़ना ही होगा।'' उसने लाइब्रेरी की राह पकड़ी। लाइब्रेरी की मैडम ने उसके सामने पुस्तक रखी और पूछा, ''हो गई तैयारी समारोह की ?''

''जी, चल रही है। लेकिन मुझे और जानकारी चाहिए।''

''आप ऐसा कीजिए, मेरे दादा ससुर से मिल लीजिए। वे गंधर्व से मिलते थे उनके आखिरी दिनों में, नाटक में काम करते थे। नाम सुना होगा आपने—अम्बादास नाईक।''

''ओह। काफी नाम सुना है। वे भी अब सत्तर के होंगे न ?''

''पछत्तरी मनाई न हमने बीते साल उनकी। आप जाइए उनसे मिलने। खूब बातें करेंगे गंधर्व के बारे में।''

सनत ने उनका पता और फोन नम्बर नोट किया। अब वह बहुत जोश में आ गया था। उसने तुरन्त फोन मिला कर मुलाकात का समय भी ले लिया।

अम्बादासजी की बैठक में नाटकों की बहुत-सी ट्राफियाँ थीं। पुरानी तस्वीरें थीं—मास्टर दीनानाथ, कुसुमाग्रज, गंधर्व आदि की। ''आइए, आइए, वेलकम यंग मैन'' कहते हुए अम्बादास आए। लेकिन वे पछत्तर के लग ही नहीं रहे थे। सनत ने प्रणाम किया। वे बैठ गए। ''क्या कर रहे हो गंधर्व पर ?'' कार्यक्रम के बारे में सनत ने बताया, ''इनमें गंधर्व कैसे थे, यह जिज्ञासा जगी, इसलिए... ।''

''बढ़िया, बढ़िया। मैंने देखा है उन्हें, मिला भी हूँ। तब मैं छोटा था।'' फिर उन्होंने भीतर चाय लाने को कहा। सनत ने दीनानाथजी की तस्वीर की तरफ देखकर पूछा, ''चाचाजी, जैसे केशवराव के साथ काम किया, वैसे दीनानाथजी के साथ काम क्यों नहीं किया कभी गंधर्व ने ?''

''अरे अद्‌भुत बात हो जाती वह। गंधर्व को दीनानाथ जी के सामर्थ्य का अन्दाजा था। वे कहते, दीनानाथ जी मेरी कम्पनी में आने के लिए राजी हों, तो मंगेशी से यहाँ तक चाँदी के सिक्कों का गलीचा बिछाकर ले आऊँगा उन्हें। लेकिन वह सुयोग नहीं आ पाया।'' चाय आई। चाय पीते-पीते सनत बोला, ''चाचाजी, मुझे गंधर्व के गौहर पर्व के बारे में जानना है।''

''हूँ। पर उस पर्व के दूर से ही गवाह हैं हम।'' बोलते-बोलते अम्बादास गम्भीर हो गए। उनके मन में बात उभरी। गौहर पर गुस्सा भी है और तरस भी आता है उस पर। वे कहने लगे, ''नाटक और संगीत, दोनों करियर समाप्त कर चुकी गौहर को अब व्यावहारिक बनना जरूरी था।''

नाट्यशती समारोह समाप्त होने पर गौहर गंधर्व को लिये घर आई। गंधर्व तृप्त लग रहे थे। रात में सोते समय उन्होंने गौहर को पहलू में लिया। बोले, ''गौहरबाबा, फिर खड़ी करेंगे गंधर्व संगीत मंडली। लोगों के इस प्यार के बल पर।'' लेकिन उस रात गौहर की आँख ही नहीं लगी। हाथ आए आठ हजार रुपये इस आदमी ने खैरात में लुटा दिए? पैसा लुटाने में भी हर्ज नहीं, पर अपनी झोली खाली होने के बावजूद? यह आदमी भोला है। भीड़ में जाने पर भीड़ का ही होकर रह जाता है। उसके मन में विचारों का तूफान मच गया। वह सोचने लगी। लोगों को गंधर्व से प्यार है। वे लोकप्रिय हैं, पर केवल लोकप्रियता से पेट तो नहीं भरता न? उसने करवट बदली, देखा तो गंधर्व गहरी नींद में थे। मानो उस समारोह की याद भी न हो। सभा और महफिल का आदमी है यह। इसे दुनियादारी से कोई लेना-देना नहीं। कल होली के स्वाँग की तरह इसे नचाएँगे ये सब। उसे भगवान बना देंगे, पर कोई पूछेगा नहीं कि भैया, तेरे घर में दाल-चावल भी है या नहीं? इनके बलबूते पर कई मालदार बन बैठे हैं। पर आता है कोई पूछने? खुदा की गाय है वह। अब इसका इस तरह इस्तेमाल नहीं होने दूँगी। टिकट खरीदकर देखो इसे। मुफ्त में नहीं खपेगा तुम्हारा यह भगवान अब तुम्हारे लिए। मेरा गाना, मेरा संगीत तो मटियामेट हो गया। जीते-जी कब्र में दफन हो गया। लेकिन इसे मटियामेट नहीं होने दूँगी! उसने निश्चय किया। अब इस गुलाब की बगल में काँटे की तरह खड़े रहना होगा। यह मेरा आदमी है, इसका बुरा-भला अब मुझे ही देखना होगा।

सुबह होते ही उसने कमर कस ली और रेल के *रेडक्रास* फंड के नाटक के लिए तैयार हो गई। *रेडक्रास* के लोग मिलने आए। उसने उनके सामने चाय रखी। लोग गंधर्व के बाहर आने की प्रतीक्षा करने लगे। फिर गौहर ही बोली, 'उनकी तबीयत ठीक नहीं है। लेकिन वे हर मंचन के लिए पाँच सौ रुपये लेंगे। सप्ताह-भर में तीन शो करेंगे।'' लोग गर्दन हिलाते हुए हामी भरकर चले गए और गौहर काम में जुट गई। इस नाटक में काम करनेवाली नट मंडली के नाम निश्चित कर उसने नाटक-दल इकट्ठा किया। उनका पारिश्रमिक भी पक्का कर डाला। नाटक का पहला शो निश्चित हुआ। *द्रौपदी!* पेट्रोमेक्स के उजाले में निथरते सत्तावन साल के गंधर्व तालियाँ वसूल रहे थे और बत्तीस साल की गौहर रंगमंच के पिछवाड़े अँधेरे में आँसू बहा रही थी। गायिका, नायिका बनने

के लिए आई गौहर गंधर्व की मैनेजर बनकर रह गई थी। पल-भर के लिए उसे खुद पर तरस आया, लेकिन बस पल-भर के लिए! रंगमंच पर द्रौपदी प्रतिशोध की आग में सुलग उठी थी। गंधर्व के हर वाक्य पर तालियाँ बजा रही थीं और गौहर को एहसास हुआ कि उसकी भीतर भी प्रतिशोध की आग सुलग रही है। उसमें भी इन दर्शकों से, आसपास के लोगों से, गंधर्व से उसे अलग करना चाह रही सारी दुनिया से प्रतिशोध लेने की इच्छा जागृत हो रही है। दुनिया गंदी है। दोजख है। आग लगा दूँगी मैं इसमें...। दर्शकों की हर ताली के साथ गौहर के मन में क्रोध का, अपनी हार का और प्रतिशोध का जहर फैलता जा रहा था। क्रोध से उसके सीने की धौंकनी ऊपर-नीचे हो रही थी। मानो कोई नागिन फूत्कार रही हो।

मंचन समाप्त होते ही सबसे पहले उसने गंधर्व के पैसे अपने कब्जे में किए। अब उसे ही अपने देवता के हितों की रक्षा करनी थी। दुनिया पर उसे बिलकुल भरोसा नहीं था।

सुबह-सुबह दरवाजे पर दस्तक हुई। उसने देखा, वसन्तराव खड़े थे। बोले, ‘‘गंधर्व से मिलना है।’’ इन लोगों की आवाजाही शुरू होने पर मेरा आदमी सबकुछ भूलकर उन्हीं में खो जाता है। अल्लाह के करम से अब कहीं पैसे आने लगे हैं, लेकिन इन लोगों को देखकर वे ये पैसे भी लुटा देंगे। उसने चेहरा सख्त किया और बोली, ‘‘वे आराम फरमा रहे हैं। जगाने से मना किया है।’’ और दहलीज पर ही रास्ता रोके खड़ी हो गई। वसन्तराव थोड़ी देर रुके, पर गौहर के चेहरे पर सख्त भाव देखकर पीछे मुड़ गए। गौहर ने दरवाजा बन्द कर लिया। अब बाहरी दुनिया जब चाहेगी तब यह दरवाजा खुलनेवाला नहीं था।

गौहर को बन्द दरवाजे के पीछे भी असुरक्षा के डर ने घेर लिया। ये लोग मेरे आदमी को बहला-फुसलाकर ले गए तो? उसे पता था कि उसका आदमी कितना भोला-भाला है। अपनी जिन्दगी अब उसी से बाँध दी है मैंने। फिर भी मुझे कोई नहीं अपनाता!

‘‘कैसे अपनाएँगे? क्या लगती हो तुम उसकी? रखैल ही न?’’ अमीरबाई ने उद्वेग से पूछा। काफी दिनों बाद वह बहन से मिलने आई थी। रखैल शब्द से गौहर के कलेजे पर मानो खंजर चल गया। वह कुछ कहना चाहती थी, पर समझ में नहीं आ रहा था, क्या उत्तर दें? वह वैसे ही बैठी रही। ‘‘ऐसे फटीचर के पास कायकू गई रहने को? बड़े-बड़े सेठ से मिलवा देती मैं। लेकिन मुहब्बत सवार हुई थी न तुझ पर! कम से कम अब तो होश में आ। जवानी अभी बाकी है तेरी। रहने को घर भी नहीं खुद का।’’

‘‘नहीं दीदी, सौदा हुआ है। *एशिया मंजिल* में घर खरीदा है। उधर जाएँगे जल्दी ही।’’

‘‘एक बात पूछूँ?’’ दीदी की आवाज में सवाल छिपा था। गौहर जान गई, फिर भी सुनने लगी, ‘‘यह बुड्ढा तेरे को सुख देता है?’’ गौहर चुप रह गई। उसकी इच्छा हो रही थी कि कहे, केवल बिस्तर की जिन्दगी ही जिन्दगी नहीं होती। अगर यह आदमी मुझे छोड़ देता, तो महाराष्ट्र के धनवान लोग सोने की हवेली बना देते इसके लिए। लेकिन यह मेरा आदमी, मुझे छोड़कर नहीं गया। लेकिन यह सोचकर वह चुप रही कि ये बातें दीदी की समझ से परे हैं। लेकिन अमीर बोली, ‘‘फिर एक काम कर। शादी बना ले।

एक बार इसके नाम का ठप्पा लग गया न, फिर सब ठीक हो जाएगा।'' अमीरबाई चली गई। जाते समय गौहर ने देखा, उसके सेठ का नौकर उसके लिए गाड़ी का दरवाजा खोल रहा था। गौहर मुड़ी। उसे एहसास हुआ कि उसके मन में अपनी बहन के प्रति न तुलना का भाव है और न ही ईर्ष्या का। अब बस खूब शो लग जाएँ। आसानी से दो वक्त का खाना खाने को मिले। सिर पर खुद का छप्पर हो और अपने आदमी का साथ। बस, अल्लाताला से और कुछ नहीं माँगना।

गौहर के साथ गंधर्व के ब्याह के समाचार से आचार्य अत्रे सन्न रह गए। वसन्तराव, नेवरेकर, भालेराव, बापूराव, न जाने किस-किस को फोन करने लगे। कोई तो कहे कि यह अफवाह है? पर नहीं। सभी ने गिरती आवाज में यही बताया कि अब गौहरबाई न तो उनकी रखैल है और न ही साथी कलाकार। अब वह है सौभाग्यवती गौहर नारायण राजहंस उर्फ सौ. गौहर बालगंधर्व...।

इस समाचार ने समूचे महाराष्ट्र में भूकम्प के झटके की तरह खलबली मचा दी। उनकी भामिनी का, सुभद्रा का, सिन्धू का आँचल आखिरकार ढल गया था...और वह भी इस उम्र में! उस रात गौहर दीवानी की तरह सजी थी। उस दिन वह जान गई थी इस बन्धन का रहस्य। अब अपने साथी को जीतने के लिए, उसे अपना बनाने के लिए प्रयास करने की आवश्यकता नहीं रही। वह अपना ही होता है और हमेशा के लिए अपना बना रहता है। एक रखैल की असुरक्षा, खुद को साबित करने की जद्दोजहद, जोड़ीदार को बाँधे रखने की कलाबाजी, अब सब बन्द। अब यह मेरा अपना आदमी बन गया है। इस एहसास में कितना सुख होता है, आज उसे पता चला। अब कोई तनाव शेष नहीं था उसके मन पर। लेकिन गंधर्व वैसे ही थे, हमेशा की तरह.. शान्त। न कोई तनाव न कोई दबाव। हमेशा की तरह वे उसका आक्रामक तूफान अपने भीतर पचाते रहे। उसके अधीन हो गए...हमेशा की तरह। और गौहर जान गई कि ब्याह, जो पुरुष के लिए मात्र एक उपचार है, एक औरत के लिए कितना अहम होता है। मैं भी औरत जैसा सोचने लगी, इस विचार से उसे हँसी आई। उसे हँसता देखकर गंधर्व ने कारण पूछा, पर वह बस मुस्कुरा दी।

अस्थायी दल के साथ नाटक के शो तेजी से जारी थे। ठेके पर। बापूराव माने नामक एक अत्यन्त सुन्दर नट इस दल में शामिल हो गया था। नाटक के लिए हर गाँव में लोग भीड़ मचा रहे थे। मराठवाड़ा का दौरा खत्म हुआ और गौहर हिसाब के लिए बैठी। कर्ज का भार नहीं था। शो भी ठेकेदारी पर दिए गए थे। इस कारण बस पैसा वसूलने का काम था। गंधर्व की बात ही अलग थी। उनका पेट इस खुशी से ही भर जाता था कि उन्हें इस उम्र में भी काम मिल रहा है और लोग अभी भी उनसे प्यार करते हैं। लेकिन पेट के लिए गौहर को घर का सामान और बाकी बातों की तरफ भी ध्यान देना पड़ता था। उसके पास ठेकेदारों से हुज्जत करने के अलावा कोई रास्ता नहीं था। कभी-कभी अपने बलबूते पर शो भी लगाने पड़ते थे। उस समय रहने का प्रबन्ध, सफर, खानपान पर भी ध्यान देना पड़ता। साथ ही किफायत का भी ध्यान रखना पड़ता। गौहर घर के कर्ताधर्ता

पुरुष की तरह आगे बढ़कर सारे काम करती और गंधर्व इन सभी झंझटों से दूर कला-साधना में डूब जाते। एक दिन शो खत्म होते ही गौहर ने ठेकेदार से अलग-अलग बहाने बनाकर पैसे वसूले और डेरे पर आई। गंधर्व उसी की राह देख रहे थे। साथ में ओलकरजी भी थे।

"गौहरबाबा, सुना? दिल्ली से बुलावा आया है नेहरू जी का। हमारा गाना सुनना चाहते हैं वे।"

गंधर्व के चेहरे पर खुशी छलक रही थी। स्वतंत्रता संग्राम के हर आदमी से उन्हें आत्मीयता थी। इस कारण वे परमानन्द में डूब गए थे। गौहर पूछना चाह रही थी कि गाने का तो ठीक है, पर इसमें आमदनी कितनी होगी? लेकिन बाकी लोगों को खड़ा को देखकर उसने अपना सवाल भीतर ही छिपा लिया और तैयारी में जुट गई।

राजघाट पर भजन गाते हुए गंधर्व को गांधीजी की याद आई। सामने पंडित नेहरू, काकासाहब गाड़गिल और अन्य गणमान्य लोग। इनके प्रति गंधर्व के मन में केवल आदर था, बल्कि श्रद्धा थी। उन्होंने देश को आजादी दिलाई। गंधर्व ने लोकमान्य तिलक, अनन्त कान्हेरे को भी याद किया और बड़ी श्रद्धा से सुर लगाया। गाने में रंग चढ़ा। सम्मान हुआ। सम्मान के बाद लोगों ने अपने भाषणों में गंधर्व का गुणगान किया। राजघाट से लौटते समय गंधर्व ओलकरजी से बोले, "अनन्तराव, हम ठहरे पागल। अजी, इस महात्मा ने हमें गायन का निमंत्रण दिया था। लेकिन हमारा ढंग आप जानते हैं। बेतरतीब। हम घंटा भर की देरी से पहुँचे। गांधीजी बोले, "देर कर दी आपने।" अब बस आधा घंटा है मेरे पास। लेकिन आपको बताऊँ, बहुत बड़े दिलवाले आदमी। जी हाँ, अगला डेढ़ घंटा जगह से हिले तक नहीं।"

"आपके गायन का बड़प्पन है नाना।"

"नहीं जी। और बाद में लिखकर भेजा भी, 'गाना बहुत अच्छा लगा।'"

अनन्तराव चौंक गए, "क्या कह रहे हो! स्वयं गांधीजी की लिखावट में अभिनन्दन? नाना, मुझे दिखाइए।"

गंधर्व झेंप गए। उनकी बगल में बैठे कलाकार ने बताया, "अनन्तराव, अजी, इस आदमी ने वह कागज भी गुम कर दिया। अब क्या बताएँ?"

अनन्तराव ने माथे पर हाथ मार लिया। "नाना, जवाब नहीं आपका। आपके सौ गुनाह माफ, पर इस अपराध के लिए माफी नहीं।" सभी हँस दिए। फिर विषय बदलकर गंधर्व ड्राइवर की ओर मुखातिब होते हुए बोले, "भगवन्, जल्दी चलिए। बाबासाहब प्रतीक्षा में होंगे।"

गाड़ी बाबासाहब आंबेडकर के बंगले पर पहुँची। गंधर्व दिन-भर के गायन से, सफर से थक चुके थे। बंगले के अहाते में ही महफिल सजाई गई थी। साजिन्दों ने अपनी-अपनी जगहें पकड़ीं। दिन-भर की आठ-दस अहम बैठकें खत्म कर बाबासाहब आंबेडकर लौटे और सीधे महफिल की जगह पर आए। उन्हें देखते ही गंधर्व अदब से खड़े हो गए। बाबासाहब ने बड़े प्यार से उनके हाथ अपने हाथों में लिये और उनका स्वागत किया।

बाबासाहब बैठ गए। लेकिन न जाने क्यों, गंधर्व को छत्रपति शाहू महाराज ही याद आने लगे। हमारे शाहू महाराज के ही विचार और कार्य को आगे बढ़ानेवाले महाराष्ट्र के विद्वान नेता। बाबासाहब की तरफ देखकर गंधर्व के भीतर अपनेपन का ज्वार उमड़ आया। बाबासाहब के परिजन, आत्मीय, मित्र और उनका स्टाफ आदि चुनिन्दा लोग ही उपस्थित थे। गंधर्व ने सुर लगाया और वे गाने लगे। भजन, नाट्यगीत, एक राग आदि भिन्न-भिन्न रूपों में गायन शुरू हुआ। सुनते-सुनते अँधेरा कब हुआ और बत्तियाँ कब जलीं, किसी को पता भी नहीं चला। बाबासाहब ध्यान से सुन रहे थे। जगह-जगह दाद दे रहे थे और आखिर में गंधर्व ने अभंग शुरू किया। *जोहार माई-बाप जोहर*...सन्त चोखोबा[1] के शब्द और गंधर्व की आवाज...।

उनके भीतर की कातरता...मानो दलितों के सालोंसाल से दबाकर रखे आक्रोश को ही गंधर्व के सुर अभिव्यक्ति दे रहे थे...उसकी आर्तता से बाबासाहब जैसे बुद्धिनिष्ठ आदमी का भी हृदय छलनी होता गया और उनकी आँखों से आँसुओं की झड़ी लग गई। गंधर्व गाते रहे। जैसे ही अभंग खत्म हुआ, बाबासाहब से रहा न गया और उन्होंने गंधर्व को कसकर सीने से लगा लिया। उस समय भी बाबासाहब की आँखों से आँसू छलक ही रहे थे।

बाबासाहब की प्रशंसा पर झूलते हुए ही गंधर्व मुम्बई के लिए रवाना हुए।

मुम्बई पहुँचे। आशम्मा उनकी राह देख रही थी। सभी घर में दाखिल हो रहे थे कि उसने एक लिफाफा गौहर के हाथ में पकड़ा दिया। "कोई सरकारी आदमी आया था।" गौहर ने पत्र खोला। उसकी नजरें तेजी से उस कागज पर घूमने लगीं। थके हुए गंधर्व शान्ति से सोफे पर बैठ गए। हाल ही में गौहर ने खरीदा था वह सोफा। *रेडक्रास फंड* से आए पैसों से। सोफे से नएपन की गन्ध आ रही थी। गौहर ने पत्र पढ़ा और धम्म से नीचे बैठ गई, "या अल्लाऽह!" वह चीखी। "गौहरबाबा, क्या हुआ?" गंधर्व को लगा शायद किसी के गुजर जाने की खबर है। "बिलगी से आया है क्या पत्र?" उन्होंने पूछा। "किस्मत ही फूटी है हमारी।" उसने जोर से दीवार पर अपने हाथ पटके। "यह घर...गाँव-गाँव दौड़धूप, नाटक के शो करके और एक-एक पैसा जोड़के बनाया है यह घर...अब सरकार कह रही है कि यह बेनामी जायदाद है...शरणार्थियों की। हमारा इस घर पर कोई अधिकार नहीं, ऐसा कह रही है जी सरकार...!"

"क्यों?"

"सरकार सभी विस्थापितों की जायदाद पर कब्जा कर रही है। इस घर का मालिक भी विस्थापित हो गया है।" गंधर्व को भी सदमा लगा। वे जान गए कि आखिरी आसरा समझकर खरीदा हुआ यह घर भी अब तकनीकी झंझटों में फँस गया है और अपने ही घर में हम पराए हो गए हैं। गौहर यह जानकर क्रोध से आगबबूला होने लगी कि अब अपना खुद का घर दुबारा पाने के लिए भी दौड़धूप करनी पड़ेगी। वह जानती थी कि इस घर के लिए अब उसे ही सरकारी दफ्तरों में चक्कर लगाने पड़ेंगे। उसने तेजी से बाहरी गाँवों में नाटक के शो लगाना तय किया और सरकारी कचहरी में जाने के लिए चल पड़ी।

1. महाराष्ट्र में श्रावण शुक्ल पंचमी को साँपों को पूजने का एक त्यौहार।

गंधर्व की गाँव-गाँव घुमक्कड़ी शुरू हुई और गौहर ने सरकारी कचहरियों के दरवाजे खटखटाना शुरू किया। परिचित लोगों को, बड़ी असामियों को स्थिति से अवगत कराया और सहायता के लिए गुहार लगाने लगी। बाहरी गाँवों के शो में खूब भीड़ जुट रही थी, पर घर के झंझट के कारण नाटक से इकट्ठा हुए रुपयों के भी पैर निकल आए थे। एक तरफ सी दें तो दूसरी तरफ फट जाए, ऐसा मामला शुरू हुआ। कम्पनी ने मिरज में डेरा डाला था। सुबह-सुबह गौहर डेरे की कोठी पर पहुँची। बापू माने उठकर चाय पी रहे थे। नए-नए भर्ती हुए सुरेश, नन्दन, किशोर वगैरा नट गपशप कर रहे थे। गौहर को देखते ही सुरेश ने प्रणाम किया। बोला, "नाना अभी उठे नहीं हैं। अरे शिवा, चाय ले आओ मालकिन साहिबा के लिए।"

"कल तबीयत तनिक ठीक नहीं थी।" किशोर ने बताया। फिर धीरे-से कुछ मन में सोचकर बोला, "आजकल सभी की कुछ न कुछ शिकायतें हैं। भोजन में परेशानी होती है। मिरज में फिर भी ठीक है, लेकिन न जाने कहाँ-कहाँ देहातों के कोनों में शो लगे हैं।"

"नहीं, वैसे इससे लाभ ही होता है। गंधर्व का कभी दर्शन भी न कर पाए लोग टूट पड़ते हैं टिकटों पर।" सुरेश गौहर को अच्छा लगे इसलिए बोला, पर गौहर घाघ की तरह वैसी ही बैठी रही।

"लेकिन खाने की बहुत परेशानी होती है। परसों तो सब्जी-तरकारी ऐसी तीखी बनी थी कि सीधे चना-चबेना खाकर ही दिन गुजारना पड़ा। गंधर्व का तो हाजमा ही खराब हो गया।" गौहर ने सारी बातों को अनदेखा किया और चाय खत्म कर गंधर्व के कमरे की तरफ चल पड़ी।

कमरे के नाम पर चार चद्दरें लगाकर ओट बनाई गई थी। मच्छर घूम रहे थे। एक बड़ा-सा चूहा ही भागता हुआ दिखाई दिया। पर गौहर को देख गंधर्व खुश हुए।

"आ गईं गौहरबाबा? अब रुक जाइए चार-आठ दिन।"

गौहर का जी न जाने कैसा हो आया। बोली, "आज गोश्त पकाऊँगी मैं अपने हाथों से।" उसने शिवा को बुलाया, सामान की सूची बनाई और उसे दौड़ाया। गंधर्व को अच्छा लगा। "मेरे गौहरबाबा के हाथों में स्वाद है।" और उन्होंने उसे पहलू में लिया। "क्या करूँ? ऐसी-वैसी जगहों पर शो करने पड़ते हैं। जो मिले सो खाना पड़ता है आपको। सब समझती हूँ। पर क्या करूँ, सारे स्वाँग रचा सकते हैं, पर पैसों का स्वाँग कैसे रचाएँगे?" गौहर की बातों ने मानो गंधर्व की सारी पीड़ाओं पर मरहम लगा दिया। "गौहरबाबा, मौज-मस्ती में शो करते हैं हम। किसी बात की कमी नहीं है।" फिर गौहर ने उनका माथा सहलाया, उनके बदन पर तेल मला। नहाने का पानी निकालने के लिए कहकर वह तैयारी में जुट गई। दिन-भर मेहनत कर गौहर ने गोश्त पकाया, गंधर्व को प्यार से चार निवाले ज्यादा खिलाए। इससे उसे सुकून मिल रहा था। उसकी इच्छा थी कि एक बार यह घर का झमेला निबट जाए, तो कम्पनी के साथ शो करें, काम भी करें। एक कलाकार की तरह जिन्दगी बिताएँ। रात में वह उन्हीं चार चद्दरों की ओट से बने महल में आई। गंधर्व लेटे हुए थे। उसने खनकनेवाले कंगन उतारकर रख दिए और उनसे कसकर लिपट गई। दोनों की देह में एक आवेग था। लेकिन कुछ ही पलों में गंधर्व का आवेग धीमा पड़ गया

और शिथिल होकर वे अलग हो गए। उसने उन्हें बार-बार सुलगाने का प्रयास किया लेकिन वे थक जाने की तरह साँसें लेते रहे और करवट बदलकर सो गए। लेकिन वह उनसे लिपटती रही। थोड़ी देर बाद वह अलग हो गई। छत की तरफ नजरें गड़ाए देखती रही। एक अतृप्ति ने उसे घेर लिया था। चारों ओर से...।

सुबह गंधर्व जाग गए और फारिग होने चल दिए। लेकिन गौहर बेचैन थी। गंधर्व ने चाय पी। पत्नी इतनी दूर से आई है, पर उसके दिल की कोई कद्र नहीं! लेकिन यह बात गंधर्व के दिमाग में भी नहीं थी। रात के बर्ताव का कोई चिह्न नहीं था उनके चेहरे पर। वह परेशान हुई। फिर उसने उनके लिए नाश्ता बनाया और लौटने की तैयारी में जुट गई। मैनेजर से हिसाब माँगा और गंधर्व के पास आई। वे तड़प उठे, ''गौहरबाबा, मत जाइए मुझे छोड़कर। मैं भी चलूँगा साथ।'' एक माँ जैसे अपने छोटे बच्चे से अपना हाथ छुड़वाती है, ठीक वैसे उसने उनसे अपना हाथ छुड़ाया, ''जाना जरूरी है जी।'' और उनसे बिदा ली। बाहर मैनेजर हाथ में पैसों का लिफाफा लिये खड़ा था। उसने रुपये गिने। ठीक से रखे और चल पड़ी।

नट मंडली में कानाफूसी हो रही थी। नन्दन बोला, ''गंधर्व सोने का अंडा देनेवाली मुर्गी बन गए हैं इस औरत के लिए। ये गाँव-गाँव धक्के खा रहे हैं और महारानी आती है मालकिन की ठसक से।'' गौहर पास से ही गुजर रही थी। जाते-जाते किशोर की आवाज भी उसके कानों पर पड़ी, ''और क्या! गल्ला जमा किया और चल दी महारानी।'' उसने सुना और रात से धधक रहा उसका गुस्सा उछलकर फूट पड़ा, ''जी हाँ, जा रही हूँ मैं। तुम लोगों जैसा नहीं है मेरा, बस शो करते घूमना। सबका देखना पड़ता है मुझे साहब।'' किशोर झेंप गया। ''जबान सबकी चलती है, पर मदद के लिए आता है कोई सामने? आप भगवान मानते हो न नाना को? फिर घर छुड़वाने के लिए गुहार लगाने पर भी क्यों नहीं आया कोई सामने? सरकार देती है तीन-सौ रुपया एहसान जताने की तरह हर महीने। चक्कर काटते-काटते जान निकल गई मेरी, लेकिन आया किसी को तरस मुझ पर? सुना है गंधर्व आपके कंठहार हैं! बस स्टेज पर बिठाओ, आरती उतारो और घर लाकर छोड़ दो। और गल्ला ले जाकर कोई गहने नहीं बनाए हैं मैंने। घर के लिए घूम रही हूँ मैं। ऊपरवाला सब देख रहा है...बात करते हैं।''

उसकी आवाज से सभी चुप हो गए। गौहर भी बिना कुछ बोले चल पड़ी। अब उसे किसी बात की परवाह नहीं थी। भीतर गंधर्व सब सुन रहे थे। उन्होंने पत्र लिखना तय किया और कागज मँगाया।

सनत के हाथ में अम्बादास ने एक कागज दिया। वह गंधर्व का छपा हुआ पत्र था। सीताकान्त लाड़ को लिखे पत्र में गंधर्व ने कहा था, 'मेरे मुम्बई के घर का बड़ा झमेला हो गया है...मंत्री काकासाहब गाड़गिल जी से मुझे घर के मामले में मिलना था...काकासाहब गाड़गिल मिलते ही...' सनत ने पत्र पूरा पढ़ा और पूछा, ''फिर क्या हुआ उस घर का?''

''इस सारी सौदेबाजी में पच्चीस-तीस हजार रुपए बर्बाद हो गए और काफी प्रयासों के बाद महीना अस्सी रुपया किराए पर यह घर उन्हें रहने के लिए मिला। अपने ही

घर में किराए से रहने के विचार से गौहर क्रुद्ध हुई थी, लेकिन और कोई चारा नहीं था। आखिरकार समझौते के रूप में उसने स्वीकार किया और यह समस्या हल हो गई। लेकिन जीविका की समस्या अभी हल नहीं हुई थी। अपने दल के सहारे गंधर्व गाँव-गाँव शो करने लगे। उस वक्त मैं मात्र सोलह साल का था। पिताजी गंधर्व के मुरीद, भक्त। मुझे ले जाते गंधर्व के नाटकों में, बिलकुल बचपन से। बचपन में मैं सो ही जाता था गाना शुरू होने पर। लेकिन ज्यों-ज्यों युवा होता गया, त्यों-त्यों मुझे गंधर्व के नाटकों का चस्का लग गया। मैंने सयानी उम्र में उन्हें देखा उन्नीस सौ पचास-इक्यावन में। तब गंधर्व थे... ।''

''तिरसठ सालों के।'' सनत तुरन्त बोला। अम्बादास हँस दिए। ''जी हाँ, मैंने उनकी रुक्मिणी देखी है। जरा मोटे हो गए थे, उम्र में भी बड़े लग रहे थे। उनकी गतिविधियों में एक सीमा नजर आ रही थी...लेकिन गाने में उन्होंने जो रंग भरा...क्या बात है! मैंने तो तय कर डाला था कि गंधर्व का नाटक जब भी आएगा देखूँगा जरूर। मैं भी कुछ-कुछ गाना सीखने लगा था। कम से कम बुरा गाना किसे कहते हैं, यह जानने लायक। लेकिन सचमुच, गंधर्व का सुर ऐसा सच्चा लगता था कि मत पूछो।'' और अम्बादासजी ने गंधर्व के कुछ पत्र सनत को दिए।

सनत घर पहुँचा। रात के ग्यारह बज चुके थे। अम्बादासजी के साथ समय कैसे गुजर गया, पता ही नहीं चला। भोजन के तुरन्त बाद उसने पत्र खोले। एक पत्र बड़ौदा से आया था।

गौहर ने पत्र खोला। बड़ौदा से शो का निमंत्रण आया था। बड़ौदा का शो यानी दस-बारह हजार रुपयों की आमदनी। वहाँ के महाराज सयाजीराव गायकवाड़ नाटक कला के बड़े प्रशंसक थे। पाँच हजार की आमदनी वहाँ आराम से हो जाती। इसके अलावा महाराज पाँच-छह हजार रुपये नकद पुरस्कार भी दे देते। उसने उत्तर भेजने का प्रबन्ध किया कि हम आ रहे हैं। अब पैसों के लिए सभी दिशाओं के दरवाजे खटखटाना जरूरी था। रात को उसने दीवार में बनी अलमारी से एक डिब्बा निकाला। उसमें से किशमिश के चार दाने निकाले। अब बड़ौदा में डेरा यानी महीना-भर मुम्बई से बाहर रहना। इसलिए त्योहार वगैरा के लिए सुरक्षित रखे किशमिश खत्म करने में हर्ज नहीं। इस हिसाब से उसने हाथ ढीला छोड़ दिया और और ज्यादा किशमिश-काजू डालकर गंधर्व के लिए उनकी पसन्दीदा खीर बनाने की तैयारी शुरू की। पर यह सोचकर उसे बहुत बुरा लगा कि जिस आदमी ने लोगों को मूँगफली की तरह काजू-किशमिश खिलाए, उसे आज खीर के काजू-किशमिश का भी हिसाब रखना पड़ता है।

रात में आशम्मा भीतर का सामान समेट रही थी। गंधर्व कोई पोथी बाँच रहे थे। थोड़ी देर बाद आशम्मा की आवाज रुक गई। शायद वह सोने के लिए चली गई। बाहरी आवाजाही की आवाजें भी कम हो गई थीं। वैसे भी, मुम्बई कुछ घंटे ही तो सोती है। गौहर भी सोने की तैयारी में थी। थोड़ी देर बाद गंधर्व आए और कमीज उतारकर उसके पास लेट गए। कुछ देर बाद गौहर उनके पास सरक गई। ''गौहरबाबा... !'' उन्होंने भी

उसे आगोश में लिया। रात के अँधेरे में दोनों एक दूसरे के सहवास में खिलते गए। लेकिन बस, कुछ ही पल। वे तुरन्त अलग हो गए। गौहर के रंग में भंग पड़ गया। उसे महसूस हो रहा था कि आजकल यह हमेशा की बात हो गई है। क्या अल्लाह ने तय कर लिया है कि मुझ पर कोई भी सुख खुले दिल से नहीं लुटाएगा? रियाज छूट गया, नाटक-संगीत छूट गया, दो जून अनाज के लिए दौड़धूप करनी पड़ती है। सिर के ऊपर की छत बचाने के लिए भी जानलेवा तकलीफ हुई और अब यह भी... ? मन ही मन वह खिसियाने लगी। क्या है मेरी जिन्दगी में? अचानक उसे सब बेकार लगने लगा। सभी से मानो वह ऊब गई। अनजाने में गंधर्व का हाथ उसके हाथ से टकराया। उसने वह झिड़क दिया और उनकी तरफ पीठ फेरकर लेटी रही। अब सारी दुनिया की तरफ पीठ फेरने की उसकी इच्छा हो रही थी। सामने देखा, बस एक निर्विकार दीवार। उसे लगा, मानो वह अपनी ही कब्र में लेटी है...उसकी अपने हाथों से खुदी हुई कब्र...शिकायत करें भी तो किस खुदा से?

दिन-भर दौड़-धूप करके गौहर ने बड़ौदा दौरे की तैयारी की और रात में घर लौटी। घर आई तो कुछ नाटकवाले गंधर्व से मिलने आए थे। उसे देखकर उन्हें तकल्लुफ हुआ और जल्दी-जल्दी बिदा लेकर वे चले गए। मानो वह उन्हें खदेड़नेवाली हो। कल गंधर्व और मंडली बड़ौदा रवाना होनेवाली थी। लेकिन उससे पहले गौहर को उनसे एक बात कहनी थी, "आप महाराज से मिलेंगे, तब एक माँग कीजिए।"

"और क्या माँगें उनसे गौहरबाबा? हर साल बुलाकर सहायता देते हैं? शो कराते हैं। सालाना पाँच हजार की वृत्ति देते हैं। ऊपर से इनाम के पाँच-दस हजार मिलते हैं। काफी हो गया न?"

"इसीलिए कह रही हूँ कि हर खेप के लिए उनसे पाँच की बजाय बारह हजार की माँग कीजिए। कहिए कि खर्च बढ़ गए हैं। इस घर के चक्कर में जो जमा-पूँजी थी, सब लुट गई और घर भी हाथ नहीं आया। कहिए उनसे कि रोज का खर्च भी बड़ी मुश्किल से चलाते हैं हम।" गंधर्व ने उसकी तरफ देखा। सचमुच पैसे पूरे नहीं पड़ते हैं। रहन-सहन भी सादा है। ईश्वर की दया से शो चल रहे हैं, जिससे रोज का खर्च निकल आता है। कल यह भी बन्द हो जाएगा तो? कल के लिए कुछ भी तो नहीं रख छोड़ा है हमने। "ठीक है, बात करूँगा मैं।" और वे उठे। "दौरा खत्म होते-होते पत्र भेजूँगा। तुम भी आ जाना आठ-दस दिन कीर्तने जी के यहाँ रहने।" गंधर्व समझ रहे थे कि उसे भी आराम की जरूरत है। गंधर्व मंचन के लिए बड़ौदा चले गए और गौहर ने घर को ठीक-ठाक करना शुरू किया। आशम्मा के साथ उसने सारे घर की सफाई शुरू की। लेकिन यह करते समय उसे लगने लगा कि वह बस एक बीवी बनकर रह गई है। उसे अब्बाजान के शब्द याद आए, 'बेटा, अल्लाताला ने जो हुनर दिया है, उसे चूल्हे-चौके में बरबाद मत करना।' गौहर का जी न जाने कैसा हो आया। मैं ठीक-ठीक क्या कर रही हूँ? किस मोड़ पर आ गई है मेरी जिन्दगी? क्या सोचा था और क्या हुआ? उसके मन में खिन्नता उभर आई। घर सँवारकर उसने बाहर देखा। शाम के पाँच बजने को थे। फिर उसने जी भरकर स्नान

किया। आईने के सामने बैठकर चेहरे पर पाउडर की पर्त चढ़ाई, आँखों में काजल की तीली घुमाई। उसे अपने भीतर नजाकत महसूस हुई और उस दशा में भी उसे अच्छा लगा। फिर थैली लेकर वह बाजार गई। कुछ-कुछ खरीदा। खुद के लिए भी रिबन, थोड़ा-सा सजने-सँवरने का सामान। फिर सब्जी लेनी चाही। उधर जाने को मुड़ ही रही थी कि सामने फुटपाथ पर एक औरत दिखाई दी, जो उसे हाथ के इशारे से बुला रही थी। उसने उसे देखा और खुश हुई। ''शुभा ?'' कहते हुए उसने सड़क पार की। शाम की आवाजाही के कारण सड़क पार करने में उसे तनिक देर लगी। लेकिन फिर भी मोटरगाड़ियों के हॉर्न और साइकिलवालों की चिल्लाहट को अनसुना कर वह शुभा के पास पहुँची। ''शुभा ? पहचाना ही नहीं तुम्हें।''

''अब कैसे पहचानोगी भई तुम ? बड़े आदमी की बीवी जो ठहरी !'' कहते हुए वह हँस दी। गौहर को उसकी हँसी अच्छी लगती। मधुर मुस्कान।

''चलो, अब घर चलो। यहीं पास में रहती हूँ।'' शुभा ने गौहर से आग्रह किया और हाथ पकड़कर ले जाने लगी। शुभा का स्वभाव बड़ा प्यारा था। गौहर को भी कोई जरूरी काम नहीं था, इसलिए उसके साथ हो ली। दोनों ने एक चौराहा पार किया। शुभा गौहर के साथ फिल्मों में काम करती थी। दो फिल्मों में नायिका भी रह चुकी थी। दोनों में अच्छी पटती थी। लेकिन काफी दिनों से उसका कोई समाचार नहीं मिला था। फिर गौहर ने खबर सुनी कि उसने आल्मेड़ा नामक एक कैमरामैन के साथ ब्याह कर लिया है। लेकिन इधर गौहर की जिन्दगी ही इतनी बड़ी फिल्म बन चुकी थी कि उसके पास यह देखने का समय ही नहीं था कि बाकी दुनिया में क्या हो रहा है। आल्मेड़ा एक नामचीन कैमरामैन था। उसका बंगला भी था। लेकिन शुभा चार गलियाँ पीछे छोड़ते हुए उसे एक चाल के पास ले आई। फिर दूसरी मंजिल की सीढ़ियाँ चढ़कर एक घर का ताला खोलने लगी और दरवाजा खोलकर भीतर आती हुई बोली, ''आओ, आओ बैठो।'' गौहर एक कुर्सी पर बैठ गई। घर को निहारने लगी। तब तक शुभा भीतर से पानी ले आई। फिर गौहर के मन की बात पहचानते हुए बोली, ''अरी, इसी साल आए हैं हम यहाँ। चाय लोगी या कॉफी बनाऊँ ?''

''कुछ भी नहीं। बस मेरे पास बैठो।'' कहते हुए गौहर ने उसे बिठाया। ''आल्मेड़ा साहब स्टूडियो गए हैं ?''

''हूँ। अब काहे का स्टूडियो ? सब खत्म।'' आश्चर्य से गौहर की भवें तन गईं। ''अच्छा चल रहा था री गौहर। मुझे फिल्में मिल रही थीं और ऐसे में आल्मेड़ा साहब ने ब्याह की बात चलाई। पिताजी ने भी तुरन्त हामी भर दी। लेकिन आल्मेड़ा साहब ने पिताजी के दिमाग में निर्माता बनने का फितूर भर दिया और काम छोड़कर पैसा जुटाने के पीछे पड़ गए। नायिका के रूप में मेरा नाम होने लगा था। मेरे नाम पर ही फाइनान्स लेना तय किया था दोनों ने। कर्ज उठाया और जो कुछ था सब फिल्म में झोंक दिया। लेकिन फिल्म भी नहीं बनी और कुछ भी नहीं हुआ। सब गया। बंगला, गाड़ी और...खैर।'' और शुभा फिर से प्यारी-सी मुस्कुराई। ''तुम अपनी सुनाओ। अच्छा लगा तुम्हारे ब्याह की बात सुनकर। कितना महान आदमी।''

"अब क्या करते हैं साहब?" गौहर ने पूछा।

"कुछ नहीं। घर में बैठे रहते हैं। शाम ढली नहीं कि शराब ढारने चले जाते हैं। मेरे काम पर ही चल रहा है सब। तीन बच्चे भी हैं।"

"तुम अब भी काम करती हो?"

"और क्या! पीछे भीड़ में दिखती हूँ कभी-कभी। अब शरीर बेडौल हो चला है, इसलिए नाच में नहीं लेता कोई। लेकिन काम हैं।" शुभा फिर से मुस्कुराई।

गौहर को वह हँसी असह्य होने लगी। उसने शुभा के हाथ अपने हाथों में लिये और तड़पकर कहा, "इतना हँसकर बोल रही हो? हँसना भूल जाती कोई और।"

"क्या करूँ रोकर? खूब रोयी। फाइनान्सर के पास जाना पड़ता था। रात में बाप पहुँचाता था और सुबह वापसी में आल्मेड़ा साहब!"

"मुहब्बत थी?"

"नहीं री। बस सौदा। पिताजी ने कहा इस आदमी को पकड़े रहना। मैंने भी कुछ नहीं सोचा। वैसे भी, काम पाने के लिए बिछाते ही थे न यह देह किसी न किसी के सामने? खुद की मूवी कम्पनी बन जाती तो अच्छा ही होता। पर आखिरकार किस्मत ने यहाँ लाकर पटका। पिताजी भी चल बसे इस सदमे से। साहब रोज पैसा माँगते हैं, पीकर आने के बाद रोते रहते हैं। रोज कहते हैं, आज अमुक सेठ मिला था, फौरन सिनेमा शुरू कर रहा है। खोया हुआ दुबारा प्राप्त करूँगा। बच्चे नहीं होते तो छोड़कर चली जाती कहीं। अब कोई नहीं बुलाता, वरना आज भी भेज देते साहब मुझे सेठ लोगों के पास।" गौहर को बहुत बुरा लगा। कितनी सुन्दर थी शुभा, मानो गुड़िया।

"लेकिन तुम अभी भी खूबसूरत दिखती हो। अभी भी मिल सकता है काम तुम्हें," शुभा बोली।

"नहीं री। अब सबकुछ पीछे छूट गया। नाटक कम्पनी सँभालती हूँ मैं।" गौहर ने भी अपना दिल हल्का कर लिया। "वाकई, क्या सोचकर निकल पड़ता है आदमी और क्या पाता है।" कहते हुए वह हँस दी। बिलकुल शुभा की तरह। किसी बात का कोई गिला-शिकवा न होने की तरह।

"फिर भी तुम्हारी एक बात अच्छी है। किस्मत ने जो भी तुम्हारे हिस्से में डाला है, तुम्हारा पति उसे दोनों में बाँटकर खाता है। वह भी मारा-मारा घूमता है। लेकिन हमारे यहाँ? एक पहिया फँस गया है कीचड़ में और मैं ही गृहस्थी की सारी गाड़ी खींच रही हूँ। पुरुष की किस्मत तो देखो। उसका सारा भार हम ही ढोती हैं। उनके सपनों का भी और लतों का भी।"

"सखी री, मेरे आदमी का न तो सपना आम लोगों जैसा है और न ही लत।" और गौहर हँस दी। "मेरा आदमी आम आदमी है ही नहीं। शुभा, यह किस्मत हमें भी सड़क पर ले आई है। जिन्दगी दोजख बन गई है। चार पैसों के लिए भी मोहताज हो गए हैं हम।"

"गौहर, लेकिन उनका नाम है," शुभा बोली। "पते की बात है गौहर, मैंने सब देखा है। पैसा, बंगला, गाड़ी...पर तुमसे कहती हूँ, आखिरकार बचता है, बस नाम। समय के

परदे पर कोई लिखकर नहीं रखता कि किस सेठ के पास कितनी जायदाद थी। इसीलिए लगता है, जैसे भी हो, काम करती रहती, तो जाते समय पीछे नाम तो रह जाता? अब क्या रहेगा? ये बच्चे और आल्मेड़ा साहब द्वारा किया हुआ उधार। लेकिन तुम्हारा नाम ऐसे आदमी के साथ जुड़ गया है कि दुनिया खत्म हो जाएगी, पर तुम्हारा नाम रहेगा। और इस नाम-वाम को मारो गोली। अब मैं जान गई हूँ कि रात में आपके पहलू में सोनेवाला अपना आदमी अगर हमारे खिंचाव से घर आता हो न, तो भी काफी होता है। मेरे पास गाड़ी, पैसा, बंगला कुछ भी नहीं और बिस्तर पर होता है एक हाड़-मांस का लोंदा। ललचाता हुआ चिपकता है और अलग हो जाता है।'' फिर दोनों थोड़ी देर चुप हो गईं। अब बाहर अँधेरा घिर रहा था। बच्चों के, साहब के आने का समय हो गया था। गौहर उठने का सोच ही रही थी कि शुभा ने पूछा, ''गौहर, एक बात बता, जिससे हम प्यार करती हैं, ऐसे व्यक्ति के साथ गृहस्थी में अलग ही मजा आता होगा न?'' शुभा का सवाल अचानक ही आ गया और वह चौंक गई। ''ऊँ?'' फिर वह खुद ही गहराई में उतरकर सोचने लगी। उसकी समझ में नहीं आ रहा था कि क्या जवाब दे। तभी दरवाजे पर दस्तक हुई और आल्मेड़ा साहब आ गए। वह उठी, ''चलती हूँ शुभा।'' कहते हुए दरवाजे के पास गई। आल्मेड़ा ने उसे पहचाना। ''गौहर? कैसी हो बेटी? बहुत दिनों बाद?'' कहते हुए उसने उसकी पीठ पर हाथ फेरा। लेकिन गौहर ने उस हाथ की बेशर्मी पर ध्यान नहीं दिया। ''ठीक हूँ।'' कहकर उसने शुभा से बिदा ली। शुभा उसे नीचे तक बिदा करने आई। फिर गौहर ने उसके हाथ अपने हाथों में लिये।

''शुभा, बहुत अच्छा लगा तुमसे मिलकर।'' और गौहर उससे कसकर लिपट गई। शुभा फिर से प्यारी-सी हँस दी।

गौहर गलियाँ लाँघने लगी।

दोनों छोरों पर घरों के निर्माण कार्य चल रहे थे। मुम्बई में अब जहाँ-तहाँ आदमी दिखने लगे हैं। जो मिले उस जमीन के टुकड़े पर ओट बना लेते हैं। वाकई, क्या बुरा है मेरी जिन्दगी में? मेरी जिन्दगी शुभा की जिन्दगी की तरह ठहरी हुई तो नहीं है। उसे एहसास हुआ कि गंधर्व मुझे ही याद कर रहे होंगे। अब महीने-भर बाद जाऊँगी तब, 'गौहरबाबा, मत जाइए' कहकर रोकेंगे। उसका गला भर आया। कुछ भी नहीं बिगड़ा है। अब सिर पर कर्ज नहीं है। नाटकों की अच्छी माँग है। अभी दो साल और परेशानियाँ झेलनी पड़ेंगी। इस दौर में कुछ बचाकर रखेंगे। वह योजना बनाने लगी।

अगले कुछ दिन वह इसी धुन में लहराती रही। उसे खूब जोश मालूम होता रहा। अब गंधर्व के लौटते ही दुबारा गाना शुरू करूँगी। नायिका की भूमिकाएँ न सही, अन्य भूमिकाएँ करूँगी। तीन सप्ताह बीत गए। गंधर्व के वहाँ पहुँचने का पत्र आया था, पर बाद में कोई समाचार नहीं मिला था। गौहर पत्र की राह देख रही थी। या मैं ही लिखूँ? उन्हें याद दिलानी होगी कि महाराज से वार्षिक वृत्ति बढ़ाने की बात करें। फिर उसने दो दिन राह देखी। एक दिन अलसायी दोपहर में वह खाना-पीना निबटाकर बैठी थी। तभी दरवाजे पर दस्तक हुई। गौहर को लगा आशम्मा दरवाजा खोलेगी, पर उसकी कोई आहट न पाकर खुद ही उठ गई। दरवाजे पर डाकिया खड़ा था। ''बड़ौदा से तार है।'' गौहर चौंकी। जल्दी

से तार हाथ में लेकर दस्तखत किए और तार खोलकर डाकिया से ही पढ़ने को कहा। उसने तार पढ़ा और बोला, "तुरन्त निकलने को कहा है। गंधर्व साहब का पैर...।"

"क्या हुआ ?"

"हालत गम्भीर है। एक टाँग को लकवा मार गया है।"

"या अल्लाह...!" वह धम्म से नीचे बैठ गई। बाहर से आशम्मा आई, पर गौहर को उसके आने का भी पता नहीं चला। वह जोर-जोर से साँसें लेती हुई ज्यों की त्यों बैठी रही। उसे लगा, उसकी आँखों के सामने अँधेरा छा रहा है...।

गंधर्व को डॉक्टर कीर्तने के बंगले में रखा गया था। अचानक एक टाँग को लकवा मार जाने से उन्होंने बिस्तर पकड़ लिया था। दवाइयों के असर के कारण काफी देर तक वे बेहोश थे और अब धीरे-धीरे होश में आने लगे थे। उनकी समझ में इतना ही आ रहा था कि सामने सफेद दीवारें हैं और कुछ परिचित-से चेहरे आसपास मँड़रा रहे हैं। ऐसा लग रहा था कि देह में ताकत ही नहीं है। 'आया, होश आया।' उन्हें किसी की आवाज सुनाई दी। कोई पास आया। "नाना, तबीयत कैसी है अब ?" शायद डॉ. कीर्तने की आवाज थी। "श्री!" उन्होंने गहरी धँसी हुई आवाज में पुकारा। "हाँ नाना, मैं श्री ही हूँ। कैसा लग रहा है अब ?" गंधर्व ने फिर उनकी तरफ देखा और आँखें मूँद लीं। "त्र्यंबकराव!" कीर्तने ने मैनेजर को पुकारा, "दवाइयों की बेहोशी उतरने में समय लगेगा अभी।" और वे दूर हो गए।

त्र्यंबकराव ने पूछा, "लेकिन डॉक्टर, कुछ गम्भीर तो...।"

"पैर में कितनी ताकत है, इसी पर सब निर्भर है। कुछ दिनों तक लँगड़ाते हुए चलना पड़ेगा। उम्र के चौसठवें साल में कुछ न कुछ ऐसा हो ही जाता है। सोने दो उन्हें। जागने पर बुलाना।" कीर्तने चले गए। कम से कम महीना-भर मंचन नहीं होगा। बाकी लोगों को वापिस भेजना ठीक होगा—यह सोचकर त्र्यंबकराव टिकट और सामान समेटने की तैयारी में जुट गए। गंधर्व लेटे हुए थे। उनके अर्द्धचेतन मन में कुछ विचार तैर रहे थे। उनकी समझ में नहीं आ रहा था कि यह देह की थकान है या मन की ? बहुत हुआ नाटक। बहुत हुई भटकन। एक आरामदेह, सुकून-भरी जिन्दगी बितानी चाहिए। अब भामिनी, रुक्मिणी से कहना होगा—सखियो, बहुत अच्छा साथ निभाया है आपने। उम्र के पैंतालीस साल आप के ही सान्निध्य में गुजारे हैं मैंने। लेकिन अब सहा नहीं जाता। आप चिरयुवा हो, मैं नहीं। उम्र की पर्तें देह पर चढ़ने लगी हैं। मन पर भी। जी करता है, अब ऐसे ही लेटे रहें, कयामत तक। उन्हें फिर एक बार थकान ने घेर लिया। जागते-जागते फिर ग्लानि ने उन पर कब्जा किया और वे निद्रा के अधीन हो गए। लोग आ रहे थे और बाहर से ही झाँककर वापिस लौट रहे थे। कीर्तने जी के अस्पताल की नर्सें हाल बता रही थीं। गंधर्व को क्या हुआ है, कैसे हुआ है। गंधर्व की टाँग को लकवा मारे जाने की खबर गाँव-भर में फैल चुकी थी। अब लोगों का ताँता बँध जाएगा, यह सोचकर डॉ. कीर्तने ने अस्पताल के बाहर तख्ती ही लगा दी कि कम से कम दो दिन मुलाकात नहीं होगी। फिर भी लोग बंगले के बाहर चक्कर लगा रहे थे। उनके घर के आदमी ने बिस्तर जो पकड़ा था।

गौहर जल्दबाजी में जैसे-तैसे बड़ौदा की तरफ रवाना हो गई। साथ में उसने आशम्मा को लिया था। उसके दिमाग में अलग-अलग शंकाएँ उभर रही थीं। उसे पता नहीं था कि ठीक-ठीक हुआ क्या है और मामला कितना गम्भीर है। डॉ. कीर्तने के यहाँ पहुँचते ही वह सीधे गंधर्व के कमरे की तरफ दौड़ पड़ी। वे सोए हुए थे। रात के लगभग ग्यारह बज रहे थे। पास से एक नर्स गुजरी। उसने बताया कि गंधर्व की अभी-अभी आँख लगी है। गौहर कमरे से बाहर आई। ''कुछ खा लीजिए। आपकी थाली लगाने को कहता हूँ।'' त्र्यंबकराव की आवाज आई। गौहर को भूख भी लगी थी। वह उठी। कम्पनी के बाकी लोग दिखाई नहीं दे रहे थे। उसने उनके बारे में पूछा।

''शो रद्द किए और भेज दिया सबको वापिस।'' त्र्यंबकराव बोले।

''मेरे आने तक तो रुक जाते! कुछ न कुछ करते हम।'' गौहर बोली।

''महीना-भर आराम करने को कहा है डॉक्टर ने। और मुझे क्या पता था कि आप तुरन्त चली आएँगी?'' और त्र्यंबकराव रसोई की तरफ मुड़े। लेकिन तभी कड़ी आवाज में गौहर का सवाल गूँजा, ''क्यों? पति की हालत गम्भीर है और मैं नहीं आऊँगी, ऐसा कैसे सोच लिया आपने? नाना की फिक्र क्या केवल आपको ही है? जब से खबर सुनी है, पानी तक नहीं छुआ है मैंने।'' गौहर बहुत क्रुद्ध हुई थी। डॉ. कीर्तने के नौकर ने थाली लगाई, पर गौहर की भूख ही मर गई थी। लेकिन आशम्मा के लिए दो कौर निगलना जरूरी था इसलिए वह रसोई में आई। कीर्तने की स्वतंत्र और विशाल रसोई। दोनों बैठ गईं। त्र्यंबकराव असमंजस में खड़े थे। ''आप भी बैठिए। अन्न को मना नहीं करते इसलिए दो निवाले खा रही हूँ। वरना सभी तरफ ढिंढोरा पीटोगे कि नाना बेहोश थे और यह भरपेट भकोस रही थी।'' उसकी आवाज का डंक उन तक पहुँच गया। आशम्मा ने गर्दन झुकाए खा लिया। इस भागादौड़ी से उसे बड़ी भूख लगी थी। गौहर ने भी थोड़ा-सा खा लिया। ''पहले से तय शो जैसे-तैसे कर लेते हम लोग? करते खड़ा किसी और को?'' गौहर खाते-खाते बोल रही थी। त्र्यंबकराव सुनते रहे। फिर सभी उठे और गंधर्व के कमरे में आए। गंधर्व धीरे-धीरे जाग रहे थे। उन्होंने सामने देखा, ''गौहरबाबा? तुम आ गई?'' और उठकर उसके पास जाने का प्रयास करने लगे। लेकिन गौहर ने उन्हें उठने नहीं दिया। वैसे ही सुलाया और उन्हें थपथपाती रही। थोड़ी देर बाद उसे लगा कि वे शान्त हो गए हैं, उनकी आँख लग गई है। फिर वह बाहर आई। रात में उसने गंधर्व के कमरे में ही अपना बिस्तर बिछाने को कहा। गंधर्व सोए हुए थे, लेकिन गौहर की नींद गायब थी। गंधर्व ऐसे टूट गए तो गाड़ी कैसे खींचेंगे? इस तरह शो बन्द करना ठीक नहीं। चिन्ता में उसे नींद ही नहीं आ रही थी। वह यूँ ही करवटें बदलती रही, तड़पती रही।

सुबह होने पर गौहर ने गंधर्व को दवा दी। चेहरे पर कमजोरी, दाढ़ी की खुत्थियाँ बढ़ी हुईं थीं। उसे उन पर करुणा उमड़ आई। ''गौहरबाबा, अब जाना नहीं मुझे छोड़कर,'' वे बोले। ''नहीं जाऊँगी जी। आप अच्छे हो जाइए, फिर दोनों साथ-साथ ही चलेंगे।'' और उसने नर्स से उनकी देह पोंछने को कहा। गंधर्व को तनिक उत्साह मालूम हुआ। गौहर उनके लिए नाश्ता लाने बाहर आई। बाहर डॉ. कीर्तने बगीचे में बैठे हुए थे। साथ

में त्र्यंबकराव भी थे। "आइए गौहरबाई, आइए। सूजी की खीर बनाने को कहा है। चाय लीजिए।" उन्होंने नौकर को इशारा किया। गौहर बैठ गई, "अचानक ऐसा कैसे हुआ जी?" उसने तड़पकर पूछा। "अचानक कुछ भी नहीं होता गौहरबाई।" डॉ. कीर्तने का सुर कसैला था। "लापरवाही हुई है स्वास्थ्य की। किसी भी गाँव में चले जाना, चाहे जैसे रहना, कुछ भी खा लेना। न ठीक से दवाइयाँ, न चिकित्सा। और क्या होगा?" वह कहना चाह रही थी कि अंटी में पैसा होता तो सब करती मैं। पर वह चुप ही रही। कीर्तने बोले जा रहे थे, "मुम्बई में भी किसी अच्छे डॉक्टर को दिखाना चाहिए था। समय पर जाँच होनी चाहिए इस उम्र में। यह उम्र नहीं है उनकी शो करते-करते गाँव-गाँव घूमने की।" अब गौहर भी झुँझला उठी, "सच कह रहे हैं आप," उसने भी सुर में व्यंग्य घोल दिया, "आप ही बताइए न नाना को। कहिए उनसे कि शो बन्द कर दीजिए। घर पर बैठे रहिए। सरकार देती है तीन-सौ रुपल्ली हर महीने। उसी में चलाइए खर्च। घर में बैठे रहेंगे तो क्यों होगी तबीयत खराब! आप ही समझाइए उन्हें।" और चाय खत्म करके वह उठी। कीर्तने की समझ में नहीं आ रहा था कि क्या कहें? पर गौहर के जवाब से वे आहत हुए। त्र्यंबकराव बोले, "इस हालत में भी इस औरत को यही चिन्ता है कि शो नहीं हो रहे हैं। मगर करें क्या? गंधर्व को कौन समझाए? वे बेचारे इसी के इशारों पर नाच रहे हैं।"

"हमें ही कुछ सोचना होगा। मैं नाना को छोड़ूँगा ही नहीं यहाँ से महीना-भर।" और डॉ. कीर्तने ने गंधर्व के लिए बड़ौदा में ही रहने का आदेश दिया। गौहर को भी अच्छा लगा। डॉक्टर की देख-रेख में रहेंगे, खाना-पीना, परहेज, दवा-पानी सब समय पर होता रहेगा। उसने भी हामी भरी और बड़ौदा में गंधर्व का विश्राम शुरू हुआ। लेकिन गौहर को यह सवाल साल रहा था कि इस विश्राम के बाद क्या करेंगे? कलाकारों में बापूराव माने कम्पनी छोड़कर जा चुके थे। जो बचे थे वे बिलकुल औसत दर्जे के थे। ऐसे में कम्पनी बन्द हो गई तो क्या करेंगे? बड़ौदा निवास में गौहर की नींद उड़ चुकी थी। अब गंधर्व से मिलनेवालों का ताँता लगा था। उसमें गंधर्व के प्रति असीम आदर, प्रेम व्यक्त हो रहा था। आचार्य अत्रे वगैरा लोग टेलिफोन पर पूछताछ कर रहे थे। इस आदमी के प्रति लोगों की ऐसी आत्मीयता देखकर कीर्तने भी बिलकुल चकित हो जाते। गंधर्व की तबीयत में सुधार दिखाई देने लगा। चार सप्ताह बीत गए। अब गौहर आगे का सोचने लगी कि किससे बात करें? क्या करें? वह गंधर्व के सिरहाने बैठी रहती। और एक दिन आशम्मा ने खबर दी, "आपा, दामादजी मिलने आए हैं।" गौहर ने राहत की साँस ली। वाबले आए हैं, मतलब उनसे बात करके कुछ रास्ता निकाला जा सकता है। उसे राहत मिली। चाहे जो हो, आखिरकार हैं तो हम एक ही परिवार के धागे से बँधे हुए। जो हुआ सो हुआ। मानें तो इसमें किसी की ग़लती नहीं थी और मानें तो सबकुछ गलत था। अब बदकिस्मती से मुकाबला करने का वक्त आया है। सब भूलकर इस आदमी के बारे में सोचना होगा। मैं यहाँ हूँ, फिर भी दामादजी यहाँ आए हैं! उसे अच्छा लगा। उनके मन का गुस्सा भी ठंडा हो गया होगा। वह बाहर आई। बाहर डॉ. कीर्तने, त्र्यंबकराव, वाबले और गाँव के दो आदमी बैठे हुए थे। गौहर रुकी। फिर आगे बढ़कर उसने सबको प्रणाम

किया। वाबले के चेहरे पर कोई भाव नहीं था। न गुस्सा और न अपनापन। औपचारिकतावश उन्होंने भी प्रणाम किया। उसने सोचा, रिश्ते में दामाद, मान की दृष्टि से कनिष्ठ। इन लोगों में सासूजी के पैर छूने का रिवाज है। पर उसने उसे ज्यादा अहमियत नहीं दी। मंडली में चर्चा पहले ही शुरू हो चुकी थी।

लापरवाही हो ही जाती है मुम्बई में। भागादौड़ी का शहर बन चुका है वह। उसमें नाना के बाहरी गाँवों में शो।'' सभी ने मुँह खोले।

''और अब उम्र पैंसठ।''

''इसलिए मेरा कहना यह है कि अब नाना मेरे पास ही रहें। पुणे में। मैं देखभाल करूँगा उनकी।''

''हाँ, बहुत अच्छा रहेगा।'' सभी ने अनुमोदन दिया। पल-भर के लिए गौहर के मन में विचार कौंध गया कि इसमें मेरी भी राय लेनी चाहिए। उस माहौल में मुझे सँभाल लेना होगा इन लोगों को। लेकिन वह कुछ नहीं बोली। धीरे-धीरे उन्हें भी मेरी आदत हो जाएगी। पुणे में रहकर पहले स्वास्थ्य का विचार करूँगी और उसके बाद सोचूँगी कि शो करने हैं या नहीं। मन ही मन उसने मुम्बई का घर समेटना शुरू किया। सारा बोरिया-बिस्तर समेटना। पर आशम्मा? मेरी मुँहबोली बेटी है वह। आशम्मा के लिए भी आग्रह करूँगी धीरे-धीरे। थोड़े दिन रह लेगी वह दीदी के पास। गौहर ने तेजी से अगला नियोजन किया।

''क्यों गौहरबाई? आपकी क्या राय है?'' कीर्तने जी ने पूछा।

गौहर ने गर्दन हिलाई। ''आप लोग जो ठीक समझें। मैं क्या कहूँगी जी?'' वह बोली, पर मन का सन्तोष उसके चेहरे पर झलक ही गया।

''तो फिर ठीक है। अगले सप्ताह मैं आता हूँ और नाना को अपने साथ ले जाता हूँ।'' और गौहर की तरफ देखकर वाबले बोले, ''आप जब मुम्बई जाएँगी, तब नाना का जरूरी सामान भेज दीजिए। या फिर मैं ही भेज दूँगा किसी को। उसके साथ भेज दीजिए।'' और चाय खत्म कर वे नहाने चले गए। कीर्तने जी के साथी लोगों ने भी इस प्रबन्ध पर सहमति जताई, लेकिन गौहर वहीं स्तब्ध खड़ी रह गई। नाना को ले जाएगा, और मेरा क्या? मैं क्या करूँगी? कहाँ जाऊँगी? अभी भी ये लोग मुझे और नाना को अलग-अलग समझते हैं? लक्ष्मी भाभी होतीं तो क्या उन्हें भी वे इस तरह बेसहारा छोड़ देते? क्रोध से गौहर की कनपटियाँ गर्म हो गईं। वह कुछ नहीं बोली, पर उसके मन में सब के प्रति गुस्सा खौलने लगा। नाना तुम्हारे, और उसकी ब्याहता तुम्हारी कोई नहीं? उसे अपने और गंधर्व के बीच समाज की, रिश्तेदारों की एक अदृश्य दीवार खड़ी महसूस हुई। वह जान गई कि यह दीवार ब्याह से भी दूर नहीं हुई। उसकी आँखों से एक भी आँसू नहीं बहा। क्यों रोए? मेरी कोई ग़लती नहीं है और अब मैं भी मेरी अपनी चीज इन्हें छीनने नहीं दूँगी। उसने गुस्सा पी लिया और गंधर्व के कमरे में गई। ऐसी गई मानो कुछ हुआ ही नहीं। पूरा सप्ताह उसने खामोशी से बीतने दिया। वाबले कल सुबह आनेवाले थे। रात में वह गंधर्व के पास गई।

''नाना, मैं चलती हूँ।''

"बाबा, कहाँ जा रही हो? मुझे छोड़कर नहीं जाओगी, तुमने कहा था न?"

"नाना, अब हमारे हाथों में बचा ही क्या है? ये लोग ही तय करेंगे सब। आपका स्वास्थ्य ऐसा। अंटी में पैसा भी नहीं।" और अभिनय का सारा हुनर दाँव पर लगाते हुए उसने गंधर्व की करुण दशा का ऐसा चित्र खड़ा किया कि ये लोग एहसान करने के लिए आपको यहाँ से पुणे ले जा रहे हैं। वह जानती थी, गंधर्व चाहे पैंसठ के हों, पर हैं सिन्धू, मुफ्त के लंगर में जाने से मना करनेवाली। चाहे आज बूढ़े हो गए हों, पर एक दौर में मुफ्त की थैली ठुकराकर कर्ज चुकाने का माद्दा दिखाया था इन्होंने। "मैंने समझाया उन्हें, काट लेंगे हम ये दिन, अभी ताकत है हमारी देह में। पर मेरी बात कौन सुनता है? वे कहते हैं, एक गंधर्व भारी नहीं हैं हमारे लिए।"

गंधर्व सोच में पड़ गए, "और गौहरबाबा, तुम्हारा क्या?"

"मेरा क्या? अल्लाताला ही जाने। मैं क्या जानूँ? मेरे साथ बात भी कौन करता है?" और गौहर कुछ लाने के लिए बाहर चली गई।

सुबह वाबले आए। उन्होंने डॉ. कीर्तने से कहा कि हमारे बीच जो तय हुआ है, उसे आप ही नाना से कहिए और साथ में यह भी बताया कि पुणे में गंधर्व का प्रबन्ध हो गया है।

गंधर्व बगीचे में टहलने के लिए बाहर निकले थे। वाबले आए, गंधर्व को प्रणाम किया। "हमेशा खुश रहो। मैं आपकी ही राह देख रहा था।" और गंधर्व चलने लगे। वाबले भी पीछे-पीछे हो लिये। उन्हें लगा, शायद कीर्तने ने बात की है। अब काम आसान होगा। तभी कीर्तने सामने आए। "नाना, चाय लीजिए।" और नौकर को वहीं पर कुर्सियाँ लगाने को कहा। इस बीच गौहर भी आई और सभी बैठ गए।

"नाना, वाबले, अत्रे, त्र्यंबकराव सभी से बात हुई। अब आगे का कुछ तय करना होगा।" कीर्तने बोले।

"हाँ, इसीलिए राह देख रहा था मैं दामादजी की।" और गंधर्व ने पानी का प्याला ओठों से लगाया और एक मँजे हुए अभिनेता की तरह पॉज लिया। कीर्तने, वाबले दोनों परस्पर सन्तुष्ट भाव से देखने लगे। "तो हम तीनों को...मुझे, गौहरबाबा और आशम्मा को मुम्बई पहुँचा दीजिए।" दोनों चौंक गए। गौहर ने अपना चेहरा निर्विकार ही रखा।

"बहुत हो गया आराम। बाबा, सामान समेटिए।"

"जी नाना।" गौहर उठी।

"नाना, आप पुणे में रहकर..." कहते हुए दोनों ने सारी योजना उनके सामने रखी। गंधर्व ने सब सुन लिया और बोले, "भगवन्, विचार अच्छा है, बाद में कभी आऊँगा आपके यहाँ आतिथ्य के लिए।" और विषय बन्द कर दिया। दोनों ने गिड़गिड़ाते हुए चिरौरी की, हाथ जोड़े। लेकिन गंधर्व के कान बन्द हो चुके थे। अब गौहर सामान समेट रही थी। जरा देर बाद वह बाहर आई। बुलन्द आवाज में उसने पुकारा, "त्र्यंबकराव, आज की गाड़ी के तीन टिकट ले आइए, जाइए।"

"आज रात ही?"

"और क्या? जब जाना ही है तो आज क्या और कल क्या? चलिए, जाइए!" मालकिन की ठसक से उसने आदेश दिया। गंधर्व चुप थे। कीर्तने, वाबले के मन में शोले

भड़क उठे थे और गौहर के मन में सन्तुष्टि की लहर बह रही थी। इस अधिकार की लड़ाई में वह जीत गई थी।

जीत के नशे में ही गौहर मुम्बई पहुँची। गंधर्व के आने की खबर सुनकर वसन्तराव देसाई, आचार्य अत्रे वगैरा मंडली उनसे मिलने दौड़ी चली आईं। इस बार गौहर ने आतिथ्य में कोई कमी महसूस नहीं होने दी। लेकिन आनेवाले लोगों ने महसूस किया कि घर में गौहर के रिश्तेदारों की संख्या बढ़ गई है। गपशप की महफिलें सजने लगीं। अत्रे जी की बातों में हँसी-मजाक की छौंक थी, ''नारायणराव, परसों ही एक समारोह में गया था। खचाखच भरा हुआ सभागृह। मैंने बोलना शुरू किया, सभ्य स्त्री-पुरुष लोगो! तभी एक शरारती श्रोता चिल्लाया, 'जीऽऽऽ!', मैंने भी जवाब दिया, आपसे नहीं कहा। आपके अलावा सब। पूरा सभागृह हँस-हँसकर बेजार।'' सुनकर सभी हँसने लगे।

''क्या करेंगे! परसों घर के पास सड़क पर एक गधा मरा पड़ा था। म्युनिसिपैलिटी में फोन किया तो उधर से आदमी बोला, गधे के रिश्तेदारों से कहिए। मैंने कहा, इसीलिए पहला फोन आपको किया है।'' फिर कहकहे। गौहर पास ही बैठी यह गपशप सुन रही थी। लेकिन कोई भी उसे उसमें शामिल करना नहीं चाह रहा था। मानो वह वहाँ थी ही नहीं। उसका माथा भड़क उठा। वैसे भी यह अत्रे उसे कभी पसन्द नहीं आया था। बेखटके बोल देता। नाना को भी चार बातें सुना देता। अत्रेजी की बातों पर सभी हँस रहे थे कि तभी गौहर कड़क उठी, ''नाना चलिए भीतर, अब आराम कीजिए। रात में आपकी नींद नहीं हुई है ठीक से। चलिए।'' और उसने गंधर्व का हाथ पकड़कर उन्हें उठाना शुरू किया। मंडली समझ गई कि यह हमारे लिए चलते बनो की सूचना है। गंधर्व को और बातें सुननी थीं, लेकिन वे चुपचाप उठ गए। प्रणाम कर सभी नीचे उतरे। जाते-जाते 'नाना, आराम कीजिए। हम आते ही रहेंगे' कह गए।

दूसरे दिन त्र्यंबकराव आए। घर में वसन्तराव, लाड़ और अन्य लोग बैठे हुए थे। त्र्यंबकराव के हाथों में एक पत्र था। ''डॉ. कीर्तने ने कुछ दवाइयाँ नियमित रूप से लेने को कहा है।'' उन्होंने पत्र सबको दिखाया। पत्र में लिखा था कि गंधर्व के प्रति बहुत ज्यादा लापरवाही बरती गई है। और बैठक के एक आदमी ने उसे ऐसे पढ़कर सुनाया कि गौहर को भी साफ-साफ सुनाई दे। फिर पूछा, ''नाना, दामादजी पुणे ले जा रहे थे, क्यों नहीं गए आप?'' गंधर्व ने कोई जवाब नहीं दिया।

फिर वसन्तराव बोले, ''लेकिन अब यहाँ आराम ही कीजिए।'' गौहर ने चुपचाप सुना। फिर इत्मीनान से उठी। ''चलिए, अब इनके आराम का समय हो गया है।'' इस तरह उसने सभी को निकलने की सूचना दी। आशम्मा गंधर्व को भीतरी कमरे में ले गई। सारी मंडली विवश हो चल पड़ी।

त्र्यंबकराव भी चल पड़े। गौहर ने उन्हें रोक लिया, ''त्र्यंबकराव, बाहरी गाँवों के शो लेना शुरू कीजिए।''

''क्या, अभी?'' वे घबड़ा गए। जाते-जाते गौहर की बात सभी ने सुनी थी। सभी रुक गए।

''जी हाँ, इसी वक्त। बैठकर कितने दिन गुजारेंगे हम।''

"लेकिन नाना का पैर ?" एक ने कहने का प्रयास किया।

"ज्यादा दुखने लगे तो बैठकर गाएँगे। लोगों को उनका गाना ही तो सुनना होता है! लीजिए, शो ले लीजिए।"

"गंधर्व नहीं मानेंगे। उन्हें तकलीफ होगी।" वसन्तराव बोले।

"और, वे तैयार हों तो भी हम ऐसी हालत में शो नहीं होने देंगे।" दूसरे ने चेतावनी दी।

"वे करेंगे शो।" और गौहर सब्जी की थैली लेकर बाहर चल पड़ी।

मंडली भीतर गई। सभी ने गंधर्व को घेर लिया और गौहर की शो की योजना बताई। विभिन्न तरीकों से समझाया, खतरे बताए। गंधर्व ने शान्ति से सब सुन लिया। फिर बोले, "भगवन्, सही बात है आपकी। लेकिन रसिक दर्शकों की सेवा भी तो होनी चाहिए न ? त्र्यंबकराव, गौहरबाबा ने जैसा कहा है, वैसा कीजिए।" वसन्तराव ने हताशा से सभी की तरफ देखा और बाहर के कमरे में आए। बाकी लोग भी उनके पीछे-पीछे आ गए। उन्हें देखकर वसन्तराव फीके स्वर में बोले, "जहर खून में घुल गया है उस नागिन का। हाँ जहर!" सीढ़ियाँ उतरकर सभी फुटपाथ की तरफ चल पड़े। उन्हें सामने से गौहर आती हुई दिखाई दी। उसने सभी के उतरे हुए चेहरे देखे और समझ गई कि दुबारा वह जीत गई है। उसने सभी को हाथ जोड़े, "आते रहिएगा।" और चली गई। वसन्तराव जगह पर ही गड़े-से खड़े रह गए। निराश होकर बुदबुदाए, "सोनेवाले को जगा सकते हैं, पर...।"

पन्द्रह दिन में ही लँगड़ाते हुए, घिसटते हुए गंधर्व एक कलाकार के सहारे रेल के डिब्बे में बैठ गए। गौहर उन्हें पहुँचाने आई थी। गाड़ी ने सीटी दी और गंधर्व तड़प उठे, "गौहरबाबा, तुम भी चलो न।"

"आ रही हूँ, आठ-दस दिनों में मैं भी आ रही हूँ। देखभाल के लिए ये लोग जो हैं ?" और गौहर ने उन्हें दवाइयों की थैली थमाई। "समय पर दवा लीजिए, समझे ?"

गाड़ी चल पड़ी, और उसके ओझल होने तक गंधर्व हाथ हिलाते रहे। गौहर के चेहरे पर सन्तोष उभर आया। लेकिन किस बात के लिए था यह सन्तोष ? शायद, उसे भी पता नहीं था।

"उनकी जिन्दगी से खिलवाड़ कर रही हो तुम गौहर!" शुभा ने गौहर को चाय पकड़ाई और बिलकुल तड़प कर बोली, "उन लोगों का प्रतिशोध तुम गंधर्व से ले रही हो ? मुझे बताओ, आल्मेड़ा साहब का, मेरे बाप का, अपनी किस्मत का प्रतिशोध क्या अपने बच्चों को मारकर लूँ मैं ? उन पर इस तरह अधिकार जताओगी तुम अपना ? और तेरे इस बर्ताव से वे लोग तुझे अपनाएँगे ? नहीं, और दुत्कारेंगे! गौहर..." शुभा ने उसे झकझोरते हुए कहा। गौहर उसकी तड़प समझ रही थी। "तुम गाना गाओ, रियाज करो। धीरे-धीरे तुम्हें भी मिलेंगे न काम! मैं चार जानें पाल सकती हूँ, तुम दो भी नहीं पाल सकोगी ?" गौहर बस सुनती रही। गंधर्व के बाहरी गाँवों के शो की खबर से कीर्तने, अत्रे, वसन्तराव सभी को हो रहे दर्द का चित्र उसके मन में उभर रहा था, और इससे उसे एक किस्म का सुख

मिल रहा था। शुभा उसकी तरफ देखे जा रही थी। ''गौहर, यह दौरा पूरा हो जाने दो। लेकिन बाद में मत भेजना उन्हें बाहर। तुम्हें जो साबित करना था, तुम साबित कर चुकी हो। अपने ही आदमी को तुम दुख दे रही हो और वह भी पराए लोगों के लिए?'' गौहर को खामोश देखकर शुभा को कुछ सूझ नहीं रहा था। फिर खाली कप उसने छोटे-से गुसलखाने में रखे। ''इस...इस घर जैसा बड़ा गुसलखाना था आल्मेड़ा साहब का। अब देखो, यहीं खड़े-खड़े...गौहर, किस्मत ही नचाती है री इनसान को, भुलावा देती रहती है। पर क्या इसलिए आदमी भी गलतियाँ करता रहे? और वह भी खुली आँखों से?'' गौहर ने कुर्सी पर गर्दन टिकाई थी। मानो खुद में ही फँसकर रह गई थी वह। क्या कर रही हूँ ०मैं और किसलिए, जैसे सवाल उसे घेर रहे थे। तभी शुभा ने उसकी ठोड़ी ऊपर उठाई और बोली, ''सुख में तो कमी नहीं आई है न तुम दोनों के?'' गौहर चौंकी। पल-भर के लिए उसने शुभा की तरफ देखा, और उठी, ''ऐसी कोई बात नहीं,'' और उससे नजरें चुराते हुए पैरों में चप्पलें पहन लीं। सारे तर्कों से, सवालों से दूर जाना था उसे। ''चलती हूँ।'' और वह बाहर निकलने लगी। शुभा दरवाजे पर आई और उसने गौहर की हथेली पर बड़ियाँ रखीं। ''आशम्मा को देना।'' फिर दुबारा तहेदिल से बोल गई, ''एक बात कहूँ गौहर, यह प्यार नहीं हो सकता।'' और भीतर चली गई।

गौहर काफी देर तक पैदल चलती रही। उधर जिधर राह दिखाई दे। मानो अब उसे किसी भी दिशा से कोई मतलब नहीं था...।

''माय गॉड। कहाँ जा पहुँची गौहर और किस मोड़ पर आ पहुँची यह रिलेशनशिप!'' निशा गहरा निःश्वास छोड़ते हुए बोली। तालाब किनारे के उस गार्डन में निशा, सनत और अम्बादास बैठे थे। ''सबकुछ एब्सर्ड। नहीं?'' सनत ने गर्दन हिलाई। ''गंधर्व की जिन्दगी में आई तीन स्त्रियाँ—माँ, पत्नी और गौहर। माँ चाहे उस दौर की हो, पर टिपिकल नहीं थी। घर पर उसका होल्ड था। अपने जमाने से आगे ही थी वह—जरा-सी। इसी कारण जरा इंटरेस्टिंग थी। लेकिन लक्ष्मीबाई टिपिकल, उस जमाने की ही थीं। उनके प्रति मुझे सहानुभूति है, पर एट्रेक्शन नहीं। और ये गौहरबाई। इनका तो परम्परा से और जमाने से भी संघर्ष जारी था। समाज के साथ भी और खुद अपने साथ भी। इसमें लक्ष्मी और गौहर, दोनों के हिस्से में तो खींचातानी ही आई। देखो न, एक पुरुष के निर्णय और उसका बर्ताव उसकी करीबी स्त्रियों पर कैसा असर कर जाते हैं।''

''आ गई गाड़ी फिर उसी चौक में? फेमिनिज़्म के?'' सनत हँसते हुए बोला।

निशा और अम्बादास भी हँस दिए। ''वो बात नहीं, लेकिन इनमें होशियार कौन? परम्परा की चौखट पकड़े रही लक्ष्मी या उससे विद्रोह कर रही गौहर?'' निशा ने पूछा और आगे कहने लगी, ''और मजा तो यह है कि पूरे मराठी मानस को सिन्धू के रूप में पातिव्रत का सबक देनेवाले गंधर्व ने अपनी ब्याहता, आई मीन पहली ब्याहता के साथ टिपिकल पति जैसा ही बर्ताव किया, और गौहर के साथ किसी पतिव्रता जैसा! सब दुख झेलते रहे, परेशानियाँ सहते रहे। उसे अगर छोड़ देते तो दुनिया स्वागत ही करती न उनका! पीछे जो हमने कहा था, वैसे क्या वे प्रायश्चित कर रहे थे? मतलब, अपनी ही प्रकृति

की बलि चढ़ रहे थे? या अपनी इस दुरावस्था को अपनी गलतियों का परिमार्जन मानते हुए चिपक रहे थे? या फिर प्यार ही इतना अंधा होता है, जो आदमी को इन सबके परे जाने की शक्ति देता है? अगर इसे प्यार कहें, तो फिर क्या है गौहर के इस बर्ताव की वजह?'' निशा बोलती ही रही। फिर रुकी और हवा में कोई अनुमान लगाने जैसे हाथ से इशारे करती हुई बोली, ''सबकुछ गड्डमड्ड है, नहीं?''

अम्बादास कौतुक से उसकी तरफ देखते रहे। फिर हँसे और बोले, ''इसीलिए यह इंटरेस्टिंग है। मनुष्य का आचरण उसी की समझ में न आनेवाली बात है। विशिष्ट हालात में वह उसी के हिसाब से आचरण करता है जो उसे ठीक लगे। और बाकी सारी जिन्दगी उस आचरण के समर्थन में या पश्चाताप में गँवा देता है। लेकिन गंधर्व ने न पश्चाताप किया और न ही समर्थन। वे तो बस गौहर के इशारे पर सफर करते रहे, शो करते रहे। अपाहिज होने के बाद अगले तीन साल यानी सन् पचपन तक वे शो करते घूम रहे थे। परेशानी, उपेक्षा, लापरवाही सब सहते रहे, हजम करते रहे। बापूराव माने दुबारा कम्पनी में आए। मीनाक्षी शिरोड़कर कम्पनी में आईं। शो जारी थे। गंधर्व गाँव-गाँव घूम रहे थे। स्वास्थ्य गिरता जा रहा था। उम्मीद खत्म हो रही थी। बस गाना ही था जो अभी खत्म नहीं हुआ था। अभी भी सुर वही सच्चा लगता था, अभी भी वैसी ही तानें भरी जाती थीं। अभी भी अपने कंठ के रागों के साथ वे वैसे ही क्रीड़ा करते थे मानो शंकर भगवान अपने कंठ के नागों के साथ खेल रहे हों। और बदला नहीं था उनका स्वभाव। एक बार जबान दी, भरोसा किया, फिर उस तरफ से आँखें मूँद लेने का स्वभाव...अभी भी खत्म नहीं हुआ था। सौ बात की एक बात, न तो उनके भीतर का गन्धार कुम्हलाया था, न गंधर्व। खरे सोने की तरह अभिनय समेत, गान के दिव्यत्व समेत, स्वभाव के गुण-दोषों समेत गंधर्व वैसे ही थे। बाहरी गंधर्व पर प्रकृति का असर हुआ था, भीतरी नहीं।

गंधर्व के इसी दिव्यत्व से अभिभूत होकर पृथ्वीराज कपूर दिल्ली रवाना हुए थे। 'आज की बैठक बड़ी अहम है', वे अपने आप से ही बोले। दिल्ली पहुँचते ही उनके एक अजीज दोस्त उन्हें लेने आए। ''कोई खास काम दिल्ली में?'' उन्होंने पूछा। ''जी हाँ, एक कर्ज चुकाने आया हूँ।'' इस फिल्मवाले ने दिल्ली में भी कहीं उधार बढ़ाकर तो नहीं रखा? यही सोचते हुए दोस्त ने उनका स्वागत किया। ''दोपहर में एक अर्जेंट मीटिंग के लिए जाना है,'' कहकर उन्होंने एक फाइल लेकर काम शुरू किया। कुछ नोट्स बना लिये।

''कहाँ है मीटिंग?'' दोस्त ने पूछा।

''संगीत नाटक अकादमी के दफ्तर में।''

दोस्त ने ड्राइवर को सूचना दी और दोपहर में गाड़ी संगीत नाटक अकादमी के अहाते में पहुँची। सभी सदस्य उपस्थित हो चुके थे। पृथ्वीराज जी ने सभी से हाथ मिलाया और मीटिंग बिलकुल समय पर शुरू हुई। अन्य मामलों पर चर्चा हुई। लेकिन पृथ्वीराज जी का ध्यान उनमें नहीं था। वे हाथ में फाइल लिए उचित अवसर की प्रतीक्षा कर रहे थे। फिर एक सदस्य ने कहा, ''चलिए, अब चाय मँगवाते हैं और इस वर्ष के पुरस्कारों की चर्चा शुरू करते हैं।''

अब पुरस्कार का नाम आते ही सात-आठ नाम सामने आएँगे। फिर उन पर चर्चा, विवाद। लेकिन पृथ्वीराज पूरी तैयारी में थे। अपनी बुलन्द आवाज में उन्होंने शुरुआत की, "मैं इस वर्ष के संगीत नाटक अकादमी पुरस्कार के लिए एक लिविंग लीजेंड का, श्री बालगंधर्व जी के नाम का प्रस्ताव करता हूँ।" पल-भर के लिए सभी चुप हो गए। सोचने लगे। ऊपर पंखा घूम रहा था। बस उसी की आवाज आ रही थीं। फिर पृथ्वीराज ने थोड़ी और प्रतीक्षा की और बात आगे बढ़ाई, "मैं उनके बारे में कुछ जानकारी देना चाहता हूँ। उनके योगदान के बारे में।" और उन्होंने फाइल खोली। उत्तर भारत के एक सदस्य महोदय हँस दिए। बोले, "पृथ्वीराज साहब, क्या गंधर्व जी किसी परिचय के मोहताज हैं? उन्हें कौन नहीं जानता? बालगंधर्व ने संगीत नाटक के लिए जो अमूल्य योगदान दिया है, वह बेमिसाल है। बहुत अच्छा सुझाव है आपका।"

बोलनेवाला शायद मराठी नहीं जानता था। पर सुरों का पक्कापन और जिन्दगी-भर की रंगमंच की सेवा को समझने के लिए भाषा की बाधा नहीं होती। फिर सुरों का ज्ञान रखनेवाले दक्षिण के एक बुजुर्ग सज्जन बोलने लगे। उन्होंने तो गंधर्व के संगीत की बारीकियाँ समझाते हुए कहा, "बालगंधर्व इस सदी के सबसे बड़े अभिनेता और गायक हैं।" इस तरह उन्होंने भी गंधर्व के नाम का अनुमोदन किया। तभी बंगाल के एक समीक्षक खड़े हो गए। बोले, "बालगंधर्व न केवल मराठी कल्चर की नुमाइन्दगी करते हैं, बल्कि समूची भारतीय संस्कृति के तथ्य को उजागर करते हैं।" और फिर सभी ने गंधर्व के नाम का अनुमोदन करना शुरू किया। गंधर्व के नाम पर लगभग सभी की सहमति बनने का माहौल बन गया और पृथ्वीराज समझ गए कि गंधर्व भारत-भर में पहुँच चुके हैं। उनका गला भर आया। उन्होंने यह कहकर प्रस्ताव रखा कि इस प्रस्ताव को आम सहमति से मंजूर करेंगे। और तभी एक सदस्य की आवाज गूँजी, "क्या बात कर रहे हैं आप? अरे वह गंधर्व और उसका नाटक बिलकुल आउटडेटेड हो चुका है। साड़ी पहनकर ऐसा भद्दा लगता है कि देखा नहीं जाता! क्यों कपूर साहब?" वह हँस दिया और पृथ्वीराज कपूर की गर्दन झटके से उसकी तरफ मुड़ी। उनकी आँखें ही फैल गईं, क्योंकि बोलनेवाला सदस्य मराठी था। वे आगबबूला हो गए। खड़े हो गए और चीखे, "खामोश!" और उन्हें एहसास हुआ कि अनजाने में उनका हाथ उस सदस्य पर उठा है और सभी सदस्य उनकी तरफ अवाक् होकर देख रहे हैं। वे शर्मिंदा हुए और उन्होंने अपना हाथ नीचे कर लिया। उन्होंने अपने दिल से कहा, यहाँ विचारों का मुकाबला विचारों से ही करना है, बल से नहीं। वे बोलने लगे, "क्षमा कीजिएगा, लेकिन मैं यही कहूँगा कि मुझे आपसे हमदर्दी है, जो आप अपनी ही धरोहर को नहीं जानते। आप अपनी ही जड़ों से वाकिफ नहीं हैं...आप नहीं जानते, जिस नींव पर खड़े होकर आप मंच की नई परिभाषा को तलाश रहे हैं, वह नींव है बालगंधर्व का नाटक...बालगंधर्व जी का सृजन। मैं यह नहीं कहता कि उनके काम की आलोचना या समीक्षा नहीं होनी चाहिए। जरूर होनी चाहिए। मगर उसके बाद भी उनका काम और योगदान ठुकराया नहीं जा सकता। सज्जनो, मेरा यह मानना है कि समय करवटें लेता है; नया जमाना आता है, मगर आकाश वही रहता है और बालगंधर्व उसी आकाश की तरह हैं, जिसका न कोई आदि है न अन्त।" कपूर साहब बैठ गए, लेकिन

उन्हें लगता रहा कि उनकी देह अभी भी थर्रा रही है। प्रस्ताव मतदान के लिए रखा गया। एक बनाम सभी के बहुमत से प्रस्ताव पास हुआ। गंधर्व को उस साल का संगीत नाटक अकादमी का पुरस्कार घोषित हुआ। पृथ्वीराज कपूर मतलब पहाड़ जैसा आदमी लेकिन उनके आँसू थम नहीं रहे थे। हवाई जहाज में बैठते हुए वे अपने आप से बुदबुदाए, ''थिएटर के प्रति मेरा जो कर्तव्य था, आज मैंने पूरा कर दिया।''

गंधर्व को पुरस्कार घोषित होने से न केवल महाराष्ट्र के बल्कि देश-भर के रंगकर्मी खुश हुए। उम्र के इस दौर में भी नाटक का यह दीवाना संगीत रंगमंच का झंडा अपने कन्धों पर लिये गाँव-गाँव घूम रहा था।

गंधर्व के *स्वयंवर* का मंचन था। नाट्यगृह में अच्छी भीड़ थी। लेकिन अब गंधर्व बेचैन थे। शो के लिए कम्पनी का मैनेजर लेने आया था। उनके सहारे एक पैर से लँगड़ाते हुए वे शो के लिए निकले। दर्पण के सामने बैठते समय भी यह बेचैनी उनका पीछा नहीं छोड़ रही थी। उन्होंने अपने चेहरे की झुर्रियों की तरफ देखा। उन्हें लगा, तिलक जी ने जब सबसे बड़ा पुरस्कार दिया था, तब तो उसे समझने की उम्र नहीं थी। अब समझ है, पर मन सफलता, पुरस्कार सबके परे पहुँच चुका है। काँपते हाथों से उन्होंने बालों का टोप उठाया। पास खड़ा आदमी उसे सिर पर चढ़ाने में सहायता करने लगा। आजकल रंगभूषा के लिए, खड़े रहने के लिए, वाक्य याद रखने के लिए सहायता की जरूरत पड़ती है। यह कैसा अभिनय? अब यह जिद क्यों? किसलिए यह दुराग्रह? अब बहुत हुआ। मन मारकर उत्साह को जगाए रखा, पर अब पैरों की शक्ति जवाब दे रही थी। अंगों की शक्ति चुक रही थी। आईने में देखते-देखते उन्होंने मन ही मन माना कि भगवन्, देह ने हार का सफेद झंडा दिखाना शुरू कर दिया है। कहते हैं, शरीर ही नट का वाद्य होता है। अब इस वाद्य के तार टूटने लगे हैं...इसी सोच में उन्हें ग्लानि आई और वे वैसे ही कुर्सी से टिके बैठे रहे...।

साने अपने दामाद को साथ लेकर आए थे। बगल में उनकी पत्नी थी जो 'इन्हें गंधर्व के नाटकों का खूब शौक है' कहते-कहते खुद भी गंधर्व के नाटक देखने की जिद करती थी। दरअसल, दामाद को साथ लेकर उन्हें चार-आठ दिनों के लिए कोंकण घूमने के लिए जाना था, नए बनाए गए घर की गृहपूजा के लिए। लेकिन आज साने तय करके ही आए थे कि पहले गंधर्व का नाटक और फिर कोंकण। दामाद ने अपने ससुर से गंधर्व का वर्णन सुना था। 'उस जमाने में गंधर्व ऐसे सुन्दर दिखते और 'भैया, वे आ गए !' कहते हुए जब रंगमंच पर आते, तब ऐसा लगता, मानो आकाश का चन्द्रमा ही धरती पर आ उतरा हो।' उनके दिमाग में साने द्वारा खड़े किए गंधर्व थे। दर्शकों से खचाखच भरा नाट्यगृह। कोई परिचित चेहरा ढूँढ़ते हुए साने ने यूँ ही गर्दन मोड़कर देखा। लेकिन भस्मे बीते साल गुजर चुके थे। कलेक्टरनी साहिबा न जाने किस गाँव जाकर पति के साथ बस गई थीं। साने नाटक शुरू होने की प्रतीक्षा करने लगे। परदा ऊपर गया और नांदी शुरू हुई। सभी गंधर्व की प्रतीक्षा करने लगे।

त्र्यंबकराव यूँ ही रंगशाला में आए और उन्होंने देखा कि गंधर्व कुर्सी पर ही बैठे हैं। वे आगे बढ़े, ''नाना?'' कहते हुए उन्होंने गंधर्व को हिलाया। गंधर्व ग्लानि से बाहर आए। ''भगवन्? कहाँ हैं हम भगवन्?'' उन्होंने पूछा।

''नाना, आपका प्रवेश...।''

फिर गंधर्व उठे। त्र्यंबकराव के सहारे नेपथ्य की तरफ गए। भीतर नाटक शुरू हो चुका था। वे नेपथ्य में ही रुके रहे।

और...और...वह दृश्य आया। अब गंधर्व आएँगे...नहीं, अवतरित होंगे...दर्शकों की साँसें अपने आप रुक गईं और गंधर्व ने त्र्यंबकराव को रोकते हुए पूछा, ''भगवन्, कौन-सा नाटक है आज?''

''नाना, *स्वयंवर*...।''

''हूँ...।'' और गंधर्व रंगमंच की तरफ आए। त्र्यंबकराव का सीना जोरों से धड़क रहा था। दर्शकों में खामोशी और उसे छेदते हुए परदे के भीतर से आवाज आई...''भैया...'' और थिएटर में जबरदस्त जल्लोश हुआ। गंधर्व ने प्रवेश किया। मुटाई हुई देह...एक पैर से लँगड़ाते हुए...साड़ी-गहने पहने, चेहरे के रंगों के पीछे छिपी उम्र...साथी कलाकार के सहारे घिसटते गंधर्व आए और तोतली जबान में बोले, ''भैया, वे आ गए?'' गंधर्व का यह रूप देखकर साने दहल गए। अब अगला दृश्य देखने की ताब उनमें नहीं थी। साथी कलाकार ने गंधर्व को सहारा देकर खड़ा किया और वे गाने लगे। इस उम्र में भी आवाज की मिठास, आकारान्त तानों में छिपा शृंगार और शालीनता...। जब मैं लाठी के सहारे चल रहा हूँ, तो गंधर्व का किसी न किसी के सहारे खड़े रहना लाजमी है। उन्होंने खुद को समझाया। लेकिन दामादजी बड़े कौतूहल से गंधर्व को देख रहे थे। गाते-गाते गंधर्व रंगमंच पर विचर रहे थे। एक पैर से वह अपाहिज रुक्मिणी...साने को लगा, मानो उनका कुछ खो गया है। लेकिन फिर भी गाने में रंग भरता गया। कुछ प्रवेश हुए। लोग गंधर्व को ध्यान से सुन रहे थे और फिर गाते-गाते गंधर्व रुक गए...उन्हें महसूस हुआ, उनके नकली दाँत अपनी जगह छोड़कर बाहर निकल आए हैं। दोनों हाथों में उन्होंने उन्हें जैसे-तैसे पकड़ा। पल-भर उनकी तरफ देखा और भीतर अपनी जगह पर उन्हें सरका दिया। साने ने बस यह दृश्य देखा और उनका कलेजा काँप उठा। वे उठे। अजी सुनिए, अजी...पत्नी के शब्द भी उन्हें सुनाई नहीं दिए। वे सीधे दरवाजे के पास आए और लाठी के सहारे बाहर निकल गए। बाहर घना अँधेरा था। वे एक चबूतरे पर बैठ गए। उनका शरीर अभी भी काँप रहा था। पास ही नाटक का बोर्ड था। एक दिया उस पर उजाला धरे हुए था। उस पर लिखा था...रुक्मिणी की भूमिका में रंगमंच के सम्राट..., बालगंधर्व...। साने ने उस बोर्ड पर गर्दन टिकाई और उफन-उफनकर रोने लगे। 'क्यों भगवान, क्यों? इस कलाबत्तू के खानदानी वस्त्र की आपने ऐसी चिंदियाँ क्यों कर डालीं? क्यों?' वे रोते रहे। भीतर से वन्समोर की आवाजें आ रही थीं। तालियाँ भी सुनाई दे रही थीं। लेकिन साने को लग रहा था मानो उस कलाबत्तू की बुनाई ही उधेड़ी जा रही है...।

शो खत्म होने पर गंधर्व घर आए। गौहर जाग रही थी। उसने गंधर्व के सामने थाली रखी। खिचड़ी के पहाड़ पर जरा-सा घी डाला था। ''पापड़ भूनकर दूँ?'' उसने रुखाई से पूछा और इस आशा में बैठी रही कि वे मना करेंगे। लेकिन गंधर्व बोले, ''हाँ।'' वह अनिच्छा से उठी। पापड़ भूनने जैसा उल्टा-पुल्टा किया और गंधर्व की थाली में डाल

दिया। गंधर्व ने उसे तोड़ा और बिना किसी शिकवे के खाने लगे। उसने सोचा, इस आदमी को किसी बात का कोई गम नहीं? ना दर्द का, न विपन्नता का? रात में सोते समय गंधर्व बोले, ''गौहरबाबा, आज शो के समय मेरे नकली दाँत ही बाहर आ गए, परसो भी विग खिसक गया था।'' गौहर डरी कि कहीं शो बन्द करने को न कह दें। लेकिन गंधर्व हँस दिए। उनकी हँसी सुनकर गौहर चौंकी। यह आदमी हँस रहा है? तभी गंधर्व बोले, ''बोडस की याद आई। मैंने *किर्लोस्कर कम्पनी* में नटी की भूमिका की थी परीक्षा के लिए। उस समय भी विग इसी तरह गिर पड़ा था मेरा। उसे देखकर बोडस बोले थे, 'अरे नारायण, कितना बड़ा सगुन है यह! विग गिर गया तुम्हारा। मतलब जानते हो इसका? अरे भाई, रंगदेवता ने सुझाया है कि तुम दीर्घायु होकर, अपने बाल झड़ने तक यानी बिलकुल बुढ़ापे तक रंगमंच की सेवा करोगे। वाह भई वाह। चलिए, पेड़ा खिलाइए...। जबान सच हो गई बोडस की...दीर्घायु भी हुआ और...।'' और गंधर्व हँसते ही रहे। सामने के आईने में अपना गंजा सिर देखते हुए और नकली दाँत हाथ में लिये...हँसते ही रहे। उनकी उस हँसी से गौहर काँप गई। गंधर्व काफी देर तक जी भर हँसते रहे। हँस-हँसकर आँखों में पानी आने पर आखिरकार वे रुके। फिर बोले, ''चलो, अब सोना पड़ेगा। कल विदर्भ के दौरे पर रवाना होना है।'' दिया बुझा दिया और बाईं करवट लेकर वे सो गए। लेकिन गौहर की आँखें खुली थीं। क्या यह आदमी सारी बातों के परे जा रहा है? क्या इसे किसी बात से कुछ भी फर्क नहीं पड़ता। फिर मैं ही क्यों भुगत रही हूँ ये सब? मेरे ही हिस्से में क्यों आई यह पीड़ा? मेरे ही हिस्से में क्यों यह बेचैनी? उसे गुस्सा आया। गंधर्व की खामोशी पर। उनके भीतर की विरक्ति से उसे ईर्ष्या हुई और गुस्सा भी आया। उसे लगा, इस अँधेरे की कालिख का एक बड़ा-सा पत्थर बनाए और इस आदमी के सिर पर दे मारे। वह उठी, भीतर गई। उसके हाथ में एक अखबार आया। गंधर्व की तस्वीर छपी थी उसमें। संगीत नाटक अकादमी पुरस्कार की खबर। उसने उसके टुकड़े-टुकड़े करना शुरू किया। उसे चिन्दी-चिन्दी कर दिया। फिर काफी देर तक वह वैसी ही बैठी रही। सुबह तड़के कहीं उसकी आँख लगी।

सुबह गंधर्व उठे और नित्य कर्मों से निवृत्त हुए। तब तक लोग उन्हें लेने के लिए आ चुके थे। एक पैर से जैसे-तैसे सीढ़ियाँ उतरकर वे विदर्भ के दौरे पर चले गए। गौहर कुछ सामान लाने बाहर निकल पड़ी। बाहर एक फिल्मी पोस्टर लगाया जा रहा था। उसने देखा, नायक-नायिकाओं के बड़े-बड़े पोस्टरों के साथ कुछ छोटी भूमिकाओं के पोस्टर भी थे और उनमें शुभा भी थी। लगता है धीरे-धीरे उसकी गाड़ी पटरी पर आ रही है। चींटी जैसी है शुभा, मेहनती। फिर कुछ देर सामान खरीदने में बिताती हुई वह घूमती रही। मानो कोई दिशा ही न हो। बाद में सीधी दीदी के पास पहुँची। पिछले महीने दीदी का सेठ गुजर गया था। आज दीदी उस सदमे से उबरी हुई लग रही थी।

''बैठो।'' दीदी ने उसे पानी दिया। ''उनके मरने से पहले यह घर अपने नाम लिखवा लिया था मैंने।'' दीदी ने बड़ी शान से बताया। ''गहने, पैसा सब लेके बैठी हूँ। मुहब्बत वगैरा सब ठीक है, मगर पेट भी पालना होता है न?'' दीदी ने बताया, सेठ मर गया, मगर उसका कुछ भी नहीं बिगड़ा। काफी कमाकर बैठी है। दीदी की समझदारी पर उसे

कौतुक लगा। उसने देखा, दीदी अभी भी दिखने में कमसिन है। पटा लेगी कोई नया। बाहर निकलते समय गौहर के मन में सवाल उभरा। हममें से समझदार कौन? हालात को ज्यों का त्यों अपनाकर और उसमें डटे रहकर घोंघे जैसी धीरे-धीरे आगे बढ़ती शुभा? चालाक और समय आने पर आक्रामक बननेवाली लोमड़ी जैसी दीदी? रीति-रिवाजों की जड़ों को कसकर पकड़े रहकर गरीबी में भी सम्मान से जीनेवाली गाय जैसी लक्ष्मी? फकीर की तरह दुनियादारी से अलग होते जा रहे गंधर्व? या कटी पतंग की तरह झोंके खाती जी रही मैं? शुभा को काम करने से गृहस्थी सँवारने का सुख मिलेगा। दीदी को तो इज्जत वैसे भी कभी प्यारी नहीं थी। उसे पाना था बस पैसा। लक्ष्मी के पास कम से कम उसका अपना सिन्दूर था, सम्मान था। मैंने क्या पाया? न कला का आनन्द, न सिन्दूर का सम्मान और न ही पैसा। मेहनत का फल मिला ही नहीं। तो फिर किसलिए भेजा अल्लाताला ने मुझे गले में सुर और आँखों में सपने देकर? उसे गुस्सा आने लगा। गुस्सा अपने अब्बाजान पर, जिसने चूल्हा-चौका करने नहीं दिया और गले में सुर डाल दिए। गुस्सा नाटक-सिनेमा के परदे पर जिसने सपने दिखाए, मुम्बई नगरी पर जिसने मरीचिका दिखाकर यहाँ बुला लिया, गंधर्व पर जिसने उस पर अपने प्यार को न्यौछावर किया, रसिकों पर जिन्होंने उसे दुत्कार दिया...और इन सबसे ज्यादा उस अल्लाताला पर...और पीठ फेरकर बैठी हुई किस्मत पर...।

निशा ने तकिए पर लेटे-लेटे आँसू पोंछे। जेहन में उसे गौहर ही नजर आती रही। सचमुच, किसे कहें समझदार? चुपचाप गृहस्थी ढोनेवाली मेरी बहन या कुछ अलग करने के लिए गृहस्थी का ढाँचा तोड़ना चाह रही मैं? पुराने नाते-रिश्तों को ही परिमाण माननेवाली पुरानी पीढ़ी या इसमें कुछ एक्सपेरिमेंट की सम्भावना तलाशनेवाली हमारी पीढ़ी? गौहर के मन में उत्पन्न हो रही यह प्रतिशोध की भावना उसे बेचैन करने लगी। खुद से, अपने लोगों से प्रतिशोध लेना चाह रही थी गौहर। निशा को गुस्सा नहीं आया उस पर। उसने फिर से स्टेटस अपडेट किया। 'आइ डोंट नो वाई, लेकिन गौहर को सीने से लगाकर उसे थपथपाने को जी करता है। और उससे कहने का जी करता है कि, सखी री, थक गई हो बहुत...जरा आराम कर लो।' अनेक लोगों ने पूछा, 'हू इज गौहर?'

निशा ने लिखा, एक अलग राह पर चल पड़ी, रास्ता भटकी और इस वजह से जिन्दगी का सत्यानाश किए बैठी मेरी बेस्ट फ्रेंड!

सैम्युअल ने स्माइली डालकर पूछा, 'इज शी हॉट?' निशा ने जवाब दिया, 'पहलू में अंगार बाँधने का माद्दा एक औरत ही रख सकती है, आप पुरुष नहीं...सो स्टे अवे फ्राम हर...।' और वह वैसे ही पड़ी रही। उसकी आँखों के सामने शुभा, लक्ष्मी, अमीरजान और गौहर, सभी तैरती रहीं। इन सबमें वह अपना अंश ढूँढ़ती रही...रात-भर।

शो करते-करते गंधर्व विदर्भ आए। अब उन्हें रंगमंच पर जाना एक सजा लगने लगी थी। कब सन्तुलन बिगड़ जाएगा, कब नकली दाँत गिर पड़ेंगे, भरोसा नहीं था। लेकिन शो हो रहे थे। दर्शक भीड़ कर रहे थे। गंधर्व का यह रूप भी पसन्द कर रहे थे। गंधर्व

शो करते-करते तुमसर आए। काफी वर्षों बाद इस गाँव में उनके कदम पड़ रहे थे। रसिकों ने भीड़ मचाई हुई थी। लेकिन गंधर्व का मन किसी भी बात में नहीं लग रहा था। बीते कुछ दिनों से वे महसूस कर रहे थे कि अब न तालियाँ सुख देती हैं और न विग खिसक जाने से दुख होता है। किसी यंत्र की तरह रंगमंच पर जाता हूँ मैं। पहले उस उजाले में निथरने में एक सुख मिलता था। लेकिन अब मात्र उपचार बनकर रह गया है स्वाँग रचाना। उन्हें अब किसी बात का कुछ भी सुख-दुख नहीं लगता था। सुर पक्के लग रहे थे। लेकिन देह से न भामिनी प्रकट हो रही थी, न सिन्धू। कहीं ये छोड़कर तो नहीं चली गईं मुझे? रात में गंधर्व रंगभूषा के लिए बैठे, तब उन्हें लगने लगा, कहीं मात्र कलेवर ही तो नहीं बचा है मेरे भीतर के उस नट का? कब तक ढोएँगे उसे? नाटक कहीं आखिरी अंक की तरफ तो नहीं बढ़ रहा है? वे परदा खुलने की प्रतीक्षा में खड़े रहे। परदा खुल गया और नांदी शुरू हुई। उन्होंने नेपथ्य से देखा, आज अधिकांश स्त्रियाँ आई थीं। बन-ठनकर। पास ही बापूराव माने खड़े थे। बोले, ''नाना, अजी सिन्धू को देखने आई हैं सभी। आज ज्येष्ठी पूर्णिमा है न, बरगद के पूजन का दिन!'' गंधर्व नेपथ्य में खड़े अपने प्रवेश की प्रतीक्षा करने लगे। अचानक उन्हें थकान महसूस होने लगी। दरअसल, रंगमंच पर जाते समय हमेशा वे अपनी सारी व्याधियाँ, वेदनाएँ भूल जाते थे, लेकिन आज उन्हें महसूस हुआ कि पूरे शरीर से कोई एक टीस उठ रही है। फिर भी मन को नियंत्रित रखते हुए उन्होंने प्रवेश किया और यांत्रिक रूप से काम करने लगे। उन्होंने अपने मन का तलछट खँगाल डाला, पर उन्हें सिन्धू मिली ही नहीं। गंधर्व बनकर ही वे संवाद बोलते रहे, और पद गाते रहे। किसी सिद्ध पुरुष को उसकी सिद्धि छोड़कर चली जाए, उसी तरह उन्हें सब नीरस, निष्प्राण लग रहा था। आखिरी अंक में तो उन्हें ऐसा लगा मानो शक्तिपात् ही हो गया है। किसी कलाकार के सहारे वे जैसे-तैसे खड़े रहे और फिर दूसरे पैर की भी शक्ति चली जाने की वजह से नीचे ढह गए। दर्शकों में कोलाहल मच गया। नेपथ्य में भी भगदड़ मच गई। लेकिन गंधर्व ने हाथ उठाकर सबको शान्त किया। सब तरफ खामोशी फैल गई। गंधर्व ने अपने बचे हुए संवाद शुरू किए। उनकी वह थकी-हारी, गहरी, क्षीण आवाज...। लेकिन वे तड़प के साथ सिन्धू के संवाद बोले जा रहे थे और यह देखकर दर्शकों के हृदय छलनी हो रहे थे। उनका रंगमंच का सम्राट अब बुढ़ापे के कारण असहाय हो गया था। फिर भी एक पतिव्रता की निष्ठा से सारी तकलीफें, पीड़ा सहता हुआ काम कर रहा था। प्रेक्षागृह में अब पूरी खामोशी छा गई। उनके संवाद खत्म हुए और परदा खिसकता हुआ नीचे आने लगा। नियति ही मानो स्वर्णयुग पर परदा डाल रही थी। तालियों की गड़गड़ाहट हुई। रंगमंच के अनभिषिक्त सम्राट को लोगों ने मानवन्दना प्रदान की। गंधर्व ने अपनी देह भूमि पर धकेल दी। मानो वे रंगमंच से बिदा ले रहे हों, हमेशा के लिए।

रसिक दर्शक आँखों में आँसू लिये चले गए। गंधर्व दर्पण के सामने बैठे। उन्हें याद आया अपना वह पहला दिन। जिस श्रद्धा से उन्होंने पहली बार रंग लगाया था, उसी श्रद्धा से उन्होंने उसे उतारना शुरू किया। साथी कलाकारों से यह दृश्य देखा नहीं जा रहा था। पहले गंधर्व का विग उतारा गया। माथे का मंगल तिलक मिटाया गया। हाथ

के कंगन उतारे गए। चेहरे का रंग साफ किया गया और बीते पाँच दशकों से रसिकों पर मोहिनी डाल रहा वह चेहरा अब नंगा-बूचा दिखने लगा। सिन्धू, भामिनी, सुभद्रा, शकुन्तला, रुक्मिणी...सभी, सभी से बिदा लेते हुए गंधर्व काँपते कदमों से थिएटर से बाहर चल दिये।

नाटक के स्वाँग को थिएटर में ही छोड़कर बाहर जा सकते हैं, लेकिन किस्मत में आए स्वाँग को तो निभाना ही पड़ता है। यह स्वाँग भी ईमानदारी से निभाने के लिए गंधर्व चल पड़े थे।

अपाहिज गंधर्व मुम्बई पहुँचे और गौहर का हौसला जवाब दे गया। तीन आदमी उन्हें उठाकर ऊपर ला रहे थे। गंधर्व को पलंग पर बिठाकर तीनों ने बिदा ली। ''गौहरबाबा!'' गंधर्व ने गौहर की तरफ देखा। वह उनके पास गई। गंधर्व छोटे बालक की तरह उसकी ओर लपके और उससे लिपटे रहे। लेकिन गौहर को लगा, मानो उसकी बदकिस्मती ही उससे चारों ओर से लिपट रही है! उसने बन्धन झटकने की तरह उनके हाथ झटक दिए और उनसे दूर हो गई। गंधर्व वैसे ही बैठे रहे। उन्होंने गावतकिए पर गर्दन टिकाई, लेकिन गौहर पीछे-पीछे जाती हुई दीवार से टेक लगाकर खड़ी हो गई। वह सोच रही थी कि भविष्य की सारी आशा-आकांक्षाएँ गंधर्व के रूप में लोंदा बनकर अपाहिज हो गई हैं। उसी पल उसके मन में घृणा उभरी। उसे लगा, अब उसकी जोर से सिसकी निकल जाएगी...उसने पल्लू का बना गोला मुँह में ठूँसा और तेजी से कमरे से बाहर निकल गई। सीढ़ियाँ उतरकर उसने चलना शुरू किया। उसे इन सबसे कहीं दूर जाना था। यह वह मंजिल नहीं थी, जिसके लिए वह सबकुछ पीछे छोड़ आई थी। काफी देर तक वह भटकती रही। पहली बार मुम्बई में जब वह उतरी थी, तब वहाँ दंगे भड़के हुए थे। काश! कोई मुझे तभी मार डालता! काश! अब्बा-अम्मी मेरा जनमते ही गला घोंट देते। वह अपनी किस्मत को कोसती रही। काफी वक्त बीत गया और उसे एहसास हुआ कि रात हो गई है और वह हाजी अली दरगाह की एक दीवार से टेक लगाए बैठी है। फिर वह उठी। वह जान गई कि लौटने के उसके सारे रास्ते कभी के बन्द हो चुके हैं। वह भारी कदमों से घर की तरफ मुड़ी। पैरों को धकेलते हुए घर पहुँची। उसने देखा, गंधर्व पलंग से जैसे-तैसे घिसटते हुए दरवाजे के पास आ बैठे थे। उसे देखते ही उनके चेहरे पर खुशी झलक उठी। ''बाबा, कहाँ गई थी तुम?'' उन्होंने मासूमियत से पूछा। उसने सोचा, किस्मत ने ही मेरी डोर इस घर से, इस आदमी से बाँध दी है। बिना कुछ बोले उसने उन्हें उठाया और रूखेपन से हाथ पकड़कर भीतर ले आई। पलंग पर बिठाते हुए बोली, ''बैठिए न यहाँ, उठते क्यों हो?'' और आलू-प्याज की बोरी पटकने की तरह उन्हें जबरदस्ती बिठाकर वह भीतर गई। अपने बर्ताव की कठोरता उसे भी महसूस हुई, लेकिन अब उसे किसी को समझने-समझाने के झंझट में नहीं पड़ना था। अब तो उसे एक-एक दिन गुजारना था।

दिन खाली बीत रहे थे। गौहर जमा-पूँजी का हिसाब लगा रही थी। जमा रुपया कितने दिन चलेगा, कैसे चलेगा, हिसाब लगा रही थी। तभी दरवाजे पर आहट हुई और कुछ लोग भीतर आए। उसने भवें तरेरकर उनके आने का कारण पूछा।

"हम पारगाँव से आए हैं।"

"कौन-सा पारगाँव? महाराष्ट्र में सत्रह गाँव हैं पारगाँव, आंबेगाँव, पिंपलगाँव नाम से।" वह झुँझलाई।

उनमें से एक आदमी साहस से बोला, "हमारे गाँव में शो होनेवाला था। पेशगी भी दी थी। लोग आँखें बिछाए गंधर्व के दर्शन की प्रतीक्षा कर रहे हैं।"

"तो फिर? अब क्या कन्धे पर बिठाकर ले आऊँ उन्हें? पैसा भेज देंगे बाद में फुरसत से। शो नहीं होगा।" उसने फटकारा।

वह आदमी विनम्रता से बोला, "शो के लिए नहीं आए हैं हम। पैसों के लिए भी नहीं। गाँववाले गंधर्व का बस दर्शन करना चाहते हैं। सम्भव हो तो वे एक-दो पद गा दें। यह भी हमारे लिए काफी होगा। पैसा उतना ही देंगे जो तय हुआ है।" मंडली ने बिनती की और गौहर की आँखें चमक उठीं। गंधर्व के केवल गाने के लिए भी पैसा देने को राजी हैं लोग। उसने सबको बिठाया। मन ही मन हिसाब लगाया। तबलची, पेटीवाला सब मिलाकर चार आदमियों का दल और पैसे नाटक के शो जितने। उसने उनसे बिना पूछे चूल्हे पर चाय चढ़ाई। आशम्मा को दूध लाने भेजा और भजन का कार्यक्रम तय कर डाला। बोली, "भजन ही गाएँगे जी वो।" लोग धन्य हो गए और बार-बार हाथ जोड़कर आभार व्यक्त करते हुए चले गए। गौहर ने तुरन्त उस पारगाँव जाने की तैयारी शुरू की। वादक मंडली इकट्ठा की।

प्रस्थान के दिन दो आदमी गंधर्व को उठाकर सीढ़ियों से नीचे लाए और चार-पाँच लोगों का वह दल पारगाँव रवाना हो गया।

पारगाँव के लोगों ने गंधर्व को इतना प्यार दिया, इतना प्यार दिया कि अभिषेक करना ही बाकी रह गया था। सम्मान हुआ, भजन हुआ। गौहर ने भी एक भजन गाया। मानदेय के साथ-साथ लोगों ने गंधर्व को उपहार में भी पैसे दिए। अब गौहर चौकन्नी थी। "भगवन्, किसलिए यह और?" गंधर्व विनम्रता से हाथ जोड़ रहे थे। लेकिन गौहर की बुलन्द आवाज उभरी, "प्यार से दे रहे हैं जी। उनका दिल मत तोड़िए।" और उसने गंधर्व को सब लेने के लिए बाध्य किया। वहाँ से निकलते समय उसने हिसाब लगाया। मानदेय जितनी ही राशि उपहार के रूप में मिली थी। उसका उत्साह बढ़ा। उसने तेजी से सामान समेटा। वादक दल को उनके पैसे दिए और बचे हुए पैसे माथे से लगाए। वह उठने लगी कि तभी किसी ने आकर सूचना दी कि पास के माणगाँव से कलेक्टर साहब आए हैं। गौहर ने मन ही मन वहाँ भजन के कार्यक्रम की योजना बना डाली और उनका स्वागत किया। लेकिन कलेक्टर साहब उनके भजन और गाने की बात ही नहीं कर रहे थे। उनके मन में कुछ और ही था। वे कहने लगे, "गौहरबाई, गंधर्व साहब को हमारे नगर निगम की तरफ से मानपत्र प्रदान करना है। आज शाम को हमारे यहाँ कार्यक्रम सम्पन्न करने के बाद आप मुम्बई प्रस्थान करें तो...।" मानपत्र का नाम सुनते ही गौहर के चेहरे पर कडुवाहट उभर आई। मानपत्र का गोला चूल्हे पर चाय बनाने के भी काम नहीं आता। लेकिन इनकार करने की कोई वजह नहीं थी। लेकिन फिर भी उसने पैसे की बात आगे बढ़ाई, "अब यहाँ से माणगाँव, मतलब देखिए न, हमारे मुम्बई के टिकट ज़ाया हो जाएँगे। ऊपर से

दूसरे बनाने पड़ेंगे। कितना महँगा पड़ेगा हमें। आप ऐसा कीजिए, आप हमें हमारा मुम्बई तक का आने-जाने का किराया दे दीजिए।'' कलेक्टर बड़ी खुशी से तैयार हो गए। गौहर भी खुश हो गई। चलो, सफर एक और किराया मिलेगा दो तरफ से। उसमें भी फायदा। गौहर गंधर्व को लेकर माणगाँव पहुँची।

माणगाँव को किसी उत्सव की तरह सजाया गया था। जगह-जगह रंगोली बिछाई गई थी। दिवाली जैसी जगमगाहट, जिसे देखकर गंधर्व भी गद्‌गद् हो गए। तीस रुपये तनख्वाह के लिए मुँह पर रंग लगाया था, लेकिन उसी नाट्‌यकला ने लोगों का इतना प्यार दिला दिया। अब शिकायत किस बात की करें? उनके मन में सन्तोष की तरंगें उठने लगीं। समारोह शुरू हुआ। मानपत्र के स्वीकार के लिए एक-दो लोगों ने गंधर्व को सहारा देकर खड़ा किया। अपने दुलारे नटसम्राट को इस हालत में देखकर लोगों की आँखों से आँसुओं की झड़ी लग गई। गौहर यह सब देख रही थी। गंधर्व खड़े हो गए और उन्हें वह मानपत्र प्रदान किया गया। मानपत्र के साथ एक थैली भी थी। गंधर्व ने वह सब गौहर को दे दिया और बोले, ''अन्नदाता माई-बाप, मैं क्या बोलूँ? किन शब्दों में आपका एहसान चुकाऊँ? इससे अच्छा है कि मैं गाऊँ।'' और वे बैठ गए...और गाने लगे। उनके भजन में लोग तल्लीन हो गए। गद्‌गद् हो उठे। गौहर ने हौले से थैली खोली और उसकी आँखें चमक उठीं। सौ-सौ के अनेक नोट थे उसमें। गौहर की मुद्रा पर मुस्कुराहट फैल गई। वह समझ गई, अभी भी सबकुछ खत्म नहीं हुआ है। जब तक गंधर्व के अपाहिज होने का, उनके बुढ़ापे का भी लोगों में कौतुक है, तब तक कुछ भी खत्म नहीं होगा। उसने महाराष्ट्र के सभी नगर निगमों का हिसाब लगाया। वे आते हैं तो ठीक, वरना हम जाएँगे उनके पास...। गंधर्व गा रहे थे और गौहर हिसाब लगा रही थी। अब उसे हिसाब के किसी भी पायदान पर पहले जैसी ग़लती नहीं दोहरानी थी।

आतिथ्य का लाभ उठाकर गौहर-गंधर्व घर आए और उसके ध्यान में आया कि एक ही दौरे में ढाई महीने की कमाई हो गई है।

फिर गौहर ने अलग-अलग गाँवों के नगर निगमों को पत्र लिखना शुरू किया। निमंत्रण आने लगे और गौहर को एक नया रास्ता मिल गया। अब उसकी समझ में आया कि कुछ भी बेचा जा सकता है। कला, सौन्दर्य, प्रतिभा और विकलांगता थी। उसने नमाज पढ़ते हुए निष्ठुरता से अल्लाताला से कहा, तुम्हीं ने बनाया है न उन्हें अपाहिज? अब उसी की पूँजी बनाऊँगी। तुम्हारा दिया नजराना अब मैं इस्तेमाल करूँगी, बाजार में बेचकर! खूब मिन्नतें कीं तुम्हारी, पर अब नहीं...।

यह सब महेश और चिन्मय से कहते हुए निशा और सनत की आँखों में भी आँसू आ गए थे। ''सुना है, बाद में गौहर ने गंधर्व को सचमुच जहाँ चाहे और जैसे चाहे घुमाया। गंधर्व की लोकप्रियता का उन्माद उस पर सवार हो गया था। गंधर्व ने बीते पाँच दशकों में जो ख्याति पायी थी, उसकी पूरी कीमत उसे वसूलनी थी।''

''हाँ, मैंने भी सुना है यह। मानपत्र देना चाहनेवाली संस्थाओं से वह पूछती कि रकम कितनी देंगे? रकम के लिए चखचख भी करती। एक संस्था ने एक हजार रुपये

की थैली देना तय किया। उसने मना करते हुए साफ-साफ कहा, मामूली कथावाचक की थाली घूमती है तो भी हजार रुपये जमा हो जाते हैं थाली में। गंधर्व को बुलाना है तो जरा उनके सम्मान लायक रकम तो इकट्ठा कीजिए। वह जानती थी कि अभी भी यह आदमी सेलेबल है।''

तभी महेश का फोन बज उठा। ''अरे? भल्ला?'' कहते हुए उसने फोन उठाया। ''भल्लाजी नमस्ते।''

भल्ला ने अपनी गड़गड़ाती आवाज में हँसते हुए बताया, ''महेशजी, चैनल आपका फंक्शन स्पॉन्सर कर रहा है।''

''व्हॉट? वॉव!'' और महेश ने सबको इशारा किया, डन डन! सभी की बाँछें खिल गईं। बोलते-बोलते महेश हॉल के एक कोने में गया। वहाँ उसके फोन को पूरी रेंज थी। काफी देर तक वह बोलता रहा। उसके हाथ के इशारों से सभी को लग रहा था कि काम हो गया है। बात खत्म कर वह सभी के पास आया। ''ग्रेट यार, चैनल हमारा समारोह दिखा रहा है। आज ही आ रहे हैं लोग बात करने।'' सभी ने एक दूसरे को तालियाँ देकर खुशी मनाई। लेकिन महेश अलग ही सुर में हँसता हुआ बोला, ''सब कैसा मजेदार है, नहीं? भल्ला बोला, हम कार्यक्रम स्पॉन्सर कर रहे हैं, क्योंकि हमारी रिसर्च टीम का कहना है कि बालगंधर्व इज स्टिल सेलेबल!''

''सेलेबल? छी! कैसा गंदा लफ्ज है!''

''हूँ, उनकी टीम का रिसर्च बहुत इंटरेस्टिंग है। सुना है, उन्होंने कई लोगों से बात की है और उसके बाद कुछ ऑब्जर्वेशन निकाले हैं।'' महेश आगे सुनाने लगा। ''उनका कहना है कि मनुष्य पेट भरने की खातिर हमेशा अपनी मातृभूमि से दूर भटकता रहता है। फिर कहीं बस जाता है। इस दौरान वह वहाँ की नई संस्कृति, नई हवा को अपना लेता है, एक आवश्यकता के चलते। लेकिन बस जाने के बाद उसे पता चलता है कि वह इस नई जगह पर पराया है। दूसरी बात, उसे अपनी जड़ों की याद आने लगती है और वह भावुक हो उठता है और उन जड़ों के साथ अपना आइडेंटिफिकेशन करता रहता है। यह उसकी मनोवैज्ञानिक आवश्यकता बन जाती है। बीते दो-ढाई दशकों में महाराष्ट्र से काफी बड़ा वर्ग विदेश गया है। अब वह वहाँ बस गया है और वहाँ की संस्कृति में भी अपना सम्मानजनक स्थान ढूँढ़ रहा है। गंधर्व ऐसे वर्ग के गौरव का केन्द्र बन सकते हैं। गंधर्व, तिलक, केशवराव भोंसले, रामगणेश गडकरी...आदि के बारे में वह कुछ पढ़ेगा, अध्ययन करेगा ऐसा भी नहीं। लेकिन यही अपनी जड़ है, इसलिए इसके प्रति उसमें अभिमान अथवा अस्मिता जागृत हो रही है। हम भी एक सम्पन्न परम्परा के उत्तराधिकारी हैं, यह भावना उन्हें सुख देती रहती है। इसीलिए ऐसे कार्यक्रमों के जरिए वह भावना सहलायी जा सकती है।''

''ओह, माय गॉड!''

''यह समारोह ऐसे वर्ग को तो केटर करेगा ही, साथ ही यहाँ के नवसम्पन्न वर्ग को भी आकर्षित। इसलिए इस भावना का सैलाब अचानक उबल सकता है। मनुष्य अपनी जड़ों से जितना दूर जाता है, उतनी ही बड़ी चुभन या गिल्ट मन में ढोता हुआ

जीता रहता है। इसीलिए वह अधिकाधिक कर्मठ बनता जाता है। ऊपर गंधर्व की जिन्दगी का ड्रामा है ही।''

''एक कार्यक्रम स्पॉन्सर करना इतना खुदगर्ज हो सकता है? भयानक है यह सब।'' अक्षय बोला।

''खुदगर्ज नहीं, प्रैक्टिकल कहो। एक पीढ़ी जो गंधर्व का नाम सुनते ही कान की पाली को छूती है और अब यह दूसरी नई पीढ़ी। इस तरह इन दोनों का ऑडियन्स कार्यक्रम को मिल सकता है, ठीक से मार्केटिंग करें तो।''

''लेकिन महेश, हम भी इसमें शामिल हो जाएँ? ऐसे मार्केट ओरिएंटेड...।'' चिन्मय ने पूछा।

''चिन्मय, प्लीज। यह सब सर से कहने की जरूरत नहीं। वे निष्ठा से कुछ कर रहे हैं, ये बच्चे जी-तोड़ मेहनत कर रहे हैं, और ऐसे में अगर इसे एक बड़ा ऑडियन्स मिल जाता है टीवी पर तो हर्ज ही क्या है?'' महेश ने समझाया।

''सच है महेशदा,'' अक्षय बोला, ''हम ईमानदारी से करेंगे। क्या लेना है और क्या समझते हुए देखना है, इसे देखनेवालों पर ही छोड़ देते हैं, क्यों?''

''जी हाँ, और क्या पता, मनोरंजन के तौर पर देखनेवालों में से किसी में इस पर रिसर्च करने की इच्छा जाग जाए?'' पोनी टेल बोला।

''हूँ, यू आर राइट।'' चिन्मय को बात जँच गई।

''और हमेशा से कला और बाजार में सन्तुलन बनाना ही पड़ा है।'' और महेश हॉल के दूसरे छोर पर सर के पास गया, ''गुड न्यूज है सर। सर, चैनलवाले हमारा कार्यक्रम दिखाने के लिए तैयार हैं।''

''क्या कह रहे हो? वाह, बहुत बढ़िया।''

''वे आज ही आकर सेट को जरा चमका जाएँगे। जरूरत पड़े तो मेन कॉस्ट्यूम भी देंगे और कुछ सेलिब्रेटी भी बुलाएँगे, ऑडियन्स में बैठने के लिए। ऊपर से संस्था को पैसे भी देंगे।'' महेश बताने लगा। ''प्रोजेक्ट उन्हें बहुत पसन्द आया है सर। लेकिन उनके डिसिजन में जरा समय लगता है। इसी कारण जरा जल्दबाजी में...।''

''अरे कोई बात नहीं,'' सर प्रसन्न मुद्रा में आगे बोले, ''देखा, मैं न कहता था? अरे भाई, गंधर्व शाश्वत, चिरंतन सौन्दर्य का गीत हैं। देखा, वे भी मान गए। चन्दन की खुशबू ढँकी नहीं रह सकती।'' सभी ने एक दूसरे की तरफ देखा।

''जी हाँ, सही है सर।'' पोनी जल्दी-जल्दी में बोला।

''तो फिर चलिए। अब कार्यक्रम की जिम्मेदारी दोगुना बढ़ गई है।'' और सर एक तरफ चले गए। सभी को महसूस हुआ कि सर की बाँछें खिल गई हैं, लेकिन वे उसकी रौ में बह नहीं रहे हैं। लोग चाहे चार आएँ या चार हजार, उन्हें कोई फर्क नहीं पड़ता। वे उसी निष्ठा से करते रहेंगे। बच्चों ने तेजी से काम बाँट लिये। सनत चाय बोलने के लिए चला गया और मंडली अभ्यास में मग्न हो गई। महेश और चिन्मय बाहर निकले।

''चलिए, हमारे हाथों कुछ तो मदद हुई सर की।'' दोनों को अच्छा लगा। वे गपशप करने लगे। चायवाले लड़के के साथ सनत लौट आया।

सर और लड़के भीतर अभ्यास में डूबे हुए थे। एक गायक गंधर्व का भजन गा रहा था। 'जोहार मायबाप जोहार!' उसकी आवाज हॉल के बाहर भी आ रही थी। तीनों चाय पीते-पीते बोलने लगे।

''अरे वाह, यह लड़का बहुत बढ़िया गा रहा है। गंधर्व का पेटेंट भजन था यह।''

''जी हाँ, आखिर आखिर में भजन के काफी कार्यक्रम कर रहे थे गंधर्व। अम्बादास कह रहे थे कल हमें।''

फिर कहूँ या न कहूँ, सोचते हुए महेश बोल गया, ''और एक बात कह रहा था भल्ला। मैंने जान-बूझकर सबके सामने नहीं कहा।'' चिन्मय का चेहरा प्रश्नार्थक था।

''नहीं, बहुत गम्भीर नहीं है, लेकिन कह रहा था कि उनका बुढ़ापा, गौहरवाला हिस्सा मत लाइए उसमें। हमें बस स्वर्णयुग ही दिखाना है।''

''इस मामले में उसके और सर के विचार मिल सकते हैं। अरे हाँ, सनत अम्बादासजी को बुलाना कार्यक्रम में। चैनलवाले दर्शकों में कुछ सेलिब्रेटी चाहते हैं और अम्बादास उस दौर को देखनेवाले कुछ चुनिन्दा नटों में से एक हैं।

''जी हाँ, वे आ रहे हैं। फिर भी आज जाते-जाते याद दिलाऊँगा उन्हें।''

अभ्यास खत्म होते ही निशा और सनत अम्बादास के घर पहुँचे। अम्बादास को हँसी आई। ''वाह, मतलब एंटिक पीस के रूप में हमें कार्यक्रम में जगह मिलेगी। चलो अच्छा होगा। मुझे टीवी पर देख कर मेरे पोते-पोतियों को भी लगेगा कि दादाजी यकीनन नट रहे होंगे।''

फिर कॉफी के घूँट भरते-भरते कुछ देर वे बैठे रहे। थोड़ी देर बाद, ''मेरी समझ में नहीं आता'' कहकर वे बोलने लगे। ''लोगों को गंधर्व के उस दौर के बारे में बात करना क्यों अच्छा नहीं लगता? एक बात कहूँ निशा, उस दौर के यानी अपाहिज बनने के बाद के गंधर्व भी एक अद्‌भुत प्रकरण हैं। मैंने देखा है उन्हें माहिम की सड़क से पैदल गुजरते हुए...सुना है मैंने उन्हें भजन गाते हुए। उस समय हम भी आपकी तरह किसी भी नाट्य-संस्था में काम करनेवाले लड़के थे। लोग सहारा देकर नीचे बिठाते और गंधर्व गाने लगते। कार्यक्रम खत्म होते ही पैर घसीटते-घसीटते 'एशिया मंजिल' की तरफ चल पड़ते।

गंधर्व ने बाबूराव की संस्था में भजन का कार्यक्रम किया और उठे। दर्शकों में से कुछ लोग आकर चरणस्पर्श करके चले गए। कुछ वादकों को सिनेमा के गानों के अभ्यास के लिए जाना था। वे जल्दी-जल्दी अपने वाद्य समेट टैक्सी पकड़कर चले गए। संयोजक सामान समेटने में व्यस्त हो गए। गंधर्व बाहर आए। उन्होंने संयोजकों द्वारा दिया लिफाफा फिर एक बार जेब से बाहर निकालकर देखा। पाँच-सौ के नोट थे उसमें। एक भी कम हो तो गौहर का गुस्सा सातवें आसमान पर। वे फुटपाथ लाँघकर जाने लगे।

''देखा नहीं जाता जी गंधर्व को इस तरह।'' संयोजकों में से कोई तड़प उठा। अम्बादास दरी समेट रहा था। उसे बुलाकर बाबूराव बोले, ''अरे सुनो, उधर जाओ और सड़क पार करने में उनकी मदद करो।''

अम्बादास दौड़ते हुए गया और उसने गंधर्व का हाथ पकड़ा। "चलिए नाना, मैं पहुँचाता हूँ आपको उस पार।" गंधर्व हँस दिए। अम्बादास को उनकी हँसी की निर्मलता महसूस हुई। उसके सहारे गंधर्व उस पार पहुँचे। अम्बादास को धन्यता अनुभव हुई। उसने उनके पैर छुए और गंधर्व उसकी पीठ पर हाथ फेरते हुए बोले, "भगवन्, नटेश्वर आपसे प्रसन्न रहे।" और मुड़ गए। अम्बादास लौटा तो मंडली में चर्चा चरम पर थी।

"औरत काहे की, आस्तीन की नागिन है वह।" बाबूराव क्रोध से बोले।

"गंधर्व का स्वाँग बनाकर और गाँव-गाँव उन्हें नचाकर पैसा बना रही है वह। अपने ही रिश्तेदारों की तिजोरी भर रही है।" दूसरे ने जानकारी दी।

एक दूसरे आदमी ने सुनी-सुनाई जानकारी की छौंक मारी, "सुना है उसने गंधर्व को मुसलमान बना दिया है।"

"क्या?" सभी चौंक गए। कुल मिलाकर गंधर्व की दशा बहुत खराब होने की बात सभी कह रहे थे। फिर बाबूराव ही बोले, "लेकिन कुछ न कुछ करना चाहिए!"

"क्या करेंगे? अजी, वह औरत घर की देहरी भी लाँघने नहीं देती किसी को। जबरदस्ती चले जाएँ तो गंधर्व को बाहर ही नहीं आने देती। इस कार्यक्रम के लिए बुलाने गया तो एक-एक पैसे के लिए चख-चख कर रही थी।"

"टैक्सी के किराए के लिए अलग से पैसे लिये हैं, लेकिन पैदल ही दौड़ाती है सब तरफ गंधर्व को।"

"देखिए, इस तरह गंधर्व को बेसहारा छोड़ देना भी ठीक नहीं। हम अगर एक ट्रस्ट बना दें तो? गंधर्व मेमोरियल ट्रस्ट? कुछ राशि जमा करेंगे। गंधर्व का सारा प्रबन्ध होगा, ऐसा कुछ करेंगे।" बाबूराव ने विचार रखा।

"बहुत बढ़िया। मैं अत्रेजी, वी शान्तारामजी से बात करता हूँ।" दिवेकर ने दो नाम लिये और बाकी नाम भी तेजी से सामने आए। फौरन ट्रस्ट की रूपरेखा बनाई गई। एक ट्रस्ट बनाकर फंड खड़ा करेंगे। उसके जरिए गंधर्व की आर्थिक तंगी खत्म करने का प्रयास करेंगे। अम्बादास ने तय किया कि इस फंड के लिए कुछ राशि जुटाने में वह भी सहायता करेगा...और अपनी तरफ से भी थोड़ी-बहुत राशि देगा। उसका हाथ अपने गले की तरफ गया। यह सोने की चेन बेच दूँगा। कोई जरूरत नहीं इस चेन की मुझे। उसे भी लगा कि अब इसके बाद गंधर्व इस तरह सौ-पाँच सौ के लिए भजन गाते दिखाई नहीं देने चाहिए। बाबूराव ने मन ही मन मसौदा बनाना शुरू किया।

लेकिन गंधर्व राजी होंगे इसके लिए? अजी, कर्ज के समय भी उन्होंने थैली लेने से इन्कार किया था। नाट्यशती के अवसर पर मदद के रूप में दिए पैसे उन्होंने गोदी के मजदूरों को दे डाले। हम बड़े उत्साह से ट्रस्ट बनाएँगे, पर गंधर्व मना कर देंगे।" रंगनाथराव ने पूछा।

"लेकिन रंगनाथराव, क्या हम खुली आँखों से यह तमाशा देखते रहेंगे? अत्रेजी को मध्यस्थ बनाएँगे, वसन्तराव देसाई, एस.के. पाटील, भाऊसाहब हिरे से आग्रह करने को कहेंगे। उनकी तो सुनेंगे?" बाबूराव तड़पकर बोले।

"इस आदमी का कोई भरोसा नहीं। लेकिन उनको मनाना पड़ेगा।" रंगनाथराव अभी भी सशंक थे।

"ऐसा करते हैं, अभी सामान समेटकर चल पड़ते हैं। गंधर्व से बात करेंगे।" इस विचार से कार्यक्रम के हॉल में उत्साह भर गया। मंडली गंधर्व के पास जाने के लिए तेजी से सामान समेटने लगी। अम्बादास ने मन ही मन वह चेन बेच भी डाली।

शुभा ने यूँ ही टैक्सी से बाहर देखा और उसे पैदल जा रहे गंधर्व दिखाई दिए। उसने टैक्सी रोकी। "नाना!" कहते हुए वह नीचे उतरी और रास्ते में ही उनके पैर छूकर प्रणाम किया। "मैं शुभा, गौहर की सहेली। चलिए न, उधर ही जा रही हूँ।" गंधर्व झिझके, लेकिन शुभा ने उनका हाथ पकड़ा और सहारा देते हुए टैक्सी का दरवाजा खोला। टैक्सी एशिया मंजिल के पास रुकी। बीच की दुकानें लाँघते हुए शुभा गंधर्व को सीढ़ियों के पास ले आई। दोनों ऊपर गए। गंधर्व ने दरवाजे पर दस्तक दी। गौहर ने जोर से दरवाजा खोला। "इतनी जल्दी कैसे आए जी? क्या बीच में ही छोड़ दिया कार्यक्रम... ?" वह चीखी और तभी उसे पीछे खड़ी शुभा दिखाई दी। गौहर शर्मिंदा हुई। "चलिए भीतर।"

"मुझे दिखाई दिए आते समय, सोचा, इस बहाने तुमसे भी मुलाकात हो जाएगी।"

गंधर्व भीतर गए और पैर धोने लगे।

"बैठो।" कहते हुए गौहर ने उसे बिठाया। उसे पानी दिया। फिर एक खामोशी फैल गई। शुभा के चेहरे पर नाराजगी साफ-साफ झलक रही थी।

"क्या करूँ? हाथ आते हैं तीन-सौ या पाँच सौ रुपये। टैक्सी के लिए खर्च करने को जी नहीं करता। गानेवाला कंठ है उनके पास, इसीलिए सब चल रहा है।" गौहर बोलने लगी।

"गौहर, तुम फिल्मों में काम क्यों नहीं करती?" शुभा ने पूछा।

"तुम्हारी तरह?" गौहर ने खरोंचने की तरह पूछा।

शुभा ने बुरा नहीं माना। बस मुस्कुरा दी।

"गौहर, नायिका के तौर पर हम कभी की बाहर फेंक दी गई हैं और अब तो यह जरूरी भी नहीं कि नायिका को गाना आना चाहिए। नई, जवान, सुन्दर लड़कियाँ आ रही हैं फिल्मों में। हमें अपने पेट की तरफ देखकर काम पाने होंगे। ख्याति, सफलता के सपने देखने से कुछ नहीं होगा।"

"शुभा, एक बात कहूँ? तुम्हारी बात अलग है। मेरी पहचान है गंधर्व की पत्नी की। मैं इस तरह पीछे कहीं खड़ी दिखाई दूँ तो कैसा लगेगा? बतौर गंधर्व की बीवी मुझे उनका लिहाज तो करना होगा न? क्या बताऊँ? मोर के फैले डैनों जैसी हालत हो गयी है मेरी। फैले हुए डैनों से शानोशौकत दिखाई देती है...पर पीछे से सब खुला...क्या करूँ मैं?" शुभा भी निरुत्तर हुई। आल्मेड़ा साहब की बीवी और गंधर्व की बीवी होने के फर्क को वह भी भली-भाँति जानती थी।

"बैठो, चाय पियो।" उसने आशम्मा को चाय बनाने के लिए कहा और फिर बातों में डूब गईं। तभी दरवाजे में उसे कुछ आदमी खड़े नजर आए। गौहर ने उन्हें भीतर आने के लिए

कहा। उनमें एक के बदन पर वकील का काला चोगा था। ''नमस्ते, मैं बाबूराव विद्वांस। नाना से मिलना था और आप हैं सॉलिसिटर दिवेकर।'' काले चोगेवाले ने नमस्ते किया।

''क्या काम है? वे अभी-अभी आए हैं कार्यक्रम से। जो भी कहना है, मुझसे कहिए।''

उन लोगों ने एक दूसरे की तरफ देखा। फिर बाबूराव ने बोलना शुरू किया, ''नाना से एक मामले पर राय लेनी थी। नाना को इस उम्र में, इस तरह कार्यक्रम के लिए दौड़धूप नहीं करनी चाहिए। इसलिए नाना के लिए आर्थिक सहायता जुटाने का विचार है। हमेशा के लिए। मतलब, एक ट्रस्ट। इसमें से एक निश्चित रकम हर महीने नाना को मिल जाया करेगी और गाने की इच्छा हो तो नाना बस अपनी खुशी के लिए गाएँगे।'' गौहर की बाँछें खिल गईं। सचमुच, नाना को ऐसे सहारे की जरूरत थी ही।

''मैं...मैं कहूँगी नाना से। वे अनुमति दे देंगे। आप काम शुरू कीजिए।''

उसे लगा, इन लोगों को अल्लाताला ने ही भेजा है। उसने आशम्मा से चाय बनाने को कहा, पर मंडली बोली 'नाना से बात कीजिए और हमें बताइए' और चली गई।

नीचे उतरते-उतरते दिवेकर बोले, ''बाबूराव, काम हो ही गया समझो। अजी, जेलर ने ही अनुमति दे दी है। उसके सामने गंधर्व क्या बोलेंगे?''

सीढ़ियाँ उतरते-उतरते एक आदमी बोला, ''बाबूराव, कोने में देखा आपने?''

''अजी, आप कोने में क्या देख रहे थे?''

''और था क्या वहाँ, क्या था?'' दिवेकर ने पूछा।

''नाना ने धर्म नहीं बदला है। कोने में तुकाराम गाथा थी और दीवार पर भगवान की तस्वीर। फ्रेम में अगरबत्ती लगी दिख रही थी। मतलब, नाना अभी तक... ।'' तभी जालीदार टोपी पहने एक आदमी उनके पास से गुजरा और बोलनेवाला चुप हो गया।

लोग चले गए और गौहर शुभा के कन्धे पकड़कर बोली, ''शुभा...शुभा...बोझ हल्का हो गया देखो मेरा।''

''गौहर, मैं न कहती थी? जिन्दगी उतनी बुरी नहीं होती, जितनी हम सोचते हैं। देखा, एक दरवाजा बन्द हो जाए तो दूसरा खुल जाता है।''

''हाँ री।'' कहती हुई गौहर दिल से हँस दी।

अगले कुछ दिनों तक बाबूराव, दिवेकर वगैरा लोग ट्रस्ट के मसौदे पर काम करते रहे और गौहर गंधर्व को समझाती रही। आज सुबह-सुबह उसने बाहर जाने की तैयारी की। आज सभी सदस्यों से मुलाकात होनेवाली थी। ड्राफ्ट फाइनल होने जा रहा था। उसने गंधर्व को दूध दिया और चेहरे पर पाउडर की हल्की-सी पर्त चढ़ाकर आईने से दूर होने लगी। फिर दुबारा आईने में झाँका। चेहरे पर अधेड़पन दिखने तो नहीं लगा है? अब किसलिए बनना-सँवरना? जितने दिन बचे हैं, बस खुशी से गुजर जाएँ।''

''गौहरबाबा,'' गंधर्व ने पुकारा।

''क्या है जी?'' वह रुकी।

''कुछ नहीं।'' गंधर्व बोले। वह ठिठकी, उनके पास आकर बैठी और उनका माथा अपने सीने से लगाती हुई बोली, ''नाना, मैं जानती हूँ, आप का हाथ हमेशा देने के लिए

ही ऊपर उठता रहा है। लेकिन इन लोगों की भावनाएँ समझने की कोशिश कीजिए। सोच लीजिए कि लोग प्रसाद दे रहे हैं। बहुत सेवा की है आपने लोगों की। अब वे करना चाहते हैं। प्यार से कर रहे हैं तो कैसे मना करेंगे उन्हें? हमारी किस्मत ही फूट गई है, क्या करें?'' और उनसे दूर होती हुई दरवाजे के पास गई। फिर चिल्लाकर उसने आशम्मा को पुकारा, ''नाना को किसी चीज की जरूरत हो तो दे देना, मैं जा रही हूँ।'' गौहर चली गई। गंधर्व वैसे ही बैठे रहे।

ट्रस्ट के दस्तावेज पूरे होने को थे। गौहर पहुँच गई। लगभग सारे सदस्य उपस्थित थे। ट्रस्टी लोग थे। ''ट्रस्ट के मुख्य उद्देश्य दो,'' बाबूराव बोलने लगे, ''एक तो यह कि बालगंधर्व की वृद्धावस्था के लिए आर्थिक प्रबन्ध करना और उनके पश्चात उनका स्मारक बनाना।'' सभी ने इसे अपना अनुमोदन दिया। गौहर खामोशी से सब सुनती रही। बाबूराव ने पूछा, ''इसमें किसी को कोई आपत्ति? असहमति?'' सभी ने इन्कार में गर्दन हिलाई। इस बीच अम्बादास ने सभी को चाय दी।

लेकिन गौहर ने साहस बटोरा और बोली, ''मेरा एक सवाल है।'' बाबूराव ने माथे की त्योरियाँ छिपाने का प्रयास करते हुए कहा, ''हाँ हाँ, बोलिए।''

''अल्लाह करे उन्हें मेरी उम्र लग जाए। लेकिन गंधर्व के बाद भी यह ट्रस्ट जारी रहेगा न?''

''बिलकुल। उनके कार्य का स्मारक बनाएगा यह ट्रस्ट।'' बाबूराव बोले।

''इस फंड की रकम उनके बाद मुझे मिल जाएगी न?'' गौहर ने पूछा।

एक सन्नाटा छा गया। इस पर सोच-विचार नहीं किया गया था। फिर दिवेकर ही बोलने लगे, ''इस बारे में सोचा नहीं गया है और वैसे भी यह ट्रस्ट गंधर्व के लिए है।''

गौहर के माथे की नसें तड़क उठीं। मतलब, इसमें मैं कहीं भी नहीं! ''मैं भी गंधर्व हूँ जी! श्रीमती बालगंधर्व।'' गौहर की कड़कती आवाज सुनकर सभी खामोश हो गए।

''उनके बाद फंड की रकम मेरे नाम पर जमा होगी, ऐसा लिखिए उसमें।''

किसी ने कोई प्रतिक्रिया नहीं दी। सभी चुप हो गए। गौहर को उनका जवाब मिल गया। वह उठी।

''मैं और गंधर्व अलग नहीं हैं। उनकी बीवी हूँ मैं। शादी हुई है मेरी।'' वह झट से मुड़ी और बाहर निकल गई। अम्बादास ने हाथ से ही गले की चेन टटोली।

गंधर्व पोथी बाँच रहे थे। दरवाजे को धड़ाम से धक्का देकर गौहर भीतर आई।

''गौहरबाबा, क्या हुआ?'' गंधर्व ने उसकी बिगड़ी मुद्रा देखकर पूछा।

इतनी देर तक जैसे-तैसे दबाए रखा क्रोध ज्वालामुखी की तरह फूट पड़ा।

''और क्या होगा? चमड़ी की तरह बदन से चिपका हुआ है न मजहब मेरा! अरे मैं पूछती हूँ, और क्या करना बाकी रह गया मेरा? गाँव छोड़ दिया, घर छोड़ दिया। बीमारी में उनके इस भगवान की सेवा की, फिर भी मुझे रखैल ही मानते हैं ये लोग? ब्याहता हूँ मैं ब्याहता।'' वह चीखी।

आशम्मा डरी-सहमी उसकी तरफ देख रही थी।

ज्यों ही गंधर्व उठने का प्रयास करने लगे, गौहर चिल्लायी, "रुक जा, कहीं गिर गया, लड़खड़ाया तो ये लोग कहेंगे, मैंने ही मारा है तुझे।" और गुस्से से उनका कन्धा पकड़ा। "मत मारी गई थी मेरी...।" और उन्हें खींचती हुई भीतर ले जाने लगी। गंधर्व की बाँह से टीस उठने लगी। अपाहिज टाँगें गौहर की रफ्तार पकड़ने में नाकाम थीं। जिधर ले जा रही थी उधर तड़पते हुए जैसे-तैसे वे उसके पीछे घिसटते रहे। जाते-जाते भी गौहर बड़बड़ाए जा रही थी, "अक्ल पर परदा पड़ गया था मेरा इसीलिए तेरी किस्मत के साथ अपनी किस्मत बाँध ली।" और उसने गंधर्व को पलंग पर धकेलकर सुला दिया। "सो जा अब सुख से। तू भगवान और मैं चुड़ैल, रखैल...रखी हुई औरत...।" और गौहर दीवार पर सिर पटकने लगी।

गंधर्व-भक्तों से आहत गौहर एक तरफ सिर पटक रही थी और दूसरी तरफ पलंग पर लेटे-लेटे गंधर्व खुद की तरफ तटस्थ होकर देखने लगे थे। जिन्दगी में सबकुछ देखा। ऐश्वर्य! उपभोग! फिर इस स्थिति को भी उसी तरह क्यों न स्वीकार करें? किसी अभिनेता के अभिनय की तरफ देखने की तरह वे खुद की तरफ देखने लगे। अब उनमें कुछ भी टीस नहीं रहा था। न निराशा और न विफलता। अब वे किसी भावना के गुलाम नहीं थे। भीतर से एक अलग ही शान्ति का अनुभव कर रहे थे। *धर्मात्मा* फिल्म के सन्त एकनाथ की तरह, *कान्होपात्रा* नाटक की कान्होपात्रा की तरह...मानो वे खुद को इस संसार के झमेले से आहिस्ता-आहिस्ता अलग कर रहे थे। और गौहर...एक कडुवाहट से उसका मन भर गया था। उसकी कोई भी प्यास नहीं बुझी थी। बस एक सपने के पीछे घिसटती रही वह। उसका दिल जल रहा था। आशम्मा सहमी हुई एक कोने में दुबकी बैठी थी। उसे कुछ भी समझ नहीं आ रहा था, पर बहुत डर लग रहा था।

गायन के कार्यक्रम के लिए पंडित द्वारकानाथ मुम्बई चल पड़े थे। आते समय उनके जहन में गंधर्व के अनेक शो की यादें ताजा थीं और इस बात का अफसोस भी था कि अब शो देखने को नहीं मिलेंगे। उनके सुनने में आया था कि जिस गंधर्व ने जिन्दगी-भर औरों को आनन्द प्रदान किया है, आज मुम्बई में कहीं गौहरबाई की कैद में वे विपन्नावस्था में जी रहे हैं। द्वारकानाथ समारोह-स्थल पर पहुँचे। आयोजकों ने उनका स्वागत किया और उनसे पूछ लिया कि कौन-कौन से साजों की जरूरत होगी। आयोजकों ने उन्हें आश्वस्त किया कि साथ-संगत करनेवाले कलाकार कुशल हैं, आप चिन्ता मत कीजिए। वे तनिक आश्वस्त हो गए। काश, आज भस्मे होते। यकीनन उन्होंने कुछ व्यंग्य कसा होता। अपने इस विचित्र मित्र की याद से द्वारकानाथ का गला भर आया। कार्यक्रम शुरू हुआ। उन्हें मंच पर बुलाया गया। वे मंच की सीढ़ी को प्रणाम कर ऊपर आए और वादकों की तरफ देखकर गाने लगे। मन ही मन ईश्वर का, अपने गुरु का स्मरण किया। बखले बोवा और बालगंधर्व को भी मन ही मन प्रणाम किया और राग देस की तान भरी। विलंबित लय में तान भरकर उन्होंने रसिकों पर अपने सुरों का जादू बिखेरना शुरू किया पर गाते-गाते उन्हें यूँ ही लगा कि वादकों में शायद कोई परिचित चेहरा भी है। लेकिन वे पहचान नहीं पाए। फिर उन्होंने यह चेष्टा छोड़ दी और राग पर ध्यान केन्द्रित किया। लेकिन मन के किसी कोने में उस

चेहरे की झलक मँड़रा रही थी। डेढ़ घंटा होने को आया। रसिकों को गाना पसन्द आ रहा था। राग देस समाप्त होने पर तालियों की गड़गड़ाहट को उन्होंने शान्त होने दिया। एक घूँट पानी पिया और अपना पसन्दीदा राग शुरू किया, राग जोगिया। आर्तता...उदासी...बेचैनी से भरा राग। उसमें भी उन्होंने रंग भर दिया। गाते-गाते उन्होंने यूँ ही पीछे वादकों की तरफ मुड़कर देखा और उनका कलेजा काँप उठा। पीछे तानपूरा पकड़े बैठा वह परिचित-सा चेहरा गंधर्व का था। उन्होंने फिर देखा और बोल पड़े, ''नारायणराव ?'' गंधर्व की दुर्गत के बारे में उन्होंने सुन रखा था, लेकिन मुझ जैसे सामान्य गायक के पीछे तानपूरा पकड़कर बैठने की नौबत...उनकी आह ही निकल गई। वादकों ने सुर को पकड़ रखा था। गंधर्व निर्मलता से बोले, ''बढ़िया चल रहा है भगवन्...गाइए, गाइए।'' और द्वारकानाथ ने फिर गाना शुरू किया। उनकी आवाज अपने आप व्याकुल होती गई। नियति के नाटक में ऐसा कठोर दृश्य लिखा जाए और उस दृश्य का मैं भी एक पात्र बनूँ, यह विचार भी उनसे सहा नहीं जा रहा था। वे गाते रहे। उनकी आवाज में एक विकलता आई, बेचैनी आई। उस दिन उनके सुरों से खिल उठा जोगिया अविस्मरणीय था। गाना खत्म हुआ। द्वारकानाथ ने गंधर्व के पैर पकड़ लिये। उनकी आँखों में आँसुओं की बाढ़-सी आई। उन्हें लग रहा था, मानो उन्होंने कोई पाप किया है। लेकिन गंधर्व मासूमियत से हँसते रहे। ''भगवन्, बहुत अच्छा गाया आज। बिलकुल दिल से।'' गंधर्व उठे और आयोजक द्वारा हाथ में थमाया लिफाफा लेकर बाहर चले गए।

''ये...ये सब क्या है? मुझे बताएगा कोई... ?''

''अजी, हरिनाम सप्ताह चल रहा है। परसों उन्होंने खुद गाना गाया। लेकिन आज फिर आए और बोले, ''पैसों की जरूरत है, तानपूरा पकड़कर बैठता हूँ।'' द्वारकानाथ से आगे का सुना नहीं गया और बिना कुछ बोले वहाँ से चले गए।

रात के भोज में द्वारकानाथ मोहनदास के साथ थे।

''द्वारकानाथ जी, ऊपर बैठे नाटककार ने क्या दृश्य लिखे हैं इस आदमी की जिन्दगी में?''

''एक बात कहूँ मोहन जी, आज गाते समय मैं विकल हो गया था गंधर्व को देखकर। लेकिन इससे राग जोगिया और ज्यादा खिल उठा। आज पता चलता है कि गंधर्व कितने महान गायक और नट थे। अजी, उनके सुरों में, अभिनय में भी ऐसी ही विकलता होती थी, तुरुप के पत्ते जैसी। मैं तो किसी कारणवश भावुक हो गया था, परन्तु गंधर्व नाटक में अकारण भी भावुक हो उठते थे।''

''जी हाँ, और असली दुख में भी शृंगार का अभिनय करते थे। लेकिन आज इतना महान नट केवल तीन-सौ रुपल्ली के लिए तानपूरा पकड़कर बैठता है...नियति क्रूर है। हम अध्येता भारतीय नाटक को मेलोड्रामा की उपमा देते हैं। लेकिन गंधर्व की जिन्दगी मेलोड्रामा से भी अधिक नाट्यमय है।''

एक नाटक का विद्वान और दूसरा संगीत का। दोनों गंधर्व की जिन्दगी की समीक्षा करते रहे। उधर गंधर्व अपनी जिन्दगी की तरफ तटस्थ नजरिए से देखते हुए पैर घसीटते अपने घर जा रहे थे, मानो वह किसी दूसरे की जिन्दगी हो।

वे घर पहुँचे, तब अँधेरा काफी घिर आया था। गौहर ने दरवाजा खोला।

"इतनी देर? आज नहीं मिला कोई भक्त, घर छोड़ने के लिए?" और उसने हथेली सामने की। गंधर्व ने हाथ के तीन-सौ के नोट उसकी हथेली पर रख दिए।

"गाड़ी से आनेवालों में किसी से कह देते घर छोड़ने के लिए?" गंधर्व ने पैर धोए। तब तक उसने एक थाली में भात और अंडा परोस दिया। शोरबा तो बस नाममात्र ही था। थाली उनके सामने पटकते हुए बोली, "खा लीजिए।" गंधर्व बैठ गए। अन्न को प्रणाम कर शान्ति से खाने लगे। उनकी यह शान्ति देखकर उसकी नसें तड़क रही थीं। इतना सब होने के बावजूद कहाँ से ले आता है सब्र यह आदमी? उसे उनके चेहरे की स्थितप्रज्ञता से ही घृणा होने लगी थी। यह आदमी भी गुस्सा हो...उठापटक करे...उसे भी गुस्सा आए इसलिए वह उन्हें जली-कटी सुनाती रही।

गंधर्व ने थाली का खाना खत्म किया। थाली को प्रणाम कर वे उठे। गौहर की बड़बड़ाहट जारी थी। आशम्मा पर गुस्सा उतार रही थी। रात में सारा सामान समेटकर वह कमरे में आई। गंधर्व बोले, "वह हारमोनियम देना तो जरा इधर। कैसा बढ़िया सुर लगा था आज जोगिया का? काफी दिनों से नहीं गाया है मैंने यह राग।"

"अभी? इस वक्त?"

"बैठो न बाबा!" कहते हुए उन्होंने उसका हाथ पकड़ा। गौहर को महसूस हुआ, कई महीनों बाद वे इस तरह हाथ पकड़ रहे हैं। वह तानपूरा ले आयी और गंधर्व को दिया। फिर हारमोनियम खोलकर गंधर्व को सुर दिया। गंधर्व गाने लगे। गाते-गाते अचानक रुके और बोले, "बाबा, तुम भी गाओ न!" और दोनों की सुरों की आराधना शुरू हुई। बाहर पूरे शहर पर रात ने ओढ़ावन ओढ़ाया था और इस कमरे की दरिद्रता में राग जोगिया खिल रहा था। गौहर ने आँखें मूँद लीं...और तान भरी। "वाह गौहरबाबा, वाह!" गंधर्व ने दाद दी। फिर काफी समय तक दोनों सुरों के आकाश में तैरते रहे। मानो आसमान के तारों ने इस जीर्ण-शीर्ण गृहस्थी पर चाँदी का मुलम्मा चढ़ा दिया हो। वह घर सुन्दर दिखने लगा। ऐसा लगने लगा, मानो वहाँ सौन्दर्य की बस्ती है। यह भीतर से बाहर आ रहा सौन्दर्य...सुरों से रिस रहा था। "आँखें खोलो गौहरबाबा।" गंधर्व की शीतल आवाज गूँजी। "देखो तो जरा, तुम्हारे सुरों में जादू है। अपने आप को पहचानो। खुद को सुरों के हवाले कर दो। फिर देखना, तुम्हें किसी चीज की जरूरत नहीं रहेगी।" गौहर ने आँखें खोलीं। उसे महसूस हुआ, वह एक अलग ही दुनिया की सैर कर आई है। उसके भीतर की नफरत, गुस्सा सब एक कोने में अलग पड़े हैं और केंचुली उतर जाने की तरह उसकी आत्मा दमक उठी है। उसने हारमोनियम छोड़ दिया और गंधर्व से लिपट गई। वह सिसक-सिसककर रोने लगी। बीते कई सालों का तनाव उसकी आँसुओं से बहने लगा। रात में दोनों एक दूसरे के आगोश में निश्चिन्त सोए रहे। गंधर्व के अन्तरंग की शान्ति का जरा-सा अनुभव गौहर को भी हुआ।

सुबह हुई। गौहर काम में जुट गई। गंधर्व मन्दिर चले गए थे। तभी आशम्मा ने एक पत्र लाकर गौहर को दिया। उसने पत्र खोला। गंधर्व का अमृत महोत्सव समारोह मनाने के बारे में पत्र था वह। अमृत महोत्सव? नाना पचहत्तर के हो गए? उसने पत्र

पढ़ा। बार-बार पढ़ा, लेकिन उसमें केवल गंधर्व का ही जिक्र था। उसने देखा था, अमृत महोत्सव में पत्नी को भी स्थान मिलता है और उसका भी सम्मान किया जाता है। पर उसने निश्चय कर डाला था कि अब वह कोई उम्मीद नहीं रखेगी। गंधर्व को कभी सपरिवार अथवा पत्नी के साथ आने का निमंत्रण नहीं होता था। गंधर्व के जाने के बाद उनकी पत्नी के रूप में मेरा नाम छपेगा या नहीं, इस बारे में भी उसे सन्देह था। उसके लिए यह सम्मान यानी रुपयों की थैली। इसलिए उसने तय किया कि गंधर्व को वह रोकेगी नहीं। वह ऊपर से शान्त दिख रही थी, लेकिन उसे पता भी नहीं चला कि कल रात कोने में पड़ी नफरत ने उस पर फिर कब्जा करना शुरू किया है। उसका दिल फिर काँटों से भर गया।

गंधर्व का अमृत महोत्सव! नटराज के एक सुन्दर स्वप्न का अमृत महोत्सव। रसिकों की खुशी का ठिकाना नहीं। गंधर्व के प्रति प्रेम, गंधर्व के प्रति आदर, भक्ति अभिव्यक्त करने का पर्व था यह! पुणे और मुम्बई, दोनों नगरों में लोग समारोह की तैयारी में जुट गए। साने ने अमृत महोत्सव समिति के पास चन्दा जमा किया। साथ ही जोर देकर बोले भी कि गंधर्व के कारण ही हमारी दुकान जोरदार ढंग से चल रही है। द्वारकानाथ ने मुम्बई में न केवल चन्दा दिया, बल्कि अपने शिष्यों को भी स्वयंसेवक के रूप में काम करने को कहा। कई समितियाँ, उपसमितियाँ काम में जुट गईं। लोग इस समारोह में इस तरह मदद देने लगे, मानो यह उनका अपना घरेलू समारोह हो। समाचार-पत्रों में लेखों की बारिश होने लगी। किसी ने उन्हें गंधर्व लोक का अजानवृक्ष कहा, तो किसी ने यह लिखा कि कृष्ण की मुरली का गन्धार ही है यह। पूरा महाराष्ट्र इस कार्यक्रम से आलोड़ित हुआ। गाँव-गाँव से लोग इकट्ठा हुए।

कार्यक्रम प्रारम्भ हुआ। स्वयंसेवकों में अम्बादास भी था। लोगों को पानी पिलाना, वृद्धों को सहारा देकर उन्हें उनकी जगह पर बिठाना, भीड़ को नियंत्रित करना जैसे काम कर रहा था। उसके गले में चेन की जगह बस एक काला धागा बँधा हुआ था और उसे उस पर भी गर्व था। गंधर्व को मंच पर बिठाया गया, लेकिन उनकी बाईं कुर्सी पर जिसका अधिकार था, उस गौहर का किसी ने जिक्र तक नहीं किया। शिवाजी गणेशन, पृथ्वीराज कपूर, आचार्य अत्रे...माननीय लोगों की उपस्थिति से शिवाजी पार्क का मैदान खिल उठा था। पृथ्वीराज कपूर उठे। उन्होंने गंधर्व को चाँदी का दीवट उपहार में दिया। गंधर्व को एक थैली भी समर्पित की गई। इस सारे कोलाहल में गंधर्व खामोश थे। उनकी आँखों के सामने सारा भूतकाल चलचित्र की भाँति चल रहा था।

सचमुच यह सब मेरा है? या ऊपर बैठा वह नाटककार किसी कठपुतली की तरह मुझे नचाता हुआ यहाँ तक ले आया है? अगर ऐसा है तो मैं किस बात पर इतराऊँ? मैं 'मैं' नहीं, एक पात्र हूँ। और ऐसा है तो इस पात्र के कारनामों का अधिकारी होने का दम्भ क्यों भरूँ? शिवाजी गणेशन गंधर्व का गुणगान कर रहे थे और गंधर्व सोच में डूबे हुए थे। उस ऊपर बैठे रंगभूषाकार ने यह देह बनाई है। उसी ने सुर दिया, चेहरे पर नक्काशी की, भाव-भंगिमाएँ दीं...और इस तरह रचकर संसार के पसारे में लाकर छोड़ दिया।

फिर खड़े हो गए पृथ्वीराज कपूर। उन्होंने साफ-साफ कहा कि मैं गंधर्व का भक्त हूँ। लेकिन गंधर्व को कुछ भी सुनाई नहीं दे रहा था। वे तो अपने अन्तरंग में उठ रही विचार-तरंगों को निहार रहे थे। भीड़ में भी मानो अकेले। संसार के पसारे में भी उस विधाता ने अपने हाथ की डोरी छोड़ी नहीं थी। वह नचाता रहा और मैं नाचता रहा। साथी मिले, बीच में ही बिछड़ गए...अचानक तालियों की गूँज उभरी और उनकी विचार-शृंखला टूट गई। कोई उन्हें जगाते हुए कह रहा था, ''नारायणराव, आप बोलिए...आपका भाषण...।'' उन्होंने देखा, बैरिस्टर नाथ पै थे। गंधर्व खड़े हो गए। जो मेरा है ही नहीं, उसे मैं अपना कैसे कहूँ? सारा मैदान खामोश था। साँस लें तो भी आवाज सुनाई दे, ऐसी खामोशी। गंधर्व ने सभी तरफ नजरें घुमाईं और उनके मुख से शब्द फूट पड़े, ''मेरे अन्नदाता माई-बाप,'' और रसिक दर्शकों का कलेजा छलनी हो गया। जवारदार तानें लेनेवाली यह आवाज...फूलों की लड़ियों की तरह दुलार-भरी तानें लेनेवाली यह आवाज...आज कितनी क्षीण हो गई है? गंधर्व बोले, ''माई-बाप, आपके आशीर्वाद के कारण ही मैं जिन्दा हूँ। इससे ज्यादा मैं क्या कहूँ? मुझे कुछ नहीं कहना है। ईश्वर से बस यही दुआ माँगनी है, भगवान, मेरे रसिक दर्शकों को दीर्घायु प्रदान कीजिए।'' और हाथ जोड़कर वे नीचे बैठ गए। तालियों की गड़गड़ाहट रुकने का नाम नहीं ले रही थी। इस गड़गड़ाहट में गौहर के सीने की धड़कन किसी को भी सुनाई नहीं दी।

अपने मुरीदों के साथ एक दिन बिताकर गंधर्व घर आए। गौहर चकराई। गंधर्व के हाथ खाली थे। दीवट उन्होंने नाट्य परिषद को दे डाला था और भेंट में पाये रुपए भी। उसने माथा पीट लिया। ''खाली हाथ ही आना था तो गए ही क्यों?'' उसने घर में खूब तमाशा किया। गंधर्व बस समझाते रहे, ''गौहरबाबा, मेरी बात सुनो, बाबा।'' गौहर पागल की तरह गालियाँ बकती रही और गंधर्व सजा पाए बच्चे की तरह दीवार से टेक लगाकर खड़े रहे। फिर घंटे-भर बाद वह पसीजी और उसने उन्हें भीतर जाने को कहा। रात में सामने आया जरा-सा दाल-भात। उसे जैसे-तैसे निगलकर गंधर्व सो गए। लेकिन गौहर काफी देर तक जागती रही। उसके सीने में न जाने कैसा दर्द हो रहा था!

सुबह वह शुभा के साथ अस्पताल गई। अम्बादास गंधर्व से मिलने आया था। समिति ने कल के कार्यक्रम से सम्बन्धित समाचार पत्र की कतरनें और कुछ मिठाई पहुँचाने का दायित्व उसे सौंपा था। अम्बादास ने झुककर गंधर्व को प्रणाम किया। उसके लिए यह भगवान के ही दर्शन थे। गंधर्व ने बातचीत करते हुए उससे नए नाटक के बारे में जानकारी ली। रात में *संगीत मत्स्यगन्धा* का मंचन होनेवाला था। ''भगवन्, हमारी बड़ी इच्छा है यह नया संगीत नाटक देखने की।''

''तो फिर आइए न देखने या फिर मैं आ जाऊँगा आपको लेने।'' अम्बादास अतीव प्रसन्नता से बोला।

''भगवन्, लेकिन बहुत देर तक बैठा नहीं जाता। पेशाब की परेशानी है न!'' और वे मधुरता से मुस्काए। अम्बादास बोला, ''नाना, सोफा डालेंगे। सारा प्रबन्ध करेंगे। मैं आपको लेने आऊँगा शाम को साढ़े-पाँच बजे।'' गंधर्व की सेवा यानी नटराज की सेवा। अम्बादास प्रसन्न मन से लौट गया।

गौहर शुभा के साथ घर चल पड़ी। डॉक्टर ने उसे जाँचकर खास सावधानी बरतने को कहा था। घर के पास आते-आते शुभा बोली, "गौहर, तुमने बताया नहीं कि तुम्हें मधुमेह की बीमारी है?"

"नाना को भी पता नहीं है। डॉक्टर घर आते हैं और इंजेक्शन देकर चले जाते हैं इन्सुलिन का। नाना से प्यार की खातिर पैसा भी नहीं लेते! ऊपरवाले का कारनामा तो देखो। मुझ जैसी चुड़ैल को शक्कर की बीमारी?"

"गौहर, तुम्हारी जबान में न काँटें हैं काँटे!" शुभा बोली और दोनों ऊपर चढ़ने लगीं।

"उसे बताकर क्या करूँ री? बच्चा है वह बिलकुल। बेचारा! गहरा सदमा लगेगा उसे। मुझ जैसा कठकरेजा नहीं है वह। और मेरी एक बात सुन, इन लोगों को उसे पूजने का चाव है। भगवान है वह उनका। लेकिन उसके भीतर का आदमी? वह तो मेरे हिस्से में आया है न। उसका देह-धर्म मुझे ही सँभालना होता है।" गौहर बोली।

शुभा गौहर की तरफ देखती ही रह गई। क्या कहें इसे? मुहब्बत? वह चुपचाप उसके पीछे-पीछे चलने लगी। दोनों घर में दाखिल हुईं। गंधर्व भीतर ही थे। "बैठो, पानी लाती हूँ।" वह भीतर गई। शुभा अभी बैठ ही रही थी कि उसे गौहर की चिल्लाहट सुनाई दी। "मरना है? मरना है क्या?" कहती हुई वह बाहर आई। हाथ का मिठाई का पैकेट फेंकती हुई बोली, "पेट खराब हो गया तो मुझे ही दौड़धूप करनी पड़ती है! उन भक्तों को नहीं।"

"बाबा, बाबा!" कहते हुए गंधर्व बाहर आए। शुभा को देखकर रुके। "अन्दर जाओ, जाओ अन्दर। पेट में आग पड़ी होगी तो...आशम्मा, भात देना इन्हें। मिठाई चाहिए खाने को!" और वह सोफे पर बैठी झल्लाती रही। "चाहे जितनी नजर रखो, पर बस खाना और खाना। डॉक्टर मना करते हैं, पर इनके दिमाग में उजाला कहाँ?"

"भूख लगती होगी गौहर। थोड़ा-सा देना चाहिए।" शुभा ने समझाना चाहा।

"ले जाओगी अपने घर? ले जाओ।"

शुभा चुप हो गई। गंधर्व दरवाजे में वैसे ही खड़े रहे। फिर शुभा ही उठी। "चलो, मैं चलती हूँ।" और बाहर निकलने लगी। जाते-जाते रुकी और बोली, "गौहर, मत सता इस तरह अपने आप को।" और चली गई।

शाम को सावनेरकर के साथ अम्बादास एशिया मंजिल आया। सावनेरकर की गाड़ी थी। दोनों उतरे। सीढ़ियाँ चढ़कर ऊपर आए। गौहर ने ही दरवाजा खोला। "बैठिए! आएँगे वे।" लेकिन वह उनकी तरफ सन्देह से देखने लगी।

"कुछ खाने को माँगें तो हरगिज मत देना। डॉक्टर ने ही कहा है और समय पर घर लाके छोड़ना।" और भीतर चली गई। सावनेरकर अम्बादास के कानों में बोला, "बहुत सख्त लगता है मामला!" तभी गौहर आई, "मुझे ही ध्यान रखना पड़ता है जी। आप तो लेके जाओगे और लाके छोड़ोगे। कल हाजमा खराब होने पे मुझे ही दौड़धूप करनी पड़ती है। कोई कुछ नहीं करता नाना के लिए। क्या किया है किसने, बताओ तो जरा?" उसकी बकबक चल रही थी तभी गंधर्व बाहर आए।

वे घिसटते हुए आ रहे थे। "गौहरबाबा, खाने दो न कुछ मुझे।" और उन्होंने थाली सामने की। कैदियों की थाली की तरह एल्यूमिनियम की थाली। अपनी कम्पनी के लोगों

को चाँदी की थाली और कटोरियों में खिलानेवाला यह आदमी आज...अम्बादास का गला भर आया। "देती हूँ।" गौहर भीतर से रोटी का बुरादा लायी। उस पर शोरबे जैसा कुछ तरल पदार्थ उँडेला। गंधर्व ने उसे खाया और बोले, "चलिए।" उस दिन सीढ़ियाँ उतरते समय अम्बादास ने मन ही मन तय किया था, दुबारा इधर नहीं आना।

"अम्बादास, खबर सुनी तुमने? गौहर की?" दो दिन बाद सावनेरकर अभ्यास कक्ष में आकर बोला।

"अब क्या किया उसने?" किसी ने पूछा।

"अरे, दिल का दौरा पड़ा है उसे!" सावनेरकर बोला।

"क्या? लेकिन इसके लिए तो दिल की जरूरत होती है न?" किसी ने पूछा और हँसी का ठहाका उठा। "अरे, उसे शुगर भी है। अस्पताल में दाखिल कराया है उसे और गंधर्व पुणे में हैं।" गौहर की बीमारी का जी भरकर मजाक उड़ाने के बाद लोग अपने-अपने घर चले गए।

लेकिन शुभा दौड़ती हुई अस्पताल पहुँची। अस्पताल के उस बिस्तर पर भी गौहर का चेहरा जैसे कठोर लग रहा था। हाथ में सलाइन...आँखें मूँदी हुईं। शुभा का गला भर आया। उसने सोचा, सहेली को झकझोरकर जगाएँ और कहें कि तुम खुद ही आई हो इस राह पर। जो पाने के लिए तुमने जिन्दगी को दाँव पर लगा दिया था, उसे पाने के बाद खुद ही उसे रौंद दिया? तभी डॉक्टर आए।

"अब हालत कैसी है?" शुभा ने पूछा।

"अभी गम्भीर है।" उन्होंने नब्ज टटोली। "आप बाहर रुकिए। घंटे-भर में होश आ जाएगा।"

शुभा बाहर बैठी रही। उसे यकीन था। गौहर मजबूत है। वह यकीनन ठीक हो जाएगी। घंटे-भर में ही नर्स ने बताया, "बाईजी को होश आया है।"

शुभा दौड़ पड़ी। गौहर की आँखें गहरी धँस गई थीं। निस्तेज। क्षीण आवाज में उसने कहा, "शुभा...।"

"हाँ गौहर, मैं ही हूँ। तुम लेटी रहो।"

"शुभा...वे आ गए?" उसकी आवाज में *स्वयंवर* की रुक्मिणी की विकलता थी।

"रवाना हो चुके हैं पुणे से।" शुभा बोली।

गौहर के चेहरे से लगा कि सुनकर उसे अच्छा लगा है। थोड़ी देर वह यूँ ही बँड़ेर की तरफ देखती रही। फिर बोली, "मेरे बाद उनका क्या होगा री!"

शुभा उसके पास गई। उसे अपने पास सटाती हुई बोली, "लेटी रहो गौहर। आराम करो। बातें मत करो।"

गौहर कुछ पल खामोश रही। फिर शुभा की तरफ देखते हुए उसने पूछा, "सच सच बताएगी?"

"क्या?"

"मैं बहुत बुरी हूँ क्या री?"

शुभा के हृदय में भयानक खलबली मच गई। उसके सिर को अपने सीने से लगाती हुई शुभा बोली, "नहीं री पगली, तुम बुरी नहीं हो। तुम्हारी किस्मत बुरी है...।"

गौहर के चेहरे पर सन्तुष्टि की छाया फैल गई। कुछ देर तक वह आँखें खोले गंधर्व की प्रतीक्षा करती रही। फिर न जाने कब बेहोश हो गई।

तड़के सुबह सावनेरकर की पुकार सुनकर अम्बादास बाहर आया, "क्या है?"

"चलो जल्दी।"

"कहाँ?"

"माहीम कब्रिस्तान में।"

"क्यों भई? वहाँ किसलिए?"

"अरे गौहर...बेचारी चल बसी।"

"क्या?" और अम्बादास धड़ाधड़ाते हुए सीढ़ियाँ उतरकर नीचे आया। सावनेरकर बोला, "चलो, चलते।"

अम्बादास दोस्तों के साथ माहीम के कब्रिस्तान में पहुँचा। यहाँ पहली बार आ रहा था वह। दाढ़ीवाले, टोपीवाले कई मियाँभाई गम्भीर चेहरा बनाए खड़े थे। दो-चार पत्रकार भी थे। कुछ रिश्तेदारों जैसे लोग भी नजर आए। सभी प्रतीक्षा कर रहे थे। गौहर का जनाजा वहाँ लाया गया। वहाँ उपस्थित लोगों के लिए जनाजे का बक्सा खोला गया। लोग अन्तिम दर्शन करने लगे। अम्बादास भी कतार में खड़ा हो गया। उसने भी अपने सिर पर रुमाल लपेट रखा था। वह पास गया, प्रणाम किया और उसकी नजर गौहर पर पड़ी। आँखें बन्द थीं, पर उसे लगा मानो वे गंधर्व की ही प्रतीक्षा कर रही हैं। उसका गला भर आया। उसे लगा, अभी वह रो पड़ेगा और वहाँ से दूर हो गया। तभी एक गाड़ी भीतर आई। उसमें से गंधर्व को नीचे उतारा गया। दो आदमियों का सहारा लेते हुए गंधर्व उतरे। उन्हें गौहर के जनाजे के पास बिठाया गया। वे उसकी तरफ देखते रह गए। उनके चेहरे पर करुणा छाई हुई थी। लोग जनाजे का दर्शन कर उनकी तरफ जा रहे थे, उन्हें सांत्वना दे रहे थे। लेकिन गंधर्व खामोश थे। उनका चेहरा उतरा हुआ था। उन्हें लगा...हर करीबी आदमी को गँवाना मेरी किस्मत में ही लिखा हुआ है...बिलकुल शुरू से...।

सभी विधियाँ सम्पन्न हुईं। भीड़ काफी थी। गौहर के शव को चार आदमियों ने उठाया और "गौहरबाबा!" अचानक गंधर्व जैसे-तैसे उठे और उनकी चीख निकल गई। आज तक जिस गले से दुलार-भरी तानें सुनी थीं, उसी गले से यह भीषण दहाड़ सुनकर सभी का कलेजा दहल गया। शाहू मोड़क ने उन्हें सँभालने का प्रयास किया लेकिन उनके हाथों को झटका देकर घिसटते हुए वे गौहर के पास पहुँचे और उसके शव पर खुद को झोंक दिया। विलाप करने लगे। अम्बादास को वह विलाप किसी विधवा के विलाप जैसा लगा। उसे लगा मानो सिन्धू ही विलाप कर रही है। कितनी ही देर तक गंधर्व "गौहर, बाबा...मेरा बाबा," कहते हुए आँसू बहाते रहे। आखिरकार श्रीपादराव नेवरेकर ने उन्हें अलग किया। गौहर का शव उठाया गया। उस पर सभी ने मुट्ठी-मुट्ठी भर खाक डाली। गंधर्व की गायकी को अपने गले में सुरक्षित रखनेवाली, गंधर्व की दीवानी, उनके लिए सबकुछ

त्याग देनेवाली...उनसे भी आधी उम्र की उनकी प्रेमिका गौहर को धरती माता ने अपने उदर में समा लिया।

उसने प्यार किया, नोचा भी। वे उसके प्यार में घायल भी हुए और विकृति से लहुलुहान भी...।

गौहर गई और घर खाली-खाली हो गया। कोने का तानपूरा, उस पार गौहर का हारमोनियम...उसकी स्मृतियों के चिह्न घर-भर में बिखरे हुए थे...गंधर्व की नजरें उन चिह्नों के बीच गौहर को ढूँढ़ती रहतीं। कितने ही दिनों तक गंधर्व बस बँड़ेर की तरफ देखते हुए लेटे दिखाई देते थे। पूरा दिन गंधर्व के सामने जबड़ा खोले खड़ा रहने लगा। आशम्मा की समझ में नहीं आता था कि क्या करे। वह उन्हें दूध देती, भात खिलाती। लेकिन उनकी नजरों के वीराने से उसे डर लगता। उसे लगता, मानो नाना की नजरें घर भर में कुछ ढूँढ़ रही हैं। कोई मिलने आता तो वह राहत की साँस लेती। आज भी दरवाजे पर दस्तक हुई और उसने दौड़ते हुए जाकर दरवाजा खोला। दरवाजे में डॉक्टर खड़े थे। ''हालत कैसी है?'' उन्होंने पूछा और आशम्मा का उतरा हुआ चेहरा देखकर उन्होंने यूँ ही उसे दिलासा दिया, ''सब ठीक हो जाएगा।''

''नाना, भीतर आऊँ?'' और वे गंधर्व के पास बैठ गए। गंधर्व का चेहरा तनिक खिल गया।

''कल हलुवा माँग रहे थे। गोश्त भी माँगते हैं!'' आशम्मा बोली।

''नहीं नाना, नहीं। हजम नहीं होता है न ये सब? अब परहेज करना है।'' डॉक्टर ने नब्ज देखी। ''हूँ, ठीक है। नाना, दवाइयाँ लेनी हैं। परेशान तो नहीं कर रहे हो न इसे?''

गंधर्व के चेहरे पर छोटे बच्चे-सी मुस्कान फैल गई और उन्होंने गर्दन हिलाई। थोड़ी देर बाद डॉक्टर चले गए और गंधर्व उठे। घर में ही कुछ चहलकदमी करते रहे। फिर खिड़की के पास गए। वहाँ की चिड़ियों को चावल के कुछ दाने डाले। चिड़ियों की चीं-चीं देखते खड़े रहे। फिर दरवाजे के पास आए। थोड़ी देर दरवाजे के पास की आवाजाही देखी...फिर यूँ ही पोथी खोलकर बैठ गए। कुछ पन्ने पलटे फिर पोथी बन्द की। किसी बात का कोई प्रयोजन नहीं था। उन्हें देवल गुरुजी याद हो आए। वे कहते, 'नारायण, रंगमंच पर बेवजह हरकतें नहीं करनी चाहिए। यहाँ से वहाँ जाने के लिए भी उसके पीछे कुछ कारण ढूँढ़ना चाहिए। अब भामिनी धैर्यधर से दूर हो जाती है, क्योंकि उसे उसके प्रति अपनी नाराजगी जतानी है।' और गंधर्व को हँसी आ गई। जिन्दगी में ही कोई प्रयोजन नहीं बचा है। सारी हरकतें निरर्थक हो गई हैं। देवल गुरुजी होते तो यकीनन डाँटते। वे सोफे पर बैठ गए। काफी देर तक बैठे रहे। शाम हुई और आशम्मा ने उन्हें उठने को कहा। वे उठे, पर उनकी समझ में नहीं आ रहा था कि अन्दर जाने का दरवाजा कौन-सा है? वे किसी और ही दरवाजे की तरफ चल पड़े। तभी बरामदे के दरवाजे से उनका पैर टकराया। उन्होंने देखा, सामने सड़क दौड़ रही थी। लोग दौड़ रहे थे, गाड़ियाँ दौड़ रही थीं। ये दौड़ते हुए चित्र देखते हुए वे काफी देर तक खड़े रहे। मानो कोई नाटक देख रहे हों। फिर आशम्मा ने उनका हाथ पकड़ा और बिस्तर पर बिठाया। कुछ दवाइयाँ दीं। उन्होंने दुख निगलने की तरह दवाइयाँ चुपचाप निगल डालीं। फिर गुनगुनाने लगे...अवतार

पांडुरंगाऽऽऽ नाव ठेविले ज्ञानीऽऽ। शब्द अब साफ-साफ नहीं आ रहे थे। अगला कुछ याद ही नहीं आ रहा था। वे वैसे ही बैठे रहे। फिर जाने कब आशम्मा ने उन्हें सहारा देकर सुला दिया और सिर के नीचे एक तकिया रखा। उन्हें लगा शायद रात हो गई है और वे आँखें मूँदे लेटे रहे।

''देखा नहीं जाता जी। न जाने कैसा लगता है नारायणराव से मिलकर।'' ओक बोल रहे थे। ''डेढ़ साल बीत गया गौहरबाई को गुजरे। पहले मैं जाता था हर महीने पेंशन देने, तब गौहरबाई ही लेती थीं पैसे। उस घर में जाने पर उनकी भी याद आती है।''

''नारायणराव से मुलाकात होती है?'' किसी ने पूछा।

''मुलाकात काहे की! आँखें मूँदे लेटे रहते हैं। बताना पड़ता है, नाना, मैं ओक। पेंशन देने आया हूँ। पहचान जाएँ तो पहचान जाएँ। कभी प्यार से मुस्कुराते हैं और कभी बस यूँ ही देखते रहते हैं।'' अम्बादास, नेवरेकर, बाबूराव, दिवेकर सभी के कलेजे में खलबली-सी मची यह सुनते वक्त।

''एक बार तो मुझे देखकर न जाने क्या संवाद बोलने लगे! लेकिन लार टपकने लगी...आवाज काँप रही थी। फिर मुस्कुराते हुए हाथ से कुछ इशारे किए।'' ओक की आँखें डबडबा आईं। ''बाबूराव, लगता है, अब बहुत ज्यादा दिनों तक नहीं जाना पड़ेगा।''

भीतर से सभी का कुछ जल रहा था। चाहे जैसे हों, पर नारायणराव का होना बड़ा सम्बल था नाटकवालों के लिए। नारायणराव का न होना...उनके लिए यह विचार भी असह्य था। ''आशम्मा कह रही थी, कभी रात में ही कुछ गुनगुनाने का प्रयास करते हैं। कभी-कभी तो रात और दिन, कुछ भी समझ में नहीं आता। पर एक बात है बाबूराव, आवाज चली गई है, चेहरे की कोमलता भी चली गई, लेकिन...लेकिन मुस्कान...अभी भी बिलकुल वैसी ही है। हृदय की सारी निर्मलता, सात्विकता उनकी मुस्कान से रिसती है। पैर ठिठकते हैं वहाँ से निकलते समय। बाबूराव, उन्हें उस गंदे-मैले कमरे में पड़ा देखकर विचार आता है, मानो स्वर्गलोक का कोई गंधर्व अपना अभिशाप खत्म होने की प्रतीक्षा कर रहा है...।''

उस रात अम्बादास सो नहीं पाया। वह उठा, अटारी पर गया और आसमान की तरफ देखता हुआ बोला, ''हे ईश्वर, ऐसी कठोरता ठीक नहीं। अभिशाप देकर भेजे हुए तुम्हारे अपने गंधर्व को अब जल्द वापिस बुला लीजिए।'' उसकी आँखें भर आईं। वह आँखें पोंछ ही रहा था कि उसने देखा...एक तारा टूट गया है...और तेजी से धरती की तरफ बढ़ रहा है...किसी रथ की तरह।

दरवाजा भिड़ाया हुआ था, उसे धकेला गया और गंधर्व ने देखा, कोई आ रहा है। बाहर के उजाले से उनकी आँखें चौंधिया गईं। वह व्यक्ति भीतर आया, ''नारायणराव जी!'' उसने गंधर्व का हाथ अपने हाथ में लिया। चेहरा पहचाना नहीं जा सका, पर अपनापन महसूस हुआ। स्पर्श में गरमाहट, आत्मीयता अनुभव हुई। गंधर्व प्यार से मुस्कुराए। क्षीण आवाज में बोले, ''भगवन्...कौन?'' पृथ्वीराज कपूर ने अपना परिचय दिया। पल-भर

के लिए गंधर्व पहचान गए। उन्होंने भी उनके हाथ कसकर पकड़े। ''कैसे हैं आप?'' गंधर्व ने यह प्रश्न सुना, और फिर जैसे कोई स्लेट साफ की गई हो...वे सब कुछ भूल गए। उनकी तरफ बेपहचानी निगाहों से देखने लगे। शब्द सुनाई दे रहे थे, पर अर्थ उनकी समझ में नहीं आ रहा था।

उन्हें महसूस हो रही थी भयानक थकान और देह में चेतनाहीनता। फिर उन्हें दिखाई दिया, दरवाजा धकेलकर कोई भीतर आया है। उनका चेहरा उन्हें जाना-पहचाना लगा। दिनू? पीछे-पीछे बोडस...नरूभाऊ, माँ, लक्ष्मी और उसके कन्धे पर नन्ही सी इन्दू...तालियाँ पीटती हुई। वे मुदित हो गए...फिर कुछ लोग और आए। ये गडकरी गुरुजी थे...बापूराव थे। फिर एक ही रंग के कपड़े पहने कुछ युवक आए और उन्होंने काँछ में हाथ डालकर गंधर्व को ऊपर उठाया और बिस्तर पर लिटाया। अब सभी चेहरे एक-दूसरे में गुत्थमगुत्था होने लगे। वे काफी देर तक उस बिस्तर पर लेटे रहे। शायद कुछ महीने? उन्होंने याद करने का प्रयास किया और छोड़ दिया। फिर कुछ और लोग इकट्ठा हुए। अब दिनू ने साफा पहना था, बोडस ने लक्ष्मीधर का अंगरखा, जरी का...पीछे नाना था। वह किसी से बोला, ''पुणे...पुणे...।'' गंधर्व खुश हुए।

अच्छा, तो गाड़ी पुणे रवाना हो रही है। उन्होंने पास खड़े शंकरराव से कहा...''भगवन्, पुणे का पड़ाव लिया है? बढ़िया। लेकिन हम नई साड़ियाँ लेंगे। बिलकुल नई।'' गंधर्व की देह में उत्साह भर गया। उन्हें लगा उठना चाहिए। वे उठे और सभी तरफ भटकने लगे।

वे किर्लोस्कर थिएटर की रंगशाला में आए और चकरा गए। कितनी ही साड़ियाँ और गहने कतार से सजाकर रखे थे। आईने के सामने उनकी रंगभूषा का सामान था। उन्होंने काजल लिया, आँखों में डाला और क्या देखते हैं, पीछे भामिनी खड़ी थी। उसके पीछे सुभद्रा, रुक्मिणी, द्रौपदी, सरस्वती, वत्सला, मेनका...बन-ठनकर। उनके पीछे सिन्धू खड़ी थी हाथों में शिशु लिये...उतरन पहने, पर चेहरे पर स्वाभिमान। अचानक कहीं से शकुन्तला आई और उसने गंधर्व का हाथ पकड़ा और उनमें विलीन हो गई। फिर भामिनी भी उसी राह से उनके अन्तरंग में प्रविष्ट हुई। फिर सुभद्रा, फिर रुक्मिणी...फिर एक के बाद एक सभी ने गंधर्व पर कब्जा कर लिया। उनका तन-मन उन स्त्री-रूपों ने घेर लिया और रोम-रोम से चन्द्रमा की तरह शीतल सौन्दर्य लबालब बहने लगा। कितनी ही देर चाँदनी का यह उत्सव जारी रहा। फिर एक-एक करती हुईं वे उनकी देह से बाहर निकलने लगीं, उनसे बिदा लेने लगीं।

रुको भामिनी...सुभद्रा कम से कम तुम तो...वसन्तसेना...शकुन्तला...वे पुकारते रहे। लेकिन धीरे-धीरे वे सभी ओझल होती गईं और गंधर्व को महसूस हुई एक अपार रिक्तता...मानो किसी ने देह का पूरा रस ही सोख लिया है और वह शुष्क होकर रह गया है...वे बिस्तर की ओर लौट पड़े...।

उन्हें दिखाई दिया, कोई सोया है...और बगल में उनका भतीजा है वसन्ता। कोई एक परिचित है। एक डॉक्टर हैं और बाकी पूरा कमरा खाली है, उदास है। वे पास गए...अरे यह तो नारायण! उन्होंने और करीब जाने का प्रयास किया, लेकिन तभी डॉक्टर ने नारायण की पलकें अपने हाथों से बन्द कीं और बोले, ''खत्म, सब खत्म।'' वसन्ता धम्म से नीचे

बैठ गया और सिसक-सिसककर रोने लगा। गंधर्व ने उसे चुप कराना चाहा, पर वह रोता ही रहा। किसी नाटक का परदा गिर जाने की तरह किसी ने नारायण के चेहरे पर चद्दर ओढ़ाई...फिर कुछ लोग आए, फिर कुछ और...और भी न जाने कितने...।

वे रो रहे थे। कुछ सिटपिटाए हुए थे। फिर किसी ने धीमे से कहा, "दफन?" दूसरा ऐसे तड़प उठा मानो बिच्छू का डंक लगा हो, "नहीं नहीं...दहन...।" तीसरे ने बड़े जोश से आगे बढ़ते हुए कहा, "आखिर तक तुकाराम गाथा बाँच रहे थे नाना।" माहौल में एक तनाव महसूस हुआ गंधर्व को। लोगों ने एक दूसरे को इशारे किए। कुछ सन्देश भेजे गए। कुछ लोग दुख भूलकर काम में जुट गए। माहौल में अब एक तरह से रहस्यमयता आ गई थी। सब गंधर्व को ऐसे देखने लगे, जैसे थिएटर की गैलरी से कोई नाटक देख रहे हों। एक एम्बुलेंस चोर की तरह आई और गंधर्व को लेकर जल्दी-जल्दी ओंकारेश्वर श्मशान की तरफ दौड़ पड़ी। इस बीच गंधर्व को दिखाई दिया, माई-बाप अन्नदाता हाथों में फूलों के हार लिये जगह-जगह खड़े हैं। उनके मन में कृतज्ञता उमड़ आई। बीस एक लोग थे। एक आदमी दूसरे से बोला, "अच्छा हुआ यह एम्बुलेंस का सूझा ऐन समय, वरना मरने के बाद भी उनका नाटक ही हो जाता।"

"कुछ भी कहिए, पर नारायणराव की हर बात में नाट्य था। जीने में, मरने में और मरने के बाद भी।" गंधर्व हँस दिए और अगला अंक देखने लगे।

मोघे पंडितजी आए। उन्होंने मंत्रोच्चार किया। नारायण शान्ति से लेटा हुआ था। गंधर्व नारायण के पास गए। उसके माथे पर हाथ रखा। फिर खुद से बोले, "इस देह में न जाने कितनी स्त्रियाँ निवास कर गई हैं। मायके आई बिटिया की तरह। सुभद्रा, भामिनी, रुक्मिणी, सिन्धू, मेनका, द्रौपदी...न जाने कितनी...एक ही जनम में न जाने कितने जनम भोग लिये हैं इस देह ने...।"

चिता सजाई गई। अब सभी की सिसकियाँ निकल रही थीं। सिसकियों की आवाजों से उस गम्भीर माहौल पर डरावनी खरोंचें लगने लगीं। गंधर्व मन ही मन बोले...'ये आँसू किसलिए? नाटक खत्म होने पर रंग और वस्त्र उतारने ही पड़ते हैं।' नारायण को चिता पर रखा गया और चारों ओर से चिता की ज्वालाएँ धधक उठीं...देखते ही देखते वस्त्र आग के हवाले हो गया...परमात्मा का अपने हाथों से बुना एक जरतारी...सुन्दर...कलाबत्तू का वस्त्र...वह राख हो गया।

गंधर्व मुड़े, चल पड़े, जाते-जाते बोले, "भगवन्, भाग में आया स्वाँग बिलकुल मन से रचाया...।" और उन्होंने तान भरी...भरतवाक्य की तरह "*चिन्मया सकल हृदया...।*"

सभी तरफ आँसुओं की बाढ़ आई थी। दर्शक तल्लीन हो गए थे और सनत, निशा, पोनी और अन्य लोग गा रहे थे...चिन्मया सकल हृदया...। गाना समाप्त हुआ और तालियों की गड़गड़ाहट हुई। अम्बादास, लाइब्रेरी की मैडम, डॉक्टर विश्वास, उनके पिता, निशा की सहेली एना, मिसाल चाचा, वासन्तीबाई। पूरे सभागार ने खड़े होकर गंधर्व को आदरांजलि अर्पित की। मलमल का परदा नीचे आया और गंधर्व की आवाज का रिकॉर्ड बजा। सभागार के दिए जल उठे। लोग अभी भी कार्यक्रम में खोए हुए थे।

सर भीतर नेपथ्य में ही खड़े थे। वे रंगमंच पर आए। ''शाबास, बच्चो शाबास...।'' उनके भी आँसू थम नहीं रहे थे। फिर वे झुके। घुटने टेककर रंगमंच को प्रणाम किया और कुछ देर तक वैसे ही बैठे रहे। सभी खुश थे। फिर लड़कों ने जल्लोश शुरू किया। चैनल के लोग, भल्ला सभी ने भीतर आकर अभिनन्दन किया। दर्शक भी सभी की प्रशंसा करते-करते धीरे-धीरे चले गए। फिर सर बोले, ''बच्चो, बढ़िया। बहुत मेहनत की है आप लोगों ने। अब जिस-जिस से सामान हम लाए हैं, उनको ठीक से पहुँचाना है, समझे!''

''येस सर,'' पोनी बोला।

''और कल मिलेंगे। आज आराम कीजिए। थक गए हैं आप।'' धीरे-धीरे सभी तितर-बितर हुए। महेश ने सर को घर पर छोड़ा। सर की पत्नी भी आज सर के साथ थीं। ''अब इनसे भी कहो कोई आराम करने को।'' वे महेश से बोलीं और सर मुस्कुरा दिए। सभी को लगा, बीते तीन महीनों का उनका तनाव घुल गया है।

कार्यक्रम टेलिकास्ट हुआ और उसे खूब विज्ञापन मिले। स्पान्सर मिले। ''गंधर्व की तब भी बुकिंग था और आज भी है।'' महेश ने जोक मारा और भल्ला खुशी से खिलखिला उठा। अक्षय की भल्ला से अच्छी दोस्ती हुई और उसने अक्षय को एक डेलीसोप के लिए रिकमंड भी किया। उसने तय किया, अब यदि मैं स्टार बन जाता हूँ तो इसका श्रेय गंधर्व को ही दूँगा। निशा महीना-भर इवेंट की तस्वीरें सभी को मेल करती रही और ''गंधर्व फीवर...अभी भी उतर नहीं रहा है...'' लिखती रही। महेश अपने काम में खो गया, और चिन्मय अमेरिका में सेटल होने की तैयारी में। पोनी ने उसे सुझाया कि यह कार्यक्रम वहाँ कर सके तो देखना। चिन्मय को विचार पसन्द आया।

गंधर्व के कार्यक्रम से खँगाला गया सारा माहौल शान्त होने लगा और अचानक सनत को चिन्मय का एसएमएस मिला। ''कल तड़के की फ्लाइट है, लेकिन अर्जेंट मिलना है। रात में मिलेंगे।''

चिन्मय कॉफी शॉप में प्रतीक्षा कर रहा था। सनत वहाँ पहुँच गया।

चिन्मय ने सैक से एक बक्सा निकाला। खोला। भीतर गंधर्व द्वारा उसके परदादा को दिया दुशाला था। सनत बाहर-भीतर से थर्रा उठा।

''ये ये मुझे...मेरे लिए?''

''हाँ। दरअसल, पहले मैं सर को ही यह गिफ्ट दे रहा था। लेकिन सर बोले, हम बूढ़े हो गए हैं, इन युवा लड़कों को सौंप दो यह विरासत।''

''लेकिन चिन्मय दादा...'' सनत को कुछ भी नहीं सूझ रहा था।

''केवल दुशाला नहीं सनत। उधर सेटल होना है, इसलिए सारा घर खँगाल डाला मैंने। उसमें मुझे मेरे परदादा की डायरी के कुछ पन्ने मिले हैं। काफी खराब और जीर्ण थे। अधिकांश पन्नों पर दाग थे। पर कुछ वाचनीय भी हैं। तुम्हारे लिए ले आया हूँ। प्लीज, तुम ही सँभालना उन्हें।'' और चिन्मय ने वे पन्ने सनत को दिए। ''थैंक्स।'' और उसने सनत को बिदा किया।

सनत घर पहुँचा। सभी गहरी नींद में थे। उसने कमरे का दरवाजा बन्द किया। गंधर्व की आवाज की सीडी लगाई...और काँपते हाथों से वे पन्ने खोले। मानो वह समय की जीर्ण गुफा का दरवाजा खोल रहा था। लिखावट अच्छी थी। सुन्दर। पुरानी बही के पन्ने थे वे। उसने पढ़ना शुरू किया।

नाटक से दूर रहना एक सजा है। लेकिन गृहस्थी है, बाल-बच्चे हैं। रियाज बना रहे इसलिए शनिवार-रविवार भजन के लिए जाना तय किया है। गंधर्व का पसन्दीदा भजन है इसलिए कल राम मन्दिर में माझा राम धन्य जाहला गाना शुरू किया। लेकिन मन्दिर के कुछ लोग तुरन्त बोले, ''गंधर्व के भजन से शुरुआत क्यों?'' मैंने कहा, हमारा सबकुछ गंधर्व के नाम से ही शुरू होता है और वहीं खत्म हो जाता है। पुजारी महाराज ने पूछा, ''अब नारायणराव गौहरबाई के पास ही रहते हैं न!'' मैंने ध्यान नहीं दिया।

अगली पंक्तियाँ मिट गई थीं। सनत वे पन्ने पढ़ता रहा और उसे ऐसा लगा, मानो गंधर्व ही मिल गए हों। काफी रात हुई और वह आखिरी पन्ने पर आ पहुँचा।

'आज नाना से मुलाकात हुई।' सनत के मन में ज्वार उठा। 'कितने सूख गए हैं। उम्र और उससे भी ज्यादा उपेक्षा, लापरवाही। करोड़पति भी जिससे ईर्ष्या करे, ऐसा आदमी। रियासत की तरह कम्पनी थी उनकी, लेकिन...खैर ईश्वर की मर्जी...और क्या?' भजन का कार्यक्रम खत्म कर वे जा रहे थे। उन्हें देखते ही मैं चिल्लाया, ''नाना...।''

गंधर्व ने देखा, ''अरे, यह तो अभ्यंकर। मेरा कुसुम...।'' मैंने चरण छूकर प्रणाम किया। गंधर्व ने पूछा, ''कुसुमा, कैसे हो?''

''आपकी दुआ है...कार्यक्रम था?'' मैंने पूछा।

''भगवन्, कार्यक्रम तो परसों ही था। आज पंडित द्वारकानाथ की साथ-संगत की।''

''नाना, आप और साथ-संगत...?'' मेरी आवाज गले में ही फँस गई। लेकिन गंधर्व हँस दिए। बिलकुल मासूमियत से। मैं उनकी तरफ ध्यान से देख रहा था।

बोले, ''भगवन्, इस तरह किसे देख रहे हो। सुभद्रा को या भामिनी को? लेकिन अब केवल सिन्धू ही नजर आएगी तुम्हें?'' गंधर्व फिर हँसे लेकिन मैं गम्भीर ही था। ''दुशाला बेच दिया न? थोड़े-से ही पैसे आए होंगे। बाकी रह गए भगवन्...।''

मैंने हाथ जोड़ते हुए कहा, ''ऐसे कैसे बेचूँगा मैं दुशाला नाना? प्रसाद समझकर बड़े जतन से रखा है।''

गंधर्व के चेहरे पर एक शान्त, निर्मल हँसी बिखर आई थी।

मेरा गला भर आया, मैंने गंधर्व के हाथ अपने हाथों में लिये और उनकी आँखों से आँसू की धाराएँ बहने लगीं। मैंने तड़पकर कहा, ''नाना, क्या हुआ ये सब? आपका व्यक्तित्व गंगाजल जैसा निर्मल और किस्मत में यह प्रवंचना?''

''नहीं भगवन्, ऐसा नहीं कहते।'' बड़े भाई की तरह मुझे गले लगाते हुए वे बोले, ''यह जिन्दगी एक नाटक है...हमारे गडकरी गुरुजी तो कहते हैं, हम खुद एक स्वाँग हैं...पात्र ही हैं उस ऊपर बैठे नाटककार के...और हमारी जिन्दगी उसके द्वारा

लिखे गए प्रवेश। हम तो उन्हें पेश करनेवाले कलाकार हैं...यह दुख भी सच्चा नहीं और सुख भी...यह सफलता भी हमारी नहीं है और असफलता भी...अब आखिरी प्रवेश शुरू हो चुका है...परदा गिरने का समय हो रहा है...। इसीलिए भगवन, यही भरतवाक्य ध्यान में रखना...इस दुनिया के रंगमंच से ऐसे बिदा लेनी है, जैसे कोई कलाकार परदा गिरते समय किरदार को रंगमंच पर ही छोड़कर बाहर चल पड़ता है...निःसंगता से...।''

''नाना।'' मैंने गंधर्व को आलिंगन में भर लिया। गंधर्व ने मुझे सीने से लगा लिया...मुझे उनके वात्सल्य की, प्यार की गरमाहट महसूस होती रही। लेकिन गंधर्व सागरतल की तरह खामोश थे...और पीछे चौपाटी पर सूर्य डूबने के लिए जाता हुआ दिखाई दे रहा था।

पढ़ते-पढ़ते सनत की आँखें भर आईं। उसने वह कलाबत्तू जरतारी का दुशाला...हौले से ओठों से चूमा और सीने से लगा लिया। फिर उसने हल्के हाथों से उसे खोला और दीर्घ साँस भरते हुए ओढ़ लिया...उस दुशाले में उसे गंधर्व का दुलार, प्यार की गरमाहट महसूस हुई। उसके मन में बात उभरी—किर्लोस्कर द्वारा बोए, लोकमान्य तिलक, राजर्षि शाहू महाराज, देवल गुरुजी, बखले बोवा द्वारा पोषित गंधर्व नामक अजान वृक्ष की एक टहनी का मैं भी एक पत्ता हूँ। उसे अपना एक नया परिचय मिलता गया और अपनी जड़ें खोज निकालने के सन्तोष से उसका दिल भर आया।

बाहर आसमान में गंधर्व जैसी ही शीतल चाँदनी फैली थी और सीडी पर गंधर्व का सुर खिल उठा था। उस जीर्ण-शीर्ण ध्वनिमुद्रण से भी गंधर्व का पक्का और सच्चा सुर सनत के हृदय को पुकार रहा था, छू रहा था...।

गंधर्व गा रहे थे...'प्रभु अजि गमला मनी तोषलाऽऽऽ'